Zu diesem Buch

Therapeutische Wohngemeinschaften finden zunehmendes Interesse auch im deutschen Sprachraum. Als Alternative zum traditionellen Krankenhaus- und Therapiesystem bieten sie Patienten die Möglichkeit, in eigener Verantwortung den Therapieprozeß mitzugestalten. So lernen die Patienten, sich gegenseitig zu helfen.
Im vorliegenden Band berichten Fachleute und Klienten von ihren Erfahrungen mit und in therapeutischen Wohngemeinschaften. Dabei wird das breite Spektrum alternativer Therapieeinrichtungen deutlich, das von Gemeinschaften von Drogenabhängigen über Wohngruppen in der Psychiatrie, der Nichtseßhaftenarbeit und im Strafvollzug bis zu therapeutischen Kinderhäusern und Wohnkollektiven mit alten Menschen reicht. Neben zahlreichen Erfahrungsberichten werden mittlerweile schon bewährte und fest eingeführte Modelle vorgestellt, wie GPZE Eimsbüttel oder das Vier-Stufen-Modell Petzolds oder die Therapiekette Niedersachsen. Besonders beachtet wird die Frage der Supervision und fachkundigen Begleitung therapeutischer Gemeinschaften.

HILARION G. PETZOLD, Dr. theol., Dr. phil., ist Professor am Institut St. Denis, Paris, und an der Freien Universität Amsterdam, Lehrtherapeut am Fritz-Perls-Institut für Integrative Therapie in Düsseldorf. Veröffentlichungen: Kreativität und Konflikte (1973); Psychotherapie und Körperdynamik (1974); Bildungsarbeit mit alten Menschen (mit E. Bubolz) (1976); Gestaltpädagogik (mit G. I. Brown) (1977); Psychodrama-Therapie (1979).
GERNOT VORMANN, Dipl.-Psych., ist therapeutischer Leiter der Gesellschaft für Sozialtherapie und Pädagogik, Therapiekette Niedersachsen, Mitglied des Fritz-Perls-Instituts Hannover.

Hilarion Petzold / Gernot Vormann

Therapeutische Wohngemeinschaften

Erfahrungen, Modelle, Supervision

Verlag J. Pfeiffer · München

Für Dr. Johanna Sieper
und Willy Rihs
H. G.

```
CIP-Kurztitelaufnahme der Deutschen Bibliothek
Therapeutische Wohngemeinschaften:
Erfahrungen, Modelle, Supervision / Hilarion Petzold; Gernot Vormann. —
München: Pfeiffer, 1980
    Reihe Leben lernen; Nr. 45
    ISBN 3-7904-0318-0
NE: Petzold, Hilarion (Hrsg.)
```

Nr. 45
Reihe »Leben lernen«
Herausgegeben von Lorenz Wachinger
und Karl Herbert Mandel

Alle Rechte vorbehalten!
Printed in Germany
Druck: G. J. Manz, Dillingen/Donau
Umschlagentwurf: Hermann Wernhard
© Verlag J. Pfeiffer, München 1980
ISBN 3-7904-0318-0

Inhalt

HILARION PETZOLD
Vorwort — 7

JÜRGEN R.
Anstelle einer Einleitung
Therapie in Wohngemeinschaften aus der Sicht eines Klienten — 9

I. Therapeutische Wohngemeinschaften: Geschichte, Theorie und Praxis

GERNOT VORMANN und WOLFGANG HECKMANN
Zur Geschichte der therapeutischen Wohngemeinschaften in Deutschland — 24

MAXWELL JONES
Theorie und Praxis therapeutischer Gemeinschaften — 58

EMIL THIEMANN
Leben lernen in Wohngemeinschaften? Wege für psychisch Kranke, Realität zu erfahren und ihr standzuhalten — 68

HERBERT J. FREUDENBERGER
Das Erschöpfungssyndrom von Mitarbeitern in alternativen Einrichtungen — 88

KURT HÖHFELD
Zur Supervision therapeutischer Wohngemeinschaften — 105

JÜRGEN LEMKE
Gestalt-Supervision in therapeutischen Wohngemeinschaften für Drogenabhängige durch Kompetenzgruppen — 129

II. Wohngemeinschaften in der Drogentherapie

GERNOT VORMANN
Probleme der Therapiemotivation bei Drogenabhängigen — 146

WOLFGANG HECKMANN
Der Betreuer in der therapeutischen Wohngemeinschaft. Zur Dialektik von Distanz und Nähe in der Therapie Drogenabhängiger — 171

HILARION PETZOLD
Zum Konzept der Therapiekette und zur Karriere Drogenabhängiger 208

HERBERT J. FREUDENBERGER
Wie können wir korrigieren, was in unseren therapeutischen Wohngemeinschaften falschläuft? 229

HILARION PETZOLD
Ablösung und Trauerarbeit im Four-Steps-Modell der gestalttherapeutischen Wohngemeinschaft für Drogenabhängige 250

ERNST-KARL SAAKE und HARTMUT STICHTENOTH
Das »Take-it-Haus«. Anmerkungen zur Vierstufentherapie bei Drogenabhängigen 283

ERICH BAUER
Selbstverständnis und Praxis der Drogentherapie bei DAYTOP 318

III. Therapeutische Wohngemeinschaften und Wohnkollektive: einige Zielgruppen

BERND AHRBECK
Therapeutische Gemeinschaft und Gemeindepsychiatrie. Über den Aufbau einer therapeutischen Gemeinschaft in einem gemeindepsychiatrischen Zentrum 346

ARNO BAUMANN
Versuch der Veränderung zu therapeutischen Wohngruppen in der Nichtseßhaftenarbeit im Heimathof Homborn. Konsequenzen einer Mitarbeitergruppe 372

EDMUND KEIL
Die therapeutische Wohngruppe im Strafvollzug. Erfahrungen aus einer fünfjährigen Praxis in der Justizvollzugsanstalt Gelsenkirchen 391

GABRIELE WITT
Kinderhäuser mit gestalttherapeutischer Begleitung 404

HILARION PETZOLD
Wohnkollektive – eine Alternative für die Arbeit mit alten Menschen 423

HANS WALTER KEHE
Zur Wiedereingliederungsproblematik Drogenabhängiger. Erfahrungen aus der Therapiekette Niedersachsen 463

Mitarbeiterverzeichnis 470

Vorwort

Therapeutische Wohngemeinschaften können inzwischen auf eine mehr als vierzigjährige Tradition zurückblicken – *Moreno* richtete 1932 erste Wohngruppen für Straffällige und schwererziehbare Mädchen unter therapeutischen Gesichtspunkten ein; sie haben in den vergangenen zwanzig Jahren in alle Bereiche der Psycho- und Soziotherapie und der Rehabilitation Eingang gefunden. Besonders in Bereichen, in denen die klassischen Ansätze der Psychiatrie und Psychotherapie sich schwertaten und wenig Hilfsmöglichkeiten bereitstellten, in der Drogentherapie, der Arbeit mit Nicht-Seßhaften, schwererziehbaren verhaltensgestörten Kindern, mit Alterspatienten u. a., entstanden Wohngemeinschaftsmodelle als Alternativen oder als grundsätzlich neue Versuche, Menschen in extremen Schwierigkeiten zu helfen. Am Rande der etablierten Sozialagenturen entstanden, verblieben die meisten Initiativen in Außenseiterposition, ja bejahten diesen Standort, denn sie begriffen sich als einen neuen Weg, der das zwischenmenschliche Milieu, die gemeinschaftliche Wohn- und Lebenssituation, den partnerschaftlichen intersubjektiven Umgang in das Zentrum der Therapie stellte. An die Stelle von hierarchisch bestimmten Großinstitutionen, Kliniken, Anstalten, Asylen traten überschaubare Kollektive, die versuchten, die Entfremdungsmechanismen einer technologisch bestimmten Gesellschaft nicht auch im therapeutischen Kontext zu reproduzieren, wie dies z. T. in psychiatrischen Großkrankenhäusern geschieht.

Inzwischen sind Wohngemeinschaftsmodelle zu einer »etablierten Außenseiterposition« avanciert. Zwar ist ihr Status im Geflecht der Sozialagenturen noch weitgehend ungeklärt, jedoch sind ihre Leistungen und Möglichkeiten nicht mehr zu übersehen. Diese Situation bietet die Chance einer weiteren Verbreitung von Wohngemeinschaftsmodellen, einer besseren materiellen Absicherung und damit einer Verbesserung der Mitarbeiterstruktur. Sie birgt aber auch die Gefahr, daß spontane Initiative reglementiert und Engagement »verwaltet« wird, eine Gefahr, der viele alternative Unternehmungen schon erlegen sind.

Die Beiträge dieses Buches dokumentieren die weite Streuung und das Spannungsfeld der verschiedenen Ansätze. Es wird hier erstmalig für den deutschen Sprachraum ein größerer Überblick über Konzepte, Modelle und Erfahrungen von Therapeutischen Wohngemeinschaften aus den verschiedensten Aufgabenbereichen gegeben. Dabei finden sich Versuche der theoretischen und methodischen Reflexion, der Darstellung von Methodik und Praxis. Die Therapeutische Wohngemeinschaft steht im Hinblick auf die Darstellung und Fundierung ihrer Konzepte noch am Anfang. Das wird auch in einigen Beiträgen des Bandes deutlich. Sie steht überdies vor dem schwierigen Problem, daß Therapie als die Wirkung des Gesamtsettings und nicht als Wirkung einer Einzelmaßnahme oder Methode verstanden wird, eine Perspektive, die in Großinstitutionen weitgehend ausgeblendet worden ist. Aber genauso wie keine Didaktik ohne eine Theorie der Schule sinnvoll betrieben werden kann, so kann Therapie nicht ohne einen theoretischen Ansatz zur therapeutischen Institution auskommen. Dieses Problem stellt sich für die therapeutische Wohngemeinschaft unausweichlich und erfordert weitere Diskussion und Ausarbeitung.

Ich hoffe, daß dieses Buch die Diskussion über Wohngemeinschaften in Therapie und Rehabilitation anregen wird und den Dialog und Erfahrungsaustausch zwischen den einzelnen Initiativen und Modellen fördert. Ich hoffe auch, daß es die Möglichkeiten eines Ansatzes erkennen läßt, der meiner Auffassung nach für viele Menschen in Problem- und Notsituationen eine *wirkliche Alternative* bietet.

Hilarion G. Petzold
Fritz-Perls-Institut, Düsseldorf

Jürgen R.

Anstelle einer Einleitung
Therapie in Wohngemeinschaften aus der Sicht eines Klienten

Mit diesem Text möchte ich drei Fragen beantworten, auf jeden Fall näher drauf eingehen.

Frage 1: *Wie sieht ein Klient aus, wenn er in eine WG kommt?*

Frage 2: *Wie soll er im Idealfall aussehen, wenn er die Therapie durchlaufen hat?*

Frage 3: *Wie sieht er tatsächlich aus, wenn er die Therapie durchlaufen hat?*

Es gibt auffallend viele Merkmale, ob positive oder negative, wobei das Negative die Oberhand hat, die einen Klienten auszeichnen, wenn er zu uns in die WG kommt. Anhand von Selbsterfahrung und bedingt durch meinen langen Therapieaufenthalt will ich versuchen, einen neuen Klienten so zu beschreiben, daß auch ein therapiefremder Leser sich ein Bild von dem machen kann, wie es wirklich aussieht mit drogenabhängigen Menschen. Das Verhalten eines Neuen will ich unterteilen, weil es mir dadurch leichter fällt, auf die einzelnen Bereiche einzugehen, weil zu viele Sachen da sind, die ich in einem Abschnitt nicht unterkriegen würde. Die Unterteilung sieht dann folgendermaßen aus:

1. Äußerlich sichtbare Verhaltensweisen, für jeden sichtbar.
2. Innerlich, verborgen, nicht sichtbar, aber doch vorhanden.
3. Persönliche Einstellung zur Therapie.
4. Unterschiede zwischen männlichen und weiblichen Süchtigen.

Hier möchte ich noch einmal ausführlicher drauf eingehen, warum ich das Verhalten von einem Neuen trenne in: äußerliche sowie innerliche Einstellungen und den Verschiedenheiten zwischen männlichen und weiblichen Süchtigen.

Bei uns in der WG unterteilen wir bewußt Verhaltensweisen in die verschiedenen Kategorien.

Äußerliche Verhaltensformen sind für jeden anderen Klienten

sichtbar, von daher leicht anzugreifen, sprich zu kritisieren. Von daher versucht jeder neue Klient, nach außen hin rein, fein und lieb zu wirken, sprich, sich anzupassen, weil er – in unserem Sprachjargon zu schreiben – auf Anmache allergisch reagiert, wenn er es überhaupt tut. Bis heute habe ich die verschiedensten Verhaltensweisen erlebt, wenn Neue kritisiert worden sind: aggressiv, Lieb-Kindspielen, Mitleidstour usw. Von daher versucht jeder Neue in der Anfangszeit, nach außen hin sauber auszusehen, und verlegt dabei seine Konflikte, die er mit sich oder der Gruppe hat, nach innen, wo sie niemand sieht, aber alte Therapiehasen sie ahnen. Auffällig ist dabei das große Schlafbedürfnis und die daraus folgende Kaputtheit. »Hach, bin ich kaputt« oder »war das ein anstrengender Tag heute« höre ich häufig von den Neuen.

Meine Meinung dazu ist, daß viele anfallende Probleme oder Konflikte einfach *weggeschlafen* werden, so wie man draußen alles, was anfiel bei einem selbst, *weggedrückt* hat.

Es gibt viele Beispiele, die einen Neuen in seinem Verhalten auszeichnen, hier wollte ich aber nur mit einigen Beispielen aufzeigen, wo ich den Unterschied zwischen äußerlichen und den innerlichen Verhaltensweisen sehe.

Außer den Trennungen zwischen außen und innen gibt es aber noch zwei Kategorien: zum einen die persönliche Einstellung und zum anderen den Unterschied zwischen den Geschlechtern. Beides sind auch sehr wichtige Dinge, die immer zu sehen sind, wenn es heißt: »Ein oder eine Neue(r) kommt.« Oft höre ich den Satz: »Der oder die brauchen eine Therapie.« Ja, und dann wird die oder der von Mutter, Vater, Onkel oder Tante, Sozialarbeiter oder Drogenberater zu uns geschickt in die WG. Bei uns lautet dann die Frage: »Will der oder die überhaupt in Therapie? Sieht der Neue seine Lage, die ausweglos ist? Ist er wirklich bereit, an seiner Lage was zu ändern, oder will er nur mal kurz gucken, was so abläuft, oder im Winter ein warmes Bett haben?« Sie sehen also, liebe Leser, es treffen Faktoren aufeinander, wenn es darum geht, einen oder eine Neue aufzunehmen in unserer WG; denn hier bestimmt die Gruppe, wer aufgenommen wird oder nicht, und nicht ein Pförtner wie im Städtischen Krankenhaus, der fragt, ob der Behandlungsschein da ist.

Wie wir ja alle wissen, gibt es überall Unterschiede zwischen Mann und Frau. Hier im Haus macht es sich schon bemerkbar, ob nun ein Mann gekommen ist oder aber eine Frau. Aber, ich will hier nicht ins Gruppenleben übergehen, sondern ganz klar sagen, daß enorme Schwierigkeiten schon entstanden sind, weil eine Frau aussah – und nun ein bißchen ironisch – wie Brigitte Bardot. Über die Schwierigkeiten, die es gibt unter und zwischen den Geschlechtern, möchte ich später näher sprechen.

Hier möchte ich nun beginnen, die einzelnen Kategorien voneinander zu trennen, um in Stichworten oder näheren Ausführungen anzudeuten, die das Verhalten des »*Neuen*« ausmachen.

Zu Kategorie eins
Arbeitsscheu, wenig gewissenhaft, unzuverlässig, mißtrauisch, depressiv, resigniert, Rollenspiel, körperlich überhaupt nicht belastbar, unpünktlich, egoistisch, keine Konfliktbereitschaft, Versuche, den Szenenstatus in die Gruppe hereinzubringen und fortzusetzen, Einzelgängertum, Versuch, die im Hause bestehenden Normen zu umgehen in gleicher Weise, wie es draußen geschehen ist, geringer Wortschatz, kaum Eigeninitiative, Szenesprache, Konzentrationsschwierigkeiten, andere für sich arbeiten lassen, stolz auf die eigene Kaputtheit, Versorgungshaltung, naive Ablehnung der Gesellschaft (alles Scheiße), übertrieben wehleidig, jammervoll, grundsätzliches Vermeiden, unfähig, die Freizeit sinnvoll zu gestalten, überhaupt keine Verantwortung für sich übernehmend.

Wenn man die ganze Latte voll negativer Verhaltensweisen durchliest, glaubt man, daß kein gutes Haar an einem neuen Klienten vorhanden ist. Das ist dann ein falscher Eindruck, den ich auch hiermit nicht vermitteln will. Tatsache ist auf jeden Fall, daß die Eigenschaften bei dem Großteil der Klienten vorhanden sind, sie aber nicht alle auf einen oder alle zutreffen. Vielmehr ist meine Aufzählung eine Sammlung von Verhaltensweisen, die ich bei Neuen festgestellt habe.

Hier möchte ich nun zur
Kategorie zwei,
den Innerlichen, kommen. Auch diesen Teil will ich mit Stichworten anfangen. Eingeschränkte Fähigkeit, Gefühle wahrzunehmen oder auszudrücken, keinen Bezug zur Umwelt, man hat einfach keinen Durchblick, glaubt aber, den großen zu haben, Angst vor seinen Gefühlen, feige, leblos, teilnahmslos, kein Selbstvertrauen, kein Selbstwertgefühl, in sich gekehrt, realitätsfremd, abgeschlossen. Die Innerlichen will ich im nachfolgenden weiter etwas genauer unter

die berühmte Lupe nehmen und etwas verständlicher machen. Am Anfang, von meiner Wiedergabe der sichtbaren Verhaltensweisen, haben Sie gesehen, daß eine Menge von diesen da sind, die man festlegen kann anhand von Fakten, und auch kritisieren kann. Nun ist der Fixer aber ein Mensch, der sich schnell den gegebenen Umständen hier im Haus anpassen kann und es auch tut. Das macht eigentlich jeder »Neue«, wenn er zu uns kommt, erst mal dichtmachen und warten, was kommt. Nun sind diese Eigenschaften bei einem Süchtigen, bei dem einen mehr, beim anderen weniger, so ausgeprägt, daß irgendwann einmal die Fassade bricht, die er sich von Anfang an aufsetzt, und das angepaßte Verhalten dem echten Platz macht. Das heißt: der Neue wird sichtbar und angreifbar; angreifbar im Sinne von kritisierbar.

Ganz anders sieht es mit den Verhaltensweisen aus, die ich in meiner Arbeit die »innerlichen« nenne. Dabei hat ein Außenstehender es schon schwer, festzustellen, was alles bei einem Fixer da kaputt ist. Dazu muß ein nicht »Therapierter« wissen, daß ein Süchtiger, in unserem Fall Heroinsüchtiger, sich draußen alle Gefühle weggedrückt hat, er hat sie betäubt und von daher nicht wahrgenommen. Warum er das gemacht hat, hat verschiedene Gründe und Vorgeschichten. Das sieht dann bei jedem Klienten anders aus, kommt aber immer wieder auf denselben Punkt hinaus, entweder man akzeptierte seine Gefühlswelt nicht, oder man durfte vom Elternhaus bestimmte Gefühle nicht haben (sexuelle Gefühle, nicht böse sein, ein Junge weint nicht, Mädchen haben lieb zu sein). Jetzt kommt ein Süchtiger in die WG und stellt bei sich seit langer Zeit wieder Gefühle fest, denn die Gefühlswelt ist da und man kann sie nicht leugnen. Zuerst bekommt der Klient Angst, er kann nicht glauben, daß er auch Gefühle hat. Die erste Zeit wird versucht, alles zu verdrängen, indem der Süchtige sich verschiedene Masken aufsetzt, um ein anderer zu sein. Dabei merkt der Süchtige nicht, daß er sich um die Erfahrung betrügt, seine Gefühle wahrzunehmen, kennenzulernen und wenn möglich auszuleben. Aber für mich ist es immer noch schwierig, Verhaltensweisen, die gespielt und aufgesetzt sind, klar zu erkennen. Diese eingeschränkte Fähigkeit, Gefühle wahrzunehmen und auszudrücken, schlägt sich auf das ganze Verhalten des Klienten nieder. Es gibt einige Rollen, die ich im Laufe der Zeit kennengelernt habe und die sich immer wiederholen. Z. B. sind einige immer freundlich und nett, obwohl ihnen gar nicht danach zumute ist, andere sind aggressiv, um sich vor eventueller Kritik oder Anmache zu schützen, wieder andere sind teilnahmslos und zurückhaltend, dann machen sich einige klein und hilflos (vornehmlich Frauen), um zu sagen: »Ach laßt mich doch in Ruhe, ich bin ja so klein und schwach.« Der Klient ist dadurch abgeschlossen und sein Gesichtsfeld stark eingeschränkt, weil er darauf bedacht ist, seine Rolle, die er hat, weiterzuführen, und meist damit beschäftigt ist, sich selbst in der Rolle zu kontrollieren. Es ist klar, daß er damit keinen Bezug zu seiner Umwelt hat, und das Abschweifen in eine Traumwelt gehört dabei zum Alltag. Einen Neuen aus dieser Rolle herauszubekommen ist daher doppelt schwierig, erstens den Bann zu brechen über die Rolle, die er spielt, zweitens ihn aus seiner Traumwelt zu holen, weil er meint, es gibt nichts Schöneres auf dieser Welt. Es gibt bestimmt noch eine Menge über die Gefühlswelt eines neuen Klienten zu berichten. Ich möchte aber hier aufhören.

Die Überschrift für Punkt drei lautet:
Wie sieht es mit der persönlichen Einstellung eines neuen Klienten zur Therapie aus? Was motiviert ihn, hier zu bleiben oder hierher zu kommen?
Zu diesem Punkt kann ich auch eine eigene Erfahrung mitteilen. Bei mir sah es im Aufnahmegespräch so aus, daß »meine« Motivation eine Gerichtsauflage war. Klar, ich wollte von der Droge weg, aber der Leidensdruck war nicht gerade so groß, daß er mich im Innersten dazu motiviert hätte, Therapie zu machen. Hinzu kamen noch meine Schwierigkeiten, die ich hatte, als ich aus dem Knast kam: fertig war »meine« Motivation.
Oft kommen Leute zu uns, denen es genauso geht, die wenigsten kommen aus Eigenmotivation, meist hängen dann noch die Eltern oder Geschwister dahinter und schon meint der Neue, das reicht für die Therapie. Wir hatten hier schon einige im Aufnahmegespräch, das jeder machen muß, der in die WG will –, die wir wieder nach Hause geschickt haben, weil sie nicht einen Funken Eigenmotivation zeigten. Jetzt wird die berechtigte Frage auftauchen, wie stellt man fest, ob einer motiviert ist oder nicht! Solch eine Entscheidung, ob einer aufgenommen wird oder nicht, ist eine Gefühlsentscheidung, das heißt, man geht nach dem Gefühl, das man hat, wenn einem der neue Klient im Aufnahmegespräch gegenüber sitzt.
Zum besseren Verständnis möchte ich eben kurz erläutern, was ein Aufnahmegespräch ist und wie es sich zusammensetzt. Das Aufnahmegespräch hier im Take-it-Haus besteht aus drei Stufe-1-Leuten,

drei Stufe-2, einem Stufe-3-Menschen und einem Mitarbeiter[1]. Das Aufnahmegespräch dient dazu, den neuen Klienten kennenzulernen, seine Motivation zu testen und ihn auf seine Rechte und Pflichten hinzuweisen, die er hat, wenn er aufgenommen wird. Kann der Neue sich in keiner Weise darstellen und sagen, was er überhaupt in der WG will, kann er damit rechnen, wieder nach Hause geschickt zu werden. Aus einer nicht vorhandenen oder nur wenig vorhandenen Motivation kommt meist im Laufe der Zeit die eigene hinzu.

Bis hierher habe ich versucht, die für mich wichtigsten und gravierendsten Merkmale eines Neuen herauszusuchen und näher zu beschreiben.

Eines habe ich bis jetzt ausgelassen, und zwar, wie sieht es mit Mann und Frau aus? Haben beide Geschlechter die gleichen Verhaltensweisen? Wie auch in einem »normalen« Leben, gibt es auch unter Süchtigen eine Menge Unterschiede. Festgestellt habe ich im Laufe der Zeit, daß beide Geschlechter, wenn es um ihre eigene Kaputtheit geht, hiermit meine ich die innerliche, gleichermaßen dran sind. Nur die sichtbaren Verhaltensweisen sind unterschiedlich. So kommen die Männer meist mit einer großen Mackerrolle, das heißt soviel wie: unantastbar, unangreifbar, in die Gruppe; wollen ihren Status »Makker« von der Szene hier in der Gruppe fortsetzen. Im Gegensatz zu den Männern zeigen sich die Frauen eher schwach, klein und spielen oft liebes Kind, um eventuelle Kritik abzuwehren, »ich bin ja nur ein kleines, schwaches Mädchen«. Die Männer zeigen sich auch mit Drückebergerei und einer starken konservativen Haltung in bezug auf Frauen: »wir« stark, »die« schwach und dumm. Oftmals suchen Frauen, wenn sie neu in die Gruppe kommen, sofort einen Mann, um mit ihm eine Zweierbeziehung zu führen. Noch ein wichtiges Merkmal, was Frauen auszeichnet, ist, daß sie ihre Sexualität gebrauchen, um den Weg in die Gruppe zu finden. Hier wird ein Verhalten von der Szene mit in die Gruppe hineingenommen, denn viele Frauen haben draußen ihre Sexualität benutzt, um an Gift, sprich Wohlfühlen, heranzukommen. Häufiger Beziehungswechsel und die Unfähigkeit, Beziehungen zu halten, sind ein weiteres Merkmal, das Frauen und Männer auszeichnet.

Die Männer haben oft ein überaggressives und unoffenes Verhalten, das sich auf die Rolle des Unantastbaren niederschlägt. Auch ist

---

[1] Vgl. dazu den Beitrag von *E. K. Saake / H. Stichtenoth*, S. 283.

bei den Männern das Herausputzen ein auffallendes Merkmal; Kettchen, Ringe und Ohrringe sieht man oft bei ihnen. Frauen stellen in ihrem Verhalten ihre Sexualität heraus, um Sympathien von den männlichen Gruppenmitgliedern zu bekommen.

Es gibt bestimmt noch eine Menge Unterschiede zwischen den Geschlechtern, ich will aber hier aufhören, das weiter zu analysieren, denn wenn ich die ganze Palette von verschiedenen Verhaltensweisen aufführen würde, wie Eßgewohnheiten, Schlafgewohnheiten, Sauberkeit, könnte ich die Arbeit bis zum Exzeß ausdehnen; ein Ende wäre wohl nicht abzusehen.

Wie sollte ein Klient aussehen, wenn er die Phase I beendet hat?

Mit dieser Frage will ich versuchen, ein Idealbild zu zeichnen, wie ein Klient aussehen sollte, wenn er aus Phase I (Therapiephase) kommt.

Wie wir zu Frage 1 gesehen haben, hat ein Klient, wenn er in die WG kommt, eine Menge von Verhaltensweisen, mit denen er draußen nicht klarkam, was auch der Grund war, warum er Gift genommen hat. Diese Verhaltensweisen und Konflikte müssen in erster Linie in der Phase-I-Therapie aufgearbeitet werden. Für seine unrealistische Selbsteinschätzung und Weltanschauung muß eine reale erarbeitet werden.

Im einzelnen sieht das folgendermaßen aus:

Alles steht unter dem Oberbegriff: *Selbstverantwortung*. Zu diesem Oberbegriff komme ich, weil ein Klient, bevor er in Therapie gegangen ist, von Verantwortung nichts hören und nichts wissen wollte. Daher meine ich – und das ist meine feste Überzeugung –, muß ein Klient, wenn er die WG verläßt, alles, was er macht und tut, selbst verantworten. Das Ablehnen von Verantwortung ist für mich ein Schritt in alte Verhaltensweisen, gleichzusetzen mit einem vorauszusehenden Rückfall.

Er sollte möglichst nicht nur für sich Verantwortung tragen können, sondern auch für andere (Phase-II-Gruppe, Kollegen am Arbeitsplatz, Freizeitgruppen, enge Freunde). In meiner Therapiezeit bin ich zu dem Schluß gekommen, daß außer dem Oberbegriff »Verantwortung« noch ein zweiter wichtiger Punkt kommt, und zwar: *Belastbarkeit*. Jetzt taucht natürlich für den Leser die Frage auf, was bedeutet der Begriff »Belastbarkeit«. Darauf möchte ich nun näher eingehen und detaillierter aufzeigen, was der Begriff »Belastbarkeit« für mich bedeutet und warum ich ihn zu einem Oberbegriff mache. Wenn ich mein bisheriges Leben vor und während der ersten Monate der Therapie reflektiere, stelle ich fest, daß ich nur bis zu einem gewissen Punkt oder überhaupt nicht belastbar war. Genau an diesen Punkten habe ich früher Drogen genommen, um diesen Situationen auszuweichen. Auch während meiner Therapiezeit stellte ich nicht nur bei mir fest, daß Belastbarkeit nicht nur mein Problem war. Oft sieht es sogar in der Stufe 3 noch so aus, daß große Belastungs- oder Streßsituationen Schwierigkeiten und Probleme mit sich bringen, meist tritt hier das große Jammern oder Schlafen auf. Auch sehen viele Klienten die Welt über sich zusammenbrechen, malen alles schwarz aus, und das Resultat einer solchen Situation ist, daß sie sich und die ganze Therapie in Frage stellen. Man sieht also, daß eine nicht bestandene Belastungssituation eine wahre Kette von Resignation und In-Frage-Stellen-von-allem auslöst. Diese Situationen treten bei der Arbeit, bei Beziehungen, bei Frustrationen, bei Kritik, bei Erkennen der eigenen negativen Verhaltensweisen oft auf. Ich selbst habe hier schon erlebt, daß bereits bei den minimalsten Belastungen diese Kette von immer wieder vorkommenden Verhaltensweisen auftritt. Daher bin ich der Meinung, daß ein Klient, wenn er aus Phase I kommt, möglichst große Belastungs- und Streßsituationen aushalten muß, um nicht wieder in das alte resignative Verhalten zu fallen. Im einzelnen sollte der Klient am Arbeitsplatz belastbar sein, Frustrationen und Niederlagen ertragen und verarbeiten können, verarbeiten im Sinne von daraus lernen, um nicht wieder unvorbereitet in frustrierende Situationen zu kommen. Natürlich kann ich keine solchen Situationen voraussehen, der Klient sollte am Ende der Therapie gelernt haben, damit umzugehen, gleichfalls soll er bei Kritik, die er bekommt, nicht gleich alles hinschmeißen und in Frage stellen, sondern in der Lage sein, sich damit auseinanderzusetzen, d. h. Kritik annehmen und verarbeiten. Dem gleichzusetzen ist die Selbstkritik. Hier sollte der Klient die Fähigkeit besitzen, sich unangenehmen Situationen zu stellen, weil man erkannt hat, daß da eine eigene Schwäche ist. Weiterhin sollte er selbständig und selbstkritisch eigene Verhaltensweisen korrigieren, wenn er merkt, daß diese nicht gut den Situationen, in denen er sich befindet, entsprechen. Aus einer labilen emotionalen Haltung soll eine stabile und, unabhängig von der jeweiligen Situation, in der sich der Klient befindet, eine einigermaßen positiv gefärbte Grundstimmung erarbeitet werden. Damit meine ich, daß auch, wenn man frustriert wird, Lebensfreude oder Hoffnung auf Erfolg da ist und man nicht alles in die Ecke wirft.

Das Erkennen von eigenen Fähigkeiten und darauf aufbauend ein positives Selbstwertgefühl halte ich für genauso wichtig wie das Wegkommen vom Ich und die Einfühlungsfähigkeit in den anderen, Beziehungsfähigkeit und Kontaktfähigkeit. Viel geschrieben, für einen nicht therapierten Leser wenig Sinn. Daher will ich das Vorhergehende etwas näher erläutern. Auch hier muß ich wieder kurz zurückgreifen auf die Zeit vor und auch noch während der Therapie. Oftmals war es so, daß ich nichts von dem wußte, was ich überhaupt kann. Vieles habe ich draußen angefangen und nicht beendet oder durchgehalten, Angst vor Prüfungen und das immer wiederkehrende Einbleuen durch Eltern, Verwandte, Ausbilder und Lehrer: »du kannst ja sowieso nichts, du machst ja alles falsch« usw., haben mir bestätigt, daß ich im Grunde ein Arsch bin und nichts kann. Auch dieses habe ich nicht nur bei mir festgestellt. Während meiner Therapiezeit und vielen Therapiesitzungen habe ich auch bei anderen Klienten gesehen, daß ihnen Gleiches oder Ähnliches in der Zeit vor der Therapie widerfahren ist. Darum halte ich es für sehr wichtig, sich während der Therapiezeit mit seiner eigenen Persönlichkeit auseinanderzusetzen und seine eigenen Fähigkeiten zu erkennen und darauf aufbauend ein Selbstwertgefühl zu entwickeln, auch um einfach sagen zu können: »Ich bin kein Arsch, ich habe nicht nur Scheiße gemacht, hier, seht, das kann ich, ich bin jemand!« Weiterhin muß der Klient, wenn er aus der WG geht, seine egoistische Grundhaltung, die er sich während seiner Fixerzeit angelegt hat, ablegen und sich die Fähigkeit erarbeiten, sich in einen anderen, seinen Mitmenschen, einzufühlen, um eine Basis für Beziehungen und Kontakte zu schaffen; denn wenn der Klient nur bei sich ist und sich nicht in andere einfühlen kann, kann er keine ihm und den anderen etwas bringende Beziehung führen. Da der Süchtige seine Freizeit in der Abhängigkeitsphase meist nur durch Konsumgüter gestaltet hat, wenn man von gestalten überhaupt reden kann, sollte er, wenn er aus der WG geht, in der Lage sein, seine Freizeit sinnvoll zu gestalten. Kann er es nicht, so liegt es auf der Hand, daß er bald wieder in sein altes Verhalten zurückfällt. Das ist Fernsehen, Musik hören, Alkohol oder sonstige Gifte nehmen. Er sollte in der Lage sein, auch in seiner Freizeit aktiv zu wirken, z. B. in einer politischen Gruppe, Jugendgruppen, Sportvereinen. Auf jeden Fall den Vorsatz haben: weg vom Konsumverhalten. Erfahrungen haben gezeigt, daß Klienten, die in Phase II gingen und keine sinnvolle Freizeitbeschäftigung hatten, schnell an der Flasche hingen oder ganz rückfällig wurden.

Er muß in der Lage sein zu wissen, warum er Drogen genommen hat, daraus folgend eine neue Lebensalternative entwickeln, risikobereit und offen für neue Erfahrungen und Lebensmöglichkeiten sein, neugierig werden aufs Leben und sich selbständig aus der alten Beziehung zur Familie – sprich Abhängigkeit – lösen.

Für mich als Klienten einer therapeutischen WG ist das, was ich vorhergehend geschrieben habe, gut verständlich und einleuchtend. Versetze ich mich aber in die Lage des Lesers, der keine Therapie gemacht hat und von dem ganzen Ablauf nichts mitkriegt, so stelle ich fest, daß ich den Ablauf etwas verständlicher machen muß. Da taucht zuerst die Frage auf, warum soll ein Süchtiger wissen, warum er Drogen genommen hat; es reicht doch, wenn er keine mehr nimmt. Ein Süchtiger hat aus verschiedenartigen Gründen Drogen genommen, z. B. Beziehungsprobleme, Abhängigkeit vom Elternhaus, Unselbständigkeit. Diese Probleme heißt es bei sich zu erkennen und in der Phase I in den jeweiligen Therapiestunden zu bearbeiten. Habe ich jetzt ein Elternproblem, merke ich, daß ich von meinen Eltern abhängig bin, so muß ich mich bis zur Phase II und in der Phase II aus dem Abhängigkeitsverhältnis lösen und mir dabei eine Alternative dazu schaffen. Ich muß es geschafft haben, meinen Lebensunterhalt selbst zu bestreiten und Verantwortung für mich zu tragen, und zwar in allem. Weiterhin soll der Klient risikobereit und offen für neue Erfahrungen und Lebensmöglichkeiten sein, das heißt, daß er nicht mehr wie früher nur dann was macht, wenn das Risiko besonders klein ist, sondern bereit ist, Risiko auf sich zu nehmen, um eben neue Erfahrungen zu machen. Dazu gehört aber auch eine ordentliche Portion Neugierde und Mut, Niederlagen in Kauf zu nehmen, denn neue Eindrücke und Erfahrungen braucht der Klient, weil er bis zu seinem Gang in die Therapie nur das Leben eines Fixers und seiner Eltern kannte und vor dem Problem steht, in einer für ihn neuen Welt anzufangen und zurechtzukommen.

Von meiner Sicht her sollte sich ein Klient, der in Phase II geht, schon vorher darüber im klaren sein, wo er hingeht; er geht nämlich nicht in eine heile Welt, sondern er geht dahin, wogegen er mit seinem Rauschmittelkonsum protestiert hat: eine Welt, die sich fortschrittlich und sozial nennt, aber aus Lug und Trug, Mißtrauen, Wirtschaftskriminalität, Politschreiern, Konservativen, Richtern, Geld, Geld und nochmals Geld besteht. Er geht in keine heile Welt. Und das Handicap besteht darin, daß er aus der heilen Welt der WG in eine skrupellose geht. Meines Erachtens bleibt ihm nichts anderes übrig, als sich damit auseinanderzusetzen, wenn er nicht rückfällig werden und untergehen will. Ich will nicht alles über einen Kamm scheren, aber wir leben in einer Profitwirtschaft, und Profit bestimmt das Leben, sei es der Große, der großen Profit machen will, oder der Kleine, der kleinen Profit machen will. So eine Welt und so eine Umgebung wie in einer WG gibt es meines Erachtens draußen nicht. Jeder, der aus der WG geht, soll sich möglichst so weit politisch orientiert haben, damit er weiß, wohin er nach Phase I geht. Hier sehe ich auch eines der größten Probleme, die auf den Klienten zukommen: die Auseinandersetzung mit Habgier, Ausbeutung, Profit und sozialen Schichten. Denn der Fixer ist, wenn er draußen ist, nichts. Er zählt zu den untersten Sozialschichten. Er hat materiell und finanziell nichts vorzuweisen und ist in den Augen des Großteils der Bevölkerung damit nichts, nur ein Objekt. Er muß zusehen, daß er Kontakte findet, mit denen er sich austauschen kann, wo er akzeptiert wird und wo nicht nach materiellen Werten geurteilt wird und wo Menschlichkeit vorgeht. Seine Umwelt ist nicht im ganzen so kaputt, aber er muß zusehen und daran arbeiten, daß er seinen festen Platz in der Gesellschaft findet.

Zu alledem, was ich da aufgezählt habe, muß der Klient einen realen Bezug haben, das heißt, er darf sich nicht über- oder unterschätzen, muß in der Lage sein, seine Umwelt richtig einzuschätzen. Jegliche Abweichung oder Abschweifung aus der Realität bedeutet Verhaltensrückfall. Der Klient sollte sich solche Kontakte schaffen, in denen er sich austauschen kann, ob seine Vorstellungen von sich oder seiner Umwelt der Realität entsprechen. Jeder Ex-User ist schnell dabei, wenn es heißt, in eine Traumwelt abzuschweifen, um von sich abzulenken und den täglichen Problemen aus dem Weg zu gehen. Jeder, der Therapie gemacht hat, *ist* immer noch ein Süchtiger. Zu sagen, nach der Therapie ist alles vorbei, bedeutet, seine Lage nicht richtig zu beurteilen, denn danach bleibt der Klient hochgradig gefährdet. Er hat zwar in der Therapie viel bei sich erkannt, hat aber in der WG keine realen Voraussetzungen, um das Erkannte und Verarbeitete umzusetzen. Er ist und bleibt für Jahre ein Süchtiger. Wenn er sich das immer wieder ins Bewußtsein ruft und das zu einem Teil von sich selbst macht, ist das die Grundvoraussetzung, um nicht rückfällig zu werden.

Wie sieht die tatsächliche Situation aus, wenn ein Klient in Phase II geht?

Nehme ich die Antwort auf die Frage 2 als Leitbild für jeden Klienten, so ergibt sich die Situation, daß im Grunde eigentlich keiner das Therapieziel erreicht hat!

Für einen, der alles, was in der Zeit hier abläuft, nicht direkt mitbekommt, muß jetzt die berechtigte Frage auftauchen: »Was soll das alles, wenn sowieso keiner das Therapieziel erreicht?«

Selbst ich muß mir eingestehen, daß ich auch von den Zielen, die ich in der Frage 2 gesetzt habe, weit entfernt bin! Genauso habe ich es erlebt, wenn andere in die Phase II gegangen sind oder kurz vor dieser stehen. Es wäre hier unsinnig, die Sachen nochmals aufzuzählen und ins Detail zu gehen. Mit dieser Antwort möchte ich kurz aufzeigen, woran es bei den meisten Klienten noch hapert, wo die Schwachstellen sind, die keiner zugeben will.

Zwei Oberbegriffe habe ich in der vorherigen Beantwortung meiner Frage gehabt, Verantwortung und Belastbarkeit. Lange nicht sieht es so aus, wie ich es beschrieben habe und wie es sein sollte, wenn man in die Phase II geht. Bleibe ich bei der Verantwortung. Wie ich es geschrieben habe, sollte jeder Klient das verantworten, was er gerade macht und was er vorhat zu machen. Auch sollte er möglichst Verantwortung tragen für den, mit dem er zusammenlebt, Freunde, Arbeitskollegen usw.

Es sieht in einigen Fällen so aus, daß der Klient noch nicht mal für sich und seine Konflikte, die er hat, Verantwortung übernimmt. Vielen passiert es, daß sie in der ersten Zeit, die sie draußen sind, schwere Verhaltensrückfälle bekommen, ihre wahre Situation nicht real sehen und oft versuchen, ihre Konflikte mit Alkohol zu »bearbeiten«. Es findet keine Auseinandersetzung mehr statt mit sich und den Leuten, mit denen man zusammen wohnt. Gerade das Problem Alkohol wird nicht thematisiert, sondern gehört in einigen Fällen schon zum täglichen Leben. Es wird dadurch vermieden, sich seiner Situation klarzuwerden und was daran zu machen. Alles wird abgeschoben, und der andere ist meistens schuld an der Misere, in der man gerade steckt. Alkohol wird in solchen Situationen schnell zum Verdränger Nummer eins.

Also, von verantwortlichem Umgang mit sich kann in den meisten Fällen nicht die Rede sein, sondern eher das Gegenteil ist vorrangig, Unverantwortlichkeit in allen Belangen! Aber, woran liegt das?

Bei vielen kommt in der letzten Zeit der Phase I der Gedanke: »Wäre ich doch schon in Phase II! Scheiß Konzeption, nicht machen können was ich will, Scheißladen, hab' doch schon alles bearbeitet, was kann mir schon noch passieren, ich will endlich meine Ruhe haben, Scheiß Konflikte, eigene Wohnung usw.«

Ja, und dann geht der größte Teil der Leute mit dem Gedanken im Kopf in die Phase II, endlich bin ich aus dem Laden raus, endlich Ruhe vor den Konflikten!

Und genau das ist der Punkt, wo ich glaube, daß man den nicht ernst und real genug sieht. Ruhe vor den Konflikten und Auseinandersetzungen! Meine Meinung ist, daß keiner von den Leuten, die bis jetzt hier rausgegangen sind, diese Sache real beurteilt hat. Das sehe ich an den Gruppen, die draußen sind, und daran, was da abläuft. Konflikte werden nicht ausgetragen oder angesprochen, sondern totgeschwiegen. Spaltungen werden so hingestellt, als ob das die normalste Sache der Welt sei. Alkohol wird geduldet und regelrecht gesoffen, ohne daß eine Auseinandersetzung darüber stattfindet. In einer Phase-II-Wohngruppe wird dieses Saufen sogar bis zum Exzeß ausgeweitet, weil ein Wohngruppenmitglied sich in seiner Mannesehre verletzt fühlt, wenn er sieht, daß ein anderer mehr trinkt als er selbst. Und getrunken wird kein Bier oder Wein, sondern Whisky!

Da frage ich mich als Phase-I-Klient, was haben diese Leute eigentlich in der ganzen Zeit gelernt und was haben sie in der Phase I verändert?

Auch sieht es im Punkt Freizeitverhalten oft so aus, daß laufend konsumiert wird, anstatt mal selbst aktiv zu werden. Ich will hier nicht alles in Frage stellen, was die Leute gemacht haben in Phase I. Trotzdem muß ich sagen, daß vieles, was von einem Klienten erwartet wird, wenn er hier aus dem Haus geht, nicht erfüllt wird. Für mich stellt sich da auch die berechtigte Frage, sind unsere Ansprüche nicht zu groß an den jeweiligen Klienten? Als Klient, der kurz vor dem Eintritt in Phase II steht, fällt es mir schwer darüber zu schreiben, denn ich bin auch bald in der Situation, die völlig fremd für mich ist, die ich zwar theoretisch ausdiskutieren kann, wie es real in Situationen aussieht, in die ich draußen gerate, kann ich beim besten Willen nicht sagen. Von daher halte ich mich an das, was ich heute für richtig erachte: Auseinandersetzung mit der jeweiligen Sache.

I. Therapeutische Wohngemeinschaften: Geschichte, Theorie und Praxis

Gernot Vormann und Wolfgang Heckmann

Zur Geschichte der therapeutischen Wohngemeinschaften in Deutschland

Idee und Praxis der therapeutischen Gemeinschaft finden zunehmendes Interesse und Verbreitung im deutschen Sprachraum, wobei kritische Stimmen allerdings nie verstummt sind. Wir wollen hier Entwicklungslinien aufzeigen, um den Hintergrund dieser Idee deutlicher werden zu lassen.

Levy u. a. (1977) halten die Bewegung des *Moral Treatment* im 18. und 19. Jahrhundert für einen Vorläufer der therapeutischen Gemeinschaft. Dieses basierte »auf der Konzeption, daß psychisch Kranke auf keinen Fall völlig unempfindlich für die Einflüsse sind, die das Verhalten gesunder Menschen bestimmen« (*Rossi* 1973). *Pinel* und *Tuke* können als Hauptvertreter dieser Richtung gelten (vgl. *Dörner* 1975). Sie forderten, daß die Störungen im Zusammenhang mit den jeweiligen Lebensbedingungen gesehen werden müßten. »Ihnen galt der Kranke als normaler Mensch, der infolge psychischer und sozialer Streßerlebnisse seine ›Vernunft‹ verloren hatte. Ihr Ziel war die Umerziehung des Verhaltens des Kranken in einer ›sympathischen‹ sozialen Umgebung durch Diskussion seiner Probleme und ein Angebot an sinnvollen Aktivitäten« (*Rebell* 1976). Aus heutiger Sicht war aber die Behandlung alles andere als erfreulich. Trotz Befreiung von den Ketten wurde alles so organisiert, daß kein Platz für individuelles oder gar »unvernünftiges« Verhalten blieb (vgl. *Dörner* a.a.O.). Weitere frühe, sozusagen sozialpsychiatrische Betrachtungsweisen findet man bei *Esquirol, Jacobi, Heinroth* und *Roller* (vgl. *Krüger* 1972). Das Wort »Psychiatrie« geht übrigens auf *Reil* zurück (*Mechler* 1963).

Wurde zu dieser Zeit noch bei Krankheiten der körperliche, seelische und soziale Ursachenaspekt gleichzeitig gesehen[1], so verschob sich im 19. Jahrhundert das Gleichgewicht zugunsten einer rein so-

---

[1] Z. B. forderte *Reil* in seinen »Rhapsodien« 1803, daß »zur vollständigen Therapie jeder, auch körperlichen Krankheit, neben der chirurgischen und medizinischen als dritte Methode die psychische Kur gehören« müsse *(Dörner* a.a.O., S. 234).

matischen Betrachtungsweise. In dieser Zeit wuchsen mit atemberaubendem Tempo die Fortschritte in den Naturwissenschaften, der Technik und Medizin, und so auch die Auffassung, daß Krankheiten des Menschen, auch die seines Geistes, somatischen Ursprunges seien. Das sogenannte medizinische Modell verschob das therapeutische Gleichgewicht von der Bedeutung eines sozialen Umfeldes zu einem eingegrenzten Rapport zwischen Arzt und Patient. Dieses medizinisch-naturwissenschaftliche Krankheitsmodell eröffnete zwar in gewissem Sinne die Möglichkeit einer größeren Wissenschaftlichkeit und eines professionellen Engagements, schob aber die Auffassung von der individuellen Verantwortlichkeit des Menschen für sein Tun nahezu völlig beiseite. Zwar konnte dadurch die vorher vorherrschende Auffassung des selbstverschuldeten sündhaften »Irreseins« modifiziert werden, jedoch hat die somatogene Betrachtungsweise mit ihrem »Konzept der kustodialen Fürsorge für stationär behandelte Patienten eine Atmosphäre von Passivität und Abhängigkeit begünstigt« (*Levy* u. a., a.a.O.). Die industrielle Revolution im 19. Jahrhundert mit ihrem Zwang zur rationellen wirtschaftlichen Produktion hat die Ausgrenzung nicht-funktionierender Mitbürger und die Entstehung von psychiatrischen Großanstalten gefördert. Dies hatte u. a. »den Sinn, die Familien von solchen zu pflegenden Mitgliedern zu ›befreien‹, die – gemessen an der eingeengten industriellen Vernunft – unnütze Ballastexistenzen sind« (*Dörner, Plog* 1978, S. 432). Die Besonderheiten kasernierter psychiatrischer Behandlung mit ihrer Passivierung und Isolierung schufen sekundäre Krankheitssymptome, die erst spät als solche erkannt wurden. Besonders wenn beabsichtigt war bzw. ist, die Kranken in das gesellschaftliche Leben zu reintegrieren, birgt ein langfristiger Anstaltsaufenthalt die Gefahr der Entfremdung vom normalen Leben und seinen Anforderungen. Eine Reintegration war jedoch – wie bereits erwähnt – lange Zeit gar nicht beabsichtigt.

Zu verändern begann sich das Bild der Psychiatrie langsam mit *Freuds* Arbeiten über die Genese psychischer Störungen. Er entwikkelte eine psychische Therapiemethode, die Psychoanalyse, vor allem für neurotische Störungen. Insbesondere mit Hilfe dieser Psychoanalyse gelang es, die wissenschaftliche Konzeption des Wahnsinns umzugestalten und zahlreiche Geistesstörungen besser zu erklären, über deren Ursachen man bislang wenig wußte (*Obiols* 1978). Nachdem die rein somatische Ursachenforschung nach einigen Anfangserfolgen, z. B. bei der progressiven Paralyse, bei vielen psychischen Erkrankungen erfolglos geblieben war und sich ein »therapeutischer Nihilismus« (*Dörner, Plog* a.a.O.) entwickelt hatte, setzte in verstärktem Maße die Wiederbesinnung auf soziale Aspekte ein.

Es ist festzustellen, daß die Betrachtung und Behandlung gesellschaftlicher Randgruppen abhängig ist von den herrschenden ökonomischen, politischen, wissenschaftlichen und weltanschaulichen Strömungen innerhalb einer Gesellschaft.

Der festzustellende Wandel in der Einstellung gegenüber psychisch Auffälligen ist zum einen auf vermehrte Erkenntnisse über psychodynamische Mechanismen und soziale Zusammenhänge, aber auch auf veränderte politische und weltanschauliche Haltungen zurückzuführen. In den letzten Jahrzehnten kamen stärker als zuvor Auffassungen zum Zuge, die den Menschen als selbständig handelndes und selbstverantwortliches Subjekt auffaßten (vgl. *Dörner, Plog* a.a.O.). *Rebell* (a.a.O.) sieht den Wechsel von der kustodialen zur rehabilitativen Auffassung in Deutschland nach dem Zweiten Weltkrieg zum einen in der Demokratisierung der Gesellschaft begründet, aber auch in einer Verknappung staatlicher Gelder, was eine »Wandlung von einer mehr kompensatorischen Sozialpolitik hin zu einer ›produktionsorientierten‹ Sozialpolitik« (*Rebell* a.a.O.) bewirke.

Versuche, den Kustodialismus zu verändern, gab es allerdings in einigen Ländern schon vor dem Zweiten Weltkrieg, so in Rußland in den zwanziger Jahren (vgl. *Kulenkampff* 1967) oder auch in Deutschland mit *Simon,* der 1930 die gestufte, aktive Arbeitstherapie einführte (vgl. *Harlfinger* 1954).

Die heutige Sozialpsychiatrie versucht, den Kranken – soweit wie möglich – wieder in die Gesellschaft zu reintegrieren, d. h. sozial und beruflich zu rehabilitieren. Dies soll mit Mitteln der Soziotherapie geschehen, die nach Meinung von *Dörner, Plog* (a.a.O.) alle anderen Maßnahmen, wie z. B. Psychotherapie, umfängt.

Auf dem Weg zur Verwirklichung therapeutischer Gemeinschaften nimmt das Gedankengut der sogenannten Anti-Psychiatrie (vgl. *Basaglia* 1973; *Cooper* 1971; *Laing* 1976; *Mannoni* 1976) einen wichtigen Platz ein. Nach ihrer Auffassung ist Wahnsinn ganz wesentlich gesellschaftlichen Ursprungs. Die bestehenden psychiatrischen Institutionen mit ihrer spezifischen Struktur werden als die Ursache dafür gesehen, daß psychische Störungen vertieft und vervielfältigt, anstatt geheilt werden. Deshalb seien sie abzuschaffen.

In dem vielbeachteten Versuch in der »Villa 21« versuchte *Cooper* (a.a.O., S. 100–124), Kranke in einer kleinen Einheit von 19 Plätzen zu behandeln und dabei auf die üblichen Schranken zwischen Patienten und Pflegepersonal zu verzichten. Er machte die Erfahrung, daß viele überkommene Normen der klassischen Psychiatrie unnötig waren, wenn man den Patienten mehr Eigenverantwortung zubilligte. *Cooper* konnte sich dabei auf die Erfahrungen von *Maxwell Jones* (1952) stützen, der das Konzept der therapeutischen Wohngemeinschaften (therapeutic community) ausgearbeitet hatte. Publik wurden diese Versuche anläßlich eines Besuches amerikanischer Psychiater in England, worüber *Main* (1946) berichtete und dabei erstmals im psychiatrischen Bereich den Terminus »therapeutic community« verwandte. Erstmals theoretisch und methodisch ausgearbeitet wurde das Konzept der therapeutischen Gemeinschaft von dem in die USA ausgewanderten Psychiater *J. L. Moreno,* dem Begründer der modernen Gruppentherapie. *Moreno* schreibt 1934 (S. 18) über seine Erfahrungen als leitender Arzt im Flüchtlingslager Mitterndorf bei Wien 1917: »It was through this experience that the idea of a psychologically planned community began to occupy us.« Eine solche Gemeinschaft konnte er in der Hudson School realisieren, aber er mußte sich zunächst mit der bestehenden Struktur auseinandersetzen. »We were all aware that to attempt the psychological reorganisation of any community which had already established patterns and traditions would meet with resistance. The next logical step could be the construction of a *new* community« (ebda S. 20). Nach Abschluß der Arbeit in Hudson[2] konnte *Moreno* feststellen: »We succeded in creating a true *therapeutic community,* a core

---

[2] Die Zöglinge der Anstalt konnten die Zugehörigkeit zu ihrer Hausgruppe frei wählen, die soziometrischen bzw. gruppendynamischen Konstellationen wurden in den Gruppensitzungen berücksichtigt und in Rollenspielen aufgearbeitet. Erzieher, Therapeuten und Klienten arbeiteten in therapeutischer Partnerschaft (partnership). Die Gruppenteilnehmer werden ermutigt, ihren eigenen Prozeß in die Hand zu nehmen und mit den Betreuern die Situation in einem »cooperative effort« zu gestalten. Therapeuten und Klienten werden »co-actors« (vgl. *Moreno* 1934; 1951; *Leutz* 1974; *Petzold* 1979). Schon 1932 hatte er mit ähnlichen Grundsätzen als Gefängnispsychiater in Sing-Sing Abteilungen als therapeutische Gemeinschaften zu organisieren versucht, in denen die Insassen gegenseitig für sich zu Therapeuten wurden und der Therapeut in das Geschehen auf gleicher Ebene integriert war (*Moreno* und *Within* 1932).

element for the *therapeutic society* to come« (1936,2). Inwieweit *Jones* von *Moreno* beeinflußt war, läßt sich nicht genau sagen; allerdings weist *Zerka T. Moreno* in ihrer Darstellung der internationalen gruppentherapeutischen Bewegung darauf hin, daß die englischen Psychiater wie *Main, Rickman, Bion, Foulkes, Ezriel* und *Bjerer*, die gegen Ende des 2. Weltkrieges die Gruppentherapie in England inaugurierten, mit *Morenos* Arbeiten vertraut waren. Einige hatten das Psychodrama-Institut in New York besucht, so auch *Maxwell Jones*. »Maxwell Jones nahm an Psychodrama- und Soziodramasitzungen am Moreno-Institut in New York teil und begann dann mit einer modifizierten Form von Psychodrama am Belmont Hospital in England zu arbeiten. Außer Foulkes vielleicht tat er mehr als irgendein anderer Psychiater, um das Psychodrama in Großbritannien zu verbreiten. *Jones also became interested in Moreno's idea of therapeutic community and elaborated further on this*« (Z. *Moreno* 1966, S. 95)[3].

Jones erprobte seine Vorstellungen an vegetativ gestörten englischen Soldaten im Henderson-Hospital in London.

Jones (a.a.O.) nannte folgende Grundprinzipien der therapeutischen Gemeinschaft:

1. Die Patienten werden zu gegenseitigen Therapeuten.
2. An die Stelle der vorgegebenen hierarchisch-institutionellen Krankenhausordnung tritt eine demokratische.
3. Es soll eine *therapeutische* Tradition gepflegt werden. Dazu wird das Verhalten aller Mitglieder der therapeutischen Gemeinschaft (Patienten wie Mitarbeiter) durch alle auf seinen Motivgehalt hin reflektiert.

Man muß feststellen, daß der Begriff der therapeutischen Gemeinschaft in dieser Kürze nicht umfassend, eindeutig und klar definiert werden kann. Außerdem werden je nach Problemstellung Modifikationen notwendig. *Bartholomeyczik* und *Bartholomeyczik* (1975, S. 260) fassen die Grundlagen folgendermaßen zusammen:

1. Die Angehörigen der verschiedenen Ausbildungsgänge, Ärzte, Schwestern, Pfleger, Sozialarbeiter, Psychologen usw. werden, abgesehen von ihrer spezifischen Qualifikation, als gleichwertige Mitglieder eines therapeutischen Teams betrachtet.
2. Die hierarchische Struktur, die das Verhältnis der am therapeu-

---

[3] Hervorhebungen durch die Autoren.

tischen Prozeß Beteiligten regelt, wird zugunsten funktional gleichberechtigter Beziehungen abgebaut.
3. Die Reduktion von Autoritätspersonen auf der einen Seite sowie die Erweiterung von Handlungsmöglichkeiten auf der anderen Seite verändern einseitige Entscheidungskompetenzen: therapeutische Praxis wird das Ergebnis gemeinsam getroffener Gruppenentscheidungen.
4. Das herausgehobene Arzt-Patient-Verhältnis wird durch eine Vielzahl von therapeutisch wirksamen Kommunikationsbeziehungen des Kranken mit allen Teammitgliedern ersetzt.
5. Der Patient wird weitgehend in die Gestaltung des therapeutischen Milieus miteinbezogen und damit an seinem Heilungsprozeß aktiv beteiligt.
6. Die Beziehung des Patienten zur Realität seines alltäglichen Lebens wird in den therapeutischen Überlegungen berücksichtigt und als maßgebliche Bedingung des Krankheitsverlaufes und der Gesundung ernstgenommen.

Therapeutische Gemeinschaften blieben in Deutschland lange Zeit überwiegend an einzelne psychiatrische Stationen gebunden, so z. B. in Heidelberg (*Häfner* 1966), Düsseldorf (*Flegel* 1966), Gütersloh (*Veltin* 1968), Frankfurt (*Bosch* 1967) und Tübingen (*Ploeger* 1972); wie zu beobachten war, hingen sie oft vom Engagement bestimmter Einzelpersonen ab, mit deren Weggang die therapeutische Gemeinschaft zusammenfiel.

Nun ist die Psychiatrie nur einer der Bereiche des öffentlichen institutionellen Umgangs mit Randgruppen. Dazu gehören auch Straffällige, Waisenkinder, dissoziale Jugendliche, Süchtige, Nichtseßhafte, Alte und körperlich Kranke. Für alle diese Bereiche bildeten sich im Laufe der Jahrhunderte spezielle Einrichtungen[4], die ebenfalls wie die Psychiatrie eine wechselvolle Geschichte haben.

Verwaiste Kinder oder Kinder von Eltern, die aus verschiedensten Gründen zur Aufziehung nicht mehr in der Lage waren, wurden in früheren Zeiten von der Großfamilie (bzw. Sippe) aufgenommen. Mit zunehmender Urbanisierung und Industrialisierung zerschlugen sich diese Sippen, so daß die Kinder, die keine familiäre Hilfe mehr

---

[4] Vielfach wurden früher die verschiedenen Auffälligengruppen in denselben Einrichtungen untergebracht. In Deutschland erfolgte die Differenzierung im uns heute geläufigen Sinne eigentlich erst im 19. Jahrhundert.

erwarten konnten, zu verkommen drohten. Im Mittelalter wurden Waisen, ausgesetzte, verlassene oder sippenlose Kinder und die Kinder von Armen, die die Ernährung und Erziehung nicht mehr leisten konnten, in Findel- und Waisenhäusern, die von der Kirche unterhalten wurden, untergebracht (vgl. *Scherpner* 1966); allerdings nur so lange, bis sie »selbständig ›nach dem Almosen‹ gehen konnten« (*Sauer* 1979), also betteln gingen. Im ausgehenden Mittelalter wurden die Findel- und Waisenhäuser zunehmend den Städten und Gemeinden unterstellt (*Ahlheim* u. a. 1971, 1978[5]). Ursprünglich ging es um nicht viel mehr als um das körperliche Überleben der Kinder, erst nach und nach kamen Erziehung und »Ausbildung« hinzu (*Sauer* a.a.O.). Da in der Regel fast nur Kinder armer Leute betroffen waren, versuchte man, mit geringem Aufwand sie rechtzeitig an ihre Rolle eines subalternen Arbeiters zu gewöhnen. Die Kinder mußten so früh wie möglich durch Arbeiten oder Betteln zu ihrem Lebensunterhalt beitragen. Diese Kinder stellten recht billige Arbeitskräfte dar, so daß im 17. Jahrhundert die gewerbliche Arbeit in den Findel- und Waisenhäusern zunahm. »Der für die neue Ära der Manufakturen und Großbetriebe notwendige Stamm von Arbeitskräften wurde hier vorgeformt« (*Scherpner* a.a.O.). Der aufstrebende Pietismus in dieser Zeit begründete die Arbeits- und Zuchthäuser damit, daß solche Anstalten notwendig seien, weil Bettler durch ihr Tun sich an sich selbst versündigten und an ihren Kindern, die sie an die Bettelei gewöhnten (*Sauer* a.a.O.). Unter dem Einfluß des Pietismus erlebten die Findel- und Waisenhäuser mit ihrer radikalen Ausnutzung kindlicher Arbeitskraft einen großen Aufschwung (*Scherpner* a.a.O.). Ende des 18. Jahrhunderts wurden die pietistischen Waisenhausanstalten mit ihrer brutalen Arbeitszucht und dumpfen Religiosität zunehmend heftig kritisiert. Anlaß war das Bekanntwerden einer hohen Sterblichkeit von 25% der Anstaltskinder (*Ahlheim* u. a., a.a.O.). Bemängelt wurde auch die Vermischung der Kinder mit Irren, Alten und Kranken in einem Haus, die schlechte Ausbildung, die auf die Anlagen und Fähigkeiten der einzelnen Kinder keine Rücksicht nahm und sie nicht auf ein Leben »draußen« vorbereiten würde. Als Folge der öffentlich geführten Auseinandersetzungen wurden viele Waisenhäuser aufgelöst, auch bemühte man sich stärker um neue Ansätze. Insbesondere die Arbeiten von *Pestalozzi* (1927) Ende des 18. und Anfang des 19. Jahrhunderts übten einen Einfluß aus, der bis in die heutigen Tage wirkt. Ihm kam es darauf an, den Kindern ein menschenwürdiges Dasein zu verschaffen, sie u. a. durch körperliche Übung zu selbsterhaltender Arbeit und damit zu allgemeiner Selbständigkeit zu befähigen. Er legte darüber hinaus sehr viel Wert auf familienähnliche Heimerziehung, deshalb sollten Erzieher und Zöglinge ihr Leben miteinander teilen; »Hilfe zur Selbsthilfe« (*Sauer* a.a.O.) sollte geboten werden.

In Reaktion auf die Waisenhausmisere und vielfach unter Berufung auf *Pestalozzi* entstanden Anfang des 19. Jahrhunderts die sogenannten Rettungshäuser (vgl. *Scherpner* a.a.O.). In sie konnte man nur freiwillig aufgenommen werden, weshalb auch die Freiräume für den einzelnen Zögling erheblich größer waren als in den bisherigen Anstalten. Schwerpunkt der Erziehung war die religiöse Unterweisung. Die Arbeit sollte die Kinder in erster Linie auf eine spätere Berufstätigkeit vorbereiten.

Das bekannteste Rettungshaus des 19. Jahrhunderts – das *Rauhe Haus* – wurde 1833 in Horn bei Hamburg von dem Theologen *Johann Hinrich Wichern* (der sich übrigens als »Erbe« *Pestalozzis* betrachtete) gegründet (siehe *Ahlheim* u. a., a.a.O.). Er kannte aus eigener Anschauung das Elend und die Not der Armenbevölkerung und der verelendeten und aufsichtslosen Kinder. Er wollte denjenigen Kindern einen idealtypischen Familienersatz geben, deren Eltern gestorben waren oder zur Erziehung unfähig erschienen. *Wichern* hielt das Aufwachsen in den damals üblichen Anstalten für schlecht, da dort keine »Lebens- und Liebesgemeinschaft« (*Wichern* 1975) gegeben sei. Auch die Unterbringung in fremden Familien hielt er für ungeeignet. Kinderlose Familien waren nach seiner Meinung ganz schlecht, denn »dies sind keine Familien. Die Gemeinschaft ist eine der unerläßlichen Bedingungen, ohne welche keine Rettung möglich ist« (*Wichern* a.a.O.). So schuf er mit dem *Rauhen Haus* eine Vereinigung mehrerer »Familien«, in welchen jeweils zwölf Jungen oder Mädchen unter der Leitung eines »Bruders« bzw. einer »Schwester« zusammenlebten. Die Familie sollte so etwas wie eine Lebens- und Arbeitsgemeinschaft bilden »mit all der Freude und Erholung, dem Feier- und dem Festleben des kleinen abgeschlossenen häuslichen Kreises« (*Wichern* a.a.O.). Das Leben in diesen Familien war herzlicher und fröhlicher als in den damals gängigen Waisenhäusern; gleichwohl war es, der damaligen Zeit entsprechend, ausgesprochen patriarchalisch.

Wicherns Modell blieb neben einigen wenigen anderen, wie dem von *Eva-Maria Tiele-Werner*, eine Ausnahmeerscheinung. Zwar versuchte man vielerorts, familienähnliche Strukturen einzuführen, doch blieb dies angesichts von Gruppengrößen von etwa fünfzig Kindern eine Farce. Vorherrschend blieb die große Anstalt mit der ihr eigenen rigiden und unpersönlichen Atmosphäre. Dem Zeitgeist gemäß war die Anstaltserziehung geprägt von Kontrolle, Sanktionierung und Disziplinierung.

Bewegung kam wieder in die Diskussion und Praxis der Heimerziehung in Deutschland nach dem verlorenen Ersten Weltkrieg, der erhebliche gesellschaftliche Wandlungen mit sich brachte. *Rühle* (1922) und andere kritisierten, daß insbesondere die Fürsorgeerziehung als Zwangsmaßnahme gegen den Nachwuchs der Arbeiterklasse eingesetzt würde. Arbeiterkinder würden oft vorschnell und leichtsinnig in Anstalten gesperrt, dort kaserniert und vom tatsächlichen Leben abgeschlossen, so daß sie zu völlig unselbständigen und alles erduldenden Menschen verkämen. Durch vielfältige Drangsalierungen würden sie zu kritikloser Anpassung und Unterordnung gezwungen (*Rühle* a.a.O.). Die Beseitigung des bestehenden Fürsorgesystems wurde aus politischen und humanitären Gründen gefordert. Jedem Zögling sollte eine Berufsausbildung entsprechend seinen Wünschen ermöglicht werden (*Brandt* 1929).

Neben Vertretern der Arbeiterbewegung nahmen sich Pädagogen der Jugendbewegung der Fürsorgeerziehung an. Beispielhaft war die Reform des »Lindenhofes« in Berlin unter Leitung von *Karl Wilkers*. Seine Ideen: Abbau der autoritären Heimstruktur, Beseitigung aller gefängnisähnlichen Einengungen, Einführung von Selbstverwaltungsorganen der Jugendlichen, Herstellung eines engen Kontaktes zwischen Heim und Außenwelt, Sicherung einer adäquaten Berufsausbildung (siehe *Ahlheim* u. a., a.a.O.). Einige weitere »Reformheime« (*Ahlheim* u. a., a.a.O.) entstanden. Sie wurden aber nur von einigen wenigen engagierten Pädagogen getragen und waren bei weitem die Minderheit in der Masse der Heime.

Die sozialpädagogische Bewegung dieser Zeit forderte eine Reformierung der Fürsorgeerziehung. Nunmehr sollte das Interesse des zu Erziehenden in den Mittelpunkt gestellt werden und nicht mehr so sehr staatliches, kirchliches oder wirtschaftliches Kalkül. Der Jugendliche, der öffentlicher Erziehung anheimfiel, sollte nicht mehr als Gegner betrachtet werden, den man niederringen mußte, sondern als jemand, dem man zu Hilfe kommt. Das Verhältnis zwischen Erziehern und Zöglingen sollte jedoch nicht von der traditionellen Dualität der Familie bestimmt werden, in der das Kind nur ein unselbständiges Anhängsel der Erwachsenen sei, sondern durch die Gemeinschaftserziehung. Nur so sei es möglich, zu einem selbständigen Leben zu kommen (vgl. *Sauer* a.a.O.).

Durch das Dritte Reich wurden jäh alle Entwicklungen unterbrochen.

Im Nachkriegsdeutschland bestand die Chance einer großangelegten Reformierung des Heimwesens, doch war das Interesse an der öffentlichen Erziehung äußerst gering, ebenso die bereitstehenden finanziellen Mittel. So war die Standardform des Heims wieder die Anstalt mit rund sechzig Kindern in einer Gruppe, mit Überforderung des Personals, mit passivierender und nivellierender Anstaltsordnung und fehlender Nestwärme. Ende der fünfziger Jahre stellten *Pongratz* und *Hübner* (1959) fest, daß die Heime ihre Aufgabe der Nachsozialisation dissozialer Jugendlicher nur unzureichend erfüllten und die meisten Entlassenen wieder im Heim oder vor dem Richter landeten. Erst mit der sogenannten »Heimkampagne« Ende der sechziger Jahre, ausgelöst von politisch engagierten Studenten und Betroffenen, gelang es, allgemeines öffentliches Interesse auf die teilweise trostlosen Zustände in den Heimen zu lenken. Die Initiatoren der »Heimkampagne« knüpften in ihrer Argumentation an die sozialistische Tradition der zwanziger Jahre sowie an die antiautoritäre Pädagogik an und wollten die politische Disziplinierungsfunktion der öffentlichen Erziehung aufzeigen. Studentische und andere Wohngemeinschaften nahmen entlaufene Fürsorgezöglinge auf. Praktisch begann die »Heimkampagne« 1969 durch eine kritische Veranstaltung in dem hessischen Jugendheim Staffelberg, in der ein Heimrat, Öffentlichkeit der Erzieherkonferenz, Transparenz der Verwaltungsvorgänge, Relegierung der Erzieher, die körperlich gezüchtigt hatten, Öffnung des Heims, Abschaffung der Postzensur, gerechter Lohn und freie Berufswahl gefordert wurden. Infolge der Veranstaltung flohen dreißig bis vierzig Zöglinge nach Frankfurt, um in selbstverwalteten Jugendwohnkollektiven leben und arbeiten zu können[5].

Die Behörden entschieden sich für eine Duldung dieser Kollektive

---

5 Zur Vorgeschichte und zum Verlauf der Heimkampagne in Hessen vgl. P. *Brosch:* Fürsorgeerziehung, Heimterror und Gegenwehr, Frankfurt 1972; sowie H. *Bott:* Zur Geschichte der Frankfurter Jugendkollektive, in: M. *Liebel* u. a.: Jugendwohnkollektive – Alternative zur Fürsorgeerziehung? München 1972.

unter Erfüllung etlicher Auflagen. Die Trägerschaft wurde an den städtischen Verein für Arbeits- und Erziehungshilfen übergeben, der für die organisatorische und pädagogische Betreuung zu sorgen hatte. Die Entwicklung eines der Frankfurter Kollektive beschreibt *Knöpp* (1972), die dort als Beraterin tätig war.

Die mittels Streiks, Demonstrationen, Befreiungs- und Besetzungsaktionen initiierte öffentliche Diskussion führte zu zahlreichen Veränderungen im Bereich der Heimerziehung. Alternative Projekte, wie z. B. weitgehend selbstverwaltete Wohngemeinschaften oder Kollektive, wurden zugelassen. Mehr Geld als zuvor wurde bereitgestellt für die Verkleinerung von Erziehungsgruppen oder zur Schaffung kleiner (therapeutischer) Wohngemeinschaften.

Auf einer Expertentagung für Jugendkollektive 1970 in Berlin (siehe *Knöpp* a.a.O.) wurden drei Formen von Kollektiven bzw. Wohngemeinschaften konzipiert:

1. das autonome Kollektiv, das sich aus einem Arbeitszusammenhang oder für gemeinsame Probleme selbständig konstituiert ohne institutionalisierte Beratung;
2. das Kollektiv mit externer Beratung, das ebenfalls selbständig ist, aber die Möglichkeit haben soll, eine therapeutische oder pädagogische Beratung in Anspruch zu nehmen. Der Berater hat keine Aufsichtsfunktion und wohnt nicht im Kollektiv;
3. das therapeutische bzw. sozialpädagogische Kollektiv, das sich auszeichnet durch intensive Betreuung, die Berater wohnen im Kollektiv und werden durch Therapeuten unterstützt.

Im Bereich der öffentlichen Erziehung sind heute die therapeutischen Wohngemeinschaften anerkannt. Sie fungieren als Heimersatz, als Instanz zwischen Heim und eigenständigem Leben oder im Vorfeld, um Heimerziehung gar nicht erst nötig werden zu lassen[6].

Eine weitere Randgruppe stellen die Nichtseßhaften dar. Nichtseßhaftigkeit[7] ist die Existenz ohne festen Wohnsitz und ohne geregelte Arbeit. Im Laufe der Geschichte schufen immer wieder Katastrophen, Kriege und gesellschaftliche sowie politische Struktur-

---

6 Siehe hierzu Jugendwohngemeinschaften in Berlin (West), herausgegeben vom Arbeitskreis »Jugendwohngemeinschaften«, Berlin 1978; sowie *Fischer, H.-G., Fischer-Flecke, M., Lüdde, H.*: Psychotherapie in Gruppen, *b:e*, Heft 11, 1976, und *G. Witt*, dieses Buch, S. 404.

7 Den Begriff »Nichtseßhafte« verdanken wir dem Dritten Reich.

veränderungen Heimatlose. Als Massenphänomen trat die Entwurzelung erst (neben krisenhaften Zuspitzungen z. B. während und nach dem Dreißigjährigen Krieg) mit der Industrialisierung im 19. Jahrhundert auf. Landstreicher und Bettler kamen früher üblicherweise ins Arbeits- oder Zuchthaus. Spezielle Fürsorgeeinrichtungen für Nichtseßhafte gibt es erst seit ungefähr 125 Jahren. Insbesondere *Kolping* (»Kolpinghäuser«), *Perthes* und *v. Bodelschwingh* nahmen sich der heimat- und arbeitslosen Männer an. Die »Herbergen zur Heimat« waren in ihrer ursprünglichen Absicht gedacht als Unterkünfte für durchreisende Handwerksbursche, die dadurch von den Wirtshäusern ferngehalten werden sollten. *v. Bodelschwingh* nahm dann ab 1882 in seinem Sennebauernhof bei Bielefeld in seine »Elendsgemeinde« Menschen auf[8], die entwurzelt waren und bereit waren, auf Alkohol zu verzichten, die Hausordnung zu akzeptieren und mitzuarbeiten. Bis 1934 stieg in Deutschland die Zahl solcher Einrichtungen auf 52 an, heute existieren noch etwa 31 (*Helmes* 1979). Aus dem Hof *v. Bodelschwinghs* entwickelten sich die *v. Bodelschwingh*schen Anstalten für Nichtseßhafte und Epileptiker. Es ist nun bemerkenswert, daß gerade innerhalb dieser traditionsreichen Institution, im Nichtseßhaftenbereich, ein innovativer Versuch in Richtung therapeutischer Gemeinschaft unternommen wird[9].

Die stärkste Verbreitung hat die Idee der therapeutischen Gemeinschaft in Deutschland in der Hilfe für drogenabhängige junge Menschen gefunden – ein Bereich, der gemeinhin zur Psychiatrie gezählt wird.

Viele therapeutische Gemeinschaften für Drogenabhängige hierzulande berufen sich auf Traditionen, die mit diesem Ansatz in den USA seit Jahrzehnten bestehen. Dort gründete 1958 *Charles Dederich*, ehemaliger Alkoholiker und Mitglied der Anonymen Alkoholiker (AA), die erste Selbsthilfegruppe für die neue Gruppe Süchtiger, die Opiat-Fixer. Er wandte die Prinzipien der AA an und organisierte eine alternative Lebensgemeinschaft: *Synanon*[10]. Aus der Lebenshilfe für ehemalige Drogenabhängige wurde bald ein florie-

---

8 Ausführlich über die Geschichte der *v. Bodelschwingh*schen Anstalten informiert *H. Satter:* Modell Nächstenliebe, Beispiel Bethel, München 1973.
9 Siehe hierzu den Artikel von *Baumann*, dieses Buch S. 372.
10 Siehe hierzu: *Yablonsky, L.:* Synanon: Selbsthilfe der Süchtigen und Kriminellen, Stuttgart 1975.

rendes Wirtschaftsunternehmen, in dem man ohne Suchtmittel und Gewalt, aber auch ohne Privateigentum und Profit auskam. Synanon-Häuser und Synanon-Dörfer entstanden, in denen das frühere Leben in der Szene keine Bedeutung mehr hat, sondern nur noch die Gegenwart des gemeinsamen Lebens und Arbeitens. Angelehnt an dieses Vorbild entstanden andere Modelle: 1964 *Daytop*[11], gegründet von *David Deitch*, der zuvor bei Synanon war; 1967 *Phoenix House*[12], gegründet von fünf ehemaligen Drogenabhängigen aus dem Daytop-Programm; weitere Modelle werden von *Petzold* (1974) beschrieben. In Europa wurden diese Vorbilder erst mit einiger Verspätung adaptiert. Einerseits weil das Drogenproblem hier erst ab Mitte der sechziger Jahre virulent wurde, andererseits weil eine Reihe ideologischer Vorbehalte und nationaler Besonderheiten einer schlichten Übernahme von Modellen aus den USA entgegenstanden.

1968 wurden in Frankreich zwei Versuche unternommen, für drogenabhängige Jugendliche therapeutische Wohngemeinschaften einzurichten. *Durand-Dassier* (1970) und *Petzold* (1969) eröffneten unabhängig voneinander je eine Gruppe. Beide waren durch ihre Erfahrungen bei Daytop, New York, zu dem Experiment angeregt worden. *Durand-Dassier* verwendete Daytop-Prinzipien in der Gruppentherapie, *Petzold* entwarf für eine Gruppe von zwölf Opiatabhängigen und Politoxikomanen ein Vierstufenmodell »Les quatre pas« – »Four Steps« –, das das Großgruppenmodell von Daytop erheblich modifizierte und auf eine europäischen Verhältnissen angepaßte Kleingruppenform brachte. Die Wohngemeinschaft, die mit ihm über drei Jahre in Zusammenarbeit von Patienten und professionellen Therapeuten arbeitete, bildete das Grundmodell für das 1972 von *Osterhues* und *Petzold* in Fridolfing ins Leben gerufene, erste deutsche Daytop-Haus und die wenig später folgenden Four-Steps-Häuser (Dürrnbuch 1973, Pforzheim/Schorndorf 1974 sowie Wolfsmünster 1975). Auch die Wohngemeinschaften der Therapiekette Niedersachsen, die ab 1971/72 entstanden (siehe *Haindl, Veit* 1974), wurden nachhaltig vom Vierstufenmodell geprägt, insbesondere im Hinblick auf die Zusammenarbeit von professionellen Therapeuten und Ex-

---

11 Siehe hierzu: *Sugarman, B.* Daytop Village, a Therapeutic Community, New York 1974.
12 Siehe hierzu *De Leon, G.* (Ed.): Phoenix House: Studies in a Therapeutic Community (1968–1973), New York 1974.

Usern, die Einbindung in eine Therapiekette und die Verwendung des integrativen Ansatzes der Gestalttherapie in der Behandlung. Dies gilt auch für die Do-it-Wohngemeinschaft, die 1975 von einem ehemaligen Mitarbeiter der Therapiekette Niedersachsen in Ahrensburg bei Hamburg gegründet wurde. Der Vierstufenansatz fand auch in Wohngemeinschaften für schwererziehbare und gestörte Jugendliche (FE, FEH) Eingang, so z. B. in das »Therapeutische Wohnheim« der Jugendhilfe in Lüneburg.

Die ersten Jahre (1970–1973), in denen es Wohngemeinschaften für Drogenabhängige in Deutschland gab, wurden allerdings ganz überwiegend von der *Release*-Bewegung geprägt.

Release entstand 1967 als erste, spezifisch europäische Antwort auf das Drogenproblem: eine Selbsthilfegruppe, die sich den Namen »Release« zulegte. Unmittelbarer Auslöser für diese Gründung war die Niederschlagung eines Rauschgiftprozesses gegen ein Pop-Idol. Die Initiatoren von Release, die Studenten *Coon* und *Harris,* fanden das ungerecht gegenüber den vielen kleinen Konsumenten in der Illegalität und setzten es sich zur Aufgabe, Drogenkonsumenten Rechtshilfe zu leisten. Der Aufgabenbereich erweiterte sich rasch über allgemeinen Telefon- und Beratungsdienst bis hin zum alternativen Angebot für Kommunikations-, Therapie- und Lebensformen. Damit gab Release/London der europäischen Laientherapie-Bewegung auf dem Drogensektor ihren Namen und regte weitere Gründungen in anderen europäischen Staaten an. In den Zentren des Drogenmißbrauchs in Deutschland bildeten sich rasch Release-Gruppen. Die Initiatoren entstammten verschiedenen Bereichen: Sozialarbeiter, Ärzte, Juristen, Lehrer, Pastoren und Studenten aller Fachrichtungen. Die Anlässe zur Mitarbeit waren vielschichtig: »Die einen wollten aus allgemein menschlichen oder sozialpädagogischen Absichten helfen, ohne durch die Droge persönlich betroffen zu sein; die anderen, die – in welchem Stadium auch immer – durch die Droge selbst betroffen waren, hofften durch Mitarbeit bei Release auf Hilfe für sich selbst, aber auch darauf, durch ihre eigene Drogenerfahrung anderen Hilfe leisten zu können« (*P. Schulz* 1974). Release ist nicht nur ein Schlagwort, sondern eine politische Idee gewesen, die Wurzeln in der Studentenbewegung der sechziger Jahre, in der außerparlamentarischen Opposition (APO) und in der psychedelischen Bewegung (siehe *Leary* 1970) hatte. Man sah seine Aufgabe nicht nur darin, jungen Menschen mit Drogenproblemen zu helfen und Aufklärung über die verschiedenen Drogenarten zu betreiben, sowie den

»soft use« sogenannter weicher Drogen zu proklamieren (»Bekämpfung der Rauschgiftsucht durch Schulung im differenzierten Drogengebrauch« [*Heuer* u. a., 1971]), man wollte darüber hinaus eine Gegenkultur schaffen, wollte »Realisation utopischer Verhaltensweisen (nichtrepressive Sexualität, antiautoritäre Erziehung, Gründung von Non-Profit-Betrieben)...« (*Heuer* u. a., a.a.O.), Selbstfindung und Selbstverwirklichung. Man wollte die Gesellschaftsordnung ändern (»Diese ganze Gesellschaft muß resozialisiert werden« [*Heuer* u. a., a.a.O.]) und »eine Basis zum Leben ohne Sucht und Kriminalität in der Gesellschaft [...] schaffen« (*Heuer* u. a., a.a.O.). Man lehnte das Leistungsprinzip (»Leistung um der Leistung willen«) und die Konsumhaltung als die Grundübel der Gesellschaft ab. Aus politischer Überzeugung und der praktischen Erfahrung der Nutzlosigkeit von Entziehungskuren in den klassischen Institutionen wurden therapeutische Wohngemeinschaften konzipiert, die »auf der Basis kreativer Produktion therapeutische Arbeit leisten« (*Heuer* u. a., a.a.O.) sollten.

In Hamburg entstand um *H. Prigann, H. Meister, Th. Struck* und *Th. Witecka* das erste deutsche Release-Zentrum. Sie gründeten Anfang 1971 die therapeutische Wohngemeinschaft in Otterndorf bei Cuxhaven, bald darauf eine in Velgen in der Lüneburger Heide. Konzeptionelle Basis war neben den obengenannten Zielen das Zusammenleben einer stabilen Gruppe Jugendlicher, zu denen gefährdete Jugendliche hinzukommen und in den Lernprozeß einbezogen werden sollten, »mit dem Ziel, Eigeninitiative zu entwickeln« (*Heuer* u. a., a.a.O.). Die Release-Wohngemeinschaften funktionierten als reine Selbsthilfegruppen. Mit Rückfällen innerhalb der Gruppen wurde versucht »repressionsfrei« umzugehen, der »intelligente« Gebrauch weicher Drogen wurde toleriert. So wurden diese Wohngemeinschaften nie drogenfrei.

Release-Hamburg übte eine starke Faszination auf die Linksintellektuellen und die Drogenszene aus. Sein politisches und therapeutisches Programm war Vorbild bei der Gründung vieler anderer Release-Gruppen (vgl. *Sollmann* 1974)[13], die später allerdings zumeist wieder eingingen oder ihre Konzeption veränderten. Unter Mithilfe Hamburger Release-Mitarbeiter entstand dann Ende 1970 Release Heidelberg. Die Stadt Heidelberg stellte ein großes Haus in der Brunnengasse zur Verfügung, in dem Fixer körperlich entzogen

---

13 *Joite* zählt 1972 28 Release-Gruppen in Deutschland.

und die notwendige Therapie gemacht werden sollte. Die Hauptvertreter der ersten Zeit waren *D. Höhne*, ein Arzt und Mitglied des Sozialistischen Patientenkollektivs Heidelberg (SPK), und *H. Henschel*. Die Zielsetzungen waren ähnlich wie bei Release-Hamburg. Das Haus war durchaus nicht drogenfrei, es wurde Haschisch konsumiert und auch Opiate gefixt. Von einer Gruppe um *Ingo Warnke*, der selbst als Drogenabhängiger 1971 ins Releasezentrum Heidelberg kam[14], wurde versucht, das Haus gegen den Widerstand vieler Fixer (aber auch nicht fixender, jedoch Haschisch rauchender Mitarbeiter, genannt »Bezugspersonen«) drogenfrei zu bekommen. Als offensichtlich wurde, daß eine Einigung mit den Mitarbeitern nicht zu erreichen war, ging *Ingo Warnke* mit fünf anderen nach Berlin und richtete dort das Release I ein. Die Konzeption wurde stark auf Synanon (siehe *Yablonsky* a.a.O.) ausgerichtet. So war es nur konsequent, daß sich diese Gruppe 1975 in *Synanon International* umbenannte. Heute leben und arbeiten rund 70 Ex-Fixer in drei Synanon-Häusern in Berlin.

Das Release-Zentrum Heidelberg hatte erhebliche Richtungskämpfe und Abgrenzungen (z. B. gegen Release Hamburg und das SPK) durchzustehen. Aus dem Zentrum ging 1972 die Free Clinic Heidelberg hervor[15].

In Hamburg gab es kurioserweise zwei inhaltlich sehr verschiedene Release-Gruppen; zum einen die bereits erwähnte, die als *»Verein zur Bekämpfung der Rauschgiftgefahr«* ins Vereinsregister eingetragen wurde, zum anderen *»Release e. V.«* um den Pastor *P. Schulz*, den Juristen *D. Raben* und den Graphiker *M. Rompf*. Beide Gruppierungen arbeiteten anfangs zusammen, trennten sich aber bald wegen tiefgreifender politischer und konzeptioneller Differenzen. Der Verein von *P. Schulz* eröffnete im Juli 1971 die therapeutische Wohngemeinschaft Geesthacht. »Die [. . .] Arbeit hatte das Ziel, durch streng wissenschaftliche Methoden der Gesprächs- und Verhaltenstherapie Drogenabhängige zu stabilisieren« (*P. Schulz* a.a.O.). In Geesthacht gab es professionelle Mitarbeiter, die allerdings mit im

---

14 Die Versuche, das Haus zu einer drogenfreien Wohngemeinschaft umzufunktionieren, schildert *I. Warnke:* Selbsthilfe – Release Berlin, in: *Joite, E.* (Hrsg.): Fixen – Opium fürs Volk, Berlin 1972.

15 Siehe hierzu: *Autorenkollektiv:* Krankheit und Institution, Gießen 1973; sowie *Geck, K. A.:* Die Heidelberger Free Clinic, in *Petzold, H.* (Hrsg.): Drogentherapie, Paderborn 1974.

Hause wohnten. Sie teilten weitgehend mit den Jugendlichen den Tagesablauf, bezogen aber Gehalt. Hieraus ergaben sich ganz erhebliche Spannungen, denn die Stellung der Therapeuten im Haus war nicht definiert. Wahrscheinlich konnten die Mitarbeiter die Widersprüche, in denen sie subjektiv und objektiv steckten, nicht einmal für sich selbst klären, geschweige denn lösen. Versucht worden war auch, ohne festen Tagesplan auszukommen, um einen größtmöglichen Freiraum für die Selbstfindung zu schaffen. *P. Schulz* (a.a.O.) sieht hierin einen wichtigen Grund für das Scheitern des Projektes, da das nicht zu kreativer Eigeninitiative führte, sondern zu Passivität, Apathie, Chaos, Verunsicherung und angstvoller Aggressivität.

Bereits im Oktober 1970 eröffnete eine Gruppe von Mitarbeitern des Hamburger Amtes für Jugend das *Projekt Reitbrook* unter Leitung von *Carl Garbe*. Man wollte sich ganz bewußt von der Release-Bewegung, ihrer Szene-Nähe und Ideologie abheben. So sollten Alternativen zum subkulturellen drogengefährdeten Leben vermittelt werden, die in nicht zu großem Widerspruch zu gesellschaftlichen Normen stünden (vgl. *Sollmann* a.a.O.; *P. Schulz* a.a.O.). Aufgrund der beruflichen Vorerfahrung der Mitarbeiter wurden in der Jugendfürsorge und Sozialpädagogik erprobte Behandlungsmodelle sowie tiefenpsychologische Verfahren integriert[16]. Die Initiatoren bemühten sich von Anfang an um eine vertrauensvolle Zusammenarbeit mit den Behörden. Anders als in den bis jetzt vorgestellten therapeutischen Wohngemeinschaften lebten die Mitarbeiter nicht mit der Gruppe zusammen, sondern waren nur in ihrer Dienstzeit anwesend.

Ebenfalls 1970 entstand eine weitere Hamburger Gruppe, die sich deutlich von Release-Vorstellungen unterschied. Im Verein *»Jugend hilft Jugend«* eröffnete der Berufsschullehrer *Günther Strassmann* eine therapeutische Wohngemeinschaft, deren Konzeption in Anlehnung an die Lehren von *Makarenko* davon ausging, daß Fixer durch harte Arbeit dazu motiviert werden müssen, ihr Leben zu ändern, um aus der Abhängigkeit herauszukommen. Das »Makarenko-Kollektiv« war ursprünglich als Lebensgemeinschaft geplant. Wie in vielen anderen therapeutischen Wohngemeinschaften auch hat man bei *Jugend hilft Jugend* viele Rückschläge hinnehmen müssen, Richtungs-

---

16 Zur Konzeption und ihrer Entwicklung informiert das von den Mitarbeitern des Projekts Reitbrook herausgegebene Papier: Begründung der Konzeption des Projektes Reitbrook, Hamburg o. J.

kämpfe durchgestanden und die Konzeption geändert, bis die Einrichtung einigermaßen stand[17]. Heute bestehen fünf Wohngemeinschaften (Stemwarde, Ahrensburg, Müssen, Rahlstedt, Hausbruch).

Im Jahre 1971 entstanden recht viele therapeutische Wohngemeinschaften für Drogenabhängige, überwiegend in Anlehnung an Release-Vorstellungen. Vielfach waren es Eintagsfliegen. Am Ende des Jahres zählte das Bundesministerium für Jugend, Familie und Gesundheit (BMJFG 1971) 46 Einrichtungen in Form von Gruppen bzw. Wohngemeinschaften. Bei vielen Projekten fällt es schwer, sie den therapeutischen Wohngemeinschaften zuzurechnen, da es sich oft nur um Unterkünfte handelt, ohne vorhandenes oder sichtbares therapeutisch-pädagogisches Konzept.

Die Jahre bis 1973 sind die eigentlichen »Gründerjahre« für die therapeutischen Wohngemeinschaften im Drogenbereich. Was später kam, war überwiegend Ausbau und Konsolidierung. Kaum eines der heute existierenden oder wichtigen Projekte wurde viel später gegründet. Release-Modelle gibt es kaum noch; entweder sind sie eingegangen oder waren einem personellen und konzeptionellen Wandel unterzogen.

Im folgenden werden noch einige in diesen Jahren eröffneten Modelle kurz besprochen, die bis heute von einer größeren Bedeutung sind.

Die *therapeutische Wohngemeinschaft Timmersloh* des Release Bremen (Hauptinitiatoren *D. Wischer* und *A. Pohl*) praktizierte zwar anfangs den weichen Kurs wie Release-Hamburg, versuchte aber, harte Drogen aus der Einrichtung herauszuhalten und einen guten Kontakt zu den Behörden zu bekommen. Ständige Schwierigkeiten gab es in der Organisation der Wohngemeinschaft, weil drei unterschiedliche Teams Aufgaben wahrnahmen: so einmal ein externes »Beraterteam«, dann das ständig im Haus arbeitende »Therapeutenteam« und die »Gruppe«. Natürlich konnten die drei Teams herrlich gegeneinander ausgespielt werden. Bis 1976/77, als sich Timmersloh unter anderen konzeptionellen Vorstellungen und tätiger Mithilfe der Drogenhilfe Tübingen konsolidierte, kriselte es permanent. Die Wohngemeinschaft trat früh hervor, weil sie zweimal durch Brandstiftung von Gruppenmitgliedern zerstört wurde.

---

17 Über den gegenwärtigen konzeptionellen Stand informiert die Broschüre »Info Nr. 3«, die von den Mitarbeitern herausgegeben wurde, Hamburg 1978.

Im Oktober 1971 gründete der Verein »Hilfe für Drogengefährdete«, Hannover, seine erste *therapeutische Wohngemeinschaft in Bennigsen*. Der Leiter, *Dieter Frommhage*, wohnte dort mit Familie und etlichen Drogenabhängigen zusammen. Ähnlich wie in Timmersloh gab es ein externes Beraterteam, so daß es auch hier zu Intrigen und Machtkämpfen kam. Die Konzeption und der Tagesplan waren sehr vage, so daß abenteuerliche Zustände herrschten. Nach kurzer Schließung wurde die Wohngemeinschaft von *Karsten Sturm* neu eröffnet. Nachdem er mit einem partnerschaftlichen repressionsarmen Stil scheiterte, wurde durch Vermittlung der Psychologin *Ulrike Huy* das Vierstufenmodell *Petzolds* (der auch Konzeptberatung und Supervision übernahm) eingeführt, das bereits erwähnt wurde. Die therapeutische Wohngemeinschaft Bennigsen (heute Völksen) war die erste Einrichtung der späteren *Therapiekette Niedersachsen*[18], zu der bis 1975 noch sechs weitere hinzukamen: Räbke *(Chr. Veit)*, heute Steyerberg, und Kayhauserfeld *(T. Scheweling)*, 1972 nach Release-Vorstellungen gegründet, wurden Anfang 1973 umgestellt, Luthe *(W. Wiedemann)*, 1972 als Selbsthilfegruppe konzipiert, wurde Anfang 1973 umgestellt und 1975 geschlossen. 1973 wurden gegründet: Hänigsen *(A. Meyer)*, das 1975 nach Bannensiek umzog, Take-it-Haus *(K. Sturm, A. Meyer, H. Stichtenoth)* und Dachtmissen *(D. Bachmann, J. Derbfuß)*. 1975 kam als vorläufig letzte Wohngemeinschaft Hönkenmühle *(D. Bachmann, M. Rinast)* hinzu. 1973 zogen auch die Mitarbeiter, die alle bis dahin in den Wohngemeinschaften lebten und arbeiteten, aus. Außerdem wurden zu dieser Zeit Wohngemeinschaften der Nachsorge gegründet, in denen Drogenabhängigen, die die anderen Wohngemeinschaften durchlaufen hatten, ohne ständig anwesende Mitarbeiter leben konnten. Grundlage der Therapie in der Therapiekette Niedersachsen sind Verfahren der humanistischen Psychologie. Später kamen noch pädagogische Programme und Arbeitserziehung hinzu.

Im April 1972 eröffnete die 1969 als Selbsthilfeorganisation gegründete Münchener Prop Alternative die *therapeutische Wohngemeinschaft Aiglsdorf*. Dieses Projekt ist deshalb erwähnenswert, weil es einen anderen Weg als die anderen einschlug. Durch engen Kontakt zu Psychologen des Max-Planck-Instituts für Psychiatrie bzw. des Instituts für Therapieforschung, die mit Mitteln des BMJFG ein

---

18 Siehe hierzu auch: *Haindl* u. *Veit* (1974) und *Sturm* u. *Meyer* (1974) sowie *Saake, Stichtenoth*, dieses Buch s. J.

Konzept zur Rehabilitation von Drogenabhängigen entwickeln sollten, wurde Aiglsdorf streng verhaltenstherapeutisch ausgerichtet. Ganz einfach war das nicht: »Die Zeit der gemeinsamen Arbeit war für uns alle sehr fruchtbar. Es gab harte Auseinandersetzungen, nicht nur im Mitarbeiterkreis, sondern auch mit den Klienten. Sie wollten oft die ihnen auferlegte Konsequenz, die dem verhaltenstherapeutischen Konzept zugrunde liegt, nicht anerkennen« (*Prop Alternative* 1978, S. 8)[19]. Soweit zu übersehen, ist die Wohngemeinschaft in Aiglsdorf das einzig übriggebliebene Projekt, das noch streng verhaltenstherapeutisch arbeitet. Andere, wie z. B. die 1974 gegründete Therapeutische Wohngemeinschaft Groß-Quern bei Flensburg, sind damit gescheitert.

1972 eröffnete *Release II* in Berlin *(A. Dzuck, M. Och)*. Am Anfang bestand ein enger organisatorischer Zusammenhang mit der Hamburger Release-Gruppe um *H. Prigann,* an deren libertinärem Konzept man sich orientierte. Das lustbetonte Leben dort zog sehr viele Fixer an, so daß man bald mit 40 Leuten in verschiedenen Wohnungen lebte und ein Zwei-Stufen-Modell einrichtete. In der ersten wurde körperlich entzogen, in der zweiten sollten nach einer gewissen Stabilisierung Kleidung und Lederwaren hergestellt werden. Wegen ständigen Wechsels der die Einrichtung tragenden Personen änderte sich ständig die Konzeption. Release II hat auch noch heute ein überwiegend liberales Konzept mit wenig verbindlichen Regeln.

In Tübingen entstand 1972 unter Trägerschaft eines Elternkreises eine therapeutische Wohngemeinschaft in der Froschgasse. Am Anfang glich es vielen anderen Einrichtungen der damaligen Zeit, in dem zusammenlebende, körperlich entzogene Drogenabhängige von wenigen ehrenamtlichen Helfern betreut wurden. Hieraus entwickelte sich rasch ein umfangreiches professionelles Programm (Hauptinitiatoren sind *Jürgen Kahl* und *Thies Pörksen*). 1974 übernahm man einen ehemaligen Klosterhof am Rande Tübingens, wo 60 Drogenabhängige Aufnahme finden können, und 1977 das Schloß Bettenburg in Unterfranken. In Anlehnung an *Makarenko* und andere sozialistische Arbeitspädagogen verband man die Prinzipien der therapeutischen Gemeinschaft mit konsequenter Arbeitserziehung[20].

---

19 Siehe hierzu auch: *De Jong, Bühringer* (Hrsg.): Ein verhaltenstherapeutisches Stufenprogramm zur stationären Behandlung von Drogenabhängigen, München 1978.
20 Siehe hierzu *Heckmann:* Was Hänschen nicht lernt, kann Hans doch

Auf der Basis des amerikanischen Daytop-Modells (strenge Hierarchie bei Mitarbeitern und Klienten, Professionelle und Ex-User als Mitarbeiter, konfrontativer Stil) eröffneten 1972 *Osterhues, Petzold* und *Frank* u. a. das bereits kurz angesprochene *Daytop-Therapiecenter in Fridolfing*. Hiermit kamen erstmals strenge amerikanische Modelle in Deutschland zum Tragen. Aus dem Ursprung in Fridolfing entwickelte sich ein Netz von Daytop-Einrichtungen, deren Modell *Bauer* (s. S. 318) beschreibt.

1973 entstand unter Mithilfe von *Petzold* die bereits kurz erwähnte *Therapeutische Wohngemeinschaft Dürrnbuch (H. Wachter, H. Hack)* nach dem Konzept des Vierstufenmodells. Auf der Grundlage dieses Konzeptes begann auch die therapeutische Wohngemeinschaft Four Steps in Pforzheim, später Schorndorf, 1974 zu arbeiten *(D. Gabel, U. Zimmermann)*, sowie 1975 Schloß Wolfsmünster *(B. Menzemer)* und Do-it Ahrensburg *(U. Schmidt)*.

1973 (erste Anfänge 1972) begannen die »*Sieben Zwerge*« *(W. Fricke, G. Baldini)* in Salem mit ihrer Arbeit. Basis ist die anthroposophische Pädagogik *Steiners*. Man arbeitete auf einem Gutshof in Rimpertsweiler und lebte in therapeutischen Wohngemeinschaften in der Nähe. Nach einem Brand begann man mit dem Bau neuer Räumlichkeiten. Im Laufe der Jahre entstand ein ganzes »Therapiedorf«, das die Initiatoren »sozial-therapeutisches Jugenddorf« nennen[21].

Das *Drogen-Info in Berlin* begann seine Arbeit als therapeutische Wohngemeinschaft im März 1973. Engagierte Nicht-User (z. B. *W. Heckmann*) sollten mit körperlich entzogenen Drogenabhängigen zusammenleben. Man faßte das als Hilfe zur Selbsthilfe auf. Ab 1976 konnte die Gruppe der Nicht-User ausziehen und in der Folge die Arbeit von außen unterstützen. Tätigkeitsschwerpunkt der Gruppe war bzw. ist noch die Durchführung von Arbeitsprojekten, aus deren Erlösen die Existenz der Gemeinschaft weitgehend bestritten werden soll.

Noch ein anderes Berliner Projekt soll kurz erwähnt werden: *die therapeutische Wohngemeinschaft des Caritasverbandes*. Sie begann 1973 als Einrichtung mit externen professionellen Mitarbeitern

---

noch lernen (Grete auch) – (Re-)Sozialisation bei der Drogenhilfe Tübingen e. V., Berlin 1979a.
21 Einen Erfahrungsbericht der ersten Jahre veröffentlichten *Baldini* u. *Fricke* in: *Petzold*: Drogentherapie, 1974.

(C. Kolling, M.-T. Hilger) aufgrund eines Konzeptes, das sich aus der Auswertung der Erfahrungen von Drogen-Info und Release II ergab. Die nicht im Haus lebenden, recht unerfahrenen Mitarbeiter wurden vielfach von den Drogenabhängigen ausgespielt, so daß nach einem Jahr das Konzept dahingehend geändert wurde, daß engagierte Studenten, wie *S. Kretschmer* und *K. Aubele,* mit den Ex-Usern zusammenlebten und deren Gehalt in die gemeinsame Kasse kam, aus der die meisten Ausgaben bestritten wurden. Die Wohngemeinschaft arbeitet auf der Grundlage eines festen Konzeptes und eindeutiger Regeln für Drogenrückfall[22].

Es soll auch erwähnt werden, daß auch eine Reihe von christlichen Wohngemeinschaften entstanden, wie Kaffeetweete in Braunschweig, Rüsthof Krelingen bei Walsrode, Rehabilitationsfarm Obervilslern, One-Way-Haus Berlin oder Neues Land Hannover. Sie haben nie eine Bedeutung erlangt, da sie mit ihrer konsequenten Glaubensausrichtung die allermeisten entzugswilligen Drogenabhängigen nicht ansprachen.

Tabelle
Eine Chronologie der therapeutischen Wohngemeinschaften für Drogenabhängige in der BRD der Jahre 1970 bis 1973

Gründungsjahr	
1970	Makarenko-Kollektiv Hamburg
	Projekt Reitbrook Hamburg
	Release-Zentrum Heidelberg
1971	TWGen Otterndorf und Velgen des Hamburger Vereins zur Bekämpfung der Rauschgiftgefahr, Release
	TWG Geesthacht des Release Hamburg
	TWG Timmersloh des Bremer Release
	TWG Release I Berlin (Synanon International)
	TWG One-Way-Haus der christlichen Missionsgesellschaft, Berlin
	TWG Aiglsdorf der Prop Alternative München
	TWG Am Schülerheim/Refac/Gu des Diakonischen Werkes Berlin
	TWG Bennigsen der Therapiekette Niedersachsen
1972	TWG Räbke, Kayhauserfeld und Luthe der Therapiekette Niedersachsen

---
[22] Siehe hierzu die Erfahrungsberichte von *Heckmann* (1979b) und *Kretschmer* (1979).

TWG Fasanenhof München
Daytop-Center Fridolfing
Release-Zentrum II Berlin
TWG Frosch der Drogenhilfe Tübingen
TWG Sternwarde der Jugend hilft Jugend Hamburg
TWG Kanne des Vereins Arbeits- und Erziehungshilfe Frankfurt

1973   TWG Ahrensburg der Jugend hilft Jugend Hamburg
Daytop-Center Fürstenfeldbruck
Four-Steps-Haus Dürrnbuch bei Nürnberg
Sozialtherapeutisches Jugenddorf Sieben Zwerge
TWGen Hänigsen, Dachtmissen und Take-it-Haus der Therapiekette Niedersachsen
TWG Drogen-Info I Berlin
TWG I des Caritasverbandes Berlin
TWG Berlin von Teen Challenge
TWG Obervilslern von Teen Challenge
TWG Beusinger Mühle Bad Sassendorf
TWG Borgholzhausen-Casum
TWG Kaffeetweete Braunschweig
TWG Möhringen des GHV Stuttgart
Four-Steps-Haus Böblingen/Pforzheim

Die Hilfe für Drogenabhängige findet hierzulande heute überwiegend in therapeutischen Wohngemeinschaften (TWG) statt[23]. Das

---

[23] Im Bereich der Drogentherapie wird häufiger anstatt des in der Psychiatrie üblichen Begriffes *therapeutische Gemeinschaft* der Begriff *therapeutische Wohngemeinschaft* verwandt. Eine eindeutige Differenzierung ist schwierig (vgl. allerdings *Petzold*, dieses Buch S. 424 f). Während eine therapeutische Gemeinschaft im Rahmen einer größeren Institution installiert sein kann, ist eine therapeutische Wohngemeinschaft in der Regel ein relativ eigenständiges Gebilde, wo sehr viel Wert auf dem »zusammen wohnen« liegt und *sämtliche* Aktivitäten der Daseinsbewältigung, angefangen vom Einkaufen, Kochen, Putzen bis hin zu Gartenarbeit, Hausverwaltung, Arbeitsprojekte und Behördenkontakten, selbst vollzogen werden. In etlichen Einrichtungen, die nicht überwiegend von Pflegesätzen leben, wird das notwendige Geld durch gemeinsame Arbeit beschafft. Es geht also bei der therapeutischen Wohngemeinschaft in einem umfassenderen Sinne um *Leben lernen*. Historische Herleitungen aus der Wohngemeinschafts-Bewegung (siehe *Schülein* 1978) sind möglich, da ursprünglich vielfach die Quelle einer heute bestehenden TWG studentische Wohngemeinschaften waren, die Hilfebedürftige aufnahmen. Ebenso kam es vor, daß Wohngemeinschaften aus entziehungswilligen Drogenabhängigen gebildet wurden mit einem Minimum an

Adjektiv »therapeutisch« ist manchmal nicht gern gesehen, da einige Selbsthilfegruppen den Begriff Therapie weit von sich weisen und sich eher als Lebensgemeinschaft verstehen, in der man eben zusammen lebt und arbeitet, und auch einige professionelle Einrichtungen ihre Arbeit eher pädagogisch als therapeutisch verstehen. Eine saubere definitorische Unterscheidung zwischen beiden Begriffen ist in der Praxis schwer möglich, so daß es scheint, es gehe bei dem Streit um Psychotherapie und Pädagogik in der Drogenarbeit mehr um ideologische Aspekte.

Für die Einrichtungen außerhalb des Klinik-Status hat sich jedenfalls allgemein der Begriff »Therapeutische Wohngemeinschaft« eingebürgert. Die Bezeichnung »Release-Bewegung« dagegen, die verschiedentlich noch Anwendung findet, ist irreführend und in der Fachdiskussion als pauschalierender Begriff oft auch schädlich, vor allem, weil »Release« nur *ein* Modell innerhalb dieser ganzen Bewegung repräsentiert – ein Modell, das zwar außerordentlich medienwirksam, innerhalb der TWG-Bewegung selbst aber von Anbeginn recht umstritten war.

Auch in anderen westeuropäischen Ländern entstanden TWGen, wie in Schweden, Frankreich (s. o.), Dänemark (z. B. Karen-Berntsen-Projekt), den Niederlanden (z. B. Amalie-Hof) oder der Schweiz (z. B. Aebi-Hus oder TWG Riehen). Jedoch nahm hier der Aufschwung nicht solche Ausmaße an wie in Deutschland. Dies ist nicht nur mit der hiesigen größeren Bereitschaft, US-amerikanische Vorbilder zu akzeptieren, erklärbar, sondern auch mit einer umfangreichen Tradition in der Diskussion des Modells der therapeutischen Gemeinschaft innerhalb der Psychiatrie (s. o.). Allerdings reicht auch der Hinweis auf die theoretisch schon angejahrte (praktisch allerdings noch junge) Tradition der therapeutischen Gemeinschaft innerhalb der deutschen Psychiatrie nicht aus, um den Boom der TWG im Drogenbereich zu erklären. Da die Initiativen zur Gründung einer TWG meist von einzelnen Personen ausging, sollen im folgenden die Personengruppen aufgeschlüsselt werden, die zu Trägern von therapeutischen Wohngemeinschaften für Drogenabhängige wurden:

- Drogenabhängige, die bei Reisen nach Großbritannien oder in die USA mit Szene-nahen Selbsthilfegruppen wie Release, Synanon, Daytop oder Phoenix in Berührung gekommen waren oder dort Hilfe erfahren

---

Betreuung und Reglementierung, wo das Zusammenleben an sich therapeutisch wirksam und ausreichend sein sollte.

hatten; unter den deutschen Usern fand das liberale Release-Modell den stärksten Anklang.
- Studenten, die sowohl eigene Erfahrungen mit Drogen als auch mit den libertinären Alternativen zur bürgerlichen Kleinfamilie, mit Wohngemeinschaften und Kommunen, gewonnen hatten. Vielfach hatten sie bereits Drogenabhängige in ihre eigenen Wohngemeinschaften aufgenommen, bevor sie sich an den Aufbau therapeutischer Wohngemeinschaften machten.
- Erzieher und Sozialarbeiter, die sich im Rahmen der sogenannten Heimkampagne für »offene Hilfen« innerhalb der Jugend- und Familienfürsorge einsetzten. Eine wichtige Rolle bei der partikulären Ersetzung der Heimerziehung durch Jugendwohngemeinschaften (Jugendzentren) spielte die Rezeption sozialistischer Pädagogen der Weimarer Zeit *(Hoernle, Rühle, Kanitz)* und der Kollektiverziehung *Makarenkos* (Gorki-Kolonie), sowie die liberalisierten Resozialisierungskonzeptionen.
- Therapeuten, die bei USA-Aufenthalten mit Modellen wie *Perls'* Gestaltkibbuz, Synanon, Daytop u. a. in Kontakt gekommen waren, z. T. dort arbeiteten und Methoden der humanistischen Psychologie erlernten (z. B. Gestalttherapie, Psychodrama, Körperarbeit). Sie brachten diese Erfahrungen nach Deutschland und verbreiteten sie durch Konzeptberatung bei bestehenden oder im Aufbau befindlichen TWGen, durch Mitarbeiterfortbildung und Supervision.
- Ärzte, Psychiater und Psychologen, die sich in ihrer Praxis mit den Vorstellungen der Anti-Psychiatrie *(Laing, Cooper, Basaglia)* auseinandersetzten. Deren Hauptmethode, die therapeutische Gemeinschaft, war jedoch institutionell nur in Ausnahmefällen durchzusetzen, weshalb allenthalben Initiativen für die Einrichtung therapeutischer Gemeinschaften auf der Basis des Vereinsrechts entfaltet wurden.
- Theologen, die wieder stärker den sozialen Auftrag der Kirche hervorhoben und in der Gemeindejugendarbeit soziale Randgruppen (Gammler, Trebegänger, Rocker) zu erreichen suchten. Anknüpfungspunkte ergaben sich hier vor allem aus der Arbeit verschiedener christlicher Organisationen in den USA und dem praktischen Beispiel der ›boys towns‹ des Pater *Flanagan* oder der »Teen-Challenge-Bewegung« mit ihren Wohngemeinschaften für Abhängige.

Alle Initiativen, die von dem hier aufgeschlüsselten Personenkreis aufgebracht wurden, hatten ihre Praxis außerhalb oder am Rande der etablierten Institutionen der Suchtkrankenhilfe aufgebaut, deren Erfolglosigkeit aufgrund methodischer Enge bereits Ende der sechziger Jahre absehbar war. Die Abgrenzung zum therapeutischen Establishment weist zugleich darauf hin, daß alle diese im Konkreten verschieden motivierten Personengruppen im allgemeinen mittelbar oder unmittelbar durch die Jugend- und Studentenbewegung beeinflußt waren, die in den 60er Jahren alle westlichen Industrienationen erfaßt hat. Die gleiche Bewegung verhalf unter anderem auch den unkonventionellen Hilfsmaßnahmen auf dem Drogensektor zum Durchbruch, da sie den Staat mit seinen Maßnahmen in eine allgemeine Legitimationskrise gebracht hatte. Als gleichwertige Faktoren zur Durchsetzung einer Laientherapie-Bewegung im Drogenbereich dürfen dabei jedoch nicht die breite öffentliche Diskussion des Drogenproblems Ende der sechziger Jahre und das ungeheure Kostengefälle zwischen einem Klinikbett und einem Wohngemeinschaftsplatz außer acht gelassen werden.

Insgesamt lassen sich die TWGen im Drogenbereich von ihrer Entstehungsgeschichte und ihren Entwicklungsbedingungen her als Privatinitiativen begreifen, die sich einem speziellen Problem des Reproduktionsbereiches zugewandt haben, das dem staatlichen Zugriff der subkulturellen Bindung (Drogenszene) kaum zugänglich ist.

1972 war auf dem Anti-Drogen-Kongreß in Hamburg die Stimmung der Theoretiker noch weitgehend ratlos. Über das Bedauern darüber, daß die ›Linke‹ selbst zur Verbreitung von Drogen beigetragen hatte (*Röhl:* »Genossen, wir haben Scheiße gebaut!«), ging die Analyse der Ursachen des Drogenmißbrauchs zwar einigermaßen voran, aber Perspektiven zur Lösung des Problems wurden kaum geboten. Lediglich einer der Referenten, der Hamburger Psychoanalytiker *Ehebald* (1972, S. 122), verwies auf eine Hoffnung: »Es haben sich in den letzten Jahren im Ausland verschiedene Therapiemodelle entwickelt, die alle als Anti-Gruppen verstanden werden können und die vorwiegend mit Exusern allein aufgebaut worden sind.« Ganz ähnliche Gruppen hatten sich schon ein halbes Jahr zuvor auf dem Kongreß der Deutschen Hauptstelle gegen die Suchtgefahren (DHS) lautstark zu Wort gemeldet. Der relativ schwerfällige Apparat der DHS akzeptierte notgedrungen diese Alternative, erfahrene Psychiater sahen in den TWGen Möglichkeiten, das Nachsorgeproblem für die klinische Behandlung zu lösen[24] – und es gab in den ersten Jahren auch eine Reihe zustimmender Veröffentlichungen zu den TWGen. Mitarbeiter aus experimentierfreudigen Jugendverwaltungen veröffentlichten Erfahrungsberichte über die Ar-

---

24 Siehe hierzu: DHS (Hrsg.): Drogen- und Rauschmittelmißbrauch, Dokumentation über den gleichnamigen Kongreß 1971, Hamm 1972.

beit der öffentlich geförderten Selbsthilfegruppen und regten weitere Maßnahmen an (siehe: Peters 1972; Nobiling 1973). Ab 1973 wandelte sich das Bild in der Fachdiskussion jedoch wieder: die TWGen des Release-Typs bzw. mit Laientherapeuten arbeitende Initiativen gerieten bei der sogenannten Fachwelt in Mißkredit, dabei wurden all die anderen TWGen mit in den Topf geworfen. *Peters* (1974) stellt für Hamburg fest, daß die ursprünglich positiv angesprochene Klientel sich weitgehend von den Selbsthilfegruppen abwandte, da es sich dort unverstanden fühlen mußte und weder seelische Geborgenheit noch therapeutische Hilfe erfahren konnte. Die Extravaganz und subkulturelle Abgeschiedenheit habe auch bei langjährigen Bewohnern Resignation aufkommen lassen und ganze Gruppen zum Verlassen der Wohngemeinschaften von Selbsthilfegruppen veranlaßt. *Ebermann* bedauerte auf dem wissenschaftlichen Symposium der DHS 1974, daß ein fortgesetztes Versagen von Selbsthilfegruppen zwar einzelne Glieder (und nicht die schlechtesten) vertreibe, aber nicht zur Selbstauflösung führen müsse. Vielmehr lerne die Restgruppe häufig genug, ihren »Status« zu pflegen und dessen laufende Finanzierung zu sichern.

Als Gründe für diese mangelnde Geduld mit einem schwierigen sozialen und therapeutischen Experiment können im einzelnen angenommen werden:

1. Administrative Probleme mit Gruppen des speziellen Release-Typs. Diese Selbsthilfegruppen litten nicht nur an einem Mangel an Erfahrung in der Leitung und ordnungsgemäßen Kostenabrechnung, sondern blockierten selbst durch eine starre antiautoritäre Haltung Lernprozesse in dieser Hinsicht. Andererseits entwickelten sie eine hohe Anspruchshaltung bezüglich materieller Zuwendungen von Staat und Spendern. Die verantwortlichen Verwaltungen hingegen verpaßten oftmals die Gelegenheit zur Einflußnahme auf die Gruppenentwicklung und reagierten eher mit einer Streichung der Förderungsmittel.
2. Unbefriedigende Zusammenarbeit von Kliniken und TWGs. Die zunächst seitens der klassischen Einrichtungen der Suchtbehandlung erhoffte Funktion der TWGs als Nachsorgeeinrichtungen für umfangreiche klinische Programme erfüllte sich nicht. Statt dessen entwickelten die TWGs vielfach eine gewisse Eigendynamik, stellten an die Kliniken ihrerseits Bedingungen für eine Zusammenarbeit, ersetzten die klinisch-therapeutische Behandlung durch das umfassende Therapeutikum der Lebensgemeinschaft, beanspruchten die Kliniken nur noch als Entzugsstationen und führten zum Teil sogar den körperlichen Entzug selbst durch. So provozierten sie den Widerstand der ärztlichen Lobby.

Kein Wunder also, wenn seitens der zuständigen Verwaltungen wie seitens der Ärzteschaft immer wieder die Auffassung vertreten wird, TWGen seien nicht zuverlässig, garantierten keine Drogenfreiheit, seien nur kurzfristig als Gruppen stabil und ständig von der Auflösung bedroht. Die Gefahr, daß hier mit der berechtigten Kritik an einzelnen Einrichtungen das Kind mit dem Bade ausgeschüttet wird, schien zeitweilig recht groß. Dennoch ist der prophezeite Tod der TWG-Bewegung bis heute nicht eingetreten. Es gibt derzeit im Drogenbereich mehr als 70 Einrichtungen dieser Art in Berlin und der Bundesrepublik – und es entstehen immer noch neue. Allerdings sind die Konzepte der Einrichtungen nicht mehr so breit gestreut wie zu Beginn der siebziger Jahre.

Therapeutische Wohngemeinschaften sind heute aus der Suchtarbeit nicht mehr wegzudenken oder wegzureden. Je nach Standpunkt werden sie heute als Hauptbestandteil der Therapie angesehen oder es wird immerhin zugestanden, daß sie *auch* ihren Platz im allgemeinen Hilfsangebot für Drogenabhängige beanspruchen könnten. Alle therapeutischen Wohngemeinschaften für Drogenabhängige sind Bestandteil therapeutischer Ketten (oder sie behaupten es zumindest), einem Verbundsystem vielfältiger ambulanter und stationärer Maßnahmen wie Drogenberatungsstelle, Entzugsklinik, TWGen, Nachsorge-Wohngemeinschaften, Werkstätten, Schulprojekten u. a. m.

Heute sind folgende Typen von therapeutischen Wohngemeinschaften unterscheidbar:

- TWGen mit externen Betreuern; dabei handelt es sich in erster Linie um professionelle therapeutische Projekte, die mit ausgebildeten Gestalttherapeuten arbeiten (z. B. Therapiekette Niedersachsen, Do-it Ahrensburg[25], Four-Steps Schorndorf, Four-Steps Dürrnbuch, Schloß Wolfsmünster), mit Verhaltenstherapeuten (z. B. Aiglsdorf) oder auch mit Therapeuten unterschiedlicher Richtungen (z. B. Daytop Deutschland). Weiter gehören zu diesem Typus pädagogisch orientierte Projekte, die mit Sozialarbeitern, Diplom-Pädagogen und Diplom-Psychologen arbeiten (z. B. Drogenhilfe Tübingen, Jugend hilft Jugend und Projekt Reitbrook Hamburg); vielfach werden in diesen Projekten auch »Ehemalige« beschäftigt, die sich für die Mitarbeit qualifiziert haben. Die meisten dieser Einrichtungen werden durch Pflegesätze finanziert, die in der Regel unter 100 DM/Tag liegen.
- TWGen mit internen Betreuern; dabei handelt es sich um den heute

---

25 Hierzu empfehlen wir den Bericht von *Heckmann* (1978) im *Sozialmagazin*.

relativ seltenen Fall, daß Studenten oder andere engagierte Personen sich entschlossen haben, mit Drogenabhängigen zusammenzuleben; sie haben die gleichen Rechte und Pflichten wie die ehemals Abhängigen und begreifen ihr Leben in der TWG auch als Chance für den eigenen Entwicklungsprozeß; diese »Lebensgemeinschaften auf Zeit« waren häufig eine Vorstufe der zuerst genannten professionellen Form (in der ursprünglichen Form gibt es sie noch in Berlin); sie sind die konsequenteste Verwirklichung des Prinzips »Hilfe zur Selbsthilfe«; nach einer gewissen Zeit können die Betreuer sich aus dem Projekt lösen, und es existiert als Selbsthilfegruppe weiter; die meisten dieser Einrichtungen werden durch Projektmittel finanziert, die die Grundkosten wie Miete, Heizung, Energie usw. decken. Weitere Einkünfte werden durch gemeinsame Arbeit erzielt.

- TWGen als Selbsthilfegruppen; dabei handelt es sich um Lebensgemeinschaften ehemaliger Drogenabhängiger, die immer wieder neue Abhängige aufnehmen (z. B. Synanon International/Berlin[26] oder Release II Berlin); die Lebensgemeinschaft wird entweder durch andauerndes Zusammenleben und Koloniebildung oder durch fortbestehende Zugehörigkeit auch nach dem Auszug aus der TWG realisiert; auch hierbei handelt es sich nicht um reine Selbsthilfe, sondern um »Hilfe zur Selbsthilfe«, da zumindest in der Initiationsphase derartiger Gruppen Nichtabhängige am Gruppenprozeß beteiligt waren und auch später durch einen Freundes- oder Förderkreis eine gewisse Unterstützung erfolgt; die Finanzierung erfolgt ebenfalls durch Projektförderung sowie durch Spenden und eigene Arbeitsprojekte. Die Tendenz geht dahin, eine Förderung aus öffentlichen Mitteln (und damit Abhängigkeit von Behörden) überflüssig zu machen.

Nach nahezu zehn Jahren praktischer Erprobung des Modells therapeutische Wohngemeinschaft für Drogenabhängige kann davon ausgegangen werden, daß die wichtigsten Probleme in Theorie und Praxis gelöst sind. Die Zeit der experimentellen Vielfalt ist vorbei, die Entwicklung und der Betrieb einer TWG sind zum »Alltagsgeschäft« geworden. Dennoch gibt es eine Reihe von Problemen, die in Zukunft noch zu bewältigen, noch konzentrierter in Angriff zu nehmen sind. Sie liegen zum Teil in der entwickelten Praxis selbst, zum Teil werden sie aber auch bedauerlicherweise von außen an die Projekte herangetragen.

Hier seien beispielhaft einige Fragen herausgehoben:

---

26 Hierzu: *Tasso, H.*: Synanon, die Angst vorm Springen, 1979; sowie *Heckmann, W.*: Über Regeln und Rituale, 1979c, beide Artikel im *Sozialmagazin*, Heft 5, 1979.

1. Darf oder muß es in einer TG eine Hierarchie geben? Prinzipiell kann davon ausgegangen werden, daß es keine soziale Gruppe gibt, in der sich nicht zumindest verdeckt Hierarchien entwickeln. Die Problematik liegt jedoch darin, wie mit der Hierarchie-Bildung umgegangen werden soll, ob sie sich naturwüchsig entwickelt oder im Therapieprogramm forciert wird, durch welche Phasen- oder Stufen-Einteilung sie am besten repräsentiert wird.
2. Soll Sexualität in der TG unterdrückt, geduldet oder gefördert werden? Über einen Aspekt besteht mittlerweile Einigkeit, nämlich daß im Verhältnis von Betreuern und Betreuten sexueller Kontakt ausgeschlossen ist. Offen bzw. kontrovers ist jedoch die Frage, ob den Bewohnern vom ersten Tag an oder erst nach Ablauf einer bestimmten Zeit- oder Entwicklungsgrenze sexueller Kontakt gestattet werden soll oder ob Einschränkungen in dieser Hinsicht eher schädlich als nützlich sind.
3. Welchen Stellenwert hat die Familie gegenüber dem Leben in der TG? Zu dieser Frage hieß zunächst die Antwort: radikale Trennung von allen Sozialkontakten, die vor Eintritt in die TG bestanden. Mittlerweile gibt es zahlreiche Versuche, alte Bindungen, sofern sie nicht suchtgefährdend sind, im Rahmen einer gewissen Kontrolle wiederherzustellen. Offen ist das Problem, wie dies am besten geleistet werden kann bzw. wie der Entwicklungssprung, der durch die Therapie im Leben des Süchtigen eingetreten ist, in die Auseinandersetzung mit alten Bindungen produktiv eingebracht werden kann.
4. Wie ist die Funktion ehemaliger Drogenabhängiger als Betreuer langfristig abzusichern? Zu dieser Frage herrscht Einigkeit über die Bedeutung der Ex-User für das therapeutische Modell. In der Praxis stellt sich jedoch die Frage, wie lange ein Ehemaliger von seinem persönlich motivierten Engagement zehren kann, welche Aus- oder Fortbildung er erhalten sollte, wie es zu vermeiden ist, daß er sich langfristig als billige Arbeitskraft mißbraucht sieht oder auch tatsächlich mißbraucht wird.

Das Modell der therapeutischen Gemeinschaft bzw. Wohngemeinschaft hat sich zumindest in der Drogenhilfe bewährt und stabilisiert und ist hier nicht mehr wegzudenken. Aber auch in anderen Bereichen, wie allgemeine Psychiatrie, Öffentliche Erziehung, Nichtseßhaftenhilfe, Altenarbeit oder Strafentlassenenhilfe, kann es für viele Betroffene die bessere Alternative sein. Sogar im Bereich des Kurwesens, für psychosomatisch Erkrankte, wird es diskutiert (vgl. *Doubrawa* 1976). Mit einer gewissen Popularisierung müssen wir leider auch eine zunehmende Verwässerung des Konzeptes der therapeutischen Gemeinschaft bzw. Wohngemeinschaft feststellen. Eine leichte Auflockerung der Hierarchie im Mitarbeiterkreis oder eine sporadische Einbeziehung bestimmter Patienten in Dienstbesprechun-

gen oder nur allein ein allgemein freundlicheres Klima machen noch
keine therapeutische Gemeinschaft aus.

Bibliographie

*Ahlheim, R., Hülsemann, W., Kapcynski, H., Kappeler, M., Liebel, M.,
Mahrzahn, Chr., Werkentin, F.:* Gefesselte Jugend, Fürsorgeerziehung im
Kapitalismus, Frankfurt 1971, 1978⁵
Arbeitskreis Jugendwohngemeinschaften in Berlin: Jugendwohngemeinschaften in Berlin (West), Berlin 1978
Autorenkollektiv: Krankheit und Institution, Gießen 1973
Baldini, G., Fricke, W.: Siegen Zwerge – Auf dem Weg zu einem Therapiedorf für Drogenabhängige, in: *Petzold, H.:* Drogentherapie, Paderborn 1974
Bartholomeyczik, E., Bartholomeyczik, S.: Der Patient in den Institutionen
des Gesundheitswesens, in: *Geissler, B., Thoma, D.* (Hrsg.): Medizinsoziologie, Frankfurt 1975
Basaglia, F.: Die negierte Institution, Frankfurt 1971
Bosch, G.: Psychotherapie und Soziotherapie, Sozialpsychiatrie 2, 1967
Bott, H.: Zur Geschichte der Frankfurter Jugendkollektive, in: *Liebel, M.*
(Hrsg.): Jugendwohnkollektive – Alternative zur Fürsorgeerziehung?
München 1972
Brandt, A. Gefesselte Jugend in der Zwangsfürsorgeerziehung, Berlin 1929
Brosch, P.: Fürsorgeerziehung, Heimterror und Gegenwehr, Frankfurt 1972
Bundesministerium für Jugend, Familie und Gesundheit: Dokumentation
Drogen und Drogenabhängigkeit, Bielefeld 1971
Cooper, D.: Psychiatrie und Antipsychiatrie, Frankfurt 1971
DeJong, R., Bühringer, G.: Ein verhaltenstherapeutisches Stufenprogramm
zur stationären Behandlung von Drogenabhängigen, München 1978
DeLeon, G. (Ed.): Phoenix House: Studies in a Therapeutic Community
(1968–1973), New York 1974
Deutsche Hauptstelle gegen die Suchtgefahren (DHS): Drogen- und Rauschmittel. Bedingungen, Vorbeugung, Behandlung. Dokumentation des Kongresses von 1971, Hamm 1972
Dörner, K.: Bürger und Irre, Frankfurt 1975 (Taschenbuchausgabe)
Dörner, K., Plog, U.: Irren ist menschlich oder Lehrbuch der Psychiatrie/
Psychotherapie, Wunstorf 1978
Doubrawa, R.: Probleme und Aufgaben der Kurpsychologie, *Psychol.
Rundschau,* 1976, S. 176–188
Durand-Dassier, J.: Psychothérapies sans psychothérapeute. Daytop. Communautés de drogués et de psychotiques, Paris 1970
Ehebald, U.: in: Konkret, Sucht ist Flucht, Hamburg 1972

Fischer, H.-G., Fischer-Flecke, M., Lüdde, H.: Psychotherapie in Gruppen, b:e, Heft 11, 1976
Flegel, H.: Die psychiatrische Krankenabteilung als therapeutische Gemeinschaft, *Nervenarzt, 37,* 1966
Geck, K. A.: Die Heidelberger Free Clinic, in: *Petzold, H.* (Hrsg.): Drogentherapie, Paderborn 1974
Haindl, H., Veit, Chr.: Erfahrungen aus dem Four-Steps-Modell der Therapeutischen Wohngemeinschaft in Räbke, in: *Petzold, H.* (Hrsg.): Drogentherapie, Paderborn 1974
Häfner, H.: Ein sozialpsychologisch-psychodynamisches Modell als Grundlage für die Behandlung symptomarmer Prozeßschizophrenien, *Sozialpsychiatrie, 1,* 1966
Harlfinger, H. Das erzieherische Prinzip bei Hermann Simon. In: Hermann Simon zum Gedächtnis, Gütersloh 1954
Heckmann, W.: Drogenkultur und Therapie, *Sozialmagazin,* Heft 7, 1978
–*:* Was Hänschen nicht lernt, kann Hans doch noch einmal lernen (Grete auch) – (Re-)Sozialisation bei der Drogenhilfe Tübingen e. V., Berlin 1979a
–*:* Professionalisierung des Modells Therapeutische Wohngemeinschaft – Protokoll eines mißlungenen Versuchs (und was daraus zu lernen ist), in: *Heckmann, W., Huber, H., Kretschmer, S., Thamm, B. G.:* Zur Therapie junger Drogenabhängiger, Freiburg 1979b
–*:* Über Regeln und Rituale, *Sozialmagazin,* Heft 5, 1979c
Helmes, D.: Der unauffällige Weg ins Abseits, Sozialmagazin, Heft 4, 1979
Heuer, R., Prigann, H., Witecka, Th. u. a.: Helft Euch selbst! Der Release-Report gegen die Sucht, Reinbek 1971
Joite, E. (Hrsg.): Fixen – Opium fürs Volk, Berlin 1972
Jones, M.: Social Psychiatry, London 1952
Jugend hilft Jugend, Mitarbeiter von: Info Nr. 3, Hamburg 1978
Knöpp, E.: Kollektiv 2 – Frankfurt, Bericht einer Beraterin, in: *Liebel, M.* u. a. (Hrsg.): Jugendwohnkollektive – Alternative zur Fürsorgeerziehung? München 1972
Kretschmer, S.: Von der Hilfe für Drogenabhängige zur Selbsthilfe von Drogenabhängigen: Die Therapeutische Wohngemeinschaft des Caritasverbandes für Berlin e. V., in: *Heckmann, W., Huber, H., Kretschmer, S., Thamm, B. G.:* Zur Therapie junger Drogenabhängiger, Freiburg 1979
Krüger, H.: Führungsstile und Behandlungskonzepte in der Sozialpsychiatrie, *Nervenarzt, 43,* 1972
Kulenkampff, C.: Psychiatrie in der Sowjetunion, *Sozialpsychiatrie, 2,* 1967
Laing, R. D.: Das geteilte Selbst, Reinbek 1976
Leary, T.: Politik der Ekstase, Hamburg 1970
Levy, E. S., Faltico, G. J., Bratter, T. E.: The Development and Struc-

ture of the Drug-free Therapeutic Community, *The Add. Therapist*, 2, 1977, p. 41

Leutz, G. A.: Psychodrama, Heidelberg 1974

Main, T. F.: The Hospital as a Therapeutic Institution, *Bull. Menninger Clin., 10*, 1946

Mannoni, M.: Scheißerziehung. Von der Antipsychiatrie zur Antipädagogik, Frankfurt 1976

Mechler, A.: Das Wort »Psychiatrie«, *Nervenarzt, 34*, 1963

Moreno, J. L.: Who shall survive? Washington 1934; dtsch.: Die Grundlagen der Soziometrie, Köln 1954, 1967²

–*:* Report of the research staff to the advisery research board II, published by New York State Training School for Girls, Hudson N.Y. 1936

–*:* Sociometry, experimental method and the science oft society, Beacon 1951

–, *Within, E. S.:* Application of the group method to classification. National Committee on Prisons and Prison Labour, New York 1932

Moreno, Z. T.: Evolution and dynamics of the group psychotherapy movement. In: *J. L. Moreno, A. Friedemann, R. Battegay, Z. T. Moreno,* Handbook of Group Psychotherapy, New York 1966

Nobiling, A.: Release II, *Neuer Rundbrief, 1*, 1973

Obiols, J.: Antipsychiatrie. Das neue Verständnis psychischer Krankheit, Reinbek 1978

Pestalozzi, J. H.: Sämtliche Werke; herausgegeben von *A. Buchenau, E. Spranger, E. Stettbacher,* Berlin 1927

Peters, A.: Therapeutische Wohngemeinschaften – Modellversuch in Hamburg, *Mitt. d. AG. f. Jugendhilfe,* Heft 2, 1972

–*:* Selbsthilfegruppen Drogenabhängiger – das Ende eines Selbstheilungsversuches? Berlin 1974

Petzold, H.: Les Quatre Pas. Concept d'une communauté thérapeutique, Paris 1969; dtsch. auszugsweise in: *Petzold, H.* 1974

– (Hrsg.): Drogentherapie. Modelle, Methoden, Erfahrungen, Paderborn 1974, Nachdr. Klotz, Frankfurt 1980

–*:* Moreno – nicht Lewin der Begründer der Aktionsforschung, *Gruppendynamik,* Jg. 1980 (im Druck)

Ploeger, A.: Die therapeutische Gemeinschaft in der Psychotherapie und Sozialpsychiatrie, Stuttgart 1972

Pongratz, L., Hübner, H. O.: Lebensbewältigung nach öffentlicher Erziehung, Neuwied/Berlin 1959

Prop Alternative: Entwicklungsgeschichte der Prop Alternative e. V. München 1969–1978 und Konzepte der Behandlungskette, München 1978

Rebell, Chr.: Sozialpsychiatrie in der Industriegesellschaft, Frankfurt 1976

Reitbrook, Mitarbeiter von: Begründung der Konzeption des Projektes Reitbrook, Hamburg o. J. (1975)

Röhl, K.-R.: in: Konkret, Sucht ist Flucht, Hamburg 1972

Rossi, J. J., Filstead, W. J. (Eds.): The Therapeutic Community: A Sourcebook of Readings, New York 1973

Rühle, O. Das proletarische Kind, München 1922

Satter, H.: Modell Nächstenliebe, Beispiel Bethel, München 1973

Sauer, M.: Heimerziehung und Familienprinzip, Neuwied 1979

Scherpner, H.: Geschichte der Jugendfürsorge, Göttingen 1966

Schülein, J. A. (Hrsg.): Kommunen und Wohngemeinschaften, der Familie entkommen? Gießen 1978

Schulz, P.: Drogentherapie, Frankfurt 1974

Sollmann, U.: Therapie mit Drogenabhängigen, Gießen 1974

Stevens, B.: Don't push the River, Lafayette 1970

Sturm, K., Meyer, A.: Gruppendynamik und Gruppentherapie bei der Behandlung Drogenabhängiger im »Four-Steps«-Modell der therapeutischen Wohngemeinschaft, in *Petzold, H.* (Hrsg.): Drogentherapie a.a.O.

Sugarman, B.: Daytop Village, a Therapeutic Community, New York 1974

Thasso, H.: Synanon: Die Angst vorm Springen, *Sozialmagazin*, Heft 5, 1979

Warnke, I.: Selbsthilfe – Release Berlin, in: *Joite, E.* (Hrsg.): Fixen – Opium fürs Volk a.a.O.

Wichern, J. H.: Sämtliche Werke, herausgegeben von *P. Meinold,* Hamburg 1975

Yablonsky, L.: Synanon: Selbsthilfe der Süchtigen und Kriminellen, Stuttgart 1975

Maxwell Jones

Theorie und Praxis therapeutischer Gemeinschaften[1]

Obwohl meiner Meinung nach kein mit einer therapeutischen Gemeinschaft vergleichbares Gebilde existiert, vermittelt allein der Begriff der therapeutischen Gemeinschaft eine Vielzahl allgemeiner Prinzipien, die im Widerspruch zu den traditionellen hierarchischen Grundsätzen sozialer Organisationen stehen, wie Schulen, Kirchen, Kliniken, Fabriken usw.

Ich möchte einige dieser grundlegenden Unterschiede herausarbeiten:

1. Verantwortlichkeit und Autorität

Verantwortlichkeit und Autorität innerhalb des Systems der therapeutischen Gemeinschaft stützt sich nicht auf einen Direktor oder einen Verwalter, sondern wird unter einer Vielzahl von Personen, die wichtige Bereiche des Systems vertreten, aufgeteilt. So müßten die Suchtkranken in einer Einrichtung zur Behandlung Süchtiger in Zusammenarbeit mit dem Personal wichtige verantwortungsvolle Rollen einnehmen und ausfüllen.

2. Der Entscheidungsprozeß

Mitbeteiligung an den Entscheidungen ist Teil der allgemeinen Grundsätze der therapeutischen Gemeinschaften; oft verkommt sie jedoch eher zu einer Fassade, als daß sie tatsächlich zugestanden wird. Es kann sein, daß Beiträge von allen Beteiligten gesucht werden, die tatsächliche Entscheidung in den Händen einer oder mehrerer Personen mit offener oder versteckter Machtausübung liegt und somit

---

[1] Es handelt sich hierbei um ein Referat, das der Autor anläßlich der *1. World Conference on therapeutic communities* in Norrköping, 1976, gehalten hat. Übersetzung und Abdruck mit freundlicher Genehmigung des Autors. Übersetzung: *Hans Walter Kehe.*

nicht alle Stellungnahmen zum Ausdruck gebracht werden. Eine solche Pseudodemokratie mag von jedem verziehen werden, verkörpert sie doch
a) ein den offenen und geheimen Führern entgegenkommendes Bedürfnis und
b) eine Rangordnung, die Verantwortlichkeit mit all ihren damit verbundenen Beanspruchungen vermeidet.

Auf diese Weise akzeptiert die Mehrheit untätig die Entscheidungen der Minderheit, behält sich aber das Recht vor, rechtswirksamen Entscheidungen zu vertrauen und bei Mißlingen die geheimen Leiter zu Sündenböcken abzustempeln.

3. Konsens

Konsens ist ein Begriff, der oft sehr nachlässig angewendet wird. Für mich enthält er ein ziemlich idealisiertes Ziel in kultivierter Form. Er impliziert einen Entscheidungsprozeß, in dem alle Mitglieder der Gruppe sich wechselseitig beeinflußt haben, so daß die Ansichten in allen ihren Schattierungen gehört worden sind und jedes Individuum die eigene Meinung im direkten Gespräch mit der des anderen verglichen hat. Dann kommt es zu dem schwierigen Prozeß, einen gemeinsamen Nenner zu finden, der jeden individuellen Standpunkt in Einklang zu dem sich ergebenden Gruppenziel bringt. Sicher hat niemand allein recht und jeder ist willens, in seiner persönlichen Einstellung etwas zum Wohle der Gruppe beizutragen.

Ein solcher Entscheidungsprozeß beabsichtigt, daß sich alle Gruppenmitglieder mit dem Ergebnis identifizieren und Anteil an seinem Erfolg haben. Selbst wenn sich die Entscheidung als erfolglos erweist, besteht Interesse daran, den Mißerfolg zu untersuchen, um aus Fehlern zu lernen.

Das ist ein zeitraubender Prozeß, der von jedem in der Gruppe ein hohes Maß an gegenseitiger Bindung und ein Wissen von der Dynamik der Gruppe erfordert. Eine allgemeine Spielart stellt der scheinbare Konsens dar, bei dem der Leiter oder die Leiter mit der Gruppe in demokratischer Weise verkehren, aber schließlich in etwas einseitiger Form die endgültige Entscheidung treffen. Dies braucht keinen Mißbrauch der Autorität zu bedeuten, weil die anderen passiven Gruppenmitglieder mit der Führung und umgekehrt diese mit der Gruppe durchaus gut umgehen können. Gewöhnlich ist es jedoch so, daß diese Fassade eines »demokratischen« Entscheidungsprozesses den wirklichen Sachverhalt wohl verschleiert, nämlich das vorherrschende Verlangen, die Leitung aus Furcht vor Repressalien, aus Angst oder in Ermangelung von Zuwendung zufriedenzustellen.

Entscheidungsfindung durch Abstimmung wird häufig als Ausweg zu einer einfachen Lösung des Entscheidungsprozesses gewählt und ist außerordentlich zeitsparend. Dieses Vorgehen führt aber eher zu einer Verstärkung als zu einer Lösung der Probleme, und jener Lernprozeß findet nicht statt, der eine Konsensfindung charakterisiert. Es sind zwei oder mehrere willkürliche Vorstellungen zu erkennen, die das Problem in der Diskussion polarisieren. Wenn die Mehrheit für den Beschluß A stimmt, fühlt sich die Minderheit, die für den Beschluß B votiert, enttäuscht. Ihr Widerstand gegen den Beschluß A wächst und sie kann sogar bewußt oder unbewußt auf das Mißlingen des Beschlusses A hinarbeiten.

4. Die Führung

Die Vorstellung, daß alle Menschen innerhalb einer Gruppe gleich seien, ist ein Mythos, der die Realitäten des Gruppenprozesses übersieht. Beim Hinarbeiten auf einen Konsens wird den Beiträgen der verschiedenen Gruppenmitglieder entsprechend den zahlreichen, vom Diskussionsthema abhängigen Variablen unterschiedliches Gewicht zukommen, ob sie nun vorwiegend die Bewohner des Wohnheims oder das Personal usw. betreffen. Wenn sich ein erfolgreiches Ergebnis einstellen soll, wird der Problemlösungsprozeß unabhängig vom vorliegenden Problem mehr von einigen bestimmten Personen als von anderen abhängen. Unsere Versuche, die den traditionellen, hierarchischen sozialen Systemen inhärenten Gefahren zu vermeiden, führten uns öfters zu Überreaktionen in entgegengesetzter Richtung. Es wird immer, gleichgültig welchem Problem sich die Gruppe gegenübersieht, in irgendeinem besonderen Bereich einige Mitglieder mit größeren Kompetenzen geben als andere:

Z. B. haben die Süchtigen selbst größere Fertigkeiten im Umgang mit Entzugserscheinungen von harten Drogen bewiesen als die Ärzte; letztere hingegen werden vermutlich in der Behandlung von Geschlechtskrankheiten einen größeren Beitrag leisten; und beide Gruppen werden im Kampf um die Verhinderung weiterer Geschlechtskrankheiten ihre Anstrengungen kombinieren müssen.

Unabhängig davon, wie demokratisch das Gefüge einer Gruppe ist, neigen der bzw. die Leiter einer Gruppe dazu, sich über diese herauszuheben. Dieses sollte im Idealfall nicht auf dem Ausbildungsstatus beruhen, sondern auf folgenden Variablen:
a) Fähigkeiten zum problemlösenden Verhalten – besonders in Krisensituationen,
b) Empathie,
c) Intuition, Probleme vorherzusehen – eine Eigenschaft, die mit Fähigkeiten zur längerfristigen Planung verbunden ist.

Die meisten Gruppen neigen in Wirklichkeit dazu, sich den Typ von Leitung zu wählen, den sie verdienen. So wird sich eine vorwiegend passive Gruppe damit begnügen, viele für sie getroffene Entscheidungen einfach zuzulassen (sich aber das Recht vorbehalten, bei Fehlentwicklungen zu nörgeln), während eine aktive Gruppe durch die lästigen Rivalitäten ihrer Leiter gelähmt werden kann.

5. Containment[2]

In meinem neuen Werk[3] habe ich herauszuarbeiten versucht, auf welcher Ebene sich Leiter und Gruppe wechselseitig ergänzen. Ein wirkungsvoller Gruppenleiter braucht nicht nur die positiven Eigenschaften eines Leiters, er muß auch sensibel für die Gedanken und Gefühle der anderen sein. Weiterhin sind die Gruppenmitglieder für die Qualität der Gruppenführung verantwortlich. Zum Beispiel kann ein »Mann der Tat«, der in Krisensituationen mit Mut und Geschick handelt, in weniger wichtigen Situationen als zu aktiv und geschwätzig empfunden werden. Meines Erachtens muß die Gruppe versuchen, sich die Fähigkeiten anzueignen, solche hyperaktiven Tendenzen ihres Leiters in Schach zu halten, und Stellvertretern mit anderen Stärken erlauben, sich zu profilieren.

Ein solches Containment erfordert von allen Gruppenmitgliedern Mut und Geschicklichkeit und die Fähigkeit zum Zuhören und Lernen vom starken Gruppenleiter. Ein solcher Lernprozeß ist insbesondere

---

[2] *Containment* bezeichnet im Amerikanischen das Verhindern von Übergriffen, von Überreaktionen der Führung. Ursprünglich sind derartige wehrhafte Verhaltensweisen in der politischen Sphäre anzusiedeln. – *Anmerkung des Übersetzers* –

[3] *Maturation of the Therapeutic Community*, New York 1976.

nur in einem System möglich, in dem ein hohes Maß an Vertrauen vorhanden und die Furcht vor Repressalien einer Bereitschaft zum Lernen und persönlichem Wachstum gewichen ist.

6. Multiple Gruppenleitung

Das bisher Gesagte erfordert ein Konzept, nach dem verschiedene Leiter für wechselnde Situationen erforderlich sind. Das Ziel einer Gruppe, die in jedem ihrer Mitglieder das Potential an Gruppenleiterqualitäten erkennt, erscheint allerdings recht idealistisch. Es könnte sein, daß einige die in einem solchen Potential liegende Verantwortung nicht zu übernehmen wünschen; denjenigen aber, die es tun, sollte geholfen werden, an der Aufgabe zu wachsen. Wiederum liegt die Verantwortlichkeit teilweise bei der Gruppe und teilweise beim einzelnen.

Eine Gruppe kann das Vorhandensein von Fähigkeiten, Gruppen zu führen und zu leiten, erkennen und versuchen, den jeweils Betroffenen beim Hereinwachsen in diese neue Rolle zu unterstützen. Für diese Art des Wachstumsprozesses habe ich den dem Containment entgegengesetzten Begriff des Weaning[4] verwendet. Eine diesen Prinzipien folgende Gruppe hilft allen ihren Mitgliedern in relativ selbstloser Weise beim individuellen Wachstum. Ein so kultiviertes Gruppenklima ist allerdings in der Realität vergleichsweise selten anzutreffen. Auf einem weit praktikableren Niveau bildet die multiple Gruppenleitung einen wesentlichen Bestandteil sozialen Lernens. Damit er in Schach gehalten wird, muß dem Gruppenleiter entgegengetreten werden. Wenn dies von einigen Rivalen aus falschen Motiven getan wird, die im Gegensatz zum vielbeschäftigten, hart arbeitenden, die Gruppe gegenüber der Außenwelt vertretenden Gruppenleiter die Rolle eines allseits beliebten Leiters erstreben, sieht sich das System einer Spaltung in zwei Lager gegenüber und ist somit in seiner Wirksamkeit eingeschränkt. Es wird ein dritter Gruppenleiter benötigt, der die zerstörerischen Kräfte in ihrer Arbeit aufzeigt. Diese Rolle ist schwer zu spielen. Aber meines Erachtens mangelt es jedem System ohne multiple Leitung an Flexibilität und der Fähigkeit zum Lernen und Wachsen.

---

[4] Im ursprünglichen Sinn wird *to wean* im Englischen/Amerikanischen für »den Säugling von der Mutterbrust entwöhnen« benutzt. – *Anmerkung des Übersetzers* –

7. Soziales Lernen

Theorie und Praxis sind eng miteinander verflochten. Das Maß an Flexibilität und Bereitschaft zur Veränderung unter wechselnden Umständen führt zum Konzept eines evolutionären Prozesses. Wird die Theorie überbetont, neigt man dazu, sie zu stereotypisieren; wenn aber Ideen in die Praxis umgesetzt werden, kann man sie als den Versuch werten, die Theorie zu validieren und zu modifizieren. Dieses widerspricht der Lehrpraxis an den meisten Schulen und Colleges, an denen eine Serie von Vorlesungen Jahr für Jahr wiederholt wird.

Unter dem Begriff des Lehrens und Lernens im sozialen Kontext der Praxis verstehe ich eine wechselseitige Kommunikation in einer Gruppensituation, eine Kommunikation, die aus einem inneren Bedürfnis oder einer Spannung motiviert zu einer direkten oder indirekten Darstellung der Gefühle, die kognitive Prozesse der Reflexion sowie Verhaltensänderungen einschließt. Dieser Begriff impliziert als Ergebnis eines Erfahrungsprozesses eine Änderung der individuellen Einstellungen, Überzeugungen oder Werthaltungen. Diese Veränderungen werden sowohl von einzelnen als auch von der Gruppe oder dem System inkorporiert.

Eine Illustration Sozialen Lernens könnte eine »living-learning-Situation« mit – sagen wir – 20 Bewohnern und 5 Mitarbeitern einer therapeutischen Gemeinschaft darstellen. Ein derartiges Zusammentreffen der Gruppe sollte meines Erachtens täglich für mindestens eine Stunde stattfinden. Um des Sozialen Lernens willen sollte die Tagesordnung bei der Gruppe als ganzem oder bei einzelnen eine Angst und Sorge bereitende Situation hervorrufen. Die Fähigkeit, sich mit Problemen zu identifizieren und Prioritäten zu setzen, ist inhärenter Teil dieses Prozesses und wird sich mit der Zeit verbessern.

Die Art und Weise, wie eine Gruppenzusammenkunft geleitet wird, kann je nach Gruppenmitglied variieren; sie wechselt von einem Bewohner der Therapeutischen Gemeinschaft, der als Diskussionsleiter agiert, hin zu einem Mitarbeiter, der aufgrund seiner Ausbildung als ein den Gruppenprozeß förderndes »Hilfsmittel« angesehen werden kann. Ich ziehe in dieser Funktion einen Zeitnehmer vor, denn er erlaubt es, durch die Gruppe die Führung innerhalb der Gruppe zu verteilen. Das heißt, daß jeder im Rahmen seiner Möglichkeiten Leiter werden kann.

Anfänglich kann ein ausgebildeter Gruppenleiter – vorausgesetzt er sieht seine Rolle darin, die einzelnen darin zu fördern, sich selbst zu helfen und ihr Potential an Führungsqualitäten zu verwirklichen – sehr nützlich sein. Er tritt in der Funktion eines Rollenmodells auf, das verschiedene Verhaltensmöglichkeiten darstellt, um dem zu Redseligen, dem Unbedeutenden oder dem Gewalttätigen entsprechend zu begegnen. Sein Ziel aber sollte es sein, sich dann zurückzuziehen, wenn andere angetreten sind, um sich als Gruppenleiter zu profilieren, und wenn sich eine multiple Gruppenführung entwickelt.

Nehmen wir einmal an, daß die Mitglieder der therapeutischen Gemeinschaft einen der Ihrigen verdächtigen, das Team zu betrügen und von außen Drogen zu erhalten. Er sei ein geachteter Führer, einer, der das gesamte Gruppenleben prägt. Alle mögen ihn, so daß das Team verpflichtet ist, gerade für neue Gruppenmitglieder als ein Rollenmodell zu handeln. Es fehlt an Beweisen für sein subversives Verhalten, und die Enthüllung des Verdachtes durch einen seiner *peers* kann von den anderen Mitbewohnern und dem Team als eine Äußerung des Neides und der Mißgunst fehlgedeutet werden. Trotzdem entscheidet einer, der das Risiko und die Verantwortung für einen Anwurf übernimmt, seine Befürchtung, seine Beklemmung der Gruppe mitzuteilen, weil es für jeden das Klügste ist, den Verdächtigen einzuweihen. Erweist sich die gesamte Aufregung als grundlos, so ist nicht mehr als das Notwendigste getan worden. Zur allgemeinen Überraschung aber wird der Verdächtige sehr ärgerlich, er beschuldigt denjenigen, der den Verdacht äußerte, als Neidhammel und Einpeitscher. Einem seiner *peers* wird diese Konfrontation zu viel, er gesteht die eigene Mitschuld an dem Geschehen ein und bietet seine Unterstützung an, die eigene Schuld gemeinsam mit der Gruppe abzutragen. Letzteres führt zu einer allgemeinen Diskussion über die Rolle des Teams und dessen Empfänglichkeit für den vermeintlichen Betrug. Oft sind die Teammitglieder zu sehr darauf bedacht, von den Mitgliedern der therapeutischen Gemeinschaft als nette Kumpels angesehen zu werden; und, wie viele Gruppenmitglieder, haben sie aus Furcht vor Statusverlust Angst, auf Konfrontationskurs zu gehen.

Das wagemutige Gruppenmitglied wird nunmehr für sein Vertrauen auf die Integrität der Gruppe gelobt, die Abhängigkeit des Teams von dem Gespräch über das Verhalten und die Gefühle der einzelnen Gruppenmitglieder wird betont, und die Gruppe wird sich einmal der Schwierigkeit bewußt, Suchtverhalten anzugehen, und wird zum anderen die Notwendigkeit einsehen, Selbstgefälligkeit zu vermeiden. – Der Schwindelkünstler wird als das, was er ist, entlarvt und verliert in den Augen der Gruppe an Status. Er erreicht dadurch, bei seinen peers und dem Team auf einer realistischeren und nüchterneren Basis zu stehen, da beide Gruppierungen nunmehr besser in der Lage sind, ihm zu helfen. Schließlich ist das Team den Gruppenmitgliedern nähergekommen und wird von ihnen als menschlicher empfonden, weil es in dieser Angelegenheit bei Verzicht auf Ausreden das Eingeständnis der eigenen Leichtgläubigkeit lieferte.

Dieses stark vereinfachte und idealisierte Bild wurde gezeichnet, um auf einen Blick die Veränderungen in den Einstellungen, im Glauben und den Werthaltungen, denen alle Individuen in der Gruppe verpflichtet sind, zu illustrieren.

Keine Gruppe wird das Vertrauensniveau und die Fähigkeiten, wie sie in dem obigen Beispiel impliziert sind, ohne längeres Training erreichen (ich halte den Begriff *Training* für besser als *Therapie*). Eine sofortige Nachbesprechung des Gruppen/Team-Treffens stellt den besten Trainingsrahmen dar.

Dieser Rückblick sollte nicht länger als die Gesamtgruppe dauern und durch das Team zu Beginn eines solchen Projektes zeitlich begrenzt werden. Um einen effektiven, sich ergänzenden Stil zu erreichen, muß das Team lernen zusammenzuarbeiten, und den jeweiligen Stil und die Fähigkeiten jedes einzelnen kennen.

Die fähigsten und erfahrensten Gruppentrainer können eine solche Nachbesprechung anleiten und demonstrieren, wie man eine Gruppensitzung strukturiert: Wie begann die Gruppensitzung, wer sprach zuerst, gab es Nachzügler, wie war die Sitzordnung usw. Dann helfen sie der Gruppe all das durchzuarbeiten, was auf der begrifflichen und der emotionalen Ebene ablief. Jeder wird derselben Interaktionssituation ausgesetzt, aber die individuelle Wahrnehmungsfähigkeit streut entsprechend viele Variablen: Persönlichkeit und Ausbildung eines jeden Teammitglieds, dessen Vertrautheit mit dem Weltbild der Drogensubkultur, die Dauer der Teamzugehörigkeit usw. Der gruppendynamisch Erfahrenste und dessen versierteste Kollegen werden dabei helfen, die Psychodynamik der Gruppensitzung zu analysieren. Gute Beiträge werden entweder von den Mitgliedern der therapeutischen Gemeinschaft oder vom Team in ihren Auswirkungen auf den Gruppenprozeß betrachtet, um vielleicht zu helfen, versteckte Probleme an die Oberfläche zu bringen. Interventionen zum ungünstigen

Zeitpunkt oder irrelevante Kommentare können ein sich entwickelndes Gruppenthema abschneiden und soziales Lernen verhindern.

Ein Mangel an wichtigen Inhalten und ein durch die gesamte Gruppensitzung fehlendes Einfühlungsvermögen können massive Abwehr oder mangelndes Geschick beim Überwinden von Widerständen andeuten. Die Gruppensitzung in diesem Zustand wiederzubeleben, die Abfolge der Ereignissequenzen zu rekonstruieren und die Gruppendynamik versuchen zu verstehen wird als Prozeß erfahren. Es ist unnötig zu erwähnen, daß dies keine angenehme Übung ist, da das Auftreten eines jeden in der Gruppe – sogar das der stillen Teilnehmer – streng überprüft wird.

Es kostet Zeit – vielleicht ein Jahr –, bis sich das Team mit der Kritik eingerichtet hat. Anfangs wird eine Nachbesprechung der Gruppensitzung als eine Bedrohung des eigenen positiven Selbstbildes gesehen und die Kritik wird als »herunterziehend« empfunden. Einen Kollegen zu konfrontieren erfordert offensichtlich Mut, zumal das Vertrauen innerhalb des Teams nur allmählich wächst. Wenn für ein derartiges Ziel sozialen Lernens gesorgt wird, hilft es dem einzelnen, über den Weg schmerzhafter Selbstenthüllung persönlich zu wachsen. Tatsächlich ist es so, daß die Leute ohne Nachbesprechung wahrscheinlich statisch und unverändert zurückbleiben und die Gruppe keine oder kaum Gelegenheit dazu hat, den Primadonnen zu widerstehen und die anderen dabei zu unterstützen, sich gemäß dem Sozialen Lernen selbst zu helfen.

Wenn sich das Team mit dieser Art Nachbesprechung vertraut gemacht hat – und nicht vorher –, kann es ratsam sein, Mitglieder der Gruppe miteinzubeziehen. Die Teilnahme sollte zuerst vielleicht nur freiwillig sein, das heißt, daß die zum Lernen Motivierten die ersten sein werden, die es einzuladen gilt. Wenn ihr Verhalten als hilfreich erscheint, können sie darum gebeten werden, der Nachbesprechung bis zu den letzten zehn Minuten beizuwohnen. Auf diese Weise können den Gruppenmitgliedern die Erfahrungen des Teams vermittelt werden. Einzelne Gruppenmitglieder können innerhalb der Gruppe eine Karriere von unschätzbarem Wert für die Gruppe beginnen und werden schließlich bestimmte Funktionen wirksamer als manches Teammitglied ausfüllen können. Hinsichtlich der Einbeziehung von Gruppenmitgliedern in die das Gruppengeschehen reflektierenden Nachbesprechungen ziehe ich einen graduellen Übergang vor; ansonsten werden sich die Nachbesprechungen zu einer simplen Folgeveranstaltung des vorhergehenden Gruppenmeetings entwickeln und folglich einen ernsthaften Verlust an Verantwortung für das Soziale Lernen bewirken.

Dieses Gesamtkonzept von Gruppeninteraktionen, das in den Nachbesprechungen des Teams zu sozialem Lernen führt, ist meines Erachtens ein wesentliches Element von Evolution und Wachstum innerhalb eines jeden sozialen Systems, sei es im Bereich der Drogentherapie, in Kliniken und Krankenhäusern, in Schulen oder in der Industrie. Falls der Begriff Sozialtherapie benutzt wird, kann er das oben Ausgeführte einschließen und ist somit auf verwandte Bereiche, wie z. B. die Familientherapie, auszuweiten. Ich ziehe es aber vor, alle Behandlung, alles Training unter den einfacheren und weniger prätentiösen Begriff des Sozialen Lernens zu stellen. – Die Vielzahl an Therapieformen weist allein auf einen Mangel an Verstehen hin, auf einen Mangel, der zu einem Defizit an spezifischen Behandlungsmethoden führt. Dies soll nicht den Wert der verschiedenen praktizierten Behandlungsmethoden schmälern, die ja ein ständig zunehmendes Wissen und wachsende Erkenntnis darstellen. Aber die Komplementarität – sagen wir zwischen Psychotherapie und Tranquilizern – erfordert eine ausreichende Erforschung.

Welche Behandlungsmethode auch immer bevorzugt wird, ich halte eine sorgfältige Beachtung der sozialen Organisation, in der sie praktiziert wird, für sehr wichtig. Für mich ist Soziales Lernen der Hintergrund eines jeden denkbaren Programms, Menschen in Notlagen zu helfen.

Emil Thiemann

Leben lernen in Wohngemeinschaften?
Wege für psychisch Kranke, Realität zu erfahren und
ihr standzuhalten

Trotz aller reformerischer Bemühungen in den letzten Jahren scheint es, als ob dem psychisch Kranken, jedenfalls soweit es seine innere Situation angeht, nicht wirklich geholfen worden ist.
 Bleibt seine innere Dynamik dem Verstehen vorerst noch verschlossen? Will der Helfende letztlich doch nicht auf seine Rolle verzichten, die ihm ermöglicht, Distanz zu bewahren? Ist auch für ihn der Kranke ein Fremder, jemand, dessen inneres Erleben und dessen Ausdrucksweisen er mit sich nicht in Verbindung bringen kann? Wann wird sich die Institution Psychiatrie endlich als zum Krankheitsbild dazugehörig und nur als Verwalter von minimalen Bedürfnissen entlarven und erkennen, daß dieser Zustand die Kranken sich damit begnügen läßt, versorgt und aller Verantwortung entledigt zu sein, daß er die Angst der Kranken vor der »Freiheit« nährt, die Angst vor dem »Leben draußen«, vor dem Sich-Arrangieren mit der Realität? Steckt in uns allen, die wir nicht unmittelbar selbst von der Krankheit betroffen zu sein scheinen, die tief verwurzelte Haltung, »das Fremde und damit Furchteinflößende auf einer unreflektierten Ebene von Klassifikationen, Alltagsreligionen und Vorurteilen zu neutralisieren, den ›anderen‹ in das Gewebe starrer, kulturell geprägter Standardisierungen (gut oder böse, normal oder anomal, rechts oder links) einzufangen?« (*Kargl* 1975).

Wenn auch die Sozialpsychiatrie in ihren Bemühungen den engen Rahmen, in dem die Psychiatrie sich als medizinisches Fach versteht, gesprengt hat und die sozio-kulturellen Bezüge, in die hinein »psychische Krankheit« (auch Kriminalität, Sucht, Verwahrlosung) eingebunden ist, miteinbezieht, so läßt sie doch auch noch entscheidende Momente außer acht. Es sind jene, die beispielsweise in der tragischen Verfassung der menschlichen Natur begründet sind, in der Ausbildung von Motiven während der Sozialisation, die der Entfaltung der Kräfte eines Menschen entgegengerichtet sein können, in der

Herausbildung von fixierten Wertungen, die ihrerseits dogmatischen Charakter, d. h. Absolutheitsanspruch, annehmen können.

Im Zuge einer »Anti-Psychiatrie« konnte vielleicht der Eindruck entstehen, daß man nur die Anstalts-Tore zu öffnen brauche und eine Gemeinde finden müsse, damit sich das »Problem Psychiatrie« löst. Das war in Italien möglich, inwieweit wirklich hilfreich, das bleibt unklar. Bei uns meinen wir jetzt viel zu oft feststellen zu können, daß der einzelne Kranke gar nicht im Mittelpunkt sozialpsychiatrischer Bemühungen steht, wenn auch auf ihn hin vieles sich bewegt. Es entsteht der Eindruck, daß man sich mit der Krankheit einzurichten habe, daß sie letztlich nicht zu beeinflussen sei und man deshalb die Rahmensituation allein zu verbessern habe. Wir jedoch sind ganz anderer Ansicht: Wir haben die Hoffnung nie aufgegeben, daß die Krankheit selbst in schwersten Fällen noch gebessert und in anderen Fällen geheilt werden kann. Unsere »therapeutische« Aufmerksamkeit setzt deshalb immer in erster Linie am einzelnen Menschen an, weil Hilfe darin besteht, aktiv für ihn Partei zu ergreifen.

Eine Konsequenz der Einstellung der Sozialpsychiatrie sind die viel zu schnellen Versuche, die Kranken zu resozialisieren. Ganz unvorbereitet werden sie wieder Bedingungen ausgesetzt, an denen sie ja früher gescheitert sind. Schlimmer noch sind die Umstände als vorher, denn jetzt tragen die Noch-Behinderten das Stigma, »verrückt« zu sein – das spüren sie nicht nur dadurch, daß ihnen ein geringer Lohn zugedacht wird, wenn sie irgendwelche Arbeiten verrichten müssen. Hat es schon der Gesunde schwer, Arbeit zu akzeptieren, so wie sie von ihm gefordert wird, so ist beim psychisch Kranken die Eingliederung in den Arbeitsprozeß eine höchst problematische Forderung, weil in seiner inneren Dynamik sich Widerstände gegen alles »Du mußt« aufgebaut haben und weil er, obwohl er etwas leisten will, immer wieder sein Unvermögen – das, was er will, nicht tun zu können – vor Augen geführt bekommt. Man erkennt es jetzt in den Werkstätten, in denen körperlich und geistig Behinderte zusammen mit psychisch Behinderten arbeiten; die psychisch Behinderten fallen aus dem Rahmen; sie sind »unkonzentriert«, haben kein »Durchhaltevermögen« – eben wegen der in ihnen gewachsenen Dispositionen im Werten und Auffassen, die sich als ›Widerstände‹ dem Wollen entgegenstellen. Der belastende Druck aber, der durch das Bewußtsein ihres Versagens auf ihnen liegt, darf nicht dadurch verstärkt werden, daß Forderungen von außen aufgezwungen werden. (Vgl. meinen Aufsatz »Warum viele psychisch Behinderte nicht arbeiten können«, demnächst in den DPWV-Nachrichten.)

Die Möglichkeit, Verhalten durch die Herstellung bestimmter äußerer Bedingungen und durch die Anwendung technischer Methoden zu verändern, ist sicher zu optimistisch eingeschätzt worden. Ein naiver Optimismus, gepaart mit technokratischem, zweckrationalem Denken, auch von behavioristischen und neo-positivistischen Denkmodellen genährt, wollte glauben machen, der Mensch sei als ein »Bündel bedingter Reflexe« von unerwünschten Reflexen ebenso leicht zu befreien, wie sie ihm früher nur »angelernt« worden seien. Alle die dahinterstehenden Theorien gehen an der Wirklichkeit des Kranken aber vorbei, weil sie der Komplexität der dynamischen Beziehungszusammenhänge nicht gerecht werden. Da »Angst« innerhalb dieser Komplexität ein wesentliches Element ist, wird ihr viel Aufmerksamkeit gewidmet; sie wird aber fast nur in Zusammenhang gebracht mit angelernten Verhaltensmustern, die hauptsächlich die kreatürlichen Abläufe angehen. Daß Angst auch hervorgerufen werden kann durch das Bewußtsein von der oft unversöhnlichen Widersprüchlichkeit eines Menschen und seiner Begrenztheit im Erkennen, vor allem auch seiner Vergänglichkeit, das blieb zu wenig berücksichtigt. Angst kann in dieser Hinsicht auch als »Gottesfurcht« begriffen werden; als anthropologische Kategorie hat sie Wächterfunktion gegenüber Gleichgültigkeit und jeglicher Anmaßung (»Hybris«).

Die Hoffnung, durch eine Veränderung äußerer Umstände auch eine innere Wandlung zu bewirken, nährte die Annahme, allein das Erlernen demokratischer Spielregeln führe schon dahin, ein wirklicher Demokrat zu werden. Dieser wäre ja fähig, den verschiedenen Regungen in sich mit der nötigen Toleranz zu begegnen und ihnen den richtigen Stellenwert zuzuweisen. Damit könnte der Gefahr begegnet werden, daß eine »Regierung« allzu mächtig wird, Alleingültigkeit beansprucht und eine Diktatur ausübt. Nun ist es aber so, daß niemand von vornherein über die rechten Maßstäbe verfügt; er kann sie nur gewinnen, wenn er mutig sich immer wieder ins Ungewisse hineinbewegt, sich zu Irrtümern bekennt, Angst und Schuld auf sich nimmt, Leid ebenso wie das Mitleiden. Erst dann wird er auch fähig, auf seine »leisen« Stimmen zu hören, die ein Hinweis sind auf die zu wenig oder gar nicht beachteten Regungen. Ursprünglich ist es ja das Anliegen von Demokratie, Minderheiten zu berücksichtigen, ihnen zu ihrem Recht zu verhelfen, die Schwächen einzelner aufzufangen, soziale Gerechtigkeit und Chancengleichheit zu sichern und fundamentale Bedürfnisse zu befriedigen: »Erstens gibt es universelle biologische Bedürfnisse und ein Streben nach ihrer gesicherten Befriedigung. Sodann gibt es Bedürfnisse nach sozialen Beziehungen, gegenseitiger Fürsorge: nicht isoliert zu sein, sondern als ganzer Mensch der Gemeinschaft anzugehören; anderen bekannt zu sein und sie zu kennen; anerkannt zu sein als der, welcher man ist, und andere anzuerkennen. Schließlich gibt es Bedürfnisse nach Selbsterfahrung, -ausdruck und -verwirklichung in sinnvollem kreativen und produktiven Handeln« (*Gil* 1977).

Damit sind die Inhalte des Bewußtseinsgeschehens eines Menschen natürlich nicht völlig umschrieben, zum Beispiel nicht das, was ihn daran hindern kann, Bedürfnisse auch zu verwirklichen, nichts von seiner Angst, seinen Zweifeln, die der Selbstverwirklichung im Wege stehen. Nur demokratische Spielregeln sind bei diesem Prozeß wenig hilfreich, oft verhindern sie sogar die persönliche Entfaltung; über manipulierte Mehrheitsbeschlüsse schleicht sich das Autoritäre wieder ein und erstickt im Keim schon mögliche individuelle Spontaneität.

Der Blick in jene Institutionen, die sich ihrer demokratischen Strukturen wegen rühmen, zeigt dann auch das Dilemma: Gremien wuchern, in denen endlos palavert wird – und der Patient steht daneben, die Geschehnisse laufen an ihm vorbei. Aber bedenken wir: das Bemühen ist groß, die Atmosphäre ist im allgemeinen eine andere als die, welche in den Mammutkrankenhäusern vorherrscht. Aber auch deren Entstehen ist aus der geschichtlichen Situation heraus zu begreifen (Auflösung der agrarischen Großfamilie, Industrialisierung); die moderne Psychiatrie begann mit ihnen. Sie stellten in gewisser Weise einen Schutz für die Kranken dar vor äußerer Verelendung und vor physischer Vernichtung (außer in totalitären Regimen). Der Vorrang der äußeren Versorgung ist bis heute geblieben, verantwortlich dafür ist wohl vor allem die Eigengesetzlichkeit einer solchen Institution, die sich sperrt gegen qualitative Veränderungen. Dennoch: Für viele Kranke, die heute noch in den großen Häusern leben, gäbe es gar keine Alternative. In vielen Übergangsheimen, die inzwischen errichtet wurden, ist das Los der Kranken nicht viel besser als zuvor. Die Aufnahme in solch ein Heim ist oft gebunden an die Forderung, die Arbeitskraft zur Verfügung zu stellen. Das kann eine große Last sein, ja, einer Erpressung gleichkommen. Und die Gestaltung der Lebensformen in den Heimen gibt meist wenig

Anlaß zur Lebensfreude. Für manchen Kranken war das in den großen Häusern besser; hier fühlte er sich im vertrauten Rahmen geborgen, hier hatte er bestimmte Aufgaben, die ihn nicht überforderten und die ihm zudem eine gewisse Anerkennung einbrachten. Jetzt steht er unter dem Druck, unbedingtes Wohlverhalten zeigen zu müssen, sich an noch rigidere Regeln anpassen zu müssen, weil das Funktionieren der Heimordnung bei der größeren Freizügigkeit der Kranken sonst gefährdet wäre; er entfremdet sich mehr als zuvor von sich und wird noch isolierter.

Bei diesen Überlegungen muß sich die Frage herausgeschält haben, was denn nun wirklich getan werden kann. Die Frage soll anders gestellt werden: was fehlt denn eigentlich? Um die Antwort zu geben, muß beschrieben werden, was bei den psychisch Kranken neben ihren Symptomen (worunter wir meist nur das Auffallende, das Ins-Auge-Springende, das Außergewöhnliche verstehen: Wahnerleben, bis zur Panik gesteigerte Angst, Zwangserscheinungen, Depressionen, destruktive Aggressionen, manische Phasen, katatone Zustände) sonst noch verdeckt im »Hintergrund« vorzufinden ist. Dieses ist von viel größerer Bedeutung für die innere Dynamik, als es selbst die krassesten Krankheitszeichen sind. Aber es sticht nicht so hervor, denn es sind Motive (Wertungen), durch die Handlungen in Bewegung gesetzt werden; diese können ganz vorrangig, ganz absolut, völlig einseitig ihren Anspruch im Gesamtgefüge dynamischer Beziehungen geltend machen. Zur Alleinherrschaft herangewachsen, verschleiern oder verdrängen sie andere Motive; was aber nicht ausschließt, daß diese doch immer sich bemerkbar machen oder sogar Sturm laufen gegen die diktatorischen Anmaßungen der vorherrschenden. Es kommt also zu Wertkonflikten[1], für deren Vorhandensein entschieden sichtbar Angstgefühle sprechen (doch ist es möglich, daß auch diese völlig verdrängt werden), noch schwerwiegender, aber nicht so deutlich erkennbar, die Schuldgefühle. Regungen des Gewissens, Reue, Schuldgefühle, Schuldbewußtsein sind immer Zeichen dafür, daß Verstöße gegen die akzeptierten Wertungen (»Normen«) stattgefunden haben. Schuldgefühle belasten, bedrängen, quälen den Menschen wie kaum etwas sonst; sie gehen die ganze Person an und geben das Gefühl von eigenem schwerem Ungenügen. Sie legen sich auch auf das ohnehin verringerte Selbstwertgefühl (wenn dieses sich auch in der Manie beispielsweise hinter einer maßlosen

---

[1] *Eberhardt* 1950, 1952, 1957.

Selbstüberschätzung verbergen kann oder, wie bei manchem schizophrenen Erleben, hinter einem Größenwahn).

Bei Unterdrückung oder Verdrängung von Wertungen und damit der auf sie zurückgehenden Handlungen besteht die Energie (Wertungen sind ja Energiezentren) weiter fort und versucht, sich anderer Wege zu bedienen; sie fließt gleichsam in andere Bedürfnisse mit ein und gibt diesen dabei ein unangemessen starkes Gewicht; diese können zwar allgemein negativ-wertige Lebensgefühle kompensieren, aber sie können auch Suchtcharakter gewinnen, der dann seinerseits neue schwere Belastungen nach sich zieht. Die an den Wertkonflikten beteiligten Wertungen können sich zu unversöhnlichen Gegensätzen aufschaukeln, zu Widersprüchen, zu Zerrissenheiten von ganz quälendem Ausmaß. Darin nehmen oft destruktive Aggressionen einen großen Raum ein, verknüpft nicht selten mit Mord- und Selbstmordgedanken; für das subjektive Erleben sind sie dann kaum erträglich. Das Gefühl von Minderwertigkeit, Versagen, Scheitern überschattet aber meist alles andere, da kann selbst jede von außen kommende Anerkennung, jede Erfahrung von Bestätigung zunichte gemacht werden.

Dieses und noch anderes, das an dieser Stelle nur angedeutet werden kann, wirft den ganzen Menschen auf sich selbst zurück; er wird egozentrisch, wenn nicht sogar kraß egoistisch, ist fortlaufend mit sich beschäftigt, ist blockiert gegenüber neuen Erfahrungen. Sein Wesen wirkt wie eingefroren, und Kommunikation kann sich, wenn überhaupt möglich, nur noch auf ein paar angelernte Muster erstrecken. Das Gefühl, völlig isoliert zu sein, allein dazustehen, muß zusammen mit den Gefühlen von Resignation, Verzweiflung, Hoffnungslosigkeit und der Überzeugung, zu versagen, als Depression konstituierend, tief in die Grundstimmung miteingehen.

Und da ist dann noch etwas, was uns als Menschen ganz tief angeht: es ist das, was sich in unserer Persönlichkeitsstruktur abspalten kann, unsere »andere Seite«. Nicht allein »spaltet sich das Herz« (*Laing* 1978), will sagen die zarten Gefühle, die der Hinwendung, der Liebe, der Andacht, der Ehrfurcht sind aus dem vorhandenen Bewußten herausgelöst und zum Brachliegen verdammt, es sind vor allem wieder Wertungen (auf die Gefühle ja erst zurückgehen), die als gering geachtet beiseite geschoben oder verdrängt werden und die allen sonstigen Abwehrmechanismen unterliegen können.

In uns allen ist wirksam die weit in die Evolution zurückgehende Tendenz, Details zu einem Ganzen zusammenzufassen, das Ganze zu verabsolutieren und zu dogmatisieren. So machen wir es auch mit wissenschaftlichen Theorien; anstatt sie dem kritischen Zweifel zu unterziehen, nach widerlegenden Faktoren zu suchen, nehmen wir sie oft allzu gläubig als die »Wahrheit« hin. Die klassische Psychiatrie hält gar zu streng an ihren Wahrheiten fest; sie darf sich nicht mehr darauf zurückziehen und sich dabei beruhigen, bestimmte Phänomene in immer verschiedener Kombination zu beschreiben. Sie darf nicht warten, bis sich irgendwelche Substrate im Organischen gefunden haben, um dann ihnen die Ursachen für psychopathologische Erscheinungen zuschreiben zu können. Sie muß die Annahme von der Endogenität psychischer Krankheiten als ein Märchen entlarven, denn das Gewordene ist das Ergebnis eines dialektischen Widerspiels von Erbprogrammen und Umweltfaktoren. Außenwelt, vom Menschen im dialektischen Widerspiel geschaffen, wirkt auf ihn zurück und formt ihn, so wie er die äußere Welt immer wieder formt. »Jede Persönlichkeit ist das Ergebnis der Interferenz der beiden generativen Prinzipien – des Biologischen und des Kulturellen (und selbstverständlich auch der komplementären, konkurrierenden und antagonistischen Interferenz der besonderen Ereignisse ihrer eigenen Geschichte)« (*Morin* 1974).

Was wir als den »Hintergrund« bezeichneten, ist ubiquitär, überall nachweisbar, auf jeden einzelnen zutreffend, auch auf die Psychiater selbst. Finden wir uns denn nicht alle in dieser Beschreibung wieder? Und sind diese Vorgänge nicht zugleich auch Spiegelbild für jene Geschehnisse, die uns in der Außenwelt überall begegnen, auch in den Mythen und Märchen? Wenn sich also immer mehr das Gemeinsame in der Verfassung der Menschen unserem Blick öffnet, so muß doch dieses bei aller Verschiedenheit in den Erscheinungen sonst, bei der unendlich reichhaltigen und vielgestaltigen Ausprägung, uns mehr zusammenführen, uns solidarischem Erleben näherbringen, als es jetzt der Fall ist.

Der Ausgang aller Überlegungen ist die Widersprüchlichkeit, die nach dem allmählichen Instinktverlust im Laufe der Evolution als wesentliches Kennzeichen, als »Freiheit«, diesem Lebewesen zuwuchs. Sie kann aber auch sein Verhängnis werden, nämlich dann, wenn diese Widersprüche eine Integration einzelner Bewußtseinsinhalte in die Gesamtstruktur nicht mehr zulassen. Wie schnell ist dann tragisches Geschehen darin verwoben! Immer wieder genötigt, Entscheidungen zu fällen, ist der Mensch in Gefahr, falsche Wege zu gehen, sich und anderen Schmerz und Leid zuzufügen, schuldlos schuldig zu werden. Was er dabei erfährt, das liegt nicht in seiner Macht; Maßstäbe hat jeder nur bedingt von vornherein, er muß sich ins Ungewisse, ins Unbekannte hineinbegeben, um sie zu erfahren. Es kann sein, daß ihm die Möglichkeit zuwächst, sich als ›homo sapiens‹ oder als ›homo demens‹ zu verhalten; vielleicht muß er beides zugleich sein dürfen. »Ungestraft« aber kann niemand eine Seite verdrängen.

Das, was der Mensch in seinem alltäglichen Leben erfährt und was er als »Lernziele« dargeboten bekommt, zielt anscheinend darauf ab, ihn gerade nicht zu einem Bewußtsein von Solidarität kommen zu lassen. Der andere, das jeweilige Gegenüber, wird ihm unter diesen Lebensumständen Objekt, das er sich zunutze macht, das er ausbeutet. Auch mir als Psychiater wurde die Distanz zum Nächsten geradezu aufgedrängt; die Ausbildung schreibt vor zu registrieren, zu konstatieren, zu diagnostizieren. Mein Gegenüber, sofern es psychisch krank ist, muß sich von vornherein als die nicht-intakte Persönlichkeit darstellen, während ich der Wissende, der von vornherein Überlegene bleiben darf – technische Verfahren, etwa Tests, helfen mir dabei. Kann ich erwarten, daß mich der andere als Partner erlebt, der ich doch sein müßte, wenn er sich mir wirklich öffnen möchte? Müßte er nicht die Bereitschaft in mir spüren, mich auch mit meinen »Schwächen« ihm darzustellen, letztlich rückhaltlos, unbedingt wahrhaftig, wenn es die Situation erforderlich macht? Auch darf ich nicht der Ansicht verfallen, daß irgendeine Methode, irgendein technisches Verfahren das Mittel schlechthin sein könne, den anderen zum Erkennen seiner Wirklichkeit und zum Verändern bestimmter Verhaltensweisen fähig zu machen. Zu glauben, die so von mir angewandte Methode sei die schlechthin gültige, verspricht allerdings Sicherheit, und wir alle, die wir ja aus bestimmten »Schulen« kommen, vergessen allzu leicht, daß hier ganz ungeprüfte Glaubenshaltungen mit im Spiel sind.

Grundsätzlich muß man sich doch einmal klarmachen: Wir neigen dazu, unsere Erfahrungen, sofern sie sich in größere Zusammenhänge einbetten oder gar zu einer Theorie zusammenbinden lassen, als objektiv gültige Wahrheit auszugeben. An der jeweils vorliegenden Konstellation der Realität jedoch müssen wir unsere Wertungen immer wieder aufs neue überprüfen, um der »Wahrheit« ein Stück näherzukommen. Kann diese Überprüfung – die gewissermaßen eine Gegenüberstellung von Wert und Situation darstellt – nicht mehr stattfinden, eben weil der betreffende Mensch sich an fixierte

Werte anklammert, bleibt »sein Wert« bloße subjektive Wahrheit; diese kann die Wirklichkeit immer nur ausschnittweise beschreiben, Anspruch auf Allgemeingültigkeit darf sie nicht erheben, wenn sie nicht ideologisch werden will.

Mit anderen Worten: ich muß auf dem Weg bleiben, offen sein für neue Erfahrungen; ich muß mich vieler Methoden bedienen können und es lernen, wann diese, wann jene in welcher Situation erfolgreich zu sein verspricht.

Im Gegensatz zu der nur distanzierenden Einstellung zum anderen kann jedoch eine ganz andere Haltung dem Menschen (und auch der Natur) gegenüber eingenommen werden. Es ist jene, die den anderen ernst nimmt, ihn gleichsam ans Herz nimmt. Diese Haltung wächst aus der Fähigkeit, den Standpunkt des Gegenübers einnehmen zu können, für es zu werten und mitfühlend Anteil zu nehmen. Sie läßt zu, sie akzeptiert den anderen so, wie er ist, als einen Ausgeschlossenen, Gestrauchelten, Versager, Gescheiterten, Kranken und vermag auch schon zu »sehen«, wie er eines Tages vielleicht wird sein können. Diese Haltung allein macht es möglich, zum anderen einen unmittelbaren Zugang zu gewinnen, eine auf Gegenseitigkeit beruhende Beziehung aufzubauen, nicht aufdringlich, nicht fordernd, nicht missionierend. Das bloße Gegenwärtigsein allein genügt oft und kann helfen, Hoffnung zu schöpfen; das Herausfindenwollen von Ursachen ist dann völlig fehl am Platz.

Solch eine Haltung kann nur da auf »Antwort« stoßen, wo auch die Rahmenbedingungen zulassen, daß Behutsamkeit, Zartheit, Toleranz, Aufmerksamkeit wachsen können. Und man erfährt es auch: da, wo die Fähigkeit zur mitfühlenden Anteilnahme beim Pflegepersonal vorhanden ist, ist auch die Gesamtsituation, in der diese Menschen tätig sind, freundlich, entspannt, bergend. Jedoch der nicht zu umgehende Druck betrieblicher Zwänge in den großen Institutionen führt immer wieder dazu, daß eine schon aufgegriffene Beziehung über andere Notwendigkeiten hinweg unangemessen zurückgestellt werden muß, daß also der Kranke in eine Umgebung verwiesen wird, die ihn schon allein aufgrund ihrer Größenordnung irritiert und hilflos macht und das Alleinsein spürbar werden läßt. Die Wirklichkeit ein wenig zu verschleiern ist aber oft lebensnotwendig, um durchhalten zu können, gerade für diejenigen, die ihr Gespür für die Unmenschlichkeit der Verhältnisse, in denen die Kranken leben, noch nicht verloren haben. Das erlebte ich bei einem jungen Kollegen, der in einer Diskussion die Bemerkung machte, es gäbe doch auch vieles in den Institutionen, was zu bejahen sei. Danach befragt, was dieses denn sei, konnte er nichts anführen; er war ganz konsterniert, so wie ich selbst und andere völlig überrascht waren. Allein der Gedanke, daß etwas »Fortschrittliches« geschieht, hatte ihn beruhigt.

Es ist nicht anzunehmen, daß sich innerhalb der großen Institutionen in den nächsten Jahren, ja Jahrzehnten, grundsätzlich viel ändern wird. Innerhalb bestimmter Grenzen werden sicher viele Innovationen durchgespielt werden; sie erlauben aber letztlich nichts anderes, als daß Kompromisse eingegangen werden, die an der inneren Situation der Kranken aber nichts Wesentliches ändern. Kompromisse sind hier in engen Grenzen sich bewegende Einlassungen, bei denen die Seite, die Aufsicht und Ordnung vertritt, den Kranken ein Mehr- oder-Weniger an äußerer Freiheit zubilligt; sie sind immer nur Flickwerk, im Augenblick Machbares, manchmal sogar Wohltuendes. Aber nur Radikales ist hier angebracht, wenn wir verhindern wollen, daß menschliches Leben verfehlt wird. Das gilt auch für das Pflegepersonal, das diesbezüglich ja nicht weniger gefährdet ist; genaugenommen gilt es für alle Menschen.

Die hier angesprochene Haltung ist lehr- und lernbar, aber sie erfordert eine nie zu beendende Anstrengung, und es ist zudem die Frage, welche Umstände hergestellt werden müssen, unter denen sie lehr- und lernbar ist. Summarisch lassen sie sich so bestimmen: kleine überschaubare Einrichtungen, keine Pauschalangebote, Teilnahme an Tätigkeiten ohne Zwang, Vermeidung fremdbestimmten Tuns. Möglich muß gemacht werden, die Interessen der einzelnen, ihre aus der Sicht verlorenen Fähigkeiten aufzuspüren, sie zu wecken und schrittweise ihre Entfaltung zu fördern, sie müssen die Möglichkeit einer Selbstbestimmung erfahren. Das alles muß in einer »Atmosphäre« geschehen, in der Angst und Druck weitgehend zurücktreten und wo Vertrauen und freundschaftliche Beziehungen helfen, daß verschüttetes Leben sich befreien kann.

Diese Erfahrungen führten uns schließlich dahin, das Leben in Gemeinschaft mit psychisch Kranken zu wagen, unser Leben mit ihrem zu verbinden und tätige Mithilfe nicht nur als Sollerfüllung zu erleben. Das Miteinanderleben sollte dabei weitgehend freigehalten werden von sonst üblichen Erwartungen, die ja meist noch zu direkt auf ein leistungsbezogenes Training als Heilungs- und Resozialisierungsfaktor gerichtet sind.

Die Therapeutische Wohngemeinschaft, die seit fünf Jahren in Salzhausen-Putensen, einem kleinen Heidedorf, existiert, verfügt über 18 Plätze; angestellt sind 7 Mitarbeiter, davon 2 halbtags. Es handelt sich um eine sogenannte flankierende Einrichtung des Landessozialamtes in Hannover. Der Träger ist der Verein »Hilfe für psychisch Behinderte e.V.« (Sitz: Luhestraße 1, 2125 Salzhausen-Putensen); der Verein beabsichtigt, ein Netz von Einrichtungen aufzubauen, damit die Gewähr gegeben ist, der Vielfältigkeit möglicher Entwicklungen gerecht zu werden.

Jede Hilfe für psychisch Leidende kann nur da wirksam werden, wo sich derjenige, der Hilfe sucht und benötigt, und derjenige, der die Hilfestellung geben kann, in einem Rahmen treffen, der für beide überschaubar und mitgestaltbar ist. Das Mitgestalten geht vor allem die täglichen, zum Leben gehörenden Dinge an, die gemeinsam bewältigt werden müssen und in bezug auf die auch am leichtesten die Einsicht wachsen kann, freudig und tatkräftig mitzumachen, einzukaufen, zu kochen, zu putzen. Auf diese Weise ist für manche Art des Tätigwerdens ein sinnvoller, d. h. ein zu bejahender Ansatz gegeben und mit dem unmittelbaren Erlebnis von Gemeinschaft verbunden. Inzwischen ist es vielen Patienten gelungen, sich am Zusammenleben und an den Notwendigkeiten des Alltags zu beteiligen und dadurch die Starre ihrer Isolierung zu lösen.

Diese Ziele wären aber zu kurz angesetzt, wollte man sich mit ihnen zufriedengeben. Wie überhaupt kein Leben in Erfüllung von Alltäglichkeiten sich erschöpfen darf, muß dieser Bereich auf andere Weise ergänzt werden, um dem einzelnen den Weg zu einer höchstmöglichen Selbstverwirklichung zu eröffnen. Immer sind wir dabei, uns auszudenken, was darüber hinaus getan werden kann. Bei unseren Wanderungen mit Rucksack von Ort zu Ort, bei den mehrwöchigen Aufenthalten an der See oder in den Bergen haben wir die Erfahrung gemacht, daß in Kleingruppen, bestehend aus 8–10 Mitgliedern, ein noch viel engeres Miteinander möglich ist, daß das Aufschließen von gewohntem Verhalten leichter erreicht werden kann als in größeren Gruppen. Allerdings erfordern solche Unternehmungen auch ein unbedingtes Mitmachen; sie fordern jeden Menschen dazu heraus, sich den Notwendigkeiten zu stellen. Wir meinen inzwischen, daß es möglich sein müßte, drei solcher Kleingruppen zusammenzufassen, so daß der Charakter jeder Kleingruppe erhalten bleiben kann – die ökonomische Seite aber durch den Zusammenschluß gesichert ist; das entspräche in etwa der Größe früherer Großfamilien. Innerhalb der bestehenden Großkrankenhäuser, gerade in den alten Gebäuden, könnten derartige »Großfamilien« sehr wohl entstehen. Das ist sogar das Gebot der Stunde, denn es ist ja nicht zu erwarten, daß die vielen Kranken ›in die Gemeinde‹ entlassen werden können. Vom Organisatorischen her sind alle Probleme unter Beteiligung fast aller zu lösen; jedenfalls erleben wir jetzt, daß der größte Teil der häuslichen Aufgaben als unproblematisch angesehen werden kann. Die Mahlzeiten, die Zubereitung des Essens, stehen ganz im Mittelpunkt; hierbei finden sich alle ein. Die Küche ist immer beliebtester Aufenthaltsort; sie müßte zu einer großen Wohnküche ausgebaut werden. Die Gestaltung des Zimmers, möglichst als Einzelzimmer, muß weitgehend jedem einzelnen überlassen bleiben; jeder einzelne muß das Gefühl haben, in seinem Raum ein Zuhause zu haben.

Bei der Darstellung gerät man in die Versuchung, mehr auf das Miteinandertun einzugehen, würde dann aber nicht das einfangen, worauf es eigentlich ankommt. Das erlebte und gestaltete Miteinander muß getragen und durchdrungen werden von der oben geforderten inneren Haltung; bei jedem Neubeginn dieser Art wird sie zunächst bei den Mitarbeitern gestärkt werden müssen. Nur wenn diese wirksam wird, lösen sich Mißtrauen und Angst auf und Vertrauen kann Fuß fassen. Die Mitarbeiter dürfen nicht davon ausgehen, »fertig geschult« ihre Arbeit leisten zu können. Solidarität, wirklich ernstgenommen, heißt für den Mitarbeiter, daß er in dem dynamischen Zusammenspiel persönlicher Beziehungen mitten darin steht, mit seinen »Höhen« und »Tiefen«, seinen Ängsten, seiner Hilflosigkeit und Verzweiflung, seinem Verzagen und seiner Hoffnung und seiner Freude. Hier, an dieser Nahtstelle, kann der Patient »begreifen«, kann er erfahren, daß er nicht allein dasteht. Dafür ist Voraussetzung, über sich mit immer größer werdender Offenheit sprechen zu lernen. Man muß allerdings wissen, daß »Behandlung in Gruppen« mit viel zu viel Vorschußlorbeeren bedacht worden ist. Sicher bringt »die Gruppe« manches zutage, macht auch vorübergehend »euphorisch«. Aber: Wie kann man erwarten, daß die »andere Seite« sich dem Zugriff der Gruppenteilnehmer »einfach so« anbietet, wo sie doch oft unter schwerster abweisender Kontrolle durch das vorhandene Bewußte steht? Sie gilt ja als gefährlich, als abgespalten, nicht akzeptabel, nicht integrierbar, nicht kompatibel. Da kann man nur warten und hoffen, daß sie allmählich »hoffähig« wird, nach und nach und manchmal auch eruptiv hineinbricht in das der Verfügbarkeit schon zugängliche Werten und Denken. Auf das Hervorrufen von Eruptionen sind manche Gruppentechniken abgestellt, ob zum

Vorteil der Kranken, das bleibt dahingestellt. Wie hätte sich die Evolution schwergetan, hätte sie die Geburt zu einem solchen Trauma gemacht, das nur durch den Nachvollzug des »Urschrei« wieder aus der Welt zu schaffen ist! Gewiß, Verlustangst allgemein ist ein die Menschen schwer belastendes Gefühl (sie ist ja Ausdruck dafür, daß auf Sicherheit nur schwer verzichtet werden kann); die Reifung, d. h. die Verselbständigung des einzelnen, der Weg zu seiner Eigenständigkeit und Unbefangenheit, ist immer mit dem Verlust von Bindungen, Vertrautheiten, Gewohnheiten verbunden; es ist immer auch dann noch schmerzhaft, wenn das Wissen von zunehmendem Freisein von diesen Abhängigkeiten mit einem Glücksgefühl sich verknüpft. Aber selbst dann, wenn sich manches Element der »abgewendeten Seite« in das schon vorhandene Bewußte allmählich einfügt, so muß man doch wissen, daß immer »Reste« zurückbleiben, die sich sperrig verhalten. Wenn sie auch deutlich vor das Bewußtsein kommen, so werden sie vor der Gruppe doch nicht artikuliert. Hier wird durch die Person eine Grenze gesetzt in dem berechtigten Anspruch, die ureigenste »Wahrheit« in sich zu bewahren. Sie würde in dem Versuch der Kommunizierbarkeit zergehen, weil sie keine Worte fände. Auch muß hier unbedingt darauf hingewiesen werden, daß das Haben von etwas im Bewußtsein, das Wissen von Zusammenhängen keineswegs auch bedeutet, daß daraus im Handeln Konsequenzen erfolgen. Der schwere Weg dahin ist nicht im Nur-Reden zu bewältigen, er kann meist nur gegangen werden im tätigen Miteinander.

Doch ist natürlich nicht zu übersehen, daß viele Patienten die hier aufgezeigten Ansätze für ein Miteinander zunächst gar nicht aufgreifen können, also auch nicht das sagen können, wovon sie bewegt werden; es steht ihnen ja nicht zur Verfügung. Sie sind zu stark von Wahnerleben, von ängstlich-erregter Aggressivität besetzt, sind zu »bequem« und zugleich zu »anspruchsvoll« geworden, können nicht einsehen, was die Erfüllung einer Forderung für sie bedeuten könnte oder gehen ihre eigenen Wege. Der Umgang mit den Kranken gibt jeden Tag neue Probleme auf; nach gewohnter Art würde es Vorwürfe geben, Strafandrohungen nach sich ziehen, moralische Verurteilungen mit sich bringen, wenn sie nicht das tun, was wir von ihnen erwarten. Aber hier liegt ein grundsätzlicher Irrtum vor, denn niemals bringen solche Maßnahmen positiv-wertige, d. h. der Entfaltung der Lebenskräfte dienende Veränderungen mit sich, schon gar nicht da, wo erstarrte Strukturen neue Erfahrungen nicht mehr verarbeiten lassen, Rückzug oder destruktive Aggressionen müssen hier die Folge sein. Denn wo die meisten Menschen noch über eine mehr oder weniger große Flexibilität verfügen, muß bei den psychisch Kranken jede Vorhaltung, jeder Zwang ihre Erstarrung verstärken. Gegenüber ihren allzu hohen Ansprüchen, die sich an der fixierten Bindung an ideale Werte, wie Pflichterfüllung, Wahrhaftigkeit, Hilfsbereitschaft, Korrektheit u. a. festschreibt, bleibt die Wirklichkeit blaß; es scheint sich nicht zu lohnen, sich in ihr einzurichten, weil die Ideale das höhere Leben versprechen. Aber da die Realität ja fortbesteht, fordert sie immer auch ihren Tribut, läßt sie sich nicht völlig beiseite schieben. Es kommt also zu kontroversen Strebungen, die nicht miteinander vereinbar sind, daher immer aufeinander prallen. Subjektiv vorrangig aber bleibt immer die Idealwelt, die nach einem Alles-oder-Nichts verlangt; das aber führt zu einer innerlichen ständigen Zerreißprobe. Kommt es dann zum Zerreißen, resultiert daraus eine Krise bzw. ein chaotisches Erleben mit Folgen, die sogar dahin führen können, daß man sich, wie der Dichter Hölderlin, 35 Jahre in einem Turm von der Welt abschließt. Aber ist es ein »Defekt«, wenn aus diesem Gegensatz zwischen den Idealen und der Wirklichkeit der Impetus entsteht, die »schlechte Wirklichkeit« den Idealen anzugleichen?

Bei allem, was wir gemeinsam erleben, was wir zusammen tun, muß den Mitarbeitern gegenwärtig sein, daß immer auch ein »Druck« auf die Kranken ausgeübt wird, d. h., daß zu dem Druck, unter dem sie sowieso fortwährend stehen und leiden – erzeugt im wesentlichen durch das Gefühl von Versagen, von Schuld und Angst –, ein neuer hinzukommt, unausgesprochen, subtil. Er kommt allein aus dem Bewußtsein des Zusammenlebens und den Forderungen, die sich daraus ergeben; aus dem Verantwortungsgefühl vor allem, das sich in ihnen, wenn die Entwicklung gutgeht, nach und nach bilden muß. Vorher, in dem Großkrankenhaus, war alle Verantwortung quasi abgegeben, die übergeordnete Instanz hatte die »totale Versorgung« übernommen, aber jetzt steht da die Notwendigkeit, die reale Auseinandersetzung mit dem eigenen Leben wieder aufzunehmen. Sie ist da leichter einsehbar, wo es um die Erledigung des Alltäglichen geht; der Hunger ist da und will befriedigt werden. Auf anderen Gebieten, wo Widerstände durch den Druck des nicht Einsehbaren und die Last des »Du mußt« sich auftürmen, kann es zu Krisen kommen; diese aber müssen als fruchtbares Zeichen dafür angesehen werden, daß sich hier eine Diskrepanz auflösen will, mit der der Betreffende zu lange hat leben müssen. Wenn er nicht die Fähigkeit hat erwerben können, die gegensätzlichen Regungen zu integrieren, wenn das vorhandene Bewußtsein die aufbrechenden Gewalten nicht aufzufangen in der Lage ist, so kommt es zu chaotischen Situationen, in denen alle Steuerungen versagen. Hier sind wir dann manchmal genötigt, im Interesse des Kranken wie der anderen Mitglieder der Gemeinschaft die Unterbringung in einer geschlossenen Abteilung als einzige Möglichkeit zu suchen. Das geschieht ja heute schon meist in gutem Einvernehmen mit dem Krankenhauspersonal, und es gibt keine Schwierigkeiten mit Besuchen und baldigster Wiederaufnahme bei uns. Es bedarf des Hinweises an dieser Stelle: Die »Anti-Psychiater« und diejenigen, die behaupten, es gäbe die psychische Krankheit nicht, können doch wohl nicht übersehen, daß es den »blühenden Wahn« gibt, daß es oft nötig ist, den Kranken vor sich selbst und andere vor ihm zu schützen. Sehr deutlich zeigen das *Green* (1978), in ihrem Buch »Ich hab' Dir nie einen Rosengarten versprochen« und *Sechehaye* (1955) in »Die symbolische Wunscherfüllung«. Die Kritik muß lauten: Was geschieht dabei mit dem Kranken? Gerade jetzt bedürfte er, der völlig hilflos, von Angst und Zweifeln besetzt, steuerungslos und ausgeliefert ist, der intensivsten Hilfe; aber sie bleibt ihm versagt, auch aus Hilflosigkeit aller an der Behandlung Beteiligten.

Eine jetzt 29jährige Patientin, seit über zehn Jahren krank, hat beinahe ein ganzes Jahr im Bett gelegen, abgewandt, kaum zum Essen und Sprechen zu bewegen, von akustischen Halluzinationen gequält. Sollten wir sie zwingen aufzustehen? Wir haben es nicht getan, haben sie versorgt, uns um sie gekümmert, soweit sie es zuließ, an ihrem Bett gesessen und oft nur monologisierend vor uns hingesprochen. Sie war mit ihren rückwärts bezogenen Träumereien beschäftigt, mit ihrer Vergangenheit, aus der sie das Positiv-Wertige herauszog, es idealisierte und über das hinauswob, was gegenwärtig hätte sein können. Eines Tages stand sie auf – auch ihr Aussehen veränderte sich ihrem Alter entsprechend. Wir nehmen an, daß einer der Auslöser die entfachte Neugier auf »Leben« war und kennen auch die Gründe dafür, doch an dieser Stelle darauf einzugehen würde den Rahmen dieser Arbeit sprengen. Sie ist nicht wieder zurückgefallen in ihre kindlichen Träumereien; sie fragt uns, was nun geschehen, was sie lernen könne. Und wieder stehen wir da vor einem Problem, wie auch bei jenen, die die Gemeinschaft schon verlassen konnten, allein in der Nähe wohnen, wesentlich noch angewiesen auf die Beziehungen, die sie mit uns geknüpft haben. Auch sie stehen da ohne eine Perspektive, die ihrem Leben jetzt und in Zukunft einen reicheren Inhalt geben könnte. Das Vermitteln von Arbeit käme zu früh, ebenso Rehabilitationsmaßnahmen. Schon das Herausfinden von aufzugreifenden Fähigkeiten erscheint uns als eine schier unlösbare Aufgabe. Im Falle der zuvor erwähnten Frau wäre es allerdings ein leichtes, sie an ein für sie sinnvolles Sichbetätigen heranzuführen, wenn es Möglichkeiten dafür gäbe. Sie hat eine starke Neigung, Farben zu kombinieren, und die Fähigkeit, Figuren kleinsten Formats auszuschneiden und zu bemalen. Sie würde gern das Goldschmiedehandwerk erlernen, aber könnte es ja nur in einem Rahmen, der äußerste Behutsamkeit garantieren würde, ohne einen Lehrvertrag einzugehen oder ein Leistungssoll zu erfüllen.

Schritte, die man heutzutage in dieser Richtung zu gehen pflegt, sind meist erfolglos, weil zu hohe Erwartungen damit verknüpft sind, wie wir dies schon anfangs aufzeigten. Es bleibt also auch hier letztlich unsere Aufgabe, den schon weitgehend Stabilisierten bei den nächsten Schritten, die zu tun sind, zur Seite zu stehen. Wir müssen es uns eingestehen: es fehlt da bisher an allem, Lücken tun sich auf, und sie können nicht übersprungen werden, denn jenseits der Lücken stehen die massiven Ansprüche, die der Noch-Behinderte nicht erfüllen kann. Es fehlt uns nicht an Ideen, diese Lücken auszufüllen, aber es bedürfte eines größeren Mitarbeiterstabes, es bedürfte größerer finanzieller Hilfe.

Wir als Mitarbeiter wissen, daß wir ähnlich schweren Lernvorgängen unterworfen sind wie die Kranken. In unserem früheren Rollenverhalten wollen wir uns nicht mehr bestätigt sehen, wir bemühen uns, unsere eigene Wirklichkeit nicht mehr zu verschleiern. Wir wünschen uns bessere Möglichkeiten zur Fortbildung, aber diese gibt es kaum. Mit ein wenig Neid folgen wir den Ausführungen von *Bettelheim* (1978) in »Der Weg aus dem Labyrinth«. Der großzügige Rahmen, der ihm für seine Arbeit zur Verfügung stand, erlaubte es ihm, in Ruhe nachdenklich sein zu können, zu »experimentieren«, ohne unter Erfolgszwang zu stehen, mutig sich zu äußern, ohne Gefahr zu laufen, in ernsten Mißkredit zu geraten. Diesen Hintergrund haben wir leider nicht, vielleicht noch nicht. Erschreckt fragen wir uns oft, wieviel Geld in den Bau von trostlosen Betonklötzen hineingesteckt wird. Liegt es doch auf der Hand: Nicht der Neubau, nicht »leichtere« Arbeitsbedingungen schaffen den »Geist«, der in einer Institution herrschen muß.

Häufig wird uns der Vorwurf gemacht, wir lebten bzw. strebten ein Leben wie in einer Idylle an, wir würden Verhältnisse herstellen, die der Wirklichkeit nicht entsprechen. Der Vorwurf trifft uns nicht: es ist eine harte Arbeit, die wir und die Kranken leisten. Ist doch für einen Menschen nichts schwerer, als die Gegenüberstellung mit sich selbst zu vollziehen, zu versuchen, seine Wirklichkeit – die immer die seines Inneren und seines Äußeren zugleich ist – zu erkennen und zu akzeptieren. Das ist keine »sichtbare Arbeit«, und die Uneingeweihten, leider auch noch ein großer Teil beispielsweise der Dorfbewohner, bezichtigen uns der Faulheit. Es heißt, »wenn die nur arbeiten würden, dann wären sie gesund«. Wir müssen davon ausgehen, daß ein Teil der Mitglieder der Wohngemeinschaft nicht in dem Sinne wird arbeiten können, wie Arbeit allgemein aufgefaßt wird. Aber das ist bei anderen chronisch Kranken genauso, beispielsweise bei Asthmatikern, bei Rheumakranken u. a. Haben diese Menschen denn nicht wenigstens das Recht auf eine humane Lebensgestaltung?

Ein anderer Vorwurf dagegen trifft uns sehr; er ergibt sich aus dem Ungleichgewicht, das zwischen Kranken und Helfern besteht. Die Angestellten haben den Ausweis für Gesundheit, sie haben die Anerkennung zur Ausübung ihres Berufes, sie werden für ihre Arbeit gut bezahlt (der Kranke bekommt ein Taschengeld von 80,– DM monatlich), sie haben ihre feste Arbeitszeit (obwohl sie diese fast immer überschreiten) und können – mehr als es dem Kranken möglich ist – ihre Freizeit sinnvoll gestalten. Der Kranke ist in jeder Hinsicht viel eingeengter, weil innerlich und äußerlich viel stärker abhängig als der Helfer; sein Tun und Lassen wird weitgehend bestimmt, mit sich allein kann er zunächst kaum etwas anfangen, Freunde außerhalb des Hauses hat er wenige, der Bezug zu den Angehörigen ist meist so gut wie abgerissen.

Uns haben diese Probleme nie in Ruhe gelassen; das hat zu Initiativen geführt, eine zweite Wohngemeinschaft zu planen und zu gründen – sie steht erst in den Anfängen. Diese neue Gemeinschaft wird eine weitere Stufenfolge für »Noch-Behinderte« darstellen – wir benutzen diesen Begriff, um zu verdeutlichen, daß es sich um ehemals Kranke handelt, die in ihrer Verselbständigung so weit fortgeschritten sind, daß sie in einer Gemeinschaft aktiv an allem teilnehmen können, aber außerhalb der Gemeinschaft noch zu gefährdet sind. Aber die Noch-Behinderten sollen in dieser Gemeinschaft nicht allein sein; sie werden zusammen wohnen mit vorrangig im sozialen und medizinischen Bereich Tätigen, die neben ihrer Arbeit als »Betreuer« oder »Helfende« sich anbieten, auch als Mitarbeiter oder Lehrer in geplanten »Werkstätten« (worunter alles zu verstehen ist, was in irgendeiner Form zum Aufgreifen von Fähigkeiten führen kann). Als besonders wichtig erscheint uns dabei, daß die Einrichtung autonom ist, d. h. frei von Pflegesätzen, denn es ist beabsichtigt, daß sich alle Bewohner an den Kosten beteiligen, gestaffelt je nach Einkünften. Die Noch-Behinderten, die eine Rente oder Sozialhilfe beziehen, sofern sie noch nicht arbeiten, sind also auch wirtschaftlich den Arbeitenden gleichgestellt. Wenn auch noch subjektiv für den Behinderten ein Unterschied erfahren wird, wenn er also sich sagen muß, »die haben ihre Arbeit«, »die haben ihre intensiven Kontakte«, so hat er doch eine ungleich bessere Chance als je zuvor, sich vom Konkurrenzdenken zu befreien, von Neid und Eifersucht. Vielleicht gewinnt er Lebensfreude durch seine Teilnahme an dem sicher sehr regen Leben in dieser Gemeinschaft, einem Leben, das viel lebendiger und reicher sich gestaltet als das Leben, das Menschen im allgemeinen zu führen gezwungen sind.

Begegnen sich die vielen Versuche von Menschen, nach anderen Lebensformen zu suchen und diese auch zu praktizieren, mit unseren Vorstellungen und Erfahrungen? Überall haben Menschen die Gefahr erkannt, am lebendigen Leben vorbeizugehen. Die Folgen, die sich mit den in routinierten Abläufen erstickenden, gewohnten und tradierten Lebensformen einstellen, sind verheerend: Langeweile und Gefühllosigkeit begleiten den Menschen, die Gier nach Genuß ohne Anstrengung bemächtigt sich seiner; dabei ist die Entfremdung von der lebendigen und bewegten Seite, die den kostbaren Anspruch erhebt, neugierig und experimentierfreudig zu sein, am schwerwiegendsten. Um das schattenhafte Dasein des beziehungslosen einzelnen, das Streben nach trivialen Glückserlebnissen zu überwinden, haben sich Menschen immer wieder aufgemacht, für ihr Leben andere Maßstäbe in Geltung zu setzen, die im wesentlichen als mehr Freisein von/mehr Freiheit zu, als soziale Gerechtigkeit und Solidarität zu bestimmen sind. Nur ein tragfähiger Konsensus, der auf diesen Wertungen beruht, sichert den Zusammenhalt und erleichtert die Problemlösungen. Da, wo in christlichen Kommunen (siehe *v. Gizycki* 1976) die Nächstenliebe ausdrücklich zentraler Wert ist, scheint die Stabilität am größten zu sein. Wo aber ein zusammenbindender Konsensus fehlt bzw. ein solcher sich als nur vorübergehend tragfähig erweist, brechen die Gemeinschaften schnell auseinander. Manche, die Mitglieder einer Gemeinschaft wurden, suchten nur eine »Befreiung« von eigenen Schwierigkeiten und waren nicht bereit, die Mühen auf sich zu nehmen, die das Leben in Gemeinschaften mit sich bringt. Sie waren auch nicht fähig, ihre egoistischen Regungen zurückzustecken zugunsten von Notwendigkeiten, die das gemeinschaftliche Leben fordert. Ihre Fähigkeit zur mitmenschlichen Anteilnahme war zuwenig entwickelt; sie mochten auch nicht einsehen, daß Zusammenhalt und gemeinsame Aufgabenlösung nur garantiert sind, wenn Geduld, Behutsamkeit, Aufmerksamkeit, Toleranz als fortlaufend einzuübende Ziele anvisiert werden – zugleich mit dem Bewußtsein der Verantwortung für das eigene Tun und Lassen, aber auch für das anderer.

Solange ein Menschenleben dauert, bedarf es der Notwendigkeit, sich herausfordern zu lassen, sofern es nicht verkümmern soll. Dafür bietet eine Wohngemeinschaft für viele Menschen die besten Rahmenbedingungen. Der einzelne erfährt hier die Dialektik, in der er mit sich selbst steht, mit seinen »Werkzeugen« (Institutionen, Begriffe) und mit der Natur, aus der er kommt und die er ist, bewußter als unter althergebrachten Umständen. Konkreter gesagt: in dem Versuch, die widerspenstige Eintracht herzustellen zwischen seinen Bedürfnissen und denen einer Gemeinschaft, in dem Widerspiel von Herrschaft und Dienst, von Freiheit und Bindung. Die Erkenntnisse, die ihm dabei zuwachsen, können ihn von seinen Gewohnheitshaltungen, von seinen Verhaltensmustern, seinen eingefahrenen Wegen, d. h. von seinen inneren Abhängigkeiten befreien. Erst das Freiwerden durch Auflösung der inneren Zwänge ermöglicht das Hinausschieben bzw. Überschreiten auch äußerer Grenzen, und es besteht dann die Chance, zu dem zu werden, was einer als Mensch sein kann.

Bibliographie

Bettelheim, B.: Der Weg aus dem Labyrinth, Berlin 1978
Eberhardt, M.: Erkennen, Werten, Handeln, Hamburg 1950, 1952, 1957
Gil, D. G.: Der Kibbuz – ein mögliches Modell für humanes Überleben und für die Befreiung, *Frankfurter Hefte*, Heft 5, 1977
v. Gizycki, H.: Das Gemeinschaftsexperiment von Twin Oaks in Virginia, *Frankfurter Hefte*, Heft 12, 1975
–: Die christliche Kommunität der Koinonia-Partner in Georgia, *Frankfurter Hefte*, Heft 3, 1976

–: Selbsthilfe-Kooperativen in nordamerikanischen Großstädten, *Frankfurter Hefte*, Heft 6, 1976
Green, H.: Ich hab' Dir nie einen Rosengarten versprochen, Reinbek 1978
Kargl, W.: Psychiatrie in Italien, *Frankfurter Hefte*, 1975
Laing, R. D.: Die Tatsachen des Lebens, Köln 1978
Morin, E.: Das Rätsel des Humanen, München 1974
Sechehaye, M. A.: Die symbolische Wunscherfüllung, Bern 1955
Thiemann, E.: Warum viele psychisch Behinderte nicht arbeiten können; (demnächst in *DPWV-Nachrichten*)

Herbert J. Freudenberger

Das Erschöpfungssyndrom von Mitarbeitern in alternativen Einrichtungen[1]

Vor einigen Jahren begannen einige von uns, die bisher sehr intensiv in der »*Free-Clinic*«-Bewegung gearbeitet hatten, über das Konzept des Erschöpfungssyndroms[2] zu diskutieren. Während ich dieses Gefühl der völligen Erschöpfung an mir selbst erlebte, begann ich, mir dazu eine Reihe von Fragen zu stellen.

Zunächst – was bedeutet das »*Burn-out*«-Syndrom? Welches sind seine Signale? Welche Persönlichkeitstypen sind anfälliger dafür als andere? Wie kommt es, daß es als übliches Phänomen unter »*Free-Clinic*«-Mitarbeitern auftritt – oder stellt es etwas dar, was die meisten, wenn nicht gar alle Mitarbeiter innerhalb alternativer Selbsthilfe-Einrichtungen oder Beratungsstellen überkommt? Stellt es sich beim Professionellen mit der gleichen Intensität ein wie beim ehrenamtlich Tätigen? Oder wird davon dieser freiwillig Tätige in anderer Weise beeinflußt als der bezahlte Mitarbeiter? Was können wir gegen das »*Burn-out*« tun, wenn es in seinen Auswirkungen erkennbar wird? Und welche Schutzmechanismen können wir in uns selbst oder innerhalb unseres Arbeitsfeldes aufbauen, um uns gegen dieses ernst zu nehmende berufliche Risiko zu schützen?

Was heißt nun »*burn-out*«?

Das Lexikon definiert das Verb »burn-out« als eine Erscheinung, die nach dem Gefühl des Versagens, der Überforderung oder als Gefühl des Ausgepumptseins auftritt, nachdem übergroße Anforderungen an die eigene Energie und die persönlichen Kraftreserven gestellt worden sind. Und genau dies passiert, wenn ein Mitarbeiter – aus welchen Gründen auch immer – in einer Alternativ-Einrichtung unter dem »*burn-out*« leidet und dann völlig unwirksam in bezug auf sämtliche Initiativen oder Zielsetzungen wird. Augenscheinlich stellt das »*burn-*

---

[1] Übersetzung und gekürzter Abdruck dieses Artikels erfolgt mit freundlicher Genehmigung des Verlages *The Addiction Therapist – Le Toxicothérapeute*, Montreal, Kanada. Übersetzung: Ernst Karl Saake.
[2] Im nachfolgenden verwenden wir den Originalausdruck »*Burn-Out*«.
 – *Anmerkung des Übersetzers* –

out« kein exklusives Phänomen innerhalb von Selbsthilfe-Einrichtungen dar. Es existiert genauso beim Rauschgiftsüchtigen, wenn er zu schießen beginnt, irgendwann am Ende ist und möglicherweise stirbt. Wir finden es auch beim »*Speed-freak*«, wenn er seine manischen Speed-Trips erreicht und nur noch für diesen Effekt lebt. Es existiert beim zwanghaften Spieler und beim Übergewichtigen, um andere zu nennen. Es existiert gewiß ebenso in Industrie und Wirtschaft. Wir alle kennen die Geschichte des magengeschwürkranken Prokuristen und wissen, was er sich selbst angetan hat. Wir als Mitarbeiter in den Alternativ-Einrichtungen jedoch unterscheiden uns davon durch die Tatsache, daß wir in der Regel einen Kampf an mindestens drei Fronten kämpfen. Wir müssen uns einmal mit den gesellschaftlichen Mißständen auseinandersetzen – dann mit den Problemen der Individuen, die zu uns kommen und unsere Unterstützung benötigen, und letztlich mit unseren eigenen persönlichen Bedürfnissen.

Das »*burn-out*« manifestiert sich in vielen unterschiedlichen Erscheinungsformen und es variiert in Symptomart und -ausmaß von Person zu Person. Für gewöhnlich tritt es etwa nach einer Frist von einem Jahr nach Arbeitsbeginn auf, und zwar, weil genau zu diesem Zeitpunkt eine Anzahl von Faktoren ins Spiel kommt. Eines der Hauptanzeichen scheint der Verlust an persönlicher Ausstrahlung zu sein. Der Leiter z. B. beginnt an seiner Fähigkeit zu zweifeln, seine Mitarbeiter führen und auftretende Konflikte beilegen zu können. Seine Mitarbeiter wiederum setzen ihn als selbstverständlich voraus oder sind enttäuscht von ihm, weil sich die »Wunder«, welche sie von ihm und er von sich erwartet hat, nicht mehr zeigen.

Dasselbe gilt für das Ausmaß an Umschwung und Veränderung, welches sich die Mitarbeiter vom Aufbau der Selbsthilfe-Einrichtung erwartet hatten. Obwohl der Leiter zu Beginn möglicherweise Dinge in Gang gesetzt hat, zu denen niemand außer ihm imstande war – insbesondere die Einrichtung in Gang zu bringen und am Leben zu erhalten –, ist das »*Charisma*« mittlerweile gesunken, zusammen mit dem anfänglichen Hoch, das er selbst und die anderen erlebt haben, und auch das Erstaunen angesichts der ersten Erfolge. Genau dies ist der Zeitpunkt, zu dem nicht nur der Leiter, sondern jeder Mitarbeiter genau darauf schauen muß, warum er eigentlich die Arbeit in der Institution begonnen hat. Welches waren die Motive und welche Art von ›Trip‹ ist es, den er verfolgt? Ein Selbstverwirklichungstrip? Ein Selbsterhöhungstrip? Ein Selbstaufopferungstrip? Ein

Hingabetrip? Oder ein Trip, der ihm dabei hilft, die eigenen Persönlichkeitsschwierigkeiten zu überspielen? Erst wenn wir eine ehrliche Antwort auf diese Fragen erzielen, werden wir besser mit einem eventuellen *»burn-out«* fertig. Aber gehen wir zunächst davon aus, daß sich jemand diese Fragen *nicht* gestellt hat und sich ein *»burn-out«* langsam anbahnt. Welches sind die Anzeichen, die auf ein *»burn-out«* hinweisen?

Als erstes tritt ein Gefühl des Verbrauchtseins und der Überbeanspruchung auf. Man wird eine einsetzende Erkältung nicht mehr los, fühlt sich körperlich am Ende, leidet unter häufigen Kopfschmerzen und Verdauungsstörungen. Dies kann zusätzlich von Gewichtsverlust, Schlaflosigkeit, Depressivität und Kurzatmigkeit begleitet sein. Kurzum, man leidet unter einer oder mehreren psychosomatischen Erkrankungsformen. Dies sind einige der körperlichen Anzeichen für das *»burn-out«*. Auf die seelischen Anzeichen und die Merkmale auf der Verhaltensebene gehe ich später ein.

Es gilt, eine weitere Frage aufzuwerfen. Wie sind die einzelnen Persönlichkeitstypen gekennzeichnet, die am anfälligsten für das Auftreten des *»burn-out«* bei der Arbeit in alternativen Selbsthilfe-Einrichtungen oder Beratungsstellen sind?

Der Mitarbeitertyp, der sich zu Aufopferung und Hingabe verpflichtet fühlt

Jene von uns, die in *»Free-Clinic«*-Institutionen, therapeutischen Gemeinschaften, in der Telefonseelsorge, in Beratungsstellen, in der Wehrdienstberatung, in der Frauenbewegung, in der Jugendfürsorge oder irgendeiner anderen dieser Gruppen arbeiten, sind Individuen, die auf die vorhandenen Probleme von Menschen im Rahmen einer speziellen Gemeinschaft einzugehen versuchen.

Es spielt für uns keine Rolle, ob jene Leute, denen wir zu helfen versuchen, schwarz, weiß, jung oder alt sind. Die Probleme sind vorhanden, und wir gehen darauf ein. Wir, die also denen in dieser Gemeinschaft helfen wollen, sind deshalb da, weil wir uns selbst als besonders »berufen« und irgendwie als »erleuchtet« ansehen. Wir betrachten uns als aufgeklärt, mit Durchblick sowohl in sozialen, politischen, seelischen wie auch in intellektuellen Problemstellungen. Unter uns sind auch einige, die mit Hilfe dieser Arbeit erst nach einer Art »Erleuchtung« suchen. Sie suchen nach größerer persönlicher Identität oder nach einem Wechsel des eigenen Lebensstils. Wie auch immer – wir sind zunächst dazu da, Hilfestellung zu geben, aber auch, weil wir uns mit unserem persönlichen Wertsystem auseinandersetzen, indem wir andersartige und innovative Behandlungsansätze oder gemeinschaftliche Lebensformen zu formulieren und zu entwickeln versuchen. Aber was auch unser Ziel sein mag, wir sehen uns aufgrund unseres Engagements als »Berufene« an.

Der sich verpflichtet fühlende Mitarbeiter tendiert dazu, zuviel auf sich zu nehmen, und dies für zu lange Zeit und zu intensiv. Er muß bei aller Verpflichtung, zu der er sich genötigt fühlt, erkennen, daß zahlreiche Einflüsse von verschiedenen Seiten auf ihm lasten. Zunächst einmal empfindet er einen inneren Zwang, etwas leisten und erfolgreich sein zu müssen. Zweitens unterliegt er von außen dem Druck der Problemstellungen jener Menschen, denen er zu helfen versucht – z. B. den verzweifelten Bedürfnissen des Verwahrlosten, des Kindes am Krisentelefon, des verängstigten, unglücklichen und einsamen Jungen oder Mädchens oder älteren Erwachsenen, die in eine *Free-Clinic* zur Behandlung kommen, oder des Rauschgiftsüchtigen, der seine Sucht überwinden will. Die emotionalen Beanspruchungen durch all diese Bedürfnisse sind gewaltig. Wenn zu diesen Zwängen noch andere hinzutreten, beispielsweise durch einen Leiter, der einen bereits sich überverpflichtet fühlenden Mitarbeiter dazu zwingt, ein Statistendasein zu spielen, damit er selbst in den Augen der anderen gut dasteht und weil er zu guter Letzt sich ebenfalls als Berufener betrachtet, dann muß dieser Mitarbeiter auf der Hut sein. Er sitzt dann in einer dreifachen Klemme und wird in einem *»burn-out«* auf dreifacher Ebene enden. Er befindet sich in der Gewalt seiner eigenen Bedürfnisse, der Bedürfnisse der Hilfesuchenden und der Bedürfnisse des Leiters.

Genau dies ist es, was den »Hingebungsvollen« und sich berufen fühlenden Mitarbeiter aus eigenem Verschulden zu immer mehr Arbeit anspornt – nämlich sein Anspruch, ein Superhelfer zu sein, und sein ausgeprägtes Verlangen, wahrhaftige und echte Hilfestellung geben zu können. Eine solche Person glaubt, daß die einzige Möglichkeit, der Flut der Anforderungen zu widerstehen, *darin* besteht, mehr und mehr Arbeitszeit und Leistung aufzubringen. Die Konsequenz ist, daß mit wachsendem Arbeitsaufwand Frustration und Erschöpfung zunehmen. Parallel dazu steigert sich die Verbitterung hinsichtlich der eigenen Erwartungen und auch der Zynismus im persönlichen Auftreten. Im gleichen Maße sinkt natürlich auch die Effektivität in

Richtung auf das, was so sehnsüchtig angestrebt wird. Rufen wir uns in Erinnerung, daß Unterschiede zwischen *Verpflichtung, Überverpflichtung, Engagiertheit* und *Hingabe* existieren.

Für mich bedeutet Überverpflichtung: eine totale emotionale oder intellektuelle Verbundenheit mit einer bestimmten Idee oder Art von Tätigkeit. Demgegenüber bedeutet Engagiertheit eine abgewogene Anteilnahme und Sympathie, ein Interesse an oder sogar Vertieftsein in jemanden oder in etwas.

Es gilt einen weiteren Punkt zu reflektieren. Die Population, der wir helfen, steckt häufig in einer extremen Bedürfnislage. Es sind Menschen, die einen ständig in Besitz nehmen wollen, die unaufhörlich saugen und fordern. Seien wir uns darüber ehrlich im klaren und geben wir zu, daß die Menschen, von denen ich spreche, ein ständiges Geben unsererseits nötig haben. Und unsere Versorgungsangebote scheinen beiden – uns wie auch ihnen – unbegrenzt. Wir finden jedoch bald heraus, daß dies ein Trugschluß ist. Das Angebot kann zur Neige gehen, und in der Regel tut es dies auch recht schnell. Wenn wir leer sind, wo tanken wir dann wieder auf? Zu häufig einfach bekommen wir wegen des spezifischen Charakters der Arbeit mit unserer Klientel – beispielsweise während der Einzelgespräche und der Einzelberatungen – nur wenig oder gar kein Feedback. Und obendrein empfangen wir, wenn der Rest der Mitarbeiterschaft sich in gleicher Weise verausgabt wie wir, noch nicht einmal wohlwollendes Verständnis oder positive Rückmeldungen von ihnen. Dies führt zu einem weiteren üblen Kreislauf.

Es gibt aber noch andere Bedingungen, die zum »burn-out« führen können. Wie fesselnd unsere Arbeit anfänglich auch gewesen sein mag, die Langweiligkeit der Aufgabenstellungen und die Monotonie der Probleme und Beschwerden, die Geldknappheit, die Auseinandersetzungen mit den Behörden, der Polizei oder den örtlichen Bewohnern und unseren notwendigen Reaktionen darauf, all dies kann einen kleinkriegen. Es ist daher für die Prävention des »burn-out« ungeheuer wichtig, sich ständig bewußt zu sein, daß diese Arbeit sozusagen ein eingebautes Potential von Langeweile, Frustration und verminderter Arbeitsbereitschaft mit sich bringt. Eine Möglichkeit zur Vermeidung dieser entnervenden Rückwirkungen besteht darin, die Mitarbeiterschaft periodisch in unterschiedliche Aufgabenbereiche wechseln zu lassen. Jemand, der sozusagen »vor Ort« arbeitet, könnte beispielsweise außerhalb seiner Einrichtung Vorträge halten. Jemand, der die Klinikzeitung redigiert, könnte beispielsweise in die therapeutische Praxis oder in die Telefonseelsorge überwechseln. Mit anderen Worten – es sollte ein umfassender Versuch unternommen werden, die Arbeitsinhalte variieren zu lassen. Auf diese Weise kann dem Verschleiß von wertvollen Mitarbeitern und der Beeinträchtigung ihres Könnens vorgebeugt werden.

Ein weiterer Faktor, der bei der Arbeit von Mitarbeitern in alternativen Einrichtungen ins Spiel kommt, erstreckt sich auf die Notwendigkeit, unaufhörlich für die Bedürfnisse anderer Menschen offen sein und auf ihre Anliegen eingehen zu müssen. Dabei sind unsere eigenen Bedürfnisse und Wünsche in der Regel sekundär. Die der anderen besitzen Priorität. Darüber hinaus wird diese Aufgeschlossenheit gegenüber anderen von uns in konstanter Weise tagaus, tagein und rund um die Uhr verlangt. Aufgeschlossenheit in einem solchen Ausmaß ist eine Unerläßlichkeit für die Mitarbeiter in therapeutischen Gemeinschaften. Z. B. müssen sie jederzeit in der Lage sein, ›hair-cuts‹ (verbale Attacken) zu verabreichen, Kontrollen und Überprüfungen vorzunehmen, Encounter-Sitzungen einzuberufen, Encounter-Sitzungen sich selbst gegenüber zu akzeptieren, zu tadeln und Selbstkritik entgegenzunehmen, einfühlsam zu sein, standhaft zu bleiben, Geduld zu üben und dabei für gewöhnlich die eigenen Beschwernisse und Interessen ohne Erholungspause hintanzustellen.

Wir sollten erkennen, daß für manche Mitarbeiter das plötzliche Abspringen von der Einrichtung oder die Trennung von ihr fast ein verzweifeltes letztes Bemühen ums »Überleben« darstellt.

Ein weiterer Punkt, der zu beachten ist, erstreckt sich darauf, daß die fortwährende Forderung nach Aufgeschlossenheit den Mitarbeiter ziemlich schutzlos macht. Ich habe bei vielen Gelegenheiten beobachten können, wie Mitarbeiter ein Marathon oder eine Encounter-Sitzung nach einigen Stunden verlassen haben. Sie konnten es nicht länger ertragen. Die seelische Überforderung war zu groß für sie.

Dieses Aufgeben, diese Flucht nach Florida, Puerto-Rico, in die Karibik, auf eine Insel bei Massachusetts oder geradewegs zu irgendeinem nahe gelegenen Strand ist eine direkte Konsequenz der horrenden, zeitraubenden und energieverzehrenden Erfahrungen, die sie durchgemacht haben. In dieser Flucht drückt sich das Gefühl unzureichender Wertschätzung und Anerkennung und der Mangel an hinreichender Unterstützung aus. Vor dem Weggang suchen sie noch irgendwie nach ›Streicheleinheiten‹ und positiver Zuwendung. Viele empfinden während der Arbeit mit Gruppen eine starke persönliche Betroffenheit oder merken, daß ihnen sehr viel verdrängtes Material zum Bewußtsein kommt, mit dem sie irgendwie klarkommen müssen. Zu häufig haben sie diese Gefühle verdrängen müssen, zu selten konnten sie ihnen freien Ausdruck verleihen. Wenn nun zuviel Verdrängungsarbeit geleistet werden mußte und gleichzeitig zuwenig ehrliche Anteilnahme und Zustimmung von seiten der anderen vorhanden ist, dann resultiert daraus häufig eine versteckte Depression – Gefühle von Hoffnungslosigkeit, Einsamkeit und Alleinsein treten auf –, am Schluß steht dann schließlich das Aufgeben und Weglaufen als Zeichen tiefster Erschöpfung. Ein »burn-out« kann auch eintreten, wenn der Leiter einer Einrichtung auf diese Bedürfnislage bei seinen Kollegen nicht vorbereitet ist und diesen offen oder versteckt vorgetragenen Wunsch nach Streicheleinheiten oder positiver Zuwendung auch noch als bloße narzißtische Neigung, kindisches Auftreten oder unproduktives Verhalten zurückweist.

Der Mitarbeitertyp, der sich überverpflichtet fühlt und dessen sonstiges Leben außerhalb der Einrichtung unbefriedigend ist

Ein weiterer Kandidat für das »burn-out« ist jener Persönlichkeitstyp, der den Beruf als Ersatz für sein sonstiges soziales Leben begreift. Es ist nicht schwer, sich voll und ganz in einer »Free-Clinic«, in der Telefonseelsorge oder in einer Beratungsstelle zu engagieren. Die Atmosphäre und die Befriedigungsmöglichkeiten wirken derart verführerisch, daß man manchmal sogar seine Freizeit opfert. Ich jedoch halte ein derartiges Über-Engagement für ein deutliches Gefahrensignal, und zwar dafür, daß der Mitarbeiter es aufgegeben hat, sich sinnvolle Aktivitäten und Beziehungen auch außerhalb des Arbeitsfeldes zu schaffen. Auf diese Weise muß die meiste, wenn nicht gar die gesamte Befriedigung aus der Institution selber stammen. Ein solcher Mitarbeiter wird daher zunehmend mehr Zeit für die Einrichtung aufbringen und verbissener als jeder andere arbeiten. Er wird sich so sehr in die Organisation und deren kleinliche Querelen verstricken, daß er nur noch wenig Zeit für sich behält und sich daher immer mehr verzettelt.

Wir sind Menschen, die anderen zu helfen versuchen. Aber dadurch, daß wir diese Präsenz, dieses außergewöhnliche Maß an Anteilnahme und Kontaktbereitschaft von uns verlangen, ignorieren wir einfach die Notwendigkeit persönlicher Freizeit, privaten Spielraums, eigenen Nachdenkens, eigener Aktivitäten und individueller

Kreativität. Wir übergehen die konstruktiven, erholsamen und auffrischenden Wirkungen, die wir aus dem Privatleben schöpfen können oder daraus, daß wir uns einfach mal erlauben, allein zu sein, wenn wir es für unser Wohlbefinden für nötig erachten.

Der autoritär-strukturierte Mitarbeitertyp

Ein weiterer Persönlichkeitstyp, der für ein »*burn-out*« anfällig ist, ist der autoritär-strukturierte Mitarbeiter – jener Typ, der massiv und dirigistisch Einfluß nimmt, damit kein anderer neben ihm die Arbeit so gut machen kann wie er. Dieser Typ neigt nicht nur dazu, einen Persönlichkeitskult zu entwickeln – wegen seiner Tendenz, alles selber zu machen, hindert er obendrein sein Team daran, sich adäquat zu schulen und weiterzuentwickeln.

Der Autoritäre erzeugt noch einen anderen Negativ-Effekt. Seine Haltung des »Ich allein hier kann die Sache richtig managen« führt zu Zynismus und intrigantem Umgang unter den übrigen Mitgliedern des Teams.

Eine spezielle Form der Erschöpfung, die sich vom gewöhnlichen »Burn-out« sonstiger Mitarbeiter unterscheidet, kann den verantwortlichen Leiter ereilen, und zwar dann, wenn er sich ernsthaft überarbeitet hat, und zwar, ohne daß in diesem Fall besondere Persönlichkeitsprobleme ausschlaggebend sind

Wenn der Leiter, der Koordinator, der Geschäftsführer, der Hauptverantwortliche, der Kopf oder wie wir diese Person auch nennen mögen – wenn also der Leiter seine Arbeit in einer alternativen Einrichtung beginnt, dann strampelt er sich zunächst einmal ordentlich ab. In der Regel ist er derjenige, der die Dinge zusammen- und das Ganze am Laufen hält. Aber im Laufe der Zeit glaubt der Leiter von sich, er sei unentbehrlich, und zwar dann, wenn keine Absicherungen innerhalb seiner Rolle eingebaut sind. Ähnlich wie beim autoritär-strukturierten Leiter beginnt auch er, sich von den anderen abzusondern. Durch diese Neigung, alles allein zu machen, hindert er andere daran, irgendeine Form von Sachkenntnis zu erwerben. Es gibt eine weitere Ursache für das »burn-out« des überarbeiteten Leiters. Die Überarbeitung führt ja nicht nur zu psychischer Erschöpfung, sondern auch zu lästiger Routine. Die Notwendigkeit der Teilnahme an einer Unzahl von Besprechungen – ob nun innerhalb oder außerhalb der Institution –, der Zwang, ständig für den Bedarf zusätzlicher Finanzmittel vor einer Vielzahl von Gremien argumentieren zu müssen, das Erfordernis, die Schulung der Mitarbeiter in die Hand zu nehmen, all dies führt zu einem Routine-Effekt. Das Interesse an Terminen, Besprechungen und deren Teilnehmern verblaßt mehr und mehr.

Ein weiterer, ganz wichtiger Grund für die Erschöpfung des Leiters ist die Tatsache, daß er immer doppelgleisig fahren muß – sozusagen zwischen zwei Stühlen sitzt. Innerhalb der Selbsthilfegruppe hat er die Freak-Rolle zu spielen. Bei Kontakten mit Menschen außerhalb der Institution – z. B. mit der Polizei, dem Stadtrat oder irgendwelchen Kapitalgebern – muß er eine bürgerliche seriöse Rolle übernehmen.

Daher ist es für den Leiter unbedingt wichtig zu lernen, wie man Aufgabenstellungen an andere delegiert. Er sollte es tunlichst vermeiden, sich zum Nachteil der Institution zu entwickeln, und lernen, sich in seinen Schwierigkeiten, seinen Enttäuschungen, seinen Phasen des Durchhängens und der Frustration den Mitarbeitern in seinem Team mitzuteilen. Er muß auf seine dominierende Position verzichten und zugestehen können, daß seine fruchtbarste Rolle darin besteht, ein Mittler zu sein, einer, der gebraucht wird, um eine Brücke zwischen der offiziellen Gesellschaft draußen und der Binnenwelt, der therapeutischen Gemeinschaft, herzustellen.

Das »Burn-out« des Professionellen

Der Professionelle, der seine Dienste einer alternativen Einrichtung zur Verfügung stellen möchte, sieht sich einer ganzen Reihe besonders schwieriger Probleme konfrontiert.

Wie ich an anderer Stelle (1971, 1973) festgestellt habe, muß sich der Professionelle – ob nun als Psychologe, Arzt, Krankenschwester, Sozialarbeiter, Zahnarzt, Geschäftsführer, Anwalt oder als Erzieher – seiner Neigung bewußt sein, sich zu stark mit denen zu identifizieren, für die er arbeitet, und dabei Gefahr zu laufen, sich zu verzetteln oder zu verlieren. Als Professionelle müssen wir anderen unser Bedürfnis vermitteln können, daß wir über den Bereich unserer spezifischen Kenntnisse und Fähigkeiten, für die wir ausgebildet und qualifiziert worden sind, *hinaus* auch noch anderweitig tätig sein möchten. Ein Arzt muß beispielsweise darin unterstützt werden, die ihm zugewiesene Rolle einer allein auf den Körper gerichteten Verantwortlichkeit aufzugeben. Denn wenn ein solcher Arzt auch während seiner freien Zeit noch das gleiche tut wie sonst – auch wenn er das freiwillig macht –, wird er bald das Gefühl haben, wieder dienstliche Routinearbeit zu leisten, oder sogar zu dem Eindruck gelangen, ausgenutzt oder ausgebeutet zu werden. Wir müssen uns deshalb unbedingt in Erinnerung rufen, daß der Professionelle in der Alternativ-Einrichtung verwundbar ist. Wir müssen daran denken, daß er häufig unentgeltlich arbeitet und diese Arbeit aus Gründen persönlicher Genugtuung und Befriedigung leistet.

Ich erinnere mich an den Fall eines Arztes, der sich darüber wunderte, warum er niemals gebeten wurde, bei der Abfassung eines Finanzierungsgesuches mitzuhelfen. Er fragte, warum ich wohl der Auffassung sei, daß er mir dabei nicht helfen könne. Er wollte eben nicht nur als Arzt angesehen werden, sondern darüber hinaus auch als ein engagierter Mensch, der in Zusammenarbeit mit anderen seinen Beitrag zur Veränderung in unserer Gesellschaft leistet.

Ein weiterer wichtiger Faktor, der zum *»burn-out«* des Professionellen beiträgt, ist die große Stundenzahl, die er für seinen Beruf Tag und Nacht aufbringt. Die Tatsache, daß er zusätzlich freiwillige Arbeit leistet, heißt oft in Wahrheit, daß er zweierlei Berufe innehat und sich dann in der Regel beiden im Übermaß widmet.

Die Kennzeichen des »Burn-out«

Wie ich oben ausgeführt habe, gibt es physische Anzeichen für das *»burn-out«*. Darüber hinaus existieren Anzeichen im Verhalten und auf der psychischen Ebene. Ein Mitarbeiter, der sich sonst beispielsweise häufig zu Wort gemeldet hat, hält sich nun zurück und verhält sich schweigsam. Wir stellen fest, daß er, der sonst zahlreiche Beiträge bei Team-Treffen lieferte, nun in der Ecke sitzt und gar nichts mehr sagt. Warum? Vielleicht steckt er in einer hoffnungslosen Situation, fühlt sich überarbeitet, ausgezehrt, verletzt, ist enttäuscht, entmutigt, verwirrt. Er empfindet sich als überflüssig, hat alles satt und kann nicht darüber sprechen. Weitere Kennzeichen für das

»burn-out« sind z. B. überschnelle Verärgerung und sofortige Entrüstungs- und Enttäuschungsreaktionen. Der *»burn-out«*-Kandidat tut sich ungewöhnlich schwer, seine Affekte zu zügeln. Er fühlt sich derart überlastet, daß schon der geringste Anlaß ihn in die Luft gehen läßt – ein falsches Wort, eine Zurücksetzung, ein kleiner Fehlschlag, ganz zu schweigen von einer offenen Auseinandersetzung, Kritik oder Kränkung.

Zusammen mit dieser chronischen Verstimmung kann auch eine Mißtrauenshaltung, eine beginnende ›Paranoia‹ auftreten. Das *»burn-out«*-Opfer gewinnt allmählich den Eindruck, daß beinahe jeder Druck auf ihn ausüben will, sogar ihm nahestehende Team-Mitglieder. Der paranoia-ähnliche Zustand kann sich noch durch Omnipotenz-Gefühle verstärken. Das *»burn-out«*-Opfer ist von sich der Überzeugung, alles und jedes zu wissen, schon alles hinter sich zu haben, mit jeder Art von Gegner um ihn herum schon in der Vergangenheit fertig geworden zu sein – sich sozusagen mit allem bereits früher schon abgegeben zu haben.

Mit diesem Gefühl der Omnipotenz kündigt sich eine andere Gefahr an – nämlich die Neigung zu erhöhter Risikobereitschaft. Der *»burn-out«*-Mitarbeiter tendiert dazu, allzu bereitwillig Gefahren einzugehen. Er begibt sich z. B. in Beratungssituationen, deren Handhabung möglicherweise für eine Person allein viel zu gefährlich ist. Z. B. ist er der Überzeugung, einen Speed-Abhängigen ganz allein in einem Appartement abseits der Klinik behandeln zu können. Oder er geht, wie in einem Fall geschehen, spät in der Nacht weg zu einem verlassenen Parkplatz, um dort einen Süchtigen zu treffen, den er kaum kennt und der ihn am Telefon gebeten hat, rauszukommen und ihm zu helfen.

Bei Individuen, die zu psychosomatischen Symptomen neigen, kann ein exzessiver Mißbrauch von Beruhigungsmitteln und Barbituraten auftreten. Diese werden unter Zuhilfenahme jeder Art von Vorwänden und Ausreden eingenommen – um eine Erkältung loszuwerden, die sich zu lange dahinschleppt, oder auch um besser schlafen zu können, auch zur Beruhigung oder zur Verringerung der großen Anspannung. Leider ist diese Methode der Symptomheilung ein Irrweg. Der Mitarbeiter hat ein *»burn-out«* und bedarf der Schonung!

*Einige Persönlichkeits- und Verhaltens-Symptome des
»Burn-out«-Mitarbeiters*

Eines der ernsteren Persönlichkeitskennzeichen, das mit dem »*burn-out*« entsteht, ist die Rigidität. Der Mitarbeiter schließt sich gegen jede Art von Beeinflussung ab. Sein Denken wird unflexibel. Diese Rigidität wird nicht nur in dem risikobereiten Verhalten sichtbar, das ich beschrieben habe, sondern jener sträubt sich und leistet Widerstand gegen jedwede Veränderung, igelt sich ein, wann immer neue Pläne und Konzepte eingeführt werden sollen. Veränderung ist für eine erschöpfte Person bedrohlich.

Wenn man ihre Gesundung im Auge hat, sollte ihr eines jedoch nicht nahegelegt werden – nämlich die Teilnahme an einer Encounter-Gruppe oder die Einberufung eines Team-Encounter. Auf jeden Fall ist davon abzuraten, sie auf ein Wochenend-Marathon zu schicken. Der »*burn-out*«-Mitarbeiter befindet sich in einer Verfassung, die schlecht genug ist. Wenn er die Teilnahme an einer Encounter-Gruppe nämlich ablehnt, dann rettet er nur sein Leben. Er nimmt wahrscheinlich instinktiv wahr, daß in einer Encounter-Gruppe sein persönliches Überleben bedroht ist. Die Erfahrungen in einer Encounter-Gruppe nehmen ungeheuer stark die Gefühle in Anspruch, und dies in besonderer Weise gegenüber jemandem, der ausgebrannt ist. Was er zu diesem Zeitpunkt benötigt, ist Verständnis, Trost, Unterstützung, Hilfe und Zuwendung. Was er zweifellos nicht benötigt, ist, noch weiter heruntergezogen zu werden. Ein weiteres Persönlichkeitsmerkmal des »*burn-out*«-Mitarbeiters ist der durchgängige Negativismus. Ein solcher Mitarbeiter wird zum »Zyniker« der therapeutischen Gemeinschaft. Alles, was von anderen vorgeschlagen oder in Gang gesetzt wird, macht er schlecht.

Ein anderer Indikator für das Vorhandensein eines »*burn-out*« – und zwar eines, das nur schwer auszumachen ist, wenn man nicht genau hinschaut – ist der Zeitumfang, den der Mitarbeiter in der Einrichtung zubringt. Es wird häufig zwar ein großer quantitativer Zeitaufwand getrieben, aber diese Zeit ist qualitativ von keinem großen Wert. Der »*burn-out*«-Mitarbeiter hängt eigentlich nur noch 'rum. Er arbeitet zunehmend verbissener und länger und tut dabei immer weniger.

Einige Präventions-Maßnahmen

Durch sorgfältige Beobachtungen und Auswertungen kann manches für die Prävention des »burn-out« getan werden. Einige Maßnahmen möchte ich gerne nennen.

1. Wenn Freiwillige oder ehrenamtlich Tätige kommen, um ihre Hilfe anzubieten, kann man mit Hilfe einer Art Trainingsprogramm oder einer Probezeit die Geeigneten auslesen, oder besser, ihnen dabei helfen, sich selber zu prüfen. Einige werden eine solche Probezeit nicht bis zuletzt durchhalten und von allein aufgeben. Jedes Ausscheiden eines Mitarbeiters, insbesondere wenn dies schon zu einem frühen Zeitpunkt seiner Arbeitstätigkeit geschieht, kann sich sehr nachteilig auf das übrige Team auswirken. Deshalb ist es sehr wichtig, sich von vornherein gegen etwaige Versager zu schützen.

2. Den Mitarbeitern während der Probezeit dabei helfen, den Unterschied zwischen einer sachlich, nüchtern und einer unrealistisch engagierten Person zu beurteilen und abzuschätzen. Es können brauchbare und ausgezeichnete Leute sein, aber es gilt, ihre ganz individuellen Motive herauszufinden. Was veranlaßt den Bewerber, in Ihrer Einrichtung zu arbeiten? Will er helfen, oder will er eine Art Trip in der Einrichtung befriedigen? Wenn er helfen will, seien Sie ehrlich zu ihm und legen Sie ihm die Grundsätze Ihrer Institution offen, auch was die Arbeit von ihm verlangt und was er daraus für sich gewinnen kann. Mit anderen Worten – versuchen Sie, so offen und direkt wie irgend möglich mit dem Bewerber zu sprechen. Eine andere gute Idee besteht darin, herauszufinden, wie groß seine Belastbarkeit ist. Stellen Sie Fragen nach dem Gesundheitszustand und nach seinen Gewohnheiten. Falls seine Belastbarkeit niedrig ist, dann ist die Arbeit in einer Selbsthilfegruppe möglicherweise nicht das Richtige für ihn. Sie tun ihm einen Gefallen, wenn Sie ihn bitten, sich die Entscheidung für eine Institution wie die Ihre, die derart kräftezehrend ist, noch einmal zu überdenken.

3. Vermeiden Sie es, ein und denselben Mitarbeiter immer wieder in dieselbe Arbeitssituation hineinzutreiben. Beispielsweise kann die Aufgabe, notwendige Finanzmittel aufzutreiben, zu einer sehr frustrierenden Erfahrung werden. Vermeiden Sie es, immer dieselbe Person mit der Beschaffung von Finanzen zu überfordern. Lassen wir die Alternativ-Einrichtung nicht in dieselbe entfremdete Arbeitsweise abgleiten, wie das im Wirtschaftsleben der Fall ist. Eine Anregung in Richtung einer derartigen Handlungsweise besteht darin, jeman-

dem, der Anzeichen eines beginnenden »*burn-out*« in einer bestimmten Arbeitssituation zeigt und von dem Sie möchten, daß er die Arbeit zusammen mit Ihnen fortsetzen kann, eine Aufgabenstellung zu übertragen, die sich von seinem sonstigen Arbeitsbereich deutlich unterscheidet.

4. Reduzieren Sie die Arbeitszeit Ihrer Mitarbeiter. Bauen Sie, wenn es sich um eine therapeutische Gemeinschaft handelt, einen 9stündigen Arbeitsrhythmus ein und lassen Sie die Mitarbeiter ihre 9 Stunden nicht überschreiten — mit Ausnahme von Krisensituationen. Falls sich solche Krisen häufen, finden Sie heraus, was dahintersteckt. Leistet ein Team-Mitglied vielleicht sogar krisenhaften Zuspitzungen Vorschub, um auf diese Weise Beschäftigung zu haben und damit noch länger bleiben zu können? Sorgen Sie dafür, daß niemand nur abends oder nachts arbeitet. Verteilen Sie die Arbeitsstunden für einen Mitarbeiter über einen größeren Zeitraum. Wenn jemand mehr arbeitet, als eigentlich gefordert ist, und mehr Stunden investiert, als er dafür Vergütung erhält, finden Sie heraus, warum er das tut. Vielleicht deshalb, weil er nichts anderes zu tun hat. Bestehen Sie darauf, daß die Mitarbeiter während der Freizeit und abends auch wirklich ihre Freizeit nutzen. Sie sollten auch nicht immer die gleichen Mitarbeiter zur Krisenbewältigung heranziehen oder von ihnen Bereitschaftsdienst verlangen. Freizeit muß Freizeit bleiben!

Wenn man z. B. ein Rock-Festival managt oder in Zusammenhang mit einer Krisenbewältigung in einem 24-Stunden-Rhythmus tätig sein muß, dann sollte man besser einen Rhythmus von 6 Stunden Arbeit und 2 Stunden Pause einführen.

Aber dann sollten Sie auch darauf bestehen, daß die 2stündige Pause entsprechend genützt wird. Wenn Sie auf diesen Ablauf nicht beharren, wird das bestimmt ganz schnell zu einer Überarbeitung führen.

5. Wenn man in einem Team arbeitet, könnte eine vernünftige Regelung z. B. darin bestehen, vier Wochen lang zu arbeiten und die fünfte Woche zu pausieren und, in Ergänzung dazu, drei Monate zu arbeiten und dann den vierten Monat freizumachen — mit Bezahlung natürlich. Lassen Sie ruhig die Mitglieder Ihres Teams einmal ausspannen, wenn sie einfach einen Abend oder einige Tage für sich selbst benötigen. Für ein Team, das zusammen arbeitet, ist es ungemein wichtig, sich zusammen als Gruppe zu fühlen. Dies bedeutet, daß es keinem Team-Mitglied erlaubt sein darf, sich so weit

herauszuziehen, daß die anderen Mitglieder den Kontakt zu ihm oder er zu ihnen verliert.

Möglicherweise hat er sich über eine gewisse Zeitspanne schon so weit vom übrigen Team entfernt, daß er unter dem Eindruck des »*burn-out*« gar nicht mehr in der Lage ist, wieder zurückzufinden und mit irgend jemandem Kontakt aufzunehmen.

6. Tauschen Sie Ihre Erfahrungen mit anderen aus und achten Sie darauf, daß die übrigen Team-Mitglieder das gleiche tun. Sprechen Sie über Ihre Gefühle und Empfindungen während des »*burn-out*«, und widmen Sie sich anderen, die hin und wieder das gleiche durchgemacht haben.

7. Es kann sehr hilfreich sein, jemandem für die Teilnahme an einem Fortbildungsseminar freizugeben, jedenfalls so lange es Lernerfahrungen bietet und nicht ein emotional beanspruchendes Encounter-Erlebnis darstellt.

Zum einen ermöglicht es dem Mitarbeiter, für eine Zeitlang Distanz zu gewinnen und sich in einer anderen Umgebung aufzuhalten, zum anderen kann er den Work-Shop als stimulierende, inspirierende und durchaus wertvolle Anregung für seine Arbeit erfahren.

8. Sie können einem Mitarbeiter-»*burn-out*« auch dadurch vorbeugen, daß Sie die Einbeziehung zusätzlicher Hilfskräfte erwägen. Mit Ihrem gegenwärtigen Team versuchen Sie möglicherweise, die Arbeit mit zu wenig Mitarbeitern zu leisten. In Wahrheit sind vielleicht viel mehr Leute erforderlich.

9. Eine weitere ausgezeichnete Möglichkeit der Prävention besteht darin, sich selbst und das Team zu vielfältigen körperlichen Übungen aufzufordern. Wenn Sie laufen möchten, dann tun Sie es. Beteiligen Sie sich an jeder Aktivität, die Sie in körperliche Ermüdung bringt. Gewöhnlich ist die Erschöpfung des »*burn-out*« eher emotionaler und psychischer Art, und genau diese Art von Erschöpfung läßt Sie nicht zur Ruhe kommen.

Deshalb ist es nach meiner Meinung keine gute Idee, in einer solchen Situation Meditation oder Yoga auszuüben, denn dies hat eine zusätzliche geistige Innenwendung zur Folge. Es ist jedoch nicht Introspektion, die benötigt wird. Dem »*burn-out*«-Mitarbeiter tun jetzt körperliche Erschöpfung gut, nicht zusätzliche geistige Anstrengungen und Strapazen.

Wie man den »Burn-out«-Mitarbeiter unterstützen kann

Einer der ersten und vernünftigsten Schritte ist es, den »*burn-out*«-Mitarbeiter zu einer längeren Arbeitspause zu bewegen, und zwar weit weg von der Einrichtung. Wenn die Einrichtung als Team arbeitet, muß er so lange Fürsorge und Anteilnahme bekommen, wie er Hilfe nötig hat. Wenn er als Hilfskraft arbeitet, dann befreien Sie ihn vom Dienst in der Einrichtung, auch wenn er einen Monat oder länger nötig hat. Selbstverständlich können während der verschiedenen Stadien bis zum »*burn-out*« auch die von mir angeführten Präventiv-Maßnahmen zur Unterstützung herangezogen werden. Von allergrößter Wichtigkeit ist jedoch eine allseitige Unterstützung und der Rückhalt des ihn umgebenden Teams. Wenn ein Mitarbeiter »reif« ist für eine Pause, sollte er von seinen Kollegen darin bestärkt werden, diese Pause auch wahrzunehmen, und zwar von Kollegen, die ihn um seiner selbst willen mögen und die genau wissen, daß dies die einzige Möglichkeit ist, ihm zu helfen. Sie sollten ihn in der Einsicht unterstützen, daß er für eine Weile ausscheiden muß. Seine Arbeitspause sollte von ihnen positiv gewertet werden. Sie sollten ihm nicht das Gefühl geben, dies für sich als Schwäche auszulegen. Wenn sich das »*burn-out*« als Folge von fehlendem Idealismus einstellt, ist um so mehr Beistand und Anteilnahme vonnöten. Wenn der Idealismus oder eben die Motivation, die jemanden veranlaßt hat, als Freiwilliger zu arbeiten, verlorengegangen ist, dann trägt das »*burn-out*« den Charakter von Trauer in sich. Etwas ist abgestorben. Ein wirklicher Verlust ist eingetreten.

Man wird dann Zeit brauchen, um diesen Verlust wieder aufzufüllen, um die Umgebung neuer angenehmer Menschen zu finden, neue Aktivitäten zur eigenen Befriedigung zu entwickeln. Solch ein »*burn-out*« ist deshalb so schwer zu überwinden, weil es sich zusätzlich noch dadurch kompliziert, daß zu der Erschöpfung zweierlei hinzutritt, der *Kummer* über den Verlust der Ideale und die *Wut*, die stets nach dem Kummer auftritt.

Noch einige kurze Anmerkungen zum Schluß – diese beziehen sich auf das »*burn-out*« einer gesamten Einrichtung. In einem solchen Fall fühlt sich das ganze Team einer Einrichtung derart verpflichtet und arbeitet derart aufopferungsvoll, daß es sich selbst und seine Energien beinahe gleichzeitig verbraucht. Eine Lösung zur Beendigung des »*burn-out*« einer ganzen Einrichtung könnte darin bestehen, für eine bestimmte Zeit zu schließen, für eine gewisse Zeit Urlaub zu machen, um sich instandzusetzen, eine rückblickende Auswertung vorzunehmen, herauszufinden, wie es weitergehen soll, welche Leistungen zu erhoffen sind, wem die Einrichtung Hilfe bringen will, und dies zu welchem Preis und unter welchen Opfern. Manchmal kann eine Lösung darin bestehen, daß man eine Reorganisation im Sinne einer neuen Prioritätensetzung vornimmt, die Energien neu verteilt, sich neue Orientierungen – sozusagen einen »neuen Geist« – erarbeitet. In anderen Fällen mag die Schließung der Einrichtung die einzige Lösung sein. Vielleicht hat sie ihre Ziele erreicht und jetzt möglicherweise den Punkt erreicht, an dem sie aufhören sollte.

Lösungen für das »*burn-out*« sind nicht einfach, ob es nun die Einrichtung als Ganzes betrifft oder auf der persönlich-individuellen Ebene eintritt. Die ganze Natur der Arbeit innerhalb von Alternativ-Einrichtungen garantiert beinahe, daß ein »*burn-out*« auftreten wird. Ich hoffe letztlich, daß wir mit der Zeit bessere Wege finden, anderen Menschen ohne das Erfordernis derartiger Opfer zu helfen – »nicht nur, was die Helfer, sondern auch was die große Zahl von Menschen angeht, die unter uns leben und die Hoffnung und Vertrauen in *jene* setzen, die diese Aufgaben zu erfüllen haben«.

Bibliographie

Freudenberger, H. J.: All the lonely people, where do they all come from? in: *Davis, E. E.* (Ed.): The Beatles book, New York 1968
–*:* New psychotherapy approaches with teenagers in a new world, *Psychotherapy: Theory, Research and Practice,* 8, 1971, Pp. 38–44
–*:* Fathers, mothers and children: A portrait, *Voices,* Summer, 1972, Pp. 57–63
–, *Morrero, F. A.:* A therapeutic marathon with Viet Nam veteran addicts at S.E.R.A., *Voices,* Winter, 1973, Pp.34–41
–*:* The psychologist in a free clinic setting – An alternative model in health care, *Psychotherapy: Theory, Research and Practice,* 10, 1973 Pp. 52–62
–*:* The professional in the free clinic, new problems, new views, new goals. In: *Smith, Bentel & Schwarz* (Eds.): The free clinic: A community approach to health care and drug abuse, Washington 1971

Kurt Höhfeld

Zur Supervision therapeutischer Wohngemeinschaften

1. Einleitung

Die im Thema genannten Begriffe »Supervision« und »therapeutische Wohngemeinschaft« erscheinen nur anfänglich eindeutig. Bei genauerer Betrachtung werden sie schwer bestimmbar und durch Überschneidung mit anderen Begriffen undeutlich.

Deshalb sind zu Beginn Beschreibungsversuche notwendig, wobei zugleich die Rolle einflußnehmender benachbarter Konzeptionen und Theorien miterfaßt werden kann.

Als Beispiel sei hier die Bedeutung von pädagogischen Theorien (*Dewey* 1964) und der Psychoanalyse (*Frevo* 1947) als einflußnehmende Faktoren auf den Supervisionsbegriff in der Sozialarbeit erwähnt.

Diese Versuche sind aber nicht der Hauptinhalt, vielmehr stellen sie eher eine Vorarbeit dar. Hauptinhalt soll die Aufarbeitung und Auseinandersetzung mit meiner eigenen Supervisionsarbeit in therapeutischen Wohngemeinschaften sein. Prägend für die Erfassung komplexer Sachverhalte ist meine Ausbildungsrichtung (Psychoanalyse), entscheidend für die Anbahnung der Kontakte mit den Wohngruppentherapeuten war sicher auch mein Ausbildungsstand (Ausbildungskandidat).

Durch Einladung von *H. Petzold* kam es 1974 zu meiner Mitarbeit in der Supervision bei der »Therapiekette Niedersachsen« und deren therapeutischen Wohngemeinschaften, die sich auf die Behandlung jugendlicher Drogenabhängiger spezifiziert haben. Diese Arbeit ist nicht abgeschlossen, es fehlt also noch die Distanz und eine Möglichkeit, Wirkung und Bedeutung einer solchen Mitarbeit einzuschätzen. So ist auch ein Ziel der vorliegenden Arbeit, zu größerer begrifflicher Klarheit, Erkenntnis der ablaufenden Vorgänge und Verbesserung der Wirksamkeit zu kommen. Die Beurteilung der Wirkungen der Supervision erscheint dabei noch nicht objektivierbar, da bisher Voraussetzungen zur Erfassung fehlen. Nicht ohne weiteres ist die Wirkung mit Erfolg oder Mißerfolg der Arbeit einer therapeutischen Wohngemeinschaft gleichzusetzen oder auch nur zu korrelieren.

2.1. Supervision als Teilbereich der Sozialarbeit

2.1.1. Zur Geschichte

Mit Beginn dieses Jahrhunderts entstanden in den USA und nachfolgend auch in Europa Schulen für Sozialarbeit (*Pettes* 1971). Die ursprüngliche Rolle des Supervisors war darin eine administrative, entsprechend der englischen Übersetzung von ›supervision‹: Aufsicht, Kontrolle, Leitung, Direktion[1]. Zum Aufgabenbereich gehörten außerdem die Ausbildung, also eine lehrende und anleitende Funktion, »Praxisanleitung«, »fieldinstruction« *(Pettes)* und die beratende Hilfe für die schon in der Praxis Tätigen, »Praxisberatung«, »staff supervision« (*Pettes* a.a.O.).

Administration, Anleitung und Beratung bestimmten das frühe Bild der Supervision, wobei im Mittelpunkt das »casework« stand (*Robinson* 1936).

Für die weitere Ausbreitung von Supervision in England, der Schweiz, den Niederlanden und der Bundesrepublik scheinen eher Kenntnisse und Erfahrungen einzelner als staatlicher Institutionen gesorgt zu haben. Persönliches Engagement und nicht institutionalisierte Verordnung von Supervision waren typisch bei der weiteren Verbreitung. Dies galt gleichermaßen für Supervisor wie Supervisand, da auf beiden Seiten Freiwilligkeit und Wahlfreiheit Voraussetzung zur gemeinsamen Arbeit war, ähnlich dem »Arbeitsbündnis« bei Aufnahme einer therapeutischen Beziehung. Die eigenen Erfahrungen bestätigen die Notwendigkeit der freien Wahl.

Wichtig ist aber zu betonen, daß von Anfang an Supervision von Therapie unterschieden wurde. Die sehr breite kritische Auseinandersetzung mit der Supervisionsliteratur, wie sie *Huppertz* zeigt, ergibt immer wieder diesen Hinweis.

---

[1] Übersetzung lt.: *Schöffler-Weis,* Wörterbuch der englischen und deutschen Sprache, Stuttgart 1967.

2.1.2. Die Rolle einflußnehmender Faktoren auf den Supervisionsgedanken in der Sozialarbeit

Ursprünglich stammt Sozialarbeit aus dem caritativen Engagement einzelner und deren Wunsch, Elend in der Umgebung zu mildern. Für Deutschland wären Vertreter einer solchen Idee beispielsweise *Bodelschwingh, Fliedner* oder auch *Pestalozzi*. Dem heutigen Sozialarbeitsbegriff liegt aber vielmehr ein erzieherischer Gedanke zugrunde, wie er sich in der üblich werdenden Umformulierung von Sozialarbeit in »Sozialpädagogik« (*Mollenhauer* 1964) ausdrückt.

Diese Einflüsse, wie überhaupt der institutionalisierte Charakter der Sozialarbeit stammen aus den USA.

Von Anfang an läßt sich Sozialarbeit und besonders der Supervisionsbegriff als von zwei unterschiedlichen Theorien beeinflußt erkennen: der Pädagogik und der Psychoanalyse.

»Auf dem Gebiet der Pädagogik gewannen die Gedanken von *J. Dewey* (a.a.O.) über das Lernen Einfluß« (*Pettes* a.a.O., S. 18). In seiner Auseinandersetzung mit dem Pragmatismus entwickelte *Dewey* die Idee vom »Projekt«, vom »Lernen durch Tun«, und versuchte, »die Isolierung des Ichs aufzuheben und das seelische Leben in allen seinen Formen als einen einheitlichen Prozeß des Sich-Verhaltens in der Welt zu erklären« (*Baumgarten* zit. nach *Schäfer–Schaller* 1971, S. 31). Verhalten als Zielbegriff der Pädagogik *Deweys* beschreibt auch *Rückriem* (ohne Jahresangabe, S. 41) und begründet dies durch die Einwandererkultur der USA. Weniger kam es auf Wiederherstellung als auf Neuschaffung von Verhaltensmustern an, und so nimmt auch die Sozialpsychologie mit ihrer Betonung des Verhaltens gegenüber dem Instinkt u. a. von *Dewey* ihren Ausgang (*König* 1967). Daß hier eine viel engere Beziehung zur gesellschaftlichen Gesamtsituation, z. B. einer Einwanderer- bzw. auch einer Industriegesellschaft, besteht als z. B. bei *Bodelschwingh* oder *Pestalozzi*, liegt auf der Hand.

Relativ einfach läßt sich die bekannte Formel der »Hilfe zur Selbsthilfe« aus diesen Vorstellungen ableiten, wenn man als Ziel der Supervision wie der Sozialarbeit eine Verhaltensänderung beim Klienten erkennt.

Andererseits darf ein Einfluß der Psychoanalyse nicht unterschätzt werden, die schon bald zu Anfang des Jahrhunderts vor allem durch *Freud*, später auch *Adler* und *Jung* einsetzte. Gewissermaßen als Gegenpol zu den Bedingungen der Umwelt, wie sie die Soziologie als ihr Zielgebiet beschreibt, und den Möglichkeiten der Einflußnahme, wie sie die Pädagogik charakterisiert, vermittelt die Theorie der Psychoanalyse ein umfassendes psychologisches Modell vom Individuum Mensch. Casework als Modell einer Arbeitsmethode muß wohl als gerade von psychoanalytischen Behandlungsmodellen beeinflußt gedacht werden. Durch Zuhilfenahme der Dimension des Unbewußten entsteht eine enorm vertiefte und erweiterte Erkenntnis und Behandlungsmöglichkeit für den Sozialarbeiter (*Salzberger-Wittenberg* 1973). Diese Erweiterung verstärkte auch den Drang zu Selbsterfahrung als Voraussetzung der Anwendung solcher Bereiche am Klienten und läßt überhaupt erst den Reiz und die schnelle Verbreitung einer solchen Methode, wie der Supervision, verständlich werden.

Zugleich deutet sich hiermit auch der Grund für Schwierigkeiten an, Supervision zu definieren und einheitlich zu beschreiben, worauf ja besonders *Huppertz* hinweist.

2.2. Supervision als Teilbereich der Psychoanalyse

Geht es bei der Supervision in der Sozialarbeit vor allem um Beaufsichtigung, Anleitung und Beratung, so bezieht Supervision unter psychoanalytischen Aspekten neben diesen drei Bereichen als weiteren den Bereich des Unbewußten mit ein.

Ein besonderes Ziel psychoanalytisch orientierter Supervision besteht demnach im Aufdecken bzw. Benennen der unbewußten Psychodynamik, der Symbole, Träume und der Übertragungs-Gegenübertragungsbeziehungen zwischen Klient und Supervisand. Wie aber *Frijling-Schreuder* (1976) schreibt, ist es »schwierig, etwas über die Tätigkeit des Supervisors auszusagen. Wir haben noch keine Methodologie der Supervision« (ebenda S. 140). Es gibt noch kein einheitliches Konzept der Kontrolltätigkeit. In den Vordergrund stellt sie den »Aspekt des gefühlsmäßigen Lernens« (ebenda S. 143). Hier taucht die Frage nach einem Pädagogikanteil in der Psychoanalyse auf, den auch *Füchtner* sucht.

2.2.1. Einzelsupervision

Typisches Modell ist eine Face-to-face-Situation zwischen einem Therapeuten, z. B. einem Ausbildungskandidaten, und einem Supervisor, dem Analytiker. Der Therapeut berichtet periodisch Material aus einer laufenden Behandlung mit seinem Patienten, der Supervisor nimmt faktisch nur hierauf Bezug. Unbewußte Reaktions- und Verhaltensweisen des Therapeuten werden vorwiegend als Antwort, Gegenausdruck zu Verhaltensweisen des Patienten interpretiert. Die Trennung zwischen Supervision und Eigenanalyse des Therapeuten ist recht charakteristisch. *Frijling-Schreuder* (a.a.O., 1976) sagt dazu: »Der Kontakt (des Supervisors d. A.) mit dem Kandidaten ist ein Kontakt zwischen Kollegen, nicht eine Beziehung zwischen Lehrer und Schüler und erst recht nicht eine zwischen Arzt und Patient« (ebenda S. 126). Sie hebt aber auch deutlich die wesentlichen Faktoren der Einzelsupervision, wie Arbeitsbündnis, Lernprozeß, Gefühl für das unbewußte Material, vor allem aber Übertragung und Gegenübertragung sowie die Beurteilung des Ausbildungskandidaten durch den Supervisor in der Ausbildungssituation hervor.

2.2.2. Gruppensupervision

Grundsätzlich der gleiche Ablauf entsteht bei Zusammentreffen mehrerer Therapeuten mit einem Supervisor, z. B. anläßlich einer Kontollgruppe oder auch eines kasuistisch-technischen Seminars. Allerdings kommen hier schon deutlich mehrpolige Aktivitäten auf. So kann es vorkommen, daß z. B. das »zu freundliche Klima« einer Behandlung, weil der aggressiv-gehemmte Klient ein Schonklima beim Therapeuten erzeugt, in der Kontrollgruppe umschlägt. Hier weht dem Therapeuten nun der rauhe, recht aggressive Wind ins Gesicht, der in der Analyse fehlt. *Frijling-Schreuder:* (a.a.O., 1976) »In den Seminaren spürte ich immer die Reaktion der ganzen Gruppe, wenn falscher Umgang (des Ausbildungskandidaten, d. A.) mit der Übertragung (des Patienten, d. A.) diskutiert wurde« (ebenda S. 134). Die Interventionen des Supervisors greifen das auf, lassen die aktuellen Gefühle verstehen und führen so allmählich zu einer Verschiebung des Klimas in der berichteten Therapie.

Zu diesem Modell gehören auch die von *Balint* beschriebenen und nach ihm benannten Gruppen, die er während seiner Arbeit an der Tavistock-Klinik in London entwickelte (*Balint, M.* und *Balint, E.* o. Jhrg.).

2.2.3. Supervisorengruppe

Hier steht dem Therapeuten bzw. einer Gruppe von Therapeuten eine Gruppe von Supervisoren gegenüber (*Pakesch* 1973; *Strotzka, Buchinger* 1975). Im Prinzip kommen für die Zusammensetzung der Therapeutengruppe zwei Möglichkeiten in Frage: Entweder handelt es sich um Einzeltherapeuten, die zum Zweck der Supervision zusammenkommen (s. oben), oder die Therapeutengruppe ist beispielsweise eine Projektgruppe (s. unten). Hier wird ein typischer Bereich der Hochschul- oder auch Fachhochschularbeit angesprochen, wobei es leicht auch zu Überschneidungen mit Fortbildungsakzenten kommen kann (*Kutter* 1976, 1977; *Heigl-Evers* 1974).

Der Fall, daß ein »Team«, d. h. eine organisierte Therapeutengemeinschaft oder eine fest institutionalisierte Projektgruppe von nur einem einzelnen Supervisor supervidiert wird (*Bonstedt* 1975), entspräche zwar dem Modell der Gruppensupervision, übersteigt es aber. Es berührt auch den Bereich der Sozialarbeit, Pädagogik, Institutionsberatung (*Hege* 1977; *Lindner* 1977; *Berger* et. al. 1974) und stellt den weiter unten zu beschreibenden Fall meiner eigenen Erfahrung dar. Dieser ist bisher für den Bereich der Psychoanalyse nicht typisch, sondern eher für ihre Anwendungsgebiete.

2.3. Team-Supervision

2.3.1. Ausgangssituation

Ausgehend vom Modell der Gruppensupervision bietet eine Team-Supervision rein äußerlich dasselbe Bild. Die nähere Betrachtung zeigt aber ganz wesentliche Unterschiede:
a) bezüglich des Zweckes des Zusammenkommens der Mitglieder und
b) bezüglich der Bindung der Team-Mitglieder untereinander.

Anders als in der Gruppensupervision, wo sich Einzeltherapeuten mit einem Supervisor zusammenfinden, z. B. auch in einem Seminar, bietet für die Team-Supervision meist ein örtlicher Träger oder Verein seinen Angestellten eine Supervision an. Die Team-Mitglieder arbeiten schon vor Beginn einer Supervision zusammen in einem bestimmten Gebiet, z. B. der Drogenentzugstherapie. Die Gruppe besteht also unabhängig vom Anlaß der Supervision, unterscheidet sich also deutlich von Gruppen, die zum Zweck der Supervision zusammengestellt werden.

Es liegt auf der Hand, daß der Beziehungscharakter der Team-Mitglieder untereinander weniger distanziert und realitätsorientierter ist als in einer Gruppensupervision. Es kann im Team auch zu multiplen Übertragungsbeziehungen wie in Psychotherapiegruppen kommen, nur durchflechten sich reale und Übertragungsbeziehungen so, daß Deutungen nicht ohne weiteres möglich sind. Häufig entsteht ein familienähnliches Bild, oder das Team bildet Beziehungsmuster ähnlich der Gruppenbildung in Schulklassen ab.

Noch ein weiterer Gesichtspunkt ist wesentlich: Warum und wann wünscht ein Team, z. B. einer therapeutischen WG, einer Klinikstation oder einer Beratungsstelle, Supervision?

Supervision stellt ja nicht den eingeplanten Abschnitt der Ausbildung eines zukünftigen Psychoanalytikers dar, sondern hängt vom Wunsch des Teams nach einer solchen Maßnahme ab. Die materiellen Voraussetzungen des Trägers einmal unterstellt, entspräche die Aufnahme einer Supervisionsbeziehung, wie oben beschrieben (2.1.1.), insoweit dem Therapiebeginn zwischen Therapeut und Patient, als
a) eigene freiwillige Entscheidungen des Teams zu einem solchen Schritt führen und
b) ein gewisser »Leidensdruck« das Team motiviert.

Gerade nämlich wie eine starre Abwehr beim Patienten ungünstige therapeutische Voraussetzungen schafft oder eine Aufnahme der Therapie gar nicht zuläßt, kann genauso auch ein starr abwehrendes Team einen Schritt wie den, sich supervidieren zu lassen, ablehnen. Genauso wie eine erzwungene Therapie wirkungslos ist, genauso hat auch erzwungene Supervision keinen Sinn. Zumindest hier bestehen also zwischen Team-Supervision und Psychotherapie deutliche Analogien.

Die bisherigen Situationen, in denen es zu Aufnahme von Supervision kam, hatten oft zuvor personelle Änderungen im Team aufgewiesen. Meist hatte die Mitarbeiterzahl gewechselt, eher zugenommen, und damit verbunden war es zu Integrationsstörungen gekommen, wobei Gefühlsprozesse wie Zustimmung und Ablehnung oder fachliche Auseinandersetzungen zum Wunsch nach Einigung von außen führten. Hier wird schon die Gefahr des »Patronisierens«, wie *Frijling-Schreuder* (a.a.O., 1976) das genauso für die Einzelsupervision zur Gefahr erklärt, deutlich, wenn ein Supervisor Schlichterqualitäten aufweisen soll.

Zusammenfassend läßt sich sagen:
Der Einstieg für eine Team-Supervision ähnelt mehr einem Therapiebeginn, als in den früheren Modellen für Supervision erkennbar

wurde, weil ähnliche Integrationsstörungen wie beim Therapie suchenden Patienten die Motivation eines Teams bestimmen. Von daher lassen sich für die Team-Supervision auch andere Abläufe als bei den bisherigen Supervisionsformen erwarten.

2.3.2. Ziele der Team-Supervision

Aus dem oben Gesagten ergibt sich als Hauptziel die Herstellung oder Verbesserung einer Arbeitsfähigkeit beim Team. Wichtig ist dabei, daß nicht sosehr ein einzelnes Team-Mitglied Ziel der genannten Supervision ist, obwohl die Schwierigkeit eines einzelnen Mitarbeiters unter Umständen einen großen Raum der Arbeitszeit einnehmen kann. Gemeint ist vielmehr die Herstellung oder Verbesserung der Arbeitsfähigkeit des gesamten Teams, das also ähnlich wie in der Theorie der psychoanalytischen Gruppentherapie (*Kemper* o. Jg.) als eine Person mit verschiedenen Funktionen und Rollen gesehen wird.

Welche Partialziele ergeben sich nun?

Auf der einen Seite stehen Realziele, wie die Klärung von Fragen der Personalstruktur und Personalbesetzung, der Organisation und Arbeitsabläufe sowie Einteilung von Einnahmen und Ausgaben, also der materiellen Grundlage, auf der anderen Seite solche Ziele wie Verbesserung von Beziehungen der Team-Mitglieder untereinander und gegenüber den Patienten, ferner Therapie-Supervision und Einzelfall-Supervision.

Partialziele mögen auch die folgenden sein:

– Herausarbeiten von hauseigenen Regeln und deren Sanktionierung, insoweit feste Gewohnheiten zu einem Regelbewußtsein geführt haben;
– Entwicklung einer gemeinsamen Therapiepraxis nach dem Bewußtmachen der »wirklichen« Abläufe;
– Erkennen und Bearbeiten kollektiver Abwehrsysteme; Beispiele:
  1. Überraschend und willkürlich ändert das Team Ort und Zeit der Supervision;
  2. das Team verhält sich starr oder paranoid wie in den von *Richter* (1972) beschriebenen Familienmodellen in seinem Buch »Patient Familie«;
  3. das Team »leistet« besonders viel, wehrt mit Tüchtigkeit überkompensatorisch Bearbeitung von Trauer und Depression ab;

- Vermehrung der Flexibilität und Steuerungsfähigkeit der Wohngemeinschaftstherapeuten sowie ihrer Introspektions- und Reflexionsfähigkeit, ihrer Möglichkeit, sich mit Klienten zu identifizieren, ihrer Empathie;
- Verbesserung der theoretischen Kenntnisse über Sucht, Verwahrlosung und Neurosen.

Der Übergang hierzu darf immer erst nach dem Erleben einer aktuell gefühlshaften Situation kommen, soll also nicht abspaltend, rationalisierend sein, weil dies kalt und nicht verändernd wirkt. Theorie muß außerdem für jedes Team die ureigene Destillation erlebter Praxis darstellen;
- Verbesserung der Selbstdarstellung und Selbstwahrnehmung eines Teams, seiner eigenen Identität, seines speziellen Klimas, seiner gemeinsamen Ziele und Handlungsabläufe.

Zusammenfassend läßt sich sagen:
Zielgebiete der Supervision sind
- Das Team in seiner Gesamtstruktur.
- Der einzelne Mitarbeiter.
- Die Arbeit des Teams.

2.3.3. Inhalte und Verläufe

Praktisch ergibt sich als Supervisionsinhalt meist folgender Katalog:
a) Team-Supervision
b) Organisations-Supervision
c) Therapie-Supervision
d) Einzelfall-Supervision

Den Beginn der einen Tag von morgens 9 Uhr bis abends 18 Uhr füllenden Supervision bilden fast immer die sogenannten Team-Querelen. Wichtige Themen sind angestaute und unverarbeitet gebliebene Aggressionen, Macht-, Rivalitäts- und Konkurrenzprobleme, typische Mann-Frau-Probleme und Wechsel von Mitarbeitern.

Sie gehen über zu Fragen der Organisationsstruktur, d. h. einmal der Eignung der Mitarbeiter und damit zu Personalfragen, zweitens der Zielplanung der Wohngemeinschaft und ihrer Mißerfolge, und leiten damit auch zu Fragen der Therapie über.

Der Supervisor kann an Therapiegruppen teilnehmen und gemeinsam anschließend mit dem Therapeuten deren Inhalt bearbeiten, es kann dies aber auch aufgrund eines Berichts erfolgen. Hier können typische Gegenübertragungsprobleme erkennbar gemacht werden.

Den Abschluß eines solchen Tages kann ein »Problemfall«, also eine Einzelfallsupervision bilden. Unter der Beteiligung aller Team-Mitglieder zeichnen sich dann oft auch für alle erkennbar die Charakteristika gemeinsamer Schwierigkeiten ab.

Der gesamte Verlauf ist idealtypisch, konstelliert sich aber mit leichten Verschiebungen meist automatisch aus der Situation. Es bedarf dann nur zusätzlich der Synthese- und Grenzsetzungsfähigkeit des Supervisors bzw. konkreter Zeitplanung.

Der Supervisor hört sich anfangs ein, er exploriert, fragt nach, interveniert sparsam, schwingt zunehmend besser gefühlsmäßig mit, verliert damit für die Gruppe den »Fremdkörperaspekt«. Die Supervision »vor Ort« schafft die realistische Szenerie zur schnellen Einstimmung.

Immer wieder läßt sich beobachten, daß vom Supervisor ein »kompensatorisches« Verhalten gegenüber dem Team gefordert wird, entsprechend einem Begriff, den *Jung* bezüglich des Unbewußten benutzt: Bei Depression und Erschöpfung des Teams arbeitet der Supervisor entlastend, bei Verwahrlosungszügen eher Normen und Beziehungen vermittelnd, bei Gefühlsvermeidung konfrontierend, bei spannungsarmem gehemmten Verlauf unter Umständen gezielt aggressiv und bei Aktionismus oder Hyperaktivität planend. Deutungen werden hier nicht gegeben, Ratschläge und vor allem das Verhalten des Supervisors haben Vorrang im Sinne einer Vorbildfunktion. Die kompensatorische Haltung kann vorübergehend den Supervisor auf eine bestimmte Rolle festlegen, z. B. als »starken Mann« bei sich schwach fühlendem Team. Theoretisch erscheint diese Schwierigkeit schwer lösbar, praktisch ist eine Leitlinie die Suche nach den Ressourcen, den Selbstheilungs- und Selbsthilfekräften der Gruppe. Aus der anfänglichen kompensatorischen Haltung geht dann der Supervisor allmählich wieder in eine distanziertere Haltung über, um die Prozesse der Einsicht zu fördern und dann der Gruppe beim Auffinden neuer Initiativen, Pläne und Handlungsschritte zu helfen. Am Ende des Tages steht meist der Versuch einer Zusammenfassung.

2.3.4. Wirkungen der Team-Supervision

Was erreicht eine derartige Supervision? Führt sie zu den obengenannten Zielen? Es fehlt an Erfassungsmustern, und das Ergebnis wird auch von so vielen Unwägbarkeiten abhängen, daß es zur Beantwortung dieser Frage zu früh ist.

Eine derartige Tätigkeit führt den Supervisor in Versuchung, Omnipotenzansprüche zu befriedigen und die zahlreichen realen Versagungen in Form von Mißerfolgen zu verleugnen.

Deutlich wird, daß Einflüsse einer Supervision sich erst nach Monaten oder Jahren dauerhaft niederschlagen können. Gelingt eine Arbeitsbeziehung zwischen Team und Supervisor, die zum Wunsch nach Fortsetzung der Supervision über die Schwelle von Unlust und Abwehr hinausgeht, so ist voraussichtlich ein Ergebnis der Supervision zu erwarten, das sich auch in kontinuierlichen und festen Therapiebeziehungen zwischen supervidierten Therapeuten und ihren Klienten niederschlägt.

Bezüglich der Dauer der Supervision kann entscheidend sein, daß sie so lange gewünscht wird und erforderlich erscheint, bis das Team den Zustand einer »Selbsthilfegruppe« erreicht hat (*Moeller* 1977). Dann mag der Wunsch nach Ablösung überwiegen.

Einen guten Verlauf garantiert in jedem Fall der partnerschaftliche kollegiale Umgang zwischen Supervisor und Team nach anfänglicher Ablehnung oder kritischer Distanz seitens der Supervidierten. Wichtig ist als Ergebnis auch, wenn die Therapeuten einen eigenen Stil finden, Befriedigung in ihrer Arbeit erhalten, sich auseinander- und durchsetzen können, ohne daß »Team-Querelen« inhaltlich überwiegen. Sie sind dann auch besser in der Lage, Prozesse, die vom Team induziert werden, von solchen zu unterscheiden, die vom »Patientenlager« induziert werden. Es kommt ja häufig zu Resonanzphänomenen (*Stuart* 1966), Schwingungen der einen Gruppe, die in der angestoßenen anderen Gruppe zur Resonanz führen. Dies geschieht erfahrungsgemäß leicht bei Machtproblemen über Identifikationen mit den Klienten.

Hier erscheint noch ein weiterer wichtiger Aspekt: Projektionen der Therapeuten aus der Rolle einer Elterninstanz. Als Beispiel sei der Diebstahl des gemeinsamen Weihnachtsbaumes für eine Wohngemeinschaft durch einen Klienten genannt, in den wohl die Therapeutin, nicht aber die anderen Therapeuten eingeweiht waren. Naheliegende Einfälle führten zur Möglichkeit einer erfolgreichen Delegation des »stolzen Raubes« an den Klienten.

Bezüglich der Frage eines Therapieanteils in der Team-Supervision kann man sagen, daß zwar eine therapieartige Situation, aber keine Therapie entsteht. Typische Übertragungs-Gegenübertragungs-Bindungen zwischen Supervisand und Supervisor bleiben blaß oder fehlen, Regression im Sinne therapeutischer Regression findet kaum statt, es existiert keine typische Abstinenz des Supervisors, und Tiefendeutungen werden nicht gegeben bzw. tiefer unbewußte Prozesse bei den Wohngruppen-Therapeuten werden nicht gefördert.

3.1. Die therapeutische Wohngemeinschaft

Überlegungen zum Begriff der therapeutischen Wohngemeinschaft lassen aus den bekanntgewordenen Zielsetzungen und Anfangsverläufen (*Petzold* 1974) sowie dem Zeitpunkt ihres vermehrten Auftretens nach den Studentenunruhen 1968 den Schluß zu, daß sie Zuschüsse sowohl aus dem Ideengebiet studentischer Wohngemeinschaften als auch dem der therapeutischen Gemeinschaft (*Kayser* et al. 1973) erhalten haben. Unterstüzend kommen noch Inhalte der Selbsthilfebewegung verstärkend hinzu, die sich mit zahreichen Neugründungen aus der 1935 gegründeten Stammorganisation der Anonymen Alkoholiker ableiten (*Moeller* 1977).

3.1.1. Die Wohngemeinschaft

Schon 1969 erschien zu diesem Thema »Kommune 2 – Versuch der Revolutionierung des bürgerlichen Individuums – kollektives Leben mit politischer Arbeit verbinden!« (*Bookhagen* et. al. 1969). In der Einleitung (Kommune und Großfamilie) stellen die Gemeinschaftsautoren fest: »Vor zwei Jahren war die bloße Existenz einer Kommune ein Skandal. Das bloße Zusammenleben provozierte Massenmedien, Polizei und Justiz ...« (ebenda S. 7). Ausgehend von einer »Krise der bürgerlichen Familie« und dem Fehlen der »Familie als Schutzraum« für die unteren Schichten, kamen die Autoren zur Feststellung: »Immer mehr Menschen beginnen deshalb, nach größeren Kollektiven zu suchen, in denen eine befreiendere soziale Kommunikation möglich ist« (ebenda S. 8).

Es soll hier nicht der damalige Anspruch und der folgende Verlauf diskutiert werden (s. hierzu z. B. *Klugmann* 1978), vielmehr genügt es zu wissen, daß zahlreiche Gedanken aus der Wohngemeinschaftsideologie bei Projektierung und Durchführung von therapeutischen Wohngemeinschaften Pate standen.

3.1.2. Die therapeutische Gemeinschaft

Nach Feststellung von *Krüger* und anderen (*Kayser* a.a.O., 1973) lassen sich Vorläufer bis in das vorige Jahrhundert zurückverfolgen, »die eigentliche Entwicklung und methodische Ausformung des Prinzips der therapeutischen Gemeinschaft (setzt, d. A.) in den 40er Jahren dieses Jahrhunderts ein« (ebenda S. 1–2). Verwiesen wird dort auf die Autoren *Bion* und *Rickmann* (1940), *Foulkes* sowie *Main* (1946): Er »prägte zur Charakterisierung des neuen Behandlungsstils den Begriff der ›therapeutic community‹ (*E. Shoenberg* 1968)« (*Kayser* a.a.O., S. 2).

3.1.3. Selbsthilfegruppen

In zwei Arbeiten zu diesem Thema untersucht *Moeller* (1977) die Frage, ob »Selbsthilfegruppen Therapie« sind und kommt zur positiven Beantwortung. Daß es sich um eine breite weltweite Bewegung handelt, ergibt sich aus der Zahl von etwa einer halben Million unterschiedlicher Selbsthilfegruppen von 1976. Eine ausführliche und eher kasuistische Untersuchung dieses Themas liegt auch in »Synanon, Selbsthilfe der Süchtigen und Kriminellen« (*Yablonski* 1975) vor, ein Überblick findet sich bei *Petzold* (a.a.O., 1974). Hingewiesen werden kann auch auf einen bewußt subjektiven Bericht, den Release-Report (*Duve* 1971) als zeittypisches Dokument.

3.2. Das »Hannoveraner Modell«

Als 1972 engagierte junge Leute, altersmäßig den Fixern noch nahestehend, beschlossen, süchtigen Jugendlichen zu helfen, gab es kein Vorbild im Raum Hannover, an das man sich anlehnen konnte. Es lag nahe, in Verbindung mit einer zentral gelegenen Kontakt- und Beratungsstelle Wohngemeinschaften zu installieren, in denen neben »stabilen« Personen eine gewisse Quote Drogenabhängiger wohnen würde. »Als Rahmen haben wir die kleine, auto-zentrierte Gruppe mit maximal acht Klienten und zwei in der WG lebenden Betreuern und psychotherapeutischer Außenbetreuung gewählt. Die Ähnlichkeit mit der Familie ist intendiert« (*Sturm/Meyer* in *Petzold* a.a.O., 1974, S. 223–237).
Organisatorischer Mittelpunkt war der dem DPWV angeschlossene

Verein mit Sitz in Hannover. Er übernahm Planung, Verhandlung mit den Sozialämtern, anderen Einrichtungen und Dritten, vermittelte die Klienten an die Wohngemeinschaften, wobei die Wohngemeinschaftstherapeuten den sogenannten Aufnahmeausschuß bildeten, der sich einmal in der Woche in Hannover traf.

Wesentlich für die Wohngemeinschaft der Hannoveraner Therapiekette war ihre Lage weit außerhalb, d. h. 30 bis 50 km vom Stadtzentrum entfernt, meist in einem Dorf oder einer Kleinstadt. Eine Gleichartigkeit der Wohngemeinschaftsstrukturen untereinander wurde durch einen Regelkatalog im Sinne einer Hausordnung und Bindung an ein psychotherapeutisches Konzept mit Vorrang der Gestalttherapie vor Arbeitstherapie und Pädagogik hergestellt. Dementsprechend überwog die Auffassung der Drogenabhängigkeit als Krankheit, die psychotherapeutisch zu heilen oder zumindest zu behandeln sei, vor der Auffassung von Drogenabhängigkeit als Verhaltensstörung, der besonders mit neuen Verhaltensnormen zu begegnen sei. Inzwischen haben Tendenzen, pädagogische Akzente mehr zu betonen, allgemein zugenommen.

Die Vorstellung der Drogenabhängigkeit als Verhaltensstörung prägt besonders das Bild von Synanon, was dort mit zahlreichen Regeln als Therapiemaßnahmen beantwortet wird. Dieser Beschreibungsansatz von Krankheits- und Behandlungsverständnis kann hier leider nicht vertieft werden.

Aus der Praxis heraus entstanden Strukturen im Sinne eines mehrstufigen und mehrphasigen Modells, was zur erwünschten Hierarchisierung führte. Je mehr aber die Abgeschiedenheit einer »Landkommune« entstand, um so schwieriger wurde nach der ersten Phase mit einer Dauer von etwa 12 Monaten die Rückkehr in die Stadt in eine zweite Phase.

4. Klienten

»Klienten«, also junge Drogenabhängige, die in therapeutischen Wohngemeinschaften aufgenommen werden können, sind so umfassend von objektiver Seite[2] als auch aus dem eigenen, subjektiven

---

2 u. a. *Kielholz, Ladewig* 1972; *Waldmann, Zander* 1975; *Hünnekens* 1972; *vom Scheidt* 1972

Erleben her beschrieben worden[3], daß es ausreichen mag, eigene Schwerpunkte in der Beurteilung zu betonen.

4.1. Ausgangsfaktoren

Die Fülle möglicher Störungen beim Klienten überrascht. Immer aber finden sich orale Störungen, die sich im Therapieverlauf als depressive Symptome äußern und Verwahrlosungstendenzen. Genetisch ist fast immer ein Erziehungsklima von Härte mit mehr oder weniger breit eingelagerter Verwöhnung eruierbar. Regelhaft ist die Sexualität nicht integriert, und die manifeste Störung beginnt um die Zeit der Pubertät. Bei äußerlicher Fähigkeit zur Anpassung an herrschende Gesetze fehlen reife innere Strukturen und ein tragendes Selbstbewußtsein und Sebstwertgefühl. Aus psychoanalytischer Sicht lassen sich meist sehr tiefgestörte Strukturen erkennen, die auch mit dem Konzept des Narzißmus (*Kohut* 1973) erfaßt werden. Im Vordergrund stehen immer erhebliche Arbeitsstörungen bei oft erstaunlich guter Verbalisationsfähigkeit zu Abwehrzwecken. Diesen sogenannten Fixerfilm kann nur eine massive Konfrontation brechen oder ein warmes gefühlsbetontes Klima unterlaufen.

Die Breite der Störungen erfaßt sowohl den Bereich der Neurosen als auch den der sozialen Entwicklung. Dazu kommen ausgiebige sekundäre Behinderungen, wie Defizite in Wissen und Können infolge von Lern- und Übungsmangel.

Kommt zur Palette der genannten Störungen noch ein einzelnes schweres Symptom, wie Magersucht oder Psychose, hinzu, so ist die Grenze der Behandelbarkeit möglicherweise überschritten. Es gibt dann einen »Problemfall«, und es ist Aufgabe der Supervision, hier die Grenzen der Behandlungsfähigkeit aufzuzeigen.

Wichtig erscheint die anfangs den Klienten wie ein Leitthema beherrschende Grundeinstellung: Hoffnungslosigkeit, Rache, Angst, Ausbeutung oder Machtwunsch, um nur einige Möglichkeiten zu nennen. Negatives Erleben herrscht vor, Mißtrauen überwiegt, und auch die Freiwilligkeit ist oft nur scheinbar.

Die sogenannte Motivation (hierzu auch: Probleme der Therapiemotivation bei Drogenabhängigen, *Vormann*, dieses Buch) setzt sich

---

[3] u. a. *Duve* als Herausgeber 1971; *Herrmann, Rieck* 1978

eigentlich meist nicht aus Krankheitseinsicht und echtem Therapiebedürfnis zusammen, sondern ist Folge von vier Bedrohungen:
1. der materiellen,
2. der körperlichen: Verfall oder Tod,
3. der Bedrohung durch Beziehungsverlust und
4. durch Verfolgung von Straftaten.

Chaos und eine unter Umständen verdeckte, negative therapeutische Reaktion charakterisieren den Beginn.

Von Wohngemeinschaftsseite aus wird dies mit »Freiwilligkeit« beantwortet, andererseits aber eine feste Struktur und Nestwärme, Nähe angeboten. Aus psychoanalytischer Sicht handelt es sich hier um eine Therapie präödipaler Strukturen.

4.2. Behandlungsziele und Verläufe

Aus den genannten Störungen ergeben sich auch die Ziele, wobei vorrangig zwei sind: Drogenfreiheit und Arbeitsfähigkeit. Unter Drogen werden alle Arten von Rauschdrogen, auch Alkohol und unkontrolliert eingenommene, also nicht verordnete Medikamente verstanden. Diese Ziele stellen ein Minimum dar.

Libidotheoretisch ausgedrückt, soll die in Destruktion und Sucht gebundene Libido befreit und anderseitig gebunden werden, z. B. in befriedigenden beruflichen Tätigkeiten oder einem Hobby.

Verhaltenstheoretisch ausgedrückt, soll ein neues Verhalten gelernt werden, nachdem falsches Verhalten verlernt wurde.

Psychodynamisch gesehen, soll es bei zunehmender Reife gelingen, Einsicht in eigene Entwicklungsverläufe zu gewinnen, d. h. z. B. zu verstehen, wie statt der Auseinandersetzung mit dem Vater oder einer väterlichen Instanz eine Fixerkarriere eingeschlagen wurde.

Aus der Sicht der Gestalttherapie sollen wichtige Konflikte aufgearbeitet sein, und es soll dem Klienten gelingen, Awareness, Bewußtheit, zu erreichen: im Hier zu leben und sich den aktuellen Konflikten zu stellen. Daß sich dies im Bereich der psychoanalytischen Theorie mit der Aufarbeitung des Geneseanteils und dem Erwerb ausreichenden Realitätsvermögens deckt, liegt auf der Hand.

Die Bedeutung von Übertragung–Gegenübertragung ist trotz ihres offensichtlichen Vorhandenseins im Therapieablauf von geringem Gewicht, weil sie von beiden Seiten nur mangelhaft bewußtgemacht werden kann. Wesentlicher im Ablauf sind Imitation und Identifikation.

Naheliegende Fehler der Wohngemeinschaftstherapeuten, z. B. Überprotektion in Form »aggressiven Fütterns« oder auch zu permissives Verhalten, stellen typische Einstiegsmöglichkeiten für den Supervisor dar. Begibt er sich als Beobachter in eine Gruppensituation, so lassen sich anschließend unter Umständen Tendenzen des Therapeuten erkennen und bewußtmachen.

> Beispiel: Zehn Klienten und ein Betreuer sitzen am Boden in einem Kreis. Der Raum ist noch kahl, an der Wand hängt ein programmierter Spruch. Es wird das Protokoll des letzten Plenums verlesen. Anschließend langes Schweigen, dessen Charakter zunehmend aggressiv wird. Spürbar ist die Gruppe unfähig, sich positiv zu artikulieren und Gefühle auszudrücken. Sie gerät in so erhebliche Spannung, daß offenbar die Belastbarkeit überstiegen wird. Jemand seufzt, der Therapeut greift dies ohne Erfolg auf. Da lenkt Rolf alle auf sich, indem er fragt, wie sein Verhalten in der vorigen Gruppe gewirkt hat. Zunehmend stürzen sich alle auf ihn und »geben es ihm«. Am Ende einer längeren Gruppensituation ist er dann auch »auseinandergenommen«. Hier endet die Gruppe.

Die anschließende Supervision kann klären, wieweit der Therapeut die Gruppensituation erkannt hat:

a) in bezug auf sadomasochistischen Gruppenprozeß: Ein offenbar überangepaßtes Mitglied »opfert« sich masochistisch der sadistisch reagierenden Gruppe. Eine erfolgreiche Intervention des Therapeuten an dieser Stelle setzt die Bearbeitung eigener sadomasochistischer Problematik voraus;

b) in bezug auf Aspekte von Verweigern oder auch Überfordertsein der Gruppe: Nicht die potentiell stärkeren, im realen Tagesablauf unter Umständen als Störer imponierenden Mitglieder greifen an, sondern verweigern sich dem Prozeß und drängen damit ein schwaches Mitglied zur Opferung, in die Sündenbockrolle;

c) in bezug auf die stumme Interaktion zwischen Gruppe und Therapeut: möglicherweise gilt der Verweigerungsprozeß ihm, oder es handelt sich hier um die Angst einer Gruppe in der Beginnsituation.

Die situative Bearbeitung in der anschließenden Supervision muß jedenfalls den Entwicklungsstand des Therapeuten berücksichtigen, um zu vermeiden, daß sich auf der nächsthöheren Ebene zwischen Therapeut und Supervisor eine Fehlentwicklung und damit Entmutigung wiederholt. Berücksichtigt werden muß auch ein eventueller Einflußfaktor der Beobachterposition des Supervisors auf den Prozeß.

5. Die Wohngruppentherapeuten

Aus dem zuletzt beschriebenen Verlauf ergibt sich die Frage nach den Wohngruppentherapeuten genauer: Wer sind sie? Und was tun sie?

5.1. Wer sind die Wohngruppen-Therapeuten?

Besonders die »erste Generation« der Therapiekette Hannover stand den Klienten gefühlsmäßig sehr nahe und konnte sich mit deren Problematik identifizieren. Wechselseitiges hohes Verständnis schaffte eine dichte Atmosphäre und garantierte so ausreichende Kohäsion der therapeutischen Wohngemeinschaft. Inzwischen scheint die Gestörtheit der Klienten zugenommen zu haben und die Qualifikation der Therapeuten ebenfalls, damit wohl auch die Distanz zwischen Therapeuten und Klienten.

Ersteres hängt mit dem Eindringen des Drogenmißbrauchs in sozial schwache Kreise nach 1970 zusammen, letzteres mit einer Erfahrungszunahme der schon tätigen Wohngruppen-Therapeuten einerseits und andererseits mit der Arbeitslosigkeit von Sozialarbeitern, Psychologen, Lehrern, Ingenieuren oder Vertretern anderer Berufe, die infolgedessen in solche Stellen drängten. Ex-User stellen einen geringen Anteil der jetzigen Wohngruppen-Therapeuten dar.

Es ist schon hier deutlich, daß formale Beantwortung der Frage »Wer sind die Wohngruppen-Therapeuten?« keine Klärung schafft.

Nach wie vor besteht bei den Wohngruppen-Therapeuten eine überdurchschnittlich hohe Motivation zu ihrer Arbeit. Dabei handelt es sich nicht um einen 8-Stunden-Job, sondern um ein intensives Sich-Einlassen mit den Klienten. Ein Privatleben ist zeitweise oder gänzlich ausgeschlossen. Der Gedanke, daß auch selber Gestörte über den Umweg einer Behandlung anderer Gestörter Entlastung und Heilung suchen, liegt nahe (s. *Schmidbauer* 1977), führt aber mehr zu allgemeinen Erwägungen.

Generell läßt sich schon im vorhinein vermuten: Neurosentypologisch und von der allgemeinen Interessenlage her gibt es bei Wohngruppen-Therapeuten und ihren Klienten deutliche Übereinstimmungen. Dies ist nicht nur eher vorteilig als nachteilig zu sehen, sondern fast eine spezifische Voraussetzung. Wie auch sonst scheint eine Mischstruktur (schizoid-depressiv-zwanghaft-hysterisch) mit jeweils nicht zu deutlichen Störungen in den einzelnen Bereichen günstigere Voraussetzungen zur Eignung als Wohngruppen-Therapeut zu schaffen als eine tiefere neurotische Störung in einem Bereich. Narzißmusprobleme beim Therapeuten sind nicht selten. Die eigentliche Eignung erweist sich erst in der Praxis und hängt von Faktoren wie Durchhaltevermögen, Frustrationstoleranz, Zielstrebigkeit und Lernbereitschaft ab. Eine sthenische Aktivität ist sicher Voraussetzung. In diesem Bereich unterscheiden sich Klienten und Therapeuten am meisten.

Kommt es innerhalb einer Team-Supervision zur Eignungsfrage – und dies war öfter der Fall –, sollte der Supervisor offen Farbe bekennen und seine Entscheidung mitteilen.

Das Team kann dann die endgültige Entscheidung leichter finden und tragen.

5.2. Arbeitsbedingungen der Wohngruppen-Therapeuten

Sie kämpfen gewissermaßen mit dem Rücken zur Wand. Typischerweise für mehrere Tage hintereinander vollgültiges Mitglied einer Wohngemeinschaft, verbleibt ihnen in dieser Zeit kaum eine Rückzugsmöglichkeit. Ständig sind sie den »Temperatur- und Klimaschwankungen« der Wohngemeinschaft ausgesetzt, wobei die Zeit zwischen den Aktivitäten fast noch kritischer ist als die Zeit einer Therapiesitzung. Vergleichsweise orientieren sich Kinder ja auch mehr am realen Tun ihrer Eltern als an deren erklärten Absichten. Genauso verhalten sich die Klienten gegenüber den Wohngruppen-Therapeuten. Daß in dieser Situation typische psychoanalytische Formen wie »Abstinenzregel« oder Ausschalten von »Agieren« einfach gegenstandslos sind, liegt auf der Hand. Auch psychoanalytische Begriffe wie »Widerstand« oder »Übertragung« sind so deutlich an das psychoanalytische Setting gebunden, daß ihre geringe Bedeutung in dieser Situation verständlich wird. Dennoch lassen sich einige Faktoren hierzu deutlicher formulieren (s. unten 5.3.).

Die Arbeit des Wohngruppen-Therapeuten ist also durch fehlende

Rückzugsmöglichkeit und gleichzeitig intensiven Realkontakt gekennzeichnet. Um so größere Bedeutung kommt demnach der meist engen persönlichen Bindung der Team-Mitglieder untereinander und an Angehörige oder Partner außerhalb der Wohngemeinschaft zu. Erwiesen ist wohl, daß »freischwebend«, d. h. ohne persönliche Bindungen, kein Wohngruppen-Therapeut über Monate hinaus arbeitsfähig bleibt.

Die besondere Tragik einer solchen Situation kann dann in einem Rückfall eines Ex-Users oder im Süchtigwerden eines bisher nicht süchtigen Therapeuten liegen. Auch hier sind Aufgaben für eine Supervision, allerdings geht diese über eine Beratung nicht hinaus. Mildere Versagensformen der Wohngruppen-Therapeuten sind »Ausbrennen« oder »Leerbrennen« z. B. infolge depressiver Überlastung oder Nachlassen von Spannung und Motivation und anschließendes Ausscheiden (siehe hierzu: Das burn-out-Syndrom von Mitarbeitern in alternativen Einrichtungen, *Freudenberger*, dieses Buch).

5.3. Die Arbeit der Wohngruppen-Therapeuten

Aus dem Anfangschaos am Beginn der Behandlungssituation sowohl bei Ankunft eines neuen Klienten als auch bei Neugründung einer Wohngemeinschaft scheinen zwei Wege zu führen:

a) bewußtes Führen, Behandeln (Be-Handeln)
und
b) ins Chaos eingehen, »Mitmischen«.

Abgesehen davon, daß sich hier zwei typische Verhaltensmöglichkeiten von Therapeuten darstellen – beide sind etwa gleichmäßig vertreten –, kommt man mit einer Möglichkeit allein nicht zurecht. Am Anfang einer Therapie entstehen die Bindungen, wenn es dazu kommt, entsteht eine Vertrauensbeziehung, die oft durch ein sogenanntes Aufnahmeritual mehr oder weniger künstlich institutionalisiert wird. Dem Neuen muß von den Therapeuten genauso wie von den Mitpatienten ein Vertrauensvorschuß gegeben werden. In den Gruppen muß eventuell vom Therapeuten »gebahnt« werden, wo der Klient noch sprachlos ist. Das Chaos der primären Situation muß ertragen und allmählich strukturiert werden, dann kann sich langsam ein Bewußtsein, ein Wir-Gefühl, eine Identität sowohl beim einzelnen wie bei der Wohngemeinschaft überhaupt entwickeln.

Am Anfang fehlt eine Zentrierung, ein Thema, und es ist Aufgabe aller, diese zu finden und zu entwickeln. Welche Faktoren sind nun im einzelnen wichtig?

Nachdem mit der therapeutischen Wohngemeinschaft einmal eine Situation geschaffen ist, in der positive Erfahrung als Wiederholung früherer negativer Verläufe möglich scheint, entsteht eine enorme Ungeduld bei den Klienten. Diese Ungeduld kennzeichnet ja besonders frühe orale Phasen. Inhalte des ungeduldig Geforderten sind meist materielle Zuwendungen entsprechend den bisherigen Erfahrungen. Noch wichtiger ist aber die geringe Spezifität der Wünsche, ihre geringe Differenziertheit und ein schnelles Umkippen in Ablehnung, Resignation, Ärger und Abwendung bei Nichterfüllung der Wünsche.

Dieser gesamte Wiederholungsvorgang früher Störungsmuster stellt eine Übertragung dar! Sie ist aber, zumindest anfangs, gar nicht personalbezogen, sondern erkennt nur grobe Instanzen an, wie die »anderen«, den Staat, pauschalisiert und vergröbert also und läßt das Beziehungsdefizit als Mangel an Bezogenheit deutlich werden.

Erst in späteren Phasen mit größerer Differenziertheit kann es zu eigentlichen Übertragungsbeziehungen kommen, deren Bestehen aber wegen der realen Nähe von Therapeut und Klient meist unbewußt bleibt.

Den weiteren Verlauf bestimmen wellenförmige Schwankungen und eine derartige Fülle von Faktoren, daß nur ausführliche Schilderungen kleiner Einzelabschnitte ausreichend Aufschluß geben können. Wichtig ist festzustellen, daß die therapeutische Bearbeitung von Krisen des Klienten zugleich die Bereiche seiner größten Entbehrungen markiert. Der Entschluß zur Therapie muß immer wieder neu gefaßt werden, um allmählich wirklich verinnerlicht zu werden. Ausschlaggebend dürfte auch die Festigkeit des Therapeuten sein, Versagungen zu erteilen. Was sind nun die typischen Krisen?

Ein Neuer verläßt die Wohngemeinschaft, oder ein Alter wird rückfällig. In der gemeinsamen Kasse fehlt Geld. Die Hausordnung wird verletzt. Gelingt die Aufarbeitung einer solchen Krise, ist es gut. Gelingt sie nicht, kann ihr schleichend frei werdendes Gift auf lange Zeit hinaus die Atmosphäre verderben. Im günstigen Fall kann Supervision eine solche Situation wieder aktualisieren und in einer besseren Wiederholung bereinigen.

Bibliographie

Balint, M. und E.: Psychotherapeutische Techniken in der Medizin, München o. Jg. (Kindler, Geist und Psyche)
Basaglia, F. (Hrsg.): Die negierte Institution Frankfurt 1971 (Suhrkamp)
Baumgarten, E.: zit. nach *Schäfer/Schaller*
Berger, W., Zauner, J., Zech, P.: Über teamzentrierte Fortbildung, *Gr.Ther.Gr.Dy. 8:* 244–259 (1974)
Bonstedt, Chr., Lindner, W.-V.: Interdisziplinäre Arbeit im sozialen Feld – Beschreibung einer Arbeitsgruppenentwicklung. *Gr.Ther.Gr.Dy.* 9: 77–95 (1975)
Bookhagen, Chr., Hemmer, E., Raspe, J., Schultz, E., Stergar, M.: Kommune 2, Berlin 1969 (Oberbaumverlag)
Cooper, D.: Psychiatrie und Antipsychiatrie Frankfurt 1971 (Suhrkamp)
Dewey, J.: Demokratie und Erziehung, Braunschweig 1964 (Westermann)
Drucksache 7/4200, 7/4201 Unterrichtung durch die Bundesregierung: Bericht über die Lage der Psychiatrie in der Bundesrepublik Deutschland. Bonn-Bad Godesberg 1975 (Dr. Hans Heger Verlag)
Duve, F. (Hrsg.): Helft euch selbst! Der Release-Report gegen die Sucht. Reinbek bei Hamburg 1971 (Rowohlt)
Fischer, F.: Irrenhäuser. Kranke klagen an, München 1969 (Desch)
Foulkes, S. H.: Gruppenanalytische Psychotherapie, München 1974 (Kindler)
Freud, S.: G. W. XI. Vorlesungen zur Einführung in die Psychoanalyse, London (Imago Publishing Co) und Frankfurt (S. Fischer) 1947
Frijling-Schreuder, E. C. M.: Bemerkungen zur Supervision, *Psyche 30,* 125–145 (1976)
Füchtner, H.: Psychoanalytische Pädagogik, *Psyche 32,* 193–210, 1978
Goffman, E.: Asyle, Frankfurt a. M. 1971 (Suhrkamp)
Hege, M.: Praxisberatung in der Fachhochschule, *Gr.Ther.Gr.Dy. 12:* 169–181 (1977)
Heigl-Evers, A.: Die Gruppe als Medium im Unterricht und in der Psychotherapie, *Gr.Ther.Gr.Dy. 8:* 227–243 (1974)
–: Die Stufentechnik der Supervision, *Gr.Ther.Gr.Dy. 9:* 43–54 (1975)
Held, Chr. von: Die integrierte Station, *Gr.Ther.Gr.Dy. 8:* 290–304 (1974)
Hermann, K., Rieck, H.: Wir Kinder vom Bahnhof Zoo, »*Stern« 31,* Nr. 40: 70–86 (1978)
Hilpert, H.: Krise der therapeutischen Gemeinschaft in Großbritannien, *Nervenarzt 47:* 460–463 (1976)
Hünnekens, H.: Die Existenzproblematik der Jugendlichen – Motiv für den Drogenkonsum? In: Drogen- und Rauschmittelmißbrauch: Bedingungen, Vorbeugung, Behandlung, Hamm 1972 (Hoheneck)
Huppertz, N.: Supervision, Neuwied und Darmstadt, 1975 (Luchterhand)

Kayser, H., Krüger, H., Mävers, W., Petersen, P., Rohde, M., Rose, H.-K., Veltin, A., Zumpe, V.: Gruppenarbeit in der Psychiatrie, Stuttgart 1973 (Thieme)

Kemper, W. W. (Hrsg.): Psychoanalytische Gruppentherapie. Praxis und theoretische Grundlagen, München o. Jg. (Kindler, Geist und Psyche)

Kielholz, P., Ladewig, D.: Die Drogenabhängigkeit des modernen Menschen, München 1972 (J. F. Lehmann)

König, R. (Hrsg.): Das Fischer Lexikon Soziologie, Frankfurt a. M. und Hamburg 1967 (Fischer)

Kohut, H.: Narzißmus, Frankfurt a. M. 1973 (Suhrkamp)

Klugmann, N.: Selten allein. Szenen einer WG, Kursbuch 54: 163–173, Berlin 1978 (Kursbuch-Verlag)

Kutter, P.: Probleme der Vermittlung von Psychoanalyse an der Hochschule, Gr.Ther.Gr.Dy. 11: 60–88 (1976)

–: Psychoanalytisch orientierte Gruppenarbeit an der Hochschule – Möglichkeiten und Grenzen, Gr.Ther.Gr.Dy. 11: 256–266 (1977)

Lindner, W.-V.: Gruppenarbeit im Sozialen Feld Kirche – Abgrenzung zur Therapie, Gr.Ther.Gr.Dy. 12: 255–265 (1977)

Mead, G. H. (Hrsg. *A. Strauss*): Sozialpsychologie, Darmstadt 1976 (Wissenschaftliche Buchgesellschaft)

Moeller, M. L.: Sind Selbsthilfegruppen Therapie? Zum Konzept der Gruppenselbstbehandlung, Gr.Ther.Gr.Dy. 12: 290–313 (1977)

–: Zum therapeutischen Prozeß in Selbsthilfegruppen, Gr.Ther.Gr.Dy. 12: 127–150 (1977)

Mollenhauer, K.: Einführung in die Sozialpädagogik, Weinheim/Berlin 1964 (J. Beltz)

Pakesch, E.: Spiegelphänomene in Supervisionsgruppen, Gr.Ther.Gr.Dy. 6: 277–285 (1973)

Pestalozzi, J. H.: Wie Gertrud ihre Kinder lehrt und Ausgewählte Schriften zur Methode, Paderborn 1961 (F. Schöningh)

Pettes, D. E.: Supervision in der Sozialarbeit, Freiburg 1971 (Lambertus)

Petzold, H. (Hrsg.): Drogentherapie Paderborn (Junfermann) und Hamm (Hoheneck) 1974

Richter, H.-E.: Patient Familie, Reinbek bei Hamburg 1972 (Rowohlt)

–: Community development und Psychotherapie in Randschichtghettos, Gr.Ther.Gr.Dy. 7: 223–236 (1973)

Robinson, V. P.: Supervision in Social Case Work, Philadelphia 1936

Rückriem, W.: Der Projektplan von William Heard Kilpatrick, in: Pädagogische Pläne des 20. Jahrhunderts, H. Heinrichs (Hrsg.), Bochum o. Jg. (Kamp Verlag/Pädagogische Taschenbücher, Bd. 39: 40–72)

Ruff, W., Krech, W., Schmitt, B.: Die therapeutische Wohngemeinschaft, Gr.Ther.Gr.Dy. 7: 195–214 (1973)

Salzberger-Wittenberg, I.: Die Psychoanalyse in der Sozialarbeit, Stuttgart 1973 (Klett)

Schäfer, K.-H., Schaller, K.: Kritische Erziehungswissenschaft und kommunikative Didaktik, Heidelberg 1971 (Quelle und Meyer)

Scheidt, J. vom: Drogenabhängigkeit – Zur Psychologie und Therapie, München 1972 (Nymphenburger Verlagsanstalt)

Schmidbauer, W.: Die hilflosen Helfer, Reinbek bei Hamburg 1977 (Rowohlt)

Strotzka, H., Buchinger, K.: Gruppendynamische Aspekte einer Casework-Supervisor-Trainingsgruppe, *Gr.Ther.Gr.Dy. 9:* 55–76 (1975)

Stuart, H. A.: Kurzes Lehrbuch der Physik 6. A, Berlin–Heidelberg–New York 1966 (Springer)

Waldmann, H., Zander, W.: Zur Therapie der Drogenabhängigkeit, *Beiheft z. Prax. Kind. psychol. Kinderpsychiatrie,* H. 14, Göttingen 1975 (Vandenhoeck und Ruprecht)

Yablonsky, L.: Synanon, Stuttgart 1975 (Klett)

Jürgen Lemke

Gestalt-Supervision in therapeutischen Wohngemeinschaften für Drogenabhängige durch Kompetenzgruppen

Therapeutische Wohngemeinschaften stellen das Kernstück der Behandlungsstufe innerhalb der Therapie und Rehabilitation von Drogenabhängigen dar. Die Therapeuten, die in diesen Einrichtungen arbeiten, sind einer Vielzahl von Anforderungen auf persönlicher, sozialer und fachlicher Ebene ausgesetzt und werden bei ihrer Tätigkeit in großem Umfang belastet. Um das Arbeitsfeld effizient im Sinne der Ziele der Einrichtung sowie ausgewogen im Hinblick auf die Bedürfnisse von Klienten und Therapeuten zu gestalten, ist Supervision der Mitarbeiter, wie auch in jeder anderen psycho- und soziotherapeutischen Arbeit, unbedingt erforderlich.

Supervision sollte sich nicht nur auf das Team der jeweiligen Einrichtung beschränken, sondern alle Beteiligten bei der Rehabilitation von Drogenabhängigen miteinbeziehen. Im Rahmen dieses Artikels werde ich mich auf die Supervision therapeutischer Wohngemeinschaften beschränken, und nur dort, wo Probleme mit anderen Untereinheiten der Rehabilitationskette zum Tragen kommen, auf diese eingehen. Meine Erfahrungen sammelte ich in fünf Wohngemeinschaften, die der Arbeitsgemeinschaft »Therapiekette Niedersachsen« angehören, sowie in der Therapeutischen Gemeinschaft der Fachklinik »Four Steps«, Schorndorf/Württemberg. Diese Einrichtungen supervidierte ich kontinuierlich seit Anfang 1976 über einen Zeitraum von drei bzw. vier Jahren. Alle Wohngemeinschaften arbeiten in Anlehnung an das Vierstufenmodell von *Petzold* (1972/1974). Die meisten ihrer Mitarbeiter bilden sich am *Fritz-Perls*-Institut, Düsseldorf, zum Gestaltsozio- oder zum Gestaltpsychotherapeuten fort. Im Regelfall wurde das Team fünfmal im Jahr an zwei aufeinanderfolgenden Tagen supervidiert. Bevor ich nun meine Erfahrungen beschreibe, möchte ich den theoretischen und methodischen Hintergrund skizzieren, auf dem Gestaltsupervision stattfindet.

1. Theoretischer Hintergrund

1.1. Definition von Supervision auf dem Hintergrund des Ko-respondenzmodells

Petzold (1977, 242) definiert den integrativen, gestalttherapeutisch und systemtheoretisch fundierten Ansatz der Supervision wie folgt:

»Supervision *ist* ein interaktionaler Prozeß, in dem die Beziehungen zwischen personalen und sozialen Systemen (z. B. Personen und Institutionen) bewußt, transparent und damit veränderbar gemacht werden, mit dem Ziel, die personale, soziale und fachliche Kompetenz der supervisierten Personen durch die Rückkoppelung und Integration von Theorie und Praxis zu erhöhen und weiterhin eine Steigerung der Effizienz bei der supervisierten Institution im Sinne ihrer Aufgabenstellung zu erreichen. Diese Aufgaben selbst müssen reflektiert und gegebenenfalls den Erfordernissen der ›relevanten Umwelt‹ entsprechend verändert werden.«

»Supervision *erfolgt* in dem gemeinsamen Bemühen von Supervisor und Supervisanden, vorgegebene Sachelemente, vorhandene Überlegungen und Emotionen in ihrer Struktur, ihrer Ganzheit, ihrem Zusammenwirken zu erleben, zu erkennen und zu handhaben, wobei der Supervisor aufgrund seiner personalen, sozialen und fachlichen Kompetenz als Feedback-Instanz, Katalysator, Berater in personaler Auseinandersetzung fungiert, ganz wie es Kontext und Situation erforderlich machen.«

Diese Definition gründet im Modell intersubjektiver Ko-respondenz, das *Petzold* (1978, S. 35) folgendermaßen umreißt:

»Ko-respondenz ist ein synergetischer Prozeß direkter und ganzheitlicher Begegnung und Auseinandersetzung zwischen Subjekten auf der Leib-, Gefühls- und Vernunftsebene über ein Thema unter Einbeziehung des jeweiligen Kontextes.«

»Ziel von Ko-respondenz ist die Konstituierung von Konsens, der in Konzepten Niederschlag finden kann und zu konkretem Handeln, zu Kooperation führt.«

»Voraussetzung für Ko-respondenz ist die wechselseitige Anerkennung subjektiver Integrität, die durch Konsens bezeugt wird, und sei es nur der Konsens darüber, miteinander auf der Subjektebene in den Prozeß der Ko-respondenz einzutreten.«

In diesem Prozeß kommen im Hinblick auf Supervision vier Elemente zum Tragen: Die intersubjektive Beziehung zwischen Supervisand (1) (Therapeut, Therapeutenteam) und Supervisor (2), das Thema (3) (Probleme mit den Klienten, dem Team, der Institution) und die Situation (4), »d. h. der historische, ökonomische, politische und ökologische Kontext«. (Vgl. *Petzold* 1978, S. 35 ff) Zwischen diesen Elementen muß in einem Prozeß kreativer Auseinandersetzung eine dynamische Balance hergestellt werden.

Der Therapeut (z. B. in einer Wohngemeinschaft) steht in einem spezifischen Kontext, dessen Hintergründe anhand einer gestaffelten Figur/Hintergrund-Relation aufgezeigt werden sollen (nach *Petzold* 1978, S. 37).

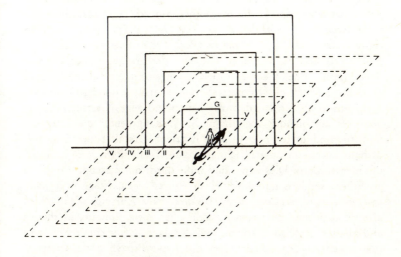

Legende: G = Gegenwart
V = Vergangenheit
Z = Zukunft
I Person vor dem Hintergrund der aktualen »Hier-und-Jetzt«-Situation
II Hintergrund Team
III Hintergrund WG (Klienten)
IV Hintergrund Institution
V Hintergrund allgemeine politische und soziale Situation

1.2. Gestalt-Supervision als Kompetenzgruppe

Supervision ist eine Form persönlicher und professioneller Weiterbildung. Wie diese hat sie das Ziel der Förderung *personaler, sozialer* und *persönlicher Kompetenz*, eine entsprechende *Performanz* und – da es sich um Sozialberufe handelt – des *sozialen Engagements*

(*Petzold/Sieper* 1976; *Petzold* 1979). Diese vier Richtziele, die auch für die gestalttherapeutische Ausbildung gelten (*Integrative Therapie* 2/3, 1976), sind in gleicher Weise für die Gestalt-Supervision gültig. Dabei wird unter *Kompetenz*, nach der Definition von *Petzold* (1973), »die Gesamtheit der Fähigkeiten und Fertigkeiten verstanden, die zur Erreichung eines bestimmten Zieles notwendig sind«. Die Umsetzung dieser Fähigkeiten und Fertigkeiten in Alltagshandeln wird als *Performanz* bezeichnet (ibid.).

Der von *Petzold* (1973) entwickelte Begriff der *personalen Kompetenz* wird gerade für die psychotherapeutische und soziotherapeutische Arbeit von zentraler Wichtigkeit, da der Therapeut das wichtigste Instrument der Therapie ist (*Perls* 1980). Dieses Instrument zu gebrauchen und zu verfeinern ist eine der Aufgaben der Gestalt-Supervision. In der therapeutischen Wohngemeinschaft allerdings geht es nicht nur um die Kompetenz des einzelnen, sondern auch um »*gruppale Kompetenz*«, d. h. die Kompetenz eines Gesamtteams. Je besser es aufeinander abgestimmt ist, je kongruenter die Interventionsstile sind, desto höher ist seine Effizienz. Gestalt-Supervision will deshalb auch konsistentes Handeln von Teammitgliedern in Institutionen fördern. Dies kann aber nicht durch normierende Vorgaben geschehen, sondern nur durch einen *Prozeß persönlicher Begegnung und Auseinandersetzung, einen Diskurs- oder Korrespondenzprozeß* also, in dem man zu einem Konsens über Ziele, Inhalte, Methoden und Medien der Arbeit kommt und der dann in konkreter Kooperation seinen Ausdruck findet. Der diskursive Prozeß der Korrespondenz, die gemeinschaftliche Auseinandersetzung und Begegnung im jeweiligen Kontext unter Beteiligung aller, die sich in der Situation befinden, wird damit zum Kernstück der Supervision.

Hier muß noch ein weiterer Gesichtspunkt einbezogen werden: In komplexen sozialen Kontexten, wie z. B. der Wohngemeinschaft für Drogenabhängige und überhaupt in der Randgruppenarbeit oder in der psychosozialen Arbeit mit Menschen, ist es kaum möglich, allgemeingültige und auf jede Situation anwendbare theoretische Konzepte zur Hand zu haben. Da jedes Lebensschicksal ein spezifisches ist, jede Gruppenkonstellation eine besondere, wird eine »differentielle Betrachtungsweise« (*Thomae* 1976) notwendig und kann nicht auf Patentlösungen zurückgegriffen werden. Supervision hat deshalb auch die zentrale Aufgabe, die für praktisches Handeln notwendigen theoretischen Konzepte »aus dem Kontext« zu erarbeiten. Es geht also nicht nur darum, vorhandene Theorien zu gebrauchen, sondern *ad-hoc*-Theoreme zu bilden, die handlungsleitend werden können. Der Korrespondenzprozeß hat eben dieses Ziel, die Konsens- und Konzeptbildung. Im Unterschied zum Diskursmodell *(Habermas)*, das eine kontrafaktische Herrschaftsfreiheit und Situationsenthobenheit annimmt, findet der Korrespondenzprozeß der Supervision im »Setting«, am Ort der Handlung, statt, hier in der Wohngemeinschaft zwischen den Mitarbeitern mit ihren verschiedenen Funktionen, Positionen, ja zum Teil mit den Klienten. (In dem von *Petzold* und *Höhfeld* supervidierten Großteam der Hannoveranischen Kette wurden regelmäßig die Klientenvertreter aus den verschiedenen Wohngemeinschaften mitbeteiligt.)

Es wird damit ein der wirklichen Situation entsprechendes theoretisches Konzept gefunden, in dem auf die faktische Funktion und Kompetenz eines jeden zurückgegriffen wird: *joint competence*. Das Konzept der Kompetenzgruppe, wie es von *Petzold* (1973) entwickelt wurde, geht davon aus, daß jeder in der Gruppe ein »Experte« ist, daß er Erfahrungen, Fähigkeiten, Fertigkeiten, theoretisches Wissen, Empathie einbringen kann, die für die Konzeptbildung förderlich werden können. Die Gesamtheit dieser Elemente in einer Gruppe führt zu einem Zusammenwirken, einer *Synergie* (idem 1974). Das Resultat ist eine komplexere Sicht der Dinge *(Synopse)* und die Möglichkeit, differenziertere Konzepte zu entwickeln, sofern es gelingt, diese *»Komplexität zu reduzieren« (Luhmann)* und zu strukturieren. Hier kommt dem Supervisor große Bedeutung zu. Ist die Gruppe mit dem Prozeß des »Zusammenwerfens und Auswertens« gemeinsamer Kompetenz vertrauter, so kann sie auch ohne Supervisor als »joint competence group« arbeiten. Das am Korrespondenzmodell orientierte Modell der Supervisionsgruppe als »Kompetenzgruppe«, die unter Einbeziehung erlebnis-aktivierender Methoden im situativen Kontext mit dem Ziel der Problemlösung, Konzeptbildung und Kooperation arbeitet, wird damit ähnlich wie die *Balint*-Gruppe – wenn auch in anderer Ausrichtung – zu einem hocheffektiven Instrument persönlicher und professioneller Weiterbildung. Sie bietet den Vorteil, unter Heranziehen vorhandener Theorien und des Materials aus der Praxis situationsspezifische handlungsrelevante Konzepte zu entwickeln, die jeweils an der Praxis verifiziert und in einem Feedback-Prozeß korrigiert und modifiziert werden können. Der *tetradische Prozeß* der Problemlösung im Korrespondenzmodell hat folgende Phasen: 1. die des Erkennens des Problems und seine Analyse *(Initialphase)*, 2. Suche aller Beteiligten nach einer konsensfähigen

Lösung auf der kognitiven, affektiven und sozialen oder gegebenenfalls leiblichen Ebene *(Aktionsphase)*, 3. Integration des Materials und sprachliche Ausformulierung der Lösung bzw. des Konsens in Konzepten *(Integrationsphase)* und 4. Verifikation der Konzepte in der Praxis *(Neuorientierungsphase)*. Die Erfahrung, die in der Neuorientierungsphase mit den Konzepten gemacht werden, d. h. mit einer konkreten kooperativen Umsetzung in Handlung, führen zu neuen Korrespondenzprozessen, d. h. zu einem ständigen *Zyklus von Theorie und Praxis,* in dem diese beiden Größen nicht mehr voneinander getrennt sind, sondern die *Einheit* von Theorie und Praxis deutlich wird. Gestalt-Supervision durch Kompetenzgruppen steht

Theorie-Praxis-Zyklus im Korrespondenzmodell der Supervision
(aus *Petzold* 1973)

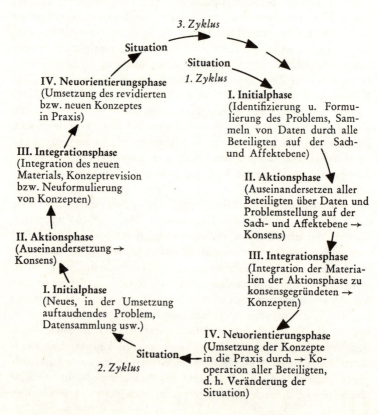

damit in der Tradition des *action* bzw. *interaction research* von *Moreno* und *Lewin* (*Petzold* 1979; *Moser* 1975) bzw. handlungsorientierter Sozialwissenschaft (*Lazarsfeld, Reitz* 1975). Gerade die letztgenannten Autoren haben deutlich gemacht, daß in den Sozialwissenschaften jede Anwendung ein Spezialfall ist, der eine differentielle Handhabung erfordert. Supervision, die sich auf das Korrespondenzmodell gründet, sieht sich derartigen Zielsetzungen verpflichtet (*Stuhr* 1979).

In der Supervisionsarbeit tritt der Supervisor mit dem Therapeuten als Supervisand in Ko-respondenz, um den jeweiligen Situationskontext zu erfassen und aus ihm Konzepte zu erarbeiten, die zu kooperativen Handlungen führen, damit im Sinne der Supervisionsdefinition die Beziehungen im Gesamtsystem transparent und veränderbar gemacht werden. Dabei bedient sich die Gestaltsupervision einer Zahl von Methoden, deren wesentlichste hier näher erläutert werden sollen.

2. Methoden der Gestaltsupervision

2.1. Personzentrierte Arbeit

In den gängigen Supervisions-Modellen der Sozialarbeit liegt der Fokus meist »auf dem beruflichen Handeln, nicht auf den (latent) vorhandenen eigenen Schwierigkeiten, obwohl sie das berufliche Handeln beeinträchtigen können« (*Strömbach/Fricke/Koch* 1975, S. 3). Die Gestaltsupervision mißt den persönlichen Schwierigkeiten eine gleichwertige Rolle zu. Wie oben angedeutet, gehen der persönliche Hintergrund und die in ihm liegenden Fähigkeiten, Störungen, Blockierungen etc. so wesentlich in die Arbeit ein, daß Supervision, die nicht die personale Kompetenz und somit die Arbeit an persönlichen Problemen zum Gegenstand hat, zu kurz greift. Hinzu kommt, daß durch die Verflechtung im Kontext persönliche Variablen in jeden Bereich der Arbeit eingehen und, wenn sie Vordergrund werden, im gesamten Feld von Supervision zum Tragen kommen müssen.

2.2. Personzentrierte Arbeit mit dem Supervisanden

Jeder Supervisand erlebt in den Bereichen Arbeit, Partnerbeziehung, Freizeit Frustrationen, Störungen und Konflikte, die er aufgrund seiner Persönlichkeitsstruktur nur begrenzt lösen kann. Die Folge davon ist Unzufriedenheit in seiner Gesamtlebenssituation. Gestaltsupervision löst diese Probleme in Form personzentrierter »Hot-seat-Arbeit«. Der Supervisand läßt sich auf seine Gefühle, Gedanken, Phantasien ein, kann aufgestaute Emotionen kathartisch ausleben, findet neue Einsichten und verändert so seine Einstellungen und sein Verhalten.

In der Arbeitssituation treten besonders deutlich Probleme der Beziehung zum Klienten auf, die wiederum zum Teil in der Persönlichkeitsstruktur des Therapeuten wurzeln. Nur dieser und gerade dieser Teil kann in der direkten personzentrierten Arbeit supervidiert werden. Hier verwendet der Gestaltsupervisor Imaginationstechniken und Formen des dramatischen Spiels. Auf diese Weise verbleibt die Supervisionsarbeit nicht nur im Verbalen. Im Unterschied zu den anderen Formen der Supervision wird das Geschehen konkretisiert. Die Szenen, die zwischen dem Supervisanden und seinem Klienten abgelaufen sind, werden nicht nur »berichtet«, sondern für alle Beteiligten sichtbar, wenn sie im psychodramatischen Rollenspiel nachgespielt oder gestaltdramatisch mit dem leeren Stuhl aktualisiert werden.

Beispiel:
Ein Therapeut (Supervisand = Snd) bringt in die Supervision ein, daß er in der Einzeltherapie Schwierigkeiten habe, mit einem neuen Klienten in Kontakt zu kommen. Er wisse nicht, woran das liege. Das Supervisor (Sr) macht folgenden Vorschlag:

Sr: Vielleicht kannst Du Dir einmal ein Bild von diesem Klienten ins Gedächtnis rufen. Setz ihn auf diesen leeren Stuhl hier und schau, welches Bild, welche Szene, welche Situation hier mit ihm aufkommt.
Snd: Ja, ich seh jetzt den Peter. Er sitzt so ein bißchen zusammengekauert in dem Stuhl, wirres Haar, ziemlich ungepflegt alles.
Sr: Wie wirkt das auf Dich?
Snd: Och, nicht sonderlich, die meisten sehen ja so aus. Ich bin ja auch ein bißchen leger.
Sr: Man gewöhnt sich eben an alles.
Snd: Das kannst Du wohl sagen.
Sr: Nun schau noch mal auf den Peter hin. Was für Gefühle kommen in Dir auf, wenn Du ihn ansiehst?
Snd: Irgendwie abstoßend, schmierig.
Sr: Bleib mal bei diesen beiden Begriffen. Abstoßend und schmierig. Was verbindest Du mit ihnen?
Snd: Ich weiß nicht, es kommt mir da mein Cousin in den Sinn. Er hat

länger bei uns gewohnt. Der war auch so hinterhältig, unterwürfig, schmierig. Ist ja eigenartig, wenn ich genau hinsehe, sind da ziemliche Ähnlichkeiten zwischen Peter und meinem Cousin.

Im Verlauf der weiteren Arbeit wird deutlich, daß die unaufgelöste Situation aus der Vergangenheit, die Ablehnung des Cousins, durch den er viele negative Erfahrungen gemacht hatte, einen guten therapeutischen Kontakt verhindert hat.

Derartige erlebnis-aktivierende Arbeit vermag Übertragungs-/Gegenübertragungskonfigurationen sehr direkt und unmittelbar deutlich zu machen und erlaubt eine Korrektur im therapeutischen Zugang. Wo erforderlich, kann in Form eines Rollenspieles eine adäquate Interventionsstrategie erprobt und durchgespielt werden. Die dabei zur Verwendung kommenden Techniken des Doppelns oder Rollentauschs aus dem Psychodrama (*Petzold* 1979d) können weitere Einsichtsschritte vorbereiten. Der Rollentausch versetzt den Therapeuten in die Situation seines Klienten und ermöglicht deshalb, daß er die Gefühle, Einstellungen und Haltungen des Klienten besser versteht. Er sieht die Situation mit den Augen des Klienten, erlebt sich in seiner Position. Auf diese Weise kann er die »Ebene« des Patienten besser kennenlernen. Den Kontext und die Erlebniswelt des Klienten zu kennen aber ist die Voraussetzung für angemessene bzw. systemimmanente Interventionen. Im Rollentausch, der wiederum mit dem erlebnis-aktivierenden Zugang der Gestalttherapie verbunden wird, kann der Therapeut in der Rolle des Klienten sich selbst im Spiegel sehen, d. h. erfahren, wie der Klient ihn selbst sieht.

In der Gestalt-Supervision wird die Rollentauschtechnik im Unterschied zum klassischen Psychodrama nur mit dem leeren Stuhl durchgeführt, weil das Einführen eines Mitspielers die Klarheit der Situation trüben könnte.

2.3. Gruppenzentrierte Arbeit

Die obengenannten personzentrierten Methoden können auch in der Gruppensupervision zum Tragen kommen. Die Gruppe, die ja aus Fachleuten besteht, verfügt über viele persönliche und fachliche Erfahrungen, die mit Formen des »feedback« und »sharing« fruchtbar gemacht werden. Gleichzeitig findet sich in der Supervisionsgruppe eine eigene Dynamik, die Probleme von Rivalität und Beziehung deutlich macht, die in der Einzelsupervision nicht oder nur begrenzt zutage treten.

In Institutionen wird die Arbeit von Teams geleistet, deren Struktur Erfolg oder Mißerfolg des Tuns bestimmt. Emotionale Beziehungen und die Interaktionen der Mitarbeiter untereinander bestimmen wesentlich die Güte der Arbeit. Gestaltsupervision klärt die daraus resultierenden Probleme in Form »direkter Kommunikation«, versucht Konsensus herzustellen und gemeinsame Stile zu entwickeln. Bei besseren emotionalen Beziehungen können sich die Teammitglieder gezielte Hilfestellung geben und sich gegenseitig entlasten.

2.4. Themenzentrierte Arbeit

Supervision hat auch immer die Funktion von Beratung und Kontrolle. Um das zu leisten, muß sie die Arbeit reflektieren und deren Kontext sichtbar machen. Dabei werden Methoden der TZI (vgl. *Cohn* 1975), des Planspiels und der Gestalt-Beratung (*Rahm* 1979) verwendet. Fachwissen wird erarbeitet, Methoden und Techniken werden vorgestellt.

Gleichzeitig kann die Arbeit nicht losgelöst von der Institution, ihrer Struktur und ihren gesellschaftlichen Bedingungen gesehen werden. »Supervision muß deshalb auch immer als Systemsupervision erfolgen« (*Petzold* 1977, S. 242).

Therapeutische Wohngemeinschaften sind Institutionen, bei deren Mitarbeitern und Klienten eine Zahl von Problemstellungen, begründet durch die spezifische Arbeit, gehäuft auftreten. Im weiteren möchte ich meine Erfahrungen mit den Problemfeldern aufzeigen und Lösungsansätze verdeutlichen. Zuvor einige Bemerkungen zur Struktur der Einrichtungen und zum beruflichen und persönlichen Hintergrund der Mitarbeiter.

3. *Erfahrungen im Praxisfeld*

3.1. Aufbau der therapeutischen Wohngemeinschaften

Wie schon eingangs erwähnt, folgen die WGs in ihrem inneren Aufbau dem Vierstufenmodell von *Petzold* (1974). Die Klientenzahlen schwanken zwischen 10 und 25 Klienten pro WG. In Lüneburg und Schorndorf liegt der Schwerpunkt der Arbeit auf Sozio- und Psychotherapie, in Bennigsen und Kayhauserfeld kommt Arbeitstherapie im Rahmen von Produktion als dritter Bereich hinzu, da diese Wohngemeinschaften über Werkstätten verfügen. In Schorndorf arbeiten die Klienten in der hauseigenen Gärtnerei, bauen aber bis auf wenige Ausnahmen für den Eigenbedarf an.

3.2. Beruflicher und persönlicher Hintergrund der Mitarbeiter

Die Betreuer der therapeutischen Wohngemeinschaften lassen sich in drei Gruppen einteilen:

a) »Pioniere«
Als die Welle intensiver, politischer studentischer Aktion abebbte, wurde »Befreiung« im Drogenkonsum gesucht. Viele Personen, die Anfang der 70er Jahre Kontakt und eine positive Einstellung zur Drogenszene hatten, schwenkten um, als sie die Gefahren des Mißbrauchs und die Zerstörung der Drogenkonsumenten erkannten. Sie versuchten – meist auf der Basis privater Initiative – Drogenabhängigen zu helfen. Da es kaum Modelle gab und die klassischen Therapieformen für Suchtkranke sich als wenig effektiv erwiesen, versuchten sie, oft unter unzureichenden Bedingungen, therapeutische WGs einzurichten. In der Anfangsphase wurde viel experimentiert. Es konnten sich diejenigen Einrichtungen am besten halten, deren Mitarbeiter therapeutische Ausbildungen begannen, um so eine professionelle Basis für die Arbeit zu schaffen, oder solche, die in Form einer therapeutischen Kette sich mit anderen Einrichtungen zusammenschlossen, um so einen wirtschaftlichen und organisatorischen Rahmen zu haben.

Die »Pioniere« haben folgende gemeinsame Eigenschaften: Hohes soziales und politisches Engagement, starke Identifikation mit den Klienten, die Tendenz, sich zu überarbeiten und die Gruppe durch den Kampf nach außen zu stabilisieren. Folge davon sind immer wiederkehrende Phasen von Frustration und Depression; vor allem bei der Erkenntnis, daß Veränderung Zeit braucht und daß die Institutionen, auf die sie angewiesen sind, bürokratisch arbeiten.

b) Berufsanfänger (Sozialarbeiter, Psychologen, Pädagogen)
Diese verfügen über einen guten theoretischen Wissensstand bei geringer praktischer Erfahrung. In der therapeutischen Arbeit werden sie aber meist persönlich gefordert und erleben dabei Unzulänglichkeiten und im Team einen deutlichen Abstand zu den erfahreneren Mitarbeitern. Das führt zu Inkompetenzgefühlen. Dadurch bleiben die theoretischen Impulse, die sie im Team einbringen könnten, meist

im Hintergrund. Gleichzeitig belasten solche Mitarbeiter über längere Zeiträume die Stabilität des Teams und der Wohngruppe.

c) Ex-User

Das sind Mitarbeiter, die ursprünglich eine Therapie durchlaufen haben und, nachdem sie ein Jahr drogenfrei sind, in anderen Einrichtungen ihre therapeutische Arbeit beginnen. Sie zeichnen sich durch große Nähe zu den Klienten aus. Andrerseits fällt es ihnen aufgrund ihrer eigenen Erfahrungen mit Drogen sehr schwer, sich von den Abhängigen zu distanzieren und einen genügend großen Abstand einzuhalten. Sie haben zudem keine ausreichende Vorbildung und sind dadurch gezwungen, bei der Einrichtung zu bleiben, weil es für sie keine Alternative gibt. Krisen in der Institution erfahren sie als existentielle Gefährdung – außerdem erleben sie, daß neue Mitarbeiter mit besserem sozialen Status über eine geringere personale Kompetenz verfügen und dennoch besser bezahlt werden, was immer wieder zu Dissonanzen im Team führt. Dieses Problem kann gelöst werden, wenn bei der Einstellung ein Zeitraum (z. B. zwei Jahre) festgelegt wird, bis zu dem sie einen qualifizierten Schulabschluß nachgeholt haben bzw. eine Weiterbildung angefangen haben müssen.

3.3. Zeitlicher Ablauf der Supervision

Da die Einrichtungen, die ich supervidierte, in großer Entfernung von meinem Wohnort lagen, bot es sich aus organisatorischen Gründen an, die Arbeit in Zweitageblöcken zusammenzufassen. Das hat den Vorteil, daß sich die Mitarbeiter auch emotional auf Supervision einstimmen können, daß prozeßhaftes Arbeiten möglich ist und Probleme ausführlich im Kontext behandelt werden können. Gleichzeitig entstehen zwischen den einzelnen Treffen oft Brüche in der Kontinuität, was dazu führt, daß Mitarbeiter die Lösung ihrer Probleme mit Klienten oder mit Teamkollegen bis zur nächsten Supervision aufschieben. Dadurch steht der Supervisor in der Gefahr, zum Schiedsrichter und persönlichen Therapeuten zu werden. Im Mittelpunkt stehen nicht mehr der Klient und die Ziele der Einrichtung, sondern die persönlichen Schwierigkeiten der Mitarbeiter.

Diesen Tendenzen kann dadurch begegnet werden, daß die Form der kompakten Supervision übergeleitet wird in eine 14tägige 3stündige Arbeit, die mehr Kontinuität bietet bei gleichbleibender Gesamtstundenzahl. Probleme werden unmittelbar aufgegriffen und verarbeitet. Konflikte im Team verschärfen sich nicht. Zusätzlich vertieft regelmäßige Supervision das Bewußtsein, fortwährend an sich und dem Thema zu arbeiten.

3.4. Persönliche Schwierigkeiten der Mitarbeiter

Diesen Punkt möchte ich an Hand eines Beispiels veranschaulichen:

Der Therapeut (Supervisand = Snd) beschreibt dem Supervisor (Sr), daß er die Nase voll hat, daß ihm die ganze Arbeit zuviel ist. Auf Intervention des Sr läßt er sich auf eine Fantasie ein, was er gern machen würde: Fußballspielen, lesen, spazierengehen usw.

Sr: Woher kennst Du die Situation, daß Du genug hast und lieber andere Dinge tun willst?
Snd: Ich erinnere mich, wie ich früher ganze Nachmittage bei meinen Hausaufgaben saß und nicht vorwärts kam.
Sr: Kannst Du noch ein bißchen genauer spüren, wie Du Dich da gefühlt hast?
Snd: Ich sehe das Heft vor mir, ich kann die Aufgaben gar nicht machen, ich bin so dumm...
Sr: Wie fühlt sich das an?
Snd: Ich bin so hilflos. (Stimme wird traurig, das Kinn beginnt zu zittern)
Sr: Spür Dich jetzt!
Snd: (weint)
Sr: Was willst Du jetzt?
Snd: (regrediert) Die Mutti soll kommen!
Sr: Stell Dir mal vor, daß Deine Mutti kommt.
Snd: Mutti, die Aufgaben sind so schwer, bitte hilf mir!
Sr: Kannst Du wieder hierher kommen und Dich umschauen?
Snd: (Nimmt Kontakt mit der Gruppe auf und lächelt verlegen)
Sr: Wie kannst Du das, was Du eben erlebt hast, auf die Situation hier übertragen?
Snd: (Lacht) Ja, ich bin ja ein richtiger Eigenbrötler.
Sr: Was heißt das?
Snd: Eigentlich kann ich mir Hilfe holen.
Sr: Eigentlich?
Snd: Ich möchte mich öfters mit Dir (schaut einen Kollegen an) zusammensetzen und über die Arbeit sprechen.
Sr: Kannst Du einen Termin ausmachen, wann ihr euch das nächste Mal zusammensetzt?

Die beiden klären einen Termin ab. Der Supervisand formuliert in seiner Bilanz: »In Zukunft will ich mir, bevor mich hier alles ankotzt, Hilfe holen.«

Die hauptsächlichen persönlichen Schwierigkeiten sind Inkompetenz, Ratlosigkeit und Probleme aus dem persönlichen Hintergrund (Partnerbeziehung, Schwierigkeiten mit eigenen Kindern, finanzielle Engpässe usw.).

3.5. Probleme mit Klienten

Auch hierzu ein Beispiel: Eingangs der Supervisionssitzung äußert ein Mitarbeiter große Schwierigkeiten mit einer Klientin in der Einzeltherapie: er käme nicht voran. Wir bauen das Setting des Einzeltherapieraumes auf. Der Supervisand setzt seine Klientin auf den leeren Stuhl und fängt an, sie zu beschreiben.

Snd: Ach, wie Du schon aussiehst mit Deinen 150 DM-Schuhen und dem anderen modischen Firlefanz. Ich sitze hier herum und will mit Dir an Deinen Problemen arbeiten, und Du sagst, daß es in der Disco bei Deinem Ausgang so langweilig sei.
Sr: Kannst Du mal schauen, was Dir an K. gefällt?
Snd: Eigentlich hast Du ja recht, wenn Du Dich hübsch anziehst und Spaß hast. Ich würde auch viel lieber was anderes tun. (Verändert die Stimme) Aber ich muß halt hier mit Dir arbeiten.
Sr: Wie fühlt sich das an?
Snd: Ich fühle mich so ein bißchen traurig und trotzig. (Spontan:) Das ist ja ein komisches Gefühl!
Sr: Woher kennst Du das?
Snd: Jetzt fällt mir eine Situation zu Hause ein. Mein älterer Bruder darf zum Tanzen gehen und ich muß zu Hause bleiben. Den hab ich nie leiden können, der wurde mir immer vorgezogen.

Es folgt ein Dialog zwischen Snd und seinem Bruder. Der Supervisand wird seinen Ärger über den Bruder los. Er konzentriert sich wieder auf seine Klientin und kann jetzt deren Probleme bearbeiten, ohne sich zurückgesetzt zu fühlen. In der Transferphase besprechen wir noch seinen Umgang mit der Freizeit.

Wie das obige Beispiel zeigt, werden durch die Arbeit mit Klienten Erinnerungen an eigene problematische Konstellationen wachgerufen. Erst deren Bearbeitung macht es dem Therapeuten möglich, seinem Klienten offen und klar gegenüberzutreten. Daneben findet sich eine Vielzahl von fachspezifischen Schwierigkeiten, wie z. B. Abläufe in der Gruppen- und Einzeltherapie, Indikation von Methoden im Prozeß der therapeutischen Arbeit etc. Solche Fragen werden in der Teamgruppe angesprochen und verschiedene Lösungsmöglichkeiten werden diskutiert. Hier kann der Supervisor auch als Berater fungieren, indem er theoretische Hinweise gibt und neue Methoden und technische Ansätze einbringt.

3.6. Probleme mit dem Team

Wie auch in den anderen Problemfeldern liegt das Hauptgewicht im Team auf Beziehungsschwierigkeiten: Konkurrenz, Eifersucht und Neid wirken sich dysfunktional auf die Arbeit aus. Oft wird um die Zuneigung der Klienten gebuhlt, die schnell lernen, die Therapeuten gegeneinander auszuspielen. Diese Haltung verschärft sich noch, wenn die Mitarbeiter verschiedene Interventionsstile bevorzugen, z. B. hart und konfrontativ im Gegensatz zu weich und einfühlsam. Erst wenn die Therapeuten ihre Stile untereinander kennen und aufeinander bezogen einsetzen bzw. modifizieren, kann zielgerichtete Arbeit im Prozeß geleistet werden. Die Aufgabe des Supervisors ist es, den Supervisanden zu helfen, die Struktur im Team offenzulegen, persönliche Probleme von inhaltlichen zu trennen und somit eine Entwicklung einzuleiten, die zu einem differenzierten und aufeinander abgestimmten Handeln im Sinne der Aufgabenstellung führt.

Auch andere Schwierigkeiten kommen vor. Die Organisation des zeitlichen Ablaufs der Arbeit ist in therapeutischen Wohngemeinschaften z. B. sehr wichtig. In einem Team wurde die Arbeit so eingestellt, daß auf 12 Tage Arbeit 9 Tage Freizeit folgten. Zum einen war die Arbeitsphase immer mit Überlastung verbunden, zum anderen entstand in der Freizeit Leerlauf, weil 9 Tage zu kurz sind, um Urlaub zu machen, aber zu lang, um sich gezielt und sinnvoll mit sich selbst zu beschäftigen. Hinzu kam noch, daß Freunde und Partner dieser Therapeuten einen anderen Arbeitsrhythmus hatten, so daß es passieren konnte, daß die sozialen Bezüge fundamental gestört wurden. (»Ich habe meine Freundin schon 3 Wochen nicht mehr gesehen.«)

3.7. Probleme mit der Institution

Träger der von mir supervidierten Einrichtungen waren jeweils eingetragene Vereine mit eigener Verwaltung; das Geld wurde von der Zentrale verteilt. Es gab wirtschaftliche und organisatorische Probleme, die für den einzelnen nicht mehr durchschaubar waren; z. B. mit der Arbeitszeitverteilung, der Freizeit, den Zeiten für Weiterbildung, der Urlaubsvertretung. Therapeutische Fachleute wurden zu 50% ihrer Arbeitszeit mit Büroarbeit belastet, da keine Sekretärin vorhanden war. Diese Schwierigkeiten beruhten meist auf Informations- und Organisationsmängeln. Sie konnten dadurch behoben werden, daß qualifizierte Vorschläge an die Verwaltung gemacht und neue Organisationsformen gefunden wurden. Das Vorurteil ›die Verwaltung kämpft gegen uns und schränkt uns immer nur ein‹ wurde durch bessere Kommunikation und weitergehende Information abgebaut. Mit der Zeit können sich abzeichnende Probleme im Anfangsstadium gelöst werden.

In jeder Einrichtung gibt es Schwierigkeiten auf fachlicher und persönlicher Ebene, die von den Teams nur unzureichend gelöst werden können, da es im Zusammenhang der Arbeit sehr schwer ist, von einem übergeordneten Standpunkt aus diese zu reflektieren. Supervision gewährleistet einen

Rahmen für die Tätigkeit in den Wohngemeinschaften und ist notwendig, um den Wandel der Institution und in der Klientel deutlich zu machen, Stagnation in der Arbeit aufzulösen und die persönliche und fachliche Kompetenz der Mitarbeiter zu vertiefen. Sie kann nur dort ansetzen, wo die Therapeuten und die Institution gerade im Prozeß stehen. Es gibt keine allgemeinen Lösungen, es kann nur in jedem einzelnen Fall ein Konsens gefunden werden. Darum muß die Arbeit immer hinterfragt werden können; die Angst vor der Kontrolle sollte mit der Zeit hinter der Erfahrung zurücktreten, daß der Supervisor, gerade weil er ein »Außenstehender« ist, in den Prozeß hilfreich eingreifen kann.

Supervision soll von den Trägern als integrativer Bestandteil der Arbeit gesehen werden, der mit den nötigen finanziellen Mitteln ausgestattet wird und in einem angemessenen zeitlichen Ablauf stattfindet. Supervision muß im Bewußtsein der Mitarbeiter einen festen Stellenwert bekommen als Teil eines zielgerichteten lebenslangen Lernens.

Bibliographie

Cohn, R.: Von der Psychoanalyse zur Themenzentrierten Interaktion, Klett, Stuttgart 1975

Lazarsfeld, P. F., Reitz, G. G.: An introduction to applied sociology, New York 1975

Moser, H.: Aktionsforschung als kritische Theorie der Sozialwissenschaften, Kösel, Salzburg 1975

Perls, F. S.: Gestalt, Wachstum, Integration, Junfermann, Paderborn 1980

Petzold, H.: Methoden in der Behandlung Drogenabhängiger, Vierstufentherapie, Nicol, Kassel 1972

–: Supervisionsbericht für die Drogenberatungsstelle Hannover, Hannover 1973 mimeogr

–: Drogentherapie, Junfermann 1974; Nachdr. Klotz, Frankfurt 1980

–: Psychotherapie und Körperdynamik, Junfermann, Paderborn 1974

–: Integrative Geragogik. In: *Petzold, H., Brown, G. I.,* Gestaltpädagogik, Pfeiffer, München 1977

–: Das Kor-respondenzmodell in der Integrativen Agogik, *Integrative Therapie* 1 (1980)

–: Psychodrama-Therapie, Junfermann, Paderborn 1979

–: Moreno – nicht Lewin – der Begründer der Aktionsforschung, *Gruppendynamik,* Jg. 1980 (in Vorber.)

–, *Sieper, J.:* Zur Ausbildung von Gestalttherapeuten, *Integrative Therapie* 2/3 (1976)

Rahm, D.: Gestaltberatung, Junfermann, Paderborn 1979

Stuhr, U.: Gestalttherapie und Aktionsforschung, *Integrative Therapie* 3 (1979)

Thomae, H.: Patterns of aging, Karger, Basel 1976

II. Wohngemeinschaften in der Drogentherapie

Gernot Vormann

Probleme der Therapiemotivation bei Drogenabhängigen

Einführung in das Problem

Wir haben in unserer Arbeit die Erfahrung gemacht, daß es viele Drogenabhängige gibt, die sich augenscheinlich nicht ändern wollen, die in die therapeutische Gemeinschaft[1] eintraten und sich aufführten, als seien sie im Hotel, und erstaunt reagierten, wenn wir, d. h. die Therapeuten, an sie Anforderungen stellten.

Ja, wir erlebten sogar, daß einige ganz offensichtlich entgegen ihrem bekundeten Anspruch weiter Drogen nehmen wollten. Das nun aber lief unserem Anspruch, Hilfe zu einem Start in ein neues Leben zu leisten, das ohne Suchtstoffe sinnvoll sein soll, zuwider. Viele der Abhängigen, die hilfesuchend zu uns gekommen waren, blockierten Problemgespräche, lehnten jede intensivere Auseinandersetzung, Gruppenabsprachen oder verpflichtende Arbeiten ab. Dies war Teil unseres Anspruchs, aber offensichtlich nicht unbedingt derer, die zu uns gekommen waren. Neuaufgenommene äußerten Enttäuschung: »Das hier bringt ja nichts, das ist ganz anders, als ich erwartete.«

Die Gruppe und wir Mitarbeiter begannen nun jeden, der aufgenommen werden wollte, nach dem »Warum« seiner Bewerbung zu befragen, also nach seiner Motivation, in dieser therapeutischen Gemeinschaft leben zu wollen. Wegen der vielen, die nichts taten, sich nur ausruhten oder den Kopf voll Gedanken an Drogen hatten, wurde genau darauf geachtet, ob der Bewerber die rechte Motivation besäße. Diese jahrelang geübte Praxis, sich mit der Motivation eines bewerbenden Drogenabhängigen auseinanderzusetzen, hat die Begriffe *Motivation* und *Therapie* populär gemacht, ohne daß gleichzeitig Klarheit über den Inhalt geschaffen wurde. Ins Rampenlicht

---

1 Der spezielle Erfahrungshintergrund dieser Arbeit ist die *AG Therapiekette Niedersachsen*, eine Arbeitsgemeinschaft, bestehend aus 3 Drogenberatungsstellen, 7 therapeutischen Wohngruppen für jugendliche und junge erwachsene Drogensüchtige, 1 Schulprojekt und einer arbeitstherapeutischen Werkstatt.

der Kritik mußte die Bestimmung der Motivation zur Drogentherapie endgültig kommen, weil diese Prüfungen keine eindeutigen Erfolge brachten: immer noch brachen viele »motivierte« Drogenabhängige ihre Therapie ab, und oft entpuppte sich ihr reales Verhalten als Zerrbild des verbal Bekundeten.

Fixer (landläufig synonym mit Drogenabhängigen) gelten allgemein als »link«, d. h. verlogen. So versuchten wir und andere, mit immer raffinierteren Methoden, hinter die wahren Absichten für eine Therapie zu kommen. Hielten wir diese erkannten Absichten nicht für ausreichend oder falsch, so galt der Bewerber als nicht oder nicht ausreichend therapiemotiviert, andernfalls als zumindest ausreichend therapiemotiviert. Abhängige, von anderen Einrichtungen als unmotiviert abgelehnt, wurden bei uns als motiviert erkannt. Umgekehrt erging es etlichen Abhängigen, die wir als unmotiviert ablehnten.

Einige Drogensüchtige, die wir aufnahmen, wurden nach einigen Wochen entlassen, weil sie sich nun doch als unmotiviert herausstellten. Die Reifikation des Begriffes »Therapiemotivation« ist nunmehr so weit fortgeschritten, daß er allgemein als Wert an sich, kaum aber in seinen Kausalitäten verwendet wird. Gerichte verfügen Haftstrafen statt Bewährung, Sozialleistungsträger verweigern Kostenübernahmen mit Hinweis auf mangelnde Motivation. Wer sich z. B. durch Therapieabbruch als unmotiviert erweist, sollte keinerlei staatliche Unterstützung mehr erfahren. Fachleute beschäftigen sich ausgiebig mit sogenannten therapieresistenten Fixern, da die Zahl der Süchtigen, die Therapien immer wieder abbrechen oder diese nicht antreten, sehr groß ist. In dieser Arbeit will ich aufzeigen, daß Therapieabbrüche nicht unbedingt Ausdruck mangelnder Therapiemotivation sind und man die Ursachen für einen Abbruch nicht nur im Klienten suchen darf. Mir erscheint es an der Zeit, die Therapiemotivation bei Drogenabhängigen ausführlicher zu diskutieren, um dieses Problem präziser fassen zu können. Ich bin der Überzeugung, daß man Therapiemotivation nicht losgelöst von sozialen Bedingungen, der Entwicklungsgeschichte des in Rede stehenden Individuums und von der Therapie betrachten kann. Ich meine, daß die Therapiemotivation keinen statischen Charakter hat, sondern vielmehr einen prozessualen.

Finzen (1977): »Therapie ist der gezielte Einsatz von Maßnahmen oder Mitteln in dosierbarem Maß oder dosierbarer Menge mit dem Ziel, einem kranken oder verhaltensgestörten Menschen einen Zustand oder eine Situation in einer Weise zu verändern, die dieser und der Therapeut als positiv erleben.«[2] Diese Definition macht mehrere Fakten deutlich: Therapie kann viel und vieles sein, nur das kann als Therapie bezeichnet werden, was nachweislich intendiert ist, und die Güte einer Therapie hängt nicht nur vom Wunsch des Therapeuten ab, sondern eben auch von dem des Behandelten. Therapie soll, darf, kann nicht gegen den Willen des zu Behandelnden geschehen. Dies ist eine Überzeugungserklärung, die in Übereinstimmung mit unserem demokratischen Verständnis steht.

Viele Formen von Therapie sind vorstellbar[3], z. B.: Pharmakotherapie, Hydrotherapie, Bibliotherapie, Realtherapie, Moraltherapie, Verhaltenstherapie, Spieltherapie, Arbeitstherapie, Beschäftigungstherapie, Gestalttherapie, Familientherapie, Gesprächstherapie, Reittherapie, Soziotherapie, Biotherapie und Psychotherapie. Einige Bezeichnungen beziehen sich auf die Art, andere auf die Zielgruppe der Therapie.

Unter die drei letztgenannten Begriffe lassen sich alle anderen subsumieren. Sie tragen der Tatsache Rechnung, daß das menschliche Erleben und Reagieren im wesentlichen von drei Faktoren bestimmt wird: Körper, Psyche und Umwelt. Bio-, Psycho- und Soziotherapie legen demgemäß bei der Behandlung einer Störung ihr Schwergewicht auf einen der genannten Bereiche. Auch wenn z. B. ein Psychotherapeut nicht Einflüsse der sozialen Umwelt ignoriert, so ist doch seine spezielle Aufmerksamkeit auf intrapsychische Vorgänge gerichtet. Jede therapeutische »Schule« hat ihre Theorie über das »eigentliche« Wesen von Problemen und ebenso ihr eigenes Behandlungskonzept. Die Psychoanalyse z. B. sieht die meisten Beeinträchtigungen durch verdrängte Gedanken verursacht, die von infantilen Wünschen ausgehen. Demgemäß müssen in »ihrer« Therapie die unbewußten Gedanken wiedererinnert werden, um letztlich auf einer höheren

---

[2] Der Begriff »Therapie« besitzt eine assoziative Nähe zu »Krankheit« und »Heilung«, impliziert also die Vorstellung, es handle sich bei »Krankheiten« um Entitäten, die zum Menschen hinzutreten und ebenso wieder fortgenommen werden können.
Zumindest psychische Störungen oder Krankheiten sind aber nicht isolierbare Herde im Menschen: »der Mensch *hat* keine Depression, sondern er *ist* depressiv«. Deshalb kann Therapie nie die »ursprüngliche Form« des Menschen wiederherstellen, wie sie vor der »Erkrankung« bestanden hat.
[3] Somatotherapien, also Behandlungen, die auf rein körperliche Erkrankungen abzielen, sollen hier nicht berücksichtigt werden.

Ebene integriert zu werden. Die Verhaltenstherapie geht davon aus, Verhalten und Erleben seien erlernt, Neurosen also fehlgelernte Reaktionen, die gelöscht bzw. umgelernt werden müssen. Für die Psychoanalyse ist eine Phobie die Verschiebung eines verdrängten inneren Konfliktes auf ein äußeres Objekt, das als reale Gefahr behandelt und mit dem Konfrontation vermieden wird. Für die Verhaltenstherapeuten sind Phobien erlernte Reaktionen. Reize erhalten phobie-auslösende Eigenschaften, wenn sie zeitlich und räumlich mit der angsterregenden Situation verbunden (konditioniert) werden. Bei ersterem muß der Konflikt aufgedeckt und durchgearbeitet werden, bei letzterem eine Dekonditionierung erfolgen.

Es gibt also weder »die« Therapie noch »die« richtige Therapie eines Problems, sooft und eindringlich uns dies Fanatiker, Fachleute und solche, die dafür gelten wollen, auch einzureden versuchen. Die Zahl verschiedener Therapieformen (*Harper* zählte bereits 1959 36 verschiedene Techniken auf; seither sind unzählige dazugekommen) ist Zeichen dafür.

Bevor wir zum eigentlichen Thema, der Therapiemotivation, kommen, einiges zum Begriff »Motivation«.

Motivation meint schlichtweg die Beweggründe menschlichen Handelns. Die Motivation, bezogen auf etwas (z. B. Therapie), setzt sich zusammen aus verschiedenen einzelnen Motiven (z. B. Angst vor Menschen, Leiden unter Einsamkeit, Suche nach Lebenssinn, Druck von Verwandten, Wunsch nach besserem Selbstverstehen, Hoffnung auf Besserung usw.).

Immer, wenn wir nach dem Grund einer Handlung fragen, fragen wir nach der Motivation[4]. *Delhees* (1975) formuliert das Motivationsgeschehen in Anlehnung an *Cattell* (1957) so: »Unter diesen Umständen möchte ich sehr gerne hiermit das tun, bis etwas geschieht.« ›Unter diesen Umständen‹ kennzeichnet eine spezifische Reizsituation, ›möchte ich‹ ist das Zeichen für einen Wunsch, ›sehr gerne‹ zeigt die Intensität des Wunsches, ›hiermit‹ bezieht sich auf etwas in *der sozialen Umwelt*, ›das tun‹ gibt die Art des Verhaltens an, ›bis‹ zeigt die Beharrlichkeit des Motivs, und ›etwas geschieht‹ weist auf die Folgen oder das Ergebnis des Verhaltens hin.

---

4 Es ist bedeutsam festzustellen, daß die Mehrzahl der Untersuchungen und Veröffentlichungen zum Thema Motivation sich mit dem Bereich Leistung beschäftigen. Sich damit näher zu beschäftigen erscheint mir wichtig, würde hier aber das Thema ausufern lassen.

Motive (das sind: Bedürfnisse, Werthaltungen und Interessen) stehen also nicht im luftleeren Raum, sondern sind von Umständen innerhalb und/oder außerhalb einer Person abhängig. Sie können zu verschiedenen Zeitpunkten qualitativ und quantitativ differieren. Die Handlung, die gewählt wird, um das Bedürfnis zu befriedigen, hängt von den Vorerfahrungen des Individuums in einer ähnlichen Situation ab. Das heißt auch, daß verschiedene sichtbare Handlungen das gleiche Motiv haben können, aber auch gleiche Handlungen auf verschiedenen Motiven basieren können.

Ein Bedürfnis ist ein Zustand, in dem etwas Wesentliches zur physiologischen oder emotionalen Homöostase fehlt.

Maslow (1954, 1977) kommt zu acht hierarchisch geordneten Grundbedürfnissen:

1. physiologische Bedürfnisse (Nahrung, Schlaf etc.).
2. Sicherheitsbedürfnisse (Vermeidung von Bedrohung und Gefahr).
3. Zugehörens- und Liebesbedürfnisse (Gruppe angehören, Freunde haben, lieben und geliebt werden).
4. Bedürfnis nach Achtung (Selbstschätzung, eigene Wichtigkeit, Respekt erfahren).
5. Selbstverwirklichung (was jemand sein *kann*, das *muß* er sein können).
6. Bedürfnis nach den richtigen Bedingungen (Freiheit, Bedürfnisse befriedigen zu können).
7. Das Verlangen nach Wissen und Verstehen (Neugier etc.).
8. Ästhetische Bedürfnisse (Schönheit, Ordnung, Geschlossenheit).

Nach *Maslow* gibt es eine intrinsische Ordnung nach der Bedeutung der Bedürfnisse. Die physiologischen Bedürfnisse müssen zuerst befriedigt werden, dann erst kann das Sicherheitsbedürfnis auftreten. Das Sicherheitsbedürfnis muß befriedigt sein, bevor das Liebesbedürfnis auftritt, usf. Bedürfnisse müssen aber nicht hundertprozentig befriedigt sein, bevor das nächsthöhere auftritt. *Maslow* beschreibt eine Reihe von möglichen Abweichungen von dieser Hierarchie. Beispiele: Sogenannte psychopathische Personen haben einen weitgehenden Verlust des Liebesbedürfnisses aufgrund frühkindlicher intensiver Frustration dieses Bedürfnisses; bei langjähriger Abstumpfung, z. B. durch chronische Arbeitslosigkeit, sind höhere Bedürfnisse eventuell total verlorengegangen. Ein lange intensiv befriedigtes Bedürfnis wird unterschätzt, die Bedeutung eines höherstehenden steigt; hohe Ideale und soziale Maßstäbe beeinflussen ebenfalls die Hierarchie.

Viele Umkehrungen der Bedürfnishierarchie sind nach *Maslow* nur eine Täuschung, da es neben Bedürfnissen auch noch andere Faktoren gibt, die Verhalten beeinflussen, wie z. B. Gewohnheiten. Bedeutung für die Hierarchie hat auch die kognitive Kontrolle (*Klein* 1954), die neben anderen die Bedürfnisse reguliert. Sie schränkt die Befriedigung der Bedürfnisse entsprechend den Erfordernissen der unmittelbaren Realität ein. So wird z. B. gehungert, um dem Bedürfnis nach Achtung (schlank sein) gerecht zu werden, oder man schiebt Befriedigungen auf, weil sie zu bestimmten Bedingungen gesellschaftlich unerwünscht sind.

Ob diese Bedürfnishierarchie in Art und Inhalt genetisch bedingt ist, darf stark bezweifelt werden. Sie wurde an der amerikanischen Mittelschichtspopulation erhoben, und es ist denkbar, daß sich in anderen Kulturen bzw. Gesellschaftsschichten zum Teil andere Bedürfnishierarchien entwickeln lassen. Aufgrund unserer gesellschaftlichen Bedingungen kommt das Gros der Bevölkerung nicht dazu, höhere Bedürfnisse, wie z. B. Selbstverwirklichung, zu befriedigen.

Die Realität gesellschaftlicher Verhältnisse bewirkt, daß nicht alle Motivationen bewußt sind; die bestehende Wertordnung trennt zwischen erwünschten und unerwünschten Motiven. *Jouhy* (1973) unterscheidet zwischen dominanten und latenten Bedürfnissen: »Motivationen, derer sich die Individuen und sozialen Klassen bewußt sind, wollen wir als Ergebnis dominanter Bedürfnisse verstehen, was nicht heißen soll, daß dominante Bedürfnisse sich immer angemessen im Bewußtsein ausdrücken, daß also die bewußten Motivationen das direkte Abbild der dominanten Bedürfnisse darstellen. Der Begriff der Dominanz bestimmter Bedürfnisse besagt lediglich: die dominanten Gruppen der Gesellschaft tolerieren oder stimulieren diese Bedürfnisse, so daß sie allen, von Randgruppen abgesehen, als bewußte Motivation erscheinen können.«

Nicht erwünschte Motive werden verdrängt, wirken also als latente und nicht bewußte Bedürfnisse. Die Kodizes einer Gesellschaft bestimmen eindeutig, welche Bedürfnisse dominant motivierend, welche anderen dagegen in die unterbewußte Latenz zu verdrängen sind. Mit Hilfe dieser Normen treffen die Mitglieder der dominanten und abhängigen gesellschaftlichen Gruppen ihre Wahl unter zahlreichen, oft widersprüchlichen Verhaltenserwartungen ihrer Gruppe einerseits und ihrer eigenen dominanten Bedürfnisse andererseits. Sich auflösende Wertordnungen bzw. Unsicherheiten im Zugehörigkeitsgefühl zu einer bestimmten Gesellschafts- und Wertordnung führen zu Verwirrung in der Werthierarchie und können nicht mehr genügende psycho-soziale Stabilisierungshilfe sein.

Da Motivationen im wesentlichen von spezifischen Sozialisationsbedingungen abhängen und Therapie keine globale Identität besitzt, wird verständlich, wie schwer die jeweilige Motivation zu einer Therapie inhaltlich festzulegen ist. Will man trotzdem von Therapiemotivation sprechen, so ist anzugeben, auf welche Therapieziele, -inhalte und -formen sie bezogen sein soll, welcher Art die Motive sind und welche subjektive Stärke die Motivation hat. Diese Stärke ist in gewisser Weise abzulesen, wenn man weiß, welche anderen, für das Subjekt wichtigen Bedürfnisse, zurückgestellt werden.

Erwartungen der Drogenabhängigen an die Therapie

Nachdem wir zeigen konnten, daß es *die* Therapie an sich nicht gibt, wird verständlich, daß Drogenabhängige – wie andere Personen auch – verschiedene Vorstellungen von einer Drogentherapie haben und auch entsprechend ihren Bedürfnissen und ihren Vorinformationen differierende Ansprüche und Erwartungen artikulieren. Das Bedürfnis nach einer Therapie hängt eng zusammen mit den frustrierten Bedürfnissen, die den Drogenkonsum bedingten bzw. perpetuierten.

Goelz (1977) meint, daß man generell zwei Motivationspole zum Drogenkonsum unterscheiden könne: die überwiegend psychologisch und die überwiegend soziologisch bestimmte Motivation zum Drogenkonsum. Zur ersten Gruppe gehören Jugendliche, die mittels Drogen psychische Störungen zu verändern suchen, zu der zweiten die Jugendlichen, die ohne besondere Auffälligkeiten die Drogeneinnahme als Ausdruckselement innerhalb eines sozialen Kontextes, z. B. als Protest oder Suche nach Konformität benutzen.

Problem bei der Bestimmung der Motive für eine Therapie bei einem Drogenabhängigen ist, daß diese zum Teil unbewußt bzw. vorbewußt sind, aufgrund erwarteter Sanktionen nicht genannt oder nicht mehr erinnert werden. Im Verlaufe anhaltenden Drogenkonsums werden Probleme zu zusätzlichen Motivatoren, die ursprünglich nicht vorhanden waren (erlebte Suchtstoffabhängigkeit, Verfolgung durch staatliche Instanzen, körperlicher Verfall u. v. a. m.).

Die Erwartungen an die Therapie, ihren Inhalt, ihren Verlauf, ihre Ziele und Erfolge unterliegen einem ständigen Wechsel auch und gerade während der Therapie. Daß die Erwartungen wesentliche Quelle der Therapiemotivation sind, ist allgemein unbestritten. Zumeist und entsprechend dem Aufklärungsgrad wollen die Klienten[5] Erleichterung finden. Sie sehen ihre Verantwortung für den Heilungsprozeß bei dem Therapeuten (*Frank* 1973) bzw. der Gruppe.

Süchtige sind in ihrer tiefsten Seele verletzte Menschen, die dem Menschen mißtrauen und sich gleichzeitig nach ihm sehnen. So ist ihnen der Zug zu eigen, Unabhängigkeit genießen zu können, ohne Abhängigkeit gefährden zu müssen (*Dörner/Plog* 1978).

Es besteht oft die irrige Hoffnung, Therapie könne alles machen (*Frank* 1973). Drogenabhängige haben eine »Mutti-Haltung« (*Joite* 1972), eine undifferenzierte Heilserwartung, der in üblichen Einrichtungen wie Landeskrankenhäusern und Gefängnissen nur im repressivsten Sinne begegnet wurde. Ohne undifferenzierte Heilserwartung würden wohl viele Drogenabhängige nicht in Therapie gehen, denn sie erwarten Hilfe von außen, da sie mit ihren Fähigkeiten zur Selbsthilfe am Ende sind. In Ergänzung dazu kann man nach *Rotter* (1954) allgemein folgende Erwartungen annehmen: akute Besserung, positive Reaktionen der bedeutsamen Umwelt auf die Tatsache, daß Therapie begonnen wird, Problemlösung, positive Folgen der Problembeseitigung, Vermeidung negativer Konsequenzen des Problems, Zuwendung durch die Therapeuten. Subjektiv bedeutsam für die Entscheidung zur Therapie sind nicht nur die unmittelbaren Erwartungen, sondern auch die mittelbaren prognostischen Erwartungen, also der Grad des erwarteten Erfolges der Behandlung (»was wird wohl die Therapie letztlich leisten können«).

Der Klient macht sich auch sein eigenes Bild davon, welche Faktoren für diesen Erfolg bedeutsam sein werden (*Orne* 1969). Mißverständnisse oder Kontroversen zwischen Klienten und Therapeuten ergeben sich aus unterschiedlichen Ansprüchen an die Ziele der Therapie und dem als notwendig Erachteten, um spätere Drogenfreiheit bzw. -stabilität zu gewährleisten.

Vorausgesetzt, ein Drogenabhängiger begibt sich in eine stationäre Therapie, um späterhin drogenfrei leben zu können, so ist noch nicht anzunehmen, daß er nie wieder irgendwelche Drogen nehmen will.

---

5 Es gibt viele Arten der Bezeichnung von Drogenabhängigen, die sich einer Langzeittherapie unterziehen: je nach Einrichtung differieren sie von »Patienten«, »Klienten«, »Hausbewohner« bis zu »Residenten«. Im Schweizer Aebi-Haus nennt man sie »Aebianer«. Ich verwende die heute meistgebräuchliche Formulierung »Klienten«.

Sein Bedürfnis mag vielmehr sein, ohne Drogen auskommen zu *können*.

Vielfach hat er noch die Hoffnung, als stabilisierte Person einen von ihm kontrollierten Umgang mit Drogen pflegen zu können (z. B. Alkohol trinken oder Haschisch rauchen).

Die meisten Therapeuten haben über das Therapieziel »Drogenstabilität« hinausreichende Therapieziele. Sie wollen nicht nur das verändern, was möglicherweise eine größere Drogenstabilität bewirkt, sie wollen auch bestimmte darüber hinausgehende Normen und Werte vermitteln: z. B. gesunder Umgang mit dem eigenen Körper, solidarisches Bewußtsein, Humanität, gesellschaftspolitisches Engagement, »sinnvolle« Lebensgestaltung, Ablehnung asozialen Handelns und Denkens, Selbstverantwortlichkeit für das eigene Tun, Denken und Wünschen, Authentizität und Autonomie, Reproduktion der individuellen Existenz durch Lohnarbeit.

Unsere Erfahrungen über die Therapiemotivation stimmen im wesentlichen mit *Lange* (1974) überein, der die Auffassung vertritt, »daß der Abhängige besonders dann zu einer Entziehungskur neigt, wenn er in der Drogenszene mit einer steigenden Anzahl aversiver Situationen konfrontiert wird: gefährliche Intoxikationen, Entzugssymptome, Infektionen, Betrugsmanöver, Stoffmangel, Razzien, Verhöre usw.«. Die Motive zur Therapie besitzen eine große Bandbreite; für den einen ist die Behandlung der letzte Ausweg aus seiner verzweifelten Lebenslage, für den anderen ein vager Hoffnungsschimmer, daß sich vielleicht in seinem Leben »irgend etwas« dadurch ändert.

Es gibt auch Fixer, die sich zur Therapie entschließen, weil zu wenig »Stoff« auf dem Markt ist, weil es draußen zu kalt ist etc.

Die Stärke und Qualität des Wunsches nach Therapie läßt sich schwer bestimmen, will man sich ausschließlich auf die verbalen oder schriftlichen Bekundungen des Klienten verlassen. *Schulz* (1974) z. B. meint, daß an der Ernsthaftigkeit des Wunsches nach Therapie gezweifelt werden müsse, wenn Einwände gegen Bedingungen des Therapiesettings erhoben würden. Hieran wird meines Erachtens bereits deutlich, daß unter dem Stichwort »Therapiemotivation« auch die Bereitschaft zur Unter- und Einordnung in ein bestimmtes Therapiemodell gemeint ist sowie die Kompetenz einer Einrichtung, einen Drogenabhängigen in ihren Reihen behandeln zu können bzw. zu wollen. Motivationsbeeinflussende Wirkungen gehen nicht nur von den Gruppenmitgliedern und den Mitarbeitern aus, sondern auch von den Verwaltungen. Die Therapeutischen Einrichtungen haben zumeist einen externen wirtschaftlichen Träger, der die notwendigen finanziellen und organisatorischen Mittel für den Betrieb zur Verfügung stellt.

Daran knüpfen sich Abhängigkeiten, von denen unmittelbar die Mitarbeiter betroffen sind. Ihre Bezahlung richtet sich nach Tarifen, ihre Arbeitszeit wird geregelt durch Arbeitsschutzbestimmungen. Sie müssen auf die Einhaltung diverser gesetzlicher Bestimmungen und Erlasse achten – ob diese sinnvoll sind oder nicht (Heimgesetze, Jugendschutzgesetze, Strafgesetze u. v. a. m.). Sie müssen aufpassen, daß möglichst wenig Geld verbraucht wird, auch wenn manchmal dadurch pädagogische Prozesse, das Selbständigwerden der Klienten, gebremst werden.

Verwaltungen haben Eigengesetzlichkeiten, die vor Ort flexibles Handeln erschweren.

Da die Durchsichtigkeit von Entscheidungs- und Machtstrukturen für die Klienten sehr gering ist, haben die Therapeuten ihre Köpfe für Dinge hinzuhalten, die sie eigentlich nicht verantworten müßten.

Sind die Strukturen für die Mitarbeiter selbst undurchsichtig, werden sie an ihre Klienten Konfusion und Ohnmacht weitervermitteln.

Apathie ist aber einer der schlimmsten Züge der Süchtigen, denn wenn sie das Gefühl einer Legitimation für Passivität bekommen, werden sie sich noch mehr hineinhängen. Wer sich aber daran gewöhnt, sich passiv zu verhalten, wird auch bald eigenverantwortliches Denken und Handeln aufgeben.

Ich bin grundsätzlich dagegen, einen drogensüchtigen Menschen gegen seinen erklärten Willen in eine Therapie zu nehmen, selbst wenn dies aus bester Absicht geschieht, ihn vor dem Verfall, Siechtum und Tod zu retten. Gerade bei diesen jungen Menschen mit ihrem ausgeprägten Mißtrauen gegen jegliche verordnete Autorität wird man eher das Gegenteil vom Bezweckten erreichen: sie begeben sich noch stärker als bislang in innere Abwehr und Verhärtung. So kann das notwendige Vertrauen zu den Therapeuten, ohne das es nicht geht, absolut nicht aufkommen.

Der Therapeut, der in der Drogentherapie ohnehin in einer schwierigen Lage zwischen Helfer, Vertrautem und fordernder versagender Autorität sein muß, würde endgültig verdächtigt, zu den Gegnern, nämlich zu denen zu gehören, die den Süchtigen die Therapie zwangsverordnet haben.

Wie allerdings oben beschrieben, ist auch die sogenannte freiwillige

Therapiebereitschaft keine solche im idealistischen Sinne, sondern ein Fliehen vor aversiven Reizen.

Das sollte man als gegeben akzeptieren und deshalb für den Therapiebeginn nicht mehr verlangen.

Zur Illustration von möglichen Motiven für eine Drogenlangzeittherapie will ich beispielhaft Antworten wiedergeben, die junge Menschen gaben, als wir sie vor der Aufnahme nach dem »Warum« fragten:

Ich habe Angst, meine Freundin zu verlieren. Sonst komme ich aus dem Kreislauf Szene – Knast – Szene... nicht raus. Ich möchte nicht mehr so allein sein. Ich fühle mich ausgeliefert an die Droge, fühle mich dadurch erniedrigt, bin ein Versager. Auf der Szene gibt es doch nur linke Beziehungen. Ich will mir zeigen lassen, wie man ohne Drogen glücklich sein kann. Therapie bringt mehr als Knast, da sind Gleichgesinnte, die mich verstehen und mir helfen. Ich habe die Drogenscheiße satt usw.

Ich muß lernen, menschliche Bindungen einzugehen und mich zu zeigen, wie ich wirklich bin. Ich hoffe auf Verständnis und Geborgenheit. Mein Freund ist in Therapie gegangen – allein bin ich zu labil. Therapie ist meine letzte Chance. Ich will kein Rauschgift mehr nehmen, ich habe eingesehen, daß das nichts bringt. Ich hoffe, daß dann mein Desinteresse an der Umwelt schwindet. Ohne Drogen fühle ich mich minderwertig, erstarrt und vertrocknet. Ich will weniger egoistisch werden. Hilfe durch Gleichgesinnte. Ich will einen erfolgreichen Entzug machen und dann ein produktives Leben führen. Ich will aus dieser Randgruppe raus. Ich möchte nicht mehr ein so stumpfsinniges Leben führen wie bisher. In der Gruppentherapie werden alle meine Schwächen auftauchen, auch die, die ich noch nicht weiß. Ich muß soziales Verhalten lernen. Ich möchte in einer Gruppe leben. Ich habe Schwierigkeiten mit meiner Umwelt, kein Selbstvertrauen und keine Entschlußkraft. In der Therapie hoffe ich mit Hilfe anderer die Ursachen meiner Probleme zu erkennen. Ich möchte endlich clean sein. Ich will normal leben, nicht so, wo man immer nur seine Angst, sein Versagen und so betäubt. Mein Leben muß von Anfang an wieder aufgebaut werden. Ich bin ein labiler Mensch und bei einer mittelgroßen Schwierigkeit gebe ich auf. Ich brauch' 'ne Stütze. Nach dem LKH fingen die Probleme wieder an mit Behörden, Gericht und meiner Mutter. Ich möchte gern Kontakt zu anderen haben. Ich weiß nicht mehr weiter.

Die Äußerungen geben bestimmte Motive wieder: Suche nach Geborgenheit, Verstehen und Liebe. Sich-nicht-Abfinden-Wollen. Flucht vor den Schwierigkeiten draußen. Therapie machen, um einen Partner zu halten. Leiden unter dem Under-dog-Sein, Suche nach Sinn. Vielfach kann man hinter den Äußerungen die tieferen Motive ahnen und auch die großen Hoffnungen.

Wenn nun »der« oder »die« Neue in der Einrichtung ankommt – egal, aus welchen Motiven –, so ist ihm die vorgefundene Situation unbekannt, beängstigend und verunsichernd. Sein erstes Bedürfnis wird sein, sich zu orientieren und Schutz zu suchen.

Wie er das macht bzw. versucht, hängt davon ab, mit welchen Verhaltensweisen er in ähnlichen Situationen Erfolg gehabt hat. Der eine kommt mit fröhlichem »Hallo« an, einen anderen läßt um ihn herum vermeintlich alles cool, die dritte versucht kokettierend ersten Zugang zu finden, die vierte wird sich unsicher und hilflos geben. Auf jedes Verhalten wird von den Gruppenmitgliedern verbal, averbal und emotional reagiert. Früher war es üblich, das neue Gruppenmitglied einem harten »Aufnahmeritual« zu unterziehen, um Offenheit, Echtheit und Unterwerfung zu erzwingen. Nach meiner Beobachtung sind aber die Drogenabhängigen, die jetzt überwiegend in Therapie kommen, kaum so verhärtet fehlentwickelt, so daß es nicht mehr einer massiven Konfrontation bedarf, um Zugang zu ihnen zu finden. Sie sind vielmehr weich, ängstlich und depressiv, ohne Selbstwertgefühl, haben eine geringe Frustrationstoleranz und hohe Versorgungs- und Bestätigungsansprüche. Massive Konfrontation zu Beginn der Behandlung ängstigt, frustriert und ist für den Betroffenen auch nicht unmittelbar einsichtig. Er fühlt sich (zu Recht?) abgelehnt und falsch behandelt. Mir scheint es wichtig, gerade in den ersten Stunden auf das Bedürfnis nach Zuneigung, Vertrauen und Sicherheit einzugehen. Das Herstellen eines positiven vertrauensvollen Kontaktes ist die wichtigste Vorbedingung für eine erfolgreiche Behandlung. Wie soll jemand das nötige Zutrauen gewinnen, das er braucht, um sich zu öffnen, wenn er Aggression und Ablehnung erfährt? Mitarbeiter und auch viele ältere Klienten sind oft unverständlich feindselig gegen neue Klienten. Ein neues Gruppenmitglied kann als Eindringling erlebt werden, bringt es doch Unruhe in das bestehende soziale System. Ein neues Gruppenmitglied bedeutet Arbeit. Mitarbeiter, die sich im Engagement für die Drogenabhängigen verbraucht haben, von vielen Rückschlägen und Rückfällen enttäuscht und gekränkt sind, richten ihre Antipathien bewußt oder unbewußt gegen Neue. Mißtrauen als Grundhaltung erzeugt bei den Klienten Mißtrauen. Bezweifelt der Mitarbeiter von vornherein eine erfolgreiche Entwicklung dieses Klienten, wird sich eben dieser Zweifel als Mißerfolgserwartung übertragen.

Ich will keinem »blinden« Vertrauen das Wort reden; es ist wie das »äußerste Mißtrauen«, das die alte Psychiatrie *Kraepelin*s forderte. Mit beiden wäre, wie *Dörner* und *Plog* (1978) schreiben, eine therapeutische Beziehung vermieden. Am Platze erscheint mir Wachsamkeit und eine gewisse Skepsis dem Klienten und mir selbst gegenüber.

Süchtige erwarten Hilfen zur Orientierung, die sie in sich selbst nicht haben. Deshalb muß die therapeutische Gemeinschaft klar aufgebaut ein, müssen die Mitarbeiter wissen, was sie wollen und warum sie es wollen, und sie müssen in den für die Arbeit wesentlichen Punkten übereinstimmen. Zu häufig kommt es vor, daß Mitarbeiter arbeitsteilig nebeneinanderher arbeiten und demzufolge vielleicht gar nicht mehr merken, daß sie verschiedene, vielleicht gegensätzliche Werthaltungen bei Klienten vertreten. Infolgedessen werden die Klienten verwirrt, können die Mitarbeiter nicht mehr ernst nehmen und versuchen, aus den Widersprüchlichkeiten Kapital zu schlagen, indem sie die Mitarbeiter austricksen. Schlimme Folgen haben Unklarheit und Inkonsistenz eines Mitarbeiters. Wo nicht deutlich wird, warum er so oder so handelt, wird Angst erzeugt; ebenso, wenn auf denselben Sachverhalt einmal gelassen reagiert wird, anderntags aber sehr aggressiv. Das hat zur Folge, daß ein Klient nicht mehr weiß, woran er ist. Undurchsichtigkeit wird erzeugt, Gefühle des Ausgeliefertseins machen sich breit. Alles dies steht einer vertrauensvollen Öffnung der Klienten gegenüber den Therapeuten entgegen.

Ist eine Einrichtung durch solche Merkmale gekennzeichnet, können grundlegende Bedürfnisse nach Sicherheit und Klarheit nicht befriedigt werden; die Therapiemotivation wird sinken. Sie kann auch sinken, wenn der Mitarbeiter sich nicht auf die Strategie des Süchtigen einläßt, jegliche Verantwortung für das therapeutische Geschehen zugeschanzt zu bekommen. Zwar muß der Klient immer wieder auf seine Selbstverantwortlichkeit hingewiesen werden, doch sollte das nicht in so brüsker Form geschehen, daß er sich als Person abgelehnt fühlen muß. Es kommt häufiger vor, daß ein therapeutischer Mitarbeiter erheblich diskriminiert: hier ich als Therapeut (»wichtig«) – dort die anderen als Klienten (»weniger wichtig«). Diese Trennung nach Subjekt-Objekt-Relationen ist nicht geeignet, Vertrauen und Reifung zu fördern. Dahinter steckt Unsicherheit, Abwehr oder auch mangelndes Interesse an der Persönlichkeit der Klienten. Was es auch ist, die Klienten sind sensibel genug, die Einstellungen der Therapeuten ihnen gegenüber zu erspüren.

Wer nicht am Schicksal der Klienten interessiert ist, sollte ihnen fernbleiben, denn er richtet mehr Schaden als Nutzen an.

»(...) für Therapie ist es entscheidend, daß der (...) Drogensüchtige sich von dem akzeptiert weiß, die ihm ärztlich, pädagogisch und pflegerisch helfen wollen. Der Akt der Aufnahme gründet nicht in therapeutischen Kunstregeln, sondern er ist eine Haltung des ganzen Menschen, er *umfängt* die fachlichen Maßnahmen« (*Thielicke* 1974). Ich will allerdings keinem totalen Engagement das Wort reden, da ich es für das Wachstum des Klienten wie für die Gesundheit des Mitarbeiters für schädlich halte. Partielles Engagement, wie *Maurer* und *Petzold* (1978) es vorschlagen, halte ich für den besten Weg.

Ein geringes Engagement – insbesondere bei Therapiebeginn – kann dazu führen, daß »Therapie« bei den Klienten mit »Fall-sein« assoziiert wird, er also die Hoffnung auf Mitmenschlichkeit und das Interesse an Therapie verliert.

Ein anderes Problem sind Mitarbeiter, die in der Arbeit überengagiert sind, die diese Arbeit für sich selbst nötig brauchen, also ein »Helfer-Syndrom« haben (*Schmidbauer* 1977), die draußen in der Welt nicht zurechtkommen und nun ihre Stellung dafür gebrauchen, der Auseinandersetzung mit dem eigenen Leben auszuweichen. Auch in diesen Fällen ist der Klient Objekt, nämlich das der egoistischen Motive eines Mitarbeiters.

Drogenabhängige haben in ihrem Leben leidvoll erfahren, nicht um ihres Seins willen geliebt zu werden. Mütter mißbrauchten sie zur Kompensation eigener Probleme; sie haben gelernt, nur dann gemocht zu werden, wenn sie dieses oder jenes leisten; sie konnten sich selten oder nie »an-sich« akzeptiert fühlen. Aber dieses Gefühl muß eine Drogeneinrichtung vermitteln können: »Du bist es wert zu leben, es ist gut, daß Du existierst.« Dieses Gefühl, akzeptiert zu sein, ohne grundsätzliche Vorbehalte geliebt zu sein, ist die Basis für eine Weiterentwicklung. Leider bekommen Klienten immer noch oft vermittelt, daß sie nichts sind, solange sie sich nicht in der Einrichtung bewährt haben. Sie werden nicht beachtet und nicht für voll genommen. An den Maßstäben eines 20jährigen ist ein 6jähriger unerfahren, aber ist er deswegen weniger wert? »Wenn Du mal erwachsen bist, dann bist Du ernst zu nehmen«, ist eine bewährte Methode, Selbstvertrauen zu untergraben.

Ein Drogenabhängiger, der in eine therapeutische Gemeinschaft kommt, ist immer noch ein Süchtiger. Er will, wie *Deissler* et al. (1977) es ausdrücken, sozusagen gleichzeitig mit der rechten Hand fixen und sich mit der linken Hand rehabilitieren.

Diese Ambivalenz ist das Grundproblem eines Süchtigen und wird es viele Jahre, vielleicht lebenslang, bleiben. Nur wenn wir ihm klarmachen, daß wir auch um seine Ambivalenz wissen, daß sie für einen Süchtigen normal ist und wir ihn so akzeptieren, wird er sich verstanden fühlen. In vielen Einrichtungen werden offizielle Gespräche über Drogen und aktuelle Probleme mit Drogen vermieden, vielleicht in der Hoffnung, daß dadurch leichter die Gedanken an »Stoff« verschwinden.

Wenn aber aktuelle Probleme mit Drogen – nämlich ein momentanes Verlangen nach Stoff – totgeschwiegen wird, so muß der Eindruck für den einzelnen entstehen, er sei in der Therapie nicht erfolgreich genug. Er befürchtet bei Äußerungen darüber negative Konsequenzen (nicht mehr anerkannt sein, Beschimpfungen, Ignorieren) durch Mitarbeiter, schweigt sich aus, wird also unoffen und verringert damit den therapeutischen Kontakt um eine wesentliche Qualität. Ja, es kann sein, daß er an der Effizienz der Therapie und an sich selbst zweifelt: es hat ja doch keinen Zweck.

Ein wesentlicher Reduktor der Therapiemotivation ist der Wunsch, Stoff zu nehmen. Viele Abbrüche, die anders rationalisiert werden, mögen diesen Wunsch zur Grundlage haben. Dieser Wunsch mag länger andauernd sein oder den Charakter eines Suchtanfalls (*Deissler* 1977) haben. Allgemeingültige Auslöser sind nicht bekannt. Es können Träume sein, Gespräche über frühere Drogenerfahrungen, bestimmte Filme, Bücher, Musikstücke, Gegenstände, auch der Anblick von Spritzen, Ampullen oder Tabletten, Farben und Gerüche. *Deissler* hält solche Situationen für den häufigsten Grund von Therapieabbrüchen und Rückfällen. Wichtig ist, den Klienten anzuhalten, solche Situationen anzusprechen und nicht mit sich allein auszumachen. Das Vorkommen solcher Wünsche ist kein Maß für mangelnde Therapiemotivation an sich, denn das momentane Bedürfnis nach Drogen kann kurzzeitig größer sein als das Bedürfnis nach Therapie. Das Ansprechen erst ermöglicht es, Strategien zu erlernen, wie mit dem Suchtbedürfnis umzugehen ist.

Wie bereits erwähnt, ist die Initialmotivation zur Drogentherapie fast immer von aversiven Reizen bestimmt, also überwiegend eine Vermeidungsmotivation. Setzen diese aversiven Reize über längere Zeit aus, verringert sich ihre Bedeutung. Für einen Süchtigen in Therapie werden zunehmend die Probleme innerhalb der neuen Gemeinschaft daseinsrelevant, die Vorerfahrungen verblassen und sind nicht mehr so bedrohlich. Längeres Verbleiben in einer Einrichtung läßt die Zustände außerhalb zunehmend in rosigem Licht erscheinen.

Früher erlebte oder in Zukunft zu erwartende Probleme werden verdrängt.

So hatte ein Klient aus Afrika mit seiner Ausweisung und einer schweren Bestrafung in seinem Heimatland zu rechnen. Er wußte, würde er die Therapie abbrechen, würde er sofort abgeschoben. Im Zusammenleben in der Gruppe ergaben sich erhebliche Schwierigkeiten, weil er aus einem anderen Kulturkreis kam und kein Mädchen zu ihm eine dauerhafte Beziehung wollte. Er fühlte sich also ausgeschlossen, bekam die Frustration seines sehnlichsten Wunsches nach Liebe zu einem Menschen, für den er wichtig sein wollte, täglich vorgeführt. Auf die Dauer wurde diese Bedürfnisvereitelung gewichtiger als die drohende Ausweisung und harte Bestrafung; er brach die Therapie ab.

Ständig Dinge tun zu müssen, auf die man »keinen Bock« hat, selbst wenn man rational ihre Notwendigkeit begreift, wie z. B. Saubermachen, Sich-Absprechen, Vorausplanen, Zusagen einhalten und sich auseinandersetzen, machen den Aufenthalt in einer therapeutischen Gemeinschaft manchmal so schwer, daß der Wunsch, doch mal eine Zeitlang »tun und lassen« zu können, was man möchte, übermächtig wird. Man hat vergessen, daß man diese Dinge größtenteils außerhalb der Einrichtung auch erbringen muß, und sieht erstmals nur die Vorteile, die man draußen haben würde. Die Ernüchterung erfolgt meist schnell, jedoch zu spät für eine erneute Reintegration in den therapeutischen Prozeß.

Aus der Illegalität des Drogengebrauchs ergibt sich, daß viele Klienten in den Einrichtungen gerichtliche Auflagen haben, entweder eine Therapie zu absolvieren oder eine Haftstrafe zu erwarten haben, falls sie die Einrichtung verlassen. Das Bewußtsein dieses Zwanges überlagert im Bewußtsein die erlebte Drogenproblematik. Sie haben dann manchmal die Überzeugung: »eigentlich muß ich ja Therapie machen, ich mache sie nicht für mich selbst«, assoziieren Therapie also mit Zwang, nicht mit Einsicht und Interesse. Obwohl sich objektiv nicht viel ändern würde, ist die Therapie unbeliebt, gleichsam aufgezwungen. Die Aufhebung vorgenannter Zwangsmaßnahmen kann zu dem Effekt führen, die wiedergewonnene Entscheidungsfreiheit auszukosten, prägnanterweise durch Abbruch der Behandlung.

Eine große Rolle bei der Bereitschaft, eine Therapie durchzustehen, spielen Personen außerhalb der Einrichtung, wie Eltern, Verwandte, Freund, Freundin, Ehepartner. Häufig haben diese Bezugspersonen den Klienten mitbewogen, sich der Therapie zu unterziehen. Nun kann es so sein, daß die »Zurückgebliebenen« aus verschiedensten

Gründen den Klienten gern wieder bei sich hätten, ihm also sagen oder schreiben: »Komm zurück!«

Wegen der häufig noch bestehenden emotionalen Abhängigkeiten gerät der Klient in erhebliche Konflikte. Bleibt er in der Einrichtung, verliert, verärgert, enttäuscht oder verläßt er den Außenstehenden. Schuldgefühle und Ängste sind die Folge. Fatal wirkt sich aus, wenn der Partner, demzuliebe man in Therapie ist, sich trennen will oder es bereits getan hat. Die Krise führt oft zum Aufgeben der Behandlungsbemühungen. Es ist immer wieder zu beobachten, daß es zu Resignationen kommt, wenn vorher wesentliche Antriebe für die Therapie wegfallen. Die Enttäuschungsreaktion ist oftmals heftiger, als wir sie erwarten würden. Dies erscheint mir symptomatisch für Drogenabhängige, die eine Frustration weit eher als Zerstörung ihres Selbstbewußtseins und als einen Angriff gegen ihre Existenz erleben.

An die Entscheidung für eine Therapie ist die Hoffnung geknüpft, daß sich rasch Fortschritte in der vorher erwünschten Richtung einstellen, daß man sich bald nicht mehr allein und niedergeschlagen fühlt, durchsetzungsfähiger wird, selbstsicherer und beliebter und das Gefühl ansteigt, Einfluß und Bedeutung zu haben. Zu Beginn erlebt der einzelne viele positive Veränderungen an und um sich. Nur ergeben sich diese oft aus den veränderten Lebensumständen, man ist unter Gleichgesinnten, man erfährt Zuwendung und Aufmerksamkeit, in der Zeit der Drogeneinnahme verschüttete Interessen und Wünsche werden wieder wach. All das wird eingangs überwiegend positiv erlebt. Wenn es aber nicht in gewohntem Maße noch besser und schöner wird, das Neue zur Gewohnheit und Selbstverständlichkeit wird und die ersten Rückschläge kommen, macht sich schnell Resignation breit. Schuld an den Mißerfolgen ist man selbst: »ich schaff das nicht, ich bin eben ein Versager«, oder die anderen: »die unterdrücken, mißachten oder helfen mir nicht«, oder auch die Therapeuten: »die sind gar nicht fähig«.

Rückschläge treten ein, wenn sich eine Freundschaft schnell anbahnt, aber bei längerem Bestehen problematisch wird, weil beide verschiedene Bedürfnisse aneinander haben, weil man Sexualität möchte, dann aber sich selbst als unzulänglich im Sinne eigener Ansprüche oder der Ansprüche des anderen erfährt.

Süchtige, die ja eigentlich immer ein gering ausgeprägtes Selbstbewußtsein bei einem sehr hohen Anspruchsniveau haben, neigen bei Frustration zur Gekränktheit, Depression und Resignation.

Sehr schlimm wird es, wenn die Realität der therapeutischen Einrichtung gar nicht dem verkündeten Anspruch Genüge tut: wenn keine Gruppensolidarität herrscht, sondern Cliquen-Egoismus, nicht soziales, offenes und ehrliches Verhalten Ansehen genießt, sondern Ausgeflipptheit, Erpressung, Unterdrückung und Lügerei, nicht die Besten das Sagen haben, sondern die prägnantesten Vertreter der Szene, sobald die Therapeuten den Rücken kehren, also die Ratten auf den Tischen tanzen können.

Klaffen die reale und ideale Wertehierarchie weit auseinander, kann der Klient kein Zutrauen zur Therapie haben.

Schlimmer noch wird es, wenn die Therapeuten keinerlei Ahnung davon haben, was wirklich im Haus abläuft. Das Vertrauen in sie ist gebrochen, sie stellen nicht mehr länger die sozio-emotionalen Führerfiguren dar, sie sind allenfalls noch Autoritäten qua Amt. Sie können sich über Machtausübung behaupten, haben aber glaubwürdige Autorität verloren. In solchen Strukturen *muß* der Klient, will er bestehen, unoffen sein. Will er Therapie machen, wird er unter diesen Dschungelgesetzen leiden, und wenn er sich ernst nimmt, sich aus dem Dikkicht davonmachen.

Ein paar Worte noch zur Unglaubwürdigkeit. Von Klienten wird von seiten der Therapeuten viel verlangt; sie sollen von Anfang an ehrlich, offen und bemüht sein, sie sollen ihre alte Schutzmaske wegwerfen zugunsten ungewissen Ersatzes, sie sollen hart mit sich ins Gericht gehen, sich »am Riemen reißen«, zuverlässig sein, für sich selber Verantwortung übernehmen, viele ihrer bisher gelernten Strategien der Bedürfnisbefriedigung (»Spielchen«) über Bord werfen (»jammere nicht, wenn Du Hilfe willst, sondern fordere sie direkt«), sie sollen ihren »Bock« auf Drogen niederkämpfen und sie sollen nicht vor Problemen und Auseinandersetzungen flüchten. Wie viele Therapeuten aber sind bereit, willens und in der Lage, diese von ihnen als wichtig erhobenen Forderungen selbst zu erfüllen. Es ist nicht selten, daß sie das nicht können, aber vom »hohen Roß« und starr von den Klienten diese hehren Ziele fordern. Als Beispiel wird bei einem Klienten der Wunsch, später mal einen Sportwagen zu fahren, durch den Therapeuten als Kompensation (symbolische Bedürfnisbefriedigung) kritisiert, der Mitarbeiter aber fährt ganz offensichtlich als kompensatorische Befriedigung ein solches Wägelchen. Oder ein anderer bekommt vorgehalten, er sei ein Feigling, weil er seine Aggressionen gegen ein Gruppenmitglied verstecke. Der Mitarbeiter selbst ist aber seinerseits nicht in der Lage, direkte Kritik zu äußern, und tut's zumeist »hintenrum«.

So gang und gäbe es ist, daß die Mächtigen Dinge fordern, die sie selbst nicht erfüllen, so scharf muß dies verurteilt werden. Die Therapeuten sind wesentlicher Maßstab. Was sie fordern und nicht erfüllen, wird als ungerecht empfunden und ist emotional nicht einsichtig.

In Einrichtungen, in denen die Mitarbeiter keine echte Autorität besitzen und unglaubwürdig sind, ist deshalb eine gute Therapie nicht möglich und die Motivation, dort ernsthaft zu arbeiten und sich zu identifizieren, null und nichtig.

Unglaubwürdigkeit macht sich ebenso breit, wenn für bestimmtes Verhalten Konsequenzen angedroht bzw. versprochen werden und diese aus uneinsichtigen Gründen nicht eintreten. Mir erscheint nach meiner Erfahrung nichts schlimmer als inkonsequentes Verhalten.

Therapie, die das Erleben eines Menschen verändern will bzw. soll, und insbesondere Therapie, wie wir sie in der Arbeit mit Süchtigen für notwendig halten, kommt ohne Wertsetzungen und Bewertungen nicht aus. *Freud* allerdings hat verfochten, daß Werte in einer Therapie nichts zu suchen hätten, der Therapeut dürfe nur die affektiv neutrale und abstinente Übertragungsperson sein. Das therapeutische Agens sei die Therapiemethode und nicht der Therapeut.

Ähnliche Behauptungen fanden und finden sich z. B. in der Verhaltenstherapie oder Gesprächspsychotherapie wieder. Allerdings schon in der theoretischen Literatur wird diesem Konzept widersprochen; Werte gehen in die Therapie ein, ob der Therapeut dies will oder nicht und auch wenn er sich ausdrücklich bemüht. *Rosenthal* (1966) hat ungeheuer eindringlich nachgewiesen, daß in selbst objektiv erscheinenden Untersuchungen Werte des Untersuchers zutage treten. In der Therapie Süchtiger ist meines Erachtens das Einbringen von Werten sogar notwendig. Wichtig ist nur, daß ein Therapeut sich seiner Werte bewußt ist und diese gezielt und offen einsetzen kann. Deshalb werden in der Therapie die Wertordnungen des Therapeuten und des Klienten aufeinandertreffen. *Antons-Brandi* et al. (1977) stellen als Tendenz fest: Therapeut und Klient sollten sich einigermaßen ähnlich hinsichtlich ihrer Wertsetzungen sein, dann sei der Therapieerfolg größer. Dazu das Attraktivitätspostulat von *Goldstein* (1966, zitiert nach *Kessel* und *McBrealty* 1967): je mehr A B mag, desto bereiter ist A auch, sich von B beeinflussen zu lassen.

Mir ist klar, daß diese Aussage vorsichtig zu handhaben ist, tauchen doch am Horizont Gefahren von Über-Identifizierung, Kumpanei, Abhängigkeit und mechanischer Entwicklung auf. Aber ohne

Kontakt und Vertrauen stellt sich keine Basis her; sind Therapeut und Klient in wesentlichen Verhaltens- und Wertemerkmalen zu verschieden, so wird keine Annäherung der Werte geschehen (und somit keine Drogentherapie möglich), sondern eine weitere Entfremdung. Sind Therapeut und Klient in Werten und Wesen verschieden wie Schwarz und Weiß, kann der Klient nichts akzeptieren und umgekehrt versteht ihn der Therapeut gar nicht. Sich unverstanden und nicht angenommen fühlen zerstört die beste aktuale Therapiemotivation. Therapie als Veränderung der Person, von Einstellungen zu sich selbst, anderen und anderem enthält immer Krisen; solche, die die eigene Identität betreffen, den bisherigen Lebensplan mit seinen Zielen und seinem Problemlöseverhalten. Im Verlauf des Lebens ist die natürliche Regulation des Organismus durch negative Erfahrungen wie Verletzung, Liebesentzug u. a. gestört worden.

Zum Schutz dagegen hat jeder Verspannungen, Blockaden und Verdrängungsmechanismen entwickelt. Diese haben ihren Sinn und ihre Notwendigkeit, um die Identität aufrechtzuerhalten. Wird sie aufgerissen ohne tragfähige therapeutische Beziehung oder ohne daß bereits neue gesunde Strukturen entwickelt worden sind, so kann die Identität zusammenbrechen. Eine schwere Psychose oder Depression kann die Folge sein. In der Therapieeinrichtung wird der Klient mit einer Menge Probleme konfrontiert, die andere Klienten in die Therapie einbringen. Das wird oft dazu führen, daß einige Erinnerungen hochkommen, was den eigenen Prozeß fördern, den Klienten aber auch überlasten kann, wenn er nicht stabil ist.

Feste Beziehungen zu Therapeuten und Gruppenmitgliedern sind erforderlich, um aus der Regression wieder herauszukommen. Mir sind viele Fälle bekannt, in denen Therapeuten ihre Klienten derart labilisiert und dann im Stich gelassen haben, so daß diese nicht mehr wußten, wo vorn und hinten ist, sei es aus Unerfahrenheit, sei es, um eigene Machtansprüche zu agieren. Ich halte es für einen Kunstfehler, dem Klienten Dinge (Gefühle, Erinnerungen) quasi gewaltsam bewußt werden zu lassen, die seine eigene psychische Organisation (noch) nicht zulassen will.

Klienten mit ausgesprochener Ich-Schwäche (und das sind die allermeisten Drogenabhängigen) darf ich nicht total regredieren lassen! Ich habe in der Vergangenheit den Eindruck gewonnen, daß viele Therapeuten – insbesondere diejenigen, die noch am Anfang ihrer Therapieausbildung standen – eigene Ängste durch Therapie anderer bewältigen wollten oder Omnipotenzphantasien auslebten. Der Ärger darüber, daß ein Klient nicht schnell genug genügend große Fortschritte macht, mag so verstehbar sein. Ein Therapeut darf nicht seine Klienten zur Befriedigung eigener narzißtischer Bedürfnisse mißbrauchen. Mit zunehmender Therapiedauer besteht auch die Gefahr emotionaler Verhärtung. Wir wissen, daß offenliegende Probleme sehr schnell wieder verdrängt bzw. abgeblockt werden. Erfolgt keine kontinuierliche Bearbeitung und somit wirkliche Veränderung des Problems, so kann sich die Blockade verfestigen. Schnelles Öffnen von Problemen und ebenso schnelles Abblocken wird zum neuen Abwehrmechanismus. *Petzold* (1977) schreibt dazu — zwar bezogen auf die Gefahren von Körpertherapien, aber sehr gut übertragbar: »Die Leute weinen, schreien, zittern, aber ändern in ihrem Leben nichts. Sie öffnen sich nur oberflächlich, erwerben Muster theatralischen und hysterischen Agierens und bekommen (...) Zuwendung, die ihnen ermöglicht, ihre neurotische Karriere zu verlängern, das Risiko befriedigender und dauerhafter Beziehungen zu vermeiden oder der Auseinandersetzung mit der Umwelt und der Aufgabe ihrer Veränderung aus dem Wege zu gehen.«

Ich will dem Klienten nicht alle Verantwortlichkeit entziehen, muß aber eindringlich feststellen, daß ein Therapeut, der solche Situationen begünstigt oder zugelassen hat, mitschuldig am Therapieversagen ist.

Ebenso wie Therapeuten Fortschritte von Klienten brauchen, kann es sein, daß sie zunehmendes Erwachsenwerden ihrer Schützlinge als beängstigend empfinden. Ist doch die Abhängigkeit einerseits eine Belastung, aber eben andererseits Bestätigung der eigenen Notwendigkeit und Existenzberechtigung. So werden dann Forderungen, Einschränkungen, ja sogar besorgte Fragen von den zunehmend selbständiger werdenden Klienten als Versuche der Unterdrückung und Beschränkung gesehen.

Es ist schwer, Eigenständigkeit an den Punkten zuzugestehen, wo sie nicht vom Mitarbeiter gefordert war, und zu akzeptieren, daß der Klient seine Erfahrungen, Fehler und Krisen wieder selber machen muß. Zu schnell könnte ein Drogenrückfall passieren...

Ich glaube, daß es an der Zeit ist, darüber ernsthaft nachzudenken, ob ein solcher Rückfall immer die absolute Katastrophe ist (»die ganze Therapie ist für die Katz«) oder ob er nicht vielmehr oftmals ein wichtiger Schritt zu mehr Reife und festerer Drogenstabilität ist.

Eine erfolgreich verlaufende Therapie vermittelt dem Klienten das Gefühl, daß es sich lohnt, sich anzustrengen, an sich zu arbeiten und gegen die Einschmeichelung der Suchtstoffe anzukämpfen. Ist er ein Stück weit mit sich klar, so wird der Klient sein Augenmerk auf seine konkrete berufliche und soziale Zukunft richten. Mit *Alksne/ Lieberman/Brill* (1967) bin ich der Überzeugung, daß die wesentliche Voraussetzung für dauerhafte Abstinenz ist, daß sich der Süchtige auf die Rolle des Abstinenzlers einstellt und diese dauerhaft bejaht.

Die unumstößliche Tatsache, daß sich während der Therapiezeit die wirtschaftlichen und sozialen Verhältnisse nicht geändert haben, bricht als Ernüchterung, ja oft wie ein Schock in das Bewußtsein des Klienten. Welche Chancen hat er dann, seine Pläne, für die es sich lohnt, sich anzustrengen, sich nicht hängenzulassen und nicht rückfällig zu werden? Droht nicht aufgrund der ziemlich hoffnungslosen Situation draußen für Jugendliche, daß man doch »nix machen kann, als nur saufen«? Es ist sehr schwer, die meisten jugendlichen Drogenkranken zu einem Acht-Stunden-Tag-Arbeitsleben zu motivieren, das ihnen kaum Möglichkeit verspricht, ihre Interessen, Neigungen und Fähigkeiten zu verwirklichen. Hierbei handelt es sich aber nicht um ein Problem, das nur für ehemals drogenabhängige junge Menschen zutrifft. *Noelle-Neumann* (1979): »Im materiellen Bereich verbürgerlichen die Arbeiter, ein bürgerlicher Lebensstandard in bezug auf Besitz und Sicherheit ist praktisch erreicht; im geistigen Bereich der Einstellungen, Wertvorstellungen, vollzieht sich umgekehrt eine Anpassung an Unterschichtsmentalität, den bürgerlichen Werten entgegengesetzte Haltungen: Arbeitsunlust, Ausweichen vor Anstrengungen, auch der Anstrengung des Risikos, statt langfristiger Zielspannung unmittelbare Befriedigung, Egalitätsstreben, Zweifel an der Gerechtigkeit der Belohnungen, Status-Fatalismus, d. h. Zweifel an der Möglichkeit, durch Anstrengung den eigenen Status zu verbessern.«

Es sind somit nicht wenige, die im Anblick der von ihnen als nahezu hoffnungslos eingeschätzten Zukunft die Therapie abbrechen, und das leider zu einem Zeitpunkt, an dem sie sich durch viele Schwierigkeiten mit sich selbst, ihrer Therapiegruppe und den Therapeuten durchgekämpft haben.

Die Therapiemotivation bleibt nur erhalten, wenn Hoffnung besteht, aus dem Leben etwas Befriedigendes machen zu können. Dabei sind die Werte der Jugendlichen zum Teil andere als die derer, die in materieller Not aufwuchsen, wo früh erfahrene Mängel und Entbehrungen die Bedürfnisse »materialistisch« fixiert haben. Die Wohlstandsgesellschaft mit ihrem großen Angebot an Waren und Dienstleistungen verschleiert für die in ihr Aufgewachsenen die Anstrengungen, die zu ihrer Schaffung notwendig waren. Die Jugendlichen werden die Befriedigung primärer Bedürfnisse für selbstverständlich halten. Da sie sich darum kaum Sorgen machen, haben sie den Kopf frei für sogenannte »postmaterialistische« Werte sozialer und individueller Selbstverwirklichung. Man will verantwortliche Tätigkeiten, Möglichkeiten der Mitwirkung bei Entscheidungen, Menschenwürde im Betrieb, keine Schinderei und falsche Autoritätsverhältnisse.

Aufgrund der Produktionsverhältnisse mit ihrem Zwang zur Rationalisierung und Arbeitsteilung sind solche Tätigkeiten nur mit einem hohen Maß an Ausbildung zu erreichen. Der Drang nach sozialem und beruflichem Aufstieg läßt die Anforderungen hochschnellen, so daß die gewünschten Arbeitsplätze nur mit langen Ausbildungen zu erreichen sind. Das wiederum erfordert langfristige Planung und Verzicht auf unmittelbare Befriedigung. Doch dazu ist eigentlich nur der in der Lage, der Vertrauen auf sich und seine Umwelt hat: der »Erfolgsmotivierte«. Insbesondere Süchtige schätzen sich zumindest zu Beginn ihrer Therapie eher als »Versager« ein. Eine Untersuchung von *Stasch* (1977) an Klienten der Therapiekette Niedersachsen ergab, daß sie Angst haben vor Niederlagen und dem Zugeben ihrer eigenen Unzulänglichkeit. Therapie muß ihnen deshalb den Glauben an sich selbst (zurück-)geben. Gelingt es ihm nicht, ein Selbstwertgefühl als Nicht-Drogenabhängiger aufzubauen, gilt die Warnung, die als Prophezeiung zu werten ist: »Wenn Du schon sonst nichts bist, da bist Du wenigstens Fixer« (*Joite* 1972).

Die meisten jugendlichen Drogenabhängigen erwartet mit Ende der Therapie berufliche und soziale Ungewißheit, da sie noch während der Schul- oder Lehrzeit »ausgestiegen« sind, also wenig Voraussetzungen für eine qualifizierte Arbeit vorweisen. Sie müssen sich mit Tätigkeiten zufriedengeben wie z. B. Lagerarbeiter, Hilfsverkäufer oder ähnliches, Aufgaben, die im genannten Sinne wenig Chancen der Selbstbestätigung und Selbstbestimmung bieten. Um dem auszuweichen, entschließen sich viele, ins Bildungssystem »abzutauchen«, ohne unbedingt konkrete Bildungsziele im Auge zu haben. Aber auch wer konkrete Berufe im Auge hat, muß sich auf einen langen Weg gefaßt machen: »Habe ich das berufliche Ziel, Erzieher oder Sozialarbeiter, Krankenschwester oder Beschäftigungstherapeutin zu werden, strebe ich nach Tätigkeiten im kreativen-musischen oder nach Tätigkeiten in technologisch avancierten Branchen, so steht mir eine langjährige Odyssee durch zunehmend dem ökonomischen

Kalkül gehorchende Auslese in Schule und Betrieb bevor« (*Kehe* 1978). Die physischen und psychischen Kosten sind enorm; nur der ehemalige Drogenabhängige wird das aushalten, dessen Hoffnung auf Erfolg höher ist als seine Zweifel daran. Er muß sich entschieden haben, das Leben zu bejahen, und Härten als notwendig dazugehörig akzeptiert haben. Er muß im Laufe der Therapie begriffen haben, daß er es in der Hand hat, rückfällig zu werden oder nicht. Die Motivation zur Therapie – wie immer sie eingangs der Therapie auch ausgesehen haben mag – muß sich zur grundsätzlichen Entscheidung für ein selbstverantwortliches – erwachsenes – Leben wandeln. Diese Ablösung vom Alten ist nur möglich, wenn der Klient ohne pathologische Konfluenz, d. h. ohne symbiotische Beziehungen und Abhängigkeiten auskommt, »ganz gleich, ob es sich dabei um die Abhängigkeit von der Droge, von einer Bezugsgruppe (Scene, Wohngemeinschaft), von einem Menschen oder von phantasmatischen Traumwelten und illusionären Wunschvorstellungen« handelt (*Petzold* 1977).

Bibliographie

Alksne, H., Lieberman, Brill, H.: A Conceptual Model of the life Cycle of Addiction, *Intern. J. of Addict. 2, 1967*

Antons-Brandi, V., Prestel, W., Ziegler, G.: Werte in der Therapie einer offenen Fachklinik für Suchtkranke. In: *Antons & Schulz:* Normales Trinken und Suchtentwicklung, Band 2, Verlag für Psychologie Dr. C. J. Hogrefe, Göttingen 1977

Cattell, R. B.: Personality and motivation structure and measurement, New York 1957

Deissler, K. J.: Der periodische Suchtanfall, *Schweizerische Ärztezeitung,* Nr. 13, 1977

–, *Feller, W., Riesen, M.:* Freiheit und Zwang in der Rehabilitierung Heroinsüchtiger, *Vierteljahresschr. für Heilpädagogik und ihre Nachbargebiete, 46,* 1977

Delhees, K. H.: Motivation und Verhalten. Kindler Verlag, München 1975

Dörner, K., Plog, U.: Irren ist menschlich, Psychiatrie-Verlag, Wunstorf 1978

Finzen, A.: Milieutherapeutische Konzepte in der Sozialpsychiatrie, Psychiatrische Praxis, *4,* 1977

Frank, J. D.: Persuasion and healing. A comparative study of psychotherapie. Baltimore, John Hopkins Univ. Press 1961/73

Goelz, J.: Katamnestische Untersuchungen an klinisch und ambulant behandelten jugendlichen Drogenkonsumenten, unveröff. Inaugural-Dissertation, Tübingen 1977
Harper, R. A.: Psychoanalysis and Psychotherapy. Englewood Cliffs, Prentice Hall 1959
Joite, E.: Fixen – Opium fürs Volk. Wagenbach Verlag, Berlin 1972
Jouhy, E.: Das programmierte Ich. Syndikat-Reprise, Frankfurt/Main 1976
Kehe, H. W.: Jugendarbeitslosigkeit – Grenzen der Drogentherapie? Teil 2, *Informationen aus der Therapiekette Niedersachsen*, 1, 1978
Kessel, P., McBrealty, J. F.: Values in psychotherapy: a review of the literature, *Percept. mot. skills*, 25, 1967
Klein, G. S.: Need and regulation. In: *M. R. Jones* (Hrsg.): Nebraska symposium on motivation. Lincoln 1954
Lange, K. J.: Süchtiges Verhalten. Lambertus-Verlag, Freiburg 1974
Maslow, A. H.: Motivation und Persönlichkeit. Walter-Verlag, Olten 1977
Maurer, Y. A., Petzold, H.: Die therapeutische Beziehung in der Gestalttherapie. In: *R. Battegay & A. Trenkel* (Hrsg.): Die therapeutische Beziehung unter dem Aspekt verschiedener psychotherapeutischer Schulen. Huber Verlag, Bern 1978
Noelle-Neumann, E. (zit. nach »*Der Spiegel*«: »Das schwierige Vaterland«, Nr. 9, 1979)
Orne, M. T.: Demand characteristics and the concept of quasicontrols. In: *R. Rosenthal & R. L. Rosnow* (Hrsg.): Artifacts in behavioral research, Academic Press, New York 1969
Petzold, H.: Ablösung von der Wohngemeinschaft, Informationen aus der Therapiekette Niedersachsen, 1, 1977
–: Gegen den Mißbrauch von Körpertherapie – Risiken und Gefahren bioenergetischer, primärtherapeutischer und thymopraktischer Körperarbeit. In: *H. Petzold* (Hsg.): Die neuen Körpertherapien, Jungfermann-Verlag, Paderborn 1977
Rosenthal, R.: Experimenter effects in behavioral research. Apple-Centory-Crofts, New York 1966
Rotter, J. B.: Social learning and clinical psychology. Englewood Cliffs, Prentice Hall 1954
Schmidbauer, W.: Die hilflosen Helfer. Rowohlt-Verlag, Reinbek 1977
Stasch, R. H.: Psychologische Untersuchung an den Klienten der Therapiekette Niedersachsen, unveröff. Untersuchung, 1977
Thielicke, H.: Anthropologische Grundtatbestände in individuellen Konfliktsituationen, *Zeitschrift für Evangelische Ethik*, 3, 1974

Wolfgang Heckmann

Der Betreuer in der therapeutischen Wohngemeinschaft. Zur Dialektik von Distanz und Nähe in der Therapie Drogenabhängiger

Über das Verhältnis von Arzt und Patient ist relativ viel geforscht worden. Das Spektrum der Ergebnisse reicht von der Sammlung kulturhistorischer Dokumente (z. B. *Steinbart* 1970) über materialistische Analysen (z. B. *Wulff* 1971) bis zu umfangreichen empirischen Studien (zur Zeit vor allem im Sonderforschungsbereich 32 der Universität Gießen).

Über die Besonderheit dieses Verhältnisses im psychotherapeutischen Prozeß liegt ebenfalls umfangreiches Material vor. Es reicht von der subjektiv-beschreibenden Ebene (z. B. *Foudraine* 1973) über die soziologisch-analytische Ebene (z. B. *Gleiss, Seidel, Abholz* 1973) und die therapeutisch-analytische Ebene (z. B. *Spazier* und *Bopp* 1975) bis zur methodischen Konsequenz: »Wenn ich eine Gruppe leite, versuche ich sowohl jeden Teilnehmer als auch die Gruppe als Ganzes und das Thema im Auge zu behalten, ohne meine eigenen Gefühle und Gedanken zu ignorieren« (*Cohn* 1975, S. 118).

Mit der psychosozialen Situation der helfenden Berufe befaßte sich erst kürzlich *Schmidbauer* (1977) in einer ausführlichen Studie. Die dadurch ausgelöste Diskussion um das ›Helfer-Syndrom‹ hat auch den Drogen-Bereich erfaßt, wie *Eisenherz'* (1978) Bericht über »Vorfälle mit Hennes und Ramona«, über den ›street-worker‹ und seine Klientel, zeigt.

Über die besondere Situation eines Betreuers in einer therapeutischen Wohngemeinschaft liegt allerdings bisher keine eigene Untersuchung vor. Dabei sind auch und gerade für diesen Bereich die Frage des Verhältnisses von Betreuern und Betreuten, die Persönlichkeitsstruktur des Betreuers und die Folgen seiner Tätigkeit für seine eigene psychische Situation von besonderer Bedeutung. Denn er hat es in der therapeutischen Gemeinschaft mit Süchtigen zu tun. Und er wird sich – wenn er das Problem der Sucht ganz erfaßt hat – eingestehen müssen, daß süchtiges Verhalten bei jedermann, also auch bei ihm selbst, zu finden ist. Wo bleibt dann aber die eingeübte Distanz zwischen Hilfsbedürftigem und Helfendem? Wo bleibt das gegenseitige Bedürfnis nach Nähe, wo macht es halt!

Im folgenden wird unter *Distanz* die materielle personelle Entfernung zwischen Betreuern und Betreuten verstanden, unter *Nähe* die materielle, personale und emotionale Annäherung oder Gleichsetzung von Betreuern und Betreuten.

Therapeutische Gemeinschaft / therapeutische Wohngemeinschaft

Das Prinzip der therapeutischen Gemeinschaft (TG) wird seit Jahrzehnten als Konsequenz sozialpsychiatrischer Überlegungen diskutiert, allerdings nur selten innerhalb psychiatrischer Krankenhäuser realisiert, in Allgemeinkrankenhäusern gar nicht (obwohl es auch dafür Gültigkeit beansprucht). Die Grundprinzipien der TG beschreibt *M. Jones* in »Theorie und Praxis Therapeutischer Gemeinschaften« (S. 58 ff).

Die Behandlung und Rehabilitation Drogenabhängiger ist einer der wenigen Bereiche, in denen die Prinzipien der TG umfangreich verwirklicht wurden. Historisch fiel die Diskussion der TG innerhalb der Psychiatrie mit einer breiten Laientherapie-Bewegung in der Suchtkrankenhilfe zusammen: es entstanden therapeutische Wohngemeinschaften, die die Prinzipien der TG radikaler realisierten, als sie in der Theorie entwickelt waren (siehe hierzu *Vormann* und *Heckmann:* Zur Geschichte der therapeutischen Wohngemeinschaften in Deutschland, S. 24 ff):

– So trat nicht nur der Unterschied zwischen verschiedenen Berufsgruppen zurück, sondern sogar der Unterschied zwischen Therapeuten und therapeutischen Laien.
– So hob sich das Arzt-Patient-Gefälle fast vollständig auf oder verschob sich zu einem Bewohner-Mitarbeiter-Gefälle.
– So ergab sich nicht nur eine Beteiligung der Bewohner an dem Milieu und der Gestaltung der TWG, sondern eine weitgehende Selbstbestimmung, Selbsttätigkeit und Selbstverwaltung im therapeutischen Prozeß.
– So wurde die Beziehung zur Realität außerhalb der TWG konstituierender Bestandteil der therapeutischen Entwicklung, die Realität hielt Einzug in die TWG.

Es hat sich eine Vielfalt relativ unterschiedlicher Modelle von therapeutischen Gemeinschaften für Drogenabhängige herausgebildet, die allerdings nicht mehr so bunt ist, wie zu Beginn der 70er Jahre.

Man kann gegenwärtig von vier stabilisierten Grundmodellen ausgehen, mit denen auch weiterhin zu rechnen sein wird:

1. Selbsthilfegruppen

Sie existieren als Lebensgemeinschaften oder als Lebensgemeinschaften auf Zeit, verfügen nicht über professionelle Mitarbeiter, sondern eher über ehrenamtliche Helfer. Kennzeichen der Selbsthilfegruppen ist Zusammenleben aller Beteiligten bei weitgehend selbständiger Ökonomie und Selbstverwaltung (*Moeller* 1979).

2. Hilfe-zur-Selbsthilfe-Gruppen

Sie sind ähnlich wie die Selbsthilfegruppen Lebensgemeinschaften auf Zeit, verfügen aber in geringem Umfang über bezahlte Mitarbeiter, teils mit fachlicher Qualifikation, teils aus ehemaligen Gruppenmitgliedern rekrutiert. Das Personal hat das Ziel, sich langfristig überflüssig zu machen. Kennzeichen dieser Gruppen ist die klare Tendenz zu selbständiger Ökonomie und Selbstverwaltung.

3. Sozialpädagogisch orientierte Gemeinschaften

Sie verfügen über einen festen Mitarbeiterstab – Erzieher, Sozialarbeiter, Psychologen. Haupttherapeutikum ist auch hier das Zusammenleben der Gruppe, die Organisation des Alltagslebens und die gemeinsame Arbeit. Die Gruppenökonomie ist aber nicht das bestimmende Moment, sondern wird durch gezielte Arbeitserziehung und Gemeinschaftserziehung ersetzt.

4. Sozialtherapeutisch orientierte Gemeinschaften

Sie sind am stärksten von allen an der sozialpsychiatrischen TG, deren Theorie und Organisation orientiert. Gleichberechtigt neben dem Zusammenleben in der Gruppe steht die jeweilige therapeutische Technik, wobei allerdings in den letzten Jahren auch in diesen Einrichtungen zunehmend der psychotherapeutische Zugang durch Arbeitserziehung bzw. berufliche Qualifikation ergänzt wird.

Bereits die Kurzcharakterisierung der vier TG-Modelle macht deutlich, daß bei einem Vergleich der therapeutischen Dimension des Verhältnisses von Betreuern und Betreuten zum Teil erhebliche Unterschiede zu erwarten sind.

Die Betreuer-Rollen sind nicht eindeutig an je ein Modell zu binden, da es zahlreiche Einrichtungen gibt, die mit mehreren Betreuer-Funktionen nebeneinander arbeiten. Dennoch soll hier – um der Systematik willen – von folgenden unterscheidbaren Betreuer-Rollen ausgegangen werden:

1. Der Betreuer als Ex-User

In Selbsthilfegruppen wird jeweils von den älteren bzw. stabileren Gruppenmitgliedern in gewissem Umfang Betreuungsfunktion für die jüngeren Gruppenmitglieder, für die »Neuen« ausgeübt. Dies geschieht entweder – in streng demokratischen Gruppen – unmerklich im Zusammenhang der Lebensbewältigung oder in einer mehr oder weniger ausgeprägten Hierarchie-Bildung. Länger clean sein bedeutet mehr Rechte genießen, mehr Verantwortung übernehmen, Vorbild sein.

2. Der Betreuer als Partner

In Hilfe-zur-Selbsthilfe-Gruppen wird von Nicht-Abhängigen der Hauptteil der Betreuungsfunktion ausgeübt (mit dem Ziel, so rasch wie möglich die Betreuungspotenzen der älteren Ex-User zu entwickeln). Die Nicht-Abhängigen wirken dabei als Vorbilder, die in einem partnerschaftlichen Verhältnis sich selbst in das Alltagsgeschehen einbringen. Sie leben mit gleichen Rechten und Pflichten in der Gemeinschaft oder unterstützen den Gruppenprozeß als Freunde des Hauses oder gelegentliche Besucher.

3. Der Betreuer als Pädagoge

In sozialpädagogischen Gemeinschaften fallen den Mitarbeitern in erster Linie pädagogische Betreuungsaufgaben zu. Unabhängig von speziellen Aufgaben, die sich aus dem Ausbildungsgang der Betreuer ergeben, ist ihre gemeinsame Funktion die der pädagogischen Durchdringung des Alltagslebens in der Einrichtung. Der Tagesablauf wird von den Betreuern unter dem Gesichtspunkt der optimalen Gruppen- und Individualentwicklung, im Sinne einer Nachsozialisation pädagogisch strukturiert. Mittel dazu kann auch die Beteiligung an den Alltagsaufgaben sein.

4. Der Betreuer als Therapeut

In sozialtherapeutischen Gemeinschaften stellen die Mitarbeiter vor allem ihre therapeutische Qualifikation zur Verfügung. Sie betreuen die TG-Mitglieder in erster Linie bei der Aufarbeitung ihrer individuellen Probleme bzw. bei der Einübung von Verhaltensmodifikationen. Je nach Konzept ist dieser therapeutische Zugang mehr oder weniger stark in die Probleme des Alltagslebens innerhalb der Gruppe eingebunden.

Widersprüche zwischen Betreuern und Betreuten: Hypothesen

In den Anfängen der Diskussion um die TG für Drogenabhängige ging man – wohl unter dem Eindruck der Dominanz von Selbsthilfeinitiativen von Süchtigen – wie selbstverständlich davon aus, daß eine maximale Aufhebung der Distanz zwischen Betreuern und Betreuten zu optimalen therapeutischen Ergebnissen führen müsse. Es wurde dabei vielfach übersehen, daß einer Verringerung dieser Distanz eine große Zahl in erster Linie materieller, aber auch ideeller Widersprüche entgegensteht.

Diese Widersprüche wurden erstmals 1976 systematisch in die Diskussion eingebracht (*Heckmann* 1976). Sie werden im folgenden wiedergegeben und ergänzt, um sie anschließend auf je ein Beispiel der obengenannten TG-Modelle zu beziehen.

Der Widerspruch der allgemeinen Lebenssituation

Während sich für die Drogenabhängigen das Leben in der TG als – wenn auch auf eine bestimmte Aufenthaltsdauer in der Regel begrenzte – Totalität ihrer Lebensverhältnisse darstellt, haben die Betreuer eine Reihe von Bezugspunkten, persönlichen Bindungen usw. außerhalb der TG. Das Leben der Betreuten ist ungeteilt ein Leben in der TG, das Leben der Betreuer ist geteilt in ein Leben in der TG und ein Leben in anderen gesellschaftlichen Bezügen (z. B. Familie, Freundeskreis, Ausbildungsinstitut).

Die Schärfe dieses Widerspruchs ist abhängig von der räumlichen Zuordnung des Betreuers zur TG, von Häufigkeit und Zeitdauer seines Aufenthaltes in der TG, von seinem persönlichen oder vertraglichen Verhältnis zum Projekt.

Der Widerspruch der materiellen Lebensverhältnisse

Während die Drogenabhängigen meist von Sozialhilfe oder niedrigen Pflegesätzen leben und zu ihrem eigenen Schutz nur über wenig Taschengeld verfügen, gehen die Betreuer in der Regel selbständig mit Geld um, verfügen über mehr Geld oder haben eigene Einkünfte. Die Betreuten müssen Umgang mit Geld neu lernen, müssen wirtschaften und sparen lernen, während die Betreuer mit Geld in der Regel umgehen können und je nach Status über unerreichbar ferne Konsummöglichkeiten verfügen.

Die Schärfe dieses Widerspruchs ist abhängig von der Art und Höhe der Bezahlung der Betreuer und von der Qualität des Gegenwertes, den sie in ihrer Arbeit für die Betreuten darstellen.

Der Widerspruch der Lebensperspektive

Während die Drogenabhängigen viele Ausbildungs- und Berufsmöglichkeiten bereits vertan haben und einige Versäumnisse nicht mehr aufzuholen sind, ist die Ausbildung der Betreuer meist bereits abgeschlossen oder steht kurz vor dem Abschluß, ihre berufliche und damit ihre Lebensperspektive ist jedenfalls weitgehend geklärt.

Die Schärfe dieses Widerspruchs ist abhängig vom Ausmaß des sozialen Gefälles zwischen Betreuern und Betreuten, vom beruflichen Selbstverständnis und vom Selbstbewußtsein der Betreuer.

Der Widerspruch der Gültigkeit von Regeln

Die Regeln des Zusammenlebens in einer TG orientieren sich an den Bedürfnissen und Fähigkeiten der Drogenabhängigen. Sie stellen entweder eine Schutzfunktion gegen Rückfälle in alte Verhaltensweisen dar oder markieren Lernziele bzw. Therapieziele. Für die Betreuer dagegen stellt die Einhaltung der Regeln keine prinzipielle Notwendigkeit dar, sie können ihr Leben auch ohne starre Regelbeachtung, ohne ›Korsett‹ organisieren.

Die Schärfe dieses Widerspruchs ist abhängig vom Umfang der Geltung der Regeln auch für Betreuer, vom eigenen Verhalten derer, die die Regeln überwachen, von ihrer Glaubwürdigkeit.

Der Widerspruch der Fähigkeiten

Während die Drogenabhängigen meist aus einem Milieu stammen, in dem vorwiegend körperlich gearbeitet wird, üben die Betreuer meist einen Beruf aus oder werden darin ausgebildet, der unter dem Sammelbegriff ›geistige Arbeit‹ fällt. Dies hat zur Folge, daß die Steuerungsorgane der TG wie z. B. Plena oder Meetings in aller Regel von den Betreuern allein aufgrund ihrer besseren Verbalisierungs- und Organisationsfähigkeit majorisiert werden können.

Die Schärfe dieses Widerspruchs ist abhängig von der Qualifikation der Drogenabhängigen bezüglich körperlicher oder geistiger Arbeit, vom Stand ihrer Ausbildung und vom Grad der Enkulturation. Auf seiten der Betreuer wird er bestimmt durch die konzeptionelle Bedeutung geistiger Fähigkeiten.

Der Widerspruch der persönlichen Problematik

Während bei den Drogenabhängigen das Vorhandensein einer massiven persönlichen Problematik offenkundig und auch Gegenstand von Gruppengesprächen usw. ist, liegen die Probleme der Betreuer oft verdeckt hinter ihrer Funktion innerhalb der Gruppe. Die Betreuer haben es relativ leicht dabei, die Schwachstellen ihrer eigenen Persönlichkeit aus dem Gruppengeschehen herauszuhalten, sei es, um die Gruppe nicht zusätzlich zu belasten, sei es aus Angst um die eigene Autorität.

Die Schärfe dieses Widerspruchs ist abhängig von der Bereitschaft der Betreuer, sich selbst einzubringen, und von ihrer Einschätzung des Drogenproblems bzw. ihres eigenen Suchtverhaltens: ob sie also ihre eigene Problematik als prinzipiell oder nur graduell unterschiedlich zu der der Drogenabhängigen ansehen.

Der Widerspruch der Reaktionsmöglichkeiten

Während die Drogenabhängigen sich im Verlauf ihrer Drogenkarriere zu überwiegend reaktiven Persönlichkeiten entwickelt haben und nach schematischem, eingefahrenem Muster nur von einer Injektion zur nächsten Injektion lebten, machen sie jetzt unabhängig von der Droge in der neuen Bezugsgruppe viele Neu- und Wiederentdeckungen sozial angemessener Reaktionsweisen. Die Betreuer dagegen sind in stärkerem Maße in der Lage, ihre Reaktionen und Emotionen bewußt zu kontrollieren, sich in einer Auseinandersetzung zurückzuhalten oder auch sich emotional zu engagieren, in das Geschehen einzugreifen.

Die Schärfe dieses Widerspruchs ist abhängig von der Art und Weise, wie oder wie stark die Betreuer in das Gruppengeschehen eingreifen und ihre soziale Kompetenz einsetzen.

Der Widerspruch der Verhaltensvariabilität

Die Drogenabhängigen sind jahrelang keiner Beschäftigung nachgegangen, die nicht direkt oder indirekt mit der Beschaffung und dem Konsum von Drogen zu tun hatte. Sie sind daher kaum in der Lage, von sich aus eine Freizeitbeschäftigung zu finden, ein altes Hobby wieder aufzunehmen usw. Die Betreuer dagegen können ihre Freizeit durch eine mehr oder minder große Zahl von Aktivitäten gestalten und darüber hinaus neue Anregungen leichter aufnehmen.

Die Schärfe dieses Widerspruchs ist abhängig vom Grad der Trennung der Freizeitaktivitäten der Betreuer und der Betreuten und vom Umfang der Beschäftigungsmöglichkeiten innerhalb und außerhalb der TG.

Der Widerspruch der emotionalen und sexuellen Bedürfnisse

Während die Drogenabhängigen über lange Zeit von befriedigenden emotionalen und sexuellen Beziehungen abgeschnitten waren, haben die meisten Betreuer in dieser Hinsicht eine relativ kontinuierliche Entwicklung hinter sich, zum Teil leben sie in harmonischen Zweierbeziehungen. Auf dem Hintergrund dieser unterschiedlichen Erfahrungen entsteht eine unterschiedliche Bedürfnisstruktur: Die Drogenabhängigen entwickeln einen teils nur artikulierten, teils auch ausgelebten Nachholbedarf, der sich in oft vehementen, aber kurzlebigen und einseitig sexuell betonten Beziehungen ausdrückt. Die Betreuer dagegen haben meist schon eine andere Einstellung zur Sexualität, sind auf der Suche nach einer emotional wie sexuell gleichermaßen befriedigenden Partnerbeziehung oder sind eine derartige Beziehung bereits eingegangen.

Die Schärfe dieses Widerspruchs ist abhängig von der Verteilung entsprechender Bedürfnisse in der Gruppe, von den Möglichkeiten zur Bedürfnisbefriedigung und eventuell auch vom Umgang der Gruppenmitglieder mit Partnerbedürfnissen zwischen Betreuern und Betreuten.

Der Widerspruch der Motive des Zusammenseins

Bei den Drogenabhängigen geht es im Zusammenleben innerhalb der TG in erster Linie darum, sich selbst zu verändern, zu lernen. Dahinter mögen im Einzelfall eine Reihe weiterer Motive liegen, wie die drohende Gerichtsverhandlung, die Angst vor dem betrogenen Dealer, der Druck der Eltern. Bei den Betreuern ist das Motiv Helfen-Wollen, von der Form der ursprünglichen und spontanen sozialen Eigenschaft bis zu den problematischen Formen des ›Helfer-Syndroms‹. Dahinter (oder davor) mögen eine Reihe weiterer Gründe liegen, wie die Sicherung des Einkommens, der Erwerb einer Zusatz-Qualifikation oder die persönliche Betroffenheit.

Die Schärfe dieses Widerspruchs ist abhängig von der Gestaltung des Bindungsgefüges zwischen Betreuern und Betreuten, vom Grad der Selbständigkeit der Betreuten und von Art und Ausmaß des Helfer-Syndroms auf seiten der Betreuer.

Der Widerspruch der gesellschaftspolitischen Ziele

Unter den Drogenkonsumenten ist der Typ des ideologisch Motivierten, des Bewußtseinserweiterers, des sich bewußt in Widerspruch zur herrschenden Ordnung Setzenden selten geworden; vorherrschend ist der Typ des Ohnmächtigen, des Ausweglosen, des Resignierenden. Selten ist deshalb auch der Anspruch, in der Therapieeinrichtung Alternativen zur bestehenden Gesellschaft zu entwickeln. Bei den Betreuern dagegen ist das Motiv für den persönlichen Einsatz im Drogenbereich vielfach aus der relativ geringen staatlichen Kontrolle in diesem Sektor motiviert, verbunden mit dem Wunsch, wenigstens in einem Teilbereich der Gesellschaft konkrete Utopie zu leben, den herrschenden Verhältnissen ein Stück Subkultur abzutrotzen.

Die Schärfe dieses Widerspruchs ist abhängig von der Auswahl der Drogenabhängigen für ein bestimmtes Projekt, von der Länge ihrer Drogenkarriere, von dem Umfang ihrer positiven Erfahrungen in der Subkultur und von den Ansprüchen der Betreuer an eine nicht-entfremdete Tätigkeit und an die persönliche Selbstverwirklichung in der Arbeit.

Der Widerspruch der Ansprüche an das Leben

Die Drogenabhängigen lernen in der TG, ihre Ansprüche an das Leben allmählich herunterzuschrauben: während sie zu Anfang der Therapie immer wieder nach dem ganz Besonderen, nach dem spektakulären Ersatz für die Droge suchen, finden sie allmählich Zugang zu den kleinen hausgemachten Freuden. Bei den Betreuern kann der umgekehrte Effekt eintreten: Während sie zu Beginn ihrer Betreuerfunktion eine relativ niedrige Anspruchshaltung zeigen, entwickeln sie mit wachsender Frustration, die mit ihrer Arbeit zwangsläufig verbunden ist, alle möglichen Formen von Aussteigetendenzen, von besonderen Ansprüchen an persönlicher Entschädigung. Während die Betreuten mühsam lernen, sich am Realitätsprinzip zu orientieren, kann der Lebensanspruch der Betreuer in die Orientierung am Lustprinzip hinübergleiten.

Die Schärfe dieses Widerspruchs ist abhängig vom Umfang der Möglichkeiten zur Selbstverwirklichung, zum lustvollen Umgang mit der Realität innerhalb der TG selbst, und von der Verteilung dieser Möglichkeiten zwischen Betreuern und Betreuten.

Methodisches: teilnehmende Beobachtung/beteiligte Beobachtung

Das Untersuchungsthema ›Distanz und Nähe in der Therapie‹ könnte wohl kaum glaubwürdig behandelt werden, ohne den methodischen Zugang zum Thema nicht selbst auch der Frage nach ›Distanz und Nähe‹ zu unterwerfen. Dahinter scheint das generelle Problem durch, ob nicht Therapieforschung grundsätzlich als eine Gratwanderung zwischen Nähe zum Subjekt und Distanz vom Objekt zu sein hat.

Die sozialwissenschaftliche Forschungsmethodik stellt neben reinen Labormethoden wie Experiment und standardisiertem Interview die Technik der sogenannten ›teilnehmenden Beobachtung‹ bereit. Auf den ersten Blick scheint diese Methode der Therapieforschung adäquat: Sie weist sich als Feldforschung aus, hat also nicht nur einen oder einzelne Aspekte im Blick, sondern beobachtet das Ganze, und sie entspricht durch die Teilnahme über einen gewissen Zeitraum hin dem Prozessualen, das überhaupt erst die Wirksamkeit von Therapie ausmacht. Beim zweiten Hinsehen befindet man sich jedoch bei der teilnehmenden Beobachtung in einer methodischen Enge, die wahrscheinlich kaum einem sozialen Prozeß gerecht wird, dem therapeutischen Prozeß gewiß nicht. Denn die »wissenschaftliche Beobachtung unterbricht gewissermaßen den Strom des tatsächlichen Geschehens, indem sie sich von ihm nicht mehr praktisch steuern läßt, sondern auf Urteile ausgerichtet ist, die den Prozeß des Erfahrens mit einer Feststellung abschließen« (*König* 1962, S. 115). Der in dieser Definition enthaltene Versuch, subjektive und objektive Wahrheit voneinander zu trennen und dabei die Objektivität durch eine Objektivierung der Methode, d. h. durch die Garantie der Passivität des Beobachters herzustellen, muß scheitern, denn in einem sozialen Prozeß mag ein Anwesender zwar den Schwerpunkt verlagern auf mehr Prozeßteilhabe oder mehr Prozeßbeobachtung, in jedem Fall ist er jedoch beides: Teilnehmer (das heißt auch: Beeinflusser) und Beobachter. »Der angeblich passiv teilnehmende Beobachter beeinflußt die Gruppenprozesse prinzipiell wie jeder andere Teilnehmer; die passive Haltung führt überdies keineswegs zu besserem Verständnis dessen, was in einer Gruppe vor sich geht: Gerade Infragestellen eines bestimmten Selbstverständnisses oder gewisser Routinen dürfte doch zu tieferem Verständnis führen als teilnehmende Beobachtung ohne wirkliche Teilnahme« (*Bodemann* 1976, S. 139).

Gegen die methodologisch konservative Form der teilnehmenden Beobachtung setzt *Bodemann* das Instrument der ›einwirkenden Beobachtung‹, bei dem die Einwirkung des Forschers auf seinen sozialen ›Gegenstand‹ nicht nur eingestanden, sondern sogar zur Quelle zusätzlicher Erkenntnisse wird: soziale Praxis als Untersuchungsmethode. Schon sehr viel früher wurde in einem Forschungsbereich, der ›Sozialspionage‹ im Interesse der Auftraggeber praktisch erzwingt, nämlich der Tourismusforschung, von *H. Lessing* (1969) ein Konzept der ›beteiligten Beobachtung‹ vorgeschlagen, zu dessen Kriterien u. a. gehörte: »Der beteiligte Beobachter stellt keine Gesetzmäßigkeiten fest, er beschreibt die eine bessere Praxis verhindernden Beziehungen« (ebenda S. 203). Zum gleichen Begriff der ›beteiligten Beobachtung‹ kommt *H. Berger* (1974) auf dem Hintergrund der Auseinandersetzung mit dem Forschungsinstrument des Interviews und dem damit verbundenen positivistischen Wissenschaftsanspruch der Reproduzierbarkeit von Beobachtung, die identisch sein soll mit Objektivität. Von *Berger* wird »negativ ein Prinzip emanzipatorischer Sozialforschung begründet: daß die untersuchten Subjekte als gleichwertige Interaktionspartner einer Untersuchung zu gelten haben und folglich gleichwertig den Forschungsablauf bestimmen müssen« (ebenda, S. 80). Im gleichen Zusammenhang wird problematisiert, daß die Subjekt-Objekt-Beziehung im Forschungsprozeß besonders zugespitzt wird bei Interaktionen, die durch soziale Herrschaft gekennzeichnet werden: die Beziehungen von Arzt und Patient, von Managern und Arbeitern, von Sozialarbeitern und Klienten.

Aus all dem ergibt sich für die Therapieforschung methodisch, daß sie nach dem Prinzip der *beteiligten* Beobachtung erfolgen muß. Denn: sofern sie ›reine Beobachtung‹ hinter der Ein-Weg-Scheibe ist, klammert sie wichtige Sektoren des sozialen Raumes aus; sofern sie ›teilnehmende Beobachtung‹ ohne aktive Interaktion ist, gerät sie zur Schein-Objektivität, die dennoch den Einfluß des Beobachters nicht leugnen kann; sofern sie aber ›beteiligte Beobachtung‹ ist, erreicht sie eine vertiefte Erkenntnis des Geschehens, indem sie es mitverändert, mitbestimmt. Den teilnehmenden Beobachter muß das Schicksal seines Forschungsgegenstandes – Personen wie Gruppen – kaltlassen, er registriert und analysiert, bevor ihn etwas rührt; der beteiligte Beobachter ist vom Geschehen berührt und handelt entsprechend – und beobachtet beides. Dieses Konzept findet sich im therapeutischen Bereich schon 1934 ausformuliert bei *J. L. Moreno,* wenn er von der aktiven Mitbeteiligung des Forschers an Veränderungen von Situationen spricht. Der »Aktionsforscher«, der »action agent«, beteiligt die Betroffenen am Projekt und bringt sich selbst aktiv ein, so daß Psycho- und Soziotherapie ein »kooperatives Unterfangen« werden (*Moreno* 1951; *Petzold* 1979).

Wer Ende der 60er Jahre ein sozialwissenschaftliches Fach studiert hat, konnte sich der Diskussion über das Verhältnis von Theorie und Praxis in der Wissenschaft wohl kaum entziehen. Ergebnis dieser Diskussion war eine globale Ablehnung von empiristischen Methoden wie Fragebogen, Interview und Test und eine ebenso globale Konstituierung von Praxis als Prüfstein jeglicher theoretischer Aussage. Persönliche Konsequenz war für mich wie für viele andere der Kopfsprung in ein fast beliebiges Praxis-Feld – in der Hoffnung, daß es die Wahrheit wohl weisen möge. Praxis wurde deshalb jedoch noch lange nicht Gegenstand erneuter Theorie-Bildung. Es entstand, je weiter man sich auf die Sozialbeziehungen in der Praxis einließ, eine um so größere Hemmung, Ergebnisse auf dem Wissenschafts-Markt der Öffentlichkeit preiszugeben – das Problem der ›Verkafferung‹, wie *Cicourel* (1970) es beschreibt.

Aufgabe von Distanz zur besseren Erkenntnis-Gewinnung kann umgekehrt zu große Nähe und Mangel an Auswertungsmöglichkeiten bedeuten. Das Subjekt-Subjekt-Verhältnis – in der Helfer-Situation als Ideal angestrebt – kann der Objektivierung von Erfahrung im Wege stehen. Es bleibt als Verwissenschaftlichungsprinzip für therapeutische Fragestellungen einzig die beteiligte Beobachtung als permanente Rückkoppelung zwischen Subjektivität und Objektivität, zwischen Milieu-Schnüffeln und Milieu-Verändern, zwischen Beobachten und Handeln, Registrieren und Reagieren.

Das meiste dessen, was ich über die Therapie Drogenabhängiger zu sagen weiß, habe ich in der praktischen Arbeit beim Aufbau mehrerer therapeutischer Wohngemeinschaften erfahren. Dieser Erfahrungshintergrund umfaßt einen Zeitraum von sechs Jahren und schließt den engen Arbeitskontakt zu zahlreichen anderen therapeutischen Einrichtungen in der Region (Berlin) und auch überregional ein. Beteiligte Beoabachtung bedeutete in diesem Fall, daß der Aufbau und Betrieb der Einrichtungen absolute Priorität besaß, an Auswertung zunächst überhaupt nicht gedacht wurde und auch später die Auswertung eher von außen angeregt, als aus der Arbeit selbst entwickelt wurde. Zu nicht in der unmittelbaren Nachbarschaft der eigenen Praxis liegenden Einrichtungen bestand zunächst sporadischer, auf Kurzbesuche beschränkter Kontakt, der nicht dem Anspruch der beteiligten Beobachtung genügt. Erst 1977, nach fünfjähriger eigener Praxis, wuchs das Interesse an andernorts entwickelten Konzepten: Ich ließ mich auf mir nicht bekannte Therapiemodelle ein, lebte dort je nach Situation für vier Wochen als Mitarbeiter oder gar als Klient. Auch hier stand das Forschungsinteresse im Hintergrund, bedeutsamer war zunächst die Ausweitung des eigenen Erfahrungshorizontes und die Suche nach weiteren Interventionsmöglichkeiten in der therapeutischen Praxis. Im Sinne einer Therapieforschungs-Methodik der beteiligten Beobachtung war jedoch besonders die Variante der Rollenübernahme des Mitarbeiters oder des Klienten in einer fremden Einrichtung interessant.

Die folgende Auswertung zu den wichtigsten Kriterien des Verhältnisses von Betreuern und Betreuten basiert auf den Erfahrungen, die einerseits in der langjährigen praktischen Mitarbeit bzw. Begleitung entsprechender Einrichtungen gewonnen wurden, andererseits im kurzfristigen, aber intensiven Sich-Einlassen auf der eigenen Praxis fremde Bedingungen gesammelt werden konnten.

Im wesentlichen beziehen sich die Aussagen auf je eine der oben aufgeschlüsselten Typen von TG's im Drogenbereich (zugleich werden Beobachtungen aus anderen, ähnlichen Einrichtungen zur Ergänzung herangezogen):

1. eine Selbsthilfegruppe (vgl. *Brömer/Petersen/Ruf* 1976) (TG Drogen-Info, Berlin),
2. eine Hilfe-zur-Selbsthilfe-Gruppe (vgl. die Beiträge von *Kretschmer* und *Heckmann* in: *Heckmann* u. a. 1979), (TG Caritas, Berlin),
3. eine sozialpädagogisch orientierte Gemeinschaft (vgl. *Heckmann* 1979), (TG Drogenhilfe Tübingen),
4. eine sozialtherapeutisch orientierte Gemeinschaft (vgl. *Heckmann* 1978, S. 14 f) (TG do it, Hamburg).

In dieser Reihenfolge werden die jeweiligen Ausprägungen der Widersprüche zwischen Betreuern und Betreuten für die einzelnen TG-Modelle – soweit auf dem Hintergrund beteiligter Beobachtung möglich – im folgenden katalogisiert.

Widersprüche zwischen Betreuern und Betreuten: Beobachtungen

Der Widerspruch der allgemeinen Lebenssituation

Der Betreuer als Ex-User teilt mit allen anderen Gruppenmitgliedern das Leben in der Selbsthilfegruppe. Seine Lebenswelt ist gänzlich oder zumindest fast vollständig auf die Gruppe beschränkt. In der Lebensgemeinschaft entwickelt er ebenso viel oder wenig Interesse an Außenkontakten wie die übrigen Bewohner. Allerdings entstehen in der Phase seiner Ablösung von der Gruppe verstärkte Außenbindungen. Viele Ex-User, die sich zunächst nach ihrer eigenen Entwicklung zur Abstinenz dem Einsatz für andere Süchtige verschrieben haben, entwickeln dennoch nach einigen Jahren das Bedürfnis, ganz etwas anderes zu tun, sich in erster Linie um eigene Interessen – Ausbildung, Partnerschaft, Familie – zu kümmern. Der Auszug älterer Gruppenmitglieder aus Selbsthilfegruppen ist denn auch nicht ohne Probleme – vor allem dann, wenn sie in der Gruppe eine wichtige Funktion ausübten: Zwar bleibt in der Zeit kurz vor der Trennung formal eine Gleichberechtigung bestehen, aber es findet eine gegenseitige Distanzierung statt, die nicht selten von Aggressionen begleitet ist.

Der Betreuer als Partner läßt sich nur zu einem Teil auf gemeinsame Lebenszusammenhänge ein. Er wohnt nur für einen begrenzten Zeitraum in der Hilfe-zur-Selbsthilfe-Gruppe oder behält seine eigene Wohnung von vornherein. Er kommt zu Besuch in die Gruppe oder die Gruppe besucht ihn. In jedem Fall – sei es, daß er für ein bis zwei Jahre in der TG lebt, sei es, daß er seine Betreuungsfunktion von außen ausübt – bleiben für ihn eine Vielzahl von Kontakten außerhalb der TG bestehen, während für die Drogenabhängigen der Eintritt in die Gruppe zugleich den Abbruch aller sozialen, in der Regel gefährdenden Beziehungen bedeutet. Es gibt Betreuer, die die Partnerschaft so konsequent leben, daß sie ihre persönlichen Bindungen außerhalb der Gruppe vernachlässigen. Es gibt aber auch Betreuer, deren Wille zur Partnerschaft von den Gruppenmitgliedern bezweifelt wird, da sie vielfältige andere Kontakte pflegen. Generell entsteht in der Hilfe-zur-Selbsthilfe-Gruppe das Problem, daß die Drogenabhängigen den Betreuer aufzusaugen suchen, daß seinen Lebensbezügen außerhalb der Gruppe mit Mißtrauen und Eifersucht begegnet wird.

Der Betreuer als Pädagoge lebt nur im Ausnahmefall innerhalb der TG. In den meisten Einrichtungen gehört es geradezu zu den Prinzipien der Arbeit, daß zwischen dem Leben der Betreuer außerhalb und ihrer Tätigkeit in der TG ein klarer Trennungsstrich gezogen wird: Der Pädagoge ist Arbeitskraft, hat eine festgesetzte Arbeitszeit im Schichtdienst und muß seine privaten Verhältnisse so geordnet haben, daß sie ihn während der Arbeit nicht belasten. Ein Kontakt mit den Klienten findet zwar auf persönlicher Ebene statt, ist auch emotional gefärbt, bezieht sich aber fast ausschließlich auf den Lebenszusammenhang in der TG, der Privatbereich des Betreuers ist weitgehend tabu. Sofern private Kontakte mit Mitgliedern der TG stattfinden, sind diese für den Gruppenprozeß eher belastend, weil sie als Privileg gewertet werden können. Ist die Pädagogik auf gemeinsames Arbeiten und (wenn auch im Schichtdienst) gemeinsames Leben von Betreuern und Betreuten orientiert, kann sich bei einzelnen Betreuern eine Tendenz entwickeln, die TG als den Schwerpunkt ihrer Lebensverhältnisse anzusehen: Der private Bereich wird nicht sehr wichtig genommen, dienstfreie Zeit dient der puren Reproduktion ohne umfangreiche persönliche Interessen, freie Tage führen zu Leerlauf.

Der Betreuer als Therapeut hat seinen existentiellen Schwerpunkt eindeutig außerhalb der TG. Er strukturiert seine Arbeitszeit in der Einrichtung so, daß sie ihm viel freie Zeit zur Fortbildung, zur Vorbereitung therapeutischer Maßnahmen und zur Entspannung oder Verfolgung persönlicher Interessen bietet. Selbst in den Zeiten, die er in der TG verbringt, ist er nicht ausschließlich für die Bewohner da, sondern leistet Betreuung durch Anwesenheit und durch das selbstverständliche Angebot, als Therapeut gefordert zu werden. Sofern keine Therapie-Sitzungen als regelmäßige Einrichtungen stattfinden oder keine unmittelbare Anforderung nach Einzeltherapie besteht, ist es durchaus möglich, daß der Therapeut in der TG seine eigenen persönlichen Interessen verfolgt. Er bietet zu von ihm festgelegten Zeiten (nach Koordination im Team) seine Qualifikation an. Sie kann genutzt werden oder auch nicht.

Der Widerspruch der materiellen Lebensverhältnisse

Der Betreuer als Ex-User lebt wie die anderen Mitglieder einer Selbsthilfe-Gruppe aus der Gemeinschaftskasse. Er unterscheidet sich von den ›Neuen‹ in der Regel nur dadurch, daß er mehr Geld in die Hand bekommt, um für die Gruppe einzukaufen. Sein Status als älteres Gruppenmitglied wird auch durch größere Konsummöglichkeiten, wie z. B. durch Benutzung der Fahrzeuge, durch bessere Ausstattung seines Zimmers, durch höheres Taschengeld usw. bestimmt. Seine verbesserte materielle Existenz begründet sich den übrigen Gruppenmitgliedern gegenüber aus der Zeitdauer seiner Abstinenz, seiner persönlichen Entwicklung und seinen Leistungen für die Gruppe. In vielen Selbsthilfegruppen sind jedoch die älteren Ex-User materiell nicht bevorzugt gegenüber den übrigen, können aber in der Regel mit ihrem Taschengeld besser umgehen und bilden auch in dieser Hinsicht ein Vorbild.

Der Betreuer als Partner bringt seine eigenen materiellen Mittel mit in die TG ein, sofern er dort lebt. Er verfügt nicht über mehr Geld als die übrigen Gruppenmitglieder, sondern lebt wie sie von der Gemeinschaftskasse. Er kann jedoch auf dem Hintergrund seiner eigenen Lebenserfahrung besser die materiellen Bedürfnisse und Möglichkeiten der Gruppe übersehen und ist deshalb meist für die Gruppenökonomie verantwortlich oder kontrolliert sie. Sein ›Opfer‹, das er durch Verzicht auf private Einkünfte leistet, wird von den übrigen Gruppenmitgliedern hoch honoriert, er kauft sich gewissermaßen in die Gruppe ein. Sofern er nicht in der Gruppe lebt, sondern als Partner von außen wirkt und über mehr Geld verfügt, ist sein Stand erheblich schwerer, vor allem in Auseinandersetzungen um Konsumgewohnheiten: Drogenabhängige sind es nicht gewohnt, mit Geld zu haushalten, und es entstehen immer wieder Konflikte über luxuriöse Hobbies und ähnliches, die der Gruppenökonomie schaden, die sich der Außenbetreuer aber vielleicht leisten kann.

Der Betreuer als Pädagoge verfügt über erheblich mehr Geld als die Mitglieder der TG. Während die Drogenabhängigen unter pädagogisch begründeten materiellen Beschränkungen leben, erhält er für seine Tätigkeit ein Gehalt. Er genießt nicht nur größere Freizügigkeit, sondern kann sie auch nutzen, sich eventuell ein Fahrzeug leisten usw. Hier ergeben sich Konflikte vor allem dann, wenn der Betreuer lediglich am Tagesablauf der Betreuten teilnimmt, ohne daß für sie durchschaubar wäre, welchen Dienst er ihnen erweist, der ein Gehalt rechtfertigen würde. In besonderen Situationen kann es dazu kommen, daß die Bewohner einer TG ihren Betreuern vorrechnen, wieviel sie mit ihrem Gehalt ihre Eltern oder das Sozialamt kosten. Andererseits ist es in einer sozial-pädagogisch orientierten Gemeinschaft so, daß die Bewohner um so mehr materielle Möglichkeiten erhalten, je weiter sie innerhalb der Konzeption voranschreiten, beispielsweise den Verdienst aus eigener Arbeitstätigkeit zum Teil selbst konsumieren und für private Bedürfnisse einkaufen gehen dürfen. So findet eine allmähliche Annäherung an die Konsummöglichkeiten der Betreuer statt.

Der Betreuer als Therapeut lebt ebenfalls in erheblich besseren materiellen Verhältnissen als die Bewohner einer TG. Er ist für sie oftmals sogar der Inbegriff des freien, mit allen Möglichkeiten des Konsums und der Selbstverwirklichung ausgestatteten Menschen. Konflikte über den Wert der Leistung des Therapeuten sind in der sozialtherapeutischen Gemeinschaft selten, da die prinzipielle Überlegenheit des Therapeuten unumstößlich und der Wert seiner Eingriffe in das Gruppengeschehen oder seiner individuellen Hilfen immer wieder deutlich sind. Selbst die Inaktivität oder die Verweigerung des Therapeuten sind noch als therapeutische Maßnahme interpretierbar, so daß Infragestellung der Qualität (und damit des Einkommens) des Therapeuten in diesem Rahmen immer nur als – wiederum nur therapeutisch zu bearbeitende – Abwehr zu werten ist. Andererseits ist der materielle Status des Therapeuten für die Bewohner kaum erreichbar und bleibt so Bestandteil seiner Überlegenheit.

Der Widerspruch der Lebensperspektive

Der Betreuer als Ex-User hat seine Lebensperspektive festgelegt: Entweder stellt er sich vor, sein ganzes weiteres Leben in der Selbsthilfe-Gruppe zu verbringen, sie als Lebensgemeinschaft ernst zu nehmen, oder er hat sich bereits für eine Ausbildung entschieden, die er entweder noch während seines Aufenthaltes in der TG beginnt oder daran anschließt. Im ersten Fall ist er als ruhender Pol innerhalb der TG wichtig, er gibt den jüngeren Gruppenmitgliedern Sicherheit. Im zweiten Fall wirkt er als Vorbild dafür, was man am Ende eines Aufenthaltes in der TG erreichen kann, wird aber andererseits um seine Möglichkeiten auch beneidet und ängstlich in bezug auf seine mögliche Vernachlässigung der Gruppe beobachtet. In einer Selbsthilfegruppe ist es deshalb besonders wichtig, daß nicht zu viele Ex-User gleichzeitig sich auf eine Ausbildung oder Berufstätigkeit außerhalb orientieren und dadurch den jüngeren Gruppenmitgliedern Unsicherheit bezüglich des weiteren Funktionierens der Gruppe vermitteln.

Der Betreuer als Partner läßt sich nur für einen bestimmten abgegrenzten Zeitraum auf die gemeinsame Perspektive in der Gruppe ein. Gewöhnlich liegt sein Lebensziel bereits fest, er verfolgt es auch unabhängig von der Gruppe. Die Partnerschaft endet, wenn die Verfolgung der eigenen Ziele den Betreuer voll beanspruchen. Vielfach verbinden ehrenamtliche Betreuer in Hilfe-zur-Selbsthilfe-Gruppen ihre Tätigkeit mit dem Wunsch nach einer zusätzlichen praktischen Qualifikation im Drogenbereich, der ihnen später im Beruf nützlich sein kann. Überraschenderweise ergeben sich daraus jedoch keine Konflikte mit den Betreuten, zumindest dann nicht, wenn der Nutzen der Betreuertätigkeit eindeutig und das persönliche Verhältnis zwischen Betreuern und Betreuten gut ist. Da viele dieser Betreuer sich noch in der Ausbildung befinden, entwickelt sich auch bei den Betreuten ein starkes Bedürfnis nach zusätzlicher Qualifizierung oder Fortsetzung von begonnenen Ausbildungsgängen. Je vielfältiger die beruflichen Ziele der Partner einer solchen Gruppe sind, desto leichter ist es, die Bewohner der TG für verschiedene Ausbildungsmöglichkeiten zu interessieren. In der Regel gehen jedoch die Ausbildungswünsche in die Richtung pädagogischer Berufe oder besserer Schulbildung.

Der Betreuer als Pädagoge ist in der Regel bereits als Sozialarbeiter, Erzieher oder ähnliches ausgebildet. Seine Perspektive liegt somit fest. Er kann von einer weiteren Beschäftigung in der TG ausgehen oder jedenfalls mit einiger Sicherheit auch künftig in seinem Beruf seinen Lebensunterhalt verdienen. Dieser Umstand, zusammen mit der Vorbildfunktion, führt dazu, daß eine große Zahl der Betreuten die gleichen beruflichen Interessen verfolgen. Vielfach ist dies allein deshalb illusionär, weil mangelnde schulische Ausbildung oder ein längeres Vorstrafen-Register dem im Wege stehen. Deshalb kommt es sehr darauf an, welche Anregungen der beruflichen Orientierung in der TG selbst geboten werden, um an den tatsächlich vorhandenen Möglichkeiten anknüpfen zu können. Ein durchstrukturiertes arbeitstherapeutisches Programm und zusätzliche Exkursionen in verschiedene Betriebe, sowie die enge Zusammenarbeit mit Arbeitsvermittlung und Umschulung sind notwendig, um Konflikte aufgrund des sozialen Gefälles zwischen den Berufen der Betreuer und den Zukunftsaussichten der Betreuten zu vermeiden.

Der Betreuer als Therapeut hat gewöhnlich eine sichere Perspektive, die jedoch aufgrund der vielfachen Möglichkeiten des Einsatzes von Psychotherapeuten – vom öffentlichen Dienst bis zur eigenen Praxis – sehr flexibel ist. Dadurch ergibt sich ein erheblicher Widerspruch zu den sehr begrenzten Chancen ehemaliger Drogenabhängiger, beruflich Fuß zu fassen. Zudem liegt in der sozialtherapeutischen Gemeinschaft der Schwerpunkt auf dem therapeutischen Prozeß, d. h. auch auf der Entwicklung und Ausformung individueller Bedürfnisse und Möglichkeiten. Die Berufswünsche sind hier dementsprechend besonders phantasievoll und unrealistisch und bleiben oft bei dem Wunsch stehen, selbst Therapeut zu werden. Deshalb wird in vielen sozialtherapeutischen Einrichtungen inzwischen auch Arbeitstherapie zumindest in der Form von Berufspraktika eingeführt.

Der Widerspruch der Gültigkeit von Regeln

Der Betreuer als Ex-User unterliegt prinzipiell den gleichen Regeln wie die übrigen Bewohner. Das gilt für Grundregeln wie: keine Drogen, keine Gewaltanwendung usw. Darüber hinaus kann er nach einem Stufen-System gegenüber jüngeren Gruppenmitgliedern privilegiert sein durch mehr Freizeit, mehr Ausgang, mehr Außenkontakte.

Seine Möglichkeit, auf die Einhaltung von Regeln zu pochen, beruht in erheblichem Umfang darauf, daß er selbst dies vorlebt oder zumindest vor seinem jetzigen Status gezeigt hat, daß es möglich und nützlich ist, den Gruppennormen zu entsprechen. Es zeigt sich in Selbsthilfe-Gruppen sehr deutlich, daß der laxe Umgang mit den Regeln, der manchmal bei den älteren Gruppenmitgliedern einreißt, weil sie sich selbst für stabil genug halten, sich auf die ganze Gruppe auswirkt und sie in eine Gefahrensituation bringt. Der Betreuer wird so immer wieder auf seine Rolle als Vorbild festgelegt und kann sich keine Experimente leisten. Oft tritt jedoch auch die umgekehrte Tendenz ein, daß Ex-User in dem Augenblick, in dem sie Verantwortung übernehmen, die Regeln zur Absicherung ihrer eigenen Funktion verschärfen wollen.

Der Betreuer als Partner hält die gültigen Hausnormen strikt ein, sooft und solange er sich in der TG aufhält. Wohnt er mit im Haus, gilt dies auch für seine Freizeit: Wenn er z. B. allein unterwegs ist, ist er wie die anderen an das prinzipielle Alkoholverbot gebunden, obwohl bei ihm eine Rückfall- oder Umsteigegefahr nicht gegeben ist. Diese freiwillige Unterwerfung unter die Regeln hat einen verstärkenden Vorbildeffekt: Es wird für die übrigen Bewohner deutlich, daß solidarisches Handeln unter Verzicht auf Privilegien möglich und daß die gesellschaftlichen Normen beispielsweise für ›kultiviertes Trinken‹ nicht so selbstverständlich sind, wie dies die übrige Umwelt, die sich durch abstinentes Verhalten provoziert fühlt, glauben machen will. Der Partner, der von außen die Gruppe betreut, hat es in dieser Hinsicht schon schwerer, da sein Verhalten in bezug auf die Regeln für die Drogenabhängigen nicht überschaubar ist. Vielfach kann sich der Außenbetreuer auch aus anderen Gründen nicht an die Regeln halten und muß dies oft genug der Gruppe gegenüber begründen. Er ist auf dieser Ebene angreifbar.

Der Betreuer als Pädagoge unterliegt nicht den gleichen Regeln wie die Bewohner der TG. Er ist aufgrund seines Status als jemand ausgezeichnet, der stabil und ohne Korsett sein Leben gestalten kann. Dennoch wird er die Drogenabhängigen nicht dadurch provozieren, daß er beispielsweise im Dienst trinkt. Vielmehr muß er auch in dieser Hinsicht als Vorbild wirken können und durch sein Verhalten zeigen, daß er, ohne den Regeln formal zu unterliegen, so vernünftig leben kann, wie es die Regeln für die Bewohner der TG vorschreiben. Zwischen der Rationalität des Regelsystems und der Rationalität des Verhaltens der Pädagogen besteht also ein enger Bezug. Wenn beispielsweise ein Betreuer, der bei jeder Gelegenheit Drogenabhängige verdächtigt, rückfällig geworden zu sein, selbst seinen Dienst mit einer Alkoholfahne antritt, verliert er nicht nur seine Glaubwürdigkeit und seinen pädagogischen Einfluß, sondern die Rationalität der Alkohol-Regel wird sogar in Frage gestellt.

Der Betreuer als Therapeut unterliegt ebenfalls nicht den Hausnormen der TG. Für seinen Status ist es von Bedeutung, etwas Besonderes zu sein, also auch auf die Einhaltung von Regeln pfeifen zu können. Gerade bei der verbreitetsten therapeutischen Methode in TGs für Drogenabhängige, der Gestalttherapie, gehört es zu den Axiomen der Therapie, also auch zum Selbstbild des Therapeuten, daß das Individuum nach seinen eigenen Bedürfnissen ohne Rücksicht auf gesellschaftliche Normen leben lernen soll. Dieses Axiom steht in gewissem Widerspruch zu den innerhalb jeder TG notwendigen Hausnormen. Deshalb wird auch in die Therapie bewußt die Abweichung der Therapeuten von der Norm als Provokation der Bewohner eingebaut, und deshalb steht am Ende der Therapie ein weites Experimentierfeld für die Drogenabhängigen, in dem sie ihre persönlichen Normen finden sollen, einschließlich persönlicher Erfahrungen beim Umgang mit Alkohol.

Der Widerspruch der Fähigkeiten

Der Betreuer als Ex-User weist sich den anderen Mitgliedern gegenüber hauptsächlich durch größere Fähigkeiten auf Gebieten aus, die in der Gruppe selbst trainierbar sind. Er kann besser als die anderen den Tageslauf strukturieren, Normenkontrolle ausüben, in Gruppenprozesse eingreifen, Krisensituationen einzelner erkennen. Sein Entwicklungsvorsprung erscheint für die anderen meilenweit. Sofern es nur einen oder wenige ältere Ex-User mit Betreuungsfunktion und sehr viele Neue in der Selbsthilfe-Gruppe gibt, kann dies zu Problemen führen, weil die Älteren ihre entwickelten Fähigkeiten zur Begründung von Machtstrukturen nützen können, andererseits von ihrer Gesamtverantwortung für die Gruppe kaum entlastet werden können. Sofern dagegen eine gute Mischung von Älteren, Mittleren und Neuen besteht, sind diese Risiken nicht gegeben, da die jeweils jüngeren Gruppenmitglieder in der Entwicklung ihrer Fähigkeiten den älteren nacheifern und sie auch hinsichtlich der Ausnutzung besonderer Fähigkeiten zum Machtmißbrauch kontrollieren können.

Der Betreuer als Partner verfügt auf den meisten Gebieten über mehr Fähigkeiten als die Bewohner der TG. Dennoch wird es – vor allem im Zusammenleben – in speziellen Bereichen Qualifikationen bei einzelnen Drogenabhängigen geben, die denen der Betreuer überlegen sind. Im partnerschaftlichen Lernprozeß gibt es deshalb einen Austausch von Erfahrungen und Qualifikationen. Der Betreuer hilft beispielsweise bei der Erstellung eines Protokolls oder eines Briefes, bei der Zusammenstellung des Einkaufsplans, bei der Ordnung von Gesichtspunkten im Gruppengespräch usw., ist aber andererseits bei handwerklichen Arbeiten, beim Renovieren, bei der Bestellung des Gartens Lernender wie andere Gruppenmitglieder auch, sofern einer der Betreuten auf diesem Gebiet über spezielle Qualifikationen verfügt. Gewöhnlich werden in die Gruppe von den Betreuern eher Fähigkeiten geistiger, von den Betreuten eher Fähigkeiten körperlicher Arbeit eingebracht. Kennzeichen der Partnerschaft ist, daß sich der Betreuer immer auch als Lernender begreift, daß er auch einmal seine Fähigkeiten zurückhält, damit die Gruppe aus eigener Kraft eine Lösung findet, und daß er durch Weitergabe seiner Qualifikation sich selbst in der TG entbehrlich macht.

Der Betreuer als Pädagoge fußt in seiner Funktion auf der Überlegenheit seiner Fähigkeiten. Er muß alle praktischen Prozesse des Gruppenlebens beherrschen, um sie anleiten zu können. Er vergibt sich etwas, wenn er mangelnde Fähigkeiten bei den Drogenabhängigen kritisiert, die entsprechende Aufgabe aber selbst nicht lösen kann. Mangelnde praktische Fähigkeiten werden ihm als Schwäche ausgelegt. Die eigentliche Stärke des Betreuers liegt in der pädagogischen Durchdringung des Arbeits- und des Gruppenprozesses sowie in der Erledigung von organisatorischen und Verwaltungsaufgaben. Weil in der sozialpädagogischen Gemeinschaft jedoch die Arbeitstherapie eine entscheidende Rolle spielt, findet in dieser Hinsicht nur eine periphere Qualifikation der Betreuten statt, während umgekehrt der Betreuer im Bereich der körperlichen Arbeit sich ebenfalls einbringen muß und sich keine Blöße geben darf. Sobald er beim Gemüseanbau beispielsweise einen schwerwiegenden Fehler macht, kann er dies durch pädagogischen Sachverstand kaum wieder ausgleichen.

Der Betreuer als Therapeut verfügt durch seine therapeutische Methode über eine unangreifbare und unerreichbare Qualifikation. Seine Fähigkeiten auf anderen Gebieten sind demgegenüber unerheblich und werden nur mehr oder weniger zufällig in den Gruppenprozeß eingebracht. Mit der Organisation des Alltagslebens hat er wenig zu tun, da sie sich in Eigenverantwortung der Bewohner nach einem allerdings festgelegten Konzept regelt. Ein Austausch von Fähigkeiten zwischen Betreuern und Betreuten findet in der sozialtherapeutischen Gemeinschaft eher spielerisch statt, soweit es sich nicht um direkte therapeutische Interventionen handelt. Bezüglich der therapeutischen Dimension gehört es zur Methode, alle Gruppenmitglieder zunehmend sensibler für die sozialen Prozesse zu machen. Damit werden sie tendenziell auch therapeutisch qualifiziert. Im Anfangsstadium ist diese Qualifikation rein äußerlich: Die Gruppenmitglieder imitieren die Therapie-Sprache, verwenden Fachausdrücke und teilweise Techniken, ohne deren Hintergrund verstanden zu haben. Teilweise wird die therapeutische Technik von den Betreuten zur Durchsetzung persönlicher Interessen benutzt. So kann Lernen von den Betreuern auch antitherapeutisch wirken.

Der Widerspruch der persönlichen Problematik

Der Betreuer als Ex-User unterscheidet sich sehr deutlich nur quantitativ von den übrigen Gruppenmitgliedern: Er teilt mit allen das Problem der süchtigen Haltung, ist durchaus nicht ›geheilt‹, sondern bleibt sein Leben lang süchtig. Seine Probleme haben sich im Lauf der psychischen Entwöhnung gemildert oder sind teilweise gelöst. Er verfügt über soziale Verhaltensweisen, kann sich artikulieren und seine Schwierigkeiten in die Gruppe einbringen. Er hat also in dieser Hinsicht einen Vorsprung vor den anderen. Dennoch braucht gerade der Ex-User seinerseits noch die Gruppe, wenn vielleicht auch weniger als persönlichen Halt oder zur Lösung seiner persönlichen Nöte, so doch dazu, sein Bedürfnis, anderen zu helfen, auszuleben. Bei vielen Ex-Usern, die Betreuungsfunktionen übernehmen, ist die Rückgabe der einmal erfahrenen Hilfestellung an die Gruppe wichtig für ihren eigenen Reifungsprozeß. In Einzelfällen ist sogar aufgrund der eigenen Problemlage die Notwendigkeit zu erkennen, ein Leben lang als Helfer oder Selbsthilfe-Funktionär tätig zu bleiben, wie dies ja auch bei den Anonymen Alkoholikern und anderen Selbsthilfe-Organisationen von Süchtigen üblich ist. Umgekehrt ist es für die Betreuten wichtig, in den Ex-Usern nicht nur ein Vorbild an Lebensbewältigung, sondern auch ein Vorbild im Einbringen persönlicher Probleme zu finden. Ältere Gruppenmitglieder, die sich selbst als problemlos darstellen, heben sich meist von der Gruppe ab und werden wegen ihres überlegenen schulmeisterlichen Tons nicht mehr angenommen.
Der Betreuer als Partner geht grundsätzlich von einer Verwandt-

schaft der Problemstrukturen bei Betreuern und Betreuten aus. Er hat seine eigene Suchtstruktur reflektiert und weiß von sich, daß er nur durch eine Reihe günstiger Umstände nicht einen ähnlichen Weg wie die Drogenabhängigen gegangen ist. Er ist für das Suchtproblem so weit sensibilisiert, daß er sich selbst mit in die Problematik einbezieht. Er bringt seine eigenen Probleme in die Gruppe ein, benutzt sie als Beispiel und Vergleichsmöglichkeit, auch wenn sie quantitativ geringer sind als bei den übrigen Bewohnern. Andererseits stellt er seine eigenen Probleme nicht prinzipiell in den Vordergrund, sondern beachtet dabei den möglichen Lernprozeß für die Gruppe. So hat es beispielsweise wenig Sinn, wenn Ausbildungsprobleme, die für die übrigen Bewohner ohne jeden Vergleich und kaum durchschaubar sind, in die Gruppendiskussion eingebracht werden. Für den Außenbetreuer ist die Situation in dieser Hinsicht eingeschränkt: Er hat es in seinem persönlichen Bereich oft mit Problemen zu tun, zu denen die Gruppe überhaupt keinen Bezug hat. Dennoch kann es zur Vertiefung des Vertrauensverhältnisses von Bedeutung sein, wenn auch der Außenbetreuer seine Sorgen nicht vor der TG verschließt, sie sozusagen in der Garderobe abgibt und eine heile Welt vorspiegelt. Die Bewohner lernen so, Anteil am Schicksal anderer zu nehmen und gleichzeitig sich selbst nicht als etwas Besonderes zu erleben.

Der Betreuer als Pädagoge ist wie jeder andere Mensch nicht ohne persönliche Probleme. Er bringt sie jedoch in die TG nicht zur Klärung ein. Im Gegenteil: mit den Bewohnern über persönliche Dinge zu sprechen gilt vielfach als pädagogischer Fehler. Soweit persönliche Schwierigkeiten sich auf die Arbeit auswirken, wird dies von Kollegen oder der Leitung notfalls vor der Gruppe kritisiert, in der Regel jedoch im Team besprochen. Da die Bewohner in der Einrichtung und bei den Mitarbeitern Halt und Orientierung suchen, dürfen die Mitarbeiter keine Schwächen zeigen. Sie erscheinen dadurch äußerlich als unangreifbar. Dennoch sind ihre persönlichen Probleme oder auch ihre scheinbaren Schwächen häufig Gesprächsthema bei den Bewohnern, gerade weil es so unwahrscheinlich scheint, daß hinter der Fassade des stabilen, allen Schwierigkeiten gewachsenen Betreuers alles in Ordnung sein sollte. In der sozialpädagogischen Gemeinschaft werden deshalb auch die Schwächen der Betreuer erbarmungslos attackiert, was – ebenso wie in der Schule – zur weiteren Verdeckung persönlicher Probleme durch die Pädagogen führt.

Der Betreuer als Therapeut hat in der Regel durch seine Ausbildung den größten Teil seiner persönlichen Probleme bereits bearbeitet. Überdies verfügt er über Techniken – auch mit Hilfe von Supervisions- und Fortbildungsgruppen –, sich weiterzuentwickeln und an seinen Problemen zu arbeiten. Seine Probleme gezielt in die TG einzubringen wäre ein regelrechter Kunstfehler, da die Bewohner vom Therapeuten die Funktion des Übervaters (oder der Mutter) erwarten und ohne diese Funktion keine Therapie im eigentlichen Sinne möglich ist. Ein massives persönliches Problem eines Betreuers kann in der sozialtherapeutischen Gemeinschaft eine regelrechte Krise herbeiführen, sie wird als Kränkung erlebt. Die Bewohner akzeptieren die Allgewalt der Betreuer, aber sie tun dies nur, wenn die Therapeuten in jeder Situation stabil und Herr der Lage sind. Schwächen der Betreuer, die zufällig außerhalb des Gruppenprozesses beobachtet werden, führen in der Gruppe zu Unruhe oder Trauer, die nur schwer aufzufangen sind.

Der Widerspruch der Reaktionsmöglichkeiten

Der Betreuer als Ex-User verfügt bereits über erheblich mehr angemessene Reaktionsmöglichkeiten in emotionaler und sozialer Hinsicht als die übrigen Bewohner. Er versteht es, Kritik zu üben oder zu loben, er kann weitgehend seine Gefühle äußern, auf andere Menschen zugehen usw. Er kann dadurch bei den anderen Gruppenmitgliedern ähnliche Reaktionen provozieren. Andererseits ist es auch in diesem Punkt wieder problematisch, wenn die Gruppe aus wenig alten und vielen neuen Mitgliedern besteht, da dann fast alle sozialen Interaktionen über die Ex-User mit Betreuungsfunktion laufen und Entwicklungsmöglichkeiten der Jüngeren verschüttet werden. Kennzeichen einer schlechten Gruppenstruktur ist es, wenn Reaktionen auf Verhaltensweisen überwiegend oder ausschließlich negativ sind, wenn also das Positive am Verhalten einzelner überhaupt nicht beachtet wird. Da die ganze Gruppensituation auf individuelle und kollektive Veränderung orientiert ist, reißt die Dominanz negativer Kritik immer wieder ein. Ein ausgeglichenes Verhältnis von sozialer Aktion und Reaktion ist dementsprechend in Selbsthilfe-Gruppen nur schwer zu erreichen, phasenweise ist besonders ein in emotionaler Hinsicht eher flaches Verhalten beobachtbar.

Der Betreuer als Partner ist bereits bei der Übernahme der Betreuungsfunktion durch ein bewußtes soziales Verhalten geprägt. Allerdings lernt er in der für ihn neuen sozialen Interaktion mit Süchtigen ständig neue Reaktionsmöglichkeiten hinzu. So wird er beispielsweise sensibler für Umsteigeverhalten der Bewohner, für den exzessiven Umgang mit Kaffee oder Zigaretten. So lernt er, auf süchtige Verhaltensweisen aller Art, wie sie z. B. auch im Musik-Hören oder Comic-Lesen liegen, zu achten und zu reagieren. Er lernt sich selbst auch in dieser Hinsicht besser kontrollieren und nach Alternativen zu suchen. Umgekehrt ist es für die Betreuten jedoch oft problematisch, wenn der Betreuer für jede soziale Situation gleich eine Interpretation oder einen Lösungsvorschlag parat hält. Partnerschaftliche Betreuung bedeutet deshalb auch, sich in seinen emotionalen oder sozialen Reaktionen zurückzuhalten, wenn es für den Gruppenprozeß oder die Lernschritte eines einzelnen sinnvoller ist. So kann soziale Kompetenz weitergegeben werden, ohne daß sie unbedingt in jeder Situation vorgelebt wird.

Der Betreuer als Pädagoge erweist seine Funktion gerade dadurch, daß er möglichst in jeder Situation angemessen reagiert. Er greift in das Gruppengeschehen ständig ein, korrigiert Verhaltensweisen, spart nicht mit Kritik und hebt positive Verhaltensweisen hervor. In einer konfrontativen pädagogischen Form, die von einem massiven Mangel sozialer Verhaltensweisen bei den Drogenabhängigen ausgeht und sich zumindest in der Anfangsphase an dem Umgangston und den Kampfgewohnheiten der Szene orientiert, steht die Kritik, das ständige Angreifen von Fehlverhalten und Schwäche im Vordergrund. Die Bewohner der sozialpädagogischen Gemeinschaft sind bei Auseinandersetzungen mit Betreuern immer die Unterlegenen, der Pädagoge nutzt seine soziale Kompetenz zur massierten Verhaltenskorrektur. Die sich entwickelnden sozialen Möglichkeiten der Betreuten können sie nur in der Interaktion mit gleichgestellten und jüngeren Gruppenmitgliedern erproben. Die emotionalen Reaktionen gegenüber den Betreuern sind vielfältig und reichen von der offenen Aggression bis zur Identifikation mit dem ›strengen Vater‹. Gerade aufgrund der Konfrontation zwischen Betreuern und Betreuten und der allmählichen Übernahme von pädagogischen Funktionen durch die älteren Bewohner entsteht gegen Ende des Aufenthaltes in der TG, meist jedoch erst nach dem Auszug, so etwas wie soziale Gleichberechtigung.

Der Betreuer als Therapeut bringt seine überlegene soziale Kompetenz nicht prinzipiell in die Gruppensituation ein. Er ist eher Katalysator der Gruppenprozesse als aktiver Partner. Seine Emotionen bleiben – je nach therapeutischer Methode – außerhalb des Geschehens oder werden bewußt eingesetzt. In gewisser Weise schwebt er über dem Gruppenprozeß, obwohl er ihn teilweise bestimmt. Aber es kommt für den Therapeuten eben darauf an, die Betreuungskräfte der Gruppe selbst zu aktivieren, das Gruppenleben als selbstorganisiert erfahrbar zu machen. Deshalb wird der Betreuer in das alltägliche Geschehen der sozialtherapeutischen Gemeinschaft und in die Gruppenrituale meist auch nicht einbezogen. Soziales Verhalten ist von ihm nicht erfahrbar oder lernbar, sondern nur auf dem Umweg über emotionale Bindung an ihn und seine therapeutische Interaktion kreativ zu entwickeln.

Der Widerspruch der Verhaltensvariabilität

Der Betreuer als Ex-User hat sich eine Reihe von unterschiedlichen Tätigkeiten und Verhaltensweisen im Laufe seiner Gruppenzugehörigkeit angeeignet. Er kann die in der Selbsthilfe-Gruppe anfallenden Arbeitstätigkeiten ausführen, kann Gruppendiskussionen leiten, Protokolle schreiben usw., und weiß die Freizeitmöglichkeiten, die sich im Haus bieten, zu nutzen. Darüber hinaus hat er verschiedene Möglichkeiten für Freizeitbeschäftigungen außerhalb der Gruppe erprobt. Die jüngeren Gruppenmitglieder dagegen sind in ihren Verhaltensweisen noch auf die Beschäftigungen der Szene fixiert und lernen nur mühsam die notwendigsten, ihnen übertragenen Aufgaben. Außerhalb der gemeinsamen Arbeit oder der Gruppenaktivitäten im Freizeitbereich wissen sie wenig mit sich anzufangen. Die älteren Gruppenmitglieder gleichen diesen Leerlauf dadurch aus, daß sie die Neuen für ihre eigenen Interessen faszinieren. Ein Eingehen auf die Freizeitinteressen der Jüngeren findet, selbst wenn sie sich artikulieren, nur selten statt, da die Älteren durch die Beschäftigung mit den Jüngeren in ihren Interessen ohnehin an sie gebunden sind, nicht mehr allein etwas unternehmen können. Der optimale Zustand ist in einer Selbsthilfe-Gruppe dann erreicht, wenn viele Freizeitaktivitäten von der ganzen Gruppe betrieben werden. Allerdings läßt sich dies nur selten verwirklichen.

Der Betreuer als Partner ist es aufgrund seines bisherigen Lebens gewohnt, eine Vielzahl von Interessen durch unterschiedliche Tätigkeitsbereiche zu verfolgen. In der Hilfe-zur-Selbsthilfe-Gruppe ist er als Mitbewohner abrupt auf einen engen Lebenskreis reduziert und kann zunächst einmal nur von den vorhandenen Verhaltensmöglichkeiten der übrigen Bewohner ausgehen. Da er in dieser Hinsicht von der Gruppe auch nicht gefordert wird, sondern die Drogenabhängi-

hängigen so unterschiedlich von dem der Betreuer, daß es die Betreuer leicht verunsichern kann. In vielen Fällen kommt es bei langjährig Drogenabhängigen aufgrund des Entwicklungsrückstandes zu eruptiven pubertären Erscheinungen. Das Einfühlungsvermögen wird auf eine harte Probe gestellt, partnerschaftliche Betreuungsfunktion wird schwierig. Dies vor allem dann, wenn sich nicht nur die emotionalen, sondern auch die sexuellen Bedürfnisse der Betreuten auf die Betreuer richten. Eine starke emotionale Bindung ist möglich und in diesem Modell sogar angestrebt. Eine sexuelle Beziehung ist jedoch ausgeschlossen, nicht sosehr aus moralischen Gründen als vielmehr aufgrund der Tatsache, daß Drogenabhängige an eine Zweierbeziehung einen so starken Totalitätsanspruch im Sinne eines fast ständigen Beisammenseins haben, daß dieser von den Betreuern aufgrund ihrer eigenen Erfahrungen und Bedürfnisse gar nicht durchzuhalten wäre.

Der Betreuer als Pädagoge läßt auch auf dieser Ebene seine eigenen Bedürfnisse weitgehend außerhalb des pädagogischen Prozesses. Zwar entwickelt er emotionale Bindungen auch an einzelne Bewohner, aber er kontrolliert sie in Hinsicht auf eine möglichst gerechte Gleichbehandlung aller Betreuten. Sexuelle Kontakte sind tabu. Unter den Bewohnern selbst besteht ebenfalls eine Beziehungsregel, die von den Pädagogen streng überwacht wird. Andererseits wissen die Betreuer auch ganz genau, daß diese Regel – zumindest bei einer gewissen Größe und Unüberschaubarkeit der Gruppe – bei jeder sich bietenden Gelegenheit durchbrochen wird. Dies wird in Kauf genommen, wenn es nicht die Disziplin oder die Entwicklungsmöglichkeiten einzelner stört. Der Pädagoge wird so Ehestifter und Scheidungsrichter zugleich. Seine eigenen emotionalen und sexuellen Bedürfnisse sind für die Betreuten nicht überschaubar, es sei denn, es ergäbe sich zufällig eine Partnerbeziehung zwischen Betreuern.

Der Betreuer als Therapeut bringt – jedenfalls bei entsprechender methodischer Orientierung – seine emotionalen und auch seine sexuellen Bedürfnisse mit ein. In der Gestalttherapie beispielsweise gehört die Konfrontation der Mitglieder einer therapeutischen Gruppe mit den Reaktionen, die sie auf dieser Ebene auslösen, zu den therapeutischen Prinzipien. Allerdings ist auch hier das Ausleben sexueller Bedürfnisse zwischen Betreuern und Betreuten ausgeschlossen. Experimente, die in dieser Hinsicht Anfang der 70er Jahre durchgeführt wurden, sind schnell wieder zurückgenommen worden – in der Therapie Drogenabhängiger hätten sie erst recht keine Perspektive. Eine Beziehungsregel besteht in den gestalttherapeutischen Einrichtungen nicht. Das Eingehen von Beziehungen jeglicher Art und die daraus entstehenden Probleme gehören mit zum Inhalt der Therapie und dienen der Aufarbeitung der individuellen Sozialisation. Das Chaos von Gefühlen in diesen Einrichtungen wirkt oft auf den außenstehenden Beobachter beängstigend, wird jedoch durch die strukturierende Kraft der Therapie aufgefangen. In anderen sozialtherapeutischen, beispielsweise verhaltenstherapeutisch orientierten Gruppen ist die Situation eher mit den sozialpädagogisch orientierten TGs vergleichbar.

Der Widerspruch der Motive des Zusammenseins

Der Betreuer als Ex-User findet sein Motiv, in der Selbsthilfe-Gruppe zu bleiben, in erster Linie darin, daß er selbst noch einen Schonraum braucht, sich selbst noch verändern muß. Insofern ist sein Bedürfnis, in der Selbsthilfe-Gruppe zu bleiben, identisch mit dem der anderen Bewohner. Dieses Schutzbedürfnis kann im Extremfall zum Dauerzustand werden, der andererseits dadurch gekennzeichnet ist, daß sich der Ex-User außerhalb der TG im gesellschaftlichen Umfeld nicht mehr zurechtfindet. Das Verbleiben in der TG ist jedoch auch möglich als bewußter Akt der Selbstverweigerung, eines Sich-Distanzieren-Wollens von den gesellschaftlichen Zwängen. Neben diesem Motiv tritt eine besondere Ausprägung des ›Helfer-Syndroms‹ auf: Der Drogenabhängige hat in der Vergangenheit sich selbst helfen wollen durch die Einnahme von Rauschmitteln (Selbstheilungstendenz). Danach hat er in der Gruppe gelernt, sich selbst zu helfen und die Hilfe von anderen zu beanspruchen. Jetzt hilft er anderen und sieht darin seine Lebensaufgabe, ist es sich selbst, seinen toten und lebenden Freunden schuldig und bleibt auf diese Weise vor der Versuchung geschützt.

Der Betreuer als Partner ist in seinen Motiven in spezifischer Weise geteilt: Einerseits gehört zu seinen Motiven das Helfen-Wollen, andererseits verspricht er sich von einem Sich-Einlassen auf ein soziales Experiment, wie es eine TG darstellt, auch eigene Lernschritte und wichtige Erfahrungen. Die Erfahrungen, die ein nicht süchtig Gewordener damit machen kann, in einer Hilfe-zur-Selbsthilfegruppe konsequent abstinent zu leben, sind ein Beispiel dafür, daß die Erwartung an eigene Lern- und Entwicklungsprozesse gerechtfertigt ist. Auch in anderen Bereichen sozialen Lernens ergibt sich eine Identität der Motive von Betreuern und Betreuten. Das Motiv des

Helfen-Wollens bildet sich dagegen erst bei den älteren Gruppenmitgliedern. Bei den Betreuern spielt es dagegen von vornherein eine Rolle. Gerade bei den ehrenamtlichen Helfern in dieser Art von Einrichtungen ergibt sich dabei gelegentlich das Problem des ›Helfer-Syndroms‹, indem der Umgang mit Menschen, denen es schlechter geht, zur Aufwertung der eigenen Person oder zur Überspielung der eigenen Probleme dient. Allerdings halten sich derartige Betreuer nicht lange, da die Hilfe-zur-Selbsthilfe-Gruppe ja gerade Beziehungen auf einer gleichen Ebene erfordert.

Der Betreuer als Pädagoge verbindet ebenfalls verschiedene Motive mit seiner Tätigkeit: Einerseits reproduziert er sich durch die Arbeit, andererseits ermöglicht ihm die Tätigkeit gerade in diesem Bereich ein gewisses Maß an Freiheit zum Experimentieren, drittens ermöglicht die Tätigkeit in einem helfenden Beruf eine gewisse Entlastung des eigenen sozialen Gewissens. In der Praxis ist es so, daß diejenigen, für die das Helfen-Wollen im Vordergrund steht, sich in sozialpädagogisch orientierten Einrichtungen nicht lange halten, da vieles von dem, was an pädagogischen Prinzipien Drogenabhängigen gegenüber durchgehalten werden muß, im Widerspruch zu den aktuellen Ausbildungsinhalten der Sozialpädagogik steht. Beispielsweise ist eine Pädagogik von Zuwendung und Geben Drogenabhängigen gegenüber in keiner Weise angebracht, Grundprinzip ist im Gegenteil ein ständiges Fordern von eigener Anstrengung und Leistung, wenn auch ein Fordern, das dem Betreuten eine Erfüllung des Anspruchs prinzipiell möglich macht. Wegen dieser Unverträglichkeit von Helfer-Mentalität und pädagogischen Erfordernissen innerhalb der TG ist die Mehrheit der Mitarbeiter mehr an der Möglichkeit, neue experimentelle Formen von Pädagogik zu erproben, interessiert. Überdies ist Sozialarbeit auf der Grenze zur Therapie allemal interessanter als behördliche Sozialbürokratie.

Der Betreuer als Therapeut realisiert in der TG zum Teil ganz ähnliche Interessen wie der Pädagoge. Die Arbeit mit Süchtigen ist innerhalb der Psychotherapie von jeher ein eher exotischer Bereich. Überdies bietet sich den meist noch nicht voll ausgebildeten Therapeuten ein besonderes Lernfeld innerhalb der Methode TG. Für die Bewohner sind beide Interessen, die des Pädagogen wie die des Therapeuten, eher fremd. Sie haben nichts mit ihrem eigenen Motiv, in der Einrichtung zu bleiben, zu tun. Allerdings trübt dies das Verhältnis durchaus nicht. Denn diese Motive eines Helfers sind dem, der Hilfe braucht, stets bekannt. Abweichungen irritieren eher.

Der Widerspruch der gesellschaftspolitischen Ziele

Der Betreuer als Ex-User gehört gewöhnlich noch zu der Generation der Drogenabhängigen, für die Drogenkonsum ein Stück Widerstand gegen die bestehenden gesellschaftlichen Verhältnisse bedeutete. Folgerichtig versucht er in der Selbsthilfe-Gruppe ein Stück Gegenkultur aufzubauen, in konsequentester Form in der Lebensgemeinschaft mit entwickelter selbständiger Ökonomie. Aber auch in Selbsthilfegruppen, die nur als Lebensgemeinschaften auf Zeit funktionieren, besteht eine starke Tendenz zur Bildung von Subkulturen. Vielfach werden von Ex-Usern, die die Selbsthilfe-Gruppe verlassen, Existenzen am Rande der Gesellschaft, in Kleinproduktion oder kleinen Dienstleistungsbetrieben gegründet.

Der Betreuer als Partner hat sich die Mitarbeit oder das Leben in der TG aus gesellschaftspolitischem Engagement ausgewählt. Angesichts der doch sehr langwierigen und umständlichen Versuche, in größerem Maßstab an der Veränderung der Gesellschaft mitzuwirken, ist die Möglichkeit, in einem kleinen eingeschränkten Bereich Alternativen zu entwickeln, faszinierend. Dieser Anspruch wird nicht unbedingt von den Betreuten geteilt. Er kann sogar zu einem Hemmschuh in den persönlichen Beziehungen zwischen Betreuern und Betreuten werden, wenn die Drogenabhängigen ihre vitalen Interessen durch die soziale Experimentierfreudigkeit der Betreuer gefährdet sehen oder sich zu sehr als Objekte eines ihnen aufgesetzten Interesses sehen. Politisierung im eigentlichen Sinne ist durch das Modell TG nur in Ausnahmefällen möglich. Allerdings ergibt sich aus dem Leben in einer alternativen Wohn- und Arbeitsform eine zunehmende kritische Haltung gegen die normativen Zwänge der gesellschaftlichen Umwelt.

Der Betreuer als Pädagoge verfolgt in der Regel keine expliziten gesellschaftspolitischen Ziele mit seiner Arbeit. Allerdings ist er sich darüber im klaren, daß die Arbeit mit Drogenabhängigen in geringerem Maße staatlicher oder öffentlicher Kontrolle unterliegt als andere Bereiche der Sozialarbeit. Darüber hinaus stellt er in der praktischen Arbeit rasch fest, daß (Re-)Sozialisierung nicht bei einer schlichten Anpassung an die bestehenden Verhältnisse stehenbleiben kann, sondern daß der Drogenabhängige auch Widerstand gegen die Faktoren entwickeln muß, die seine Problematik mit verursacht haben.

Der Betreuer als Therapeut schafft mit seiner Methode eine Gegenziehen. Er ist nicht so massiv belastet wie der partnerschaftliche Betreuer, läßt sich nicht so stark emotional auf die Situation ein, verbraucht sich dafür aber auch nicht so schnell. In der Regel können pädagogische Mitarbeiter in TGs fünf oder mehr Jahre in diesem Bereich arbeiten, ohne andere Ansprüche zu entwickeln. Aber auch ihre Mitarbeit ist nicht unbegrenzt, da der ständige Umgang mit Hilfsbedürftigen im Laufe der Zeit auch verhärtet und die pädagogische Flexibilität nachläßt. Sicher auch aus diesem Grund ist es sinnvoll, dann einen ruhigeren Arbeitsplatz mit weniger Kontakt zu Klienten zu suchen, was in der Regel auch nach fünf bis sechs Jahren geschieht.

Der Betreuer als Therapeut hat Ansprüche an das Leben, die gewöhnlich weit über die Arbeit in einer TG für Drogenabhängige hinausreichen. Neben den in einigen Therapieformen bestehenden Tendenzen zur exzessiven Selbstverwirklichung, die ihre Spuren nicht nur im weiteren Lebensweg der Drogenabhängigen, sondern natürlich auch ihrer Therapeuten hinterlassen, liegt beim Psychotherapeuten die Ausweitung der Erwerbsmöglichkeiten durch die Niederlassung in einer Praxis oder die stärkere Konzentration auf die Funktion des Ausbilders besonders nahe, spätestens jedenfalls dann, wenn die eigene Ausbildung abgeschlossen ist.

Schlußfolgerungen

Die eingangs erläuterten Widersprüche zwischen Betreuern und Betreuten wurden als Bestimmungsmerkmale für Distanz oder Nähe im therapeutischen Prozeß der therapeutischen Wirklichkeit, wie sie in der alltäglichen Erfahrung, in Gruppentagebüchern, Mitarbeiterjournalen und Protokollen aus verschiedenen TGs sich widerspiegelt, gegenübergestellt. Es zeigte sich dabei an mehreren Stellen sehr deutlich, daß sich zwischen den einzelnen Betreuer-Funktionen Überschneidungen ergeben, daß es wahrscheinlich den reinen Ex-User, den reinen Partner, Pädagogen und Therapeuten nicht gibt, sondern es sich im Regelfall um Mischformen handelt. Auch zwischen den einzelnen Widersprüchen ergaben sich inhaltliche Überschneidungen, die Lebensperspektive beispielsweise steht natürlich im engen Zusammenhang mit den Ansprüchen an das Leben. Dennoch konnten alle hypothetisch entwickelten Widersprüche in ihrer unterschiedlichen Ausprägung bei den verschiedenen Einrichtungstypen belegt werden.

welt zur Normalgesellschaft. Der in der Therapie gepflegte Umgang miteinander ist nicht der Umgang, den Menschen üblicherweise miteinander pflegen, die Gesellschaft ist nicht therapiert. Der Therapeut erhebt den Anspruch, daß langfristig alle Menschen im Sinne seiner therapeutischen Ideale verändert werden. Der Drogenabhängige dagegen findet sich mit seiner eigenen Persönlichkeitsveränderung außerhalb der TG in einer Welt wieder, die nicht in gleicher Weise therapeutisch durchdrungen ist. Er bedarf deshalb über die Methode zur Aufarbeitung seiner individuellen Problematik hinaus in gewisser Weise eines zusätzlichen Realitätstrainings. Oder aber er ist in der Lage, seine Lebenswelt außerhalb der Therapie in entsprechender Weise zu strukturieren. Er führt so in begrenztem Maße, aber in gleichem Sinne, eine Therapeutisierung der Gesellschaft fort.

Der Widerspruch der Ansprüche an das Leben

Der Betreuer als Ex-User findet seine Ansprüche in der Selbsthilfe-Gruppe weitgehend verwirklicht. Er kann seinen aktuellen Bedürfnissen entsprechend leben und findet in seiner Existenz – vor allem in der Lebensgemeinschaft – volle Selbstverwirklichung. In der Lebensgemeinschaft auf Zeit kann es dagegen sein, daß er schließlich doch an einen Punkt kommt, an dem er nichts mehr mit all dem zu tun haben will. Seine Ansprüche sind jedoch auch dann eher bescheiden, wie er es auch in der langen Phase des kollektiven Lebens gelernt hat.

Der Betreuer als Partner gehört wegen der Besonderheit seiner Leistung und wegen der, trotz aller Gewinne, die er aus der Mitarbeit in der TG für sich zieht, immer wieder auch aufkommenden Empfindung, ein Opfer zu bringen, zu den Betreuerpersönlichkeiten, die nach einem gewissen Zeitraum – spätestens nach zwei bis drei Jahren – ›aussteigen‹. Je nach Mentalität und materiellen Möglichkeiten ist der Ausstieg eine Weltreise, eine völlig andere Aufgabe, ein ›Konsum-Trip‹ oder eine ganz neue Ausbildung. In jedem Fall hat der neue Lebenszusammenhang stark hedonistische Züge. Weiterer Kontakt zur TG kommt gelegentlich auch vor, die Regel ist jedoch eine einschneidende Trennung.

Der Betreuer als Pädagoge verwirklicht seinen Lebensanspruch in der Arbeit innerhalb der TG und in seinen davon völlig getrennten Freizeitmöglichkeiten. Er kann dieses hohe Maß an Selbstverwirklichung relativ lange aus seiner Situation in und außerhalb der TG

Obwohl ich dies zu Beginn der Arbeit hoffte, ergibt sich daraus keine eindeutige Bewertung der unterschiedlichen Einrichtungen. Das therapeutische Klima ist durch das je spezifische Betreuer-Betreute-Verhältnis recht deutlich differenzierbar, es werden jedoch in keinem Fall alle Vorzüge in einem Modell vereint. Es ergibt sich die Schlußfolgerung, daß alle vier Modelle nebeneinander ihre Berechtigung haben, daß keines als generell untherapeutisch und keines als in jeder Hinsicht vollkommen gelten kann. Es muß deshalb für jeden an dem Modell TG Beteiligten eine Entscheidung möglich sein, welcher der vier Einrichtungstypen er sich zuordnen will.

Dies gilt einerseits für die Betreuer: Sie müssen die Wahl treffen zwischen den verschiedenen Einrichtungen unter den Kriterien, was sie an Qualifikation mitbringen, was sie für sich selbst erreichen wollen, welche Zukunftspläne sie haben, welche Widersprüche sie aushalten. Für einen engagierten Betreuer gibt es mehrere Möglichkeiten, und sein Mangel an Entfaltungsmöglichkeiten in der einen Einrichtung bedeutet nicht generell mangelnde Eignung.

Dies gilt andererseits für die Betreuten: Sie müssen zwischen den verschiedenen Einrichtungen wählen unter den Kriterien, welches Verhältnis zu den Betreuern ihren Bedürfnissen am ehesten gerecht wird, welcher Einrichtungstyp ihnen die meisten Entwicklungsmöglichkeiten bietet, worin ihre Zukunftschancen bestehen, wo sie ihre Ziele am besten verwirklichen können. Auch diesen Aspekt muß eine qualifizierte Beratung berücksichtigen, um jedem Drogenabhängigen, jedem besonderen Lebensschicksal gerecht werden zu können.

Die Fragestellung nach dem Verhältnis von Distanz und Nähe hat sich nicht einfach beantwortet, wie zunächst zu erwarten gewesen wäre. Nach dem ersten Hinsehen hätte man festgestellt, daß die Hauptseite des Widerspruchs von Distanz und Nähe in der Selbsthilfegruppe bei der Nähe liegen würde, bei der sozialtherapeutisch orientierten TG dagegen bei der Distanz. Es zeigte sich jedoch bei genauerer Analyse, daß der Widerspruch von Distanz und Nähe in der Therapie Drogenabhängiger sich bei jeder einzelnen Therapieeinrichtung dialektisch entwickelt: daß also Therapie Drogenabhängiger immer bedeutet, eine Gratwanderung zwischen persönlicher, emotionaler und materieller Distanz und Nähe zu leisten, Beispiele dafür gibt es genug: den Ex-User, der sich in seinem eigenen Ablösungsprozeß von der Gruppe distanziert, aber bis zu diesem Punkt voll identisch und gleichberechtigt mit den übrigen Gruppenmitgliedern lebt; den Partner, der im sexuellen Bereich Distanz zu den Bewohnern hält, aber mit ihnen gemeinsam seine Freizeit verbringt; den Pädagogen, der seinen Arbeitsbereich streng von seiner privaten Sphäre trennt, aber gemeinsam und gleichberechtigt mit den Drogenabhängigen im Garten arbeitet; den Therapeuten, der allein aufgrund seiner methodischen Fertigkeiten unerreichbar überlegen ist, aber sich dennoch stark emotional auf jedes Gruppenmitglied einläßt.

Der Status von Betreuern und Betreuten ist in der TG prinzipiell unterschiedlich. Aber er ist zumindest punktuell auch gleich. Denn es handelt sich im therapeutischen Prozeß um die aktive Begegnung und Auseinandersetzung von Menschen. Maximale Nähe, die in der klinischen Situation oder der ambulanten Therapie illusorisch ist, ist auch in der TG nicht erreichbar. Zu viele Widersprüche stehen selbst zwischen älterem Ex-User und Mitbewohnern. Maximale Distanz ist ebenfalls im System der TG nicht möglich und wohl auch von niemandem gewünscht. Das optimale Verhältnis von Distanz und Nähe ist jeweils gebunden an die Struktur der Einrichtung; an die Zufälligkeiten und Gesetzmäßigkeiten von Gruppenprozessen ohnehin.

Bibliographie

Berger, H.: Untersuchungsmethode und soziale Wirklichkeit, Frankfurt 1974
Bodemann, M. Y.: Überlegungen zu praxisbezogener Soziologie am Beispiel der teilnehmenden Beobachtung, in: *Badura, B.:* Seminar: Angewandte Sozialforschung, Frankfurt 1976
Brömer, H., Petersen, C., Ruf, A.: Theorie- und Therapiegrundlagen der Drogenabhängigkeit, Unveröff. Diplomarbeit am Psychologischen Institut der TU Berlin 1976
Cicourel, A. V.: Methode und Messung in der Soziologie, Frankfurt 1970
Cohn, R. C.: Von der Psychoanalyse zur Themenzentrierten Interaktion, Stuttgart 1975
Eisenherz, A.: Vorfälle mit Hennes und Ramona, in: *sozialmagazin,* Heft 12, 1978
Foudraine, J.: Wer ist aus Holz? München 1973
Gleiss, I., Seidel, R., Abholz, H.: Soziale Psychiatrie, Frankfurt 1973
Heckmann, W.: Betreuer und Betreute in Wohngemeinschaften, in: *Neuer Rundbrief* 1/1976
–*:* Drogenkultur und Therapie, in: *sozialmagazin,* Heft 7, 1978
–*:* Was Hänschen nicht lernt, kann Hans doch noch einmal lernen (Grete auch), Berlin 1979, hrsg. v. Informationskreis Drogenprobleme e.V.

–, *Huber, H., Kretschmer, S., Thamm, B. G.:* Zur Therapie junger Drogenabhängiger, Freiburg 1979

König, R.: Die Beobachtung, in: Handbuch der empirischen Sozialforschung, Stuttgart 1962

Lessing, H.: Von der teilnehmenden zur beteiligten Beobachtung, in: Motive – Meinungen – Verhaltensweisen, Starnberg 1969

Moeller, M. L. Selbsthilfegruppen, Reinbek 1979

Moreno, J. L.: Who Shall Survive? Washington 1934

–*:* Sociometry, Experimental Method and the Science of Society, Beacon 1951

Petzold, H.: Moreno – nicht Lewin – der Begründer der Aktionsforschung, *Gruppendynamik*, Jg. 1980

Schmidbauer, W.: Die hilflosen Helfer, Reinbek 1977

Spazier, D., Bopp, J.: Grenzübergänge. Psychotherapie als kollektive Praxis, Frankfurt 1975

Steinbart, H.: Arzt und Patient, Stuttgart 1970

Wulff, E.: Der Arzt und das Geld. Der Einfluß von Bezahlungssystemen auf die Arzt-Patient-Beziehung, in: *Das Argument,* Heft 69, 1971

Hilarion Petzold

Zum Konzept der Therapiekette und zur Karriere Drogenabhängiger

Die Rehabilitation kranker Menschen ist ein komplexes Geschehen, an dem in der Regel verschiedene Berufsgruppen und Institutionen beteiligt sind: Ärzte, Psychologen, Psychotherapeuten, Sozialarbeiter, Pädagogen, Physiotherapeuten, Verwaltungsfachleute u. a., auf der Institutionsebene Krankenhäuser, Beratungsstellen, Rehabilitationszentren, Ämter, Schulen o. ä. Je komplexer die Schwierigkeiten des Patienten sind, desto zahlreicher sind in der Regel die Hilfsagenturen, die tätig werden müssen, um eine erfolgreiche Rehabilitation zu gewährleisten; ja ihr Gelingen wird letztlich von dem guten Zusammenspiel dieser Agenturen entscheidend abhängig sein. Dieser an sich einfache und naheliegende Zusammenhang erweist sich allerdings bis heute als die größte und gravierendste Schwachstelle jeglicher Sozial- und Therapieintervention, die auf übergreifende Maßnahmen angewiesen ist. Für die »Kette von Maßnahmen«, die für eine effektive *Intervention* notwendig wäre, findet sich in der Regel keine Kette von Agenturen, die koordinierte und aufeinander abgestimmte Maßnahmen ausführen würde. Statt dessen gibt es eine Vielzahl schlecht verbundener Einrichtungen, ja zum Teil gänzliche Unverbundenheit der Maßnahmeträger oder sogar gegeneinander arbeitende Institutionen. Dieses Bild ist nicht zu düster gezeichnet, verfolgt man einmal die Wege, die ein psychiatrisch erkrankter Patient vom ersten »Auffälligwerden« bis zum beruflichen und familiären Verfall, zur Hospitalisierung und zur eventuellen Rehabilitation nimmt. Ähnliches gilt für den Alkoholiker, den drogenabhängigen Jugendlichen und für die »Karriere« von »Dissozialen« bzw. schwer erziehbaren Jugendlichen, Straffälligen oder Alterspatienten. Derartige »Karrieren« sind bislang kaum untersucht worden. Es finden sich allenfalls Arbeiten über den Weg in die Psychiatrie oder ins Gefängnis, aber kaum solche, die darüber hinaus den Weg durch »die totale Institution«, aus ihr heraus und zurück in eine integrierte oder erneut scheiternde Existenz verfolgen (*Danzinger, Jeschek, Egger* 1977; *Hischer* 1970; *Koch* 1969; *Hoppensack* 1970).

Der Weg älterer Menschen in die Psychiatrie ist von *Simon* et al. (1970) und von *Lowenthal* untersucht worden (1964), und das von ihnen aus doch recht großen Populationen gewonnene Datenmaterial ist bedrückend. Einen Weg aus der »totalen Institution heraus« gibt es für sie nicht mehr. Fehlende Hilfsagenturen und eine völlig unzureichende Kooperation der bestehenden Einrichtungen sind hierfür verantwortlich zu machen.

1. Die Therapiekette

Nachdem ich Mitte der 60er Jahre durch therapeutische Arbeiten mit Alkoholikern, Drogenabhängigen und Alterspatienten in Kontakt kam, die zum Teil eine »Randgruppenkarriere« hinter sich hatten bzw. darin standen, bin ich mit dem Problem der mangelnden institutionellen Kooperation im Hinblick auf die für eine erfolgreiche Rehabilitation unbedingt erforderlichen Maßnahmen immer wieder konfrontiert worden, meistens in deprimierender, entmutigender Weise. Die für meine Patienten erforderlichen Hilfsmaßnahmen konnten häufig nicht oder nur mit großen zeitlichen Verzögerungen oder Zwischenräumen durchgeführt werden. Niemals jedoch war eine befriedigende oder auch nur ausreichende Abstimmung der verschiedenen Trägereinrichtungen möglich. Dies hat mich 1965 dazu veranlaßt, in einem programmatischen Entwurf für die Arbeit mit alten Menschen institutionelle Verschaltungen im Sinne einer Kette zu postulieren, durch die ambulante Betreuung, soziotherapeutische, psychotherapeutische und agogische Maßnahmen in verschiedenen Einrichtungen koordiniert werden sollten, um eine bessere Versorgung dieser Klientel zu ermöglichen (*Petzold* 1965). 1968 wurde ich durch die Gründung und Leitung einer therapeutischen Wohngemeinschaft für Drogenabhängige erneut mit dem Problem des Verbundes von Maßnahmen konfrontiert und wir konnten eine erste »Miniaturkette« einrichten, in der Street Work, stationärer Entzug auf der Station eines psychiatrischen Krankenhauses, anschließende Wohngemeinschaftsarbeit und Reintegrationshilfen durch Arbeitsplatzvorbereitung und Arbeitsplatzbegleitung verschaltet wurden. Es war damit schon das Grundmodell der vierstufigen Kette mit »Kontaktstufe, Eingangsstufe, Behandlungsstufe, Reintegrationsstufe« gegeben und es wurde der Begriff »Therapiekette« (*chaine thérapeutique*, *Petzold* 1969) verwandt. 1971 habe ich in der Konzeptplanung für das erste

Daytop-Haus in Fridolfing und 1972 für die Drogenberatungsstelle Nürnberg wiederum ein Kettenmodell entworfen und damit den Begriff und das Konzept der Therapiekette in den deutschsprachigen Bereich eingeführt (*Petzold* 1972; 1973). 1973 schließlich wurde das detaillierte Vierstufenmodell einer Großraum abdeckenden soziotherapeutischen Kette von mir für die »Therapiekette Niedersachsen« geplant und während der einzelnen Phasen der Realisierung supervidiert. Das Modell wurde dann 1974 in modifizierter Form von der Therapiekette des HdV in Frankfurt übernommen und auch hier konnten wir Konzeptberatung, Mitarbeiter-Fortbildung und Supervision übernehmen (*Petzold* 1974a).

Der Sache nach gab es im Drogenbereich in den USA schon seit Mitte der 60er Jahre Therapieprogramme mit Kettenstruktur, die zum größten Teil jedoch über keine Kontaktstufe verfügten, d. h. die Klienten wurden nicht im Milieu aufgesucht, sondern wurden »eingeliefert oder eingewiesen«. Außerdem finden sich keine ausgebauten »reentry-Programme« (*Glascote* 1972). Modelle und Programme für die Wiedereingliederung wurden erst Anfang der 70er Jahre entwickelt, wobei Schulmodelle wie das der Frankfurter Therapiekette des HdV (*Menzemer* 1974) oder der »Therapiekette Niedersachsen« (*Abel, Kehe* et al. 1979) beispielhaft sind.

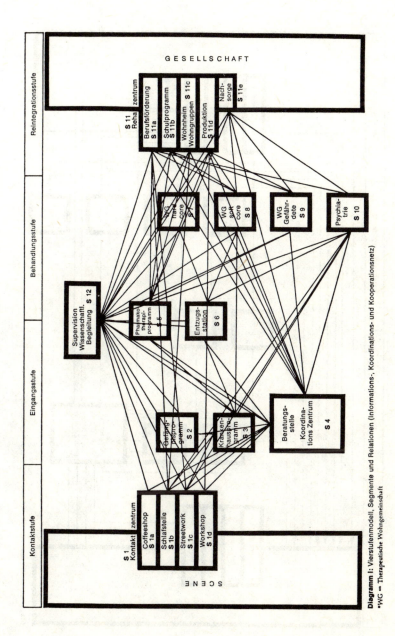

Diagramm 1: Vierstufenmodell, Segmente und Relationen (Informations-, Koordinations- und Kooperationsnetz)

*WG = Therapeutische Wohngemeinschaft

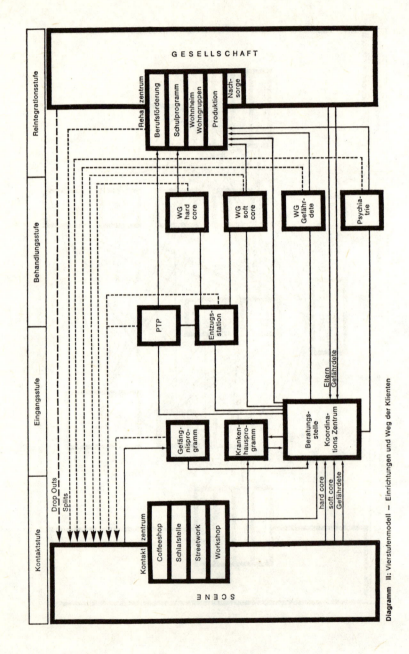

Diagramm II: Vierstufenmodell – Einrichtungen und Weg der Klienten

Legende zu Diagramm II

Aus der *Gesellschaft* gelangt ein ständiger Fluß von »*Drop Outs*« (Menschen, die in irgendeiner Weise gescheitert sind) in die *Szene*, in der sie eine Drogenkarriere beginnen, straffällig werden oder verwahrlosen. Mit dieser Population steht die *Kontaktstufe* über die verschiedenen Einrichtungen des *Kontaktzentrums* in Verbindung. Von hier aus können motivierte oder zumindest interessierte Klienten in die *Eingangstufe* der therapeutischen Kette weitergeleitet werden: das *Beratungszentrum*. Das Beratungszentrum ist auch Anlaufstelle für diejenigen aus der Szene, die direkt um therapeutische Hilfe ansuchen. Es handelt sich um Schwerabhängige (hard core), um Leichtabhängige (soft core) und um Gefährdete. Letztere strömen aber auch aus anderen Bereichen als der Szene ein (Schulen, Lehrstellen). Auch Eltern kommen in die Beratungsstelle. Weitere Segmente der Eingangsstufe sind das Gefängnisprogramm und das Krankenhausprogramm. Beide leiten, ist der Aufenthalt des Klienten beendet, an die Beratungsstelle weiter. Diese ist die eigentliche Schaltzentrale der Kette. In der Beratungsstelle wird das »*screening*« vorgenommen. Die Klienten werden je nach Erfordernis und Indikation weitergeleitet: akute Krankheiten zum Krankenhausprogramm, akute psychiatrische Fälle in die Psychiatrie, abgebaute und ansonsten nicht therapiefähige Fixer in das PTP (Pharmakotherapieprogramm – Methadon, Opiatantagonisten). Geeignete und therapiewillige Schwerabhängige werden zur Entzugsstation weitergeleitet und von dort in eine Wohngemeinschaft für *hard core addicts*. Gefährdete und *soft core addicts* (Hasch- und Halluzinogenkonsumenten) werden direkt in der entsprechenden Wohngruppe untergebracht. Klienten, die keine stationäre Behandlung brauchen, werden in ambulante Therapie übernommen.

In der *Behandlungsstufe* beginnt die eigentliche Drogentherapie. Das *Pharmakotherapieprogramm* behandelt die Patienten über einen befristeten Zeitraum, um sie dann an eine WG (Wohngruppe) weiterzugeben oder an das Rehazentrum. Die *Entzugsstation* ist Zwischenglied, das die Voraussetzungen für die Aufnahme in eine therapeutische Wohngruppe (WG) schafft. Die *therapeutischen Wohngruppen* haben unterschiedliche Schwerpunkte. Nadelabhängige (Opiate, Speed, Koks) und schwere Formen von Alkoholismus und Medikamentenabhängigkeit bzw. Politoxikomanie kommen in eine besondere WG, Leichtabhängige (Hasch, Halluzinogene, leichter Alkoholismus, Tablettensucht) in eine andere. Für Gefährdete, die untergebracht werden müssen, ist eine eigene WG vorhanden. Die *Reintegrationsstufe* mit den verschiedenen Einrichtungen des *Rehazentrums* nimmt Klienten aus allen Segmenten der Behandlungs- und aus einigen Segmenten der Kontakt- und Eingangsstufe auf, um sie auf die Wiedereingliederung in die *Gesellschaft* vorzubereiten und ihnen dabei und danach zu helfen.

Aus allen Stationen des Programms gehen »*Splits*«, d. h. Klienten, die die Therapie abbrechen und rückfällig werden, in die *Szene* zurück.

Diagramm III:

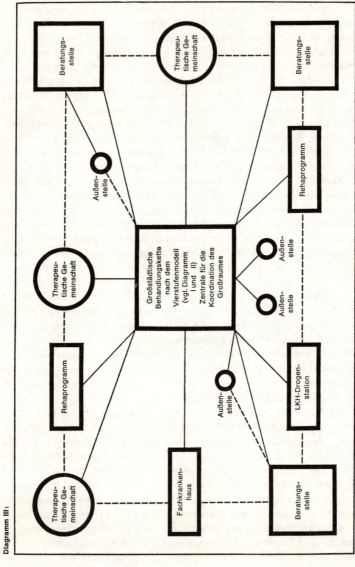

Zentrale Koordination eines Großraumes (regionale Koordination)

2. Materialien zur Drogenkarriere

Daß therapeutische Ketten sinnvoll, ja unbedingt erforderlich sind, zeigt sich nicht nur aus ihrer Effizienz, die sich mittlerweile durch katamnestische Daten belegen läßt (vgl. *Saake, Stichtenoth* und *Bauer,* dieses Buch). Auch die Untersuchung von Karrieren Drogenabhängiger macht deutlich, daß Maßnahmen, die nicht in Form von Ketten organisiert sind, Fehlinvestitionen sind, die die Karriere des Drogenabhängigen in unguter Weise verlängern.

Im folgenden sollen die Ergebnisse einer Erhebung bei 62 Jugendlichen mitgeteilt werden, deren Karrieren ich von 1970 bzw. 1971 bis 1976 verfolgt habe. Zum Teil werden Daten aus einer Stichprobe von 1978 (40 Befragte) parallelgestellt, um Tendenzveränderungen aufzuzeigen. Die Befragungen wurden z. T. von den Studenten des Seminars und der Projektgruppe zur Drogenproblematik durchgeführt, die ich an der Fachhochschule für Sozialarbeit, Düsseldorf, geleitet habe.

Es handelt sich um Jugendliche aus der Szene in Düsseldorf, Mönchengladbach, Neuss und Köln, die wir zum Teil über die Drogenstation des Alexiuskrankenhauses Neuss, über Street-Work-Kontakte

Tabelle I

Population	ml 41	wbl 21
Altersmittel	22.2	18.5
	Range 14.2–27.4	Range 13.0–24.9
Dauer der Abhängigkeit	4/3 J., 8/2 J., 29/1 J.	2/3 J., 5/2 J., 14/1 J.
Drogentyp*		
Opiate	29 (70,73%)	14 (66,66%)
Cannabis	36 (87,80%)	21 (100%)
Halluzinogene	22 (53,65%)	16 (76,19%)
Amphetamine	4 (9,75%)	1 (4,76%)
Kokain	–	2 (9,52%)
Alkohol	14 (34,14%)	5 (28,57%)
Politoxikoman	38 (92,68%)	20 (95,23%)

* Bei Mehrfachabhängigkeit wurden die Personen unter jeder Gruppe wieder mit aufgeführt.

oder über Drogenberatungsstellen erfaßt haben. Wenn die Zahlen auch nicht beanspruchen können, einen repräsentativen Überblick zu geben, so zeigen sie doch Tendenzen auf.

Charakteristisch für die erfaßte Population war, daß die Abhängigkeit bei der überwiegenden Mehrzahl erst kurze Zeit bestand, nämlich bei 43 (69,35%) Personen 1 Jahr und weniger. Dies hing mit der Situation der Drogenszene von 1970/71 zusammen, einer Zeit, in der der Drogenkonsum erst begann, *en vogue* zu sein. Auch die Altersverteilung zeigt ein anderes Bild, als wir es in einer Stichprobe aus dem gleichen Einzugsgebiet 1978 feststellen konnten. 44 (= 71%) der Gesamtpopulation ist älter, 18 (= 19%) jünger als 18 Jahre. Die 13-, 14- und 15jährigen sind die Ausnahme. Seit 1976 etwa zeigt sich allerdings eine deutliche Altersverschiebung in der Szene. Der Anteil der Abhängigen unter 18 Jahren nimmt rapide zu. Bei unserer Stichprobe von 1978 waren bei den befragten 40 Abhängigen 26 (= 65%) der Population jünger, 14 (= 35%) älter als 18 Jahre. Die Formen der Abhängigkeit haben sich gewandelt, wobei auch hier nach unserer Übersicht von 1976 an eine bemerkenswerte Änderung eintritt. Wenn ursprünglich Politoxikomanie vorherrscht und Alkoholismus eine Randerscheinung war, so konnten wir in einer Stichprobe von 1978 bei 22 Personen Alkohol als die Hauptdroge feststellen.

Unter den 62 befragten Drogenabhängigen von 1970/71 waren die Opiatabhängigen mit 43 Personen (69,35%) eindeutig der Schwerpunkt der *»hard-core-addicts«*, wohingegen die Gruppe der *»speedfreaks«* mit 5 Personen nicht ins Gewicht fällt. Gleiches ist von Kokain zu sagen.

Tabelle II

Einstiegsdroge	ml	wbl	gesamt %
Opiate	2	2	4 (6,45%)
Alkohol	4	1	5 (8,05%)
Cannabis	32	16	48 (77,41%)
LSD o. a.	3	2	5 (8,05%)

48 oder 77,41% der Befragten gaben Haschisch bzw. Marihuana als Einstiegsdroge an. In unserer Stichprobe von 1978 lag die Zahl noch höher, nämlich bei 85%. Es wird damit wieder einmal deutlich,

daß die Verharmlosung des Cannabis-Konsums eine schwerwiegende Verschleierung der tatsächlichen Gefahren dieser Droge ist.

Tabelle III

Beruf/ Ausbildung	ml 1971	ml 1978	wbl 1971	wbl 1978
Schüler	16 (39,02%)	6 (21,42%)	9 (42,85%)	7 (58,33%)
Studenten	11 (26,82%)	3 (10,71%)	4 (19,04%)	1 (8,33%)
Lehrlinge	8 (19,51%)	1 (10,71%)	4 (19,04%)	1 (8,33%)
ohne Ausbild.	7 (17,07%)	15 (53,57%)	4 (19,04%)	8 (66,66%)

Im Hinblick auf die Berufe der Eltern fällt der hohe Anteil an Akademikern und Arbeiterkindern auf, wohingegen Kinder von mittleren Angestellten, Beamten und von Selbständigen weniger vertreten sind. Die Stichprobe von 1978 zeigt eine deutliche Veränderung durch das rapide Anwachsen des Anteils von Arbeiterkindern.

Tabelle IV

Beruf der Eltern	ml 1971	ml 1978	wbl 1971	wbl 1978
Selbständige	9 (21,95%)	1 (3,57%)	4 (19,04%)	1 (8,33%)
Akademiker	11 (26,82%)	8 (28,57%)	7 (33,33%)	4 (33,33%)
Angestellte/ Beamte	7 (17,07%)	4 (14,28%)	3 (14,28%)	2 (16,66%)
Arbeiter	14 (34,14%)	15 (53,57%)	7 (33,33%)	5 (41,66%)

Die Zahlen bestätigen die sich seit Mitte der 70er Jahre abzeichnende Tendenz, daß das Problem zu einem Unterschichtsproblem geworden ist.

Tabelle V

Verhältnis zu den Eltern	ml 1971	ml 1978	wbl 1971	wbl 1978
gut	7 (17,07%)	4 (14,28%)	3 (14,28%)	2 (16,66%)
mäßig	11 (26,82%)	9 (32,14%)	6 (28,57%)	5 (41,66%)
miserabel	23 (56,09%)	15 (53,57%)	12 (57,14%)	5 (41,66%)

Tabelle VI

Verhältnis der Eltern zueinander	ml 1971	ml 1978	wbl 1971	wbl 1978
gut	4 (9,75%)	3 (10,71%)	1 (4,76%)	1 (8,33%)
mäßig	8 (19,51%)	5 (17,85%)	5 (23,80%)	3 (25%)
miserabel	29 (70,73%)	20 (71,43%)	15 (71,42%)	8 (66,66%)
geschieden/getrennt	12 (29,26%)	7 (25%)	6 (28,57%)	3 (25%)

Die Zahlen machen deutlich, daß der größte Teil der Befragten ein gestörtes Verhältnis zu seinen Eltern hatte. Die Kategorie ›gut‹ für das Verhältnis von Eltern und Kindern wurde vorgegeben mit:
»Sie verstehen mich und unterstützen mich; ich kann zu ihnen kommen, wenn es mir schlecht geht; ich gehe gerne zu ihnen;« ›mäßig‹: »Sie verstehen mich nicht; sie unterstützen mich nur wenig; ich kann nur im äußersten Notfall zu ihnen kommen; ich komme nicht besonders gerne zu ihnen;« ›miserabel‹: »Sie verstehen mich nicht; sie unterstützen mich nicht oder nur unter Zwang; ich bin ihnen egal; ich will mit ihnen nichts zu tun haben«.

Das Verhältnis der Eltern zueinander wurde ohne spezifische Vorgabe von den Befragten eingeschätzt.

Beide Tabellen zeigen zusammengenommen, daß über 90% aus mäßigen bis schlechten Familiensituationen stammen und 1971 44 (70,96%) aus ausgesprochen »Broken-home«-Situationen.

Für die Stichprobe von 1978 sieht es mit 28 (70,0%) ähnlich düster aus. Es wird damit die »Broken-home«-Situation (wieder einmal) als konstitutiver Faktor für die Drogenproblematik ausgewiesen.

Die Analyse von Gesprächsprotokollen der Population von 1970/71 ergab im Hinblick auf die Familiensituation noch folgende interessante Zusatzinformationen: als Faktoren für das »schlechte Klima zu Hause« gaben an: 92% häufiger Streit, 87% liebloses Klima, 63% Unbeständigkeit und Enttäuschungen (»man kann sich bei denen auf nichts verlassen«), 87% zu wenig Zeit der Eltern (»die hatten nie Zeit für uns, was ich machte, war denen doch gleichgültig, die kümmern sich doch sowieso nur um sich«), 73% strafende Haltung (»für jede Kleinigkeit kriegst du einen drauf, denen kann man nichts recht machen, wenn der könnte, würde der mich heute noch schlagen«).

Dieses Material wird nun in besonderer Weise interessant, wenn man es mit den Aussagen der befragten Population über ihre Erfahrungen mit Hilfsagenturen vergleicht. In der Endbefragung 1976 gaben immerhin 87% Gleichgültigkeit, 82% strafende Haltung und 74% mangelnde Kontinuität in der Betreuung als die wesentlichsten Negativerfahrungen mit Hilfsagenturen an – *die Situation des Elternhauses hat sich offensichtlich im institutionellen Rahmen wiederholt*. Welche Chancen damit für eine erfolgreiche Beratung, Therapie und Rehabilitation gegeben sind, liegt auf der Hand.

Im folgenden sollen nun die für unsere Themenstellung relevanten Fakten über die »Karriere« der 62 Klienten mitgeteilt werden, wie sie sich in der Zwischenerhebung 1973 und der Enderhebung von 1976 darstellen.

Tabelle VII

	Kontakte mit Hilfsagenturen 1971, Frühjahr					
	41 ml Klienten			21 wbl Klienten		
Beratungskontakte	5	20	16	3	11	7
Ambulante Therapie	34	4	3	16	3	2
Stationärer Entzug	27	9	5	10	7	4
Stationäre Therapie Hospitalisierung	37	3	1	18	2	1
Zahl der Kontakte	0×	1×	3× u. mehr	0×	1×	3× u. mehr

Die Mehrzahl der Klienten hatte einen oder mehrere Beratungskontakte, d. h. sie hatten eine Beratungsstelle aufgesucht, um Hilfe oder zumindest Information zu erhalten (das Kontaktgespräch für diese Untersuchung wurde nicht mitgezählt). Die Zahl derjenigen, die an einer ambulanten oder stationären Therapie teilnahmen, ist sehr gering.

Kennzeichnend für die Situation ist, daß der größte Teil der Population noch keine große Erfahrung mit Beratungssituationen hatte. 31 (= 50%) der Befragten hatten erst ein Beratungsgespräch hinter

Tabelle VIII

Einschätzung der Beratung (1971) durch	26 ml Klienten	18 wbl Klienten
sehr hilfreich	9 (34,61%)	6 (33,33%)
etwas hilfreich	10 (38,46%)	9 (50%)
gar nicht hilfreich	5 (19,23%)	2 (11,11%)
keine Aussage	2 (7,69%)	1 (5,55%)

sich, 23 (= 37,09%) hatten drei und mehr Beratungsgespräche. Insoweit ist die Zahl derer, die die Beratung als sehr hilfreich oder etwas hilfreich erlebt haben, relativ hoch. Wie wir sehen werden, nimmt die Einschätzung der Beratung mit zunehmender »Erfahrung mit Beratungsstellen« rapide in Richtung Negativbewertung ab. Die Begleitinterviews ergaben für die Gruppe »sehr hilfreich« Statements wie: »Da hat mich endlich jemand verstanden«, »Die konnten einem sagen, wo's lang geht«, »Die haben sich wirklich bemüht«. Als Wichtigstes wurde das Erschließen finanzieller Unterstützungsmöglichkeiten herausgestellt. Bei der Gruppe »etwas hilfreich« fanden sich Statements wie: »Da konnte man sich mal aussprechen, viel genützt hat's nicht«, »Das war doch nur 'n Tropfen auf den heißen Stein, wenigstens mit dem Geld haben sie mir geholfen«. Von der Gruppe »gar nicht hilfreich«: »Das Gelaber nützt ja doch alles nichts«, »Die reden bloß«, »Die haben null Durchblick«, »Die können einem sowieso nicht helfen«, »Von der Droge kriegen die einen nicht runter«.

Tabelle IX

Einschätzung des Entzugs (1971) durch	10 ml Klienten	11 wbl Klienten
sehr hilfreich	4 (40%)	3 (27,27%)
etwas hilfreich	5 (50%)	5 (45,45%)
gar nicht hilfreich	4 (40%)	3 (27,27%)
keine Aussage	1 (10%)	–

Die Klienten, die den stationären Entzug als sehr hilfreich einschätzten, sind mit denen identisch, die den »ersten Entzug hinter sich hatten«. Etwas hilfreich und gar nicht hilfreich wurde der Entzug von der übrigen Population eingeschätzt. Aussagen wie: »Das bringt doch nichts, das hilft doch nichts, na ja, man kann wieder mit kleiner Dosis anfangen, die machen einen wenigstens körperlich wieder fit« – zeigen, daß die Klienten aus ihrer Rückfallerfahrung die entsprechenden Schlüsse ziehen. Eine Einschätzung der therapeutischen Maßnahmen wurde aufgrund der Tatsache, daß sie erst über kurze Zeit liefen, nicht vorgenommen.

Der Verlauf der Untersuchung gestaltete sich als ausgesprochen schwierig, da die Klienten oftmals ohne festen Wohnsitz waren, die »Szene« wechselten, durch therapeutische Maßnahmen in andere Teile der Bundesrepublik gezogen waren. Ein Kontaktkanal – allerdings kein sehr ergiebiger – war die Adresse der Eltern. Ein weiterer die Adressen von Freunden, die wir in Anbetracht der zu erwartenden Schwierigkeiten aufgenommen hatten, sowie Szene-Lokale.

Die Nachbefragung, die im Sommer 1973 begonnen wurde, nahm ein halbes Jahr in Anspruch. Dabei konnten noch 37 Klienten (25 männliche, 12 weibliche) erfaßt werden, also 59,67% der Ausgangspopulation. Von 3 Klienten erfuhren wir definitiv, daß sie verstorben waren (Überdosis), 2 schrieben, sie hätten keine Lust, an der Untersuchung mitzumachen; man solle sie in Ruhe lassen. Von den verbliebenen 37 konnten wir 29 persönlich (teils durch Ferngespräche) interviewen, 8 konnten wir nur schriftlich erreichen.

Tabelle X

| | Kontakte mit Hilfsgruppen 1973, Herbst | | | | | | | |
	25 ml Klienten				12 wbl Klienten			
Beratungskontakte	–	–	3	22	–	–	2	10
Ambulante Therapie	17	4	4	–	6	3	3	–
Stationärer Entzug	7	3	15	–	2	10	7	–
Stationäre Therapie	16	9	6	1	4	8	2	–
Hospitalisierung	1	24	13	2	2	10	3	–
Zahl der Kontakte	0×	1×	3× u. m.	8× u. m.	0×	1×	3× u. m.	3× u. m.

In der verbliebenen Population hatten nun 3 Jahre später alle Klienten Kontakt mit Beratungsstellen; 32 von ihnen mehr als achtmal. 14 hatten einen oder mehrere Anläufe mit ambulanter Therapie. Auch die Zahl der stationären Entzüge ist erheblich gestiegen, sowie die Zahl der stationären Therapien. Besonders die Zahl der

Hospitalisierungen (wegen schlechten Allgemeinzustandes, Überdosis, Hepatitis usw.) ist erheblich angestiegen. Allerdings hat sich die Einschätzung und Bewertung der Maßnahmen grundsätzlich ins Negative gewandelt.

Tabelle XI

Einschätzung der Beratung (1973)	ml	wbl
sehr hilfreich	3 (12%)	–
etwas hilfreich	6 (24%)	3 (25%)
gar nicht hilfreich	17 (68%)	6 (50%)
keine Aussage	2 (8%)	3 (25%)

Der *stationäre Entzug* wurde, abgesehen von 2 männlichen und 2 weiblichen Teilnehmern, die keine Aussage machten, von allen übrigen als *»gar nicht hilfreich«* eingestuft. Diese massive Wendung wurde von den Befragten mit folgenden Argumenten begründet: »Die Beratungsstellen helfen einem doch nicht weiter. Nur Gerede und keine wirkliche Hilfe. Es werden keine vernünftigen Therapieprogramme angeboten. Man wird nicht richtig weitervermittelt.« (»Die können einem noch nicht mal 'n Entzug vermitteln.«) Im Hinblick auf den Entzug fanden sich folgende Kommentare: »Das hilft doch nichts. Den mach ich lieber alleine. Es gibt kein therapeutisches Angebot. Es gibt keine weiterführenden Maßnahmen. Man wird nicht weitervermittelt in Langzeittherapie. Man wird wie der letzte Dreck behandelt.« (Arzt: »Na, kommste wieder zum Entzug, Du alter Penner« – oder Pfleger: »Euch Fixer sollte man besser verrecken lassen«.) Äußerungen, die der Autor persönlich gehört hat.

Folgende Zahlen sind von Interesse: Von 30 Klienten, die zusammen 52 Entzüge hatten, wurden 3 (!) = 10% über die Beratungsstelle vermittelt und nur 2 durch die Beratungsstelle weiterbetreut. Von 58 Hospitalisierungen, die 26 Klienten insgesamt hatten, wurde *keiner* von einer Beratungsstelle betreut. Von den 26 Klienten, die eine stationäre Therapie durchlaufen haben, wurden 5 von den Beratungsstellen weiterbetreut bzw. wurde zumindest ein Kontakt aufrechterhalten. Von dem Krankenhaus, das den stationären Entzug durchführte, wurde in keinem der Fälle die weitere Karriere verfolgt. Bei allen 58 Hospitalisierungen wurde von seiten der Krankenhäuser in *keinem* Falle irgendeine weiterleitende Maßnahme betrieben, ja, es wurde nur in 2 Fällen zu Nachuntersuchungen einbestellt. Bei den 47 stationären Therapien, die von 26 Patienten durchlaufen wurden, fand nur in 4 Fällen eine Überweisung an eine Beratungsstelle zur Nachbetreuung statt. Die stationären Behandlungen fanden in fast allen Fällen in psychiatrischen Krankenhäusern und vereinzelt auch psychiatrischen Stationen von Allgemeinkrankenhäusern statt. Bei den 14 Klienten mit ambulanten Therapien arbeiteten nur 2 der Therapeuten mit Beratungsstellen oder anderweitigen sozialen Einrichtungen zusammen.

Aus all dem läßt sich entnehmen, daß eine Abstimmung von Maßnahmen zur Strukturierung einer Karriere zum Positiven nicht vorhanden war, und daß das wachsende Mißtrauen der Klienten gegenüber der Institution bzw. ihre adäquate Einschätzung von deren Ohnmächtigkeit berechtigt ist.

Im Jahre 1976 konnten wir noch 23 Klienten erreichen und nachbefragen, davon 4 aus der Ausgangspopulation von 1970, die wir 1973 in der Erhebung nicht erreichen konnten. 2 weitere Klienten waren inzwischen von der Ausgangspopulation verstorben (Überdosis). 7 der 23 bezeichneten sich zum Zeitpunkt der Untersuchung als »*clean*«, und zwar seit mindestens 6 Monaten. Eine Befragung im Hinblick auf die Zahl der Kontakte erwies sich als nicht durchführbar, da die meisten Klienten keine genauen Angaben mehr machen konnten. 18 der Befragten versicherten, sie hätten in den letzten beiden Jahren keinen Entzug mehr stationär gemacht; 12 gaben an, alleine oder mit Freunden durch den Entzug zu gehen, wenn es nötig sei. Beratungsstellen wurden nur noch von 6 aufgesucht, d. h. von 26,08%. 17 der Befragten hielten Beratungsstellen für nützlich, insbesondere für Leute, die frisch in die Drogenszene gekommen seien, im Sinne einer »ersten Hilfe«. 12 bewerteten positiv, daß heute mehr als früher zu weiterführenden Einrichtungen vermittelt werde. 11 hielten Beratungsstellen in der zumeist angetroffenen Form für prinzipiell fragwürdig. Kritisiert wurde die durchgängige Konzeptlosigkeit sowie die »Flippigkeit« der Mitarbeiter (»Das sind doch selber meist verdeckte Freaks«).

Von den 23 Klienten hatten inzwischen 9 eine therapeutische Wohngemeinschaft durchlaufen; 6 der als »*clean*« eingestuften Klienten hatten eine derartige Langzeittherapie absolviert.

Die Klienten wurden aufgefordert, im Rückblick auf ihre Erfahrungen die nachteiligsten Faktoren in ihrem Kontakt mit helfenden

Institutionen aufzuzeigen: dabei wurde von 20 (= 86,95%) Gleichgültigkeit gegenüber den Klienten, 17 (= 73,91%) mangelnde Kontinuität und 19 (= 82,60%) strafende Haltung als Hauptnegativa angegeben. Weiterhin gaben 16 Klienten (69,56%) Unkenntnis der Drogenszene und Drogenproblematik bei den Mitarbeitern von Hilfsagenturen, 18 (= 78,26%) mangelnde Kenntnis über bestehende Hilfsmöglichkeiten als Negativfaktoren an. Es wurde insgesamt bemängelt, daß zu bürokratisch oder zu akademisch vorgegangen werde und wirklicher »Durchblick« nicht vorhanden sei.

Dies macht einmal mehr deutlich, daß Interventionen »als Gesamt von Maßnahmen, die durch ihr Zusammenwirken eine Situation im ganzen verändern« (*Heinl, Petzold* 1980), nicht erst einsetzen dürfen, wenn das »Kind in den Brunnen gefallen ist«. Sie müssen schon präventiv zum Einsatz kommen, und sie müssen in ihrer Wirkung beständig evaluiert werden. Kettenmodelle, die sich allein als *reparative* Agenturen sehen, greifen zu kurz. Sie müssen sich den Globalzielen integrativer Intervention verpflichtet fühlen: zu einer Humanisierung der allgemeinen Lebensbedingungen beizutragen und die Integrität gefährdeter junger Menschen zu schützen, zu erhalten und zu restituieren. Dazu sind erforderlich: Maßnahmen der Prophylaxe, Stabilisierung, Restitution, Entwicklung, Coping-Hilfe und politische Initiativen für die und mit den Klienten (zum Interventionskonzept vgl. *Petzold* 1979, S. 298).

Von der Mehrzahl der Befragten wurde ein Kettenmodell als »einzig mögliche« Konzeption angesehen, die einigen Erfolg für die Rehabilitation bieten könnte. 19 der Klienten äußerten allerdings Zweifel, ob ein solches Modell je konsistent aufgebaut und durchgeführt werden könne. Der Hinweis auf bestehende Ketten, wie z. B. Daytop, Kette Niedersachsen, Kette Frankfurt (Haus der Volksarbeit) wurde teilweise mit Skepsis aufgenommen: »Die kochen auch nur mit Wasser«. Offenbar führt die Summierung von Negativerfahrungen auch dazu, daß bestehende positive Hilfsmöglichkeiten nicht mehr in ausreichendem Maße wahrgenommen und angenommen werden können.

3. Die Therapiekette, Voraussetzung erfolgreicher Rehabilitation

Die voranstehende kleine Untersuchung hat, trotz ihrer eingegrenzten Fragestellung, kleinen Population, methodischen und praktischen Schwierigkeiten, im *Hinblick auf Tendenzen* eine gewisse Aussagekraft. Sie beansprucht nicht, repräsentativ zu sein, aber sie bestätigt eine Reihe der Postulate, die ich 1971 und 1974 aufgestellt hatte:

1. »Eine auf Entzug und auf Entgiftung beschränkte Maßnahme, wie sie die Mehrzahl der psychiatrischen Anstalten und Krankenhäuser nur anbieten können, führt zu keiner dauerhaften Abstinenz und Rehabilitation.
2. Eine ambulante Therapie bei Fixern hat keine Aussicht auf Erfolg im Sinne von Drogenfreiheit und Rehabilitation.
3. Stationärer Aufenthalt bei konventioneller psychiatrischer Behandlung und herkömmlicher tiefenpsychologischer Gruppentherapie hat nur geringe Erfolgsaussichten.
4. Das sog. ›weiche‹, verstehende therapeutische Vorgehen hat sich für die Behandlung von Drogenabhängigen als ineffektiv erwiesen, im Unterschied zu einem ›harten‹, d. h. konsequenten und konfrontativen Stil, der verhaltensmodifizierende und pädagogische Verfahren einbezieht«. (Hier müssen heute im Hinblick auf den konfrontativen Stil bei der Population der 12- bis 15jährigen Einschränkungen gemacht werden, da diese Klienten sehr viel Zuwendung und Akzeptanz benötigen, was allerdings nicht auf Kosten der Eindeutigkeit und Klarheit gehen darf.)
5. »Eine Beratungsstelle ohne weiterführende klinische und langfristige therapeutische Maßnahmen ist unsinnig.
6. Therapieprogramme ohne Nachsorgeeinrichtungen sind weitgehend zum Scheitern verurteilt.
7. Überregionale Koordination steigert die Effizienz der Rehabilitation.
8. Qualifizierte Supervision ist ein wesentliches und oft unerläßliches Erfordernis« (*Petzold* 1974, S. 134).

Zurückblickend muß ich feststellen, daß die seinerzeit von mir als »konzeptbasierte Ansätze« entworfenen Modelle sich trotz zum Teil immenser innerer und äußerer Schwierigkeiten bewährt haben. Äußere Schwierigkeiten ergaben sich besonders im Hinblick auf die Finanzierung, auf die Regelungen der Kostenträger, das Krankenhaus-Gesetz sowie die regionalpolitische Situation. Innere Schwierigkeiten ergaben sich im wesentlichen durch Mitarbeiterprobleme, die Frage, wie genügend qualifizierte Therapeuten zur Mitarbeit gewonnen werden konnten, wie neue Therapeuten weitergebildet werden und eine Tradition in der Therapiekette aufgebaut werden kann, wie weiterhin durch einen entsprechenden Theorie-Praxis-Verbund auftretende Schwierigkeiten reflektiert und beseitigt werden können. Eine besondere Problemsituation ergab sich innerhalb der Kette an der Nahtstelle Wohngemeinschaft *(Behandlungsstufe)* und Nachsorgeprogramm *(Reintegrationsstufe)*. Ich bin auf sie in diesem Buch an anderer Stelle eingegangen (vgl. S. 250 ff). Das Vierstufenmodell der therapeutischen Kette hat in seiner idealtypischen Form von 1974 meines Erachtens auch jetzt noch Gültigkeit. Kontaktstufe, Eingangsstufe, Behandlungsstufe, Reintegrationsstufe sind faktisch noch die Etappen, die ein Klient in der Regel durchläuft. Die Bedeutung der Kontaktstufe hat sich in einigen Bereichen etwas gemindert, da die Drogenszene sich von der Straße und den einschlägigen Lokalen weg vielfach in Privatzirkel verlagert hat, so daß »*street work*« kaum noch sinnvoll ist. Krankenhaus- und Gefängnisprogramme stehen nach wie vor als mögliche Eingangsstufe weitgehend unverbunden zu Beratungsstellen und Therapieprogrammen da. Hier bleibt eine bessere Koordination und Kooperation immer noch Desiderat.

Dem Ausbau von Reintegrationsstufen kommt in Anbetracht der Arbeitsmarktsituation noch größere Bedeutung zu als 1974. Damit wird das »letzte Glied« der Kette entscheidend.

Die Konzipierung von therapeutischen Ketten und die dazugehörigen theoretischen Überlegungen habe ich an anderer Stelle ausführlich dargestellt (1974). Entscheidend für sie ist die »*innere Konsistenz*«, was den theoretischen Ansatz und die praktische Durchführung anbelangt. Weitere Faktoren sind: die Abgrenzung und klare Definition von Kompetenzen, der gute Fluß von Informationen, die Transparenz in der Struktur, eine funktionierende Koordination und Kooperation. Nur auf diese Weise kann ein »*totales therapeutisches Setting*« geschaffen werden, in dem der notwendige Prozeß »*therapeutischer Sozialisation*« sich vollziehen kann.

Die therapeutische Kette als »Ensemble von Sozialagenturen« kann allein Ernst machen mit der Behandlung von Straffälligen und Nichtseßhaften, Suchtkranken, psychiatrischen Patienten, langzeitig Hospitalisierten (Orthopädie, Unfallfolgen). Bei der Mehrzahl der genannten Bereiche und Gruppen sind die Störungen Resultat einer mißglückten Sozialisation. Diese vollzieht sich aber nicht im »Schnellzugtempo«. Sie ist das Resultat langjähriger negativer Erfahrungen, und zwar nicht nur singulärer Einflüsse, sondern in der Regel einer »totalen deformierenden Atmosphäre«. Das »totale therapeutische Setting« muß deshalb auch über einen entsprechenden

Zeitraum wirksam werden können. Wir haben Sozialisation als einen »interaktionalen Prozeß« definiert, »durch den das Verhalten aufeinander einwirkender Systeme (von denen zumindest eines als personales System ausgewiesen sein muß), entlang eines zeitlichen Kontinuums verändert wird« (*Petzold/Bubolz* 1976, 132). Die multiple Einflußnahme umfaßt soziale, ökologische, ökonomische Systeme. Diese müssen so, wie sie im negativen Sozialisationsverlauf präsent waren, auch im positiven Prozeß der Neusozialisation repräsentiert sein. Jemand, der keine gute Familiensituation erfahren hat, muß das Gefühl einer Familiengruppe vermittelt bekommen. Er muß sich »zu Hause fühlen können« und dazu gehört auch, daß ihm sein ökologisches Feld, die Räume und Einrichtung der Wohngemeinschaft oder der Klinik ein solches Gefühl vermitteln können. Die sich aus dem Sozialisationskonzept ergebenden Implikationen können nur durch eine Kettenstruktur realisiert werden, einerseits wegen ihrer Komplexität, zum anderen wegen der erforderlichen zeitlichen Dauer.

Die therapeutische Kette muß als *organische Einheit* gesehen werden, nicht als ein sozialtechnologisches Modell der besseren »Verwaltung von Elend«. Das, was ich als »innere Konsistenz« bezeichnet habe, spiegelt sich an erster Stelle in der Haltung der Mitarbeiter den Klienten gegenüber wider. Eine solche Haltung muß von *intersubjektivem Engagement* getragen sein (*Besems* 1977; *Petzold* 1978). Ansonsten wird persönliches Wachstum, wird Heilung von Verletzungen nicht möglich.

Sozialisation in der Therapiekette bedeutet in erster Linie einen neuen *Kontext* und ein neues *Kontinuum* bereitstellen, in dem beschädigte Identität einen neuen Grund, eine neue Richtung erhalten kann (*Heinl, Petzold* 1980), und die Chance für das entsteht, was die amerikanische »Declaration of Independence« allen Menschen als Recht zubilligt: »*wellbeing and the pursuite of happyness*«.

Bibliographie

Abel, R., Kehe, W. et al.: Schulprojekt der Therapiekette Niedersachsen. Blätter der Wohlfahrtspflege 11, 1979, 279–282
Bauer, E.: Daytop. s. dieses Buch
Besems, Th.: Integrative Therapie. Heft 3/4, 1977
Danzinger, R., Jeschek, D., Egger, J.: Der Weg ins Gefängnis. Weinheim: Beltz Verlag, 1977
Glascote, R. M. et al.: The treatment of drug abuse. Programs, Problems, Prospects. Washington: NAMH, 1972

Heinl, H., Petzold, H.: Störungen aus der Arbeitswelt, *Integrative Therapie* 1 (1980)
Hischer, E.: Resozialisierung junger Rechtsbrecher durch Strafvollzug. München, 1970
Hoppensack, H. Ch.: Über die Strafanstalt und ihre Wirkungen auf Einstellung und Verhalten von Gefangenen. Kriminologische Studien. Göttingen, 1970
Koch, P.: Gefangenenarbeit und Resozialisierung. Stuttgart, 1969.
Lowenthal, M. F.: Lives in distress. The Paths of the elderly to the psychiatric ward. New York: Basic Books, 1964
Menzemer, B.: Jugendberatung, Hermann-Hesse-Schule und Wohngruppen der Reha-Kette Frankfurt, in: Petzold, H. G., Drogentherapie. Modelle, Methoden, Erfahrungen. Paderborn: Junfermann Verlag, 1974
Petzold, H. G.: Géragogie nouvelle approche de l'éducation dans la vieillesse. Publications de l'Institut St. Denis I, 1965
–: Les »Quatres Pas«. Concept d'une communauté thérapeutique. Paris: 1969, mimeogr
–: Möglichkeiten der Psychotherapie bei drogenabhängigen Jugendlichen, in: G. Birdwood, Willige Opfer. Rosenheim: 1971, S. 212–245
–: Methoden der Behandlung Drogenabhängiger, Vierstufentherapie. Kassel: Nicol Verlag, 1972
–: Drogentherapie. Modelle, Methoden, Erfahrungen. Paderborn: Junfermann Verlag, 1974
–: Das Ko-respondenzmodell in der Integrativen Agogik. Integrative Therapie 1, 1978
–: Psychodrama-Therapie, Junfermann, Paderborn 1979
–, *Bubolz, E.:* Bildungsarbeit mit alten Menschen. Stuttgart: Verlag Klett-Cotta, 1976
Saake, E. K.: Stichtenoth, Das »Take-it-Haus«. Dieses Buch S. 283 ff
Simon, A., Lowenthal, M. F., Epstein, L.: Crisis and Intervention. The fate of the elderly mental Patient. San Francisco: Jossey-Bass, 1970

Herbert J. Freudenberger[1]

Wie können wir korrigieren, was in unseren therapeutischen Wohngemeinschaften falschläuft?

Allzuoft befassen sich therapeutische Gemeinschaften mehr mit ihren Behandlungsmethoden als mit dem Ergebnis ihrer Behandlung – dem wiederhergestellten Süchtigen.
In den vergangenen Jahren und Monaten wurden in den Vereinigten Staaten mehr als 100 therapeutische Gemeinschaften gegründet. Einige von ihnen haben sich als sehr nützlich für ihre Bewohner herausgestellt, andere wiederum nicht. Einige bereiten immer noch Sorgen, andere sind eingegangen. Welches sind die Voraussetzungen für eine therapeutische Gemeinschaft, damit sie einer hilfesuchenden Person wirklich etwas von Wert bieten kann?

Die Rolle der Struktur in einer therapeutischen Gemeinschaft

Die therapeutische Gemeinschaft entstand als Folge des Unvermögens der Professionellen und Gemeinden, mit der zunehmenden Anzahl von sogenannten psychisch gestörten Patienten (mental patients), süchtigen Alkoholikern und Politoxikomanen fertigzuwerden. Nach *Maxwell Jones* (1973) zeichnet sich die »therapeutische Gemeinschaft« unter vergleichbaren Behandlungseinrichtungen durch die Art aus, mit der sich die gesamten Ressourcen der Einrichtungen, also beide, Personal und Patienten, bewußt gemeinsam für die Förderung der Behandlung einsetzen.
Die therapeutische Wohngemeinschaft für Süchtige, um die es in diesem Artikel primär geht, entwickelte sich aus ziemlich primitiven Anfängen bis zum heutigen Zeitpunkt, an dem die typische therapeutische Gemeinschaft eine hochstrukturierte Einrichtung ist, die ge-

---

[1] Titel der amerikanischen Arbeit: How we can right, what's wrong with our therapeutic communities; *Journal of Drug Issues*, Vol. 4 1974. Copyright by J. of Drug Issues Inc., Madison. – Übersetzt von: *Kurt-Jürgen Lange*.

wöhnlich aus ex-süchtigen Bewohnern, aus ex-süchtigem Personal und mitunter auch aus einigen Professionellen zusammengesetzt ist[2].

Die therapeutische Gemeinschaft bietet in der Hauptsache eine Struktur, in der jemandem ein Platz zum Regredieren ermöglicht wird und wo jemand aus der Misere seines Lebens heraustreten kann, um zuversichtlich eine Neuordnung seines Lebens zu gestalten.

Der typische Süchtige, der in eine therapeutische Gemeinschaft kommt, verbrachte Monate oder Jahre in der Drogenszene. Er war zum größten Teil mit einem Kampf ums Überleben beschäftigt, wobei er seiner persönlichen Umgebung und der Welt im ganzen gegenüber eine paranoide Haltung einnahm. Ein Teil dieser Paranoia ist im Hinblick auf seine Welt durchaus realistisch, sie resultiert teilweise aus seinen persönlichen Problemen. Kommt ein solcher Mensch in eine therapeutische Gemeinschaft, so muß man ihm als erstes seine reale Situation entgegenhalten, man muß ihm klarmachen, daß er in einer mißlichen Lage ist, mit der er auf seine bisherige Art nicht fertiggeworden ist: daß er an Hepatitis, Geschlechtskrankheiten und Fehlernährung leidet, daß er wenig Geld hat, kaum Bildung und gewöhnlich keine oder mindestens zuwenig berufliche Fähigkeiten, daß seine Familie kaum was für ihn tun konnte, daß er vielleicht andere Programme oder andere »Lösungen« ohne Erfolg versucht hat und daß er aller Wahrscheinlichkeit nach eine oder mehrere Entgiftungsbehandlungen mit Methadon[3] hinter sich hat, alles das mit nur minimalem Erfolg.

So rasch wie möglich muß dem neuaufgenommenen Bewohner eine konkrete Vorstellung davon vermittelt werden, was von ihm in der therapeutischen Wohngemeinschaft erwartet wird. Dies kann jedoch nur gelingen, wenn das Personal selbst die zugrundeliegende Behandlungsstruktur der therapeutischen Wohngemeinschaft gründlich versteht. Zu oft macht das Personal einfach seinen »Job«, ohne daß die Behandlungsgrundsätze der Einrichtung wirklich verstanden werden. Der Autor führte eine Untersuchung über »free clinics« in den Vereinigten Staaten und Kanada durch und fand dabei heraus, daß die Grundidee, die Anfang 1967 die Einrichtung der »free clinics« förderte, dem Personal von 1974 oft nicht bekannt oder ihm nicht durch-

---

2 In der BRD gibt es seit etwa 1974 kaum noch Wohngemeinschaften für Süchtige, in denen nicht zumindest ein Professioneller hauptamtlich bzw. als Supervisor tätig ist. – *Anmerkung des Übersetzers* –
3 In der BRD Polamidon. – *Anmerkung des Übersetzers* –

sichtig genug war. So viel Zeit ist vergangen, und es fand so viel Personalwechsel statt, daß – wenn die Verwaltung beim neuen Personal nicht fortwährende Ausbildungsprozesse veranlaßt – mit der Zeit viele der Behandlungsgrundsätze verzerrt, verdünnt und individuell ausgelegt werden.

Wenn ein neuer Bewohner hinzukommt, so handelt es sich bei ihm oder ihr wahrscheinlich um einen Menschen, der an einer ernsthaften emotionalen Deprivation leidet, jemand, der nicht vertrauen kann; ein Einsamer, der zahlreiche Enttäuschungen und viel Brutalität in seinem Leben erfahren hat. Er ist ein Mensch, der psychisch empfindungslos geworden ist, er leidet an einer schweren Charakterstörung, die herkulische Anstrengungen erfordert, damit diese selbstgebildete Überlebenspanzerung durchbrochen werden kann. Kurz gesagt, dieser Mensch kommt mit einem Lebensstil, der sich als total unstet erwiesen hat. Unstetigkeit, Impulsivität, gepaart mit Verantwortungslosigkeit, dies war sein Hauptmechanismus zur Lebensbewältigung. Es ist dieser Teil des Erscheinungsbildes eines Süchtigen, diese schwere Inkonsistenz, die es schier unmöglich macht, einen Süchtigen auf ambulanter Basis zu behandeln – wenigstens nicht am Anfang der Behandlung.

Die eigentlich wertvolle therapeutische Wirkung einer therapeutischen Wohngemeinschaft auf einen Bewohner geht nicht, wie es üblicherweise angenommen wird, vom Konfrontations-Encounter aus, es sind nicht die Gesprächssitzungen (»rap-sessions«) – der wahre Wert für den Bewohner besteht aus dem strukturierten Leben, das diese Gemeinschaftsumgebung ihm ermöglicht.

Das Wesen dieser Struktur besteht aus den tagtäglich eingeflochtenen lebendigen Beziehungen zwischen dem Bewohner[4] und den verschiedenen Mitgliedern des Personals, zwischen Bewohner und Bewohner und zwischen Bewohner und der Struktur der therapeutischen Gemeinschaft. Damit eine therapeutische Gemeinschaft für ihre Bewohner einen wirklichen Nutzen hat, muß das Personal immer in einer Weise handeln, welche diese grundlegende Struktur aufrechterhält. Aufkommende oder fortwährende Rivalitäten zwischen Mitarbeitern oder zwischen Mitarbeitern und ihren Vorgesetzten können nur eine schädigende Wirkung auf den neuangekommenen Bewohner

---

4 Die Jugendlichen, die als Drogenabhängige in die therap. Gemeinschaft aufgenommen werden, werden unterschiedlich bezeichnet auch als *Klienten, Gruppenmitglieder, Patienten* oder *Bewohner*. – Anm. der Herausgeber –

und auf die Gemeinschaft als Ganzes ausüben. Wie soll ein Bewohner regredieren können (sich selbst fallenlassen), wie kann er von seinem täuschenden und manipulierenden Lebensstil lassen, wenn der Mitarbeiter selbst durcheinander ist und sich mit eigenen Reifungsproblemen abmüht? Die Antwort: Es ist nahezu unmöglich. Die Folge solcher Mängel beim Personal ist, daß eine große Anzahl Bewohner es vermeidet, wirklich an sich zu arbeiten, sondern nur durch das Hin-und-Her des Programms geht. Die Bewohner versuchen zwar, einen guten Eindruck zu erwecken, aber sie betrachten die therapeutische Gemeinschaft in Wirklichkeit als eine zeitweilige Alternative zum Gefängnis (in dem man ja auch seine Zeit abreißt). Warum sollte sich ein Bewohner, der beides ist, erschreckt und verletzt, und der vielmals brutalisiert wurde, in einer Umgebung öffnen, die voller Angst, Verwirrung, Feindseligkeit und Inkonsistenz ist?

Das Personal muß von der Prämisse ausgehen – d. h. sie begriffen haben und auch nach ihr handeln –, daß es für einen Bewohner wichtig ist, zu allererst und auch später in stetig fortschreitender Weise eine funktionierende menschliche Beziehungsstruktur in Aktion zu erleben, damit er anhand dieser Erfahrung in einer therapeutischen Wohngemeinschaft zu einer Wandlung gelangen kann.

Begegnet der Bewohner erst einmal der Realität von *Konsistenz* beim Personal, so werden seine inneren Konflikte und seine Widerstände gegen die Behandlung eher zum Durchbruch kommen. Das Erkennen der persönlichen Konflikte und Widerstände gegen die Behandlung bildet die Basis seines Wandels, und hier ist der echte therapeutische Wert der therapeutischen Wohngemeinschaft zu suchen. Es sind genau diese Konflikte und die von außen auferlegten Begrenzungen, die vom Personal in konsistenter Weise gesetzt werden, mit denen der Bewohner ringen muß, hier muß er durch, um zu einer potentiellen Reifung im Hinblick auf seine Zukunft und zu einem persönlichen Verstehen zu gelangen. Die therapeutische Gemeinschaft sucht anscheinend beharrlich, einen Mann oder eine Frau in seine oder ihre mehr natürliche Verfassung zurückzubringen, und zwar tut sie das mit einer sehr einfachen grundlegenden Klarstellung:

Das Leben des Klienten erfordert eine Neustrukturierung: die Rückkehr zu solchen einfachen sich wiederholenden Aufgaben wie tagtägliches Bettenmachen, bis die Aufgabe perfekt durchgeführt wird, Scheuern eines Bodens, bis er absolut sauber ist, Pünktlichkeit beim Frühstück und bei der Arbeitsgruppe; solange der Klient diese grundlegenden Bedingungen und die Routine nicht als Teil seiner

Reifung auffaßt, kann es keinen Fortschritt geben, und er kann seine Verantwortungslosigkeit, die er sein ganzes Leben lang praktiziert hat, letztlich nicht verstehen. Psychisch entscheidend ist wohl, daß der Klient zu den Grundlagen der Lebensführung zurückkehrt, um von neuem anzufangen. Ich habe in einem früheren Artikel darauf hingewiesen, daß das Bedürfnis nach einer gesunden Mutter-Kind-Beziehung für die frühe Ich-Entwicklung entscheidend ist und die Basis für ein zukünftiges reifes Selbstgefühl bildet. Hat dieser Prozeß nicht stattgefunden, dann ist es nötig, daß der Klient regrediert, um sich umzugestalten, erneut zu reifen und sich neu zu strukturieren. Dieser Prozeß kann in einer therapeutischen Umgebung stattfinden.

Eine therapeutische Wohngemeinschaft besitzt ferner die Funktion einer Nachreifungs-Gemeinschaft (regrowth community). Sie schafft eine Umgebung, die jener Art von Gemeinschaft nachgebildet ist, in welcher der Resident nicht funktionieren konnte. Das Verhalten, das in einer therapeutischen Wohngemeinschaft erwartet wird, ist genau jenes frühere Verhalten, bei dem der Resident versagte, nur daß jetzt die Bedingungen zeitlich komprimiert und intensiviert werden. Konsistent mit der Inkonsistenz umzugehen, das ist das Wesen des Problems, mit dem beide, Klienten und Personal, ringen müssen.

Die Beschaffenheit und Struktur der therapeutischen Wohngemeinschaft erzeugt Druck und ist, weil an Zeitplänen und Routinen festgehalten wird, rigide[5].

Aber heißt dies, daß die individuellen Mitarbeiter auch bezüglich ihrer Einstellung rigide zu sein haben? Sicher nicht, das Personal braucht gewöhnlich nicht zusätzlichen Druck auszuüben. Allein die Tatsache, daß der Resident in einer therapeutischen Wohngemeinschaft lebt, schafft oft genügenden inneren Druck. Die Angehörigen des Personals müssen mit ihrer eigenen konsistenten Handlungsweise sicherstellen, daß die Rigidität der Struktur erhalten bleibt, ohne daß sie selber zu rigiden Persönlichkeiten werden. Aufgrund eines Mangels an Ausbildung kann das Personal jedoch allzuoft sich und das Konzept bzw. den Behandlungsgrundsatz, mit dem sie arbeiten, nicht auseinanderhalten. Die Mitarbeiter glauben, daß ausschließlich sie die Behandlung verkörpern, darum ihre Rigidität und Unflexibilität beim Gebrauch klinischer Verfahren. Beispielsweise können »Kopfwäsche« (haircut), Gerichtssitzung und Sprechverbot so dürftig und

---

5 das heißt unbeugsam starr, manchmal auch streng und hart. – *Anm. des Übersetzers* –

willkürlich angewandt werden, daß sie ihre ausgezeichnete klinische Absicht im Hinblick auf den Residenten verlieren, und der Resident selbst sieht sie nur noch als willkürlich auferlegte Strafe an und nicht als ein Mittel zu seiner Reifung. Die Rigidität der Struktur muß nicht unbedingt in die Augen springen. Das Festhalten an Tagesplänen schafft im Residenten selbsttätig Disziplin. Das Personal sollte begreifen, daß Freiheit zur Reifung sich ohne Rigidität, aber mit Disziplin entfalten kann, daß aber angesichts unflexibler Disziplin eine Freiheit zur Reifung höchstwahrscheinlich nicht vorkommt.

Herrscht lediglich Disziplin, dann ist es für viele Bewohner einer therapeutischen Gemeinschaft nur eine Wiederholung dessen, was sie zu Hause und in ihrer Umgebung erlebt haben: »Man sagte ihnen, was sie tun sollten, ohne daß sie verstanden, warum.«

Die Bedeutung der Encounter-Technik in der therapeutischen Wohngemeinschaft

Der Beginn des Encounters entstand, historisch gesehen, in kleinen Gruppentherapiegruppen, von denen einige sich mit der Zeit zu Sensitivity-Trainings-Gruppen entwickelten und die schließlich von *Carl Rogers* Basic-Encounter-Groups genannt wurden. Ich will mich hier besonders mit jener Form des Encounters befassen, die ursprünglich von *Synanon* in der Arbeit mit Drogenabhängigen zur Anwendung kam (und heutzutage von den meisten therapeutischen Gemeinschaften angewandt wird).

Die Bedeutsamkeit der Encounter-Gruppe leitet sich aus der von vielen Leuten geteilten Auffassung her, daß persönliche Reifung im wesentlichen ein sozialer Prozeß sei und daß die beste Entwicklung menschlicher Möglichkeiten nur in wahrhaft wechselseitigen Beziehungen innerhalb funktionsfähiger Gruppen erlangt werden könne. Gruppeninteraktion eröffnet weite bedeutsame Möglichkeiten zur Klärung zwischenmenschlicher Realität (Social Validation of interpersonal Reality) und bietet darüber hinaus in einem Klima relativer Zuversicht Gelegenheit zur Erprobung neuen Verhaltens.

Die konfrontative Form der Encounter-Gruppe ist die Haupttechnik, derer man sich in therapeutischen Wohngemeinschaften für Süchtige bedient. Die Konfrontationsgruppe ist eine rauhe Gruppe, in ihr wird der Klient gezwungen, sich mit seiner Art des Ausweichens vor der Welt zu befassen. Das Image wird in Frage gestellt, die Täuschungsmanöver werden entlarvt, und der ganze armselige Lebensstil wird ihm von seinesgleichen aufgezeigt. Jedoch haben konfrontative Encounters in einer therapeutischen Wohngemeinschaft dann keinen Wert, wenn man nichts über die temporären Wirkungen, die Encounters ausüben, weiß. Sie haben auch dann keinen Wert, wenn die Methode ohne Verständnis ihres Zwecks und ihrer Begrenzungen angewandt wird. Das Encounter ist eine klinisch-therapeutische Methode, um einem Klienten zu einer Selbstsicht zu verhelfen. Es ist kein Ersatz für eine tatsächliche Lebensführung, für die Aneignung anderer Lebenswerte oder für die Notwendigkeit, daß das Personal auf der Mensch-zu-Mensch-Ebene auf den Bewohner der therapeutischen Gemeinschaft einwirkt. Viele Angehörige des »staffs« betrachten das Encounter als Ablageplatz für Gefühle und als Mittel zur vorübergehenden Erleichterung von Leidenszuständen. Das Konfrontations-Encounter wird zu häufig als eine weitere, gebrauchsfertige einfache Möglichkeit betrachtet, die das Personal davor bewahrt, mit den Klienten gemeinsam das Bedürfnis nach persönlichem Vertrauen, nach Intimität, nach Bindung und Verständnis durchzuarbeiten. Wenn das Personal glaubt, daß die Hauptmomente therapeutischen Wandels beim Klienten in der Encounter-Gruppe zustande kommen, dann werden gerade jene therapeutischen Bedingungen, die für ihn aufgrund der Tatsache, daß er in einer Gemeinschaft lebt, geschaffen wurden, fast völlig aufgehoben: man hat die Behandlungsgrundsätze nicht verstanden. Die Verwirrung, die bei den Mitarbeitern entstehen kann, liegt daran, daß sie nicht verstehen, daß, wenn man keine Behandlungsgrundsätze hat, auch keine Behandlungsmethodik zur Hand sein kann, und wenn man die nicht hat, betreibt man höchstwahrscheinlich nur ein dürftiges Behandlungsprogramm. Es ist eine traurige Sache, wenn ein Klient glaubt, daß es lediglich genüge, in eine Encounter-Sitzung zu gehen, damit er einen gewissen Grad therapeutischer Wandlung erreicht, dort seine Gefühle abzulassen und dann wegzugehen. Wieder einmal wird etwas Elementares vergessen, nämlich daß der Süchtige, der in eine therapeutische Wohngemeinschaft kommt, ein leeres, ausgestoßenes, einsames, narzißtisches Individuum ist. Ihn in einer Encounter-Gruppe explodieren zu lassen, ohne daß dieses gründlich und nachhaltig vom Personal aufgearbeitet wird, hieße, den Klienten davon abzuhalten, neue Werte anzunehmen und zu prüfen, welche Werte seines Lebensstils konstruktiven Charakter haben und welche nicht. Allzu häufig wird der eigentliche Sinn der therapeutischen Wohngemeinschaft aus den

Augen verloren. Der zerrissene Mensch braucht mehr, als nur zusammengeflickt und zusammengeklebt zu werden. Anstatt zu geben, was er wirklich braucht, also eine fundamentale Überholung, arbeiten wir nur ein bißchen äußerlich am Körper herum.

Ein Klient, dem gestattet wurde – der sogar dazu ermuntert wurde –, einfach nur abzulassen, hat sich weder verbal mit seiner eigentlichen Situation auseinandergesetzt noch hat er sich überhaupt mit ihr befaßt. Wir sind mit dem Encounter zu oft so umgegangen, als ob es zur symptommildernden Kategorie gehöre. Es ist, als ob man Aspirin bei Kopfschmerzen oder ein Abführmittel bei Verstopfung nimmt, die Linderung kann zwar rasch eintreten, aber sie ist nur vorübergehend, weil die zugrundeliegende Ursache des Problems nicht gefunden und nicht behandelt wurde. Wir lassen uns nur allzu bereitwillig dazu hinreißen, mit einer oberflächlichen Verhaltensänderung zufrieden zu sein, und erkennen nicht, daß es nicht ausreicht, einen Süchtigen einfach an seine Umgebung anzupassen. Eine Folge davon ist, daß uns oft nur eine Aufgabe gelingt, nämlich die, dem Süchtigen mittels negativer Bekräftigung beizubringen, die Nadel nicht mehr in seinen Arm zu stechen, jedoch füllen wir nicht die schreckliche Leere, die in ihm ist. Die Leere des Süchtigen fordert von uns, daß, wenn wir von ihm das Aufgeben der Sucht verlangen, wir ihm dabei helfen, diese Leere durch etwas für ihn persönlich Konstruktiveres zu ersetzen. Tun wir das nicht, dann haben wir nur eine Sucht entfernt und begünstigen mit der Zeit eine andere. Viele von uns haben gesehen, daß aus den früheren Heroin-Abhängigen der jetzige Alkoholiker geworden ist, der übergewichtige Essens-Fan (»food-freak«), der über seine Verhältnisse lebende, sexbesessene und dürftig angepaßte Mensch. Die Anwendung des Encounters und seiner erweiterten Version, des Marathons, erfordert Planung, Vorbedacht und ein Vorwissen darüber, was vom Personal und vom Bewohner erwartet werden kann und was nicht.

Wenn wir das Encounter angemessen anwenden, auch seine Grenzen sehen und ihm keine magischen Eigenschaften zuschreiben, dann hat das Encounter seinen sinnvollen Platz im Gesamtentwurf der Behandlung in einer therapeutischen Wohngemeinschaft. Es kann dazu verhelfen, eine Person zu öffnen, damit sie sich in einer Weise betrachtet wie nie zuvor in ihrer Vergangenheit. Es kann helfen, die rauhe Charakterstruktur aufzureißen und die Starrheit des negativen Funktionierens in seinem Leben, die ja so sehr einen Teil des Süchtigen ausmacht. Was hingegen das Encounter nicht leisten kann, ist ein

Vermitteln von Werten und Idealen. Es gibt dem Süchtigen kein Wissen darüber, wie man z. B. vernünftig Lebensmittel einkauft, wie man sein Geld am vorteilhaftesten ausgibt, wie man mit seinen Kindern oder mit seinem Ehegatten umgeht, wie man rechtliche Unterstützung erhält, ein Darlehen aufnimmt oder eine Ausbildung beginnt. Die schweren psychischen Kindheitstraumata, denen viele Süchtige ausgesetzt waren, erfordern von uns die Bewußtheit, daß eine fast völlige Re-Integration der Persönlichkeit notwendig werden kann – für jene, die es wünschen.

Die meisten früher selbst mal süchtig gewesenen Mitarbeiter arbeiten mit ihren Klienten nicht in einer engen, persönlichen und vertraulichen Weise, weil viele von ihnen, als sie selbst noch Klienten in anderen therapeutischen Programmen waren, bei ihren Betreuern auch nicht diese enge und sinnvolle Mensch-zu-Mensch-Beziehung erlebt haben. Doch gerade Vertraulichkeit, Zuversicht, Anständigkeit und Konstanz sind jene Elemente zwischenmenschlichen Lebens, die dem Süchtigen beim Heranwachsen so sehr gefehlt haben. Anstatt das Encounter als einen Weg zu betrachten, um nahe an den Klienten heranzukommen, wird es vom Personal dazu benutzt, Intimität zu vermeiden. Die Mitarbeiter bedienen sich des Encounters, um sich dahinter zu verbergen, und benutzen Angriffe, Feindseligkeiten, Zorn, Spott und Beleidigungen, Affekte, die beim Encounter freigesetzt werden, um ihren eigenen Ängsten, ihrer unerforschten inneren Leere und Unausgefülltheit auszuweichen. Hätten die Mitarbeiter jedoch den Willen, ihre eigenen Schwierigkeiten (hangups) und die der Residenten direkt, ehrlich, in bemühter anteilnehmender Weise anzugehen, dann könnten sie die Umstände der Unstetigkeit, der Verantwortungslosigkeit, des Fehlens guter zwischenmenschlicher Beziehungen, menschlicher Anteilnahme und den Mangel an Mitgefühl – alles Momente, die sie selbst und den Süchtigen stolpern ließen – besser korrigieren.

Das Encounter hat seinen Platz als ein Feld, auf dem der Klient anderen Süchtigen begegnet, auf dem er lernt, ehrlich zu kommunizieren, auf dem er sich mit seinen stärksten Problemen, die er mit anderen Menschen hat, auseinandersetzt, und das innerhalb der Sicherheit und Zuversicht einer vertrauenden Gruppenatmosphäre. Richtig angeleitet und durchgeführt, bringt das Encounter positive Gespräche hervor, die sich darum zentrieren, was die Klienten lernen, über sich selbst, über den anderen und die Lebensbedingungen im allgemeinen – Einsicht und Reifung werden so nicht verhindert.

Das Herbeiführen von Verhaltensänderungen in der therapeutischen Gemeinschaft

Eine therapeutische Wohngemeinschaft ist teilweise eine Gemeinschaft zur Verhaltensänderung, aber eine Verhaltensänderung, die das grundlegende Ziel hat, Einsichten zuzulassen, den Klienten zu helfen, sich bewußt zu werden, wie eingeengt ihre Beziehungen waren, und ihnen verständlich zu machen, wie das Leben in einer Beziehung dazu verhelfen kann, persönliche Disziplin zu entwickeln. Dies wiederum erweitert ein Verständnis für die Tatsache, daß die Therapie einer therapeutischen Wohngemeinschaft menschliche Beziehung heißt.

Wichtig ist die Rolle, die dem Erstellen und Einteilen von Arbeitsfunktionen in einer therapeutischen Wohngemeinschaft zukommt. Wenn beispielsweise Arbeitsfunktionen eingerichtet werden, um eine zugrundeliegende Struktur wechselseitiger Abhängigkeit und Kooperation zu schaffen, kann eine Reifung einsetzen. So gesehen ist das Personal jener Teil, der die Struktur zur Erprobung der äußeren Realität schafft und das Instrumentarium dafür bereitstellt.

Die Mitarbeiter sollten Vorsicht walten lassen und von zu vielem verbalen Tadeln, demütigenden Konfrontationen und inhumanen Praktiken Abstand nehmen. Damit ist nicht gemeint, daß die Betreuer nie verbalen Tadel austeilen sollten und etwa negatives Verhalten dulden sollten oder nicht jedem Klienten klarmachen sollten, daß er etwas auf seine alte destruktive Art tut; *aber*, ich meine, daß Umlernen leichter in einer Atmosphäre menschlicher Anteilnahme geschieht als in einer enthumanisierenden Umgebung. Es kann nicht genug betont werden, wie entscheidend es beim Eintritt eines Klienten in ein Behandlungsprogramm ist, daß man ihm zu verstehen gibt: nun sei *er* die Ursache seines Problems und nicht die Gesellschaft im ganzen. Dies ist wahr und muß ihm klargemacht werden, ungeachtet, was immer an validen Rechtfertigungen vorhanden sein mag. Er muß endlich erkennen, daß es kein Drogenproblem gibt – er selbst ist sein Problem.

»Wir sind dem Feind begegnet, und der waren wir selbst«, so hat es einmal ein Klient ausgedrückt.

Die Mitarbeiter einer therapeutischen Gemeinschaft müssen immer auf die Mittel und Wege achten, die der Klient im Kampf mit seinem Problem einschlägt. Sie sollten immer wissen, was der Klient tatsächlich zu jeder Zeit tut, und sie sollten sich bewußt sein, daß er bei jeder möglicherweise kritischen Situation der Realität nicht ins Angesicht blicken mag und daß er ständig dazu neigt, allen nur erdenklichen Frustrationen auszuweichen. Die typische therapeutische Gemeinschaft für Drogenabhängige verlangt, daß das Individuum in einer Zeit, die zwischen 6 Monaten und 3 Jahren schwanken kann, durch Encounters, Seminare, sogenannte »rap sessions«, Entlarvungssitzungen (imagebreaking-sessions) und Arbeitsfunktionen geht. Wurde diese Zeit erfolgreich absolviert, kehrt das Individuum in die Gesellschaft zurück. Die Notwendigkeit, sich mit dem Aufbau neuer Lebenswerte (values) zu befassen, wird besonders relevant, wenn wir daran denken, daß therapeutische Gemeinschaften heutzutage mehr und mehr gedrängt werden, ihre Klienten in einer kürzeren Zeit durchzubringen. Die Ökonomie diktiert uns wegen der erhöhten Haushaltsaufwendungen, wegen des Anstiegs der Lebensmittelpreise, der Kleidungspreise, der Angestelltengehälter, wegen des Anstiegs der Grundstücksnachfrage und der Betriebskosten, daß wir den Aufenthalt eines Klienten in einer therapeutischen Gemeinschaft verkürzen müssen. Dazu spüren wir einen erhöhten Erfolgsdruck angesichts der Methadon-Programme[6], und je mehr die Streetwork-Programme (outreach-programs) für junge Allesschlucker (poly drug abuser) Verbreitung finden, desto mehr müssen wir darauf achten, was wir tatsächlich mit unseren Klienten tun und was wir bei ihnen bewirken. Offensichtlich haben wir nicht länger unbegrenzt Zeit zur Verfügung. Die therapeutische Gemeinschaft sieht sich derselben Kostenrealität gegenüber wie einst die Psychoanalyse. Es können sich nicht viele Leute so wie früher leisten, eine lange Zeit damit zu verbringen, eine persönliche Wandlung herbeizuführen. Die Realitäten des Zeitfaktors erfordern, daß wir nachsehen, wie Wandlung in einer therapeutischen Wohngemeinschaft tatsächlich zustande kommt. Wieviel können wir von uns erwarten, wo wir doch auf eine kürzere Zeit angewiesen sind, um in etwa die gleichen, grundlegenden inneren Wandlungen herbeizuführen wie bei jemandem, der drei Jahre bei uns lebte. Die Antwort heißt: Das können wir überhaupt nicht von uns erwarten. Aber, was wir erwarten können, ist eine Abschätzung, was bei unserem Vorgehen am besten funktioniert, was weniger gut und welche Ziele wir realistischerweise erreichen können.

Wenn wir dies anerkennen, so müssen wir uns auch vor Augen halten, daß die meisten Leute, wenn sie sich einen erfolgreich in die Gesellschaft zurückgekehrten Ex-Süchtigen ansehen, die Veränderun-

---

6 (die es in der BRD nicht gibt – *Anmerkung des Übersetzers* –)

gen bei diesem Menschen den klinischen Methoden zugute halten, die bei ihm angewandt wurden. Ein Teil der Wahrheit ist jedoch, daß es die vielen funktionalen und zwischenmenschlichen Verantwortungen waren, die der Klient stetig und gewissenhaft eine gewisse Zeit erbringen mußte, daß es Dinge waren, die ihn tatsächlich auf eine Rückkehr in die Gesellschaft vorbereiteten.

Also: Toiletten schrubben, Geschirr spülen, Zimmer anmalen, sich damit befassen, sinnvolle Freundschaften zu schließen – das waren die Elemente, die den bedeutsamen Wandel herbeiführten.

Funktion und Verantwortung des Personals

Es gehört zur Verantwortung des Personals, die Rolle eines Lehrers zu übernehmen, diese auszufüllen und für den Klienten ein Vorbild abzugeben, mit dem er eine Beziehung herstellt.

Sie können nicht alle, noch sollten sie es, selbst »Hausmanager« und Leiter werden. Das Personal sollte beziehungsfreudig, beratend und flexibel sein, als Mensch und als Therapeut. Es gehört zur Funktion des Personals in einer therapeutischen Wohngemeinschaft, den Klienten beharrlich in jene Situationen zurückzuversetzen, in denen er früher versagte, und ihm dabei zu helfen, daß er sie nun unter den neuen Bedingungen meistert. Eine weitere Funktion der Mitarbeiter ist, sich klinisch klar zu sein, daß der Klient fortgesetzt ausweicht, um dann darauf zu achten, daß er sich damit auseinandersetzt.

Den Klienten in seine für ihn problematische Situation zurückzuversetzen, bis er oder sie damit fertig wird, kann man erreichen, indem man ihn dazu bringt, selbst darauf zu achten, wie er seine Handlungen ausführt, wie er Strategien und *Filme* (»con«) zur Vermeidung der Realität benutzt und welche Ansprüche er an sein Leben stellt. Zusätzlich müssen fortwährend Veränderungen in der Einteilung der Aufgabengebiete vorgenommen werden, damit sichergestellt wird, daß der Klient nicht auf seine Art zu festgefahren wird und um ihn davor zu bewahren, die neue Lage dazu auszunutzen, weiterer Reifung auszuweichen oder sie abzublocken.

Macht ihm die Arbeit in der Küche Spaß, so gebe man ihm ein neues Aufgabengebiet, wo von ihm verlangt wird, daß er sich neuen Herausforderungen stellt. Man halte ihn davon ab, sich zurückzulehnen und sich auf nur geringfügigen Veränderungen seines Lebensstils auszuruhen. Was wir für ihn wollen, ist soviel Veränderung, wie die Zeit erlaubt.

Ein anderer Punkt, der zu erörtern ist, ist die größere Anzahl der männlichen im Vergleich zu den weiblichen Mitarbeitern. Dies ist ein Abbild der Geschlechtsbevorzugung (»sexism«). In der therapeutischen Gemeinschaft spiegelt sich das, was auch in der übrigen Gesellschaft ist. Aber, was wir prüfen müssen, sind die von *Levy* angedeuteten Befunde, daß Personalangehörige gesellschaftliche Wertunterschiede zwischen den Geschlechtern beschwören, und zwar als Begründung für eine unterschiedliche Behandlung von Männern und Frauen. Das könnte dazu führen, daß ein Wertsystem, welches dem weiblichen Klienten eingepflanzt wird, weiterhin unser dürftiges Image von Mann und Frau reflektiert, das in der Gesellschaft vorherrscht.

Befunde bei Drogenabhängigen weisen darauf hin, daß Männer mehr Nachdruck auf Fähigkeiten und Leistungen als persönliche Zielrichtung legen und daß Frauen sich mehr in Verbindung zu zwischenmenschlichen und innerpersönlichen Empfindungswerten bringen. Wenn das Personal sich dies nicht vergegenwärtigt, wird es innerhalb der Therapie einer therapeutischen Wohngemeinschaft weiterführen, was für uns in der Gesamtgesellschaft ungesund ist.

Eine andere Dynamik läßt sich bei den Mitarbeitern beobachten. Sie müssen sich wieder bewußt werden, daß sie einen wesentlichen Teil der therapeutischen Gemeinschaft bilden. Es kommt häufig vor, daß ein Angestellter mit einer »ich-sie«-Haltung durch eine Einrichtung geht. Eine solche äußere Trennung von Klienten und Personalangehörigen ist nicht geeignet, zu Vertrauen und Reifung zu führen. Auf der anderen Seite muß auch auf die geachtet werden, die hinsichtlich ihrer Arbeit überengagiert sind (over-dedicated). Zu oft benutzt ein ehemals süchtiger Mitarbeiter seine Stellung als Ersatz für das Erlebnis des Fixens. Dies kommt daher, daß er – nachdem er seine ursprüngliche Behandlungseinrichtung verlassen hatte – draußen in der Welt nicht gut zurechtkam, und nun braucht er seine Stellung dazu, der Auseinandersetzung mit seinem eigenen Leben auszuweichen. Arbeit, um dem Leben auszuweichen, kommt in der etablierten Welt und in therapeutischen Wohngemeinschaften zu häufig vor. So kann es bedauerlicherweise dazu kommen, daß der Leiter zur Mehrarbeit anregt, weil es für die zu behandelnde Population notwendig ist, aber zugleich ist es auch eine schnelle Methode, die Mitarbeiter auszubrennen und sie damit eventuell zum Verlassen der Einrichtung zu zwingen.

Das Personal sollte nicht exklusiv nur mit einer Methode arbeiten. Die Mitarbeiter müssen dem Klienten vermitteln, daß ein Wandel nicht durch einfache Lerntechniken zustande kommt, sondern daß Wandel geschieht, wenn grundlegende innere Wahrnehmungsverschiebungen stattgefunden haben. Einige Klienten, die nicht genügend lange in einer therapeutischen Wohngemeinschaft bleiben, drücken durch ihr Verlassen aus, daß sie sich nicht als Kandidaten für diese Form der Therapie sehen. Nicht alle Süchtigen sind für eine therapeutische Wohngemeinschaft geeignet. Einige wollen nur eine Symptomentlastung. Andere waren nur eine kurze Zeit drogenabhängig, sie sind noch jung und brauchen nicht notwendig in einer Gemeinschaft zu leben, um bei sich eine Veränderung herbeizuführen. Wieder andere wählen Methadon als Mittel, mit ihrer Sucht fertigzuwerden. Was immer jemand wählt, es ist sein Recht. Kein Behandlungsansatz verfügt über alle Antworten. Aber, es gibt zu viele Süchtige, welche die therapeutische Wohngemeinschaft verlassen, weil das Personal diesen speziellen Klienten und seine spezielle Situation nicht wirklich verstanden hat. Viele Drogenabhängige, die 1974 zur Behandlung kamen, sind mehrfach Drogenkonsumenten. Sie sind oft jünger und mitunter aufgeweckter, infolgedessen erfordern sie andere klinische Interventionen. Es wäre nicht angemessen, unterschiedslos »haircuts« zu verordnen, Verweise zu erteilen oder jugendliche Missetäter in schweren Encounters anzugreifen. Sie haben einfach noch nicht lange genug gelebt, um solche verhärteten Charakterstörungen entwickelt zu haben. Einige Klienten erfordern einen sehr persönlichen und feinfühligen Umgang. Therapeutische Wohngemeinschaften müssen wissen, daß nicht alle Klienten einfach in die gleiche Kategorie gehören und ihnen mit vorgefaßten Behandlungsmustern nicht gehofen werden kann – Behandlungsmuster, die rigide und unflexibel sind, die für den Süchtigen von 1967 angemessen gewesen sein mögen, aber für den Abhängigen von 1974 nicht geeignet sind. Eine therapeutische Wohngemeinschaft sollte sich unter allen Umständen niemals zu sehr an ein spezielles Behandlungskonzept binden. Sobald ein Konzept seine Dienste geleistet hat, sollten wir daran denken, es weniger häufig oder überhaupt nicht mehr zu verwenden. Wir beobachten, daß sich zu viele therapeutische Wohngemeinschaften mehr für ihre Konzepte und die Methoden, die sie anwenden (oder nicht anwenden), interessieren, als daß sie daran denken, wie die Klienten sein werden, wenn sie das Programm beendet haben. Oft liegt die Betonung fast ausschließlich auf der Veränderung eines spezifischen Verhaltens, z. B.: Bringe dem Klienten bei, keine Drogen mehr zu nehmen, aber unterlasse es, dich mit seinem Alkoholmißbrauch zu befassen. Die Frage, die sich an diesem Punkt stellt, heißt: Welches Wertsystem errichten wir implizit in der Behandlungseinrichtung und bei unseren Klienten? Setzen wir in ihnen Werte, die von ihnen auf das Leben übertragen werden können? Soll heißen, wissen sie wirklich, daß es für eine Neueinstellung des Lebensstils nicht ausreicht, einfach nur nicht mehr Heroin zu nehmen.

Wir müssen eine veränderte Wertstruktur verankern, dadurch, daß wir dem Klienten mit Einstellungen, offenem Verhalten und durch das Vorbild der Mitarbeiter aufzeigen, daß eine Wandlung möglich ist. Wir müssen ihm vermitteln, daß Süchtige nur in Begriffen von hier und jetzt denken. Sie denken nicht an ein Morgen. Der Begriff Zukunft ist dem Süchtigen und dem psychisch verarmten Menschen fremd. Das Personal muß ihm dazu verhelfen, sich diesen Begriff eines möglichen Morgen beizubringen. Die Vermittlung eines Wertsystems ist besonders wichtig, bevor der Klient in die Wiedereintrittsphase des Programms kommt. Es erfordert, daß gelehrt wird, daß wir im Leben Prioritäten setzen müssen und auch können, daß wir ein Recht auf Entscheidung und persönliche Wahl haben. Der Klient bedarf eines Lehrsystems, anhand dessen er sein Leben nach persönlicher Bedeutung ordnen kann. Das können wir aber nicht zustande bringen, wenn das Personal hinsichtlich seiner eigenen Lebensprioritäten verwirrt ist und nach der Arbeitszeit trinkt, um seine leere Freizeit auszufüllen. Ein wahres Wertsystem impliziert Verantwortlichkeit und keine Doppelmoral, eine für das Personal und eine andere für den Klienten; der Süchtige hat genügend Doppelzüngigkeit erlebt. Viele Klienten sind im Bezug auf praktische Fähigkeiten, die zum Bestehen in der Welt notwendig sind, schlecht vorbereitet und bedürfen einer eigentlichen Anleitung bezüglich solcher Dinge wie: wie man mit Geld umgeht, Gebrauch und Mißbrauch von Gehaltskonten, angemessene Diät und Ernährung, Körperpflegegewohnheiten, wie man zu Einstellungsgesprächen geht. Im großen und ganzen scheint die therapeutische Wohngemeinschaft die Realität der Lebenssituation des Süchtigen vergessen zu haben, oder sie steht ihr indifferent gegenüber, nämlich seinem tatsächlichen Defizit in so vielen praktischen Bereichen, die für andere Leute selbstverständlich sind. Anscheinend übersieht die therapeutische Wohngemeinschaft die Tatsache zu häufig, daß das persönliche Wertsystem des Klienten bei seiner Entlassung aus der therapeutischen Wohngemeinschaft noch immer sehr verworren ist. Auch ist die therapeutische Wohngemeinschaft zu oft im Zahlen- und Statistikspiel verfangen, das zahlende Einrichtungen und staatliche Ämter uns auferlegen. Die Regierung achtet auf Zählungen, Finanzen, richtige Buchführung und Kostenberechnung, aber schenkt der persönlichen und humanen Seite des Lebens in diesem Prozeß weiter keine Beachtung. Bedauerlich ist, daß einige therapeutische Wohngemeinschaften im Zahlenspiel verfangen sind und dabei die Menschen aus dem Auge verlieren.

Mitarbeiterausbildung und Nachfolgeuntersuchungen

In einer therapeutischen Wohngemeinschaft sollte Personalausbildung ein kontinuierlicher Prozeß sein. Kenntniserweiterung beim Personal ist fortwährend nötig. Wenn eine Einrichtung dies nicht einsieht, dann werden viele von denen, die jetzt in therapeutischen Wohngemeinschaften arbeiten, in wenigen Jahren keine Arbeit mehr haben. Wenn der im Sozialdienst berufsmäßig Tätige nicht offen ist für eine Erweiterung seines Rüstzeugs mittels Training und Ausbildung, wird er der Dinosaurier einer vergangenen Ära sein, und seine während der praktischen Arbeit mühsam erworbenen Fertigkeiten werden scheitern, weil sie auf eine andere süchtige Population nicht übertragbar sind. Ein wohlinformierter Mitarbeiter ist auf dem aktuellen Stand, sowohl bezüglich der neuesten mißbrauchten Drogen als auch hinsichtlich neuerer Behandlungstechniken.

Zusätzlich bedarf es fortgesetzter Selbstbewertung und Messung des Programmerfolges, ausgedrückt durch die Anzahl der Absolventen und die Art ihres Zurechtkommens außerhalb der Einrichtung. Durch sorgfältige Nachbeobachtungen können wir feststellen, wie ihre Neuorientierung verläuft. Das Personal benötigt Antworten auf solche Fragen wie: Leben die Absolventen in Beziehungen; wenn nein, warum? Wie kommen sie in diesen Beziehungen zurecht? Kommt es bei ihnen zu Mißbrauch anderer Drogen als Heroin? Möglicherweise hat der Alkohol in ihrem Leben eine große Bedeutung eingenommen. Kommen sie finanziell zurecht oder verschulden sie sich zusehends? Die Techniken der Nachbeobachtung und Bewertung sollten automatisch ausgeführt werden, und jedes Mal, wenn die Ergebnisse hereinkommen, werden wir mehr Klarheit darüber gewinnen, welche realistischen Absichten und Ziele wir uns sowohl für das Programm als auch für den fertigen Klienten vornehmen können. Was können wir bei einem neu eintretenden Klienten ernsthaft versprechen? Was betrachten wir als Erfolg, und auf welche Kriterien stützen wir unsere Schlußfolgerungen? Diese Fragen erfordern endlich Antworten, damit therapeutische Gemeinschaften lebensfähig und bedeutsam bleiben.

Die Mitarbeiter müssen lernen, jedes Mal, wenn ein neuer Klient in die therapeutische Gemeinschaft kommt, ihre Methoden auf die Erfordernisse einzustellen, wie z. B. beim jugendlichen Polytoxikomanen oder beim jugendlichen Alkoholiker. Es kann dies erfordern, daß wir gewisse Ansätze, die wir bei erwachsenen Süchtigen als wirksam ansahen, beim Teenager unterlassen. In einer therapeutischen Wohngemeinschaft, in welcher der Autor als fachlicher Berater tätig war, wurde ein kontinuierliches Ausbildungsprogramm entwickelt. Alle Leiter, stellvertretende Leiter und Hausmanager nahmen während sechs Monaten an jeweils zweimal wöchentlich stattfindenden Ausbildungssitzungen teil. In diesen Seminaren hat das Personal gelernt, daß spezifische Therapien für besondere Individuen in speziellen Perioden und unter gewissen Bedingungen angebracht sind, aber daß sich die Therapie selbst wandeln muß, wenn diese Bedingungen sich einmal ändern und der Klient reift und sich gewandelt hat. Diese Seminare dienen auch als Ort, in dem wir uns selbst befragen, was wir erreichen, und sie bilden einen fruchtbaren Boden, um Erneuerungen für das Programm aufzustellen.

Die Wiedereintrittsphase

Die meisten therapeutischen Gemeinschaften vernachlässigen die Wichtigkeit der Wiedereintrittsphase in ihrem Programm und legen dafür zuviel Betonung auf die Aufnahme- und Behandlungskomponenten. Weitaus zu viele Klienten betrachten den Wiedereintritt im Verlauf des Behandlungsprozesses lediglich als eine Phase, die man erreichen und durchlaufen muß, um herauszukommen. Therapeutische Wohngemeinschaften verstehen die Wichtigkeit des Wiedereintritts manchmal selbst nicht und können darum ihren Klienten auch nicht helfen, dies zu begreifen. Was passiert, ist: Wenn ein Klient in die Wiedereintrittsphase kommt, beginnt er allmählich mehr und mehr die Struktur der therapeutischen Gemeinschaft zu verlassen – dieselbe Struktur, die ihm dazu verholfen hat, seinen Lebensstil wieder klarzukriegen. An diesem Punkt wird es besonders wichtig, daß die *Mitarbeiter* als Ordnungsgeber im Leben des Klienten fungieren, nicht die therapeutische Gemeinschaft als Ganzes. Das Personal sollte eine Brücke zwischen der Binnen- und Außenwelt sein, ein Ersatz für die Geborgenheit in der therapeutischen Gemeinschaft und für die Unsicherheit in der äußeren Welt. Je mehr der Klient sich in Richtung Wiedereintritt bewegt, desto mehr muß das Personal auf Disziplin bestehen. Diese Disziplin muß konsistent sein, damit der Klient sich mit einem Minimum an Schockerlebnis in eine fordernde Gesellschaft begeben kann. Tatsächlich ist die Wiedereintrittsphase die Prüfphase für Programm und Klient. Sie ist ein Test, um festzustellen, wie erfolgreich dem Klienten beigebracht wurde, mit echten Lebenssituationen selbständig umzugehen. Um den Klienten auf den Wiedereintritt vorzubereiten, genügt es nicht, ihm einfach zu erklären, er solle seine Widerstandskraft stärken, damit er in der Welt draußen zurechtkommt. Die Mitarbeiter müssen sich genauso darum bemühen, den Klienten vom Programm zu entwöhnen, wie sie ihn auch vom Heroin entwöhnt haben. In dieser letzten Phase des Programms könnten die Bedingungen durchaus gelockert werden. Beispielsweise könnte man das Trinken gestatten, einfach um zu sehen, wie der Klient mit dieser Freiheit umgeht. Versagt er bei der Prüfung seiner Selbstkontrolle und Bewußtheit, kann es für ihn notwendig werden, in die Struktur der therapeutischen Wohngemeinschaft für eine kürzere oder längere Zeit zurückzukehren, bis er schließlich die Prüfung besteht.

Ich bin fest davon überzeugt, daß besonders in der Wiedereintrittsphase jemand zusätzlich gebraucht wird, jemand, der bisher vielleicht nicht mitgewirkt hat: der Professionelle.

Der Professionelle kann mit seinen Kenntnissen eine weitere Brücke zwischen der Binnenwelt der therapeutischen Gemeinschaft und der Realität der äußeren Welt schlagen. Damit diese Arbeit geleistet werden kann, muß ein wirklicher Austausch zwischen dem Professionellen und dem Paraprofessionellen stattfinden. Besonders in therapeutischen Wohngemeinschaften haben viele von uns die Unfähigkeit dieser beiden Gruppen zur Zusammenarbeit erlebt. Es wäre außerdem möglich, daß die Wohngemeinschaften in den Wiedereintrittskomponenten nicht mehr selbst ehemals süchtige Leute arbeiten lassen. Sind es denn nicht Männer und Frauen, die »straight« sind, mit denen der Ex-Süchtige umzugehen hat, wenn er einmal die Behandlung verläßt? Ein Weg, mit dem zu viele Paraprofessionelle dieses Dilemma lösen, ist der, daß sie sich nah an ihre exsüchtigen Freunde halten und es nicht wagen, nach Beziehungen in der »straight-world« zu suchen.

Die Wiedereintrittsphase kann dienen als allmählicher Übergang aus der inneren Welt der therapeutischen Gemeinschaft, die durchaus irgendwie »hip« ist, in die äußere Welt. Eines der Hauptprobleme, denen ein Absolvent nach der Entlassung begegnen wird, ist die Freizeit, die er zur Verfügung hat. Ein Teil seines Lebens wird von Arbeit, Schule und Familie ausgefüllt sein. Aber was in der Freizeit tun? Hier muß angemessen gelehrt werden, wie man einen Teil seiner Auffassung von dem Leben, das man führen möchte, in Freizeitaktivitäten umsetzt. Möglicherweise kann wichtig sein, den Klienten zu ermuntern, sich mit Fotografie oder Musik zu befassen, mit Kindern zu arbeiten, damit vermieden wird, daß er in andere Abhängigkeiten gerät, weil er einfach nicht weiß und auch nie gelernt hat, wie man seine Freizeit konstruktiv nutzt.

Noch ein paar Gedanken zur Beziehung zwischen Professionellen und Paraprofessionellen. Die Stärken des Paraprofessionellen sind seine Lebenserfahrung, seine Ausbildung, die er mitgebracht hat, und seine Hingabe. Die Hauptstärken des Professionellen sind seine Ausbildung und sein Expertentum. Die Widerstände, die zwischen beiden Gruppen auftauchen, können aus zwei Richtungen kommen. Eine ist, daß der Professionelle nicht bereit ist, vom Paraprofessionellen zu lernen.

Aus Arroganz oder Ignoranz kommt ein Professioneller in eine Einrichtung, tut so, als wisse er alles, und beurteilt die dortige Arbeit von einem rein intellektuellen und theoretischen Bezugssystem aus. Zwar kennt er Theorie, weiß aber nichts über die Behandlungsbedingungen und die Klientel. Der Paraprofessionelle demgegenüber kennt vielleicht nicht die Theorie über Dynamiken der Persönlichkeit, hat aber ein Behandlungskonzept gelernt. Er ist jenem speziellen Behandlungsansatz emotional zugetan, weil der bei ihm etwas erreicht hat, und deswegen gibt er sich stark in diesen Ansatz ein. Möglicherweise ist es der einzige Ansatz, den er kennt. Darüber hinaus kann es vorkommen, daß der Paraprofessionelle durch die Art des Professionellen, dessen Sprache und dessen Wortgewandtheit, eingeschüchtert wird. Trotz alledem ist es eine Realität, daß beide voneinander lernen müssen und dies auch können, gerade in der komplizierten Umgebung einer therapeutischen Wohngemeinschaft. Doch es erfordert auf beiden Seiten Offenheit und einen Willen zur Aufgabenteilung.

Wir fassen zusammen:
Das Behandlungskonzept der therapeutischen Wohngemeinschaft hat viel Gutes erbracht. Die therapeutische Wohngemeinschaft hat einen wirklichen Wert, besonders für Menschen, die vom Heroin oder Methadon als Lebensstil loskommen wollen. Sie ist gerade auch wichtig für junge Leute, die es nötig haben, eine Zeitlang von ihrem Zuhause und von der Straße wegzukommen, damit sie ihr Leben reorganisieren können. Eine therapeutische Gemeinschaft ist entscheidend wichtig für psychisch verarmte Männer und Frauen, die wahrhaft eine neue Heimstatt brauchen, eine sichere Welt, in der sie ihre früheren ärmlichen Mechanismen zur Bewältigung ihres Lebens loslassen können. Sie können sich einer Prüfung unterziehen und einen neuen Ansatz in der Beziehung zur Welt versuchen. Diese Gemeinschaften haben einen wirklichen Wert, weil sie eine konstante, anfänglich rigide Binnenstruktur bieten, an welcher der Süchtige sich und seine Täuschungsversuche testen kann. Für viele ist es eine erste Chance im Leben, und für andere eine zweite und vielleicht letzte Chance zu neuen Lebensmöglichkeiten.

Wir müssen jedoch sicherstellen, daß das Konzept der therapeutischen Wohngemeinschaft nicht bis zu einem Punkt verwässert wird, an dem wir uns nur noch mit dem System und dem Konzept befassen, dabei keine Zugeständnisse an die Einzigartigkeit des Individuums machen und die menschliche Seite in unseren Einrichtungen aus den Augen verlieren.

Bibliographie

Freudenberger, Herbert J.: Developing a Paraprofessional Staff Enrichment Program in an Alternative Institution, *Professional Psychology* (November, 1973)

–: New Psychotherapy Approaches with Teenagers in a New World, *Psychotherapy*, Vol. 8, No. 1 (Spring, 1971)

–, *Freudenberger-Sommer, A.:* 1973 – The Free Clinic Picture Today: A Survey, *Catalog of Selected Documents in Psychology*, Vol. 4 (Winter, 1974), American Psychological Association

–, *Marrero, F.:* A Therapeutic Marathon with Viet Nam Veteran Addicts at S.E.R.A., *Voices* (Winter 1972–1973).

–, *Overby, A.:* Patients from an Emotionally Deprived Environment, *The Psychoanalytic Review*, Vol. 56, No. 2 (1969)

Jones, Maxwell: Towards a Clarification of the Therapeutic Community

Concept, in *Rossi, Jean J.* and *Filstead, William J.:* The Therapeutic Community, New York: Behavioral Publications (1973)

Levy, S. H., Doyle, K.: Attitudes Towards Women in a Drug Abuse Treatment Program, Unpublished paper presented at National Drug Abuse Conference, Chicago, Illinois

Miller, J. S. et al.: Value Patterns of Drug Addicts as a Function of Race and Sex, *The International Journal of the Addictions,* Vol. 8, No. 4 (1973)

Solomon, Lawrence N., Berzon, B. (editors): New Perspectives on Encounter Groups, in: *Gibb, Jack R.*, Meaning of the Small Group Experience, San Francisco: Jossey-Bass, Inc. (1972)

Hilarion Petzold

Ablösung und Trauerarbeit im Four-Steps-Modell der gestalttherapeutischen Wohngemeinschaft für Drogenabhängige

1. Das Vierstufenmodell als »therapeutisches Curriculum«

In der therapeutischen Arbeit mit Drogenabhängigen, langzeitig hospitalisierten psychiatrischen Patienten und Delinquenten wird man in Zukunft ohne strukturierte Behandlungsmaßnahmen nicht mehr auskommen. Die Entwicklung therapeutischer Curricula wird eine wesentliche Aufgabe werden. Ein solches Curriculum liegt im Konzept der mehrstufigen therapeutischen Wohngemeinschaft im Rahmen einer Therapiekette vor, wie sie das »Hannoveranische Modell« praktiziert. Dieser therapeutische Ansatz, der auf die Konzepte der amerikanischen Selbsthilfe-Organisationen Synanon und Daytop zurückgeht, wurde 1968 im ersten Four-Steps-House »Les quatre pas« als *Vierstufenmodell* vom Autor entwickelt und 1971 in die BRD gebracht (*Petzold* 1969, 1974; *Richter* 1975). Kennzeichnend für diese Entwicklung ist der konsequente Ausbau des Prinzips der therapeutischen Kette, die systematische psychotherapeutische Ausbildung der Mitarbeiter im therapeutischen Programm und die kontinuierliche Supervision der Programme. Obgleich Mehrstufenmodelle in den USA seit bald zwanzig Jahren und in Europa seit mehr als zehn Jahren praktiziert werden und ihre praktische Effizienz dokumentieren konnten, gibt es nur wenige wissenschaftliche Arbeiten über die Dynamik derartiger Wohngemeinschaften und über die spezifischen therapeutischen Probleme, die in ihnen auftauchen. Außerdem gibt es nur wenige Modelle, die in ihrem Konzept konsistent und theoretisch reflektiert sind. Ein Vierstufenmodell z. B. setzt eine Struktur, die Prozesse auslöst, in deren Verlauf die Klienten verändert werden und die auch den Therapeuten nicht unberührt lassen. Der mehrstufige Ablauf selbst weist eine Dynamik auf, die dem tetradischen System integrativer Gestalttherapie und Agogik (*Petzold* 1974, 1978) entspricht. Auf eine *Initialphase* der allmählichen Involvierung in den therapeutischen

Prozeß (Stufe 1) folgt eine *Aktionsphase* zunehmender therapeutischer Tiefung (Stufe 2 und 3), die in einer *Integrationsphase* verarbeitet wird (Stufe 3, 4 und Nachsorgeprogramm) und zu einer Neuorientierung des Lebens führt (Stufe 4 und Nachsorgeprogramm). Das therapeutische Curriculum einer mehrstufigen Wohngemeinschaft ist demnach von folgender Dynamik bestimmt: von der konfluenten Regression des Patienten muß eine Entwicklung zu einer ichstarken Persönlichkeit stattfinden, die sich in der Alltagsrealität behaupten kann. Die gestalttherapeutische Methode in ihrem integrativen Ansatz (*Polster* 1974; *Petzold* 1974) ist zum Erreichen dieser Zielsetzung besonders geeignet. Zu ihren Prämissen gehört 1. die Berücksichtigung des Kontextes: das gesamte Setting ist der therapeutisch wirksame Raum, nicht nur die einzelne Therapiesitzung; 2. die Zweigleisigkeit der Methodik. Es muß sowohl konfliktzentriert aufdeckend im Sinne eines Durcharbeitens traumatischer Erfahrungen vorgegangen werden als auch erlebnis- und übungszentriert im Sinne strukturierten Lernens durch die Vermittlung neuer und alternativer Erfahrungen; 3. der Leib als Organ von Wahrnehmung und Handlung, als der Ort des Kontaktes, der Grenzziehung und Ich-Entwicklung muß in das therapeutische Procedere einbezogen werden; 4. den emotionalen und kognitiven Defiziten muß Rechnung getragen werden, und zwar durch *psychotherapeutische, soziotherapeutische* und *pädagogische* Maßnahmen und eventuell durch *ökologische* Interventionen, damit der physikalische Lebensraum, Haus, Wohnräume, aktiv gestaltet werden kann. Nur in der Verbindung dieser methodischen Ansätze, der Berücksichtigung der somatischen, psychischen, kognitiven und sozialen Dimensionen des Menschen in seinem ökologischen Feld durch ein »totales therapeutisches Setting« kann sinnvolle Drogentherapie betrieben werden.

Im »therapeutischen Curriculum« des Mehrstufenmodells ist das Thema Ablösung von vornherein eingeschlossen, ja eingeplant. Aus diesem Grunde muß die Ablöseproblematik im Bezug auf die Struktur des therapeutischen Settings behandelt werden. Weiterhin muß die spezifische Problematik des drogenabhängigen Jugendlichen berücksichtigt werden.

2. Zur Persönlichkeit des Drogenabhängigen

Die Persönlichkeit des Drogenabhängigen ist häufig dadurch gekennzeichnet, daß sie auf Grund von Reifungsdefiziten und traumatischen Erfahrungen kein prägnantes stabiles Ich aufbauen konnte. Sie tendiert daher zu *pathologischer »Konfluenz«*. In der gestalttherapeutischen Neurosenlehre verstehen wir unter pathologischer Konfluenz die Unfähigkeit, sich nach außen gegen die Einflüsse der Umwelt und nach innen gegen die Erinnerungen, Gefühle und Phantasien der Innenwelt angemessen abgrenzen zu können. Positive Konfluenz bedeutet die Fähigkeit, sich auf eine Situation total einlassen zu können, ohne sich dabei zu verlieren. Die Ich-Grenzen können nach einem positiven Konfluenzerlebnis (z. B. einer intensiven Begegnung mit einem Menschen, einem Tanz- oder einem Musikerlebnis usw.) wieder aufgebaut werden.

Durch pathologische Konfluenz wird der Drogenabhängige von seiner Innenwelt gleichsam »überflutet«. Seine Ängste, aber auch seine Träume regieren ihn und machen ihm ein angemessenes Reagieren in der Wirklichkeit unmöglich. In gleicher Weise gelingt die Abgrenzung nach außen nicht. Die Abhängigkeit von einem subkulturellen Milieu, die Distanzlosigkeit gegenüber den Peers, ist für viele Drogenabhängige charakteristisch. Konfluenzphänomene haben in der Regel ihre Ursache in sehr frühen Störungen der Mutter-Kind-Dyade, in der sich das Ich des Kindes aufbaut. Sie können als »frühe Grundstörungen«, um diesen Terminus von *Balint* aufzugreifen, oder im Sinne von *Ammon* als »archaische Ich-Krankheiten« verstanden werden. Der Drogenabhängige ist auf das frühkindliche symbiotische Konfluenzerlebnis mit der Mutter fixiert. Er kann sich von ihr nicht lösen und den schmerzvollen und angstbesetzten Prozeß der Trennung nicht vollziehen. Er regrediert auf Grund der Schwierigkeiten, die ihm in seinem Leben durch die Außenwelt in den Weg gestellt werden, in einen Zustand innerer Konfluenz, eine archaische Bild- und Traumwelt, in der die Differenzierung von Innenwelt und Außenwelt (*Moreno* 1964, S. 72 ff; *Leutz* 1974, S. 38 ff) noch nicht vollständig vollzogen ist und deshalb die Außenwelt in ihrer Bedrohlichkeit negiert werden kann. Er flieht zu archaischen »guten Objekten«. Diese Situation ist von *Melanie Klein* (*Segal* 1974) ausführlich beschrieben worden (*Klein* 1937, 1942). Die Droge stellt für den Abhängigen das ideale Vehikel dar, einen Zustand pathologischer, jedoch als lustvoll erlebter Konfluenz zu erreichen und aufrechtzuerhalten, um Angst, Schmerz, Trauer und Realitätsanforderungen zu entgehen.

Eine solche defizitäre Ich-Entwicklung als Folge einer gestörten oder mangelhaften Sozialisation im somatomotorischen, emotionalen und kognitiven Bereich erfordert ein therapeutisches Setting, in dem eine Nachreifung erfolgen kann, in dem Defizite kompensiert werden und ein starkes Ich aufgebaut wird.

3. Der Begriff »Störung«

Weil Drogenabhängigkeit eine hochkomplexe Störung der Gesamtpersönlichkeit in ihrem Lebensraum ist, wird eine »totale therapeutische Atmosphäre« erforderlich, um überhaupt einige Chancen für eine erfolgreiche Therapie zu haben. Diese Auffassung entspricht auch dem Konzept der »Störung« in der integrativen Gestalttherapie. Eine Störung ist dysfunktionales Verhalten (behaviour). Wie für das gesunde Verhalten gilt für das gestörte, daß es immer »die *Gesamtheit* aller Wirkungsfaktoren (d. h. Verhalten ist also mehr und etwas anderes als die Summe der Teilreaktionen) in einem Verhaltensablauf bzw. -prozeß einschließt«, nur daß ein Teil der Wirkfaktoren und damit des Prozesses pathologisch ist. In eine Störung gehen ein:

1. Die *Gesamtheit aller traumatischen negativen Erfahrungen.* – In der Gestalttherapie hält man es daher nicht für sinnvoll, nach einem »Prototrauma« zu suchen, einer Erstursache, mit deren Auffinden und Aufarbeiten die Schwierigkeiten beseitigt werden. Es wird vielmehr angenommen, daß zu den verschiedensten Lebensperioden traumatische Erfahrungen gemacht werden, die sich in ihren Auswirkungen beeinflussen, akkumulieren, durch positive Erfahrungen abgeschwächt oder verändert werden. Ungelöste »ödipale Situationen« oder nichtintegrierte »primäre Schmerz-pools« (*Janov* 1974) wirken zwar in aktuale Störungen hinein, können jedoch nicht als die ausschließliche oder vorherrschende »Ursache« angesehen werden; denn zwischen einer solchen frühen Störung und dem manifesten Ausbruch der Krankheit liegen viele Jahre »Lerngeschichte«, deren Bedeutung nicht unterschätzt werden darf und durch die die tatsächlichen »historischen« Fakten interpretiert und zu »biographischen« Fakten werden, d. h. zu subjektiv gefärbten, gestalteten Erinnerungen.

2. In eine Störung gehen weiterhin die *Gesamtheit aller positiven Erfahrungen* ein. – Die Gestalttherapie nimmt an, daß der Mensch nicht nur von seinen traumatischen negativen Erlebnissen, sondern in gleicher Weise von seinen positiven Erfahrungen bestimmt wird, die kompensierend oder ausgleichend wirken. Hier ist ein wichtiger Unterschied zur psychoanalytischen Behandlungskonzeption zu sehen, bei der die negativen Erfahrungen aus der Vergangenheit im Zentrum der Prozedur stehen.

3. Es gehen in eine Störung weiterhin *die Gesamtheit aller defizitären Erfahrungen* ein; positive wie negative Erfahrungen, die nicht gemacht werden konnten, aber zur Entwicklung eines gesunden und starken Ichs notwendig gewesen wären (*Petzold* 1978). Z. B. wäre es für einen vaterlosen Jungen wichtig, einen Vater gehabt zu haben, um ein Vorbild für die männliche Rolle zu erhalten; das überprotegierte Kind hätte Anforderungen und Frustrationen erfahren müssen, um Frustrationstoleranz aufbauen zu können usw. So führen nicht gemachte Erfahrungen zu Entwicklungsdefiziten.

Es gibt Menschen, die in ihrer Jugend schwerwiegende negative Erfahrungen gemacht haben, deren Auswirkungen jedoch durch eine große Zahl positiver Erlebnisse neutralisiert werden konnten oder die durch eine positiv verlaufene Gegenwart nicht zum Tragen kommen. Bei anderen wiederum kommen durch eine negative Gegenwart relativ geringfügige frühkindliche Traumatisierungen stärker zur Wirkung. Aus dieser Sicht der Gestalttherapie folgt, daß ein ausschließlich kausales Denken in der Ätiologie nicht aufrechterhalten werden kann, sondern durch ein prozessuales Denken ergänzt werden muß. Um z. B. das komplexe Krankheitsbild der Drogenabhängigkeit zu therapieren, müssen die Ursachen und ihre Auswirkungen in ihrer *Gesamtheit* angegangen werden. D. h., daß sowohl den Defiziten in der Mutter-Kind-Dyade, den Mängeln in der kognitiven Sozialisation, den traumatischen Erfahrungen in der Schulzeit und der Pubertät, den Erlebnissen in den ersten Partnerbeziehungen und den Schwierigkeiten im beruflichen Feld Rechnung getragen werden muß. Daraus folgt, daß die einzelnen Störungen zwar auf *der Ebene* angegangen werden müssen, auf der sie gesetzt wurden, daß aber der Gesamtkontext immer mitberücksichtigt werden muß. Für eine derartige Zielsetzung ist ein komplexes Lernfeld vonnöten, wie es meines Erachtens nur in der Therapiegruppe und der therapeutischen Wohngemeinschaft bzw. Wohngruppe gegeben ist.

4. Therapeutische Sozialisation in der Wohngemeinschaft

Die therapeutische Gruppe bzw. Wohngemeinschaft ermöglicht durch ihren gestuften Aufbau den Nachvollzug wichtiger Sozialisationsschritte, die eine entsprechende Ich-Entwicklung möglich machen.
Die erste Stufe zielt auf eine Regression des Klienten ab. Die starken Restriktionen und die völlige Auslieferung an die Gruppe führen dazu, daß der Klient archaische Gefühle wiedererleben kann. Die Gruppe wird zu einer *Familie*.
In der *zweiten Stufe* beginnt sich die soziale Orientierung stärker zu entwickeln. Die Prozesse sozialen Lernens vollziehen sich innerhalb der therapeutischen Gruppensitzungen und den Alltagsaufgaben der Gemeinschaft. Die Mitklienten werden als »peer-Gruppe« erlebt, und es werden Sozialisationsakte möglich, die analog zur Altersperiode zwischen 7 und 12 Jahren eingeordnet werden können.
Die dritte Stufe schließlich stellt den Klienten in die Rolle älterer Geschwister. Das Leben der Institution tritt in den Vordergrund, Aufgaben der Organisation, Mitverantwortung, Sachlernen (kognitive Programme, Schule) bestimmen seine Situation. Die therapeutische Arbeit ist davon gekennzeichnet, daß der Klient ein höheres Maß an Verantwortung für seinen Therapie- und Wachstumsprozeß übernimmt.
In der *vierten Stufe* steht die Orientierung nach außen im Zentrum, wird an der Ablösung von der therapeutischen Gemeinschaft gearbeitet. Der Klient übernimmt Verantwortung für sein eigenes Leben. Der konsequente Aufbau eines Stufenprogramms der therapeutischen Wohngemeinschaft ermöglicht einen kontinuierlichen Wachstumsprozeß, in dessen Verlauf der Patient, der sein Leben nicht mehr regulieren konnte, in die Rolle eines Klienten, der noch Hilfestellungen braucht, überwechselt. Der Klient ist in seiner Ich-Stärke und seiner Fähigkeit zur Selbstregulation so weit gewachsen, daß er sein Leben in die Hand nehmen kann, ohne in den »stützenden Familienverband« der therapeutischen Gemeinschaft eingebunden zu sein. Er hat die Stationen durchlaufen, die im »Four-Steps-Konzept« (*Petzold* 1969) aufgezeigt sind:
1. *Entscheidung*, sich ganz der Gemeinschaft auszuliefern, sich auf die Regressionen einzulassen;
2. *Begegnung* mit den Menschen in dieser Gemeinschaft – und nur aus der Begegnung kann der Mensch seine Identität finden (*Buber* 1923; *Dreitzel* 1972);

3. *Wachstum.* Auf dieser Grundlage wird ein Nachreifungsprozeß, wird Wachstum auf der kognitiven, emotionalen und sozialen Ebene möglich, so daß der Klient

4. *Verantwortung* für die Gestaltung seines Lebens übernehmen kann. Ein derartiger Verlauf, wie er unter Einbeziehung entwicklungspsychologischer und sozialisationstheoretischer Perspektiven skizziert wurde, ist natürlich als idealtypisch anzusehen. Er kann wie jede andere psychotherapeutische Kur gelingen oder mißlingen. Der Klient kann in einzelnen Stufen steckenbleiben oder von einer erreichten Stufe zurückfallen in eine der vorangegangenen. Eines kann jedoch gesagt werden: je besser der Nachreifungsprozeß und der Aufbau von *Ich* in dem geschilderten *»therapeutischen Curriculum«* gelungen ist, desto unproblematischer gestaltet sich der Prozeß der Ablösung.

5. Ablösung und Bindung

Ablösung muß immer im Hinblick auf *Bindung* gesehen werden. Nur wenn ich an etwas gebunden bin, kann ich mich von ihm lösen. Der Klient in der therapeutischen Wohngemeinschaft soll zu dieser eine intensive Bindung entwickeln. Sie ist die Matrix, in der therapeutische Prozesse überhaupt erst möglich werden. Die Bindung ist gleichzeitig der Garant, daß ein Rückfall ausgeschlossen wird. Gelingt die »Abhängigkeit von der Wohngemeinschaft«, so kann die Abhängigkeit von der Droge aufgegeben werden. Es findet eine Art »Suchttransfer« von der Droge auf die Wohngemeinschaft statt. Für eine erfolgreiche Kur ist es deshalb entscheidend, ob in der ersten Stufe der therapeutischen Gemeinschaft ein solcher Transfer gelingt. Die Bindung an die Wohngemeinschaft folgt auf einem sehr basalen regressiven Niveau. Sie ist so massiv – und muß es sein –, daß eine Lösung nur erfolgen kann, wenn das gesamt-»therapeutische Curriculum« auf diese Lösung ausgerichtet ist. Das aber bedeutet, daß die Persönlichkeit des Klienten in einer Weise aufgebaut wird, die es ihm ermöglicht, ohne pathologische Konfluenz, d. h. ohne symbiotische Beziehungen und Abhängigkeiten, zu leben, ganz gleich, ob es sich um die Abhängigkeit von der Droge, von einer Bezugsgruppe (Szene, Wohngemeinschaft), von einem Menschen oder von phantasmatischen Traumwelten und illusionären Wunschvorstellungen handelt.

Das Thema Ablösung ist auch auf diesem Hintergrund zu sehen, denn Ablösung heißt die Grenzziehung zwischen mir und anderen. Da die Fähigkeit zur Grenzziehung beim Drogenabhängigen aufs schwerste gestört ist, ist das Problem der Ablösung auch das schwierigste in der Drogentherapie. Das Problem des Suchttransfers auf die therapeutische Gemeinschaft ist demgegenüber unbedeutend. Die im Verlaufe der vergangenen fünfzehn Jahren erworbenen Kenntnisse über die Strukturierung regressiver Settings in therapeutischen Wohngemeinschaften für Drogenabhängige haben eine entsprechende Methodik bereitgestellt (*Yablonsky* 1975). Das Problem der Ablösung wurde jedoch über lange Zeit nicht adäquat gelöst (*Caldwell* 1972). Die scheinbare Unlösbarkeit des Problems hat bei Synanon, X-Kalley und anderen therapeutischen Selbsthilfeprogrammen geradezu dazu geführt, die »Lösung« in der lebenslangen Abhängigkeit von der therapeutischen Gemeinschaft zu suchen oder in einer weltanschaulichen bzw. religiösen Bindung, wie z. B. bei Teen-Challenge. Hier wird Abhängigkeit von der Droge ersetzt – ein psychologisches Methadon.

Ich bin mir durchaus bewußt, daß es Formen pathologischer Konfluenz gibt, die durch therapeutische Programme nicht so weit kompensiert werden können, daß der Klient zu einer selbständigen und eigenverantwortlichen Persönlichkeit wird. Für derartige Klienten sind Programme, die mit einer lebenslangen Abhängigkeit von pharmazeutischen oder psychologischen Substituten arbeiten, sicherlich eine Lösung. Nur ist dieser Personenkreis in der BRD verschwindend klein, und es darf hier keine »billige Lösung« an die Stelle der mühevollen Kleinarbeit treten, die zum Aufbau stabiler Ich-Grenzen, zur Entwicklung der Fähigkeit, sich angemessen binden und lösen zu können, zur adäquaten Selbstregulation der Persönlichkeit führt.

Ich hoffe, daß aus den bisherigen Ausführungen deutlich geworden ist, daß Ablösung erst in zweiter Linie eine Frage der therapeutischen Technik innerhalb der Schlußphase in der Therapie ist, sondern daß sie als grundsätzliche therapeutische Aufgabestellung bei der Behandlung Drogenabhängiger betrachtet werden muß. Ablösung gelingt in dem Maße, wie es dem Klienten gelingt, ohne pathologische Konfluenz auszukommen, d. h. aber mit einem starken Ich für sich selbst dazustehen.

6. Ebenen der Übertragung und Ablösung

Im »therapeutischen Curriculum« eines Stufen- und Kettenmodells finden wir zwei Stellen, an denen das Problem der Ablösung akut wird: beim Übergang des Klienten von der therapeutischen Wohngemeinschaft (Phase I) in das Nachsorgeprogramm (Phase II) und beim Übergang vom Nachsorgeprogramm in die Situation völliger Unabhängigkeit von der Therapiekette. Beide Punkte sind problematisch, weil sich an ihnen erweist, ob das Konfluenzproblem gemeistert werden konnte. In der therapeutischen Wohngemeinschaft hat der Klient Bindungen auf verschiedenen Ebenen aufgebaut, die im Verlauf der Therapie abnehmen müssen, damit der Übergang vom Umwelt-Support zum Selbst-Support (*Perls* 1974, 1979) erfolgen kann. Dieser Übergang ist gleichbedeutend mit einem Prozeß des Wachstums, mit dem Erwachsenwerden, mit dem Loslösen von der Kindheit. Es ist dies ein schmerzlicher Prozeß, dem der Patient durch die Flucht in das Konfluenzerlebnis mit Hilfe der Droge zu entgehen sucht. Die Lösung kann nur verwirklicht werden, wenn der Klient erfährt, daß er in der Lage ist, ohne Umwelt-Support zu leben. Sonst ist es ihm nicht möglich, die Bedrohung, die das »Auf-sich-gestellt-Sein« mit sich bringt, zu ertragen. Wenn die totale Abhängigkeit von der Gruppe zugunsten einer Verselbständigung des Klienten aufgelöst werden soll, so muß die emotionale Bedeutung der Gruppe nach und nach vermindert werden. Dies ist von der Struktur des Curriculums intendiert.

Im Verlauf seines Aufenthaltes in der therapeutischen Wohngemeinschaft können wir beim Klienten folgende Ebenen von Bindung oder Übertragung feststellen:
1. Übertragung zur Gruppe als ganzer: Die Gruppe, als sozio-, emotionale Matrix, Abbild der Familie, wird als »große Mutter« (*Battegay* 1969) und »ordnende, beschützende Vaterinstanz« (*Petzold* 1969) erlebt;
2. Übertragung zu den Bezugstherapeuten;
3. Übertragung zu einzelnen Gruppenmitgliedern;
4. Übertragung auf Örtlichkeiten, z. B. das Haus der Wohngemeinschaft;
5. Übertragung zur Gesamtinstitution (Therapiekette).

Die Ablösung muß auf allen diesen Ebenen erfolgen (in Phase I von Ebene 1–3, in Phase II von Ebene 4 und Ebene 1–3, soweit neue Bindungen durch die Wohngemeinschaften der Nachsorgephase und Übertragungen auf die dort arbeitenden Bezugstherapeuten aufgebaut wurden).

6.1. Ablösung von der Gruppe

Die Lösung von der Gruppe wird zu einem Teil durch die äußere Struktur gefördert. Die therapeutischen Gruppentreffen werden in den Endstufen der Wohngemeinschaft seltener, und ihre Bedeutung tritt gegenüber einzeltherapeutischen Sitzungen und kognitiven Lernprogrammen zurück. Das Verhältnis zur Gruppe wandelt sich von einem Gefühl des Ausgeliefertseins zu einer Haltung der eigenverantwortlichen Mitgestaltung des Gruppenlebens. In den Einzel- und Gruppensitzungen wird die emotionale Beziehung zur Gruppe bearbeitet, um dem Klienten ihre Bedeutung für seine Situation und sein Lebensgefühl klarzumachen. In diesem Prozeß des Durcharbeitens können und müssen die Verbindungen zur Primärgruppe hergestellt und für den Klienten einsichtig gemacht werden. Er muß lernen, seine Position innerhalb der Gruppe und gegenüber der Gruppe zu finden und einzunehmen. Die wechselnde Struktur der Stufengruppen trägt dazu bei, daß der Klient die Veränderbarkeit von Gruppen erfährt. Praktika außerhalb der Wohngemeinschaften, wie sie in der Abschlußstufe therapeutischer Wohngemeinschaften üblich sind, tragen dazu bei, neue Perspektiven zu eröffnen, neue Gruppen kennenzulernen und die »Einzigartigkeit« der eigenen Gruppe zu relativieren.

So wichtig und hilfreich diese Faktoren auch sind, so entbinden sie den Klienten doch nicht von dem Schmerz über den Verlust der Gruppe und der Sicherheit und Geborgenheit, die sich vermittelt hat, ja es besteht die Gefahr, daß durch »eine Technologie der Ablösung« der Schmerz über den Verlust der Gruppe überspielt und die Trauer um die Gruppe nicht möglich wird (*Tobin* 1972). Der Abschied von der Gruppe als ein »Abschied von der Familie« muß im Rahmen der therapeutischen Dynamik und der persönlichen Entwicklung des Klienten erlebt werden. Das Thema »Abhängigkeit und Eigenständigkeit« muß existentiell erfahren werden, und diese Erfahrung ist schmerzlich und angstauslösend. Aus diesem Grunde besteht eine starke Tendenz, sie zu vermeiden und durch vielfältige Mechanismen abzuwehren.

6.2. Ablösung vom Therapeuten

Die Übertragungsbeziehung zum Therapeuten ist eine wichtige Variable im Behandlungsprozeß, die in ihrer Bedeutung der Übertragung auf die Gruppe gleichkommt. Aus diesem Grunde muß diese Beziehung im therapeutischen Gespräch wieder und wieder thematisiert werden. Der Klient muß erkennen, welche Bedeutung der Therapeut für ihn hat, er muß seine emotionale Beziehung zu ihm klären und die Ängste zulassen, die der Abschied vom Therapeuten mit sich bringt. In der Dynamik des therapeutischen Prozesses *wächst der Klient und nimmt der Therapeut ab*. Die Übertragungen des Klienten werden nach und nach aufgedeckt und machen einem realeren Bild des Therapeuten Platz, sofern der Therapeut dies zuläßt. Eines der schwierigsten Probleme der Psychotherapie ist, daß Therapeuten zulassen, ermöglichen und ertragen können, daß ihre Patienten wachsen, was natürlich mit dem Verlust des Images des allmächtigen und vollkommenen Therapeuten einhergeht. Der Handhabung der Gegenübertragung kommt deshalb entscheidende Bedeutung zu. Der Therapeut muß nicht nur die Realität der Ablösung angenommen haben, sondern er muß auch seine Reaktionen auf die Trennung zulassen und verarbeiten. Je realer sich der Therapeut dem Klienten gegenüber in der Abschlußphase der Therapie darzustellen vermag – vorausgesetzt, die Therapie ist so weit fortgeschritten, daß der Klient von seinen symbiotischen Konfluenzbedürfnissen lassen kann –, desto unkomplizierter gestaltet sich die Ablösung. Der Klient erfährt, daß er den Halt, den er beim Therapeuten temporär erfahren hat, bei sich selber finden kann und muß, daß der Therapeut ihm die totale Geborgenheit, die eine Mutter dem Kinde vermittelt, nicht zu geben vermag. Auch in der Ablösung vom Therapeuten treten vielfältige Mechanismen der Vermeidung und Abwehr auf.

6.3. Ablösung von Gruppenmitgliedern

Wenn man ein Jahr mit Menschen unter einem Dach gelebt hat, so entwickeln sich intensive emotionale Beziehungen, die positiven aber auch negativen Charakter haben können. Diese Beziehungen sind für den Klienten real und wichtig. Sie sind durchaus nicht nur von Übertragungen geprägt. Je besser die Arbeit in der therapeutischen Gruppe gelungen ist, desto realer sind die Beziehungen und desto weniger Übertragungen gehen in sie ein (*Leutz* 1974, *Maurer* und *Petzold* 1978). Die Ablösung von den Mitklienten in der Wohngemeinschaft muß deshalb sorgfältig bearbeitet werden, auch unter dem Aspekt, Freundschaften zu erhalten und Perspektiven für ihre Fortführung zu eröffnen. Dies scheint allerdings nur sinnvoll, wenn symbiotische Bindungen ausgeschlossen sind. Die Beziehungsklärung und Trauerarbeit um die Beziehungen muß in der Gruppe und in Einzelgesprächen zwischen den Betroffenen erfolgen. Auch hier führt ein Überspielen und Vermeiden zu späteren Rückschlägen.

6.4. Ablösung von den Örtlichkeiten

Jeder, der sich an den Lebensraum erinnert, in dem er seine Kindheit zugebracht hat, wird feststellen, mit welch intensiven Gefühlen Häuser, Gärten, Hinterhöfe, Wohnräume und Gegenstände – die Bedingungen seiner »ökologischen Sozialisation« – besetzt sind. Der Klient hat sich in der therapeutischen Wohngemeinschaft, in den Räumen, in denen er zwölf Monate gelebt hat, »zu Hause« gefühlt. Das Haus hat ihm Sicherheit und Schutz gegeben, und die neue Situation, in die er eintritt, ist fremd und ungewiß. Die Beziehung zu den Örtlichkeiten, zu Räumen und Gegenständen muß therapeutisch durchgearbeitet werden. Ihre Bedeutung wird in der Gestalttherapie im Unterschied zu anderen psychotherapeutischen Schulen, die diesen Aspekt bisher kaum berücksichtigten, sehr hoch veranschlagt. Das Abschiednehmen von einer vorgegebenen Umwelt eröffnet die Möglichkeit, sich ein eigenes Umfeld auszusuchen und zu gestalten.

6.5. Ablösung von der Institution

Die Wohngemeinschaft als Institution stellt eine eigene Größe dar, die vom Klienten sehr stark emotional besetzt wird. Das »Four-Steps-House«, das »Daytop-House« oder »Take-it-House« hat eine symbolische Bedeutung gewonnen, mit der Schutz, Sicherheit, Geborgenheit und Hilfe verbunden werden. In dieser symbolischen Verschlüsselung nimmt die Institution die Rolle von Vater und Mutter ein, was an den starken emotionalen Reaktionen (positive Bindung, kategorische Ablehnung, Ambivalenz) ersichtlich wird, die wir bei ehemaligen Klienten von Drogentherapieprogrammen vielfach finden. Die emotionale Beziehung zur Institution muß geklärt werden, damit der Klient seine Reaktionen verstehen und einschätzen lernt, die beim Weggang aus der Institution auftreten, und auch damit er sich im übergeordneten institutionellen Rahmen der Therapie*kette* neu orientieren kann. Die Einbettung einer Wohngemeinschaft in eine Kette ermöglicht dem Klienten das Gefühl, daß er nicht »völlig ausgestoßen« und »völlig auf sich gestellt« ist, zu einem Zeitpunkt, wo er sich zwar schon stärker, aber noch nicht vollkommen selbständig fühlt. Es ist ja gerade die Aufgabe des Nachsorgeprogramms, bei einer Neuorientierung in einem komplexeren sozialen Feld Hilfestellung zu leisten. Im Voranstehenden sind die Ebenen, auf denen die Ablösung sich vollziehen muß, beschrieben und einige Aspekte der Methodik aufgezeigt worden. Dabei wurden drei Elemente deutlich:

1. Einsicht in die Struktur der aktualen Situation.
2. Einsicht in die lebensgeschichtlichen Zusammenhänge der jeweiligen situativen Strukturen.
3. Zulassen der emotionalen Reaktionen auf diese Einsichten und die Situation der Ablösung, d. h. Trauerarbeit und Angstbewältigung.

Diese emotionalen Reaktionen sind im wesentlichen Trauer und Angst (vgl. schon *Freud* 1926, Hemmung, Symptom und Angst, GW 14, 1968, S. 263). Beide Gefühle werden als unlustvoll erlebt und deshalb häufig abgewehrt. Es treten spezifische Abwehrphänomene auf, die eine besondere Methodik und Technik der Bearbeitung erforderlich machen.

7. *Gestalttherapeutische Trauerarbeit als Voraussetzung für Ablösung*

Die vom Klienten in der Wohngemeinschaft aufgebauten vielfältigen Bindungen auf den verschiedenen Ebenen haben ihm Sicherheit vermittelt, Schutz gegeben und Zuwendung. Das gesamte Setting hat ihm die Erfahrung positiver Konfluenz vermittelt, ist ihm Mutter, Vater, Familie geworden. Beim Übergang von der Wohngemeinschaft in das Außenfeld soll dies nun alles aufgegeben werden. Die Struktur der therapeutischen Kette »diktiert« zu einem gewissen Punkt den Exodus. Der beschützende Rahmen hört plötzlich auf, in bisheriger Intensität und Konkretheit zu existieren, und die Realität des Außenfeldes tritt an seine Stelle. Es ist selbstverständlich, daß dieser Schritt nur vollzogen werden kann, wenn der Klient stark genug geworden ist, im Außenfeld zu bestehen; wenn er in seiner Persönlichkeit durch die Prozesse des Nachreifens so viel Festigkeit gewonnen hat, daß er für sich selbst Verantwortung übernehmen kann und einstehen kann. Die Realität des Lebensalltags muß von ihm ausgehalten und gemeistert werden, ja soll ihm Bestätigung, Erfüllung und Genuß bringen. Selbst wo dies gegeben ist, wo der Klient »stark« genug ist, diesen Schritt zu vollziehen, wird es ein schmerzvoller Schritt sein. Ist er noch nicht sehr stark, so wird er versuchen, um jeden Preis in seiner »Wohngemeinschaftsfamilie« zu bleiben, und sei es um den Preis eines Rückfalls, der ihm erneute Aufnahme sichert. *Freud* (Trauer und Melancholie, 1916, GW 10, 1967, S. 480) hat die »Arbeit, welche die Trauer leistet«, im Kern treffend beschrieben: »Die Realitätsprüfung hat gezeigt, daß das geliebte Objekt nicht mehr besteht, und erläßt nun die Aufforderung, alle Libido aus ihren Verknüpfungen mit diesem Objekt abzuziehen. Dagegen erhebt sich ein begreifliches Sträuben – es ist allgemein zu beobachten, daß der Mensch eine Libido-Position nicht gern verläßt, selbst dann nicht, wenn ihm Ersatz bereits winkt ...« Es ist aber nicht nur dieses Unlusterlebnis im aktualen Kontext, das vermieden werden soll und zu einer »*hanging on reaction*« (Tobin 1972) führt, sondern es ist auch eine Abwehr der Aktivierung alter Erfahrungen, die den Klienten darin bestärkt, am Gegebenen festzuhalten. Auf der strukturellen Ebene findet sich nämlich folgende Situation:

Ein Mensch wird aus einem lebenserhaltenden, für ihn lebenswichtigen Gefüge ausgestoßen, oder aus anderer Perspektive gesehen: er wird von Personen und Konstellationen, die für ihn lebenswichtig sind, *verlassen*. Derartige Konstellationen hat jeder Mensch in seinem Leben vielfach erlebt: das Verlassen-Werden von der Mutter, vom Vater, von anderen wichtigen Bezugspersonen, das Sich-trennen-Müssen von vertrauten Räumen, von einer Umgebung, die »einem ans Herz gewachsen ist« (z. B. bei Umzügen). Dabei ist es wichtig, die doppelte Dynamik derartiger Konstellationen zu sehen. Verlassen-Werden bedeutet vielfach auch zurückgewiesen werden, ausgeschlossen werden, ein Nicht-dabei-sein-Dürfen. Die Berücksichtigung dieser Doppelperspektive vermag die vielfach zu beobachtenden Reaktionen von Schmerz und Kränkung einerseits und Ärger und Groll andererseits zu erklären. Das Ausgeschlossen-Werden, das die Struktur des Verlassens impliziert, wird als viel kränkender erlebt als ein bloßes Weggehen. Im Unterschied zu den psychoanalytischen Positionen von *Freud, Abraham, Klein* und *Bowlby* wird in der Gestalttherapie nicht nur die Trennung von Personen, sondern die Trennung von Gegenständen und Lebensräumen, ja die Trennung von vertrauten Handlungsabläufen (Szenen) betont, ein Aspekt, der allenfalls im Konzept der inneren »guten Objekte« von *Melanie Klein* mit erfaßt wird. Die Erfahrung von Verlusterlebnissen oder von Ausgeschlossen-Werden sind insgesamt nicht nur als negativ zu bewerten. Sie gehören zum Leben. Und sie wirken nur pathogen, wenn sie zu gehäuft und massiert auftreten, wenn sie so gravierend sind, daß sie die Gesamtexistenz bedrohen, und wenn wenig Erfahrungen für eine erfolgreiche Bewältigung vorliegen. Bewältigte Verlusterlebnisse stärken eine Person für die Handhabung weiterer, im Leben unvermeidlicher Erfahrungen von Verlust und Ausgeschlossenwerden. Voraussetzung, sie ohne Schädigung zu ertragen und zu verarbeiten, ist dabei die Erfahrung prinzipiell ungestörter positiver Konfluenz, die das Urvertrauen (*Erikson*) bekräftigt.

Melanie Klein sieht die »depressive Position« als zur normalen Entwicklung gehörig. Sie ist »die zentrale Position in der Entwicklung des Kindes« (*Klein* 1942/1962, S. 75). Auch wenn man ihrem Konzept nicht folgt und eine in jeder frühkindlichen Entwicklung regelhaft auftretende depressive Phase annimmt, so wird man das Vorhandensein von Verlust- und Schmerzerlebnissen nicht ausschließen können, denen das kleine Kind in seiner Hilflosigkeit ausgeliefert ist. Die Bindung an die Mutter und der potentielle Verlust der Mutter wird nach Auffassung von *Freud* grundlegend für die Entstehung früherer Ängste. »Es macht geradezu den Eindruck, als wäre diese Angst ein Ausdruck der Ratlosigkeit, als wüßte das noch sehr unentwickelte Wesen mit dieser sehnsüchtigen Besetzung nichts besseres anzufangen. Die Angst erscheint so als Reaktion auf das Vermissen des Objektes« (Hemmung, Symptom und Angst, 1926, GW Bd. 14, Frankfurt 1968[4], S. 167). *Freud* sieht also eine verwandelte Triebabfuhr, in der die Libido in Angst verwandelt wird (Drei Abhandlungen zur Sexualtheorie, 1905, GW Bd. 5, 1968[4], S. 126). *Bowlby* will eher eine biologisch festgelegte Angstreaktion sehen, ein »instinctual response system«, das bei unzureichender Bedürfnisbefriedigung aktiviert wird und zu »primary anxiety« führt (1960, S. 94). In jeder Trennungssituation soll diese *primary anxiety* instinktiv hervortreten. Betrachtet man unter diesem Aspekt die Trennung von der Wohngemeinschaft, die ja auf vielen Ebenen gleichzeitig von vielen Personen und Gruppierungen erfolgt, so wird das hohe Angstpotential und, damit einhergehend, die massive Abwehr, die wir verschiedentlich bei Klienten vor der Ablösung finden, verständlich. Der Zusammenbruch des vorhandenen Interaktionssystems in der Wohngemeinschaft wird unter Zugrundelegung dieser Konzepte zu einer tödlichen Bedrohung.

Situationsstrukturen, die den erwachsenen Menschen in ähnliche Hilflosigkeit, in ein Verlassen-Werden, ohne die Möglichkeit zu haben, es ändern zu können, hineinbringen, aktivieren derartige Erfahrungen. »Damit sind die frühe depressive Position und mit ihr Ängste, Schuld, Gefühl des Verlustes und Kummer... wieder belebt« (ibid. 82). Was *Klein* für den Entzug der mütterlichen Brust formuliert, kann insgesamt für frühe Verlusterlebnisse gelten. Die Reaktivierung frühkindlicher Erlebnisse durch den Tod bzw. den Verlust geliebter Menschen bzw. Objekte ist in der psychoanalytischen Literatur zur Trauer verschiedentlich beschrieben worden (*Spiegel* 1973). Für unseren Zusammenhang ist es wichtig zu betonen, daß nicht nur der Verlust tatsächlicher Personen wirksam wird, wie z. B. der Tod der Eltern, der Frau oder geliebter Freunde und Verwandter, sondern auch der Verlust von »Kontexten«, die eine ähnlich nährende, lebenserhaltende Bedeutung haben wie die mütterliche Brust für das kleine Kind. Die therapeutische Wohngemeinschaft muß als ein solcher Kontext betrachtet werden. Wenn man bedenkt, daß die mütterliche Brust für das Kind lebenserhaltend ist, ihr totaler Entzug aber lebensbedrohend, wenn man weiß, wie *total* von Kindern das Weggehen der Eltern erlebt wird, auch wenn es sich nur um einen abendlichen Besuch bei Freunden handelt, und wie von ihnen oftmals Phantasien entwickelt werden, »daß die Eltern niemals mehr wiederkommen«, so wird verständlich, welche Intensität die Reaktivierung solcher Erfahrungen aufgrund der *strukturellen Ähnlichkeit* der Situation haben kann (*Petzold* 1980).

Nun könnte man einwenden, die Erfahrung, daß die Brust immer wieder gereicht wird, die Mutter bzw. die Eltern immer wiederkamen, müsse doch zu einer Relativierung oder Umbewertung von Trennungssituationen führen. Dieser Einwand ist sicher richtig. Nur wird es immer wieder im Leben eines kleinen Kindes Situationen geben, in denen häufigere oder längere Abwesenheit einen nachhaltigen Eindruck von Unlustgefühlen, Schmerz, Ängsten hinterläßt, die in analogen Situationen durchaus reaktiviert werden können. Außerdem ist für viele drogenabhängige Jugendliche eine »*broken home Situation*« charakteristisch, in der sich derartige kränkende Erfahrungen von Verlust und Ausgeschlossen-Werden wohl gehäuft ereignet haben. Ergibt die *Gesamtheit* der Negativerfahrungen, Defiziterfahrungen und Positiverfahrungen im Hinblick auf Präsenz und Abwesenheit, Dabeisein und Ausgeschlossen-Werden, Empfangen und Wegnehmen eine Ausrichtung ins Negative oder sogar ins Existenzbedrohende, so werden die Abwehr- und Vermeidungsreaktionen im Hinblick auf bevorstehends Trennungen besonders massiv ausfallen. Es soll aber hier nicht nur auf die Vermeidung von Schmerz und Angst aufgrund der Reaktivierung *frühkindlicher* Situationen abgestellt werden. Jedes schmerzliche Verlusterlebnis im Verlauf des Lebens trägt dazu bei, eine phobische Haltung gegenüber möglichen Verlusten zu entwickeln. Besonders wenn diese Erfahrungen nicht durchgearbeitet und integriert werden konnten, so daß sie ein konstruktives Reservoir an Kraft und Selbstbewußtsein für die Bewältigung späterer unvermeidlicher Verlusterlebnisse werden.

Eine spezifisch gestalttherapeutische Perspektive zur Erklärung der »*hanging on reaction*«, des Festhaltens an einer gegebenen Situation, auch wenn diese gegebenenfalls dysfunktional geworden ist, wird durch das Konzept der »*unerledigten Situation*« geboten. In all den aufgezeigten Übertragungsmöglichkeiten wurden von den Klienten in der Wohngemeinschaft Beziehungen eingegangen, in denen emotionaler Austausch positiver und negativer Art stattfand, oder es wurden Situationen, Gegenstände, Institutionen emotional besetzt. Solange die emotionale Besetzung noch intensiv ist, besteht für den Klienten eine unerledigte Situation. Er sehnt sich weiterhin nach emotionalem Austausch, nach Zuwendung, Bestätigung, Geborgenheit. Solange er nicht erfährt, daß er sich diese Gefühle auch in anderen Zusammenhängen holen kann, und solange diese emotionalen Erfahrungen für ihn *lebens*wichtig sind und ihr Fehlen als lebensbedrohlich erlebt wird, kann keine geschlossene Situation entstehen, die ihrerseits die Basis für eine neue Öffnung geben würde. Aber nicht nur positive Gefühle können als »*unfinished business*« zu einem Wunsch nach Fortsetzung von Bindung führen. Auch unausgesprochener Groll, Ärger über Verletzung, schlechte Behandlung, jede Form des Nachtragens, und zwar vornehmlich des stillschweigenden oder gedämpften Nachtragens, führt zu dem Wunsch, eine

Beziehung so lange fortzusetzen, bis die unerledigte Situation erledigt werden kann. Ungelebte Zärtlichkeit muß gelebt werden, ungelebter Haß ausgedrückt werden, damit der Patient die besetzten Menschen, Gruppen, Situationen »loslassen kann«. Die hier beschriebene Dynamik erfährt in komplexen sozialen Kontexten, wie therapeutischen Wohngemeinschaften oder Therapiegruppen, eine zusätzliche Komplikation dadurch, daß sich die unerledigten Situationen nicht nur auf tatsächlich bestehende ungelöste Konstellationen zwischen Klienten, Mitarbeitern, Lokalitäten erstrecken können, sondern auch die Übertragungsebenen miteinbeziehen. Unerledigte Situationen mit den Eltern, die durch deren vorzeitigen Tod oder ihre kategorische Abwendung von den drogenabhängig gewordenen Kindern keine Lösung finden konnten, werden auf die Wohngemeinschaft übertragen, wodurch die Ablösung von ihr erschwert wird und überhaupt erst möglich werden kann, wenn die Übertragung aufgedeckt und durchgearbeitet wird. Dies kann geschehen, indem der Klient Einsicht gewinnt in die Hintergründe seines Festhaltens und weiterhin dadurch, daß er die unausgedrückten Gefühle den Eltern gegenüber ausdrückt, auf diese Weise erledigt und damit in die Lage versetzt wird, die Wohngemeinschaft »loszulassen«. Genauso wie auf der phantasmatischen Ebene müssen die unerledigten Situationen zu den Mitbewohnern, den Therapeuten und dem Gesamtsetting aufgegriffen, zum Ausdruck gebracht und abgeschlossen werden.

Wir können demnach folgende Aspekte herausstellen, die der Ablösung von der gewohnten Gemeinschaft entgegenstehen:
1. das Vermeiden tatsächlichen Schmerzes, der durch den Verlust emotionaler relevanter Beziehungen ausgelöst wird;
2. das Vermeiden der Reaktivierung früher schmerzlicher und unlustvoller Situationen, die durch die strukturelle Ähnlichkeit aktiviert werden;
3. das Vermeiden, unabgeschlossene Situationen mit realen Personen und Kontexten zum Abschluß zu bringen;
4. das Vermeiden, unabgeschlossene Situationen aus der Vergangenheit, die noch emotional fortwirken, zum Abschluß zu bringen.

Diese Tendenz zum Festhalten (hanging on) und zur Vermeidung (avoidance) führt in der Wohngemeinschaftsarbeit in der vierten Stufe zu typischen Phänomenen, die kurz beschrieben werden sollen.

7.1. Formen des Vermeidungsverhaltens

In der vierten Stufe des Four-Steps-Modells steht das Konzept der Verantwortung zentral. Der Klient soll Verantwortung für sein eigenes Leben, sein Tun und Handeln, aber auch für seine relevante Umwelt übernehmen können. Das heißt, daß er genügend Kraft und Standfestigkeit, genügend »self-support« haben muß, um den Anforderungen der Umwelt angemessen und ohne größere äußere Hilfestellung begegnen zu können. Er muß weiterhin mit den Bewegungen seiner Innenwelt, seinen Gefühlen, Erinnerungen, körperlichen Empfindungen umgehen können, ohne durch sie aus der Bahn geworfen zu werden. Dies setzt voraus, daß seine Wachstumsprozesse durch die Therapie und das Leben in der Gemeinschaft es möglich gemacht haben, wesentliche Defizite aufzufüllen oder zumindest doch handhabbar zu machen, Störungen zu mindern und traumatische Erfahrungen aufzuarbeiten. Erst wenn dies in ausreichendem Maße geschehen ist, kann die Aufgabe der Ablösung ohne Überforderung gemeistert werden. Wo dies nicht der Fall ist, wird der Klient in einer Weise überfordert, die den Rückfall geradezu vorprogrammiert. In den therapeutischen Wohngemeinschaften für Drogenabhängige ist, zumal da die Population immer jünger wird, die Zahl der Klienten, die nach dem Durchlaufen aller vier Stufen noch erhebliche Nachreifungsdefizite haben, recht hoch. Es ist ganz einfach illusionär zu glauben, daß junge Menschen im Alter zwischen 14 und 19 Jahren durch anderthalb Jahre therapeutischer Wohngemeinschaft in ihren psychischen Schädigungen völlig restituiert werden können, insbesondere da in diese Altersphase die ohnehin schwierigen Entwicklungsschritte der Pubertät und der Adaptierung an die Welt der Erwachsenen fallen. Durch die Überforderungssituation, die in der Ablösung und der Zuweisung von Verantwortung in der vierten Stufe auf Klienten zukommt, die noch nicht den erforderlichen »self-support« gewonnen haben, werden Abwehr- und Vermeidungshaltungen zum Teil unnötigerweise provoziert.

Es ist daher von entscheidender Bedeutung, die vierte Phase individuell zu gestalten, d. h., sie am Entwicklungsstand und Vermögen des jeweiligen Klienten auszurichten. Das Maß der Verantwortung, das ein solcher Klient für sich übernehmen kann, wird individuell sehr stark variieren. Das Wohngemeinschaftsmodell der vier Schritte arbeitet von seiner Struktur her bewußt mit zeitlichen Limitierungen. Es ist zwar möglich, die eine oder andere Stufe zu wiederholen oder die vierte Stufe zu verlängern, jedoch sollte dies eher die Ausnahme denn die Regel sein. Das durch das Four-Steps-Modell geschaffene Sozialisationsfeld ist ein »Mikrokosmos«, ein beschützender Rahmen, in dem sich Nachreifung vollziehen kann, der aber auch gegenüber der Außenwelt eine Isolations- und Idealsituation schafft, in der man den Klienten nicht zu lange belassen soll. Es entsteht sonst die Gefahr der Entfremdung vom Außenfeld, durch die eine Reintegration sehr erschwert wird. Es ist deshalb notwendig und von eminenter Wichtigkeit, mit jedem Klienten in der vierten Stufe seinen individuellen Standort zu erarbeiten, d. h. das Maß der Verantwortung, das er tragen kann. Wenn die Therapeuten im Four-Steps-Modell das Ziel hätten, aus ihren Wohngemeinschaften nur »geheilte, lebenstüchtige und glückliche« Klienten zu entlassen, so würden sie sich bald erhebliche Frustrationen einhandeln und zuvor sich und die Klienten unter einen Leistungsdruck setzen, der jedem organischen Wachstumsprozeß entgegensteht. Ziel ist vielmehr, den Klienten »auf den Weg zu bringen«. Das Maß der Verantwortung in der vierten Stufe, auf dessen Grundlage Ablösung möglich und gerechtfertigt wird, muß so hoch sein, daß der Klient *weiß* und *fühlt*, was er hat und was ihm fehlt, und daß er darüber hinaus eine klare Perspektive hat, was er noch tun muß und wie er es tun muß, daß er schließlich fest entschieden ist, das, was er als noch offen sieht, abzuschließen. Die Ablösung in der vierten Stufe entläßt den Klienten ja nicht in einen leeren Raum, sondern in die Reintegrationsphase der »therapeutischen Kette« (*Petzold,* dieses Buch), in der begonnene therapeutische Prozesse weitergeführt werden können. Für viele der Klienten ist eine Fortführung der Therapie als Einzeltherapie außerhalb des Schonraumes der therapeutischen Gemeinschaft sinnvoll und notwendig. Mit der Begleitung einer solchen Therapie können sie ihre Entwicklung fortsetzen. Die *natürlichen* Entwicklungs- und Reifungskrisen, die ein junger Mensch durchläuft und normalerweise bewältigt, aber, wenn er schon »angeschlagen« ist, vielfach nicht bewältigen kann, können auf diese Weise ohne Rückfallgefährdung durchlebt werden.

Eine realistische Standortbestimmung in der vierten Stufe verringert die Gefahr, daß der Klient unnötige Vermeidungsmechanismen mobilisiert, und auch die Gefahr, daß die Wohngemeinschaftstherapeuten diese Vermeidungsmechanismen übersehen, weil sie unter dem Leistungsdruck stehen, möglichst erfolgreich therapierte Klienten in die Reintegrations- und Nachsorgephase zu entlassen. Dieser

Leistungsdruck wird oftmals durch die Mitarbeiter des Nachsorgeprogrammes gefördert, wenn sie »perfekte Klienten« erwarten und nicht dort anknüpfen, wo jeder einzelne Klient steht, d. h. die individuellen Reifungsprozesse berücksichtigen. Die Verbindung zwischen den Mitarbeitern der Nachsorge und den Wohngemeinschaftstherapeuten muß daher für die Übergangszeit sehr eng sein, der Informationsfluß dicht und die Kooperation reibungslos, um eine wirklich differentielle Betreuung jedes Klienten zu gewährleisten. Die im nachstehenden beschriebenen Vermeidungshaltungen treten um so stärker auf, je größer die Defizite und Störungen sind, die ein Klient noch hat. Sie finden sich jedoch mehr oder weniger ausgeprägt bei allen Klienten, eben weil Ablösung – sofern emotionale intensive Bindungen zustande gekommen sind – immer eine schmerzvolle und angstauslösende Sache ist.

7.1.1. Omnipotenz und Überspielen

Unter den vielfältigen Abwehrformen, die wir in der dritten und vierten Stufe finden, können wir Omnipotenz und Überspielen besonders häufig beobachten. Die Klienten zeigen sich sehr selbstsicher, überzeugt davon, daß sie »den Absprung nach draußen schaffen«. Ihre Zukunftsplanungen greifen hoch – etwas zu hoch –; sie drängen in die Reintegrationsstufe und sind davon überzeugt, daß sie alles schon schaffen werden. Häufig zeigen sie dabei ein so »reifes« Verhalten, ihre Vorstellungen sind so gut begründet, daß man in Gefahr geraten kann, den Abwehrcharakter dieses Verhaltens zu verkennen. Das Omnipotenzverhalten geht oft mit dem Abwehrmechanismus der Anpassung (vgl. 7.1.3.) einher. Beide Abwehrmechanismen bergen für den Therapeuten ein verführendes Element. Dadurch, daß sich der Klient so positiv darstellt, erhält er die Hoffnung, daß seine Therapie Erfolg gehabt hat. Er selbst und seine Therapie werden aufgewertet.

Im Hinblick auf die Omnipotenz könnte man mit *Melanie Klein* sagen, daß es sich um eine Idealisierung der »guten Objekte« handelt, die vollkommen und hilfsmächtig dem Ich in seinem Kampf gegen den Verlust wirksam beistehen können (*Klein* 1962, S. 82 ff). Die Omnipotenzzüge im Verhalten und in den Phantasien der Klienten verhindern nicht nur eine adäquate Vorbereitung auf die Situation in der Außenwirklichkeit, bergen nicht nur die Gefahr eines besonders schwerwiegenden Scheiterns im Außenfeld, sie verhindern auch die Ablösung von der Wohngemeinschaft, die notwendig ist, um zu einer Neuorientierung zu gelangen. Erst durch das Aufdecken der hinter dem überspielenden Verhalten stehenden Angst vor dem Verlust der »Eltern«, der Freunde, der »Heimat« und der Angst vor der ungewissen Zukunft wird die Situation real. Sie kann in ihrer ganzen Schmerzlichkeit und Bedrohlichkeit erlebt werden. Es wird auf diese Weise der Prozeß des Trauerns und eine adäquate Vorbereitung auf die Aufgaben in der Reintegrationsphase möglich.

Das Aufdecken dieser Zusammenhänge muß »schonend« geschehen, ohne den Klienten zu sehr zu kränken, ohne ihn hoffnungslos zu machen. Wichtig ist es, daß nicht nur eine kognitive Einsicht vermittelt wird, sondern daß die Betroffenheit zugelassen werden kann; daß der anstehende Affekt erlebt und ausgedrückt wird. Dies kann oft durch einfache Awareness-Übungen eingeleitet werden, indem der Klient aufgefordert wird, sich all das, was er in der Wohngemeinschaft »hat«, zu vergegenwärtigen und seine Beziehung zu den einzelnen Personen, der Gruppe, den Therapeuten, seinem Zimmer, dem Haus usw. zu *spüren*. In der Regel wird dem Klienten die Bedeutsamkeit und das Gewicht seiner Beziehungen in der und zu der Wohngemeinschaft klar. Ein anderer Zugang wird durch die Aufforderung erreicht, der Klient möchte sich doch in Gedanken schon einmal von allem verabschieden, was ihm hier liebgeworden sei. Kommt er so mit seiner Angst und Trauer in Kontakt, so reduzieren sich die Omnipotenz-Phantasien und -Haltungen von selbst auf ein realistisches Maß. Oft genug kommt es aber auch zu einem regressiven Umschwung. Die Abwehr durch Omnipotenz wird abgelöst von einer Abwehr durch Hilflosigkeit.

7.1.2. Hilflosigkeit

Abwehr durch Hilflosigkeit kann, braucht aber nicht unbedingt in der oben beschriebenen Form aus dem Zusammenbruch eines anderen Abwehrmechanismus zu resultieren. Wir beobachten häufig, daß in den Stufen drei und vier bei einigen Klienten nach anfänglicher positiver Entwicklung eine starke Regression eintritt. Gruppensituationen und Aufgaben, die sich aus dem Lebensalltag der Wohngemeinschaft ergeben, werden nicht mehr oder nicht mehr adäquat bewältigt. Der Wunsch nach Einzelsitzungen oder zusätzlichen Sitzungen wird häufig geäußert. Klienten verbalisieren Gefühle von Hilflosigkeit, Hoffnungslosigkeit, Sinnlosigkeit. Sie sind der Meinung, daß sie mit dem Leben nie richtig fertig werden können, daß alles keinen Zweck habe, daß sie es nicht schaffen. Gleichzeitig findet sich eine hohe Anklammerungstendenz an die Therapeuten oder starke, fürsorgliche mit Klienten. Es findet eine »Flucht zu den guten Objekten« (*Klein* 1962, S. 82) statt, die Hilfe geben sollen. Charakteristisch für die Hilflosigkeit als Abwehr ist, daß der Klient »unter seinen Möglichkeiten« bleibt. Er fällt hinter Ziele zurück, die er bereits erreicht hat. Für den Therapeuten birgt diese Situation verschiedene Gefahren. Einmal kann er durch den plötzlich eintretenden Rückschritt in eine überprotektive Haltung verfallen. Er »verdoppelt« seine Anstrengungen, um dem Klienten zu »helfen«. Kommen dann noch Schuldgefühle über etwaige Fehler in der Therapie auf, so beginnt der Therapeut im Spiel des Klienten mitzuspielen. Eine andere Möglichkeit besteht darin, daß der Therapeut den Rückschritt als persönliche Kränkung erlebt. Nachdem er so viel investiert hat, erfolgt jetzt, wo der Klient doch entlassen werden soll, ein Rückfall in altes Verhalten. Mit dem Gekränktsein gehen oft strenge oder gar strafende Reaktionen einher, die es dem Klienten ermöglichen, mit weiterer Regression zu reagieren.

Die richtige Strategie ist, mit dem Klienten an die Hintergründe seines Verhaltens heranzukommen, ihm deutlich zu machen, daß er die Konfrontation mit der Situation im Außenfeld vermeidet und weiterhin den Schmerz über den anstehenden Verlust nicht zulassen will.

Dadurch, daß im Reintegrationsprogramm und der Nachfolgephase doch noch vielfältige Hilfen gegeben werden, kann die Angst vor der »ungewissen Zukunft« relativiert werden. Die erlebnisaktivierenden Methoden der Gestalttherapie vermögen den Schmerz über den Verlust »spürbar und erfahrbar« zu machen, so daß es schwer ist, ihn von sich wegzuschieben. Ist es aber erst einmal gelungen, die verdrängte zurückgedrängte Trauer in Bewegung zu bringen, löst sich das regressive Verhalten auf. Es ist von entscheidender Wichtigkeit, daß nicht nur eine kognitive Einsicht in die Hintergründe vermittelt wird, etwa durch Deutung, sondern daß der emotionale Hintergrund dieses Verhaltens ein-deutig erfahren wird.

7.1.3. Überangepaßtheit

Als weiteres Vermeidungsphänomen finden wir eine zu starke Angepaßtheit. Der Klient zeigt sich sehr kooperativ, arbeitet im Alltag der Wohngemeinschaft und in den Therapien sehr gut mit, »hat die therapeutische Sprache drauf« und zeigt sich in jeder Hinsicht konform. Anpassung an die Regeln der Wohngemeinschaft und der

Therapie als Vermeidungsverhalten, *Therapie als Form der Abwehr*, ist nicht einfach zu erkennen. Besonders bei sehr anpassungsorientierten Programmen, wie zum Beispiel dem Daytop-Programm, wird es kaum möglich sein, durch aufdeckende Arbeit diesen Mechanismus zu entlarven, weil damit eine Spannungssituation zwischen dem hohen Konformitätsdruck und der auf Verselbständigung zielenden Linie aufdeckender Therapie entstehen würde. Im Four-Steps-Modell wird in den letzten beiden Stufen Autonomie und Selbständigkeit in den Vordergrund therapeutischer Arbeit gestellt, so daß es besser möglich wird, überangepaßtes Verhalten auf seine wirklichen Hintergründe hin zu untersuchen.

7.1.4. Substitution

Der defensive Mechanismus der Substitution findet sich bei vielen Drogenabhängigen besonders ausgeprägt. Die Droge selbst ist, wie schon erwähnt (vgl. 2), ein solches substitutives Surrogat, durch das das verlorene Liebesobjekt ersetzt und die frühkindliche positive Konfluenz wiederhergestellt werden soll. Die Übertragung der Abhängigkeit von der Droge in die Abhängigkeit von der Wohngemeinschaft weist hier ihre größe Problematik auf, denn es handelt sich ja wiederum um einen substitutiven Vorgang. *Freud* erfaßt meines Erachtens die ganze Tragweite von Ablösung und Substitution, wenn er schreibt: »Wer das Seelenleben des Menschen kennt, der weiß, daß ihm kaum etwas anderes so schwer wird, wie der Verzicht auf einmal gekannte Lust. Eigentlich können wir auf nichts verzichten, wir vertauschen nur eines mit dem anderen; was ein Verzicht zu sein scheint, ist in Wirklichkeit eine Ersatz- oder Surrogatbildung« (Der Dichter und das Phantasieren, 1908, GW, Bd. 7, 1966[4], S. 215). Wenn ich auch *Freuds* pessimistische Haltung in dieser Hinsicht nicht teile[1], so bin ich doch der Auffassung, daß die Auflösung des substitutiven Mechanismus, durch den Trauer, Angst

---

[1] Sie kommt noch deutlicher 1929 in einem Brief an *L. Binswanger* zum Ausdruck: »Man weiß, daß die akute Trauer nach einem solchen Verlust ablaufen wird, aber man wird ungetröstet bleiben, nie einen Ersatz finden. Alles, was an die Stelle rückt, und wenn es sie auch ganz ausfüllen sollte, bleibt doch etwas anderes und eigentlich ist es recht so. Es ist die einzige Art, Liebe fortzusetzen, die man ja nicht aufgeben will« (*E. Freud* und *L. Freud*, Hrsg. *Sigmund Freud* – Briefe 1873–1939, Frankfurt 1960[2], Brief vom 12. April 1929 an *Ludwig Binswanger*, S. 403).

und Schmerz vermieden werden kann, zu den schwierigsten Problemen in der Drogentherapie, ja in der Psychotherapie überhaupt gehört.

Die Bedrohung, die durch die Entlassung aus der Wohngemeinschaft auf den Klienten zukommt, wird von diesem oftmals durch die Flucht in eine Partnerbeziehung substitutiv abgewehrt, wie es häufig in Stufe drei und vier der WGs zu beobachten ist. Derartige Beziehungen sind nicht grundsätzlich negativ zu beurteilen. Sie haben zwar vorwiegend symbiotischen Charakter, bilden aber zum Teil eine positive Substitution, die ein Weiterleben möglich macht, ohne daß auf das alte Surrogat der Droge zurückgegriffen werden muß. Jedenfalls sind mir zahlreiche, in therapeutischen Wohngemeinschaften geschlossene Beziehungen bekannt, die zu festen Bindungen bzw. Ehen führten, die seit drei, fünf und mehr Jahren sich als stabil und befriedigend erweisen. Oft genug aber ist die Substitution durch einen Partner nicht tragend und kaschiert nur das eigentliche Problem. Beziehungen sollten deshalb in der Therapie problematisiert werden. Die Aufdeckung des substitutiven Mechanismus führt dann entweder zur Auflösung von Bindungen ohne genügende Tragkraft und Substanz oder dazu, daß Bindungen mit einem positiven Potential eine bessere Basis erhalten, indem Störeffekte aus der psychodynamischen Konstellation erkannt und gehandhabt werden können.

Der Mechanismus der Substitution kann in verschiedener Weise wirksam werden:
1. durch eine andere Person. Sie ersetzt ein verlorenes Liebesobjekt, wie im voranstehenden beschrieben;
2. eine Tätigkeit, die es in besonderer Weise ermöglicht, sich um andere zu sorgen und zu kümmern;
3. Ersatz durch neue Aktivitäten;
4. Ersatz durch orale Gratifikation.

Die Form der Substitution durch Sorge für andere Personen wird in der dritten und vierten Stufe der therapeutischen Wohngemeinschaft begünstigt, da die fortgeschrittenen Klienten sich um die Neuankömmlinge und Klienten der Stufe eins und zwei in besonderer Weise kümmern sollen. Sofern diese Aufgabe in eine protektive Haltung umschlägt, kann in ihr der defensive Mechanismus voll zur Wirkung kommen. Wird sie aber in sehr »erwachsener« Weise ausgeführt, als ein Anhalten zur Eigenverantwortung, so kann der Klient an dieser Aufgabe wachsen.

Der Einsatz von Ex-Usern in therapeutischen Wohngemeinschaften sollte unter diesem Aspekt unbedingt problematisiert werden. Therapeutische Gemeinschaften wie zum Beispiel Daytop, die aus ihren »erfolgreich« therapierten Klienten Therapeuten und Betreuer für neue Wohngemeinschaften und Häuser rekrutieren, bieten eine sehr effektive Substitutionsmöglichkeit, aber verhindern in der Regel wirkliche Ablösung und damit wirkliches Wachstum. Der Klient bleibt in seiner Situation der symbiotischen Verhaftung an die Wohngemeinschaft, nur daß er jetzt »auf der anderen Seite« steht, nämlich als Ex-User auf der Seite der Therapeuten. Obgleich dies im Moment sich für den Ex-User als sehr stabilisierend auswirkt – wie sich auch bei vielen AA-Gruppenleitern sehen läßt –, wird doch eine sehr prekäre Situation geschaffen: der Ex-User hat in der Regel keine Qualifikation im Sinne eines sozialen Grundberufes, der ihm eine dauerhafte Tätigkeit im soziotherapeutischen Bereich sichern würde. Er bleibt also, will er seine Existenz nicht gefährden, an sein therapeutisches »Mutterhaus« gebunden. Eine wirkliche Verselbständigung kann deshalb nicht erfolgen oder geschieht unter großen Schwierigkeiten, Problemen und hoher Rückfallgefährdung. Ein weiterer kritischer Punkt besteht darin, daß der Ex-User, nun selber in die Rolle des Therapeuten gestellt, in der Regel keine Möglichkeit hat und wahrnimmt, seine eigene Therapie fortzusetzen, und dies wäre für die Ablösung dringend erforderlich. Die Substitution durch Sorge für andere, in der man letztlich sein eigenes, zu kurz gekommenes »Kind« versorgt und pflegt, verhindert Wachstum.

Ex-User sollte man deshalb in Wohngemeinschaften nur einsetzen, wenn sie sich in anderen Bereichen des Lebens bewährt haben. Ihr wertvolles Potential kann dann für die Wohngemeinschaftsarbeit fruchtbar gemacht werden, ohne daß es zu ihren Lasten geht.

Der Ersatz durch orale Gratifikation als substitutiver Abwehrmechanismus zeigt sich besonders deutlich in der Tatsache, daß ein hoher Prozentsatz der Klienten, die die Wohngemeinschaften in der dritten und vierten Stufe »antherapiert« verlassen oder die nach dem Fortgang aus der Wohngemeinschaft in der Reintegrationsphase rückfällig werden, auf »Alkohol umgestiegen sind«. Auch bei erneutem Konsum von Opiaten finden wir bei den Rückfälligen häufig den Alkohol als vorherrschendes Rauschmittel *(prevailing dope)*. Die Substitution durch orale Gratifikation, die beim Drogenabhängigen immer mit Rückfall gleichbedeutend ist, kennzeichnet ein

Scheitern der Therapie, denn der Abhängige greift damit auf die destruktivste Form der Abwehr zurück. Rückfall bedeutet in der Regel, daß die vorhandenen Defizite durch die Therapie in der Wohngemeinschaft und vermittels der Wohngemeinschaft nicht genügend abgesättigt werden konnten, so daß die Substitution durch die Droge immer noch für den Klienten notwendig ist.

Substitution durch neue Aktivitäten ist neben dem Weg in eine neue stabile Beziehung die positivste Ersatzaktivität. In vielen Fällen wird es ohne derartige Substitutionen überhaupt nicht gehen. Problematisch werden sie, wenn das Potential an Trauer und Angst im Klienten noch so groß ist, daß Ersatzaktivitäten zu einem Aktivismus führen, der nicht durchträgt und zum Zusammenbruch der Surrogataktivitäten führt, sobald äußere Belastungen eintreten. Auch hier ist das Aufdecken der Zusammenhänge und das In-Kontakt-Bringen mit den dahinterstehenden Gefühlen die Strategie, die eingeschlagen werden muß. Werden an sich sinnvolle Aktivitäten in ihrer substitutiven Funktion erkannt und erlebt, so gewinnen sie erst wirkliche Effizienz und stehen nicht in Gefahr zu scheitern. Erst dann besteht die Möglichkeit, daß sie nicht eine Ersatzbefriedigung bleiben, sondern für das Leben des Klienten befriedigend und bedeutungsvoll sein können.

Es wurden einige wesentliche Formen der Abwehr von Trauer, Angst und Schmerz dargestellt. Oft wirken mehrere Komponenten zusammen, denn die Abwehrstruktur ist nicht »monolith«. Weiterhin gibt es noch eine Vielzahl anderer defensiver Mechanismen und Strategien, die im Einzelfall in der Therapie herausgearbeitet werden müssen (eine recht vollständige Zusammenstellung bei *Spiegel* 1973). Wichtig ist es, daß sich der Therapeut in der Wohngemeinschaft der Dynamik bewußt ist, die hinter vielen Verhaltensweisen der dritten und vierten Stufe als Reaktion auf die nahende Ablösung steht.

Der Ablösung durch gezielte Trauerarbeit und Auseinandersetzung mit Angst und Schmerz kommt deshalb in diesem Abschnitt der Behandlung zentrale Bedeutung zu und entscheidet über das Gelingen oder Mißlingen der Therapie in der Wohngemeinschaft.

7.2. Gestalttherapie und der Prozeß des Trauerns

Es ist verschiedentlich versucht worden, den Prozeß des Trauerns phänomenologisch zu beschreiben und aufgrund der Beobachtungen einen Phasenverlauf herauszuarbeiten. Die verschiedenen Dreiphasen- und Vierphasen-Modelle (*Bowlby* 1960; *Kreis* und *Pattie* 1969; *Pollock* 1961, 1966; *Fulcomer* 1942; *Oates* 1955) weisen eine relativ hohe Übereinstimmung auf. Unterschiede lassen sich aus divergierenden theoretischen und methodischen Positionen der Autoren erklären und zum anderen aus der unterschiedlichen Klientel, das beobachtet wurde. Nimmt man eine Gliederung in eine *Phase des Schocks* (1), eine *Phase der Kontrolle* im Sinne vorgegebener soziokultureller Muster (2), eine *Phase der Desorganisation* (3) und eine *Phase der Reorganisation* an (4) (vgl. *Spiegel* 1973 I, S. 58 ff), so ist damit eine Grobstruktur vorgegeben, die eine große Variationsbreite an individuellen Ausformungen zuläßt. Eine weitere Spezifizierung der einzelnen Phasen in Unterphasen ist dann möglich. Die Phasen des »loss-grieving-cycle« können als Phasen eines Krisenprozesses angesehen werden, als Abfolge eines Problemlösungs- oder Veränderungsprozesses (*Häffner* und *Helmchen* 1978; *Petzold* 1979). Damit aber läßt sich auch eine Verbindung zum Ablauf von Therapieprozessen herstellen. Im Trauerprozeß wird durch den plötzlich eintretenden Verlust von wichtigen Personen, von materiellen oder ideellen Werten das personale System der jeweiligen Person erschüttert. Durch habituelle Bewältigungs- und Kontrollmechanismen wird versucht, wieder eine Stabilität zu erlangen. Dabei können soziale Klischees als Hilfen dienen. Mißlingt dieser Versuch, so tritt eine Labilisierung und Desorganisation des Systems ein, die zur Veränderung seiner Identität oder zu seinem totalen Zerfall führt oder zu seiner Reorganisation und Restitution. Im Unterschied zu organischen Veränderungsprozessen im Sinne eines Auftauens vorhandener Strukturen (*unfreezing*), der dadurch möglich werdenden Veränderung (*change*) und der darauffolgenden Neustabilisierung (*refreezing*) (*Lewin* 1948) erfolgt die Veränderung beim Trauergeschehen durch einen unorganischen, in der Regel abrupten Einbruch ins Persönlichkeitsgefüge, wie dies für Verluste kennzeichnend ist. Die Labilisierung des Systems ist demnach tiefgreifender und bedrohlicher. Ansonsten verläuft der Prozeß des Trauerns ähnlich wie die Prozesse dramatischer Therapie: auf die Vorbereitungsphase (πρότασις) folgt ein Anstieg der Dramatik, der emotionalen Intensität bis zum Höhepunkt oder Wendepunkt (περιπέτεια), der zu einer Lösung (λύσις) oder zu Dekompensation führt. Durch die Analogie im Verlauf des Prozesses erweisen sich Verfahren dramatischer Therapie für Krisenintervention als besonders geeignet (*O'Connell* 1972; *Potts* 1965; *Petzold* 1977, 1979; daselbst auch weitere Literatur). Auf die Analogie von Trauerverlauf und gestalttherapeutischem Prozeß hat *Frings Keyes* (1975) aufmerksam gemacht. Sie hat Gestaltmethoden in der Trauerarbeit eingesetzt, mit dem Ziel, die Phasen des »*loss-grieving-cycle*« nach dem Modell von *Bowlby* und *Lindemann* durchleben zu lassen. Die Analyse von Totenklagen und Trauergebräuchen (*Petzold* 1970) sowie die Beobachtung zahlreicher Trauerprozesse im Zusammenhang mit Sterbebegleitungen, die ich durchgeführt habe, haben mich zu folgendem Prozeßmodell geführt.

Verlust

1. Schock (physische und/oder psychische Extremreaktionen, eventuell Dekompensation).

1a Verleugnung. (Die Faktizität des schmerzauslösenden oder bedrohlichen Ereignisses wird nicht angenommen. »Das kann nicht wahr sein.«)

2. Kontrolle. (Das Individuum versucht, seine Gefühle »in den Griff zu bekommen«. Die äußeren, sozial vorgegebenen Rituale, Verhaltensklischees, die Notwendigkeiten des Alltags werden wirksam.)

3. Turbulenz.

3a Ausbruch in Vorwurf.
3b Ausbruch in Verzweiflung.
3c Ausbruch in Schmerz.

4. Restitution.

4a Annahme der Faktizität des Verlustes.
4b Bewußtwerden der daraus folgenden Konsequenzen.
4c Überschau über die verbleibenden Möglichkeiten und Alternativen.
4d Neuorientierung.

Das vorgelegte Modell hat natürlich heuristischen Charakter. Die einzelnen Phasen und Unterphasen können variieren, stärker akzentuiert oder weniger ausgeprägt auftreten oder zum Teil ganz fehlen. Es ist überdies möglich, daß eine Fixierung auf eine der genannten Phasen stattfindet, jemand also in der Verwirrung des Schocks bleibt, in der Haltung der Verleugnung, des Grolls, der Verzweiflung, des Schmerzes, der in eine chronische Resignation oder Depression übergehen kann. Es wird auf diese Weise die vierte Phase der Restitution verhindert, für die die Annahme und das Ausleben des Schmerzes Voraussetzung ist. Nur dann kann die Faktizität des Verlustes voll akzeptiert werden und eine Neuorientierung geschehen. Diese ist letztlich in der durchlebten emotionalen Erfahrung und der rationalen Einsicht gegründet. In der Gestalttherapie finden wir einen ganz ähnlichen Verlauf, den ich im »tetradischen System« wie folgt beschrieben habe: *Initialphase* (man kommt mit dem auslösenden Ereignis in Kontakt), *Aktionsphase* (man durchlebt die Ereignisse und gewinnt eine emotionale Erfahrung), *Integrationsphase* (man arbeitet die Ereignisse durch und gewinnt rationale Einsicht) und *Neuorientierungsphase* (man zieht aus beidem die Konsequenz und kommt so zu einer Neuausrichtung, Petzold 1974, 1978). In der klassischen Gestalttherapie nach *Perls* (1979) finden wir den Verlauf in mehr deskriptiven Kategorien formuliert: Auf eine Klischee- und Rollenspielphase, in der die Menschen in habituellen Verhaltensklischees und Rollen agieren, folgt die Phase der Implosion, in der sie mit ihren existentiellen Konflikten in Kontakt kommen; darauf eine Phase der Explosion, in der sie die angestauten Gefühle zulassen und ausleben, und eine Phase der Integration, in der das Erlebte sich setzt, verstanden wird und die Basis für eine Neuorientierung gewonnen wird.

In der gestalttherapeutischen Arbeit geht es darum, durch die habituellen Verhaltens- und Rollenklischees hindurch zu der Schicht vorzudringen, wo der Klient wirklich getroffen und betroffen ist. Die Kontrolle, die sich der Trauernde selbst auferlegt, und die sozial geforderten Bewältigungsleistungen verhindern oftmals das Zulassen der Hilflosigkeit, des Schmerzes, des Grolls, der Angst, die in der zweiten Phase des Trauerprozesses bzw. in der Implosionsphase des Gestaltprozesses vorherrschend sind. Das volle Zulassen dieser Gefühle, durch das sie leibhaftig, die gesamte Person erschütternd zum Ausdruck gebracht werden, ermöglicht wirkliche Trauerarbeit, die *»explosion in genuine grief«* (Perls 1969). Die damit verbundene Entlastung, das Einlassen auf den tatsächlichen, durch den Verlust bewirkten Schmerz bereitet den Boden für die Integration, die Einsicht in die Zusammenhänge, die neue Überschau, ein Ordnen des Vorhandenen, das eine innere Neuorientierung zuläßt und zu neuem Handeln führt.

Wichtig ist, daß ein solcher Ablauf natürlich nicht in *einer* Sitzung geschieht (obgleich auch dies im Einzelfall möglich ist), sondern ein mittelfristiger Prozeß ist, dessen Intensität von der Bedeutung des erfahrenen Verlustes abhängt. Die Parallelität zwischen Trauerprozeß und Gestaltsitzung – (ähnliches gilt für andere Verfahren dramatischer Therapie wie zum Beispiel dem Psychodrama oder dem

Therapeutischen Theater, *Petzold* 1976) – macht die Gestaltmethode zur Bearbeitung von Trauerreaktion besonders geeignet (*Tobin* 1972).

Wenn wir nach diesem Exkurs auf die Situation des Klienten in der therapeutischen Wohngemeinschaft zurückkommen, so müssen wir feststellen, daß es sich zunächst einmal um *eine noch nicht eingetretene Verlustsituation* handelt. Da sie aber antizipierbar ist und vom Klienten aufgrund vorgängiger Verlusterlebnisse in der Antizipation als bedrohlich erlebt wird, wird die Reaktion verständlich, den schmerzlichen Prozeß der Trauerarbeit zu vermeiden, ihn zu überspielen, ihm zu entfliehen oder auszuweichen.

Die Bedeutung des Verlustes sollte nicht unterschätzt werden. Die im voranstehenden beschriebenen Trauerphasen wurden aus der Beobachtung von Menschen gewonnen, die eine geliebte Person durch Tod verloren hatten. In ganz ähnlicher Weise konnte ich jedoch die Reaktion beim Verlust eines Ehepartners durch Scheidung, einer geliebten Freundin oder beim Zusammenbruch eines Projektes, in das man viel investiert hatte, beobachten. Auch bei Klienten, die Wohngemeinschaften verlassen »mußten«, habe ich den beschriebenen Phasenablauf mehr oder weniger ausgeprägt gefunden. Immerhin geht es auf der *Symbolebene* um den Verlust von Eltern und auf der *Realebene* um den Verlust bedeutungsvoller zwischenmenschlicher Beziehungen und den Verlust einer Heimat und materieller Sicherheit.

Das Ansprechen und Durcharbeiten des antizipierten Verlustes, des Abschiedsschmerzes, der »im Raum steht«, vermag die Ablösung zu erleichtern. Es wird jedoch die antizipatorische Arbeit nicht von der Bearbeitung der tatsächlichen Trennung, wenn sie geschehen ist, entbinden können. Dem Klienten muß deshalb nach dem Ausscheiden aus der Wohngemeinschaft und dem Eintritt in das Reintegrationsprogramm eine therapeutische Hilfestellung gegeben werden, damit er seine Trauerarbeit vollziehen kann. Ein Verbleiben in Formen der Abwehr oder eine Fixierung auf die Anfangsphasen des Trauerprozesses führt in der Regel zu pathologischen Entwicklungen, die oft genug im Rückfall des Klienten enden.

Für die Mitarbeiter der Nachsorge und Reintegrationsphase ist es deshalb wichtig zu sehen, in welcher Phase des Trauerprozesses sich der Klient befindet oder welche Formen der Abwehr er verwendet. Überspielen durch habituelle Klischees, Vorwurf und Groll, Resignation, Flucht und Betäubung sind hier häufige Reaktionen, die der Bezugstherapeut *und der Klient* verstehen müssen, um mit ihnen besser umgehen zu können. Die anstehende Trauerarbeit muß geleistet werden. Sie bietet die Grundlage für das Gelingen der Ablösung und für neue positive Wachstumsprozesse.

Bibliographie

Ammon, G.: Die Rolle des Körpers in der Psychoanalyse, *Integrative Therapie* 2/3 (1975)
Battegay, R.: Die Gruppe als Ort des Haltes in der Behandlung Süchtiger, *Praxis der Psychotherapie* 11 (1966)
Battegay, R.: Der Mensch in der Gruppe, vol. I, Huber, Bern 1969.
Bowlby, J.: Process of Mourning, *Int. J. Psychoanal.* 42 (1961) 500–541
Bowlby, J.: Separation Anxiety, *Int. J. Psychoanal.* 41 (1960) 89–113
Buber, M.: Ich und Du, 1923
Caldwell, M.: Phoenix – a therapeutic community, *Drugs & Society* 6 (1972) 9–13
Dreitzel, H.-P.: Die gesellschaftlichen Leiden und das Leiden an der Gesellschaft, Enke, Stuttgart 1972
Fulcomer, D. M.: The adjustive behaviour of some recently bereaved spouses, Ph. D. Thesis, Northwestern Univ. Evanston, Illinois 1942
Janov, A.: Anatomie der Neurose, Fischer, Frankfurt 1974
Klein, M.: A contribution to the Psychogenesis of Manic-Depressive States, *Int. J. Psycho-Anal.* 16 (1937)
Klein, M.: Grief and its Relation to Manic-Depressive States, *Int. J. Psycho-Anal.* 21 (1942), beides in deutsch in: *Klein* (1962)
Klein, M.: Das Seelenleben des Kindes und andere Beiträge zur Psychoanalyse, Stuttgart 1962 (auch rororo Studium Bd. 6, 1972)
Kreis, B., Pattie, A.: Up from Grief, New York 1969
Leutz, G.: Psychodrama. Theorie und Praxis, Springer, Heidelberg 1974
Maurer, Y., Petzold, H.: Die therapeutische Beziehung in der Gestalttherapie. In: *Battegay* und *Trenkel,* Die therapeutische Beziehung, Huber, Bern 1978
Moreno, J. L.: Psychodrama, vol. I., Beacon House, Beacon 1964, 3. Aufl., darin: *Moreno, Moreno,* Spontanity theory of child development, 1944
Oates, W.: Anxiety in Christian Experience, Philadelphia 1955
O'Connel, V. N.: Crisis Psychotherapy. In: *Fagan* und *Shepherd,* Gestalt Therapy Now, Palo Alto 1970
Perls, F. S.: Gestalttherapie in Aktion, Klett, Stuttgart 1974
Perls, F. S.: Grundlagen der Gestalttherapie, Pfeiffer, München 1976
Perls, F. S.: Gestalt, Wachstum, Integration. Frühe Schriften, hrsg. von H. Petzold, Junfermann, Paderborn 1980

Petzold, H.: Les Quatre Pas. Concept d'une communauté thérapeutique, Paris 1969; auszugsweise in *Petzold 1974a*, S. 524–525

Petzold, H.: Christliche Elemente im russischen Totenbrauchtum, *Kirche im Osten 13* (1970) 18–52

Petzold, H.: Gestalttherapie und Psychodrama, Nicol, Kassel 1973

Petzold, H.: Drogentherapie – Modelle, Methoden, Erfahrungen, Junfermann, Paderborn 1974a

Petzold, H.: Psychotherapie und Körperdynamik, Junfermann, Paderborn 1974b, 1979, 3. Auflage

Petzold, H.: Methoden in der Behandlung Drogenabhängiger, Vierstufentherapie, Nicol, Kassel 1972

Petzold, H.: Dramatische Therapie, *Integrative Therapie 4* (1976)

Petzold, H.: Das Psychodrama als Methode klinischer Psychotherapie, in: Handbuch der Psychologie, Bd. 8, II, Hogrefe, Göttingen 1978

Petzold, H.: Das Korrespondenzmodell in der Integrativen Agogik, *Integrative Therapie 1* (1978)

Petzold, H.: Die neuen Körpertherapien, Junfermann, Paderborn 1978

Petzold, H.: Psychodrama-Therapie, Junfermann, Paderborn 1979

Petzold, H.: Krisenintervention. Seminarnachschrift v. *A. Rauber,* Bern: Schule f. soziale Arbeit, Bern 1977

Pollock, H. G.: Mourning and Adaptation, *Int. J. Psychoanal. 42* (1961) 341–361

Pollock, H. G.: The Mourning Process, *The Chicago Theol. Seminary Reg. 57* (1966) 15–23

Polster, E., Polster, M.: Gestalttherapie, Kindler, München 1974

Potts, F.: Relief of an anxiety state by a single psychodramatic session, *Group Psychotherapy 4* (1158) 330–331

Richter, G.: Drogenszene 75, Neue Behandlungsmethoden. Deutschlandfunk MS, Abt. Wissenschaft und Bildung, Köln 1975 (Sendungen vom 11. 8., 26. 8. und 2. 9. 1975)

Segal, H.: Melanie Klein

Spiegel, Y.: Der Prozeß des Trauerns, 2 Bände, Chr. Kaiser, München 1973

Tobin, S.: Saying Goodbye in Gestalt Therapy, *Psychotherapy: Theory, Research and Practice,* 2 (1972); dtsch. *Gestaltbulletin* 2, 1980

Yablonsky, L.: Synanon, Klett, Stuttgart 1975

Ernst-Karl Saake und Hartmut Stichtenoth

Das »Take-it-Haus« — Anmerkungen zur Vierstufentherapie bei Drogenabhängigen[1]

A. Einleitung

Das »Take-it-Haus« gehört neben zahlreichen anderen Häusern zur Therapiekette Niedersachsen und soll beispielhaft bzw. stellvertretend für diese als eine jener Einrichtungen vorgestellt werden, die im Rahmen einer therapeutischen Wohngemeinschaft die Rehabilitation von jugendlichen und erwachsenen Drogenabhängigen zum Ziel hat.

Der Name des Hauses leitet sich aus dem englischen Verb »to take« ab und soll mit seiner Bedeutung signalisieren, daß es um die Aufforderung zum *Neubeginn* geht – um einen Neubeginn im Sinne von »Pack es an! Es lohnt sich! Du kannst es schaffen, wenn Du willst!«

Die Therapiekette Niedersachsen umfaßt als Arbeitsgemeinschaft die Jugendberatungszentren in Hannover, Braunschweig und Oldenburg, den zentralen Aufnahmeausschuß in Hannover, eine Drogenstation für den klinischen Entzug in der Städtischen Nervenklinik Langenhagen, sieben therapeutische Wohngemeinschaften der stationären Phase I in Völksen, Hohenrode, Bannensiek, Steyerberg, Dachtmissen, Hönkenmühle und Kayhauserfeld mit insgesamt ca. 120 Plätzen, sowie Übergangswohngemeinschaften der Phase II (Nachsorge) in Hannover, Lüneburg und Oldenburg.

Als ergänzendes Anschlußprogramm werden mit dem Beginn der Nachsorgephase II in Hannover zwei Qualifizierungsmöglichkeiten angeboten.

Im schulischen Bildungsbereich besteht Gelegenheit zur Teilnahme an einem eigenen Schulprojekt (ca. 40 Plätze) mit Haupt- und Realschulkurs und anschließender Externenprüfung.

Im berufsbildenden Bereich besteht in einer arbeitstherapeuti-

---

[1] Autor der Teile A und B: E.-K. Saake, Autor der Teile B und C: H. Stichtenoth.

schen Werkstatt mit 21 Plätzen die Möglichkeit zur Teilnahme an Berufsförderkursen oder Berufsausbildungen im Bereich von Holz, Metall und Kfz.

Dieses komplexe Kontakt-Erfassungs- und Versorgungssystem arbeitet in Anlehnung an das von *Petzold* (1974a) vorgestellte Modell einer therapeutischen Kette. Therapeutische Kette deshalb, weil der Drogenabhängige, der für eine Behandlung aufgeschlossen ist, vom Beginn seines ersten Kontaktes mit der Kette an in einen strukturellen Rahmen eingebettet ist, der ihn schrittweise in eine Chronologie des therapeutischen Prozesses begleitet.

Die therapeutische Logik dieses Kettenprinzips besteht in dem Angebot einer Reihe sinnvoll aufeinander abgestimmter Behandlungsschritte, deren sukzessiv geplante Abfolge zur Orientierung nachfolgend beschrieben wird.

1. Das erste Glied in diesem Kettenmodell stellt in der Regel die Drogenberatungsstelle oder das Jugendberatungszentrum dar.

Es leistet – neben den Methoden des »Streetwork« und der Telefonberatung – durch das Angebot eines Kontaktbüros und Schaffung zahlreicher Kommunikationsmöglichkeiten, wie Teestube oder Kreativräume, in erster Linie Motivationsarbeit, und zwar in *der* Richtung, daß sich beim Abhängigen die Erkenntnis verdichtet, daß die bisherige Drogenkarriere das Ergebnis einer ausgeprägten Lebensmisere darstellt und die Teilnahme an einem Langzeitprogramm die Grundlagen für eine grundsätzliche und konstruktive Neuorientierung schaffen kann.

Wichtigstes Charakteristikum dieser Einrichtung ist, daß sie auf der Ebene einer partnerschaftlichen Begegnung den unbeweglichen Verwaltungscharakter und die oftmals gönnerhafte und bürokratische Starre klassisch-behördlicher Institutionen hinter sich läßt und durch vertrauensvolle Öffnung gegenüber dem Randgruppen- und Außenseiterbewußtsein der Drogenabhängigen nicht mit dem tiefverwurzelten Mißtrauen gegenüber allen bürgerlichen Funktionsträgern belastet ist.

Für gewöhnlich unterhält diese Einrichtung gleichzeitig regelmäßige Außenkontakte zu den umliegenden Vollzugsanstalten und Landeskrankenhäusern, um dort vor Ort bei den Betroffenen den vorhandenen Leidensdruck so zu kanalisieren, daß das Angebot einer Langzeittherapie als Möglichkeit und Vorbedingung zu einer positiv veränderten Lebensalternative angenommen werden kann.

2. Das zweite Glied innerhalb der Kette stellt der Aufnahmeaus-

schuß dar. Er hat die wichtige Aufgabe, die Motivation des Bewerbers und die damit verbundene Ernsthaftigkeit seines Anliegens zu prüfen. Er kann dies versuchen, indem er die zunächst schriftlich erfolgte Bewerbung anhand des dafür notwendigen Lebenslaufes bewertet und die vorhandene Eigeninitiative des Bewerbers anhand der Erfüllung der formalen Aufnahmebedingungen – wie Beibringung einer Kostenübernahmeerklärung des zuständigen Kostenträgers, Nachweis einer hinreichenden Zahnsanierung und Bescheinigung über die Freiheit von Haut- und Geschlechtskrankheiten – einschätzt.

Gewöhnlich muß der Bewerber insbesondere wegen der Knappheit der zur Verfügung stehenden Therapieplätze auf eine Warteliste gesetzt werden. Um ihn während dieser Wartezeit nicht in resignative Hoffnungslosigkeit fallen zu lassen, muß er mit dem ihn brieflich betreuenden Mitarbeiter des Aufnahmeausschusses regelmäßig schriftlichen Kontakt halten. Das hat nebenbei den Vorteil, daß der Süchtige einer ersten Anstrengung ausgesetzt ist und – über seinen wiederholt erforderlichen Briefkontakt – sich das Ausmaß seiner Bereitschaft zu einer Therapieteilnahme ablesen läßt.

Kommt der Aufnahmeausschuß zu der Überzeugung, daß der Bewerber für eine Langzeittherapie hinreichend motiviert erscheint, wird ihm gemäß seinem Rangplatz in der Bewerberliste ein Bett für den klinischen Entzug zugewiesen. Man ist jedoch so flexibel, bei Dringlichkeit Ausnahmen von der Reihenfolge zu machen.

3. Der klinische Entzug stellt das dritte Glied in der Behandlungskette dar und erstreckt sich in der Regel auf ca. 3 Wochen. Dort wird von Beginn an durch aktivierende Maßnahmen, kreativitätsbetonte Methodik und gruppentherapeutische Einstimmung auf das spätere Gemeinschaftsleben vorbereitet.

4. Das vierte Glied innerhalb des Kettenmodells ist das Vorstellungsgespräch vor dem Zentralen Aufnahmegremium in Hannover. Es verkörpert weniger eine in sich geschlossene Behandlungseinheit, sondern wird vom Drogenabhängigen eher als eine psychologische Barriere erlebt, der er in der Regel mit ängstlich gespannter Erwartung entgegensieht.

Dieses zentrale Aufnahmegremium setzt sich aus Mitarbeitern der aufnehmenden Wohngemeinschaften und des Drogenberatungszentrums zusammen. Im Rahmen des Aufnahmegespräches werden persönliche Daten für die Dokumentation und die zentrale Statistik gesammelt.

Weiterhin wird versucht, durch gezielte Fragen zum psychosozialen Hintergrund des Bewerbers ein ungefähres Persönlichkeitsbild zu erhalten und auf dessen Grundlage eine angemessene Zuweisung in eine der jeweils durch unterschiedliche psychologische Klimata gekennzeichneten Wohngemeinschaften vorzunehmen.

5. Der Eintritt in eine dieser Wohngemeinschaften leitet den fünften Schritt in der Versorgungskette ein. Er eröffnet den Beginn der stationären Behandlungseinheit, die das Kernstück der Langzeittherapie darstellt. Diese stationäre Behandlungseinheit funktioniert nach dem therapeutischen Gemeinschaftsprinzip und erstreckt sich für gewöhnlich über ca. 12–16 Monate. Sie ist hinsichtlich ihrer theoretischen Grundlegung, ihrer Programmatik und inhaltlichen Konzeption im wesentlichen auf dem 4-Stufen-Modell von *Petzold* (1969, 1972, 1974) aufgebaut. Ihre zentrale Zielsetzung leitet sie aus der These ab, daß die Persönlichkeit des Abhängigen im Antriebs-, Gefühls-, Selbstwert- und Verhaltensbereich schwer gestört ist, daß diese Störung indes schrittweise im gemeinschaftlichen Gruppenzusammenhang durch Therapie verändert werden kann. Therapie hat vor dem Hintergrund dieser Position ganz allgemein zum Ziel, durch ein differenziertes therapeutisches Setting mit Hilfe gestufter und dem jeweiligen Entwicklungsstand des Betroffenen angemessener Anforderungssetzungen eine Nachreifung im Sinne einer selbstverantwortlicheren und ich-stärkeren Persönlichkeit zu erreichen.

6. Nach Beendigung dieses 4stufig gegliederten stationären Langzeitaufenthalts schließt sich als letztes Glied der Behandlungskette eine ca. 6monatige Nachsorgephase in einer Übergangswohngemeinschaft an.

Sie soll den gefährdenden Einflüssen einer zu abrupten Ablösung von der Stammgemeinschaft und den damit verbundenen Trennungsängsten und Krisenzuspitzungen vorbeugen und durch das relativ selbständige Zusammenleben im Schutz zuvor geplanter Kleingruppen eine möglichst rückfallfreie und reibungslose Rückkehr in das Leben »draußen« gewährleisten.

B. Beschreibung des Modells

Das »Take-it-Haus« nun nimmt im Rahmen der therapeutischen Wohngemeinschaft die Aufgabenstellungen des fünften Behandlungsabschnittes dieses Kettenmodells wahr.

Das Take-it-Haus liegt in Hohenrode bei Rinteln – einem kleinen Ort mit ca. 700 Einwohnern und überwiegend bäuerlicher Bevölkerung – etwa 80 km von Hannover entfernt.

Das Haus selbst ist vor ca. 10 Jahren im Bungalowstil erbaut und fügt sich mit seinem gelockerten und großflächigen Grundriß reizvoll in die Hanglage des Wesertales ein.

Das Grundstück hat eine Fläche von ca. 1500 m², besteht aus weitläufigen Rasenflächen und einem Ziergarten und ist mit zahlreichen Tannen und Birken bepflanzt.

Die ganze Anlage vermittelt wegen ihrer Geschlossenheit und idyllischen Lage auf Anhieb einen angenehmen Eindruck und führt bei unseren meist aus einer naturfeindlichen Stadtkultur stammenden Klienten alsbald zu dem angestrebten Geborgenheitsgefühl und Zugehörigkeitserlebnis.

Die Räumlichkeiten des Hauses umfassen ca. 250 m² und bieten in etwa 18–24 Klienten Platz. Diese können in mehreren 3-Bett-, 2-Bett- und Einzelzimmern untergebracht werden.

Dazu gehören ein großer Aufenthaltsraum, ein Büroraum, ein Kreativ- und Werkstattraum, ein Eßraum, zwei Therapieräume, eine Küche und vier Badezimmer mit Toiletten.

Die Unterbringung der Mitarbeiter ist durch zwei Zimmer im Dachgeschoß und ein vom Haupthaus getrenntes Zusatzgebäude gewährleistet.

In der Ortsmitte wurden die Wirtschaftsgebäude eines ehemaligen Kleinbetriebes angemietet und zu einer professionell eingerichteten Tischlerwerkstatt aufgebaut.

Das großzügige Entgegenkommen der örtlichen Kirchengemeinde ermöglichte zu einem jährlichen Pachtzins von 35,– DM die Übernahme einer ca. 180 m² großen Gartenfläche, deren Bearbeitung im letzten Jahr zu einem wichtigen Ergänzungsprogramm im Rahmen unseres Gesamtkonzepts wurde.

In unserem Haus arbeiten wir mit einem Team von fünf Mitarbeitern, die den verschiedensten sozialen Berufen entstammen. Eine Hierarchie gibt es nicht; die Arbeit wird gemeinsam durchgeführt und verantwortet. Jeder Mitarbeiter hat gemäß Vorbildung und Arbeitserfordernis einen eigenen Schwerpunkt.

Ex-User, also ehemals Drogenabhängige, die eine Therapie absolviert haben, gibt es leider zur Zeit bei uns nicht. Sie haben gegenüber den Professionellen den wichtigen Vorteil, daß sie sich besser in die Situation eines Drogenabhängigen, der sich einer Therapie unterzieht, hineindenken können, da sie alles selbst durchgemacht haben. Vielfach gelingt es ihnen auch leichter, den Klienten gegenüber die Konzeption glaubhaft zu machen, denn schließlich sind sie selbst der sichtbare Beweis, daß eine Loslösung von der Droge und dem »Szene-Milieu« möglich ist. Als Person ist der Ex-User dem Klienten näher als die Professionellen; die ähnlichen Lebenserfahrungen verbinden. Trotz ihrer Wichtigkeit sollte man Klienten, die die Therapie abgeschlossen haben, nicht einfach zu Therapeuten machen. Zu frisch ist die Erinnerung an die eigene Klientenrolle, so daß vielfach die Bindung an die therapeutische Wohngemeinschaft noch so eng ist, daß sie in Rollenkonfusion geraten. Dies tritt auch gegenüber den jetzt ehemaligen Leidensgenossen, den Klienten, auf in Form von Distanzlosigkeit, die zu Kumpanei oder überspielendem autoritären Gehabe führt. Außerdem verhindert das derzeitige Ausbildungssystem, daß diese Ex-User etwas anderes tun können, als in der therapeutischen Wohngruppe zu arbeiten, wenn ihnen nicht die Chance gegeben wird, einen allgemeiner qualifizierenden Abschluß zu erwerben. Alle Ex-User, die noch in Einrichtungen der Therapiekette Niedersachsen arbeiten, haben die Gelegenheit bekommen, Ausbildungen zu machen, die sie unabhängiger von der Arbeit in der Kette machen. Sie könnten, wenn sie wollten oder es notwendig wäre, eine andere Arbeit machen. Deshalb sind wir strikt dagegen, Klienten nach Therapieabschluß gleich als Mitarbeiter zu übernehmen, wie es leider in einigen Drogentherapieeinrichtungen noch geschieht, sie damit zu überfordern, in einer gesunden Persönlichkeitsentfaltung zu behindern und materiell sowie psychisch auszubeuten.

Als sehr wichtig für unsere Arbeit hat sich die externe Supervision erwiesen, die Kontrolle und Beratung zugleich ist. In regelmäßig stattfindenden Sitzungen haben wir Gelegenheit, aus dem »Alltagsgeschäft« herauszutreten. In einem System mit so dichten und vielfältigen emotionalen Abläufen ist ständig die Gefahr von »Betriebsblindheit« gegeben. Störungen treten auf, die oft schwer richtig geortet werden können, es kommt zu Spannungen, die nicht mehr in angemessener Weise bearbeitet werden können. Zur Regulierung muß ein außenstehender unabhängiger Fachmann herangezogen werden, der sämtliche Interaktionsstrukturen in der therapeutischen Wohngruppe, die Funktionsabläufe, das »Klima« und die Effektivität reflektiert, um gegebenenfalls Änderungen einzuleiten (*Petzold* a.a.O.).

Die in unserem Haus verwendeten Organisationsprinzipien, spezifischen Strukturmerkmale und inhaltlich-konzeptionellen Leitideen sollen den Schwerpunkt dieser Darstellung bilden.

Es erscheint an dieser Stelle jedoch zweckmäßig, einige Überlegungen zur Begründung dafür vorauszuschicken, warum wir die therapeutische Wohngemeinschaft in der Behandlung von Süchtigen verwenden.

In Ergänzung zu dem vielfältig vorhandenen Angebot an Theorien zur Suchtgenese, deren Erklärungsmodelle im breitgefächerten Spektrum des jeweils vorherrschenden tiefenpsychologischen, psychopathologischen, lerntheoretischen oder sozialpsychologischen Theorieansatzes angesiedelt sind, möchten wir unser Vorgehen nach dem Prinzip der *therapeutischen Gemeinschaft* (*Jones* 1952) mit dem Begriff des *psychosozialen Moratoriums* in Zusammenhang bringen, der von *Erikson* (1959) geprägt worden ist. Das *psychosoziale Moratorium* stellt eine Entwicklungsphase dar, die von *Erikson* im Zeitraum von ungefähr 12–16 Jahren angesiedelt wird. Innerhalb dieser Phase beginnt das heranwachsende Kind, seine Identität zu entwickeln, indem es im Verlaufe seiner Entwicklung zum Jugendlichen hin durch probierendes und suchendes Handeln ihm gemäße Rollen auslotet, damit experimentiert, eventuell wieder verwirft und neue auswählt, bis es letztlich seinen Ort innerhalb seiner sozialen Umgebung gefunden hat und ihm im Idealfall der Vollzug einer erfolgreichen Identitätsreifung gelungen ist.

Wir können dieses *psychosoziale Moratorium* als eine Art Aufschub – eine Karenzzeit – auffassen, innerhalb derer die Gesellschaft dem Jugendlichen gegenüber bei Fehlreaktionen und scheiterndem Verhalten nicht sofort – wie im Falle des Erwachsenenstatus – mit der repressiven Unerbittlichkeit ihres sozialen Restriktions- und Normenkataloges antwortet, sondern je nach ihren sozialen Standards mehr oder weniger Chancen gibt für Neuorientierungen und Freiraum läßt für veränderte Wege der Identitätsfindung.

Wir gehen davon aus, daß den meisten Jugendlichen, die sozialen Randgruppen angehören (z. B. Drogenabhängige, jugendliche Alkoholiker, straffällige Jugendliche, jugendliche Psychotiker, Trebegänger), eine Identitätsreifung während dieses Moratoriums mißlungen ist. Sie reagieren mit pathologischen Formen dieser für sie ungelösten Identitätskrise – Sucht oder Kriminalität können wir als Signalverhalten dieser Krise betrachten.

Es sind in erster Linie Jugendliche, die »verwahrlost« sind, denen also in ihrer frühesten und späteren Kindheit das vitale Bedürfnis nach »Verwahrtsein«, nach Sicherheit und Geborgenheit in einer schützenden und liebend zugewandten Umgebung nicht befriedigt worden ist – und denen gleichfalls die für eine angemessene kindliche Entwicklung notwendigen Versagungen und Anforderungen vorenthalten worden sind (vgl. *Aichhorn* 1957[4]; *Künzel* 1976[5]). Es sind Jugendliche, deren Eltern häufig solide Identitätsformen als Vorbilder *nicht* vorleben und Techniken der Identitätsbildung nicht anbieten konnten.

Zu dieser Mangelerfahrung treten soziokulturelle Bedingungen hinzu, die mit ihren – unzeitgemäß einsetzenden – emotionsfeindlichen und konkurrenzbetonten Anforderungen im Bereich von Schule, Ausbildung und Arbeit den Spielraum des *psychosozialen Moratoriums* zunehmend einengen. Mit dem wachsenden Zwang zu frühzeitigen und häufig irreversiblen Lebensentscheidungen kann sich der sowieso vorhandene Identitätsdruck zu einer existentiellen Krise bis hin zum jugendlichen Suizid oder zur Sucht als einer Form des schrittweisen Suizids steigern.

In Anlehnung an *Deissler* et. al. (1977) können wir den Aufenthalt in einer therapeutischen Wohngemeinschaft als Möglichkeit zu einer zeitversetzten Rekapitulation des *psychosozialen Moratoriums* betrachten. Die therapeutische Wohn-Gemeinschaft gewährt in komprimierter Form ein neues nachgestelltes Moratorium, in dem unter günstigen Umständen, in einem Klima, das Vertrauen ermöglicht und das Gefühl des Angenommenseins vermittelt, und mit einer methodisch überlegten Struktur der mißlungene Reifungsprozeß nachgeholt und damit eine neue soziale Identität – eine neue soziale Rolle – übernommen werden kann.

Innerhalb der therapeutischen Gemeinschaft (*Jones* a.a.O.) wird die Auflösung des klassischen Arzt(bzw. Therapeut)-Patient-Verhältnisses, in dem der Patient die passive Krankenrolle innehat – also nur Objekt ist –, angestrebt. Man geht davon aus, daß in jedem Menschen ein therapeutisches Potential steckt und daß sich in einer Struktur, die einer Großfamilie nachempfunden ist, die therapeutischen Kräfte aller Beteiligten, Therapeuten sowie Klienten, ergänzen und gezielt einsetzen lassen. Die kategorische Trennung zwischen Therapeut und Patient wird soweit wie möglich aufgehoben, ohne die Unterschiede in psychischer und sozialer Kompetenz zu negieren.

Die Mitarbeiter bei uns versuchen, sich mit ihrer ganzen Person einzubringen sowie bereit zu sein, sich in Frage stellen zu lassen. Dieser Einsatz ist allerdings nicht als totales Sich-Einlassen zu verstehen, sondern eher als partielles Engagement (*Maurer* und *Petzold* 1978), da seit 1973/74 die Mitarbeiter der therapeutischen Wohngemeinschaften der Therapiekette Niedersachsen nicht mehr mit den Klienten ständig zusammenleben. Damit hatten wir schlechte Erfahrungen gemacht, weil das zur totalen Involvierung und zu Distanzverlust führte, was die Mitarbeiter nicht durchhalten konnten und weshalb sie irgendwann leergebrannt waren (siehe hierzu auch den Aufsatz von *Freudenberger* über das Burn-out-Syndrom, *dieses Buch*).

Darüber hinaus sprechen nicht nur Gründe der psychischen Gesundheit der Mitarbeiter gegen ein totales Engagement, sondern auch die Tatsache, daß gerade Süchtige das Bestreben haben, sich eine Bezugsperson total einzuverleiben, sich von ihr abhängig zu machen und sie an sich zu binden. Gibt man dem nach, ist keine oder kaum mehr psychische und soziale Reifung möglich.

Das rechte und abgewogene Ausmaß von persönlichem und zeitlichem Engagement ist in der Realität ein Problem. Einerseits darf ein für alle Beteiligten schädliches Überengagement nicht stattfinden, andererseits ist klar, daß im täglichen Schichtdienst (wie er sich als Konsequenz aus den Arbeitszeitschutzbestimmungen ergibt), wie er in Heimen, psychiatrischen Anstalten und Krankenhäusern praktiziert wird, keine Beziehungskontinuität gewährleistet ist, weil der einzelne Mitarbeiter nur recht kurz physisch und psychisch präsent ist. So kann er seine vielfältigen Aufgaben und Funktionen, z. B. als Orientierungsmodell, teilnehmendes Subjekt, Mithandelnder, Katalysator, Kontrolleur, nicht kontinuierlich und befriedigend wahrnehmen. Eine familienähnliche Struktur, wie sie ganz besonders im Hinblick auf die jüngeren Drogenabhängigen (14–18 Jahre) wünschenswert erscheint, wird unmöglich.

Ein zentrales Charakteristikum unserer therapeutischen Wohngemeinschaft ist die Herstellung eines »*totalen therapeutischen Settings*« (*Petzold* 1974b, S. 139). Wir meinen damit, daß der therapeutische Prozeß nicht auf einige wenige Zeit- und Interaktionssequenzen beschränkt ist, sondern möglichst den ganzen Alltag des Lebens in der Wohngemeinschaft erfaßt. Dazu machen wir den Versuch einer vollständigen Gestaltung und durchgängigen Organisation des Tagesablaufs auf dem Hintergrund therapeutischer Überlegungen mit breitgestreuten Möglichkeiten zur Verhaltenssteuerung im Rahmen gruppendynamischer Abläufe und mit hinreichend verfügbaren Freiräumen für konfliktzentrierte und individualpsychologische Bearbeitung von Defiziten. Für jedes Gruppenmitglied ist zu jeder Tageszeit die Erledigung eines bestimmten Verantwortungsbereiches oder die Teilnahme an einer bestimmten Gruppenveranstaltung verbindlich. Auf diese Weise wird der Klient innerhalb zahlreicher Lernfelder zur ständigen Auseinandersetzung mit sich und den Anforderungen des Gemeinschaftslebens angehalten.

Die therapeutische Effizienz einer derartigen Wohngemeinschaft erweist sich daran, inwieweit sie in der Lage ist, der destruktiven Ersatzidentität des Drogenabhängigen mit allen Accessoires einer vermeintlich attraktiven Subkultur eine neue Rolle gegenüberzustellen, die es wert ist, übernommen zu werden, und die hinreichend Zugkraft besitzt, das vorhandene existentielle Vakuum zu füllen.

Wir betrachten die therapeutische Wohngemeinschaft derzeit als wohl einzige Möglichkeit, die in Form von Sucht und Kriminalität praktizierten zerstörerischen Selbstheilungsversuche der Drogenabhängigen aufzufangen und ihnen unter dem günstigen Einfluß eines psychohygienisch positiv gestimmten Klimas Orientierungsmaßstäbe anzubieten, die es ihnen ermöglichen, die alten Rollenmuster zugunsten einer verbesserten Lebensperspektive hinter sich zu lassen.

Den therapeutisch-strukturellen Rahmen des »Take-it-Hauses« bildet das 4-Stufen-Modell von *Petzold* (a.a.O.). Darin wird der Klient anfänglich von solchen Verantwortlichkeiten und Pflichten entlastet, die erfahrungsgemäß über seinen Reifegrad hinausgehen. Die Verantwortung übernehmen für ihn die Gruppe, die Mitarbeiter und die Konzeption. Die Entlastung wird von den Betroffenen einerseits als Entrechtung empfunden, andererseits als Halt und Geborgenheit vermittelnd. Der Klient kann sukzessive in den Stufen aufsteigen bei positiven Veränderungen seiner Erlebens- und Verhaltensweisen und erfährt dabei eine zunehmende Ausweitung persönlicher Freiheiten und Privilegien, aber auch eine größere Verantwortungs- und Aufgabenfülle für sich selbst und andere. Bei diesem Stufensystem handelt es sich also nicht vorrangig um eine Befehlshierarchie, sondern mehr um das schrittweise Erwerben von Verantwortung. Die Aufteilung der Therapie in nacheinandergesetzte Zeitabschnitte mit einem deutlichen Aufstiegscharakter hat sich in der Arbeit mit Drogenabhängigen als sehr hilfreich gezeigt, nicht nur weil sie den Klienten bessere Orientierung bietet, sondern auch weil sie wichtige Abgrenzungen schafft. Erst diese Grenzsetzungen ermöglichen es ihnen, in geordneten und kontrollierbaren Schritten voranzugehen und Erfolge selbst wahrzunehmen. Das Stufensystem schafft eine Lernsituation, in der der Süchtige erkennen muß, daß er ohne Veränderung nicht vorwärts kommt und damit auch von der Gruppe nicht akzeptiert wird.

Das Modell wird mit seinen stufenweise geplanten und seinen an dem jeweiligen Entwicklungsstand des Abhängigen orientierten Anforderungs- und Anspruchsetzungen in besonderer Weise einer behutsamen Ausweitung neu gewonnener Möglichkeiten gerecht und erlaubt in gestaffelter Folge ein Training sozialer Elementarfähigkeiten bis hin zur allmählichen Entfaltung eines kulturell akzeptablen Verantwortungsbewußtseins.

Hierbei soll es sich nicht um einen mechanischen Anpassungsprozeß – also Drill – handeln, der der inneren Entwicklung und Überzeugung des Klienten nicht entspricht, sondern um einen organischen.

Andererseits müssen wir bei der Therapie *die* gesellschaftlichen Realitäten im Auge behalten, in die der Klient nach der Therapie kommen wird. Es ist also unsinnig, ja sogar sträflich, den Klienten Verhaltensweisen beizubringen, die »draußen« sehr weltfremd sind. Um akzeptiert zu werden, müßte sonst der Klient »draußen« seine Umwelt ändern. Dies ist aber eine Überforderung für gerade diese Menschen, die in und an der Gesellschaft gescheitert sind und wenig Ich-Stärke und Rollenflexibilität besitzen.

Zu den einzelnen Stufen in unserem Modell lassen sich grob folgende Aufgabenstellungen zuordnen, die im Schwierigkeits- und Komplexitätsgrad zunehmen, wobei allerdings die Übergänge zwischen den Stufen fließend sind:

Stufe 1: Klient vor dem Hintergrund der Gruppe.
Stufe 2: Klient vor dem Hintergrund seiner Vergangenheit.
Stufe 3: Klient vor dem Hintergrund seiner sozialen Verantwortung.
Stufe 4: Klient vor dem Hintergrund seines gesellschaftlichen Umfeldes.

Am Therapiebeginn wird, im Grunde genommen, versucht, den Klienten durch das *totale therapeutische Setting«* mit seinem konsequenten Normensystem und der Allgegenwärtigkeit von Gruppe und Mitarbeitern, von der therapeutischen Wohngemeinschaft abhängig zu machen, um sein gerade am Anfang noch sehr starkes Verlangen nach Drogen durch den Transfer der Drogensucht auf die Abhängigkeit von der Gruppe zu substituieren.

Das Erfordernis einer Einbettung in eine umfassende therapeutische Atmosphäre wird unseres Erachtens auch noch sehr deutlich vor dem typischen Verhaltensrepertoire, das sich die meisten Drogenabhängigen aufgrund ihrer gesamten Lebensgeschichte, insbesondere aber im subkriminellen Mileu der »Szene«, erworben haben. Einige charakteristische Verhaltensmuster sollen genannt werden[2]:

Eine passiv-rezeptive Grundeinstellung, der Drogenabhängige erlebt sich nicht als handelndes Subjekt, das selbstgestaltend sein Leben in die Hand nimmt, sondern als Objekt fremder Kräfte und Mächte, die über ihn verfügen / Neigung, nicht sich, sondern die Außenwelt dafür verantwortlich zu machen, daß sie ihm nicht die Bedingungen bereitstellt, die er zu seiner Entfaltung braucht / nicht er ist es, der sein Leben meistert, sondern die Welt ist es, die ihn nicht »nährt«, der Staat, die gesellschaftlichen Verhältnisse etc. / Die Diskrepanz zwischen den eigenen Bedürfnissen und der feindlichen Umwelt, die ihn nicht nähren will, erlebt der Abhängige als Unrecht, sie vermittelt ihm ein Gefühl der Leere, des Nichtangenommenseins, der Versagung / Tendenz, unlustvolle Wahrnehmungen nach draußen zu verweisen (Projektion) / halluzinatorische Wunscherfüllung / wenig Ehrlichkeit – die sogenannte »Linkerei«, Ausflüchte, Entschuldigungen, Rechtfertigungen, Versuche, andere gegeneinander auszuspielen / geringe Frustrationstoleranz, wenig Ausdauer, allgemeine Tendenz zum Vermeiden und Ausweichen / depressive Verstimmtheit, kurzfristige aggressive Schübe, Phasen euphorischer Selbstüberschätzung mit Omnipotenzgefühlen / Interesse für das Ungewöhnliche, Exotische, Irrationale, Magische und Lebensferne / Unfähigkeit, auf dem Wege aktiven Verhaltens zu genießen / hohe Erwartungshaltung anderen gegenüber, Mitmenschen müssen jederzeit verfügbar sein, sonst Gefühl der Vernachlässigung / hypochondrische Körperbefürchtungen, narzißtische Selbstbeweihräucherung / Ziel ist Lustgewinn auf dem kürzesten Wege, mangelnde Bedürfnisaufschiebung / am Therapieanfang Schwierigkeiten in geordneter Gedankenführung, fahrige Unaufmerksamkeit, Schwierigkeiten zwischen Wahrnehmung und Vorstellung zu unterscheiden, Unfähigkeit, Wesentliches vom Unwesentlichen zu unterscheiden / äußerst affektive und diffuse Antihaltung gegenüber allen Autoritätsfiguren und Institutionen / lediglich oberflächliche Sozialkontakte auch innerhalb der Binnengruppen / Impulsivität, Unstetigkeit und Verantwortungslosigkeit sich selbst und anderen gegenüber.

Es ist zu betonen, daß sich ein derartiges Reaktionsspektrum nicht nur aus den verletzenden und schädigenden Ereignissen der jeweiligen

---

2 Diese Zusammenstellung basiert nicht auf wissenschaftlich-diagnostischen Erhebungsmethoden, sondern spiegelt unseren subjektiven Erfahrungshintergrund wider.

Frühentwicklung aufgebaut hat, sondern sich auch aus den erlernten desolaten Kommunikations- und Beziehungsmustern der drogenorientierten Subkultur ableitet. Diese Subkultur ist das Resultat einer Zivilisation, die in unverantwortlicher Weise mit einem offensiv – beinahe aggressiv – operierenden Suchtangebot große Teile der Jugendlichen, denen eine adäquate Identitätsfindung mißlungen ist, in eine zusätzliche seelische und soziale Verwahrlosung treibt.

Dieser psychosoziale Verwahrlosungszustand bedarf deshalb eines Konzeptes, das einerseits über den Weg der psychotherapeutischen Beeinflussung den Versuch unternimmt, zugrundeliegende individuelle Traumata im Sinne einer innerseelischen Gesundung und Nachreifung aufzuarbeiten – und andererseits sicherstellt, daß mit dem Mittel eines betont erzieherisch-pädagogischen Ansatzes die vorhandene Verwahrlosung zugunsten eines kompetenten Verhaltens im sozialen Handlungsbereich ersetzt wird.

Ein Rückblick auf die Zusammensetzung der Klientel der Drogenabhängigen, die im Verlauf der letzten Jahre zu uns kamen, legt eine auffällige Veränderung in Richtung wachsender Verwahrlosungstendenzen offen. Wir haben es also heute zunehmend mit Jugendlichen zu tun, die im Vergleich zu den Klienten vergangener Jahre frühzeitiger mit dem Drogenmißbrauch begannen, deren Persönlichkeitsentwicklung damit eher zum Stillstand kam (häufig schon mit 13–14 Jahren), die immer zahlreicher aus minderprivilegierten Sozialschichten stammen und für gewöhnlich eine lange Odyssee von Trebegängerei, Gelegenheitsarbeiten, Eigentumsdelikten und Haftaufenthalten hinter sich haben.

Vor dem Hintergrund dieser Entwicklung haben wir die Konzeption in unserem Haus, die – wie auch in den anderen therapeutischen Wohngruppen der Therapiekette Niedersachsen[3] – bis Mitte der siebziger Jahre davon ausging, daß Psychotherapie *der* Schwerpunkt der Drogentherapie sein müßte, hinter dem alles andere zurückzustehen habe, mehr in Richtung eines ganzheitlichen Ansatzes verändert mit deutlicher Akzentuierung des erzieherisch-pädagogischen Aspektes unter Hereinnahme von Arbeit (Holzwerkstatt und Garten) und pädagogischem Programm. Hierauf werden wir später noch etwas ausführlicher eingehen. Wir gehen davon aus, daß eine

---

[3] Dies wird sehr deutlich in der Projektbeschreibung über die Therapeutische Wohngemeinschaft Räbke der Therapiekette Niedersachsen, die *Haindl* und *Veit* (1974) gaben.

Einbeziehung dieser eher realitätsbezogenen und wirklichkeitsnäheren Lernfelder wirkungsvolle Erziehungsarbeit ermöglicht, den sozialen Defiziten der gegenwärtigen Klientel eher gerecht wird, den Gefahren eines gettohaften Laboraufenthaltes besser vorbeugt und damit umfassender auf das Leben nach der Therapie vorbereitet.

Zur Veranschaulichung des Therapieverlaufes soll in groben Zügen der typische Entwicklungsgang eines Therapieneulings bis hin zum Übertritt in die Übergangswohngemeinschaft der Nachsorgephase II in Hannover beschrieben werden.

Am Anfang steht das Aufnahmeritual, das vor der gesamten Gruppe stattfindet. Es ist nicht mehr wie früher eine Prüfung, bei der über die Aufnahme entschieden wird; vielmehr dient es dazu, den Neuaufzunehmenden möglichst umfassend kennenzulernen – mit seiner Vergangenheit, seinen Schwierigkeiten und Problemen, seinen Neigungen und Interessen – und um mit ihm über seine Vorstellungen von der Therapie zu reden. Dieses Ritual kann in seiner Durchführung durchaus von einem entspannten und lockeren Dialog zwischen der Gruppe und dem Bewerber zu einer Art Streß-Interview wechseln. Und zwar dann, wenn der Neuling das Schwergewicht seiner Selbstdarstellung auf blockierende Abwehr und »cool«-arrogantes Verhalten legt. Durch scharfe verbale Attacken wird versucht, dieses »coole« Verhalten niederzureißen – die Mauer, die der Süchtige zwischen sich und der Umgebung aufgebaut hat, zu durchbrechen und ihn nach einer echten, glaubwürdigen und authentischen Reaktion aufzufangen und warm in die Gruppe aufzunehmen.

Die Bewältigung des Aufnahmegesprächs kann (wie auch die Erledigung der vorher geforderten Aufgaben: schriftliche Bewerbung, Beschaffung einer Kostenübernahmezusage, körperliche Entziehung) als Investition verstanden werden, »die der Abhängige einbringt, und die ihn in Konfliktsituationen überlegen« (läßt), »ob er die tWG ohne weiteres wieder verlassen will« (*Haindl* und *Veit* a.a.O., S. 365).

Die Aufnahme geschieht zunächst für einen Monat zur Probe, wonach der Neue im Rahmen einer Gesamtgruppensitzung den Aufenthalt der vergangenen vier Wochen reflektiert und anschließend durch mehrheitliche Abstimmung aufgenommen ist oder zurückgewiesen wird. Eine Zurückweisung des Neuankömmlings nach der Probezeit kommt sehr selten vor, da die Entscheidung äußerst gründlich und verantwortungsvoll überlegt wird. Außerdem stellt der

Neuankömmling schon vorher für sich fest, ob ihm die Gruppe in ihrer Zusammensetzung und das strikt reglementierte Gemeinschaftsleben zusagen. In der Regel zieht er von sich aus vorher durch Abbruch der Therapie die Konsequenzen.

Viele Drogentherapieeinrichtungen verlangen dem Neuen eine Aufgabe sämtlicher als »Szene-Attribute« be- bzw. erkannten Äußerlichkeiten ab, wie z. B. lange hennagefärbte Haar, Ringe, Ketten und sonstigen Schmuck, besonders auffällige Bekleidung und Schuhwerk. Dahinter steht die Erfahrung, daß der sich nicht innerlich vom Szene-Milieu gelöst hat (oder lösen will), der sich von den zugehörigen Äußerlichkeiten nicht trennen will oder kann. Im Prinzip vertreten wir diese Auffassung, sind allerdings der Meinung, daß dabei von vielen Drogenabhängigen etwas verlangt wird (nämlich die innere Distanzierung vom Drogenmilieu, das ein Teil ihrer selbst ist), was eigentlich Therapieziel ist: die Veränderung der Identität. Vielen Drogenabhängigen ist bei Therapieantritt die symbolische Bedeutung solcher Attribute nicht in ihrem vollen Umfang bewußt, weshalb eine rigorose Abschaffung oft als üble Schikane empfunden wird. An ihrer vehementen Weigerung, bestimmte Dinge als Vorbedingung aufzugeben, ist zu merken, daß diese eine tiefe Bedeutung für das Selbstwertgefühl und die Identität haben. Gerade auf dem Hintergrund, daß heute allgemein gefordert wird, die Schwelle für den Therapieantritt herabzusetzen, um mehr Drogenabhängige durch die therapeutischen Wohngruppen zu erreichen, erscheint diese Forderung in ihrer Absolutheit unangemessen. Wir sind in unserer Haltung in diesem Punkt etwas toleranter geworden und vertrauen darauf, daß infolge der Therapie und Gruppendynamik diese Attribute verschwinden. Unsere Erfahrung gibt uns recht. Allerdings gehen wir auch nicht so weit, einen neuen Klienten in voller »Szene-Montur« bei uns einzulassen. Ganz besondere Auffälligkeiten müssen durchaus abgelegt werden.

Nach Absolvierung der Probezeit bekommt er offiziell den Stufe-1-Status zugewiesen, den er für ca. 3 Monate behält. Ein Klient der Stufe 3 wird ihm als Bezugsperson zugeteilt. Dieser stellt eine Art Mentor für den Neuen dar, der die Hauptverantwortung für dessen Wohlergehen und Hineinwachsen in die Gemeinschaft trägt. Darüber hinaus hat er dafür Sorge zu tragen, daß der Neue die vielfältigen und recht komplizierten Regeln des Normenkataloges kennen und beherrschen lernt. Insbesondere bei ehemaligen Heimkindern, die mit ganz erheblichen Beziehungsdefiziten zu uns kommen, und jüngeren Klienten kann eine solche Patenschaft eine große Stabilisierungshilfe bedeuten.

Durch regelmäßige Besprechungen der schriftlichen Wochenberichte, in denen der Stufe-1-Klient das Geschehen und die Erlebnisse der vergangenen Tage niederlegt und seinen Müll ausspucken kann, lernt der Stufe-3-Bezugsklient, für den anderen Sorge zu tragen und ihm gegenüber Verantwortung wahrzunehmen. Darüber hinaus hat der Neue Gelegenheit, sich schrittweise einem anderen Menschen zu öffnen und allmählich eine vertrauensvolle Bindung aufzubauen. Innerhalb der zweimal wöchentlich stattfindenden Stufe-1-Therapiesitzungen lernt er zusätzlich, sich auch mit seiner Bezugsgruppe auseinanderzusetzen.

Der therapeutische Schwerpunkt wird in dieser ersten Stufe zunächst darauf gelegt, die »Sprachlosigkeit« und erschwerte Mitteilungsfähigkeit hinsichtlich der eigenen Konflikte und Problemstellungen zu reduzieren und mit Hilfe von Awareness- und Vertrauensübungen, Körperarbeit, Psychodrama usw. die emotionalen Blockierungen langsam zu lockern und mehr Bewußtheit für die Vorgänge im eigenen Körper zu erlangen. Ziel ist die Schaffung eines warmen vertrauensvollen Klimas, in welchem die psychische Abhängigkeit erspürt und zugelassen und eine Verbesserung der gefühlsmäßigen Ausdrucksfähigkeit erreicht werden kann.

Im Bereich des praktischen Alltagslebens und der individuellen Möglichkeiten unterliegen die Stufe-1-Klienten etlichen Einschränkungen; es besteht Telefon-, Besuchs-, Post-, Radio-, Fernseh- und striktes Ausgehverbot.

Die Klienten sollen sich auf sich und die Gruppe konzentrieren. Außerdem sollen möglichst viele unwägbare Gefährdungen vorerst ausgeschlossen werden.

Unter diese Restriktionen fallen *auch* die Kontakte zu den nächsten Angehörigen (Eltern, Geschwister, Partner), weil auch sie allzuoft eine Gefährdung des Klienten – insbesondere in der kritischen Phase der Eingewöhnung in die therapeutische Wohngemeinschaft – darstellen[4].

---

4 Eine Kontaktaufnahme zu den engsten Verwandten, sofern sie von beiden Seiten gewünscht wird, soll erst zu einem Zeitpunkt erfolgen, wo der Klient in seinem therapeutischen Prozeß so weit fortgeschritten ist, daß er die Begegnung ohne Rückfall in frühere Erlebens- und Verhaltensweisen bestehen kann. Gegen eine vollständige Rückkehr ins Elternhaus

Das monatliche Taschengeld steht nicht zur freien Verfügung, sondern wird von einem höherstufigen Gruppenmitglied verwaltet und wird auch hinsichtlich der Verwendung von ihm kontrolliert. Die Stufe-1-Klienten sind in Mehrbettzimmern untergebracht, um isolationistischen Tendenzen vorzubeugen und um durch die persönliche Nähe Erfahrungs- und Auseinandersetzungsfelder zu schaffen. Eine wichtige und prägnante Erfahrung für den neuaufgenommenen Klienten ist, daß Arbeit eine Voraussetzung für die anerkannte Teilnahme am Gruppenleben ist. Arbeitsquantität und -qualität wird auf den Entwicklungsstand des Klienten abgestimmt, um Unter- oder Überforderungen zu vermeiden. Die Arbeitsbereiche der Stufe 1 beschränken sich auf Tätigkeiten im Haus. Vom täglichen Hausputz über den Wäsche- und Kochdienst bis hin zum Reparatur- und Mülldienst erstrecken sich die Aufgabenstellungen, die leicht überschaubar und deren zuverlässige Erledigung problemlos kontrollierbar sind. Sie besitzen einen einfachen Anforderungscharakter, weisen einen niederen Verantwortungsrang auf und entsprechen dem kaum entfalteten Entwicklungszustand und noch wenig differenzierten Handlungsniveau der »Anfänger«.
Die Erledigung dieser Arbeitsbereiche muß innerhalb bestimmter zeitlicher Fristen bewältigt sein und wird dann von der nächsthöheren Stufe peinlich genau kontrolliert. Kommt es zu Schlamperei und Unzuverlässigkeit, wird dieser Vorfall zum Thema der täglich gemeinsam stattfindenden Abendbesprechung gemacht und der Betroffene nach den Hintergründen für seine Handlungsweise befragt. Für gewöhnlich setzt dann eine Welle von Ausflüchten und Rechtfertigungsversuchen ein, die von erfahreneren Gruppenmitgliedern gebremst und mit der Verhängung einer Sanktion in Form von z. B. Mehrarbeit beantwortet wird. Führen solche Sanktionen nicht zu dem gewünschten Erfolg, wird der Klient einem ausge-

---

nach der Therapie haben wir erhebliche Bedenken. Die Familienforschung und -therapie zeigt eindringlich, daß selten nur ein Glied der Familie (hier: das drogenabhängige Kind) gestört ist (vgl. *Richter* 1970), sondern das gesamte familiäre System, das wiederum interdependent ist mit allgemeineren gesellschaftlichen Prozessen. Deshalb müßte einer Reintegration in die Familie eine intensive Familientherapie vorangehen. Es würde hier zu weit führen, die komplexe Problematik von bewußten und unbewußten Interaktionsstrukturen und ihre Auswirkungen auf die seelische Gesundheit der einzelnen Mitglieder eingehend zu behandeln. Eine gute Übersicht zu diesem Thema gibt *Hassan* (1977).

wählten Plenum gegenübergesetzt, das sich aus den Höhere-Stufen-Mitgliedern zusammensetzt. Er erhält in Form verbaler Schmähungen und scharfer Kritik eine Art »Kopfwäsche«, die gefürchtet ist und bei der er durch verordnetes Schweigen keine Möglichkeit erhält, sich durch Entschuldigungen und Rechtfertigungen aus der Verantwortung zu stehlen.

Es bleibt zu ergänzen, daß diese Form der rigorosen Konfrontation, die sich als ein wirksames Mittel zur Verhaltenssteuerung und effizienten Modifikation unerwünschten Verhaltens erwiesen hat, nicht nur den Klienten der Stufe 1 vorbehalten bleibt, sondern bei Erfordernis bei *jedem* Gruppenmitglied – also auch bei Angehörigen höherer Stufen – angewandt wird.

Nach Ablauf von 3 Monaten kann der Stufe-1-Klient einen Antrag auf Höherstufung in die Stufe 2 stellen. Er tut dies, indem er die schriftliche Formulierung seines Antrages eine Woche vor dem Termin zur Einsicht ans Schwarze Brett aushängt und in der vor der Gesamtgruppe stattfindenden mündlichen Begründung seines Antrages stichhaltige Argumente für sein Anliegen vorträgt. Je nach seinen sprachlichen Möglichkeiten hält er in der Form einer ausgedehnten Reflexion Rückblick auf seine vergangene Entwicklung und stellt die bisher erreichten Fortschritte neben den vorhandenen Lücken und noch anzustrebenden Zielen dar.

Dabei wird sehr viel Wert auf eine kritische Selbstwahrnehmung und eine realistische Einschätzung der gegenwärtigen Situation gelegt.

Die Gruppe reagiert nach Beendigung des Antrages mit Fragen, welche die Stichhaltigkeit der vorgetragenen Argumente überprüfen und eventuelle Widersprüche zwischen seinem von der Gruppe im Alltag tatsächlich beobachteten Verhalten und dem mit seiner Selbsteinschätzung bewerteten Verhalten aufdecken soll.

In einem nachfolgenden ausführlichen »Feed-Back« durch jedes einzelne Gruppenmitglied erhält der Antragsteller Rückmeldungen darüber, wie die Gruppe seine Veränderungen und Fortschritte bewertet und ob sie ihn aufgrund des bisher Erreichten für reif genug befindet, dem gesteigerten Verantwortungsdruck und den erhöhten Anforderungen der Höherstufung gewachsen zu sein.

Die anschließende Abstimmung entscheidet mit einfacher Mehrheit über die Annahme oder Zurückweisung des Antrags. Bei Ablehnung verbleibt der Klient in der Stufe 1 und kann dann nach Ablauf eines weiteren Monats erneut einen Antrag stellen.

Die Ablehnung von Anträgen ist durchaus nicht selten und löst in der Regel virulente Gefühlsreaktionen aus, wie überhaupt die gesamte Antragssituation meist als stark emotional gefärbtes Ereignis erlebt wird.

Der Klient erlebt Tage, manchmal Wochen davor starke Versagensängste und Mißerfolgsbefürchtungen und kann dabei Erfahrungen aufdecken, die als vergangene Traumata in der Gegenwart aktualisiert werden und vielfältiges Material für die Therapiesitzungen bieten.

Die Höherstufung von Stufe 1 nach Stufe 2 erbringt für den Klienten eine deutliche Statuserhöhung. Sie drückt sich in einer Vielzahl neuer Rechte und ausgeweiteter Freiräume aus und leitet gleichzeitig einen qualitativ auffälligen Wechsel in Richtung anspruchsvollerer Verantwortungsfelder ein.

Die gravierendste Änderung zeigt sich in der Möglichkeit, erstmals das Haus verlassen zu können, dies jedoch nur zu zweit und in einem penibel festgelegten Umkreis um das Dorf herum.

Diese Außenkontakte sind jedoch nur in einem Rahmen festgelegter Pflichten möglich, beispielsweise für den täglichen Taschengeldeinkauf der Stufe 1, das tägliche Milchholen beim Bauern usw. Spaziergänge während der Freizeit sind nur nach vorheriger Absprache zusammen mit einem weiteren Stufenmitglied möglich. Weiterhin kann er nur zu festgelegten Zeiten Musik hören, das Radio zu abendlichen Nachrichtenmeldungen einschalten und am vorher von der Gesamtgruppe festgelegten Fernsehprogramm teilnehmen; all dies jedoch weiterhin jeweils nur in Gegenwart eines weiteren Stufenmitgliedes. Er kann erstmals Post empfangen und Briefe absenden, unterliegt jedoch einer Zensur dadurch, daß der Inhalt in der Stufenbesprechung vorgelesen werden muß.

Telefonische Kontakte sind ebenfalls nur unter der kontrollierenden Gegenwart eines weiteren Stufenmitglieds möglich. Ihm obliegt nun die Kontrolle der von Stufe 1 auszuführenden Arbeitsbereiche, wobei ihm aufgrund seiner eigenen Vorerfahrungen die Tricks und Manöver bekannt sind, mit deren Hilfe sich eine reibungslose und oberflächlich bequeme Erledigung erreichen läßt. Er ist kaum noch hinters Licht zu führen und kann eventuelle Schliche leicht aufdecken. Er selbst wiederum unterliegt hinsichtlich seiner eigenen Verantwortungsbereiche der Kontrolle der nächst höheren Stufe, die ebenfalls einen Erfahrungsvorsprung hat und durch Hilfestellung oder angemessene Kritik seine Fähigkeiten entwickeln hilft.

Als Stufe-2-Angehöriger ist er jetzt von der täglichen Hausarbeit freigestellt und wendet sich nach einer Art Rotationsprinzip neuen Verantwortungsbereichen zu. Er übernimmt den Bürodienst mit allen für das Haus notwendigen bürokratischen Aufgabenstellungen, Telefondienst, häusliche Korrespondenz usw. und wechselt nach Beherrschung dieses Arbeitsgebietes über in die verantwortliche Gestaltung des Gartenanbaus, hat anschließend Arzt- und Behördenfahrten für die Gesamtgruppe zu koordinieren und danach die Taschengeldkasse zu verwalten.

Als besonders wichtige Neuerung erlebt er gegen Ende seiner Stufe-2-Zeit die Teilnahme am Produktionsprogramm. 2 mal wöchentlich arbeitet er für jeweils 6 Stunden in der Tischlerwerkstatt, wo ihn der zuständige Mitarbeiter in der Holzverarbeitung anleitet.

Dabei wird der Schwerpunkt darauf gelegt, möglichst einfache Objekte, wie Tische, Bänke, Regale arbeitsteilig anzufertigen und mit ihrem Verlauf die laufenden Investitionen wieder hereinzubekommen.

Es wird bewußt individualistische Einzelarbeit unterbunden und verhindert, daß der Klient vom Zuschneiden bis zur Endabnahme *ein* Werkstück *allein* herstellt, sondern es wird angestrebt, daß in kollektiver Abstimmung miteinander in quasi entfremdeter Arbeitsteilung eine ungefähre Simulation der Arbeitsbedingungen draußen erreicht wird.

Mit seinem Einstieg in das Produktionsprogramm setzt auch die Teilnahme am pädagogischen Programm ein. Hierzu wird ebenfalls 2 mal wöchentlich für jeweils 3 Stunden ein langsames Heranführen an kognitive Grundfertigkeiten – wie konzentriertes Arbeiten, abstrahierendes Denken, Schulung der Verbalisierungs-, Wahrnehmungs- und Differenzierungsfähigkeiten – eingeleitet.

Es dient darüber hinaus der Übung höherer intellektueller Fähigkeiten im Sinne von Skill-Training, z. B. im Bereich der freien Rede, des Argumentationstrainings, und hat mit dem Rollenspiel sozialer Situationen eine Verbesserung der sozialen Flexibilität zum Ziel. Parallel zum Produktions- und pädagogischen Programm finden 2 mal wöchentlich obligatorische Therapiesitzungen statt, die für Stufe 2 und 3 gemeinsam durchgeführt werden. Sie sind von der Methodik her gegenüber der Stufe-1-Therapie mehr und mehr durch gestalttherapeutische Verfahren gekennzeichnet und haben zunehmend eine Bearbeitung individueller Problemstellungen zum Ziel.

Der Antrag auf Höherstufung nach Stufe 3 ist wiederum nach ca. 3 Monaten Stufe-2-Zeit möglich und geschieht in etwa nach dem gleichen, vorab geschilderten Prinzip. Auch diese Höherstufung ist mit der Gewährung zusätzlicher Freiräume und höherrangiger Verantwortungsbereiche verbunden.

Zum ersten Mal unterliegt der Klient bei Post-, Telefon- und Besuchskontakten nicht mehr der Kontrolle durch einen Mitklienten. Seine Bewegungsfreiheit wird deutlich ausgeweitet. Er kann nunmehr relativ autonom – allerdings nach festgelegten Regeln – das Haus verlassen.

Er bekommt einen Bezügling aus der Stufe 1 zugeteilt und erhält das Kassenwesen mit allen Notwendigkeiten einer geordneten Etatplanung und kalkulatorischen Buchführung.

Er organisiert den wöchentlichen Großeinkauf und hängt die jeweilige Bilanz zur Einsicht aus. Von ihm wird bereits ein hohes Maß an Vorbildfunktion und Modellverhalten erwartet, so daß er bei Bedarf schon Stufe-1- und Stufe-2-Besprechungen leitet.

Durch die gleichzeitige Teilnahme am Produktionsprogramm, am pädagogischen Programm und an den psychotherapeutischen Sitzungen unterliegt er den stärksten Belastungen während seiner gesamten Therapiezeit, so daß er oftmals Überforderungen erlebt und in der Folge krisenhafte Zuspitzungen auftreten. Manchmal beantragt er auf eigene Initiative hin eine Rückstufung, oder diese wird auf Antrag der Gruppe durchgesetzt.

Auf diese Weise wird er in die Lage versetzt, sich auf einer geringeren Belastungsebene neu zu orientieren und mit einem gestärkten Fähigkeitsinventar die vorher unüberwindlichen Anforderungen neu anzugehen.

Nach weiteren 3 Monaten Stufe-3-Zeit und nunmehr 9monatigem Gesamtaufenthalt wechselt er nach der üblichen Antragstellung in die letzte Stufe des 12monatigen Gesamtkonzepts.

Diese Stufe stellt eine Art Abnabelungs- und Ablösungsphase dar und dient einer Vorbereitung auf das Leben »draußen«. Der Stufe-4-Klient gestaltet völlig selbständig seinen Wochenplan, kehrt aber noch regelmäßig in das Haus zurück und kann freiwillig an den Therapiesitzungen teilnehmen. Er kümmert sich vermehrt um Berufsfindung, um die Sicherstellung eines Arbeits- oder Schulplatzes und gegebenenfalls um eine angemessene Schuldentilgung.

Er erhält einen ausreichenden monatlichen Finanzsatz ausgezahlt und übt sich bereits in einer möglichst selbständigen Lebensplanung.

Bei vorübergehender Abwesenheit der Mitarbeiter erhält er die Verantwortung für das Leben im Haus und wird auch schon zu Wochenenddiensten hinzugezogen.

Er plant mit anderen Klienten seiner Stufe die Zusammensetzung der künftigen Übergangswohngemeinschaft (Phase II) und pflegt regelmäßigen Kontakt zu Ehemaligengruppen.

Den Höhepunkt der Zeit im »Take-it-Haus« bildet der Abschlußantrag. Wegen der oftmals beträchtlichen Ergriffenheit der Gruppe gelangt er nur selten zu einer sachlich betonten Bestandsaufnahme und hat gerade deshalb seine Funktion nicht verfehlt. Er ist je nach Verwurzelung des Ausscheidenden mit starken Trennungsängsten sowohl bei ihm wie auch auf seiten der anderen Gruppenmitglieder verbunden und spiegelt mit seinem manchmal tränenreichen und schmerzvollen Abschiedscharakter die eindrucksvolle Identifikation der Jugendlichen mit dem Leben in unserem Haus.

An die Therapie im »Take-it-Haus« schließt sich der Aufenthalt in der Phase-II-Wohngemeinschaft in Hannover an, die für uns integraler Bestandteil der Gesamttherapie ist. Die kardinale Bedeutung dieser Phase wird daraus deutlich, daß sich in ihr beweist, was die Therapie geleistet hat. Ein Scheitern hat katastrophale Folgen für den Klienten, aber auch für die Zurückgebliebenen, da es ihren Optimismus für das Gelingen eines befriedigenden drogenfreien Lebens nachhaltig irritieren kann.

Ohne Frage ist für die Klienten – aber auch für ihre Betreuer – diese Phase II die schwierigste Zeit der gesamten Therapie. Neben Ablösungsproblemen kommen vielfältige Aufgaben auf sie zu, die es zu bewältigen gilt: Schule, Beruf, Ausbildung, neue soziale Umwelt, Leben in einer veränderten Gruppe, Sexualität und Liebe, Freunde, Großstadt, Konfrontation mit (legalen) Drogen. Eine ausführlichere Erörterung dieser Probleme unserer Arbeit findet sich bei *Kehe (dieses Buch)* und *Vormann* (1979).

C. Anmerkungen zur Gestalttherapie bei Drogenabhängigen

Ich möchte bei dieser Gelegenheit herzlich meinen Mitarbeitern der ersten Stunde *Karsten P. Sturm*, *Elke Teuwen* und *Andreas Braun* sowie meinen Supervisoren und Lehrern *Kurt Höhfeld* und *Hilarion G. Petzold* danken. Ohne ihre Mithilfe, Ermutigung und freundschaftliche Kritik wäre es mir nicht möglich gewesen, dieses Modell einer therapeutischen Wohngemeinschaft zu entwickeln und diese Arbeit so lange durchzuhalten.

Gleichzeitig möchte ich auch meinen vielen Klienten danken, denen, die erfolgreich durchgehalten haben, und auch denen, die wieder aufgegeben haben. Ohne ihre Mitarbeit, ohne die täglichen Auseinandersetzungen, ohne ihr Engagement hätte es eine therapeutische Gemeinschaft und das Klima für persönliches Wachstum für die Klienten und uns Mitarbeiter nicht gegeben.

1. Anmerkungen zur Gestalttherapie bei Drogenabhängigen

1.1. Geschichtliches

Die Gestalttherapie ist als psychotherapeutische Schule in der BRD noch recht jung. Erst durch die Publikationen von *H. G. Petzold* (1973) und *F. S. Perls* (1974) sowie durch die Gründung des Fritz-Perls-Instituts als Ausbildungsinstitut (1972) konnte die Gestalttherapie hier Fuß fassen.

In diesen Jahren gab es bei uns die erste Welle von Jugendlichen, die mit Drogen der unterschiedlichsten Art in Berührung kamen und damit allein nicht mehr fertigwerden konnten. Die damals existierenden, traditionellen psychotherapeutischen Schulen und psychiatrischen Einrichtungen hatten angesichts einer Mißerfolgsquote von nahezu 100% ihre Hilflosigkeit erklärt, und als Antwort auf diese Misere entstanden bei uns die ersten therapeutischen Wohngemeinschaften (vgl.: KONKRET 1972).

Nach der Resignation und dem Scheitern der Release-Bewegung anfang der siebziger Jahre, die ausschließlich auf dem Gedanken der Selbsthilfe beruhte, blieben die gestalttherapieorientierten Wohngemeinschaften bald die einzige Hoffnung für eine erfolgversprechende Therapie jugendlicher Drogenabhängiger.

Literatur über die Praxis gestalttherapeutischer Arbeit sowie empirisches Material über Erfolge und Mißerfolge konnten wegen der Kürze der Zeit bisher kaum vorgelegt werden, so daß noch 1978 in dem ansonsten sehr beachtlichen Buch von *K. Dörner* und *U. Plog* ›Irren ist menschlich‹ geschrieben wurde: »Für Menschen, bei denen kranke Anteile überwiegen, seien es neurotische oder psychotische, vor allem aber süchtige und suizidale, ist die Gestalttherapie wegen des stark agierenden Elementes gefährlich.« In den USA hingegen wurden gestalttherapeutische Ansätze seit Anfang der sechziger Jahre in den großen Drogentherapieselbsthilfeprogrammen wie Daytop und Synanon verwandt – und offensichtlich mit Erfolg (vgl. *Petzold* 1974).

1.2. Grundsätzliches über die Indikation der Gestalttherapie bei Drogenabhängigen

Inzwischen kann die Verbindung von Drogentherapie und Gestalttherapie auch substantiell und empirisch untermauert werden, und zwar sowohl von der Idee und der Theorie der Gestalttherapie wie von der Pathologie der Drogenabhängigen her.

1.2.1. *Die physische und psychische Situation Drogenabhängiger vor Beginn der Therapie*

Neben den üblichen Erkrankungen der Leber durch die ›Fixerhepatitis‹ finden sich bei Drogenabhängigen immer häufiger auch Erkrankungen aus dem psychosomatischen Bereich, wie Magenleiden, chronische Kopfschmerzzustände etc.

Daneben, und das ist für das Konzept der Therapie von entscheidender Bedeutung, konnten wir bei den jugendlichen Drogenabhängigen Defizite in den folgenden Bereichen feststellen:

– *Im Bereich körperlicher Leistungs- und Ausdrucksfähigkeit.*

Infolge des mehr oder weniger langen Drogenkonsums ist ein stark reduzierter, gesundheitlicher Allgemeinzustand festzustellen; Kondition und Konstitution sind stark herabgesetzt, die Körpersensibilität ist weitgehend gestört, ein auffallend flaches Atemmuster ist zu beobachten.

– *Im Bereich des Sozialverhaltens.*

Drogenabhängige haben überwiegend ein sehr geringes und meist nur starres Verhaltensrepertoire, was dazu führt, daß viele soziale Situationen vermieden oder gar nicht erst als eigene Möglichkeit gesehen werden. Dieser Zustand wird noch verstärkt durch eine ausgeprägte subkulturelle Sprache, die für Außenstehende nicht leicht verständlich ist.

– *Reifungsdefizite in der Persönlichkeitsstruktur.*

Drogenabhängige haben große Defizite in der Selbst- und Fremdwahrnehmung, sie haben ein stark gestörtes Selbstvertrauen, eine geringe Ich-Stärke sowie eine hohe emotionale Labilität.

– *Defizite bei der Gewinnung einer Lebensperspektive und der Entdeckung der Sinnhaftigkeit des eigenen Lebens.*

Drogenabhängige haben ein hohes depressives und resignatives Potential, das Lebenssinn und Lebensperspektive entgegensteht.

Diese schlagwortartige Zusammenfassung soll die Komplexität der Störungen und Defizite einer drogenabhängigen Persönlichkeit beleuchten. Zwangsläufig ergibt sich daraus auch die Notwendigkeit eines komplexen therapeutischen Vorgehens. Und ich meine, daß sich gerade dafür die Gestalttherapie besonders eignet.

1.2.2. Einige Grundthesen der Gestalttherapie

– Die Gestalttherapie ist ganzheitlich ausgerichtet.

Gegenstand der Therapie ist nicht nur das Innenleben und das Verhalten der Person, sondern auch ihre allgemeine körperliche Verfassung sowie die körperliche Leistungs- und Ausdrucksfähigkeit. Zu einer gestalttherapeutischen Arbeit gehört also unabdingbar die Integration körperbezogener Übungsverfahren, wie z. B. Lauftraining, Atem- und Bewegungstherapie etc.

– Die Gestalttherapie ist nicht primär sprachorientiert.

Sie setzt kein relativ hohes, mittelständisches Sprachniveau voraus, wie das bei Psychoanalyse und Gesprächspsychotherapie der Fall ist. Patienten aus der Unterschicht sind meiner Erfahrung nach also nicht von vornherein benachteiligt.

– Die Gestalttherapie begreift den Menschen als grundsätzlich selbstverantwortlichen, wachstums- und wahlfähigen Mit-Menschen.

Sie konfrontiert die Person immer wieder mit den Fragen: Was tust Du? Wie geht es Dir dabei? Was willst Du?

Sie läßt also – bei aller Anerkennung und Auseinandersetzung mit den pathogenen Faktoren unserer Gesellschaft – Entschuldigungen nicht zu wie z. B.: Die Gesellschaft, meine Eltern, mein Partner oder mein Lehrherr sind schuld.

– Die Gestalttherapie ist am Hier und Jetzt orientiert.

Sie bezieht sich hauptsächlich auf das gegenwärtige Verhalten der Person sowie auf die Auseinandersetzung mit dessen Konsequenzen; sie unterbindet das ewige Lamentieren und Entschuldigen mit der ›beschissenen‹ Vergangenheit und konfrontiert mit den Fragen: Was tust Du im Augenblick? Was sind die Konsequenzen daraus? Wie geht es Dir dabei? Was willst Du wirklich? Sie zeigt die Auswirkungen »neurotisierender Vergangenheit«, soweit sie im gegenwärtigen Erleben und Verhalten manifest werden (*Petzold* 1980).

– *Die Gestalttherapie ist übungsorientiert.*
Übende Verfahren, z. B. Elemente aus Rollenspiel, Kommunikationstraining, Atemtherapie o. ä. sind integraler Bestandteil der Gestalttherapie wie auch Übungen zur Entwicklung und Schulung der Sensibilität der Sinne.

– *Die Gestalttherapie ist lebendig und kommunikationsgestaltend.*
Sie beschränkt sich nicht allein auf die therapeutischen Situationen im engeren Sinne wie Gruppen- und Einzelsitzungen, sondern sie ist von ihrem Anspruch her belebendes und prägendes Element der gesamten Lebenssituation der Person. Sie ist also der Motor und das Herzstück einer therapeutischen Gemeinschaft.

2. Ergebnisse der Nachuntersuchung

2.1. Die Form der Erhebung und ihre Schwierigkeiten und Mängel

Es war mir möglich, zu fast allen ehemaligen Klienten, die im Take-it-Haus ihre Therapie abgeschlossen oder zumindest 9 Monate Therapie durchgehalten haben, wieder Kontakt aufzunehmen. Ich habe sie befragt zu den Komplexen: Drogenstabilität, aktuelle Lebenssituation und Zukunftsperspektive, und diese Gespräche fanden entweder in ihren Wohnungen, in Kneipen oder in meinem Büro statt. Mit 25 Ehemaligen führte ich ein mehrstündiges, vorstrukturiertes Interview durch.

Nur in Ausnahmefällen war eine persönliche Kontaktaufnahme nicht mehr möglich. Über diese Ehemaligen befragte ich deren Freunde oder Bekannte, und soweit deren Angaben übereinstimmten, habe ich diese in die Ergebnisse der Untersuchung aufgenommen. Ich glaube nicht, daß ich bei meinen Nachforschungen überall wirklich exakte Antworten erhalten habe. Manch Ehemaliger mag seine Situation mir gegenüber ein wenig besser dargestellt haben, als diese wirklich ist, z. B. weil er mir oder sich selbst gegenüber nicht eingestehen wollte, daß er auch einmal wieder rückfällig war, oder daß er Schwierigkeiten mit Alkohol hat, oder daß er sich noch immer überschätzt, oder, oder... Eine weitere Schwierigkeit einer solchen Untersuchung ist es, daß sie einen Zustand zu einem Stichtag, nämlich zum Jahresende 1978, beschreibt, d. h., die Ergebnisse können heute etwas anders aussehen, weil beispielsweise ein damals Rückfälliger sich heute wieder gefangen hat und in stabilen Verhältnissen lebt oder auch umgekehrt. Dies liegt aber in der Natur der Sache. Die Nachreifung, und darauf kommt es ja in der Therapie jugendlicher Drogenabhängiger an, ist eben nicht auf einen so eng umrissenen Zeitraum beschränkt.

Die äußere Form der von mir vorgelegten Untersuchung genügt also ganz sicher nicht den strengen Vorschriften empirischer Sozialforschung. Allerdings denke ich auch, daß gerade in der Arbeit mit dieser gesellschaftlichen Gruppe eine ›reine‹ Feldforschung nicht möglich ist.

2.2. Die Untersuchungsgruppe

In die Untersuchung habe ich 54 ehemalige Klienten einbezogen, und zwar all diejenigen, die innerhalb der 5 Jahre die 18monatige Therapie abgeschlossen oder aber zumindestens 9 Monate Therapie gemacht haben und danach erst abgebrochen haben.

Den Neunmonatszeitraum habe ich deshalb gewählt, da nach dem inhaltlichen Aufbau des Stufenmodells in der Regel nach neun Monaten die Therapieschwerpunkte Außenorientierung, Berufsfindung und Wiedereingliederung anstehen, d. h., zu diesem Zeitpunkt wird also die Erlangung einer gewissen psychischen Stabilität vorausgesetzt.

In diesem Zusammenhang möchte ich kurz darauf hinweisen, daß bekanntlich nicht alle Drogenabhängigen, die in eine therapeutische Wohngemeinschaft aufgenommen werden, diese Therapie auch durchhalten und beenden.

Soweit ich rekonstruieren konnte, haben in dem Berichtszeitraum zwischen 80 und 100 Klienten ihre Therapie meist nach recht kurzer Zeit abgebrochen. Dieser Tatbestand erscheint auf den ersten Blick entmutigend, jedoch ist mir bekannt, daß weit über die Hälfte von ihnen sich um eine Therapie in einer anderen Einrichtung gekümmert bzw. diese Therapie auch schon beendet hat.

2.2.1. Analyse der Untersuchungsgruppe

Von den 54 Untersuchten waren 36 ($2/3$) männlich und 18 ($1/3$) weiblich. 45 Ehemalige waren Drogenabhängige vom Opiattyp (30 Männer und 15 Frauen), 1 Ehemaliger war ein Drogenabhängiger vom Amphetamintyp (1 Mann) und 8 Ehemalige waren Alkoholiker (5 Männer und 3 Frauen).

Zum Zeitpunkt ihrer Aufnahme waren die Klienten zwischen 17

und 36 Jahre alt; das Durchschnittsalter bei den weiblichen Klienten war 20,7 Jahre, bei den männlichen 24,1 Jahre. Die durchschnittliche Dauer der Abhängigkeit war bei den Frauen 6,4 Jahre, bei den Männern 9 Jahre.

2.3. Die Ergebnisse

Natürlich ist besonders interessant, wie viele Klienten wieder rückfällig werden und wie viele »clean« bleiben – jedenfalls für den Geldgeber, d. h. die Sozialbürokratie; und dann erst die Antwort auf die Frage, was die Ehemaligen heute sonst noch machen und in welchen Umständen sie leben.

2.3.1. Rückfällige

Als Rückfall gilt an erster Stelle der erneute Konsum derjenigen Droge, von der der betreffende Klient ehemals abhängig war. Wegen der sehr unterschiedlichen Konsequenz von Rückfällen habe ich rückfällig gewordene Klienten in zwei Gruppen aufgeteilt, und diese Aufteilung ist für den weiteren Umgang mit diesen Personen von entscheidender Bedeutung.

2.3.1.1. Rückfall in die alte Lebensform

Hierzu rechne ich diejenigen Klienten, die die folgenden Merkmale erfüllen:
– der regelmäßige Konsum von Drogen hat wieder zu einer körperlichen Abhängigkeit geführt;
– die soziale Bezugsgruppe ist wieder die ›Szene‹ geworden;
– die Droge, d. h. Konsum und Beschaffung, sind wieder zum Lebensmittelpunkt geworden.

Von der Untersuchungsgruppe fallen hierunter genau $1/3$, d. h. 18 ehemalige Klienten sind wiederum rückfällig in diesem Sinne geworden.

Ich denke, daß diese Rückfälligen bei vorhandener Motivation wiederum eine stationäre Therapie benötigen. Sie dürfen keinesfalls wieder in einer ihnen bekannten Therapieeinrichtung aufgenommen werden, denn diejenigen, die ein zweitesmal bei uns eine Langzeittherapie versucht haben, sind alle rückfällig geworden.

Eine ambulante Form der Therapie ist hier – wie bei Drogenabhängigen generell – nicht angezeigt.

Und was ist aus den Rückfälligen meiner Untersuchungsgruppe geworden?

4 von diesen 18 sind inzwischen verstorben, und ihr Tod steht in mehr oder weniger deutlichem Zusammenhang mit dem Rückfall. Die meisten haben einen oder mehrere Gefängnisaufenthalte hinter sich bzw. sind augenblicklich im Gefängnis – meist wegen diverser Vergehen gegen das Betäubungsmittelgesetz oder wegen der Beschaffungskriminalität.

Einige haben sich wiederum um eine Therapie bemüht, diese aber wieder nach kurzer Zeit abgebrochen.

3 sind zur Zeit in Langzeittherapie in Einrichtungen außerhalb der Therapiekette Niedersachsen.

Anmerkungen zu dieser Rückfallquote:

Bei aller Frustration über diese Anzahl, so schlecht sind die Ergebnisse dieser Arbeit nicht:
– vor der Existenz von therapeutischen Wohngemeinschaften war die Rückfallquote fast genau 100%,
– und die Rückfallquote bei der Resozialisierung von Mehrfachstraftätern liegt bei ca. 80%.

Dies soll nicht heißen, daß die Arbeit mit Drogenabhängigen nicht noch besser gemacht werden kann, aber immerhin: diese Ergebnisse können sich sehen lassen.

2.3.1.2. Rückfall mit episodischem Charakter

Hierzu rechne ich diejenigen Klienten, deren Rückfall die folgenden Merkmale aufweist:
– die Droge wird nur kurzfristig und in geringer Menge konsumiert, so daß die Entstehung einer körperlichen Abhängigkeit noch nicht möglich ist;
– eine eventuell begonnene Schul- oder Berufsausbildung wird nicht abgebrochen;
– die drogenfreie Bezugsgruppe wird nicht verlassen und aufgegeben.

Von der Untersuchungsgruppe hatten 14 Klienten einen Rückfall mit episodischem Charakter, ohne daß sie rückfällig im obengenannten Sinne geworden sind.

Diese Ehemaligen haben sich teils aus eigener Kraft, teils durch sofort einsetzende, ambulante Hilfe wieder gefangen. Eine Dramatisierung dieser Rückfälle oder gar eine Etikettierung, wie: »der ist rückfällig geworden«, ist ganz sicher nicht angebracht und für die Betroffenen sehr gefährlich.

2.3.1.3. Zur Dynamik des Rückfälligwerdens

Die Analyse der Rückfalldynamik ist für die Rückfallprophylaxe sowie für die Krisenintervention von entscheidender Bedeutung. Um empirisches Material hierüber zu gewinnen, wurden den Ehemaligen die beiden folgenden Fragen gestellt:

Warum und wie wird man eigentlich rückfällig? Warum bist Du eigentlich nicht rückfällig geworden?

Aus sich immer wiederholenden Antworten ließen sich die folgenden Grundsätze herauskristallisieren:

1. rückfällig wird derjenige, der nicht aufhören will, Drogen zu nehmen, sei es, weil der Lustgewinn noch immer größer ist als die negativen Erfahrungen im Zusammenhang mit der Droge, sei es, weil der Betreffende kein ›bürgerliches Leben‹ führen will, sei es...
2. rückfällig wird derjenige, der seine Lebensperspektive noch nicht gefunden bzw. diese verloren hat;
3. rückfällig wird derjenige, der keine Freunde findet, keinen Partner hat bzw. diese verloren hat;
4. rückfällig wird derjenige, bei dem sich Mißerfolge häufen. Wenn wir diejenigen herausnehmen, die wiederum Drogen konsumieren wollen – und diese lassen sich relativ leicht identifizieren, weil sie nach Abschluß des stationären Teils der Langzeittherapie sofort und uneingeschränkt wieder in die Szene zurückkehren und dies meist auch durch Äußerlichkeiten dokumentieren –, dann läßt sich der folgende, für die Drogenarbeit entscheidende Erfahrungswert formulieren:

Fast jedem Rückfall liegt ein längerer Entwicklungsprozeß zugrunde, der beobachtbar ist und in aller Regel auch genügend Raum und Zeit für Interventionsmaßnahmen bietet.

Eine Praxis, die automatisch jedem Klienten, der rückfällig geworden ist, jegliche Hilfe versagt, ist also falsch.

Von den 32 Klienten der Untersuchungsgruppe, die rückfällig geworden waren, haben sich immerhin 14 wieder gefangen, bevor es ein Rückfall in die alte Lebensform wurde.

2.3.1.4. Zum Alkohol- und Haschischkonsum der Ehemaligen

Kurz gesagt: alle Ehemaligen trinken regelmäßig mehr oder weniger Alkohol – mit einer einzigen Ausnahme; alle rauchen ab und zu ein Pfeifchen Haschisch – mit nur drei Ausnahmen, die allerdings vor ihrer Therapie auch nicht rauchten.

Unsere Ehemaligen fallen also aus der Gruppe der etwa gleichaltrigen Großstadtjugendlichen kaum heraus.

Das heißt aber auch, daß die Therapeutenträume von einer grundsätzlichen Abstinenz illusionär sind und ganz sicher auch an der gesellschaftlichen Realität vorbeigehen.

Die gängigen Hypothesen: »Alkohol und Haschisch können als Einstiegsdrogen schneller zum Rückfall führen« und: »wer einmal drogenabhängig war, ist hochgradig gefährdet für eine schnelle Alkoholikerkarriere«, konnten in dieser Untersuchungsgruppe nicht verifiziert werden.

Trotz alledem halte ich den Alkohol- und Haschischkonsum bei dieser Personengruppe für stark gefährdend, und zwar vor allem in den Phasen, wo eine soziale und berufliche Integration noch nicht erreicht worden ist. Bei Haschisch kommt natürlich noch die Illegalität von Erwerb und Besitz hinzu.

LSD und sonstige Drogen, die in den meisten Drogenkarrieren eine Rolle gespielt haben, werden nicht mehr genommen.

2.3.1.5. Exkurs über die Besonderheiten bei der Therapie weiblicher Drogenabhängiger

Bei der Therapie drogenabhängiger Frauen haben sich einige zusätzliche Schwierigkeiten ergeben, die von großem Einfluß auf die Rückfallwahrscheinlichkeit sind.

Von den 18 Frauen der Untersuchungsgruppe sind 17 während ihrer Therapie länger andauernde Beziehungen eingegangen, und zwar in der Regel mit Gruppenmitgliedern, die in der Stufenhierarchie über ihnen standen und demzufolge ihre Therapie vor den Frauen beenden konnten. Um durch eine längere Trennung die Beziehung nicht zu gefährden, brachen dann 9 der 17 Frauen ihre Therapie ab, jedoch um den Preis einer stark erhöhten Rückfallwahrscheinlichkeit. Dies schlägt sich dann bei einer genaueren Aufschlüsselung der Rückfälligen nieder:

Fast die Hälfte aller Frauen sind wieder rückfällig geworden, nämlich 8 von 18, während es bei den Männern nur deutlich weniger als ein Drittel waren, nämlich 10 von 36.

– Auch bei denjenigen Ehemaligen mit episodischen Rückfällen fallen geschlechtspezifische Unterschiede auf. Von den 10 Frauen, die nicht rückfällig geworden sind, hatten immerhin 6 einen periodischen Rückfall, bei den Männern nur 8 von 26. Anders ausgedrückt: nur ein Sechstel der Frauen hatten keinerlei Rückfallerfahrung im Gegensatz zu fast der Hälfte bei den Männern.

Die Gründe für diese deutlichen Abweichungen zwischen den Geschlechtern liegen ganz sicher in den repressiveren Bedingungen weiblicher Sozialisation und den subtileren und komplexeren Rollenanforderungen an Frauen in unserer Gesellschaft. Diese Faktoren drücken sich eben auch im Verhalten der Frauen innerhalb ihrer Therapie aus, z. B. verhielten sich die Frauen viel stärker beziehungsorientiert und viel schwächer interessiert an der eigenen persönlichen Entwicklung als die Männer und auch als ihre Partner.

Eine Beobachtung am Rande:

8 Frauen haben ihren Partner aus der Therapiegruppe später geheiratet und 4 Kinder sind geboren worden.

2.3.1.6. Exkurs über die Besonderheiten bei der Therapie von Alkoholikern

Wir haben relativ früh (1974) den Versuch gemacht, in die therapeutische Gemeinschaft, die ursprünglich nur für Drogenabhängige konzipiert war, jugendliche Alkoholiker zu integrieren. Auch wenn der Alkoholiker in der Statushierarchie der Szene als Schlußlicht rangiert, kann dieser Versuch als gelungen angesehen werden. 8 der Ehemaligen waren Alkoholiker, davon 5 Männer und 3 Frauen.

Bei der Nachuntersuchung fanden sich folgende Ergebnisse:
- keiner von ihnen ist wieder rückfällig geworden;
- 6 von 8 hatten einen oder mehrere periodische Rückfälle;
- eine Frau ist absolut »trocken« geblieben.

In aller Vorsicht formuliert: Es scheint für die Gruppe der jugendlichen Alkoholiker die Möglichkeit des kontrollierten Trinkens nach Abschluß der Therapie zu geben.

- 4 ehemalige Alkoholiker hatten zusätzlich kurze Erfahrungen mit Opiaten, die sie vor ihrer Therapie nicht kannten.

2.3.2. Über die Lebenssituation derjenigen, die nicht rückfällig geworden sind

Dieser Gruppe habe ich die Frage gestellt: »Was hat sich bei Dir gegenüber früher verändert?«

Übereinstimmend sind die folgenden Antworten gegeben worden:
- ich bin beziehungsfähiger geworden, d. h., ich kann mich heute mit meinen Freunden und Partnern auseinandersetzen, mich strei-

ten, mich wieder vertragen, ich kann langandauernde Beziehungen führen;
- ich bin verantwortlicher geworden, d. h., ich kann viel stärker als früher die Konsequenzen meiner Handlungen voraussehen und demzufolge abwägend entscheiden;
- ich habe wieder Freude am Leben gefunden und meine Erlebnisfähigkeit entdeckt;
- ich kann viel eher Frustrationen aushalten, d. h., eine Enttäuschung schmeißt mich nicht gleich um, und ich gebe nicht mehr so schnell meine Vorhaben auf;
- ich habe eine Perspektive gefunden für mein Leben, ich weiß jetzt endlich, was und wohin ich will.

Diese positiven Antworten drücken sich auch aus in ihrer äußeren Lebenssituation:

Von dieser Gruppe
- gehen 15 zur Schule;
- sind 0 in einer Berufsausbildung bzw. in einem Studium;
- arbeitet der Rest ziemlich regelmäßig und ausdauernd.

Was ihre materielle Versorgung betrifft, so leben 28 noch von Sozial- oder Ausbildungsbeihilfen, die restlichen 8 kommen inzwischen ohne alle Unterstützung aus.

3. Schlußbemerkungen

Heute kann gesichert festgestellt werden, daß die Therapie jugendlicher Süchtiger nur innerhalb therapeutischer Wohngemeinschaften erfolgversprechend ist. Die normalen psychiatrischen Krankenhäuser sind diesen Aufgaben nicht gewachsen, weil in ihnen eine wirkliche Drogenabstinenz nahezu unmöglich ist, weil sie von ihrem Image als staatliche Einrichtungen mit Zwangsmaßnahmen verbunden und so von dieser Klientel als Hilfe nicht ernstgenommen werden, und weil sie wegen ihrer personellen Situation für die komplexen Nachsorgeaufgaben nicht vorbereitet sind.

Diese Einschätzung entspricht übrigens auch ihrem Eigenverständnis:

Auf eine schriftliche Anfrage hin erklärten sich alle niedersächsischen psychiatrischen Krankenhäuser mit dieser Aufgabe für überfordert. Allerdings müssen die therapeutischen Wohngemeinschaften den folgenden Mindestanforderungen genügen:

- sie müssen ein komplexes, integratives psychotherapeutisches Konzept aufweisen;
- sie müssen gut ausgebildetes therapeutisches Personal besitzen, wobei die Mitarbeit von Exklienten von großer Bedeutung ist;
- sie müssen ein umfangreiches Nachsorgeprogramm anbieten.

Ähnlich wie in den USA hat sich inzwischen auch in der BRD die Gestalttherapie wegen ihres integrativen Ansatzes als besonders erfolgversprechendes psychotherapeutisches Vorgehen erwiesen, um die komplexen Aufgaben der Nachsozialisierung und der Psychotherapie zu erfüllen.

Die bisherigen Ergebnisse empirischer Nachuntersuchungen unterstreichen dies.

Bibliographie

Aichhorn, A.: Verwahrloste Jugend, Bern und Stuttgart 1957[4]
Deissler, K. J., Feller, W., Riesen, M.: Identitätskrise und jugendliche Drogensucht, *therap. Umschau, 34,* Heft 10,
Dörner, K., Plog, U.: Irren ist menschlich oder Lehrbuch der Psychiatrie/Psychotherapie, Wunstorf 1978
Erikson, E. H.: Identity and the Life Cycle, 1959; dtsch.: Identität und Lebenszyklus, Frankfurt 1966
Haindl, H., Veit, Chr.: Erfahrungen aus dem Four-Steps-Modell der therapeutischen Wohngemeinschaft in Räbke, in: *Petzold* (Hrsg.): Drogentherapie, Paderborn 1974
Hassan, S. A.: Familie und Störungen Jugendlicher, eine Literaturübersicht. Teil I und II, *Familiendynamik,* 2, 1977, 69–100 und 242–278
Jones, M.: Social Psychiatry, London 1952
Konkret: Sucht ist Flucht, Arbeitspapiere zum Anti-Drogenkongreß, Hamburg 1972
Künzel, E.: Jugendkriminalität und Verwahrlosung, Göttingen 1976[5]
Maurer, Y. A., Petzold, H.: Die therapeutische Beziehung in der Gestalttherapie, in: *Battegay, R., Trenkel, A.* (Hrsg.): Die therapeutische Beziehung unter dem Aspekt verschiedener psychotherapeutischer Schulen, Bern 1978
Perls, F.: Gestalttherapie in Aktion, Stuttgart 1974
Petzold, H.: Les Quatre Pas. Concept d'une communauté thérapeutique, Paris 1969
–: Methoden in der Behandlung Drogenabhängiger, Vierstufentherapie, Kassel 1972
– (Hrsg.): Kreativität und Konflikte, Paderborn 1973

–: Das Vierstufenmodell der therapeutischen Kette in der Behandlung Drogenabhängiger, 1974a, in: *Petzold* (Hrsg.) 1974b

– (Hrsg.): Drogentherapie. Modelle, Methoden, Erfahrungen, Paderborn 1974b

–: Das Hier-und-Jetzt-Prinzip, in: *C. H. Bachmann*, Kritik der Gruppendynamik, Fischer, Frankfurt 1980

Richter, H. E.: Patient Familie, Reinbek 1970 (Taschenbuchausgabe 1972)

Stichtenoth, H.: Ansätze zur Therapie jugendlicher Drogenabhängiger, unveröff. Diplomarbeit, Hannover 1975

Vormann, G.: Nachsorge und Anschlußprogramme, *Blätter der Wohlfahrtspflege, 126,* Heft 2, 1979

Erich Bauer

Selbstverständnis und Praxis der Drogentherapie bei DAYTOP

Einleitung

Die folgende Arbeit soll die Grundzüge der Drogentherapie bei DAYTOP darstellen, berücksichtigt wurde dabei nur der psychologische Aspekt, nicht aber der medizinische.

DAYTOP ist eine gemeinnützige Gesellschaft mit Sitz in München und Düsseldorf. Sie hat im Laufe der letzten 7 Jahre 11 Häuser in der BRD und West-Berlin aufgebaut, in denen Drogen-, Tabletten- und Alkoholkranke behandelt werden.

Das Wort »DAYTOP« wurde aus dem Amerikanischen übernommen. Ursprünglich stand es für »Drug Addict Youth Treatment on Probation«. Übersetzt bedeutet dies: Behandlung von drogenabhängigen Jugendlichen auf Bewährung. Vor ca. 20 Jahren begannen in den USA engagierte Männer eine Alternative zur damaligen etablierten Behandlung von Drogenabhängigen zu praktizieren. Jugendliche Fixer, die auf Bewährung aus den Gefängnissen entlassen wurden, bekamen eine Chance, in einer therapeutischen Gemeinschaft von Drogen freizuwerden. Daher kommt die Bezeichnung »Drogentherapie auf Bewährung«. Diese therapeutischen Gemeinschaften von damals sind heute mächtige Institutionen: *Synanon, DAYTOP, A.R.E.B.A., Phoenix-House,* um nur die wichtigsten zu nennen[1].

DAYTOP-Deutschland hatte anfangs nur den Namen mit dem amerikanischen Vorbild gemein. Es gab keinerlei Verbindungen zu dem großen Bruder in den USA. Das war sehr wichtig, weil nur dadurch gewährleistet war, daß ein auf die BRD-Realität zugeschnittenes Projekt verwirklicht wurde. Heute besteht eine echte Freundschaft und ein reger Informationsaustausch zwischen den Einrichtungen. Jedes DAYTOP-Drogenhaus in Deutschland hat ein

---

[1] Therapeutische Gemeinschaften für Drogenabhängige gibt es heute in den USA, Kanada, Europa (England, Schweden, Holland, Belgien, Frankreich, Deutschland, Schweiz) und in Asien (Philippinen).

Patenhaus in den USA. Einzelne Mitarbeiter von DAYTOP-Deutschland waren in den USA, um sich in den spezifischen Methoden der therapeutischen Gemeinschaft weiterzubilden. Umgekehrt hat der Präsident der DAYTOP-Einrichtung in den USA, Monsignor O'Brien, im Sommer 1977 die einzelnen Einrichtungen hier besucht.

Die Einrichtungen

Die Häuser, Gründungsjahr, D = Drogenhaus, A = Alkoholikerhaus, Leiter

1972	Fridolfing (heute Oberpfaffenhofen)	D	Dipl.-Psych. M. Däumling
1973	Fürstenfeldbruck	D	Dipl.-Psych. R. Hecht
1974	Grünwald	A	Dr. H. Dwinger
1974	Waging am See (heute Deisenhofen)	A	Dr. W. Singer
1976	Herrsching	D	Dipl.-Psych. D. Lang-Jerausky
1976	Ratingen (früher Alkoholikerhaus)	D	Dr. H. Bläsner
1976	Kontaktphasenhaus München	D	Dipl.-Psych. K. Hirtsiefer
1976	Bad Driburg	A	Dr. H. Philipzen
1977	Berlin	D	Dr. B. Schmidt
1978	Bergisch-Gladbach	A	Dr. H. Schröder-Meskat
1979	Göttingen	D	Dr. J. Pongratz

Die einzelnen Häuser sind der zentralen Geschäftsführung gegenüber verantwortlich[2]. In therapeutischen Angelegenheiten sind sie weitgehend autonom. Die Leiter, in der Regel Ärzte oder Diplom-Psychologen, verantworten den therapeutischen Prozeß, entscheiden mit der Geschäftsführung Personalfragen und wirtschaftliche Überlegungen. Alle 4 Wochen tagt das Leitergremium, die Versammlung aller Leiter der Häuser. Dort werden therapeutische, organisatorische

---

[2] Geschäftsführer der Gesellschaft ist *Dr. lic. theol. Osterhues,* leitender Arzt *Dr. med. Tiedemann.* Der Status der einzelnen Häuser ist nicht völlig geklärt. In einer gutachterlichen Stellungnahme von *Dr. jur. W. Hempel* wird den Einrichtungen jedoch eindeutig ein Krankenhauscharakter eingeräumt. Die Finanzierung erfolgt ausschließlich über mit Versicherungs- und Sozialträgern vereinbarte Tagessätze. Zur Zeit betragen diese ca. DM 64,– für die Alkoholhäuser und ca. DM 95,– für die Drogenhäuser.

und personelle Probleme erörtert. Dieses Gremium ist auch Anlaufstelle für Anfragen aller anderen Betriebsmitglieder (Kündigungsschutz, Problemklärung etc.).

Das Konzept

Die folgenden Überlegungen sind ein Versuch, die tägliche DAYTOP-Praxis auf ihre Bedeutung, auf ihr Verständnis zu hinterfragen. Es wird dabei weniger Wert gelegt auf die ausführliche Darstellung des genauen DAYTOP-Programms, des Tagesablaufes, der Phasen und der Therapiemethoden. Dies ist in anderen Veröffentlichungen geschehen (z. B. *Bauer* 1976; *Petzold* 1974). Im Vordergrund steht die Frage nach dem »Warum« dieser Art Therapie. Es ist ein Versuch, die DAYTOP-Therapie auf dem Hintergrund allgemeinpsychologischer Erkenntnisse und Theorien zu orten und zu validieren.

Zum Verständnis des Süchtigen

Die Therapie bei DAYTOP basiert auf einem bestimmten Verständnis des Drogensüchtigen und über den Suchtverlauf. Wir glauben, daß der Süchtige im Verlauf einer Krise (Reifungs-, Lebenskrise) zur Droge greift und daß dieser Griff die Krise vorübergehend heilt. Ein ähnliches Verständnis finden wir bei *Erikson* (1959) und neuerdings auch bei *Deissler* et al. (1977). Der Jugendliche erlebt sich unvollständig, leer, hoffnungslos – aber auch anspruchsvoll, revolutionär.

Er ist mit sich und seiner Lebenssituation unzufrieden, er kann sich nicht realisieren. Er befindet sich in einem psychischen Schmerz- oder Spannungszustand, der bewußtseinsmäßig jedoch nicht völlig wahrgenommen zu werden braucht.

Der Griff zur Droge und ihr Konsum bringt nun auf verschiedenen Ebenen eine Bestätigung bzw. Aufwertung der Person. Diese Ebenen auseinanderzuhalten und ihre zeitliche Abfolge zu sehen ist wichtig für eine erfolgreiche Therapie.

Die ersten Versuche mit Drogen geschehen in aller Regel aus sozialen Motiven: Der Neue sucht Anerkennung, eine neue »peer-group«, eine Möglichkeit zur Flucht aus dem bürgerlichen Milieu, er sucht die Subkultur, die Fixerelite und was sonst noch alles.

»In sein, high sein, dabei sein«, das ist ein Slogan der ersten 70er Jahre, der die damalige Drogenszene kennzeichnen mag. Und diese Szene ist noch heute genauso lebendig wie vor acht Jahren. Sie tummelt sich nicht mehr auf öffentlichen Plätzen, sondern in Diskotheken, Clubs und Privatwohnungen.

Diese soziale Aufwertung geschieht durch Abgrenzung (»die anderen sind langweilig, engstirnig, lebensunfähig«), aber auch durch die scheinbar und oft tatsächlich aktivere Lebensform dieser Gruppe. Man ist in dieser *ersten Phase* der Abhängigkeit gar nicht sosehr am Drogenerlebnis orientiert als am »Statusgewinn«. Dafür spricht auch die immer wieder gemachte Feststellung, daß die ersten Drogenerlebnisse meistens als negativ (Übelkeit) oder unbedeutend beschrieben werden.

In der *zweiten Phase* wird die Droge, das Drogenerlebnis, der Rausch immer wichtiger. In den Berichten über Drogenerlebnisse spielt der psychische Identitätsgewinn, spielt die Ich-Erweiterung eine entscheidende Rolle: der Konsument fühlt sich »gut, high, rund, vollständig, stark, überlegen, sicher, voller Gefühle, kreativ, religiös, potent«. Diese identitätsstiftende Wirkung ist grundsätzlich die gleiche bei Alkohol-, Tabletten- oder Rauschmittelkonsum. Man kann sie unterscheiden hinsichtlich psychischer Qualitäten, z. B. euphorisierend oder gleichgültigmachend, aktivierend oder verlangsamend, aggressivierend oder erotisierend, sensitivierend oder abstumpfend, die extrovertierte oder introvertierte Seite verstärkend, das Bewußtsein erweiternd oder einengend. Wichtig ist unseres Erachtens die Unterscheidung in den Grad der Intensität des Rauscherlebnisses. Wer starke Drogen nimmt (Heroin, intensiver Alkoholgenuß), ist im Besitz einer »Wunderdroge«. Er kann sich, z. B. bei Heroin, innerhalb von Sekunden ins »Nirvana schießen«. Die Erfahrung mit dieser Wunderdroge ist natürlich fundamental: der innere Spannungszustand löst sich (oder wird nicht mehr realisiert) und das Selbstwertgefühl hebt sich.

Dieser Zustand wird nicht nur halluziniert, sondern häufig schafft die Drogenwirkung tatsächlich echte Realisierungsmöglichkeiten. Vielen Konsumenten gelingt ihre Arbeit besser unter Drogeneinfluß. Beziehungen und Freizeitaktivitäten werden ohne Drogenstimulierung unvorstellbar, und oft wird von einer wirklichen Leistungssteigerung und Hebung kreativer Potentiale berichtet.

Die *dritte Phase* ist gekennzeichnet vom Zwang nach der Droge. Der Süchtige muß die Droge nehmen, um die Wirkung der Droge auszugleichen. Er kämpft gegen den Entzug, gegen die Schmerzen, den vollständigen Ich-Verlust, die Angst. Überall droht soziales Chaos. Der Kampf gegen Dealer, Polizei und für das nötige Geld beherrscht den Abhängigen.

Das Ende dieser Phase kann der Beginn einer Therapie bei uns sein. Vielleicht weil das psychische oder soziale Elend doch noch irgendwo realisiert wird, weil Eltern oder Freunde doch noch gehört werden können oder weil knallharte juristische Sanktionen drohen.

Die Kontaktaufnahme

Wünscht jemand eine Therapie bei DAYTOP, so schreibt er an eines der Häuser. Dort befindet sich ein sogenanntes Bewerbergremium: eine Gruppe therapieälterer Klienten und ein Teammitglied. Diese Gruppe weiß aufgrund ihrer eigenen Erfahrungen, wie es um den Bewerber steht. Sie alle kennen das Ende der dritten Phase, sie sind daher in der Lage, auf den Neuen einzugehen. Sie sprechen ihm Mut zu, versuchen ihn zu bestärken, sprechen von ihren Erfahrungen und wo sie jetzt stehen.

Sie geben dem Bewerber erste Informationen über eine Alternative zur Droge, zum Chaos, zum psychischen Elend.

Die Aufnahme

Auch das Aufnahmeverfahren oder das Aufnahmeritual ist auf die Situation des Süchtigen nach der dritten Phase abgestimmt:

Der Süchtige ist unberechenbar, er braucht den Stoff und wird jede Gelegenheit wahrnehmen, um diesen Stoff zu erhalten. Der »letzte Schuß« steckt oft im Geldbeutel, im Schuhabsatz oder sogar im After. Wer das nicht wahrhaben will, kennt den Süchtigen nicht und damit wohl auch kaum Möglichkeiten echter Hilfe.

Bei DAYTOP wird der Neue total untersucht (»gefilzt«), und dieses Ritual zeigt ihm, daß es hier ernst ist, daß keine Kompromisse möglich sind. Im Aufnahmeraum wartet inzwischen eine andere Gruppe mit einem Teammitglied.

Der Neue begegnet in der Aufnahme einer Situation, die er so existentiell bewußt noch nie erlebt hat. Die Aufnahmegruppe sitzt ihm gegenüber. Sie realisiert eine Form enger Gemeinschaft, die sich ihm, dem Neuen gegenüber, fast abgrenzt: »Wir sind eine Gemeinschaft, wir gehören zusammen, wir stehen zueinander, wir haben einen neuen ehrlichen Weg für uns gefunden – wir sind bereit, Dich bei uns aufzunehmen, aber nur, wenn Du Dich uns zeigst, wie Du wirklich bist.«

Der Neue ist überrascht. Von der Szene her kennt er soziale Gefüge nur als chaotisch und destruktiv, von der Familie her als zerstritten und hilflos. Soziale Institutionen hat er als rigide Bestrafungsapparate erfahren. Hier sitzt er einer geschlossenen Gruppe gegenüber, die sich unterstützt, die Lebendigkeit und Wärme vermittelt, die Bescheid weiß, die weiter ist als er, die fordert, ohne zu bestrafen. Er spürt den Unterschied zwischen sich und den anderen, und er spürt die Wand, die ihn trennt. Er merkt rasch, daß er hier mit seinem üblichen Verhalten »aufläuft«, daß er etwas offenbaren soll, das er immer tief in seinem Inneren verschlossen hat: seine tiefe Angst, seine Gefühle von Schmerz, Alleinsein, unvollständig und ungeliebt zu sein. Vor dieser Offenbarung war er ständig auf der Flucht – in die Szene, in den Rausch, selbst in das soziale Chaos und in Todesphantasien.

Die Gruppe konfrontiert ihn immer weiter mit dieser Flucht vor sich selbst. Sie erlaubt keine Ausflüchte, keine Entschuldigungen, keine Pseudoeinsichten, kein bloßes Darüber-Reden. Sie sucht die echte Realisierung, den Schmerz, die Angst, die Hilflosigkeit. Sie bietet ihm Hilfen – Techniken, wie sie zum Beispiel in der REAL-Therapie entwickelt wurden.

In der Regel ist der Neue nach ein bis drei Stunden in der Lage zu einer tiefen, existentiellen und emotionalen Erfahrung: »So bin ich auch«, ja sogar »Das bin ich wirklich – hinter all meiner Schminke, Show, hinter all meinem Theater«. Und er erfährt, daß alle befürchteten Konsequenzen ausbleiben. Niemand lacht ihn aus, niemand nutzt ihn aus; die Gruppe hat ihm geholfen, sich selbst zu offenbaren, sich echter zu realisieren – sie hilft ihm jetzt, sich zu akzeptieren. Sie gibt ihm Verständnis, Wärme und Zuwendung.

Dieses Aufnahmeritual gilt in DAYTOP als Symbol für die zweite Geburt des Abhängigen. Der Neue drängt sich zum Schluß durch die Beine der ganzen Familie. Danach wird er in den Kreis aller genommen. Ein Freudentanz mit der ganzen Familie beendet das Ritual.

Das Aufnahmeverfahren ist ein Ritual, ein therapeutisches Spiel.

Für den Neuen ist es die Geburt in ein neues Leben, für die Gruppe realisiert es die Geburt eines neu Hinzugekommenen.

Früher sahen wir in der Aufnahme ausschließlich ein Prüfungsverfahren, einen Aufnahmetest. Ist der Neue geeignet, wirklich motiviert? Viele Kritiker argumentierten zu Recht, daß dieses Verfahren als Auslesemodus ungeeignet sei; der Neue sei dabei doch viel zu stark unreflektierten Projektionen ausgeliefert.

Heute wird der Neue zuerst ärztlich und psychologisch beobachtet und exploriert, und es wird seine Sozialanamnese erörtert. Das Team entscheidet, wie lange die »Selbstbesinnungsphase« (die Zeit bis zur Aufnahme) des Neuen dauern soll und wie in der Aufnahme vorgegangen werden müßte.

Wenn nach oder während der Aufnahme trotzdem 2–10 Prozent die Therapieeinrichtung verlassen, dann nicht, weil sie dem Aufnahmemodus nicht gewachsen sind, sondern weil offensichtlich wird, daß ihr Therapiewunsch gar nicht ernst gemeint war. Es sind häufig Klienten, die die Therapie planen, um andere zu beruhigen – ihre Eltern, den Richter, ihre Sozialbetreuer. Um es durch eine Wiederholung herauszustreichen: das Aufnahmeverfahren dient nicht der Auswahl, es ist ein therapeutisches Spiel, das dem Neuen und der Gruppe eine Veränderung ihrer Situation zu realisieren hilft. Die Gruppe muß sich öffnen, ihre Struktur, ihre Gruppenidentität ändern. Der Neue muß sich einbringen, in die Gruppenstruktur eindringen wollen. Es ist seine erste Therapiestunde. Eine intensive Erfahrung, die die ganze Therapie über erinnert wird als Begegnung mit einem neuen Anfang.

Die Baby-Phase

Nach der Aufnahme wird der Neue dem ganzen Haus, der Familie und dem Team vorgestellt. Er erhält einen »großen Bruder« beziehungsweise eine »große Schwester« zugewiesen. Er ist nun ein »Baby«. Dieses Wort »Baby« soll seine psychische Verfassung realisieren: symbolisch neugeboren braucht er die intensive Pflege und Fürsorge der Gruppe. Er ist ja nicht einmal ein »gesundes« Baby; er befindet sich immer noch in der 3. Phase seiner Drogenkarriere: Die Gier nach der Droge und das Mißtrauen den anderen und dieser Art Therapie gegenüber sind noch sehr stark. In dieser Verfassung wird eine intensive Zuwendung benötigt. Überstarke Frustrationen sind jetzt noch nicht zumutbar, weil einem psychischen Tief nur mit dem »High« der Droge begegnet werden kann.

Noch vor eineinhalb Jahren, als wir den Neuen nach der Aufnahme sofort der konsequenten Tagesrealität überließen, hatten wir gerade im ersten Monat die meisten Therapieabbrüche. Durch die intensive Betreuung in dieser Phase konnten diese Abbrüche drastisch reduziert werden. Heute weicht die Ausweichquote im ersten Monat nicht mehr signifikant ab.

Die therapeutischen Angebote in dieser Zeit sind vor allem Kleingruppengespräche in freier oder themenzentrierter Form und Informationsveranstaltungen. Auch Sensitivveranstaltungen, Massage, »Bodyawareness« und leichtere Sportveranstaltungen sind in dieser Phase wichtig.

Die therapeutische Interventionsrichtung ist positiv, den Neuen bestärkend, ermunternd. Er soll eine positive Beziehung zum Team, zur Gruppe und zum Haus entwickeln, die tragfähig genug ist, seiner Fluchtbereitschaft in die Szene begegnen zu können.

Die Babys realisieren einen »leistungs- und verantwortungsfreien« Zustand. Wie glückliche und zufriedene Kinder genießen sie in der Gemeinschaft ihre Spiele und die Zuwendung der anderen. Es passiert immer wieder, daß ein »Baby« zufrieden mitten im Plenum sitzt und ein Bild malt, während die »Großen« ernst und lautstark einen Konflikt austragen.

Umgekehrt realisieren die »Großen« Verhaltensweisen aktiver Fürsorge und Verantwortung, Aspekte der eher erwachsenen Psyche.

Die Babyphase, wie sie oben beschrieben ist, gibt es erst seit ca. einem Jahr bei DAYTOP. Wir waren sehr erstaunt, wie bereitwillig die Rollenverteilung verwirklicht wurde. Die Babys laufen gerne in ihren weichen Wollsachen herum und fühlen sich geborgen und sicher. Die Großen machen sich ernste Sorgen um ihre Babys, trösten sie und versuchen, ihnen mit echter Wärme zu begegnen.

Der Übergang von der Babyphase in die Stammphase geschieht wieder in Form eines Rituals. Das Baby stellt einen schriftlichen Antrag, die ganze Familie und das Team setzen sich damit auseinander. Wird der Antrag durchgesetzt, wird ein kleines Fest veranstaltet.

Die Stammphase

Mit dem Eintritt in die Stammphase nach ca. 4–6 Wochen ändert sich die Situation des Abhängigen fundamental. Er wird auf den Tagesablauf verpflichtet, er wird einem Arbeitsprojekt zugeteilt, er erhält einen Posten zugewiesen. Sein Verhalten, seine Genauigkeit, seine Pünktlichkeit, sein Verantwortungsbewußtsein, sein Gemeinschaftssinn wird von therapieälteren Gruppenmitgliedern unter Supervision durch das Team kontrolliert und gegebenenfalls konfrontiert und sanktioniert. Was heißt das?

Der Süchtige ist jetzt über vier Wochen in der Gemeinschaft. Er hat sich so weit stabilisiert, daß er Problemsituationen nicht sofort durch Flucht in Drogenverhalten ausweicht. Er hat erfahren, daß er drogenfrei sein kann ohne die katastrophalen Folgen, die er befürchtet hat.

Im Mittelpunkt der therapeutischen Bemühungen steht jetzt die Person des Süchtigen selber. Anfangs wurde gesagt, daß der Griff zur Droge das Gefühl der Unzufriedenheit mit sich und dem Leben aufheben soll. Dazu gehört auch die Auseinandersetzung mit dem realen Alltag. Diese Auseinandersetzung wurde vermieden durch die Flucht in den Rausch. Der Rausch wurde zur halluzinierten Befreiung aus den Zwängen des Alltags.

Eine erfolgreiche Therapie muß diese Realitätsflucht bearbeiten. Es ist zum Beispiel eine durchgängige Erfahrung, daß Abhängige ein Projekt mit viel Enthusiasmus anfangen: Im Haus soll eine kleine Teestube oder eine Werkstatt eingerichtet werden. Alle sind hellauf begeistert. Es werden Pläne erörtert, umgeworfen, neuentwickelt. Riesige Vorbereitungen müssen getroffen werden, ganze Zimmerwände sollen eingerissen werden. Auch die reale Durchführung beginnt mit viel Engagement, aber sehr schnell bricht der Elan zusammen, alles bleibt liegen. Man ist unzufrieden, hat »keinen Bock« mehr, resigniert. Dieses unrealistische Planungs- und Arbeitsverhalten, das stark an kindliche Phantasiespiele erinnert, ist gleichsam kennzeichnend für Süchtige. In der therapeutischen Gemeinschaft wird dieses Verhalten ständig kritisiert und der einzelne oder die Gruppe angehalten, das Projekt realistisch zu planen und zu vollenden. Dadurch wird trotz des Zwanges ein Erfolgserlebnis möglich.

Mit dem Arbeitsprozeß ist ein Identifikationsprozeß verbunden: Alle Arbeiten geschehen für das eigene Haus, für die eigene Gemeinschaft. Alle Arbeitsprozesse, wie Kochen, Waschen, Saubermachen, Renovieren, im Garten arbeiten und dergleichen, bereichern unmittelbar das eigene Haus, die eigene Familie. In Fürstenfeldbruck zum Beispiel wurden über fünf Jahre hinweg keine Einrichtungsgegenstände gekauft (außer dem Sprechzimmer des Arztes), sondern alles wurde über Spenden erworben und zurechtgemacht. Das ist natürlich billiger, und da öffentliche Zuschüsse an DAYTOP bisher vorbeiflossen, sind wir auch auf dieses Vorgehen angewiesen. Aber therapeutisch wichtig ist, daß die Auseinandersetzung mit diesen Gegenständen einen Bezug zwischen den Bewohnern und seinem unmittelbaren Umfeld herstellt. »Das ist *mein* Zimmer, das *ich* gestrichen habe«, »Das ist *unser* Gemüse, das *wir* gepflanzt haben«. Diese Identifizierung mit dem Prozeß und dem Produkt der Arbeit unterstützt unserer Meinung nach die psychische Stabilisierung der Gruppe und des einzelnen. Immer wieder erfahren wir, daß Klienten »ihr« DAYTOP-Haus als ihr erstes richtiges Zuhause ansehen, und immer wieder besuchen ehemalige Klienten auch nach Jahren »ihr« Haus.

Der Vergleich mit »üblichen« Krankenhäusern drängt sich auf, wo Identifikationsmöglichkeiten nahezu ausgeschlossen sind. Der Kranke kann sich bestenfalls mit dem Arzt, dem Pfleger oder der Krankenschwester identifizieren. Das Haus, »sein« Zimmer bleiben ihm fremd. Das ergibt die sterile Atmosphäre gängiger psychiatrischer Anstalten und Krankenhäuser, von denen man manchmal nicht mehr ganz genau weiß, ob sie Krankheiten in jedem Fall und ausschließlich heilen oder ob sie nicht (manchmal) neue Krankheiten, neue Symptome produzieren.

Die Posten

Jeder der Stammgruppe hat mindestens einen Posten inne. Er wird angehalten, diesen selbstverantwortlich auszuführen. Die verschiedenen Posten kennzeichnen die Vielfalt der Tätigkeitsbereiche in einer Gemeinschaft. Jeder Posten realisiert einen wichtigen Aspekt, und durch den Umgang mit dem Posten wird der eigene Anteil an der Gemeinschaft objektiviert: Versagt der Kochposten, gibt es schlechteres Essen; ist der Lichtposten nachlässig, steigt die Stromrechnung; irrt sich der Wäscheposten, ist vielleicht die gesamte Wäsche verfärbt. Durch die ständige Auseinandersetzung mit dem Postenverhalten im Plenum und in den Untergruppen wird ein Gespür für unsoziales

Verhalten und ein reiferes Verständnis des eigenen Sozialverhaltens gewonnen.

Im Verlauf der Stammphase werden den Klienten verschiedene Posten zugewiesen. In der Regel sind es gerade solche Posten, die dem Mitglied nicht liegen, denen er ausweichen möchte. So erhalten zum Beispiel den Wäsche- und Kochposten öfters die Männer, während sich die Frauen mit dem Werkzeug- und Heizungsposten auseinanderzusetzen haben. Es können neue Tätigkeitsbereiche entdeckt und realisiert werden.

Die Identifikation mit dem Posten ist ein Hilfsmittel zur eigenen Standortdefinition. In den ersten Monaten der Therapie ist das Ich des Abhängigen noch schwach, es kann sich nicht realisieren ohne Bezug auf »Äußerliches«, seine Arbeit, seinen Posten. Durch die Übernahme und Ausführung immer verantwortlicherer Posten wird mehr und mehr Selbstvertrauen gewonnen.

Die Verantwortungsphase – das hierarchische Prinzip

In unseren therapeutischen Gemeinschaften bestimmen therapieältere Mitglieder, die sogenannte Hierarchie oder Verantwortungsphase (V-Phase), über die therapiejüngeren Therapiemitglieder. Jeder hat im fünften bis sechsten Monat für zirka vier Wochen einen Hierarchieposten inne. Diese Gruppe bestimmt, belohnt und bestraft natürlich immer unter Teilhabe von Teammitgliedern.

Im Spannungsfeld von Hierarchie und Stammgruppe entwickeln sich wichtige therapeutische Schritte: In den ersten Monaten der Therapie akzeptieren die Jüngeren *ihre* Hierarchie. Sie sind voll damit beschäftigt, ihre Posten und Arbeiten zu realisieren. Sie achten ihre »Bestimmer« und versuchen, ihnen durch Wohlverhalten zu gefallen. Bald aber haben sie so viel Selbstvertrauen erlangt, daß sie anfangen, das hierarchische Prinzip zu problematisieren. Sie beginnen, sich mit »denen da oben« auseinanderzusetzen. Sie erproben Selbstbehauptungs- und Durchsetzungsstrategien. Diese Phase wird auch »rebellische Phase« oder »Phase des Kampf- und Fluchtverhaltens« genannt. Die Hierarchiegruppe vergibt alle Privilegien wie Fernsehen, Musikhören, Spazierengehen und ähnliches. Diese Privilegien müssen beantragt und im Hierarchiegremium durchgesetzt werden. Der Antragsteller muß die anderen überzeugen, daß er sein Privileg wirklich verdient hat. Er braucht sehr viel Kraft, Geschicklichkeit und Frustrationstoleranz, um sich durchzusetzen. Er lernt dadurch, sich für eigene Bedürfnisse und Wünsche einzusetzen, seine positiven Aspekte darzustellen.

Süchtige sind in ihrer Selbstdarstellung sehr unrealistisch: sie haben entweder ein sehr überzogenes Selbstbild mit Größenphantasien, oder erleben sich stark minderwertig. In der Gemeinschaft lernen sie, sich realistisch einzuschätzen und darzustellen, da das Hierarchiegremium, das durch das Team angeleitet wird, die Ausführungen des Antragstellers überprüfen kann.

Genauso wichtig ist es auch für das Hierarchiegremium, sich zunächst ablehnend gegenüber Anträgen zu verhalten. Dabei lernt der Abhängige das »Neinsagen« und sich abzugrenzen. Dieser Akt ist oft sehr schwierig: Der Antragsteller wohnt vielleicht im gleichen Zimmer oder ist ein alter Bekannter von der Szene her. Es bestehen positive Beziehungen, die in der Auseinandersetzung zerstört werden, was die Angst vor Liebesverlust mobilisieren mag. Aber gerade der Umgang mit solchen Beziehungen ist eminent wichtig für die spätere Bewältigung der Welt außerhalb der therapeutischen Gemeinschaft: Der ehemals Abhängige muß sich gerade oft gegenüber einem engen Freund abgrenzen, wenn dieser Drogenkontakte hat. Kritiker verweisen immer wieder auf das Hierarchieprinzip. Sie werfen uns Paramilitarismus und eine Therapie der bloßen Anpassung vor. Sie übersehen dabei, daß es uns gerade um die Auseinandersetzung zwischen »oben« und »unten« geht, daß es das Spannungsfeld ist, das therapeutisch wichtig ist. In dieser Auseinandersetzung werden Aspekte einer reifen Ichstruktur realisiert: Abgrenzung, Frustrationstoleranz, Selbstbehauptung und Selbstverwirklichung. Gerade ein »gesundes« Maß an Frustrationstoleranz, das heißt an wirklich positivem Selbstwertgefühl, ist eines der wichtigsten Potentiale, die ein ehemals Süchtiger braucht, um nicht rückfällig zu werden. Wie geschickt und selbsteinsichtig auch immer er sein Leben plant und organisiert – Rückschläge und Phasen der Langeweile bleiben ihm nicht erspart. Ohne ein starkes Maß an Frustrationstoleranz ist der Griff zur Droge schon eingeplant.

Die Kontaktphase

Ziel der bisherigen Therapiebemühungen war ein ganzheitlicher Stabilisierungsprozeß – verstanden als Fähigkeit, sich verantwortlich zu realisieren. In der Therapie wurden Ängste und Hemmungen abgebaut, ein Gefühl von echter Selbstbejahung gewonnen und eine positive Lebenseinstellung erlangt. Es sind neue Fähigkeiten einer realeren Selbstbehauptung erworben worden, und die Toleranz gegenüber Versagungserlebnissen ist gewachsen.

Alles in allem dürfte man annehmen, daß der Abhängige nun »geheilt« entlassen werden kann. Tatsächlich aber ist der ehemals Abhängige »gesund«, insoweit er in der Lage ist, in der relativ geschützten Atmosphäre der therapeutischen Gemeinschaft zurechtzukommen, ohne auf Drogen zurückgreifen zu wollen. Es sind aber noch weitere Rehabilisierungsmaßnahmen dringend notwendig, damit er auch mit der normalen, ungeschützten sozialen Realität draußen fertigwerden kann. Für mein Verständnis ist das mit Maßnahmen vergleichbar, die nach einer schweren Krankheit durchgeführt werden: Ein Patient der Unfallchirurgie ist auch nicht voll realitätsfähig, wenn seine Frakturen geheilt sind, sondern er muß wieder lernen, ohne Gips und Krücken zu laufen. Diese Maßnahmen mit dem Wort Rehabilitation von der eigentlichen Heilung abzugrenzen ist eigentlich eher ein Verwaltungsakt. Für den ganzheitlich auffassenden Menschen sind Maßnahmen, die die Wiedereingliederung unmittelbar betreffen, Stufen einer Therapie. Für die Anfangsphase der Therapie sind wegen der labilen und chaotischen psychischen Situation des Abhängigen eher stützende Maßnahmen indiziert (Babyphase). Danach ist die gestörte Grundpersönlichkeit des Abhängigen im Blickfeld der therapeutischen Bemühungen (Stamm- und Hierarchiephase). Jetzt am Ende der Therapie steht das reale Sozialverhalten, die Person mit ihrem sozialen Umfeld im Vordergrund. Diese Aufgabe soll die Kontaktphase leisten.

Dieser Abschnitt läuft entweder im gleichen Haus, in dem auch die bisherige Therapie geschah, oder, wie im süddeutschen Raum, in einem für ehemals abhängige Drogensüchtige eingerichteten Kontaktphasenhaus in München. In dieser Phase, die ein bis vier Monate dauert, werden soziale Ängste bearbeitet und Strategien der Berufs- und Wohnungssuche entwickelt und durchgespielt. Die Eltern und andere enge Bezugspersonen werden spätestens hier zu ein bis zwei therapeutischen Gesprächen eingeladen.

Im Mittelpunkt der Therapie steht das reale Verhalten in der Begegnung mit der Gesellschaft, den Menschen draußen, den Institutionen und Prinzipien. Das Team übernimmt Beraterfunktionen, aber es muß auch immer wieder therapeutisch eingreifen, um wieder oder neu entstandene Ängste und Hemmungen aufzuarbeiten. Dieser Prozeß der Wiedereingliederung ist unglaublich schwierig. Der ehemals Abhängige kennt ja in der Regel seit Jahren nur die Szene, Szenenkneipen, Szenenbekanntschaften, und selbst an relativ harmlosen Orten begegnet er immer wieder der Droge, zumindest dem Alkohol, Haschisch oder Tabletten. Jetzt muß sich zeigen, wieviel innere Selbstsicherheit errungen wurde, jetzt gilt es zu beweisen, ob Konflikte, Schwierigkeiten durchgestanden werden können, ohne auf die bewährte »Therapie« – die Droge – zurückzugreifen. Jetzt beweist sich, was über ein Jahr erprobt wurde.

Natürlich gibt es Möglichkeiten, bei intensiveren Schwierigkeiten auch nach der Therapie Hilfe und Unterstützung zu finden. Es laufen ambulante Nachsorgegruppen, und es gibt die Ehemaligenorganisation »New Way«. Diese Nachsorgeeinrichtungen werden weiter ausgebaut. Es sind Schulen, Werkstätten und Wohngemeinschaften geplant.

Wichtig ist, daß der ehemals Abhängige Vertrauen zu diesen Einrichtungen hat. Er soll sie ja besonders beanspruchen, wenn er alleine nicht mehr zurechtkommt. Da ist häufig ein fatales Mißverständnis über das Therapieziel in den Köpfen von ehemaligen Patienten – aber auch von Therapeuten: Nach der Therapie dürfe man keine Probleme mehr haben, keine Hilfe mehr beanspruchen. Das psychische Leid muß verdeckt werden, bis zur Aufrechterhaltung der Fassade wieder Suchtmittel konsumiert werden müssen.

Wirkliches Ziel der Therapie ist ein Potential an realer Selbsteinschätzung: »Das kann ich mir zutrauen, das ist gefährlich für mich, jetzt brauche ich Hilfe.«

Hat der Ehemalige nach draußen realistische Beziehungen geknüpft und eine befriedigende Berufs- und Wohnsituation gefunden, ist seine Therapie in der Institution DAYTOP beendet – nicht aber sein weiterer therapeutischer Weg im Kreise der Ehemaligen. Als symbolisches Zeichen dafür wird dem Entlassenen ein silberner Ring, der durch ein D zusammengehalten wird, überreicht. Dieser Ring, Zeichen des Abschieds und eines Neubeginns, symbolisiert seine Zugehöigkeit zum Ehemaligenkreis von DAYTOP. Er verpflichtet zu einem drogenfreien Leben und garantiert die Möglichkeit, auf Hilfe bei DAYTOP oder einer Nachsorgeorganisation rechnen zu können.

Das Prinzip der REAL-Therapie

Zu Beginn unserer Ausführungen stand die These, daß der Abhängige im Zuge einer »Identitätskrise« die Droge sucht. Er löst Spannungszustände mit Hilfe des Suchtmittels, er realisiert sich in der Phantasie, im Rausch. Im Verlaufe der Therapie lernt der Abhängige Mittel und Wege der Selbstverwirklichung ohne Drogen:

In der Aufnahme und in bestimmten Therapiesitzungen realisiert er aufgestaute Gefühle und löst alte Spannungen. In der Babyphase realisiert er Gefühle von Geborgenheit, Wärme und Zugehörigkeit. In der Stammphase erprobt er sich in Arbeitsprozessen, erarbeitet sich einen Bezug zum Haus, realisiert über die Posten mehr Selbstvertrauen und wagt sich schließlich in die Auseinandersetzung mit der Hierarchie. Er entwickelt ein Selbstbehauptungsvermögen und eine stärkere Frustrationstoleranz. In der Hierarchie findet ein vorläufiger Abschluß dieses Prozesses statt. Die Stabilisierung ist nun so weit, daß Funktionen der erwachsenen Psyche übernommen werden können. An Stelle einer negativen Selbsteinschätzung steht ein positives Selbstwertgefühl. Auf halluzinierte Wunschbefriedigung (Rauscherlebnis) kann verzichtet werden. In der Kontaktphase wird die Umsetzung dieser psychischen Potentiale in die Gesellschaft draußen erprobt.

In den einzelnen Phasen können Stufen hin zu einer stabilen Person realisiert werden. Sie sind Stufen einer Entwicklung – »The Tunnel Back«, der Weg zurück, wie der Titel eines berühmten Buches über Synanon lautet (*Yablonsky* 1965). Diese Schritte sind bezogen auf die Persönlichkeit des Süchtigen, sie sind eine Antwort auf seine psychische Verfassung.

Therapie geschieht nicht in den üblicherweise zweistündigen täglichen Therapiesitzungen, sie geschieht nicht nur in gesondert eingerichteten Räumen oder Arztzimmern – sie geschieht überall und ständig. Sie geschieht durch das Leben in der therapeutischen Gemeinschaft, in der Begegnung mit ihren Prinzipien, Normen, Strukturen und – das ist das Allerwichtigste – mit ihren Mitgliedern. So verstanden ist unsere REAL-Therapie: Realisierung, Verwirklichung in und mit der lebendigen Gemeinschaft.

Die Prinzipien unserer therapeutischen Gemeinschaft

Zur Motivation des Abhängigen: Die klassische Therapievorstellung sieht im Leidensdruck, im Problembewußtsein, in der Krankheitseinsicht das entscheidende Agens für einen Therapiewunsch. Der Patient wird durch sein Leid motiviert, die Schwierigkeiten eines therapeutischen Prozesses durchzustehen. Abhängige, Süchtige können ihre Schmerzen, ihr Leid in ihren Rauschzuständen auflösen. Ihre Therapie ist die Droge, der Alkohol. Damit werden sie nach der klassischen Vorstellung für eine echte Therapie unerreichbar, sie gelten als nicht oder nur äußerst schwierig therapierbar. Durch drastische Maßnahmen sucht man den Leidensdruck zu erhöhen. Gerichtliche Auflagen, Gefängnis, psychiatrische Behandlungen erhöhen zweifellos die Motivation, eine wirkliche Therapie zu beginnen, aber um sie durchzustehen, reichen diese Maßnahmen in der Regel nicht aus. Wir haben immer wieder erlebt, daß selbst eine reale Drohung von einigen Jahren Gefängnis nichts wiegt gegen den plötzlich aufkommenden Wunsch nach der Droge, dem Rausch (siehe hierzu: *Vormann*, Therapiemotivation bei Drogenabhängigen; *dieses Buch*).

Dieser Misere beim Süchtigen – der voller Leid, aber ohne genügenden Leidensdruck ist – galt es sich in der Therapie bewußt zu werden. Neue Therapievorstellungen mußten entwickelt werden. Vertreter der kritischen Psychologie, wie z. B. *Horn* oder *Laing*, kritisierten den gängigen Krankheitsbegriff und diskutierten Alternativen. Die humanistische Psychologie betrachtet das neurotische Individuum nicht nur als leidend an seiner eigenen Unzulänglichkeit, sondern auch leidend unter der realen Unmöglichkeit, sich zu entfalten.

Immer wieder wurde in den letzten Jahren die andere Seite des Neurotikers beschrieben: seine Potentiale an Kreativität, Sensibilität und Intuition. Insbesondere beim Drogensüchtigen wurden diese Potentiale in den letzten 10 bis 15 Jahren richtiggehend hochstilisiert. Eine ganze Bewegung und Kultur hat hier ihre Wurzeln.

SYNANON realisierte solche Erkenntnisse und Erfahrungen. Vor ca. 20 Jahren gründete sie eine eigene Gesellschaft und Lebensgemeinschaft, die bis heute auf einige tausend Mitglieder angewachsen ist. Das Leben in dieser Gemeinschaft soll die verschütteten oder stillgelegten Potentiale des Individuums in konstruktiver Weise entfalten helfen. Der Süchtige im weitesten Sinne entwickelt eine lebensbejahende Alternative. Das Leben in der positiven Gemeinschaft motiviert so stark, daß alle gängigen »Süchte« wie Nikotin, Alkohol, Drogen und in bestimmtem Maße sogar Geld uninteressant werden.

Das Prinzip der therapeutischen Gemeinschaft, wie es in den Spezialkliniken bei DAYTOP realisiert wird, transzendiert ebenfalls die gängige Vorstellung von »Behandlung«.

Besucher sind immer wieder überrascht über die freundliche, offene und »cleane« Atmosphäre in unseren Häusern. Man erwartet den typischen Geruch von Krankenhäusern oder die stumpfe Atmosphäre von Verwahranstalten oder wenigstens etwas vom Drill kasernierter Menschen. Was ihnen begegnet, sind freundliche, gepflegte junge und ältere Menschen. Die Atmosphäre ist warm und herzlich.

Die Vermutung, bei uns wären nur die leichten Fälle untergebracht, liegt auf der Hand – aber sie ist falsch. Zu uns kommen »langjährige Knasttypen«, »Altfixer«, jahrelange Trinker und Szenenprostituierte. Es leben »Kinder« mit 15 oder 16 Jahren und schwerstgestörte Neurotiker bei uns. Da sind Menschen aus dem asozialen Milieu und Kinder der quasi-heilen Mittelschicht.

Was ändert sie? Was läßt sie überhaupt so lange bei uns verweilen? Die Türen nach draußen sind nie verschlossen, die Szene ist nicht weit. Was hält sie?

Vom ersten Tag seiner Therapie erfährt der Neue die Prinzipien der therapeutischen Gemeinschaft: Offenheit, Konsequenz, Vertrauen, Verständnis, Hilfe und Liebe. Es sind Prinzipien einer heilen Familie, die den einzelnen fordern und fördern. Er spürt, daß er hier nicht als Leidender, als Kranker be- und abgehandelt wird, ja, er erfährt mit Staunen, daß es gar nicht sein Symptom, seine Sucht ist, das im Vordergrund steht, sondern er als ganzer Mensch. Er begreift, daß in jeder Begegnung die Chance einer Spiegelung seiner selbst ist, und er wächst durch die Möglichkeit der Spiegelung des anderen. Sein Selbstbild wird korrigiert und erweitert, und neue Potentiale werden entwickelt. Er erfährt, daß selbst in der härtesten Konfrontation sein Verhalten gemeint ist und nicht er selbst, und so wächst langsam in ihm ein Verständnis, daß er ein Verhalten aufgeben kann, ohne sich selbst aufgeben zu müssen.

Das Leben in dieser Gemeinschaft erfüllt ihn, die aktive Teilhabe wird zu einem neuen Motiv. Dieses Motiv kann in den allermeisten Fällen den immer wieder aufkommenden Wunsch nach der Szenengruppe draußen, nach dem Rauscherlebnis auffangen. Die positiven und negativen Erfahrungen mit dieser Gemeinschaft motivieren immer neu den Wunsch nach therapeutischem Wachstum. Die Gruppe erreicht so zweierlei: sie hält ihre Mitglieder und sie stößt sie immer wieder in die therapeutische Auseinandersetzung, in den therapeutischen Prozeß. Sie ersetzt dadurch mangelnde Ausdauer, mangelndes Problembewußtsein. Und wie die frühere Begegnung mit der Szenengruppe der Anfang der Suchtkarriere war, so kann die Begegnung mit der therapeutischen Gemeinschaft der Anfang eines suchtfreien Lebens sein.

Der ideologische Aspekt – die DAYTOP-Philosophie

Die therapeutische Gemeinschaft wird durch eine besondere Philosophie getragen. Auch dieser Aspekt ist ungewöhnlich für einen therapeutischen Prozeß.

Lerntheoretische und kommunikative Ansätze betonen zwar ebenfalls die Notwendigkeit von aktiven Einstellungsänderungen, der Beeinflussung des »inneren Selbstgesprächs« (*Ellis* 1962), sie zielen aber eher auf spezielle Einstellungsmuster ab, die sich im therapeutischen Prozeß als dysfunktional erweisen. Ansätze zu einer die ganze Person und sein Weltbild übergreifenden Lebensphilosophie sind in der humanistischen Psychologie insbesondere bei *Perls* (1973) zu finden. Die Realitätstherapie (*Glasser* 1965) kann ebenfalls als eine Einstellungsveränderungstherapie verstanden werden, wenn sie fordert, daß eine Therapie auch ideelle und normative Bereiche erfassen soll. Synanon hat vom amerikanischen Selbstverständnis abweichende Gruppenideale, denen sich ihre Mitglieder lebenslang unterwerfen sollen.

Bei einer Einrichtung wie DAYTOP ist die besondere Schwierigkeit die, daß die Mitglieder nur begrenzt in der Gemeinschaft leben. Werden neue Normen und Wertvorstellungen oder Maximen in der Gemeinschaft aufgebaut, müssen sie spätestens bei Therapieende auf die Realität nach draußen hin relativiert werden.

Mit Hilfe eines großen Pendels wird versucht, diese Schwierigkeit den Mitgliedern zu erklären.

Das Pendel hängt an der Wand. Die Ausschlagrichtung ist auf der einen Seite durch ein schwarzes, auf der anderen Seite durch ein weißes Kreissegment gekennzeichnet; der Übergang ist grau.

In der Symbolik dieses Pendels gründet sich die gesamte DAYTOP-

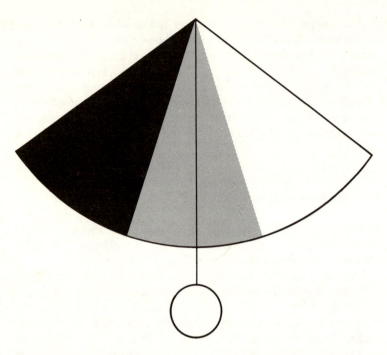

Ideologie und DAYTOP-Praxis: Der schwarze Anteil symbolisiert die Lebenssituation des Süchtigen, seinen *negativen Lebensstil*, wie es DAYTOP nennt. Auf der Basis einer Identitätskrise verkümmert das Ich in seinen intellektuellen, emotionalen, triebmäßigen und sozialen Aspekten. Es entsteht der Abhängige, der Süchtige, der ohne fremde Hilfe in der Regel immer weiter in eine negative Welt fällt – bis zur Selbstzerstörung.

Auf der anderen Seite ist der weiße Bereich; er symbolisiert die Realität oder wenigstens die Ideale der therapeutischen Gemeinschaft. Sie sind gekennzeichnet durch die genau gegenteiligen Ich-Aspekte: Genauigkeit und Konzentration, emotionale Offenheit, Selbstkontrolle und soziale Verantwortung.

Die graue Mitte symbolisiert die gesellschaftliche Realität, die weder extrem positiv noch negativ ist. Es ist das Auf und Ab unserer normalen Lebenssituation und unserer normalen Lebensgefühle. Es ist insofern stabil, als es Extrem- beziehungsweise Grenzerlebnisse, insbesondere im Negativbereich, nicht erreicht.

Symbolisch pendelt der Abhängige, wenn er DAYTOP betritt, von einem extrem negativen Bereich in eine extrem positive Situation: extreme Genauigkeit, Pünktlichkeit, hohe Ansprüche an Offenheit, Verantwortungsbewußtsein und Selbstkontrolle.

In der Metapher erklärt sich die Maximalforderung an den Süchtigen: *keinerlei Drogen* und kaum Kaffee und Nikotin. *Keinerlei Szenen-Image* – das kann »nur« bedeuten, daß alle Mitglieder eine einheitliche Arbeitskleidung tragen, das kann auch bedeuten, daß die Familie von einem »Altfixer« verlangt, die Haare kurz zu schneiden. Diese Metapher erklärt Verhaltensweisen, die für Außenstehende oft absurd erscheinen: keine Sexualität, keine Beziehungen in den ersten 6 Monaten; keinerlei Selbstverständlichkeit wie Musikhören, Fernsehen, Spazierengehen in den ersten Wochen. Sie erklärt die penible Rigidität, mit der auch kleinstes Fehlverhalten aufgebracht wird.

Der Pendelschlag erklärt der Familie immer wieder: Du warst so tief im Negativbereich – Du mußt jetzt auch so tief in den Positivbereich.

Täglich finden Seminare statt, in denen Aspekte dieser Symbolik diskutiert werden. Tageslosungen – Sätze, die das Positive maximal ausdrücken – hängen in allen Zimmern. Dem Abhängigen wird langsam auch auf der kognitiven Ebene klar, was die Abhängigkeit für ihn bedeutet hat. Als Süchtiger war er dem Pendelschlag hilflos ausgeliefert. Aus dem negativen Gefühl warf ihn der Schuß, der Alkohol in ein extremes Hochgefühl, in ein positives Lebensgefühl, aber der Entzug warf ihn wieder zurück in die Misere bis zum nächsten Pendelausschlag. Auch die vergeblichen Selbstheilungsversuche erhalten ihren Sinn: der kurze Moment von Hoffnung und Selbstsicherheit, ehe das Pendel zurückschlug. Die Bedeutung der therapeutischen Gemeinschaft, des Teams und der Gruppe – der Familie – wird tief begriffen. Sie ist es, die sich gegen den Rückschlag des Pendels wehrt, mit all ihrer Kraft. Das Pendel im weißen Bereich löst sich immer wieder neu, langsam zur Mitte gleitend, immer wieder ein Mitglied aus ihrer Familie zu entlassen.

So wird der Sinn der Sucht und der Sinn der Therapie in all seinen Aspekten erfaßt. Die Prinzipien der Therapie werden begriffen, weil eine einfache Idee, eine Ideologie sie zusammenhält. Diese Idee ist so einfach, daß der Therapieältere sie bald dem Neueren, dem Therapiejüngeren vermitteln und erklären kann: Hilfe zur Selbsthilfe – auch auf der Ebene des Begreifens, der Einstellung, der Ideologie.

Das therapeutische Team – die Professionellen

An der Spitze des therapeutischen Teams und damit an der Spitze der Gemeinschaft steht eine klinisch-therapeutische Fachkraft (Arzt oder Psychologe). Er leitet das psychodynamische und organisatorische Gesamtgeschehen und verknüpft beide Aspekte zu einem sinnvollen Ganzen. Für die Entwicklung einer positiven Gemeinschaft trägt er entscheidend bei: Die Gruppe erlebt ihn als Steuermann und Macher. Er entscheidet letzlich über Aufnahme und »Rausschmiß«, über Privilegien und Sanktionen, über Entwicklung und Stagnation. Er entscheidet in Krisensituationen und er steht in kritischen Situationen zur Verfügung. Das Team übermittelt ihm alle notwendigen Informationen, und er teilt das Team entsprechend seinem Überblick ein. Damit wird er zum Kristallisationspunkt einer Dynamik aus Kritik, Neid und Bewunderung. Diese Dynamik muß immer wieder aufgedeckt und bearbeitet werden – mit der Gruppe, der sich der Leiter regelmäßig zur Klärung seiner Position stellt, und mit dem Team. Wöchentlich wird ein Team-Encounter durchgeführt, in dem die verschiedenen Einstellungen und Gefühle ausgesprochen und bearbeitet werden können.

Der Leiter diskutiert in regelmäßigen Abständen den Sinn des Programms, das heißt Theorie und Ideologie von DAYTOP, mit dem Team und der Gruppe.

Dem Leiter zur Seite stehen – je nach Größe des Hauses – mehrere Fachkräfte.

Der Arzt:

Da Aufnahmeuntersuchung, gesundheitliche Überwachung, Beachtung anderer medizinischer Aspekte einschließlich eventuell diätetischer Kontrolle in jedem Fall notwendig sind, gehört, soweit der Leiter des Hauses kein Arzt ist, ein Arzt zum Team. Wichtig ist er auch als Partner zur Klärung psychosomatischer und psychiatrischer Symptome.

Der Psychologe:

Je nach Größe des Hauses sind im Team ein bis drei Psychologen. Sie leiten die verschiedenen Gruppenveranstaltungen und betreuen die einzelnen Phasen und Gremien. Sie sind in den verschiedenen therapeutischen Methoden ausgebildet.

Der Sozialarbeiter:
Er ist insbesondere zuständig für die Belange der Abhängigen von draußen: Gerichtssachen, Kostenprobleme, Kontakte mit Angehörigen gehören in seinen Aufgabenbereich. In der Kontaktphase übernimmt er die Betreuung der Gruppe und bereitet die Wiedereingliederung vor.

Das therapeutische Team
Die Ex-User

Ehemaligen Patienten – sogenannte Ex-User, die die Therapie vollständig durchlaufen haben – obliegt die wichtige Funktion der Organisation und Verwaltung des Hauses. Sie gewährleisten das Funktionieren der Selbstverwaltung, sie überwachen den Tagesablauf und die einzelnen Gremien. Sie kontrollieren die Ordnung und Arbeit im Haus und im Garten. Durch ihre spezifische Erfahrung können sie sich in die Lage der Hausbewohner versetzen und wertvolle Hinweise geben.

Im therapeutischen Team von DAYTOP arbeiteten von Anfang an ehemalige Klienten gleichberechtigt mit den Professionellen zusammen. Diese Ex-User haben den Stil von DAYTOP entscheidend mitgeprägt. Das Ex-User-Prinzip ist ein fundamentaler Bestandteil der Therapie. Ihre Funktion ist für die Therapie unersetzlich.

Von Anfang an realisierten sie das direktive Moment. Während die Professionellen versuchten, über »Einsicht«, »Verständnis«, »Durcharbeiten« den Abhängigen zu erreichen, traten sie dem Süchtigen mit klaren Forderungen gegenüber: »Tue das!«, »Laß das!«, »Ich will das nicht!«

Die Professionellen kamen von der Universität, den Kopf voller Ideen. Die Ex-User kamen aus der Szene, sie gewannen dort ihre »Professionalisierung«. Sie hatten Erfahrung: Warum Drogen so attraktiv sind – aber auch warum sie so gefährlich sind. Wo man Drogen verstecken kann, um sie ins Haus zu schmuggeln, und woran man erkennt, daß jemand »voll« ist. Ohne sie wären unsere Häuser niemals »clean« geworden und geblieben.

Während die Professionellen von »Vertrauen« sprachen, wußten sie, daß ein Abhängiger mit diesem Wort nichts anzufangen weiß, daß er es oft gar nicht kennt, weder für sich noch dem anderen gegenüber. Sie kannten die Schwäche des Abhängigen gegenüber der Droge. Sie wußten aus eigener Erfahrung, daß die Kraft dagegen in den allermeisten Fällen nicht nur von innen kommen kann, sondern auch von außen gesetzt werden muß, daß es permanenten Kontakt braucht, Kontrolle und Konfrontation. Der Sog der Droge kann von Professionellen einfach nicht nachvollzogen werden. Sie übersehen allzuleicht, daß die Sucht nicht bloß ein Symptom ist, das durch ein aufdeckendes Gespräch einfach verschwindet, sondern daß von der Droge eine »Kraft« ausgeht, eine immense »Anziehung«, und daß der Abhängige jemand braucht, der mit ihm gegen diese Kraft ringt, der ihn von der Droge abhält – und die Droge von ihm. Die Droge hat Einfluß über ihren Konsumenten. *Er* ist abhängig von *ihr*. Es ist sinnvoll, sich in diese magische Metapher einmal einzulassen.

Diesen »Sachverstand«, dieses »Fachwissen« brachten die Ex-User mit. Der Professionelle lernte von ihnen. Heute hat auch er ein klares Verständnis, was in der Suchttherapie notwendig ist, was möglich ist und was nicht. Sein Interventionsstil hat sich entscheidend verändert. Der Ex-User ist dadurch nicht überflüssig geworden. Immer kann er seine Erfahrung gegen das bloße Wissen setzen. Und es gibt weitere entscheidende Gründe für sein Mitwirken im Team:

Der Ehemalige ist der sichtbare Beweis, daß Heilung möglich ist, daß es ein sinnvolles Ziel gibt, daß sich der anstrengende Weg lohnt. Damit setzt der Ehemalige eine große Motivationshilfe. Er war selber Patient. Er stand da, wo die anderen jetzt stehen. Er macht durch die Metamorphose vom Süchtigen zum Ex-User, vom Ohnmächtigen zum Starken, vom Unwissenden zum Wissenden, vom Abhängigen zum Freien, vom Leidenden zum Leitenden therapeutisches Wachstum greifbar.

Der Ex-User ist auch selber greifbarer für den Abhängigen als der Professionelle. Diesem fühlt er sich fremd gegenüber, da er eine andere Lebenserfahrung mitbringt. Dieses Anderssein erlebt der Abhängige als mangelndes Engagement, was ihn dazu veranlaßt, den Professionellen abzuwerten und auszunützen. Dem Ex-User gegenüber fühlt er sich verbunden. Er hat sein Leben gelebt – und es dennoch geschafft. Er erlebt ihn als Vorbild. Er bewundert und beneidet ihn zugleich. So erschließt der Ehemalige ein zusätzliches Motivationsreservoir, indem er die Kluft zwischen Oben und Unten, zwischen Therapeut und Patient, füllt. Die Auseinandersetzung mit seiner Person unterstützt Stabilisierungsprozesse.

Der Ehemalige signalisiert noch mehr als einen bloßen Heilungsprozeß: er arbeitet mitverantwortlich in einem professionellen Team. Das heißt, daß auch das soziale Stigma des ehemals Abhängigen überwunden ist. Als Metapher behaupten wir oft: »Unsere Therapie ist hundertprozentig, denn nach der Therapie bist Du wie einer von uns!«

Ein Letztes, für das Selbstverständnis von DAYTOP sehr Wichtiges, bringt uns der Ehemalige: Er hat seinen früheren Zustand transzendiert, aber er repräsentiert ihn dennoch. Er ist Ex-User, Ex-Krimineller, Ex-Alkoholiker. Er fühlt sich verbunden mit dem »andersartigen Menschen«, mit dem Kranken. Er sieht den Menschen hinter der Symptomatik. In einem Team, in dem Ehemalige (mit-)verantwortlich sind, steht die *Person* des Kranken im Vordergrund, eine bloße Symptombehandlung ist ausgeschlossen. Ein ehemaliger Drogensüchtiger wird seine psychiatrische Verwahrung niemals als eine Behandlung, als Hilfe empfinden, genausowenig wie ein Strafgefangener seinen Gefängnisaufenthalt.

So ist die Mitverantwortung des Ehemaligen eine entscheidende Stütze bei der Verwirklichung der Idee der therapeutischen Gemeinschaft von *Menschen,* die einen Weg zurück suchen und gehen.

Es drängt sich jetzt vielleicht die Frage auf, warum dann überhaupt Professionelle im Team arbeiten. Warum praktiziert DAYTOP nicht das reine Ex-User-Prinzip wie Synanon oder DAYTOP-Amerika?

Abgesehen von rein verwaltungsrechtlichen Überlegungen (für ein Suchtkrankenhaus wird ein Arzt verlangt), sind wir überzeugt, daß gerade die Verbindung von Professionellen und Ex-Usern die Stärke unserer Therapie ausmacht. Der Ehemalige bringt das Basiswissen und eine effektive Handlungskompetenz – Grundvoraussetzung für eine erfolgreiche Therapie. Der Professionelle bringt Möglichkeiten der Veränderung, der Erneuerung. DAYTOP-Amerika zum Beispiel hat sich seit zehn Jahren nicht entscheidend verändert. Jede »Therapiegeneration« gibt ihr Wissen, ihre Erfahrung an die Nächsten weiter. Es besteht die Gefahr einer rigiden Verhärtung der Einrichtung. Hier in Deutschland kamen über die Professionellen neue Ansätze in die Institution. Es wurden und werden die verschiedensten Therapieansätze angewendet: Psychoanalyse, Gestalt, Realtherapie, Psychodrama und andere. Es wurden neue Therapiephasen eingeführt und neu bestimmt. Es wurden neue Momente einer lebendigen therapeutischen Gemeinschaft entwickelt und umgesetzt.

Wichtigstes Ergebnis dieser Erneuerung ist meines Erachtens die stärkere Einbeziehung weiblicher Teammitglieder, die Problematisierung eines am männlichen Abhängigen orientierten Interventionsstils. Heute sind in den Häusern möglichst gleich viele männliche und weibliche Teammitglieder – und als Konsequenz nahezu gleich viele weibliche und männliche Patienten.

Solche Anregungen konnten nur von »außen«, von den Professionellen kommen.

Der Professionelle ist auch an einer Erörterung und Validierung des DAYTOP-Konzeptes interessiert. So gibt es – allerdings nicht veröffentlichte – Statistiken über Erfolgsquoten der einzelnen Häuser und eine Arbeit über die »Valuierung des DAYTOP-Konzepts«, die die Wirkung struktureller Momente empirisch erfaßt. Es wurden in der Zwischenzeit mehrere Diplomarbeiten zum Thema »Drogentherapie bei DAYTOP« geschrieben.

Auch diese Arbeit ist der Versuch einer theoretischen Ortung des DAYTOP-Konzeptes.

So gewähren die Professionellen im Team, daß die therapeutische Institution offen bleibt für praktische Erneuerungen und wissenschaftlich fundierte Korrekturen.

Indem sie den bloßen Erfahrungstatbestand hinterfragen, gewährleisten sie gleichermaßen das Prinzip kritischer Distanz und wissenschaftlich fundierter, größerer Sicherheit.

Das klinisch-therapeutische Prinzip

Im Haus arbeiten Fachkräfte des medizinischen, psychologischen, therapeutischen und sozialen Bereichs. Alle Prozesse, auch der kleinste organisatorische Akt, unterstehen ihrer Verantwortung. Das therapeutische Modell DAYTOP erfüllt keinen Selbstzweck und keinen anderen Zweck als den der Therapie von Suchtkranken zur drogenfreien verantwortlichen Teilnahme am realen Leben. Alles im Haus ordnet sich letztlich diesem Gesichtspunkt unter. Es ist Aufgabe des Leiters und des Fachpersonals, die Verwirklichung dieser Absicht zu garantieren.

Die Supervision und Weiterbildung

Alle therapeutischen Mitarbeiter der DAYTOP-Häuser unterziehen sich einer regelmäßigen Supervision.

Die Teilnahme eines distanzierten Beobachters ist in der Drogenarbeit sehr wichtig: Durch die tagtägliche unmittelbare Arbeit in und mit der Gemeinschaft entstehen eine große Anzahl unkontrollierter Beziehungen und Phantasien, die nur aus einer außengeordneten Position objektiviert werden können.

Genauso befinden sich alle Mitarbeiter in einem ständigen Weiterbildungsprozeß in den verschiedenen therapeutischen Ansätzen.

Zusammenfassung und Schluß

DAYTOP setzt – wie seine amerikanischen Modelle – an der negativen Lebenspraxis aufgrund von Realisierungshemmungen des Süchtigen an. Ziel ist eine positivere Lebensbewältigung. Es erzwingt, fördert und propagiert alternative Realisierungsmöglichkeiten mit den Prinzipien einer therapeutischen Gemeinschaft. Es ist nicht lerntheoretisch fundiert, da es Konflikte als ungeplantes Verhalten fördert.

Es ist auch nicht rein analytisch fundiert, weil es nicht das Phantasieverhalten analysiert und kontrolliert, sondern konkretes Verhalten kritisiert und reale Veränderungen fordert. Am ehesten ist es an der lebensgeschichtlichen Praxis von Sozialisationsprozessen und Konfliktinterventionen orientiert. In diesem Sinne ist es ganz sicher nicht nur ein auf Süchtige zugeschnittenes Programm, sondern ein Modell alternativer Psychiatrie.

Bibliographie

Bauer, E.: Selbstverständnis und Praxis – Drogentherapie bei Daytop, München 1976

Deissler, K. J., Feller, W., Riesen, M.: Identitätskrise und jugendliche Drogensucht, *Therap. Umschau,* Band 34, Heft 10, 1977

Ellis, A.: Reason and Emotion in Psychotherapy, Secaucus NJ, 1962; deutsch: Die rational-emotive Therapie, München 1977

Erikson, E. K.: Identity and the Life Cycle, 1959; deutsch: Identität und Lebenszyklus, Frankfurt 1966

Glasser, W.: Reality Therapy, New York 1965; deutsch: Realitätstherapie, Weinheim 1972

Perls, F.: The Gestalt Approach & Eye Witness to Therapy, Palo Alto 1973; deutsch: Grundlagen der Gestalttherapie, München 1976

Petzold, H.: Daytop – Das Konzept einer Therapeutischen Gemeinschaft, in: H. Petzold (Hrsg.), Drogentherapie, Paderborn 1974

Yablonsky, L.: The Tunnel Back: Synanon. New York 1965; deutsch: Synanon: Selbsthilfe der Süchtigen und Kriminellen, Stuttgart 1975

III. Therapeutische Wohngemeinschaften und Wohnkollektive: einige Zielgruppen

Bernd Ahrbeck

*Therapeutische Gemeinschaft u. Gemeindepsychiatrie —
Über den Aufbau einer therapeutischen Gemeinschaft
in einem gemeindepsychiatrischen Zentrum*

1. *Das Gemeindepsychiatrische Zentrum Eimsbüttel als
sozialpsychiatrische Modelleinrichtung*[1]

Das am 1. 2. 1975 eröffnete Gemeindepsychiatrische Zentrum Eimsbüttel (GPZE), über das hier berichtet werden soll, entspricht in seinem Anspruch, sozialpsychiatrisch und gemeindenah zu arbeiten, den Forderungen der Psychiatrie-Enquete[2] und versteht sich in diesem Sinne als Modelleinrichtung.

Es hat sich zum Ziel gesetzt, »der außerklinischen Nachsorge und/oder Rehabilitation solcher Personen (zu dienen), die aufgrund einer schwerwiegenden psychischen Störung aus ihrem sozialen Umfeld und/oder aus dem Arbeitsleben herausgefallen sind oder in letztgenanntem Bereich bislang nicht Fuß fassen konnten.

Der Aufenthalt im GPZE soll den Übergang nach langjährigen oder mehreren Krankenhausaufenthalten in das alte oder ein neues soziales Umfeld und gegebenenfalls ins Arbeitsleben erleichtern helfen bzw. neue Startbedingungen für eine Rückkehr in das Arbeitsleben nach einer Haushospitalisierung schaffen« (GPZE – Projektbeschreibung 1975, S. 14).

Unter sozialpsychiatrischer Orientierung ist zu verstehen: »Sozialpsychiatrie behauptet nicht die soziale Verursachung allen psychischen Leidens, ... berücksichtigt jedoch die gesamte Bedingungskonstella-

---

1 Der vorliegende Bericht über den Aufbau einer therapeutischen Gemeinschaft im Gemeindepsychiatrischen Zentrum in Hamburg-Eimsbüttel spiegelt die Erfahrungen wider, die ich dort in meiner Arbeit gemacht habe. Wo es in diesem Bericht über die Darstellung von Fakten hinaus zu Einschätzungen kommt, müssen diese Einschätzungen nicht in jedem Fall der mehrheitlichen Meinung der GPZE-Mitarbeiter entsprechen.
2 Bericht über die Lage der Psychiatrie in der Bundesrepublik Deutschland – Zur psychiatrischen und psychotherapeutisch-psychosomatischen Versorgung der Bevölkerung.
Deutscher Bundestag, 7. Wahlperiode, Drucksache 7/4200.

tion eines Leidens« (*Dörner* und *Plog* 1972, S. 10/11). Das heißt, daß das gesamte soziale Umfeld des Patienten innerhalb und außerhalb der Institution, in der er lebt – wie etwa Familien-, Arbeitsplatz-, Freizeitbedingungen, Wohnverhältnisse –, für therapeutisch relevant gehalten wird, auch wenn keine soziale Verursachung der Erkrankung vorliegt. Hospitalisierungsschäden, wie sie für viele herkömmlichen psychiatrischen Institutionen bezeichnend sind, sollen so von vornherein vermieden werden[3].

Das Prinzip der Gemeindenähe der psychiatrischen Versorgung soll der bisher praktizierten Aussonderung psychisch Kranker aus ihrer sozialen Umgebung entgegenwirken. Die Patienten sollen nicht mehr in weit abgelegenen Landeskrankenhäusern, sondern unmittelbar in dem von ihnen bewohnten Bezirk behandelt werden[4].

Dies soll ihre Rehabilitationsaussichten erhöhen und langfristig auch zum Abbau von Vorurteilen gegenüber psychisch Kranken in der Bevölkerung führen.

Dabei war von Anfang an klar, daß eine gemeindenahe psychiatrische Versorgung von einer einzelnen Institution nur in dem oben beschriebenen allgemeinen Sinn realisiert werden könnte.

Gemeindenahe Psychiatrie im Sinne einer sektorisierten psychiatrischen Versorgung[5] eines Stadtteils bedarf hingegen eines therapeutischen Netzes, in dem das GPZE neben anderen (ambulanten) und (halb-)stationären Institutionen seinen Platz einnehmen würde[6].

Das GPZE selbst besteht aus 3 Einheiten:

a) einer Übergangswohneinheit/Wohnheim mit 40 Plätzen
b) einer Tagesstätte mit 20 Plätzen
c) einer Werkstätte mit 22 Plätzen.

---

[3] Vergl. dazu: *Finzen, A.* (Hg.): Hospitalisierungsschäden in psychiatrischen Krankenhäusern, München 1974;
Fischer, F.: Irrenhäuser, München 1969;
Klee, E.: Psychiatrie-Report, Frankfurt a. M. 1978.
[4] Vergl. dazu: *Woodbury, M. A., Woodbury, M. M.:* Community-Centered Psychiatric Intervention – a Pilot Project in the 13th Arrondissement, Paris, *Americ. J. of Psychiat.* 126, 5, 619–625 (1969);
Held, T.: Erfahrungen in einem gemeinde-psychiatrischen Zentrum in Paris, in: *Ehrhardt, H.:* Perspektiven der heutigen Psychiatrie, Frankfurt a. M. 1972;
Hochmann, J.: Thesen zur Gemeindepsychiatrie, Frankfurt a. M. 1973.
[5] Vergl. dazu: *Bauer, M.:* Sektorisierte Psychiatrie, Stuttgart 1977.
[6] Vergl. auch Kap. 5.

Dabei wird in der Übergangswohneinheit und in der Tagesstätte nach dem Prinzip der »therapeutischen Gemeinschaft«, so wie es von *Maxwell Jones*[7] beschrieben wird, gearbeitet. In diesem Bericht soll auf den Aufbau und die bisherigen Erfahrungen mit der Übergangswohneinheit eingegangen werden, da dort im Gegensatz zur Tagesstätte keine Trennung von Leben und therapeutischer Behandlung stattfindet.

Gemeinsam ist der Übergangswohneinheit und der Tagesstätte, daß Bewohner und Besucher beiderlei Geschlechts nach einem Aufnahmegespräch aufgenommen werden. In der Regel ausgeschlossen bleiben Menschen mit

- vorherrschenden Alkohol- und Suchtproblematiken
- extrem eingeschränkten intellektuellen Möglichkeiten und vorherrschenden hirnorganischen Schädigungen
- einer so stark fortgeschrittenen Erkrankung, daß eine zumindest teilweise Rehabilitation nicht mehr zu erwarten ist
- einem Alter von unter 18 oder über 55 Jahren.

Entstanden ist das GPZE aus einer Initiative des Trägervereins, der Hamburgischen Gesellschaft für Soziale Psychiatrie[8], einer Organisation, die Angehörige verschiedener Berufsgruppen umfaßt (Sozialarbeiter, Krankenschwestern, Psychologen, Ärzte), die aus ihrer beruflichen Arbeit heraus versuchen, zur Veränderung der psychosozialen Versorgung beizutragen.

Das GPZE konnte seine Arbeit nur dadurch aufnehmen, daß ausreichend Spenden und Privatbürgschaften von Mitgliedern und Freunden des Trägervereins vorlagen. Erst nachdem die ersten Bewohner eingezogen waren, konnten die Pflegesatzverhandlungen mit der Arbeits- und Sozialbehörde in Hamburg abgeschlossen und die Finanzierung des Hauses sichergestellt werden.

Da das GPZE als Institution neu entstanden ist, ergaben sich – neben den immensen Schwierigkeiten des Aufbaus – Möglichkeiten

---

7 Vergl. dazu: *Jones, M.:* Prinzipien der therapeutischen Gemeinschaft, 1976, und *Jones, M.:* Theorie und Praxis der therapeutischen Gemeinschaft – dieses Buch.
Eine gute Darstellung und die Diskussion um verschiedene Problembereiche der therapeutischen Gemeinschaft findet sich in: *Teusch, L.,* Die therapeutische Gemeinschaft in der Bundesrepublik, Wunstorf 1977.
8 Es handelt sich dabei um den hamburgischen Landesverband der Deutschen Gesellschaft für Soziale Psychiatrie (DGSP).

einer relativ freien Planung des therapeutischen Konzepts und der Zusammenarbeit der Mitarbeiter untereinander.

2. Der Rahmen der therapeutischen Gemeinschaft im GPZE

2.1. Die Lebensbedingungen der Bewohner

Wenn die therapeutische Gesellschaft als alternative Lebens- und Lernform zu einer Anstaltspsychiatrie gedacht ist, die einen Teil vermeintlicher psychischer Erkrankung erst produziert[9], so muß auf einige Rahmenbedingungen des Lebens im GPZE kurz eingegangen werden.

Das Wohnen in 1- oder 2-Bettzimmern mit der Möglichkeit, sich persönlich zurückzuziehen, freier Briefverkehr, Möglichkeit, ohne Behinderung nach außen zu telefonieren, persönliche Habe, individuelle Kleidung, unkomplizierter Zugang zu juristischem Beistand, sind ebenso Selbstverständlichkeiten wie ein vollständiges Opendoor-System, das die Bewohner in ihrer persönlichen Bewegungsfreiheit in keiner Weise einschränkt. Die Öffnung nach außen mit der Möglichkeit, soziale Kontakte aufzunehmen und am Leben draußen teilzuhaben (z. B. Kino-, Theaterbesuche), ist eine der Grundvoraussetzungen der therapeutischen Gemeinschaft[10]. Dem entspricht nach innen der Versuch, möglichst eine Angleichung an das Leben draußen vorzunehmen. Ein wichtiger Punkt dazu ist die Aufhebung der Geschlechterschranke: im GPZE gibt es keine getrennten Flure, neu aufgenommene Bewohner werden gleichgeschlechtlich auf Zweierzimmer gelegt, es besteht später die Möglichkeit, die Zimmer zu tauschen. Dabei kam es bisher jedoch selten dazu, daß sich gleichgeschlechtliche Zweierpaare bildeten.

Wenngleich es eine entscheidende Voraussetzung für eine erfolgreiche Rehabilitation ist, daß institutionalisierende Faktoren – dazu gehören neben den bereits genannten unter anderem auch die erzwungene Untätigkeit und autoritäre Verhaltensweisen des Personals – so weitgehend wie möglich reduziert werden, so ist dies jedoch nur als Voraussetzung für eine therapeutische Behandlung und das Entstehen einer therapeutischen Kultur anzusehen.

---

9 Vergl. auch: *Goffman, E.*: Asyle, Frankfurt a. M. 1973
10 Vergl. auch: *Teusch*, S. 53/54, 1977.

2.2. Das therapeutische Konzept

In der 40 Plätze umfassenden Übergangswohneinheit sind die Bewohner in 3 feste Gruppen eingeteilt, d. h., daß die Bewohner einer Gruppe einen gemeinsamen Tagesablauf im Rahmen des therapeutischen Programms haben. Jeder dieser 3 Gruppen ist ein Mitarbeiterteam zugeordnet, das in der Regel aus 3 festangestellten Mitarbeitern (aus den Berufsgruppen: Krankenschwester, Psychologe, Beschäftigungstherapeut, Sozialarbeiter) besteht. Darauf wird im folgenden noch genauer eingegangen.

Im GPZE wird die Gruppenarbeit so gestaltet, daß in der Regel eine Gruppe von Bewohnern gemeinsam mit 2 Mitarbeitern bestimmte Aktivitäten durchführt. Die einzelnen Aktivitäten, aus denen sich das Tagesprogramm zusammensetzt (vormittags in der Regel 10–12 Uhr, nachmittags 14.30–16.30 Uhr), sind grob zu unterscheiden in

- therapeutische Aktivitäten im engeren Sinn (z. B. Gruppengespräche, Beschäftigungstherapie, Rollenspiel-Selbstbehauptungsgruppen), bei denen es eine deutliche Rollenunterscheidung von Bewohnern und Mitarbeitern gibt
- therapeutische Aktivitäten im weiteren Sinn (z. B. Außenaktivitäten, Schwimmen, Spiele), bei denen überwiegend der Aspekt gemeinschaftlichen Handelns eine Rolle spielt.

Beide Arten von Aktivitäten werden als gleichermaßen wichtig erachtet. Grundlage des Programms ist jeweils die Eigenaktivität und Initiative der Bewohner. Alle Aktivitäten haben die Selbsttätigkeit und zunehmende Mitbeteiligung der Bewohner am therapeutischen Prozeß zum Ziel, die Mitarbeiter versuchen in unterschiedlichem Maß dazu Hilfestellung zu geben.

Die Bewohner sollen lernen, ihre Probleme untereinander – Beziehungsschwierigkeiten – zu lösen, sie sollen sich bei allen anstehenden Problemen (Umgehen mit der eigenen Behinderung, Schwierigkeiten mit Familienangehörigen/Freunden, Wohnungssuche, Arbeitssuche usw.) unterstützen, ohne sich von Mitarbeitern abhängig zu machen. Die Mitarbeiter versuchen dabei – sofern dies möglich ist –, Hilfe zur Selbsthilfe[11] zu geben. Das Maß, in dem

---

11 Zum Selbsthilfekonzept vergl.: *Dörner, K.:* Wege zur Selbsthilfe bei psychisch Kranken, *Theorie und Praxis der Sozialarbeit* 4/1977
Dörner, K., Plog, U.: Irren ist menschlich oder Lehrbuch der Psychiatrie/Psychotherapie, Wunstorf 1978.

sich Mitarbeiter aus ihrer Mitarbeiterrolle zurückziehen und eine Gruppe selbständig handeln kann, variiert dabei natürlich nach der Art des therapeutischen Programms, dem Grad der Behinderung und Hospitalisierung der Bewohner und der augenblicklichen Gruppensituation. Wichtig ist es jedoch, immer eine maximale Interaktion und Kommunikation zwischen allen Beteiligten zu erreichen, um es den Bewohnern zu ermöglichen, sich selbst und andere besser wahrzunehmen. Im Rahmen eines solchen Interaktionsgefüges wird es möglich, vorher als unverständlich oder »krankhaft« anmutende Verhaltensweisen der Patienten in einen kommunikativen Rahmen einzuordnen und als Abwehrformen oder fehlgeleitete Bedürfnisse im Bereich des Trieblebens und der Kommunikation zu verstehen.

Durch ein besseres Verständnis der Kranken ließen sich aber auch deren pathologische Reaktionen besser voraussehen und angemessener beantworten (*Wulff* 1972, S. 217).

Die entscheidenden therapeutischen Faktoren des Prinzips der therapeutischen Gemeinschaft beschreibt *Napolitani* (1963). Sie können in dieser Form auch für die Arbeit im GPZE gelten, nämlich daß

1. das krankhafte Verhalten des einzelnen in der Gruppe deutlich wird und daß der einzelne durch die Gruppe darauf aufmerksam gemacht werden kann;
2. die Gruppe und der einzelne sich bemühen, dieses krankhafte Verhalten zu verstehen;
3. diejenigen Situationen gefördert werden, die korrigierende Erfahrungen ermöglichen;
4. die gesunden Seiten der Persönlichkeit durch die Gruppe anerkannt und durch adäquate Rollen entwickelt werden (nach: *Finzen* 1977, S. 313).

Die oben angesprochene feste Gruppeneinteilung wurde im Herbst 1976, also 2 Jahre nach Eröffnung des GPZE, eingeführt. Zuvor nahmen alle Bewohner an einem Kurssystem teil, d. h., sie waren ständig wechselnden Gruppensituationen ausgesetzt. Die feste Gruppeneinteilung soll demgegenüber dazu dienen, daß die Bewohner in einer Gruppe ein »Wir-Gefühl« entwickeln und tragfähige Beziehungen untereinander aufbauen können.

Neue Bewohner werden von den Mitarbeitern einer der Gruppen zugeteilt. Obgleich es sicherlich für viele neue Bewohner schwierig ist, sich in eine Gruppe einzufügen, fand bisher keine systematische

Unterstützung durch Einzelkontakte statt. Solche Einzelkontakte gibt es relativ selten. Sogenannte Verlaufsgespräche mit Bewohnern finden ca. alle 6 Wochen statt, sie dienen dazu, die individuelle Entwicklung zu besprechen, da dies im Rahmen des Tagesprogramms mit jedem einzelnen Bewohner nicht möglich erscheint. Es wird versucht, die Ergebnisse der Verlaufsgespräche in die Gruppe zu tragen. Andere Einzelkontakte gibt es selten und überwiegend in Krisensituationen, oder um eine absehbare Krise zu verhindern.

Dabei ist es im GPZE umstritten geblieben, ob es nicht auch möglich ist, daß durch die Aussicht auf ein Einzelgespräch »Krisen« überhaupt erst geschaffen werden.

Aus dem deutlichen Überwiegen gemeinsamer Gruppenaktivitäten von Bewohnern und Mitarbeitern gegenüber seltenen Einzelkontakten ergibt sich auch, daß es bisher kein Bezugspersonensystem gab[12].

Kein Bewohner hat einen bestimmten Mitarbeiter als offizielle Bezugs- oder Vertrauensperson. Jedes der Mitarbeiterteams ist für die gesamte eigene Gruppe und somit auch für jeden einzelnen Bewohner zuständig. Damit ist nicht gesagt, daß es nicht bestimmte Bevorzugungen auf beiden Seiten gibt und einzelne Bewohner bestimmte Mitarbeiter nicht besonders gern ansprechen. Diese Präferenzen sind jedoch bisher in keiner Weise institutionalisiert worden. Die Ablehnung eines Bezugspersonensystems ergab sich aus 2 Gründen:
– der Befürchtung, dies könne zu einer Entwertung des Gruppenprogramms führen;
– der Angst vor persönlicher Überforderung der Mitarbeiter durch die Ansprüche der Bewohner in Einzelkontakten.

2.3. Die Mitarbeiterstruktur

Im GPZE findet eine interprofessionelle Teamarbeit statt. Zur Zeit besteht das Gesamtteam aus 2 Psychologen, 3 Sozialarbeitern, 3 Beschäftigungstherapeuten, 3 Krankenschwestern mit (davon 1 Halbtagsstelle) und 2 Krankenschwestern ohne (davon 1 Halbtagsstelle) psychiatrische Zusatzausbildung. Hinzu kommen Honorarkräfte, Praktikanten und Zivildienstleistende (häufig mit einer abgeschlos-

---

12 Dieses Konzept durchzog die gesamte bisherige Arbeit. Auf neuere Veränderungen wird in Kap. 3.7. eingegangen.

senen Berufsausbildung im psychosozialen Bereich). Diese Mitarbeiter teilen sich in ein Tagesstättenteam und die 3 Teams der Übergangswohneinheit auf[13].

Alle anstehenden Entscheidungen werden demokratisch gefällt. Es gibt täglich gemeinsame Besprechungen von Mitarbeitern aller Teams zu verschiedenen Themen, ebenso werden wichtige Arbeitsschritte eines Teams von allen Mitarbeitern täglich besprochen. Einmal wöchentlich findet eine Mitarbeitervollversammlung statt, sie ist das oberste Beschlußorgan des GPZE. An ihr nehmen auch alle Mitarbeiter aus dem Küchen- und Verwaltungsbereich teil. Ebenfalls einmal wöchentlich gibt es eine Team-Supervision, in der die persönlichen Beziehungen der Mitarbeiter untereinander geklärt werden können.

Teamarbeit wird im GPZE insofern sehr weitreichend verstanden, als es zu einer fast völligen Auflösung herkömmlicher Berufsbilder kommt. Jedes der Kleinteams besteht zwar aus Angehörigen verschiedener Berufsgruppen, die vorhandene Arbeit wird aber völlig unabhängig davon aufgeteilt. Alle Teammitglieder arbeiten im Programm mit Bewohnern, alle übernehmen Verwaltungsarbeit, vor allem solche, die die Bewohner nicht selbst durchführen können. Bestimmte Tätigkeiten im Rahmen der anfallenden Arbeit werden nach persönlichen Neigungen und Interessen übernommen, dies geschieht in der Regel nicht nach der beruflichen Ausbildung.

Durch die demokratische Struktur, die Gleichberechtigung aller Mitarbeiter − es gibt keine Vorgesetzten und Untergebene − und die fast völlige Auflösung der Berufsbilder werden die von M. Jones[14] gestellten Anforderungen an eine Teamarbeit sehr weitgehend erfüllt.

Das oben beschriebene Verständnis von Teamarbeit steht im Widerspruch zu den Einschätzungen und Erfahrungen anderer, sich auf das Prinzip der therapeutischen Gemeinschaft berufender Einrichtungen. So schreibt *G. Bosch* (1972):

»Natürlich läßt sich das Ausbildungsgefälle nicht wegdiskutieren.

---

13 Auf die dem GPZE angegliederte Werkstätte soll hier wegen des an der Arbeitstätigkeit/beruflichen Rehabilitation orientierten Konzeptes nicht eingegangen werden.
14 Vergl. dazu: *Ploeger, A.*: Die therapeutische Gemeinschaft in der Psychotherapie und Sozialpsychiatrie, Stuttgart 1972.

Und es wäre ganz unsinnig zu fordern, daß jeder alles tun und können sollte« (nach: *Dörner* und *Plog* 1972, S. 42).

Ähnlich äußert sich *E. Wulff* in einem »Über den Aufbau einer therapeutischen Gemeinschaft« betitelten Aufsatz. Er schlägt ebenso wie *Bosch*[15] ein Modell für ein therapeutisches Team vor, in dem alle Mitarbeiter therapeutische Basisfunktionen wahrnehmen, jedes Teammitglied jedoch einen berufsspezifischen Tätigkeitsbereich behält[16].

3. Die Erfahrungen mit der therapeutischen Gemeinschaft

3.1. Das Gemeinschaftsleben

Im Gegensatz zur Anstaltspsychiatrie, die noch heute häufig als »totale Institution« (*Goffman*)[17] zu verstehen ist, in der alle relevanten Lebensbereiche für die Patienten geregelt werden, wird bei uns versucht, wesentliche Bereiche des Gemeinschaftslebens und die Notwendigkeiten zur individuellen Lebensgestaltung den Bewohnern selbst zu übertragen.

Dabei zeigt sich, daß der größere Teil der Bewohner in der Lage ist, sich relativ gut in einer Gemeinschaft zurechtzufinden, d. h. an den für das Gemeinschaftsleben und das individuelle Leben notwendigen Aktivitäten teilzuhaben (Tischdienst, Wäsche waschen, Besorgungen selbst erledigen usw.). Dies ist durchaus nicht selbstverständlich, da viele Bewohner zum Teil sehr lange Klinikaufenthalte hinter sich haben[18] und dort kaum auf das Leben nach der Klinik vorbereitet worden sind.

Es zeigt sich, daß die Bewohner hier zumeist bereit und in der Lage sind, sich auch ohne größere Hilfe der Mitarbeiter untereinander zu helfen. Für die Regelung des Gemeinschaftslebens geben die Mitarbeiter neuen Patienten nur eine kurze Einführung, alles andere

---

15 Vergl. dazu: *G. Bosch:* in: *Dörner* und *Plog* 1972, S. 43.
16 Vergl. dazu: *Wulff, E.:* Über den Aufbau einer therapeutischen Gemeinschaft, in: *Wulff, E.:* Psychiatrie und Klassengesellschaft 1972, Frankfurt a. M. S. 226.
17 Vergl. dazu: *Goffman, E.:* 1973, S. 13 ff.
18 Im Extremfall bis zu 20 Jahren. Die durchschnittliche Aufenthaltsdauer beträgt ca. 2 Jahre.

bleibt in der Regel den Bewohnern untereinander überlassen und läuft überwiegend ohne größere Schwierigkeiten ab.

Die im Gemeinschaftsleben vorkommenden Konflikte können oft von den Bewohnern untereinander gelöst werden. Werden sie in die Gruppe getragen, so nehmen sie dort insgesamt einen relativ geringen Zeitraum, gemessen an der Gesamtprogrammzeit, ein.

3.2. Der Aufbau eines therapeutischen Milieus

Ein therapeutisches Milieu setzt eine bestimmte Qualität persönlicher Beziehungen sowohl von Bewohnern untereinander als auch zu den Mitarbeitern voraus, d. h. den Aufbau eines Netzes von Beziehungen und das Entstehen einer Gruppenstruktur aus ehemals isolierten Individuen. Dabei wird das Bemühen, eine Gruppensituation herzustellen, in der einzelne Bewohner relativ angstfrei über ihre Probleme sprechen können und versuchen, mit gegenseitiger Hilfe Lösungsstrategien zu entwerfen, häufig durch Ereignisse, wie etwa Auszug/Neuaufnahme von Bewohnern, Krankenhausrückverlegungen, Suizidversuche, persönliche Krisen einzelner Bewohner, unterbrochen. Das bedeutet, daß eine Gruppe sich ständig neu bemühen muß, ein therapeutisches Milieu aufzubauen, und daß es in diesem Rahmen krisenfreie Zeiten eher selten gibt, was gleichzeitig ein hohes Maß an Belastung für alle Beteiligten bedeutet. Fortschritte einer ganzen Gruppe und einzelner Bewohner in der Gruppe werden ständig auch von Mißerfolgen und Rückschritten anderer begleitet.

Situationen einer vordergründigen und äußerlichen Harmonie, wie sie bei *Ploeger*[19] als »Vereinsatmosphäre« beschrieben werden, sind bei uns nur selten vorzufinden.

Der ständige Versuch, ein therapeutisches Milieu aufzubauen und zu festigen, wird nicht nur von Mitarbeitern, sondern auch von Bewohnern – wenn auch in unterschiedlichem Maße – mitgetragen, wobei die älteren Bewohner die gemeinsam erarbeiteten Regeln des Miteinanderumgehens an die neu eintretenden Bewohner weitergeben.

Für neu aufgenommene Bewohner ist es zuerst einmal unterschiedlich schwierig, überhaupt persönliche Beziehungen aufzubauen. Einigen Bewohnern gelingt es relativ schnell, sich in die Gruppe einzufügen und sich dort aktiv mit anderen Bewohnern auseinanderzu-

---

19 Vergl.: *Ploeger* 1972, S. 94 ff.

setzen. Es gibt aber auch einzelne Bewohner, die nur sehr wenig sprechen, auch nachdem sie schon mehrere Monate im GPZE wohnen. Diese zumeist älteren und stärker hospitalisierten Patienten lehnen es zu Anfang häufig ab, Verantwortung für die Gemeinschaft zu tragen, sie halten starr an der Patientenrolle fest. Es dauert häufig sehr lange, bis sie auch nur einfache Aufgaben für die Gruppe übernehmen können.

In diesem Zusammenhang stellt sich auch die Frage nach der Motivation der Bewohner, mit anderen Menschen in Beziehung zu treten und am Programm teilzunehmen. Im GPZE wird davon ausgegangen, daß die Motivation eines Menschen nicht etwas Statisches ist, sondern im Rahmen der therapeutischen Gemeinschaft verändert werden kann. Die im Aufnahmegespräch geäußerte Motivation mit anderen Beziehungen wird niemals allein zum Entscheidungskriterium gemacht, insbesondere dann nicht, wenn die mangelnde Motivation als ein Teil des persönlichen Problems anzusehen ist.

Zur Qualität der Beziehungen der Bewohner untereinander ist zu sagen, daß es bei uns relativ selten engere persönliche Beziehungen wie feste Freundschaften gibt, auch ziehen bei uns selten Bewohner ungleichen Geschlechts zusammen. Das Leben wird eher als Zweckgemeinschaft verstanden, man muß miteinander auskommen, läßt sich jedoch nicht allzusehr aufeinander ein. Die Art und Weise, wie in den Gruppen über persönliche Beziehungen gesprochen wird, variiert: teilweise wird damit ansatzweise gruppenpsychotherapeutisch umgegangen, teilweise handelt es sich nur um den Versuch, Beziehungskonflikte relativ oberflächlich zu bereinigen.

Im Rahmen der Gruppenstruktur bekommen oft die Beziehungen von einzelnen Bewohnern zu Mitarbeitern aus verschiedenen Gründen[20] ein besonderes Gewicht, da hier die Bedürfnisse und Wünsche der Bewohner häufig sehr viel direkter angemeldet werden, was gleichzeitig bedeutet, daß die Beziehungsstrukturen dadurch deutlicher werden.

---

20 Es sei hier nur darauf hingewiesen, daß die Mitarbeiter aufgrund ihrer beruflichen Rolle den Bewohnern in Krisensituationen verläßlicher zur Seite stehen, als dies Mitbewohner tun könnten, sie geben bei vielen Alltagsproblemen praktische Unterstützung und haben im Haus eine besondere Machtposition.

3.3. Das Nähe-Distanz-Problem

In dem durch das Programm und das Gruppenkonzept festgelegten Rahmen ist es häufig schwierig, Beziehungen herzustellen, die sowohl die Mitarbeiter durch zu große Nähe nicht überfordern als auch den Bewohnern eine Möglichkeit bieten, sich verläßlich auf Mitarbeiter zu beziehen.

Zu Nähe-Distanz-Problemen kommt es meines Erachtens häufig dann, wenn eine Beziehung durch die Bedürfnisse und Forderungen der Bewohner überfordert ist, d. h. beide in der Gruppe und in den Verlaufsgesprächen und informellen Kontakten nicht befriedigt werden können und die Bewohner versuchen, die Befriedigung ihrer Bedürfnisse zu erzwingen und somit den Rahmen der therapeutischen Gemeinschaft sprengen. Dies mag geschehen durch hysterische Auftritte, Selbstmorddrohungen und -versuche, Androhen von Gewalt oder anonyme Anrufe im Nachtdienst. Dies sind für das GPZE typische und sich häufig wiederholende Situationen.

Dabei ist es eine Illusion anzunehmen, man könne derartige Konflikte immer inhaltlich aufklären und den Bewohnern die Beweggründe ihres Handelns verdeutlichen[21], dies ist auch deswegen kaum möglich, weil derartige Krisen häufig im Nachtdienst vorkommen, wenn ein Mitarbeiter allein für das ganze Haus verantwortlich ist.

Ein konsequentes Umgehen mit solchen Situationen im Sinne des Setzens eindeutiger Grenzen – was u. a. auch die Notwendigkeit eines Auszuges einschließen kann – war aus verschiedenen Gründen schwierig:

– Häufig mochte niemand in der konkreten Situation Grenzen setzen, da es unsicher war, ob die anderen Mitarbeiter mitziehen und die Entscheidung akzeptieren würden. Es gab – da es sich jeweils auch um besondere Krisensituationen handelte – keinen festen Bezugsrahmen für das Setzen von Konsequenzen; die nachträgliche Einschätzung war häufig auch sehr durch individuelle Faktoren im Mitarbeiterteam geprägt (z. B. das persönliche Interesse am Verbleib einzelner Bewohner).
– Für diejenigen Bewohner, die das Haus verlassen mußten, fehlt es objektiv an Alternativen, so daß die Gefahr einer Krankenhaus-

---

[21] Hierzu würde eine vermehrte psychotherapeutische Ausbildung der Mitarbeiter in der Krisensituation selbst m. E. auch nur einen geringen Beitrag leisten können.

rückverlegung häufig gegeben ist. Dies setzt die Mitarbeiter in ihren Entscheidungen erheblich unter Druck.

Bisher ist es daher in vielen Fällen nicht gelungen, konsequent zu sein. Ebenso wurde noch kein Weg gefunden, derartige Krisen, die sich auch aus den Konflikten im therapeutischen Programm oder in der Gruppe herleiten, im Vorfeld zu vermeiden oder wesentlich zu reduzieren. Inwieweit ein verändertes Arbeitskonzept, das vermehrt auf Einzelkontakte und ein Bezugspersonensystem hinzielt, Krisen schon vermehrt im Entstehen vermeiden könnte, kann hier nicht entschieden werden. Darauf wird im Abschnitt 3.7. genauer eingegangen. Wie schwierig es für die Mitarbeiter durch das Entstehen größerer Nähe wird, sachlich notwendige Entscheidungen zu treffen, zeigt sich häufig an der Frage des Auszugs. Gerade bei Bewohnern, bei denen durch einen längeren Aufenthalt eine größere Nähe bestand, fällt es den Mitarbeitern häufig sehr schwer, auf einen Auszug zu bestehen. Ein Grund dafür ist der Mangel an beschützten Arbeits- und Wohngemeinschaftsplätzen; häufig ist zu erwarten, daß es vielen Bewohnern mit ihrer verbliebenen Behinderung nicht gelingen kann, draußen und allein auf sich gestellt zurechtzukommen, und daß eine erneute Klinikeinweisung die durchaus mögliche Folge eines Auszugs sein kann. Unter diesen Umständen wird es verständlich, daß solche Entscheidungen für die Mitarbeiter häufig psychisch nur schwer zu verkraften sind, so notwendig diese Entscheidungen auch sein mögen.

Dabei soll betont werden, daß das Problem Nähe-Distanz von Bewohnern und Mitarbeitern vermehrt mit dem Entstehen der therapeutischen Gemeinschaft auftritt; es stellt für beide Seiten eine Quelle neuer Belastungen dar: für einen Teil der Bewohner dadurch, daß die Erwartungen an Nähe von den Mitarbeitern enttäuscht werden, für die Mitarbeiter durch das Gefühl der persönlichen Überforderung durch die Ansprüche eines Teils der Bewohner, durch die Befürchtung, die Probleme könnten unerträglich nah an sie herangetragen werden, durch den Zweifel an den eigenen Fähigkeiten, mit ihnen adäquat umzugehen.

Durch die Zuordnung neuer Bewohner im Aufnahmeverfahren in eine der 3 Gruppen und durch die Teamarbeit der Mitarbeiter, sollen die Voraussetzungen dafür gegeben sein, daß neue Bewohner Beziehungen zu anderen Menschen aufnehmen können. Dennoch gelingt dies einem Teil der Bewohner nicht. Ein Nichtaufnehmen von Kontakt mag an Verhaltensdefiziten der Bewohner liegen, die sich dann sowohl auf Mitbewohner als auch auf das Mitarbeiterteam beziehen. Oder dies macht sich an der Rolle der Mitarbeiter fest: sie kontrollieren bestimmte Aspekte der Hausordnung (z. B. den Alkoholkonsum im Haus), stellen Machtträger dar, die verbieten und fordern können.

Im allgemeinen gehen beide Prozesse parallel, d. h., die entsprechenden neuen Bewohner können zumeist weder Beziehungen zu den Mitbewohnern (Integration in die Gruppe) noch zu den Mitarbeitern aufnehmen und somit nicht Fuß fassen. Sie fallen dann oft schnell aus dem Leben im GPZE heraus, entweder indem sie schnell wieder ausziehen oder ausziehen müssen, da sie das GPZE nur als Hotel benutzen, d. h. nicht ins Programm und in die Verlaufsgespräche kommen und auch nicht dazu motivierbar sind. Oder sie geraten schnell in eine Krise und müssen ins Krankenhaus zurückverlegt werden. Eine Ausnahme bilden hier Patienten, bei denen sich herausstellt, daß eine Alkoholproblematik[22] doch sehr weitgehend im Vordergrund steht. Ihnen gelingt es häufig, persönliche Kontakte zu einzelnen Bewohnern oder Bewohnergruppen aufzunehmen, die jedoch die bei Abhängigen typische Nähe-Distanz-Problematik enthält und häufig nicht zu einer persönlichen Bindung an das Haus über andere Bewohner führt.

3.4. Therapeutische Gemeinschaft als erneute Hospitalisierung?

Wenngleich der Aufbau einer Therapeutischen Gemeinschaft als Zielvorstellung auf das Leben draußen gerichtete Lernbedingungen bieten will, d. h. Hospitalisierungen, wie sie in der Anstaltspsychiatrie möglich und wahrscheinlich sind, zu vermeiden, so stellt sich doch die Frage, ob und inwieweit es auch im Rahmen des GPZE zu Hospitalisierungserscheinungen kommen kann.

Im Gegensatz zum Leben draußen herrschen im GPZE – trotz aller Ansätze zu einer vermehrten Selbsttätigkeit der Bewohner – beschützte Bedingungen, die einen Versorgungscharakter aufweisen:

---

22 Offensichtlich hat die Zahl der Patienten in Landeskrankenhäusern, die zu einer psychischen Erkrankung im engeren Sinn eine Abhängigkeitsproblematik entwickelt haben, in den letzten Jahren bedeutsam zugenommen. Demzufolge stellt sich im Aufnahmeverfahren sehr häufig die schwer zu beantwortende Frage, welche Bedeutung Alkohol oder andere Suchtmittel im Leben des einzelnen haben.

das Essen wird vorgesetzt, das Haus (außer den Zimmern) zumindest teilweise geputzt, Mitarbeiter sind für das Programm und das Gemeinschaftsleben verantwortlich, es gibt keinen Arbeitsstreß. D. h., daß es im GPZE Lebens- und Wohnbedingungen gibt, die für einen Teil der Bewohner – insbesondere jene, die von Sozialhilfe leben müssen – wesentlich attraktiver sind als ein Leben draußen mit wenig Geld und zumeist eingeschränkten sozialen Kontakten.

Daß diese Bedingungen der Versorgtheit ein Stück Geborgenheit darstellen können, das notwendig ist, um selbständiges Handeln (wieder) erlernbar zu machen, soll hier nicht bestritten werden. Die Schwierigkeit liegt in der Grenzziehung, d. h. darin, jenen Punkt festzulegen, in dem die Versorgtheit von einem förderlichen zu einem behindernden Faktor wird und eine persönliche Weiterentwicklung unterbleibt.

Wenn bei einem Teil der Bewohner die Tendenz besteht, länger im GPZE zu bleiben, als dies aufgrund ihres psychischen Gesundheitszustandes notwendig wäre, so liegt dies zum einen daran, daß der Übergang ins Leben draußen für viele Bewohner mit extremen Ängsten verbunden ist. Diese Angst entspringt häufig der Erfahrung, schon einmal oder häufiger draußen nicht zurechtgekommen zu sein. Solche Ängste sind im Programm, in Gesprächen nur insoweit handhabbar zu machen, als sie nicht die notwendige Folge äußerer Gegebenheiten – d. h. ein psychologisches Problem – sind[23]. Zum anderen spielen gerade die Gegebenheiten der äußeren Realität hier eine besondere Rolle. Bei der gegenwärtigen Arbeitsmarktlage ist es auch für Bewohner, die sich sehr ausdauernd und intensiv um eine Arbeit bemühen, kaum möglich, in die frühere Tätigkeit zurückzukehren. Es bleiben so oft nur sehr schlecht bezahlte unattraktive Tätigkeiten übrig, sofern überhaupt Arbeit gefunden werden kann[24].

---

23 Hinzu kommt, daß es schwierig ist, im Rahmen des beschriebenen Gruppenkonzeptes über das Programm hinaus differenzierte Anforderungen an einzelne Bewohner (z. B. zur Vorbereitung des Auszugs) zu stellen, da es im GPZE keine Niveaugruppen, d. h. Gruppen von Bewohnern mit einer ähnlichen Entwicklungsstufe, gibt.

24 Inwieweit die Arbeitsmarktlage und nicht nur der psychische Gesundheitszustand eines Menschen für die Aufnahme einer Berufstätigkeit entscheidend ist, illustriert *E. Wulff* an einem Fallbeispiel. *E. Wulff:* Sozialer Abstieg oder soziale Eingliederung. Zur Problematik des Rehabilitationskonflikts bei Schizophrenen, in: *Wulff, E.:* Psychiatrie und Klassengesellschaft, Frankfurt a. M. 1972, S. 238–251.

Die aus dieser Situation entstehende Mutlosigkeit, überhaupt etwas zu suchen, bzw. die Enttäuschungen bei der Arbeitssuche stellen für die meisten Bewohner eine erhebliche Barriere in der Orientierung nach außen dar, die nicht psychologisch aufzulösen ist.

Der Mangel an preiswerten Sozialwohnungen gerade in der Nähe des GPZE schränkt zudem gerade für jene, die nicht über Arbeitslosengeld/hilfe, Krankengeld oder Rente verfügen, die Motivation ein, aus dem GPZE hinauszugehen.

Unter diesen Bedingungen ziehen es eine Anzahl von Bewohnern vor, solange wie möglich im GPZE zu bleiben, auch wenn sie schon eine Vielzahl von Fähigkeiten entwickelt haben, mit denen sie unter Umständen draußen zurechtkommen könnten.

Hinzu kommt, daß die objektiv häufig nicht ermutigende Lage es den Mitarbeitern schwermacht, auf einen Auszug hinzuarbeiten. Es besteht, insbesondere bei Bewohnern, die sehr lange im GPZE waren, häufig Angst, sie in eine Umwelt zu entlassen, die ihre Bedürfnisse weitgehend nicht zur Kenntnis nimmt. Ein Teil der Bewohner steht somit in der Gefahr, das Leben in der therapeutischen Gemeinschaft als einen – wenn auch mit vielen Nachteilen behafteten – Ersatz für das Leben draußen zu nehmen. Die weitere Entwicklung der Persönlichkeit schränkt sich so ein, ohne daß dies eine notwendige Folge der Behinderung einzelner Bewohner wäre.

Im individuellen Fall wird versucht, die sinnvolle Länge des Aufenthaltes im Aufnahmeverfahren vorab und während des Aufenthaltes immer wieder neu mit dem Bewohner zusammen festzulegen. Dieser Versuch findet unter vollständigem Verzicht auf Diagnostik im klassischen Sinn (psychologisches Testverfahren, Versuch, aus psychiatrischen Diagnosen auf Verläufe zu schließen) statt. Daß es im Rahmen eines therapeutisch-diagnostischen Beziehungssystems, in dem alle Informationen aus dem gemeinsamen Leben zur Entscheidungsbildung herangezogen werden, nicht zu »objektiv« begründeten Festlegungen kommen kann, braucht aufgrund des einer solchen Entscheidung zugrundeliegenden komplexen Bedingungsgefüges hier nicht weiter diskutiert zu werden.

3.5. Die Frage der Machtverteilung

Nach den Prinzipien der therapeutischen Gemeinschaft sollen die Patienten ein weitgehendes Maß an Verantwortung übernehmen und dadurch am Aufbau eines therapeutischen Milieus teilhaben.

Es muß also festgestellt werden, welche realen Einflußmöglichkeiten die Bewohner im GPZE haben, in welcher Form die Bewohner als Gruppe ein Machtfaktor sind. Nur so läßt sich die Frage beantworten, ob die als Voraussetzung der therapeutischen Gemeinschaft geforderte Demokratisierung, d. h. Umverteilung der Macht, tatsächlich vorgenommen worden ist.

Es gilt hier auch dem Hinweis *Basaglias*[25] nachzugehen, der die therapeutische Gemeinschaft nur als eine verschleierte Form der Machtausübung, als eine neue Anpassungsideologie bezeichnet.

Das Leben im GPZE unterscheidet sich grundsätzlich von demjenigen, das Patienten in den meisten psychiatrischen Krankenhäusern führen. Es wird bei uns versucht, die den freien Bürger auszeichnenden Rechte in vollem Umfang wiederherzustellen. Dies gilt auch für diejenigen Bewohner, die entmündigt sind; sie haben im GPZE die gleichen Rechte und Einflußmöglichkeiten wie alle anderen Bewohner.

In der Hausvollversammlung – sie findet dreimal pro Monat statt – können die Bewohner über viele das Haus betreffende Angelegenheiten, so etwa auch Veränderungen der Hausordnung, mitbestimmen. In den einzelnen Gruppen wird das Tagesprogramm sehr wesentlich nach den Interessen der Bewohner gestaltet: so ist es möglich, daß bestimmte, von den Mitarbeitern vorgeschlagene Programmpunkte von den Bewohnern abgelehnt oder in ihren Inhalten wesentlich verändert werden; die Bewohner können die wöchentliche Mitarbeitervollversammlung besuchen und dort eigene Wortbeiträge leisten, haben hier jedoch kein Abstimmungsrecht; Angehörigenarbeit wird immer nur dann gemacht, wenn die Bewohner dem zustimmen; die Bewohner können einzelne Mitarbeiter von der Akteneinsicht ausschließen. Praktisch ist es so, daß die Bewohner ihre Einflußmöglichkeiten im Haus in sehr unterschiedlichem Maße wahrnehmen. Es werden auf der oft schlecht besuchten Hausvollversammlung und in der Mitarbeitervollversammlung die Mitbestimmungsmöglichkeiten insofern nur selten genutzt, als Interessen, die sich gegen die Mitarbeiter als Gruppe richten, relativ selten formuliert werden und noch seltener versucht wird, sie kollektiv und mit dem Druck der Bewohnerschaft gegen die Mitarbeiter durchzusetzen. Die Mitbestimmung oder Selbstbestimmung des Programmablaufs variiert zu verschiedenen Zeiten und mit unterschiedlichen Bewohnern deutlich,

---

25 Vergl. dazu: *Teusch, L.*: 1977, S. 45/46.

die Ablehnung von Angehörigenarbeit durch einzelne Bewohner ist hingegen ein regelmäßig anzutreffendes Phänomen.

Nicht mitbestimmen und anwesend sein können Bewohner bei den verschiedenen Teambesprechungen (mit Ausnahme der Mitarbeitervollversammlung ohne Abstimmungsrecht), sie haben keinen Einfluß auf die Auswahl der aufzunehmenden Bewohner und auf Einstellungen und Entlassungen der Mitarbeiter.

Die Kritik der italienischen Psychiatrie setzt an dieser Stelle an. Die therapeutische Gemeinschaft, auch so wie sie im GPZE verstanden wird, sei ein Ort, in dem die Patienten unter Beibehaltung ihrer Machtlosigkeit sozial angepaßt werden sollen, sie sei »nur eine technische Perfektionierung sowohl innerhalb des traditionellen psychiatrischen als auch des allgemeinen sozio-politischen Systems« (*Basaglia* 1973, S. 157).

Dieser Kritik ist in dem Sinn rechtzugeben, als *Basaglias* Ziel, eine totale Umverteilung der Macht vorzunehmen, im GPZE nicht gelingen kann.

Wenn »Gewalt und Ausschluß... jede mögliche Beziehung in unserer Gesellschaft (bestimmen)« (*Basaglia* 1973, S. 124,) so gelingt es nicht auf der Dimension Macht – Machtlosigkeit eine systemüberwindende Antwort zu finden, wie sie von *Basaglia* gefordert wird.

Auf eine generelle Kritik der von *I. Gleiss* als »Metapsychiatrie«[26] bezeichneten Konzeption Basaglias kann hier nicht eingegangen werden.

Es muß auf die entsprechende Literatur verwiesen werden[27].

---

26 Vergl.: *Gleiss, I.:* Der konservative Gehalt der Antipsychiatrie, *Argument 89*, 1975, S. 31.

27 Vergl. dazu: *Abholz, H., Gleiss, I.:* Zur Frage der Anpassung in der psychiatrischen Therapie – dargestellt am Beispiel des Buches »Die negierte Institution«, *Argument 71*, 1972, S. 79–87.
Gleiss, I.: 1975, S. 31–51.
Eine kritische Darstellung der bisherigen Erfahrungen mit der von *Basaglia* maßgeblich beeinflußten, neuen italienischen Psychiatrie findet sich bei: *Wienand, U.:* Freiheit allein heilt nicht, *Psychologie und Gesellschaftskritik 6/7*, 1978, S. 53–67.

3.6. Zum Mitarbeiterteam

Wie eingangs erwähnt, wird im GPZE in verschiedenen Klein- und Großteams gearbeitet, wobei alle Mitarbeiter im Prinzip bereit sein sollten, alle anfallenden Arbeiten unabhängig von ihrer Berufsausbildung zu übernehmen. Durch die demokratische Struktur der Entscheidungsprozesse sollte das Entstehen einer durch die Berufsausbildung legitimierten Hierarchie von Anfang an verhindert werden.

Es hat sich in den ersten Jahren gezeigt, daß es durchaus möglich ist, eine so verstandene Teamarbeit zu praktizieren. Wichtige Entscheidungen werden immer gemeinsam im Team getroffen, alle Meinungen dazu gehört, um möglichst viele Gesichtspunkte miteinzubeziehen. Abstimmungen spielen bei Teamentscheidungen dann eine Rolle, wenn es um für das ganze Haus relevante Entscheidungen geht – wie z. B. bei Konzeptfragen, nicht aber bei therapeutischen Entscheidungen über einzelne Bewohner.

Die Teamarbeit bietet den Vorteil, daß einzelne Mitarbeiter sich in schwierigen Arbeitssituationen ständig an andere Mitarbeiter wenden und Hilfe erhalten können, da es prinzipiell keine spezialisierten Tätigkeiten gibt, die für andere Teammitglieder undurchschaubar wären. Belastungen können so verteilt und kritische Situationen gemeinsam gelöst werden.

Teamarbeit – wenngleich sie auch anders verstanden werden könnte (ich gehe später noch darauf ein) – scheint mir eine unabdingbare Voraussetzung für die Arbeit mit psychisch Kranken zu sein, da die Vielzahl der Belastungen im Arbeitsalltag einzelne Mitarbeiter, auf sich gestellt, überfordern würde und ein Rückhalt in der Gruppe dringend notwendig ist. Durch das bisher Gesagte soll jedoch nicht verschleiert werden, daß es eine große Anzahl von Spannungen im therapeutischen Team gibt: solche, die konstruktiv gelöst werden können, aber auch andere, für die es bisher keine Lösung gibt. Dabei scheinen mir strukturbedingte Spannungen wichtiger zu sein als persönlich bedingte Spannungen einzelner Mitarbeiter, für die es mit der Team-Supervision (mit einer sonst nicht im GPZE arbeitenden Psychologin) eine allgemein akzeptierte Lösungsmöglichkeit gibt.

Im Rahmen einer durch die Auflösung der Berufsfelder gekennzeichneten Teamarbeit ist es, sicherlich auch bedingt durch den Neuaufbau des GPZE, nicht so weit gekommen, wie *E. Wulff* befürchtet: »Der Abbau der herkömmlichen Rollenpositionen, so nötig er ist, kann in Konflikte oder ins Chaos führen, wenn er versucht, z. Z. unaufhebbare Unterschiede zu verleugnen« (*Wulff* 1972, S. 225).

Gleichzeitig konnte bisher kein Modell der Zusammenarbeit entworfen werden, da es sowohl die psychische Belastung einzelner Mitarbeiter reduzieren als auch das befürchtete Entstehen einer Hierarchie verhindern kann.

3.7. Zur Veränderung des therapeutischen Konzepts

Eine der wesentlichen Veränderungen im therapeutischen Konzept ist die Einführung der festen Bewohnergruppen gewesen. Darauf wurde bereits hingewiesen. Ihre Notwendigkeit wird heute nicht mehr in Zweifel gezogen.

Auf eine weitere Veränderung, die auf eine berufsunabhängige Spezialisierung der Mitarbeiter hinzielt, im wesentlichen jedoch das therapeutische Konzept betrifft, soll hier noch beschrieben werden.

In zwei der 3 Gruppen gibt es jetzt ein Bezugspersonensystem, d. h. eine feste Zuordnung von Mitarbeitern zu einzelnen Bewohnern.

Dies soll es für die Bewohner erleichtern,
– über einen Mitarbeiter einen Einstieg in die Gruppe zu finden;
– ihre Unsicherheit zu vermindern, da sie jetzt genau wissen, wer für sie zuständig ist;
– eine persönliche vertrauensvolle Beziehung aufzubauen, da dies zu allen Mitarbeitern nicht möglich ist.

Für die Mitarbeiter ist deutlicher, für wen sie verantwortlich sind, sie können sich besser in die Probleme einiger weniger Bewohner hineinversetzen. Beziehungsproblematiken werden so deutlicher und einer besseren Bearbeitung zugänglich.

Dieser Versuch, ein Bezugspersonensystem einzuführen und Beziehungsaspekte besonders zu beachten, steht in deutlichem Widerspruch zur bisherigen Praxis des GPZE.

Er steht jedoch nicht im Widerspruch zu grundlegenden Prinzipien der therapeutischen Gemeinschaft, da er die allgemeine Gruppenarbeit nicht aufheben, sondern in spezifischer Weise ergänzen will.

4. Versuch einer Bewertung

Die Frage nach der Bedeutung der therapeutischen Gemeinschaft im Gegensatz zum traditionellen psychiatrischen Krankenhaus zu stellen bedeutet zunächst einmal, zu bestimmen, was als Erfolg der therapeutischen Gemeinschaft angesehen werden kann.

Es soll dabei zuerst auf die Problematik der Effizienzbestimmung eingegangen werden[28], da strittig ist, ob es überhaupt sinnvoll ist, diese Frage zu stellen. Die höhere Effizienz – d. h. der Nachweis einer erhöhten Rehabilitationsquote – anzustreben hieße eine Bestimmung vorzunehmen, die an Außenkriterien orientiert ist, sosehr dies u. a. auch den Interessen der Patienten entsprechen dürfte. Die Qualität der Lebensbedingungen in der Institution wird dabei nicht berücksichtigt oder nur als ein Mittel zum Zweck angesehen.

Dem soll hier entgegengehalten werden, daß die »Grundprinzipien der therapeutischen Gemeinschaft ... Ausdruck einer politisch-humanitären Haltung (sind), die an den »Menschenrechten« orientiert ist ...« (*Teusch* 1977, S. 73).

Eine mit statistischen Daten begründete Argumentation geht so am Kern des Problems vorbei. Auch wenn sich keine Überlegenheit der Effektivität zeigen sollte, »müßte man der therapeutischen Gemeinschaft den Vorzug geben, weil sie dem psychisch Kranken gerechter wird« (*Veltin* nach *Teusch* 1977, S. 73)[29].

Eine differenzierte Vergleichsuntersuchung zur traditionellen Psychiatrie, in die nicht nur Erfolgsquoten eingehen, sondern in der auch die Bedingungen der Veränderung reflektiert werden, gibt es für das GPZE bisher noch nicht[30]. Dies gilt auch für andere therapeutische Gemeinschaften[31]. Für das GPZE können so nur einige Vermutungen geäußert werden.

Die Aufnahmekriterien für Bewohner haben sich in der bisherigen Arbeit nicht geändert. Nach den bisherigen Erfahrungen ist eine diagnostische Segregation über den Ausschluß von Menschen mit vorherrschender Suchtproblematik, hirnorganischen Erkrankungen und extrem verminderter Intelligenz hinaus nicht notwendig und nicht wünschenswert.

Es wird weiterhin als Vorteil angesehen, mit Menschen zu arbeiten, die ganz unterschiedliche Schwierigkeiten, Alter und soziale Herkunft haben, da nur so eine Gemeinschaft zustande kommen kann,

---

28 Vergl. dazu: *Teusch* 1977, S. 72 ff.
29 Vergl. dazu: *Teusch* 1977, S. 78.
30 Teilaspekte dieser Frage werden in den Dissertationen von *B. Scheibel* und *B. Ahrbeck* bearbeitet.
31 Vergl. *Teusch* 1977, S. 77 f.

die ein Abbild der äußeren Realität sein kann und somit die Möglichkeit bietet, auch mit Menschen umgehen zu lernen, die nicht unmittelbar aus den eigenen Kreisen kommen.

Ein großes Problem von möglicherweise noch zunehmender Bedeutung stellt in der Arbeit der *Alkohol- und Tablettenmißbrauch* auch außerhalb der von uns nicht behandelten Suchtproblematiken dar. Offensichtlich ist in den letzten Jahren die Zahl derjenigen Patienten, die zusätzlich zu einer psychischen Erkrankung eine Abhängigkeitsproblematik entwickeln, bedeutsam angestiegen. Dies kann so zu verstehen sein, daß immer mehr Menschen mit einer psychischen Erkrankung versuchen, die Symptome mit Alkohol/Drogen selbst zu bekämpfen. Für die praktische Arbeit bedeutet dies, daß eine Auseinandersetzung mit so verstandenen Abhängigkeitsproblematiken immer notwendiger wird, um nicht am gesellschaftlichen Bedarf vorbeizuarbeiten. Gleichzeitig ist deutlich, daß es kaum entwickelte Behandlungskonzepte[32] für eine Gemeinschaft gibt, in der es soweit wie möglich keine Einschränkungen der persönlichen Freiheit geben soll. Da der Alkohol/Drogenkonsum aufgrund unseres Konzeptes nur in eingeschränktem Maß kontrolliert werden kann, hat sich bisher gezeigt, daß das GPZE für Menschen mit zusätzlicher Abhängigkeitsproblematik eher weniger hilfreich sein kann.

Wie bereits im Kapitel über die Nähe-Distanz-Problematik angesprochen, ist es bisher auch schwierig gewesen, mit *jüngeren, fordernden, in stärkerem Maß agierenden Bewohnern* umzugehen.

Dies mag zum Teil auch damit zu tun haben, daß das Lernen alltäglicher Lebensfertigkeiten für diese Gruppe oft relativ leicht ist, ein für diese Gruppe angemessenes, möglicherweise psychotherapeutisches Angebot, um grundlegende persönliche Schwierigkeiten zu bearbeiten, jedoch nicht bestand. Hinzu kommt, daß mit den vermehrten Anforderungen an Nähe/Einzelkontakte mit dem bisher vorherrschenden Konzept nur schwer umgegangen werden konnte.

Ebenfalls taten wir uns schwer mit *Ablösungsproblemen von den Eltern,* weil es oft nicht gelang, die Bewohner an die Gruppe zu binden und häufig ein Ausweichen vor der Gruppensituation und ein

---

32 So gingen beispielsweise die auf dem 10. Kongreß der DGVT (Deutsche Gesellschaft für Verhaltenstherapie) am 4.–7. Oktober 1978 in Hamburg zu diesem Thema gehaltenen Beiträge kaum über die eigenen Lösungsversuche hinaus.

Rückzug zu den Eltern zu verzeichnen war. Im allgemeinen war es für uns auch schwieriger und weniger aussichtsreich, mit Menschen zu arbeiten, die über bestimmte Sozialisationserfahrungen wie *Heim- und Gefängniskarriere* verfügten; dies läßt sich jedoch sicherlich über das GPZE hinaus verallgemeinern.

Oft erschien es mir so, daß wir für *ältere Patienten mit längeren Klinikaufenthalten* sehr viel mehr erreichen konnten, als es anfangs möglich erschien. Die therapeutische Gemeinschaft als Lebensform und ein soziotherapeutisches Tagesprogramm schien für sie am besten optimale Anforderungen und Rehabilitationsbedingungen darzustellen, wenn man davon ausgeht, daß für sie grundlegende Konflikte im Gegensatz zu anderen Bewohnern nicht mehr psychotherapeutisch aufgedeckt werden können, d. h. der für das GPZE notwendige Verzicht auf psychotherapeutische Behandlung sich hier nicht negativ auswirkt.

5. *Konflikte mit der therapeutischen Gemeinschaft*

Wenn »Sozialpsychiatrie ... vor allem orientiert an der Chancengleichheit aller Angehörigen einer Gesellschaft, d. h. an der objektiv bedarfsgerechten und subjektiv bedürfnisgerechten Hilfe für alle psychisch Leidenden (ist) ...« (*Dörner* und *Plog* 1972, S. 9), so muß die Frage gestellt werden, inwieweit der bei uns vollzogene Aufbau einer therapeutischen Gemeinschaft als Teil sozialpsychiatrischer Tätigkeit dazu beitragen kann. Also: Inwieweit dient das Prinzip der therapeutischen Gemeinschaft im GPZE ebenso wie anderswo allen Bevölkerungsgruppen gleichermaßen?

Da bisher kaum empirische Daten vorliegen, läßt sich die Frage nach der Selektivität sozialpsychiatrischer Einrichtungen im allgemeinen und der therapeutischen Gemeinschaft im speziellen nicht abschließend beantworten.

Die wenigen vorliegenden Ergebnisse[33] sprechen dafür, daß »nahezu ausnahmslos ein Überwiegen der Mittel- und Oberschicht (zu) erkennen« ist (*Rebell* 1976, S. 126).

Dies »ist um so gravierender, als es sich dabei zum Teil um Institutionen handelt, die ihre Arbeit unter den expliziten Anspruch

---

33 Vergl. *Rebell, Ch.*: Sozialpsychiatrie in der Industriegesellschaft, Frankfurt a. M., New York 1976, S. 125 ff;
Teusch, 1977, S. 59 ff.

gestellt haben, in erster Linie Unterschichtpatienten zu behandeln« (*Rebell* 1976, S. 126). Es läßt sich daher vermuten, »daß die Modelle der Sozialpsychiatrie zunächst selektiver und elitärer arbeiten als je eine psychiatrische Einrichtung zuvor« (*Rose* nach *Rebell* 1976, S. 128).

Die Frage danach, inwieweit die Aufnahmekriterien des GPZE zu einer sozialen Selektion der Bewohner führen, läßt sich gegenwärtig nicht exakt beantworten, da das gesammelte empirische Material bisher noch nicht ausgewertet werden konnte. Auf keinen Fall findet eine Selektion statt, die Unterschichtpatienten ausschließt; Akademiker hingegen gibt es relativ selten[34]. Im Vergleich zu den Patienten der beiden großen psychiatrischen Krankenhäuser Hamburgs läßt sich jedoch vermuten, daß zumindest eine leichte soziale Auswahl stattfindet, wenn man bedenkt, daß die sozial unterprivilegierten Schichten in psychiatrischen Krankenhäusern erheblich überrepräsentiert sind[35].

Unabhängig von der Frage der sozialen Selektion stellt die Tatsache, daß für das GPZE Bewohner überhaupt ausgesucht werden müssen, um die gegenwärtige Arbeit möglich zu machen, einen gesundheitspolitischen Widerspruch dar: jede Auswahl von Patienten für die therapeutische Gemeinschaft – unter welchen Kriterien sie stattfindet und wie sehr sie inhaltlich begründet sein mag – führt dazu, daß eine große Anzahl von Patienten in Landeskrankenhäusern weiterhin ausgeschlossen bleibt, d. h., daß der Versuch, ein Stück zur Psychiatriereform beizutragen, für sie nicht greift.

Eine Möglichkeit, eine erneute, sozialpsychiatrisch begründete Ausgrenzung zu vermeiden, ohne auf differenzierte Behandlungsangebote verzichten zu müssen, stellt die Einführung einer sektoriellen psychiatrischen Versorgung dar:

»Mit der Sektorisierung ist ... eine strukturelle Reform der psychiatrischen Krankenversorgung angezielt, die gemeindenahe (wohn- und arbeitsplatznah) werden, die Lücke zwischen stationärer und

---

34 Dabei muß bedacht werden, daß die soziale Schichtzugehörigkeit psychisch Kranker selbst häufig relativ wenig über ihre soziale Herkunft aussagt, da die Erkrankung häufig schon vor Abschluß einer Berufsausbildung eintritt. Die Angehörigen psychisch Kranker sind daher in ihrer Schichtzugehörigkeit zumeist sehr viel höher einzuschätzen.
35 Vergl. dazu: *Gleiss, J., Seidel, R., Abholz, H.:* Soziale Psychiatrie. Zur Ungleichheit in der psychiatrischen Versorgung, Frankfurt a. M. 1973.

ambulanter Betreuung schließen und die Kontinuität der Therapie auf allen ihren Etappen, vom ambulanten bis zum stationären Pol, gewährleisten soll. Dazu ist notwendig, das ein und das gleiche Team – zumindest aber die gleiche Institution – alle ambulanten, stationären, teilstationären und flankierenden Einrichtungen eines begrenzten geographischen Bezirks mit allen seinen Bewohnern psychiatrisch versorgt. Es ist einleuchtend, daß auf diesem Wege sowohl günstigere Bedingungen für eine Eingliederung eines psychisch Kranken im Wohnbereich und am Arbeitsplatz gegeben sind, als auch eine umfassendere und gerechtere Versorgung aller Bewohner des Sektors möglich wird« (*Wulff* 1976, S. 47).

Dabei setzt eine Sektorisierung ein vermehrtes Angebot an therapeutisch geschultem Personal und das Bereitstellen materieller Mittel voraus, da sonst die Gefahr einer technokratischen Lösung besteht, die die Bedürfnisse der psychisch Kranken nicht miteinbezieht und so wiederum zu ihrer Verwaltung beiträgt, d. h. mehr der Anpassung dient als der Möglichkeit, sich kritisch mit der individuellen Lebensgeschichte und dem kollektiven Prozeß der Ausgrenzung auseinanderzusetzen.

Wenn sich das GPZE für eine sektorisierte psychiatrische Versorgung des Stadtteils einsetzt, so bedeutet dies, daß es sich nicht nur um eine innerpsychiatrische Reform handeln kann. Voraussetzung dafür ist die Umverteilung von Mitteln auf den sozialen Bereich, diese Umverteilung kann durch Bewohner und Mitarbeiter ohne entsprechende Bündnispartner nicht erreicht werden.

Bibliographie

Abholz, H., Gleiss, I. Zur Frage der Anpassung in der psychiatrischen Therapie, *Argument 71*, 1972, 79–87
Basaglia, F.: Die negierte Institution, Frankfurt a.M. 1973
Bauer, M.: Sektorisierte Psychiatrie, Stuttgart 1977
»Psychiatrie-Enquête« Bericht über die Lage der Psychiatrie in der Bundesrepublik Deutschland. Zur psychiatrischen und psychotherapeutisch/psychosomatischen Versorgung der Bevölkerung.
Deutscher Bundestag 7. Wahlperiode Drucksache 7/4200
Dörner, K.: Wege zur Selbsthilfe bei psychisch Kranken, *Theorie und Praxis der Sozialarbeit* 4/1977
Dörner, K., Plog, U.: Irren ist menschlich oder Lehrbuch der Psychiatrie/Psychotherapie, Wunstorf 1978

Dörner, K., Plog, U.: Sozialpsychiatrie, Neuwied 1972

Finzen, A.: Die Tagesklinik – Psychiatrie als Lebensschule, München 1977

Finzen, A. (Hg.): Hospitalisierungsschäden in psychiatrischen Krankenhäusern, München 1974

Fischer, F.: Irrenhäuser, München 1969

Gemeindepsychiatrisches Zentrum Eimsbüttel (GPZE) Projektbeschreibung Hamburg 1975 und 1978

Gleiss, I.: Der konservative Gehalt der Antipsychiatrie, *Argument 89,* 1975 31–51

Gleiss, I., Seidel, R., Abholz, H.: Soziale Psychiatrie – Zur Ungleichheit in der psychiatrischen Versorgung, Frankfurt a. M. 1973

Goffman, E.: Asyle, Frankfurt a. M. 1973

Held, T.: Erfahrungen in einem gemeindepsychiatrischen Zentrum in Paris, in: *Erhardt, H. E.:* Perspektiven der heutigen Psychiatrie, Frankfurt a. M. 1972, S. 4554

Hochmann, J.: Thesen zur Gemeindepsychiatrie, Frankfurt a. M. 1973

Jones, M.: Prinzipien der therapeutischen Gemeinschaft, Bern 1976

Klee, E.: Psychiatrie-Report, Frankfurt a. M. 1978

Ploeger, A.: Die therapeutische Gemeinschaft in der Psychotherapie und Sozialpsychiatrie, Stuttgart 1972

Rebell, Ch.: Sozialpsychiatrie in der Industriegesellschaft, Frankfurt a. M. 1976

Schulte, W., Tölle, R.: Psychiatrie, Berlin 1971

Sozialpsychiatrische Informationen 10/11, Hannover 1972

Teusch, L.: Die therapeutische Gemeinschaft in der Bundesrepublik, Wunstorf 1977

Wienand, U.: Freiheit allein heilt nicht, *Psychologie und Gesellschaftskritik* 6/7 1978, 53–67

Woodbury, M. A.; Woodbury, M. M.: Community-Centered Psychiatric Intervention – A pilot project in the 13th arrondissement, Paris, *American J. of Psychiatry* 126, 5, 1969, 619–625

Wulff, E.: Sozialer Abstieg oder soziale Eingliederung – Zur Problematik des Rehabilitationskonflikts bei Schizophrenen, *Wulff, E.:* Psychiatrie und Klassengesellschaft, Frankfurt a. M. 1972, S. 238–251

Wulff, E.: Therapeutische Gemeinschaft und Sektorprinzip, *Jahrbuch für kritische Medizin,* Band 1, 1976, 43–52

Wulff, E.: Über den Aufbau einer therapeutischen Gemeinschaft, in: *Wulff, E.:* Psychiatrie und Klassengesellschaft, Frankfurt a. M. 1972, S. 214–226

Arno Baumann

Versuch der Veränderung zu therapeutischen Wohngruppen in der Nichtseßhaftenarbeit im Heimathof Homborn — Konsequenzen einer Mitarbeitergruppe

Der Heimathof Homborn[1] betreut seit 1961 nichtseßhafte Männer. Dieses geschah bis 1977 in der Form, wie auch heute noch in der Bundesrepublik fast durchgängig »Nichtseßhaftenhilfe« angeboten wird[2]:

In sogenannten Arbeiterkolonien oder Herbergen zur Heimat werden Männer aufgenommen mit vielfältigen Problemstellungen, unterschiedlichem Alter und unterschiedlichen Erwartungen, also vom 20jährigen bis zum 70jährigen, vom Alkoholkranken über den psychisch Kranken bis hin zu dem, der nur vorübergehend arbeitslos ist.

Die Aufnahme erfolgt direkt im Heim, »an der Tür«, ohne eine vorherige Abklärung der persönlichen Schwierigkeiten in einer dem Heim vorgelagerten Beratungsstelle. Die Hilfe besteht in der Regel darin, daß der hilfesuchende Mann Unterkunft, Verpflegung und sonstige Versorgung bekommt. Außerdem muß er in einer dem Heim

---

1 Der Heimathof Homborn liegt in der Nähe von Hagen im beginnenden Sauerland und war früher ein Bauernhof. Dieser Hof wurde von den von Bodelschwinghschen Anstalten erworben und in ein Heim für Nichtseßhafte um- und ausgebaut. Der Komplex umfaßt: Wohnbereich für 62 Männer in Dreibett- und Einzelzimmern, Küchentrakt mit Speisesaal, Freizeithalle mit Theke und Spielmöglichkeiten. Für die Arbeit steht eine Arbeitshalle zur Verfügung.
Hierzu gehört auch noch eine schöne Grünanlage sowie Sportplatz und Volleyballplatz.

2 Sicher darf nicht unerwähnt bleiben, daß es seit einigen Jahren sehr engagierte Versuche gibt, Nichtseßhaftenhilfe im ambulanten Bereich zu organisieren (siehe z. B. Zentrale Beratungsstelle in Stuttgart, Dortmund, Bielefeld), wobei auch die stationäre Hilfe in der Tendenz versucht, die Arbeitsmöglichkeiten und Ziele zu verbessern.

angegliederten Werkstatt oder Landwirtschaft arbeiten. Ein Arbeitsverhältnis besteht allerdings nicht. Für diese Arbeit bekommt er sein tägliches Taschengeld von ca. 5,– DM.

Neben dem von der Einrichtung begründeten therapeutischen Nutzen, also der Notwendigkeit dieser Arbeit, ist die Einrichtung andererseits auch auf die Erträge dieser Werkstätten angewiesen, weil sehr oft noch kein kostendeckender Pflegesatz besteht, vielfach bekommen die Heime nur einen sogenannten Pflegekostenzuschuß (zur Zeit oft zwischen 15,– und 20,– DM täglich)[3].

Die personelle Situation ist auf diesem Gebiet der sozialen Randgruppenarbeit schon allein von diesen finanziellen Möglichkeiten her sehr dürftig.

Außer der Sorge um den reibungslosen organisatorischen Ablauf im Haus und der Arbeit sind in der Regel nur Gespräche mit dem Hilfesuchenden am Rande oder bei besonderen Anlässen möglich. In der Regel wird der Hilfesuchende deshalb »in Ruhe gelassen«. Vordergründig kommt das beiden Gruppen entgegen, dem Mitarbeiter wegen seiner ausgelasteten Arbeitskapazität und dem Hilfesuchenden in seiner resignierenden Situation.

Mir ist oft aufgefallen, und so wird es von vielen Klienten berichtet, daß das Untertauchen in die Anonymität, in andere Lebenskreise, aber auch in die Anonymität der großen Einrichtungen, eine für sie angenehme Möglichkeit ist.

Wobei sie diese Möglichkeit andererseits aber auch immer wieder als große Verführung und als »kaputtmachend« beschreiben. Einerseits wünschen sie sich Anonymität – weil sie sich in ihrer Einsamkeit und Resignation verkriechen können –, andererseits merken sie, welch schleichendes Gift das zur Zeit angebotene Hilfesystem ist, welches die wahren Schwierigkeiten ausklammert.

Beide Gruppen, die Gruppe der Helfer und die Gruppe der Hilfesuchenden, können so in einer großen Unverbindlichkeit miteinander umgehen.

Nichtseßhaftenhilfe stellt sich heute, abgesehen von einigen neuen Versuchen auch im ambulanten Bereich (Stuttgarter Modell und einige Beratungsstellen), noch immer als ein großes Sammelbecken für alle möglichen Problemstellungen in großen Heimen dar. Dieses Hilfesystem soll Menschen gerecht werden, die verschiedene Pro-

---

3 Siehe Bericht über die Lage der Psychiatrie in der Bundesrepublik Deutschland, Drucksache 7/4200 unter 3.9.6. Nichtseßhafte.

blemstellungen haben. Allen diesen hilfesuchenden Menschen ist gemeinsam, daß sie arm sind, daß sie keine Wohnung haben, daß sie kein intaktes, kontinuierliches soziales Umfeld haben.

Viele haben gravierende Beziehungsschwierigkeiten. Die meisten sind krank, wobei der Alkoholismus eine bedeutende Rolle spielt. Auffallend hoch ist der Anteil der Männer aus gestörten Familien, die früher einmal in Kinderheimen und Erziehungsheimen gewesen sind, und die Gruppe der Flüchtlinge aus den Ostgebieten[4].

Wir Mitarbeiter im Heimathof Homborn wollten, zunächst etwa 1973, das System der Arbeiterkolonie so nutzen, ohne die Struktur der Einrichtung und des Personenkreises zu verändern; wir fingen an, einzelne und Gruppen intensiver zu befragen und zu motivieren. Das war oft mit sehr viel Mühe verbunden, Mühe für die Seite der Mitarbeiter und die Seite der Klienten. Z. B. fanden Gruppengespräche nicht in der Arbeitszeit statt, sondern jeweils nur nach einem arbeitsreichen 8-Stunden-Tag, in der Freizeit der Klienten.

Ziel unserer Bemühungen war es damals, den einzelnen zu aktivieren, mit ihm zusammen seine Situation zu sehen und zu versuchen, sie zu verändern. Ein Mittel dafür war die zunehmende Demokratisierung des Zusammenlebens im Heim.

Wir bildeten z. B. einen Heimrat, eine Interessenvertretung der Heimbewohner, schrieben mit diesen zusammen Briefe an den überörtlichen Träger der Sozialhilfe und den Sozialausschuß des Landtages und machten mit den Klienten zusammen auf die miese Situation der Nichtseßhaftenhilfe aufmerksam.

Einer anderen Gruppe boten wir die Möglichkeit, ein festes Arbeitsverhältnis außerhalb des Hauses anzunehmen und im Heim weiter wohnen zu bleiben.

Diese Bemühungen und die Aktivitäten der Klienten, die daraus wuchsen, zeigten uns, daß der Nichtseßhafte so resignativ und unfähig, wie wir ihn oft gesehen haben und wie er uns auch oft von anderen Mitarbeitern beschrieben wurde, wohl doch nicht war. Sie zeigten uns aber auch, daß es mit dieser Struktur des Hilfesystems wohl offensichtlich nicht möglich war, eine tiefgreifende Veränderung beim Hilfesuchenden herbeizuführen. Dieses System war und ist vielmehr dazu angetan, den Hilfesuchenden noch unfähiger zu machen.

---

[4] Siehe Konzeption des Deutschen Caritasverbandes für eine differenzierte und integrierte Nichtseßhaftenhilfe.

Die Methode des »alles für den Mann tun« beruhigt ihn für den Moment zwar und hält ihn auch zunächst in der Einrichtung, manchen jahrelang, aber macht ihn in zunehmendem Maße unselbständiger und unfähiger, sein Leben wieder selbständig zu gestalten. Hinzu kam, daß der undifferenzierte Personenkreis im Hause ein individuelles methodisches Arbeiten praktisch unmöglich macht. Z. B. ein Hilfesuchender, der motiviert war, seine Alkoholschwierigkeiten wieder zu meistern, kann dies fast unmöglich tun, wenn er auf einem 3-Bett-Zimmer mit einem Kollegen zusammenliegt, dem die Beseitigung seines Alkoholproblems egal ist und der ihm dauernd wieder Alkohol anbietet.

Weiter gab es die Schwierigkeit mit dem sehr niedrigen Pflegekostenzuschuß von damals (1976) DM 14,50 täglich.

Hervorragend war, daß wir trotz der schlechten Situation im finanziellen und im allgemeinen Bereich einen Mitarbeiterkreis hatten, der sich engagiert der Problematik stellte, sicher auch deshalb, weil er durch die vielen Gespräche mit den Hilfesuchenden recht betroffen über die Not des einzelnen und die Ungerechtigkeit des Hilfesystems war.

Diese engagierte Auseinandersetzung führte allerdings auch dazu, daß ein Mitarbeiter das Haus verließ, weil er mit der Art der Forderung und der Umstrukturierung nicht einverstanden war. 1976 formulierte dann der Mitarbeiterkreis zunächst ein Grobkonzept, das die Arbeit des Heimathofes etwas mehr strukturieren und begründen sollte, weshalb für diese Arbeit ein kostendeckender Pflegesatz notwendig sei.

Bei den Verhandlungen mit dem überörtlichen Träger war überraschend, daß die geldgebenden Stellen gar nicht so uneinsichtig waren, wie uns das vorher oft gesagt wurde bzw. wie wir das oft angenommen hatten.

1977 wurde das Haus dann von 84 Betten auf 68 Betten verkleinert. Der Mitarbeiterkreis umfaßte damals 12 Personen (einschließlich Hauswirtschaft), und der Pflegesatz lag bei ca. 30,- DM.

Immer noch kein – im Vergleich zu anderen therapeutischen Einrichtungen – gewaltiger Pflegesatz, aber doch eine gute Weiterentwicklung.

Die Gruppengespräche konnten jetzt in die Arbeitszeit verlegt und erweitert werden, sie waren allerdings freiwillig und wurden unterschiedlich besucht. Hier machte sich auch wieder der unterschiedliche Personenkreis im Hause bemerkbar. Diejenigen, die an den Gruppengesprächen teilnahmen, wurden von den anderen im Hause gehänselt; diesem Druck hielten einige Gruppenmitglieder nicht stand und nahmen an diesen Gruppengesprächen nicht wieder teil.

Der Mitarbeiterkreis war weiterhin sehr stabil und engagiert. Wir hatten das unbedingte Ziel vor Augen, die Hilfsangebote für den Personenkreis der Nichtseßhaften zu verbessern. Dieses gemeinsame Bemühen trug sicher zu einem verstärkten Gefühl der Solidarisierung des Mitarbeiterkreises bei. Hinzu kam, daß wir im gesamten Hilfesystem immer mehr eine Außenseiterrolle einnahmen; sicher auch deswegen, weil alle Forderungen nach Umstrukturierung in unserer Einrichtung eine Kritik an die anderen darstellte. Angebote zu einer Zusammenarbeit mit anderen Heimen kamen trotz unserer Bitte kaum zustande. Das Hilfesystem der Nichtseßhaftenhilfe zeichnet sich auch heute noch dadurch aus, daß jede Stelle sehr isoliert arbeitet. Eine therapeutische Kette oder ähnliches existiert nicht.

Alle Veränderungen oder Vorbereitungen zu Veränderungen wurden von uns mit einer relativ regelmäßigen Öffentlichkeitsarbeit begleitet (Presse, Rundfunk, offene Briefe usw.).

Die Leitungsstruktur wurde nach dem Ausscheiden des letzten Heimleiters offengehalten. Es gab und gibt zwar einen Heimleiter, der diese Aufgaben kommissarisch wahrnimmt. Die Aufgaben des Heimleiters werden aber auf alle Mitarbeiter verteilt.

Das bedeutet, daß ein regelmäßiger Austausch unter den Mitarbeitern stattfinden muß. Eine auch für nach außen eingesetzte Teamleitung wird zur Zeit vorbereitet.

Wir merkten bald, daß das, was wir verändert hatten, letztlich ein Tropfen auf den heißen Stein war, und hatten auch selbst den Eindruck, daß wir nicht wußten, in welche Richtung wir weitergehen sollten. Ein wichtiges Problem war z. B. die unstrukturierte Aufnahme an der Tür.

Die Aufnahme führte weiter dazu, daß sehr unterschiedliche Männer das Haus anliefen, auch mit sehr unterschiedlichen Erwartungen. Deshalb beantragten wir bei unserem Träger, den von Bodelschwinghschen Anstalten in Bielefeld, die Einsetzung einer Planungsgruppe. Sie setzte sich aus 2 Mitgliedern der ständigen Planungsgruppe der von Bodelschwinghschen Anstalten, den Mitarbeitern des Heimathofes, 2 Mitarbeitern aus umliegenden Beratungsstellen und dem leitenden Arzt zusammen.

Thema dieser Planung sollte sein: »Wie kann das Hilfeangebot des Heimathofes für Nichtseßhafte optimal gestaltet werden aufgrund der Erfahrungen, die die Mitarbeiter gemacht haben, und aufgrund von Erkenntnissen, die andere veröffentlicht haben.« Der Planungsprozeß dauerte 5 Monate, wobei die Gruppe 14tägig jeweils einen Nachmittag tagte. Die Mitarbeitergruppe legte großen Wert darauf, daß auch schon während des Planungsprozesses immer wieder ein Austausch mit Kollegen aus den anderen Heimen stattfand, um so von vornherein eine Kontinuität herzustellen, weil uns schon damals klar war, daß eine vernünftige Hilfe für Nichtseßhafte nur in einem Verbund von verschiedenen Hilfsangeboten stattfinden kann.

Das Ergebnis dieser Planung war dann ein 22seitiges Konzept, das ich hier in einer Kurzfassung wiedergeben möchte[5]:

Vorwort

Wir haben in den letzten Jahren immer wieder versucht, aus unseren Erfahrungen im Umgang mit den sogenannten nichtseßhaften Männern zu lernen und unser Handeln zu überdenken. Dabei wollten wir die mittlerweile vorhandenen theoretischen bzw. wissenschaftlichen Erkenntnisse über Nichtseßhaftigkeit und Nichtseßhaftenhilfe sowie allgemeine Kenntnisse aus Sozialarbeit, Psychologie, Soziologie sowie auch konkrete Erkenntnisse aus der Suchtkrankenhilfe mit verwerten.

Das führte dann dazu, daß immer im tendenziell stark beschützenden Rahmen der Arbeiterkolonie befähigende Elemente eingebaut wurden, wie regelmäßige freiwillige Gruppengespräche zunächst nach Feierabend, dann in der Arbeitszeit, ferner Heimrat, Ausbau des Freizeitangebotes, Aufbau einer Wohnheimabteilung für Personen im externen Arbeitsverhältnis oder gemeinsame Aktionen gegenüber Sozialhilfeträgern.

Wir erfuhren jedoch, daß 2 Zielsetzungen auf engem Raum, also Lernen von Fähigkeiten und Beheimatung und damit Hilfe für Personen mit unterschiedlicher Motivation und psychosozialer Diagnose, sich gegenseitig eher hemmend denn fördernd auswirkten.

Wichtige Punkte hierbei sind die Frage nach der Motivation des Klienten und der Einrichtung sowie das Problem der gegenseitigen Verbindlichkeit bzw. Unverbindlichkeit.

Ziele

Aus der Erfahrung, daß wir es mit Personenkreisen von ganz unterschiedlicher Motivation zu tun haben, sind wir zu der Einsicht gekommen,

---

5 Siehe Gefährdetenhilfe Nr. 2/1978, Seite 16, Verlag Bundesarbeitsgemeinschaft für Nichtseßhafte, 4800 Bielefeld 13; *Gresförder* und andere.

daß die Nichtseßhaftenhilfe allen Nichtseßhaften eine verantwortliche Hilfe geben sollte, eine einzelne Einrichtung jedoch nur für einen bestimmten Personenkreis wirksame Hilfe leisten kann. Der Heimathof setzt sich die Aufgabe, den Wunsch eines Mannes, der seine nichtseßhafte Lebensführung und die damit verbundenen Verhaltensweisen, wie z. B. Alkoholismus, aufgeben will, zu entwickeln, zu fördern und zu festigen und seine Überzeugung, daß das möglich ist, zu wecken und zu verstärken. Das schließt weiterhin die Aufgabe ein, alternative Problemlösungsstrategien und die damit verbundenen Verhaltensweisen und Einstellungen aufzuzeigen, auszuarbeiten und einzuüben. Diese allgemeine Aufgabenstellung führte zu einem konkreten Ziel, der Schaffung von persönlichen und sozialen Fähigkeiten und Fertigkeiten zum Aufbau einer gesicherten Existenz. Damit wird eine Wiedereingliederung in das bestehende Gesellschaftssystem angestrebt. Gleichzeitig soll jedoch auch die Fähigkeit an und zur Auseinandersetzung mit dieser konkreten Gesellschaft, die ihrerseits Nichtseßhaftigkeit mitverursacht und fördert, erlernt und gestärkt werden. Die Konkretisierung dieses Zieles setzt ein gestuftes Angebot voraus, auf welches später näher eingegangen wird.

Aufnahmekriterien

Der Heimathof sieht seine Aufgabe in der Befähigung von alkoholgefährdeten nichtseßhaften Männern im arbeitsfähigen Alter mit besonderen sozialen Schwierigkeiten.

Unter Voraussetzung einer späteren beruflichen Rehabilitation sollten diese Männer die Bereitschaft zum Leben in der Gemeinschaft und zur Bearbeitung ihrer persönlichen Probleme mitbringen und sich zur Teilnahme an Gruppengesprächen und anderen Therapieangeboten und zur totalen Alkoholabstinenz bereit erklären.

Die Möglichkeit einer ambulanten Versorgung dieser Männer muß begründet ausgeschlossen werden können. Nicht aufgenommen werden insbesondere alt gewordene Nichtseßhafte, akut psychisch Kranke und Drogenabhängige sowie Personen, die aufgrund einer Behinderung oder lang andauernden Krankheit erhöht oder schwer pflegebedürftig sind oder die aus anderen Gründen arbeitsunfähig sind. Im Zusammenhang mit der Neuorientierung des Heimathofes wird es erforderlich, zunächst die Übernachtungsabteilung zu schließen und auch die Aufnahme direkt von der Straße einzustellen.

Aufnahme erfolgt grundsätzlich nur über Zentrale Beratungsstellen oder über stationäre Nichtseßhaftenhilfeeinrichtungen aufgrund entsprechender Vordiagnose bzw. einer Motivationsprüfung des zukünftigen Klienten. Zumindest sollte er jedoch eingehend über Ziel und Abläufe im Heimathof informiert worden sein. Dafür haben wir vom Heimathof für die Beratungsstellen und für die Klienten, die Interesse am Heimathof zeigen, ein entsprechendes Informationsheft geschaffen, das allen Beratungsstellen zur Verfügung steht. Das Haus gliedert sich in Zukunft in folgende Abteilungen bzw. Aufenthaltsphasen.

1. Aufnahmeabteilung

Die Aufnahmeabteilung dient der Präzisierung der »vorläufigen psychosozialen Diagnose« sowie der weiteren Klärung und Festigung der Motivation und der Einstimmung auf das folgende Training. Die Dauer der Aufnahmezeit beträgt 4 Wochen. Die Aufnahmeabteilung – alle Aufnahmeklienten wohnen zusammen auf einer Etage, derzeit 4 × 3 Plätze – ist hauptsächlich strukturiert durch regelmäßige Einzelgespräche, ein wöchentliches Informationsgespräch sowie Arbeit. Die derzeit 4 Einheiten der Informationsveranstaltung enthalten folgende Schwerpunkte:

Erwartungen an sich selbst, den Heimathof und die Kollegen, Information über Ziele und Organisation des Heimathofes und erste Auseinandersetzung mit den Themen Alkohol und Nichtseßhaftigkeit. Die restliche Zeit des 8-Stunden-Tages bzw. der 40-Stunden-Woche arbeitet der Mann in der Heimwerkstatt.

Bisherige, allerdings noch nicht lange Erfahrungen zeigen, daß die Motivation weitgehend geklärt wird und eine Vielzahl der betreuten Männer sehr wohl ein Interesse an der Aufarbeitung der besonderen sozialen Schwierigkeiten hat.

In Zukunft wollen die Mitarbeiter zur Verwirklichung einer verantwortlichen Hilfe die Aufnahmestufe mindestens um folgende Elemente erweitern:

2 Stunden/Woche – Kommunikations- und Motivationsgruppe,
2 Stunden/Woche – Gruppenabend der Wohngruppe.

Fernerhin wird ein körperliches Aufbautraining wegen des nachweislich schlechten Gesundheitszustandes vieler Klienten, Hydrotherapie, Kneipp, Sauna usw., und der Ausbau des ärztlichen Sektors als unbedingt notwendig empfunden. Erst nach Ablauf der Aufnahmezeit entscheiden beide beteiligten Partner über die Aufnahme in die folgende sozialtherapeutische Trainingsstufe. Erfolgt hier keine Aufnahme, wird in der Regel eine Rückverlegung zur einweisenden Stelle oder zu einer geeigneten Stelle vorgenommen. Im Verlauf einer qualifizierten Nichtseßhaftenhilfe könnte die Aufgabe der Aufnahmeabteilung einer anderen Stelle in einem Verbundsystem zugeordnet werden.

2. Sozialtherapeutische Trainingsstufe

Wesentliche Bestandteile des Heimathofes sind die 4 sozialtherapeutischen Trainingsgruppen mit der Dauer von mindestens 6 Monaten, längstens aber nach jetzigen Vorstellungen 12 Monaten. Die 4 Gruppen à 9 Personen leben in je drei Dreibettzimmern mit einem eigenen Gruppenraum zusammen. Die Wohn-Bedingungen sind allerdings nicht sehr gut (z. B. Dreibettzimmer).

Während der Trainingsstufe, in der die Verselbständigung und Selbstverantwortlichkeit des Mannes im Vordergrund stehen, sollen Einzelgespräche auf freiwilliger Basis, ferner verpflichtende Gruppengespräche (Gesprächsgruppe identisch mit Wohngruppe) erfolgen. Die übrige Zeit verbringt der Mann in der Heimwerkstatt oder in anderen Arbeitsbereichen im Haus. Die derzeitigen Methoden der Einzel- und Gruppengespräche sind je nach Ausbildungsstand des Mitarbeiters:

Soziale Gruppenarbeit, soziale Einzelfallhilfe, Gestaltsoziotherapie, Klientenzentrierte Gesprächsführung sowie Elemente der Gemeinwesenarbeit. Bei den Mitarbeitern besteht der Wunsch und die Bereitschaft zur Weiterbildung, um den Klienten besser gerecht zu werden. Jede Trainingsgruppe hat einen Mitarbeiter als Bezugsperson.

Ziele der sozialtherapeutischen Trainingsstufe sind:

Transparentmachung des persönlichen und umweltbezogenen Problemfeldes, Selbsterfahrung, Verarbeitung psychischer und sozialer Konflikte. Neuorientierung des Erlebens und Verhaltens, Entwicklung von Selbständigkeit, Selbstbewußtsein und Kooperationsfähigkeit, Entwicklung einer Neuorientierung der Beziehung zur Umwelt bzw. zu Angehörigen, Steigerung der körperlichen und psychischen Belastbarkeit, konkrete Vorbereitung auf die soziale und berufliche Eingliederung. Um diese Ziele zu verwirklichen, halten die Mitarbeiter und auch viele Klienten eine wesentliche Erweiterung des bisherigen Schmalspurangebotes für dringend notwendig. Angestrebt wird daher folgende Erweiterung:

1. 2 Stunden/Woche – Wohngruppengespräch nach Feierabend. Die Wohngruppe stellt schon heute ein praktisches soziales Erlebnis- und Handlungsfeld dar (viele Dinge müssen in Eigenregie durchgeführt werden, z. B. Reinigung, Veranstaltungsvorbereitungen usw.). Jedoch kann eine Aufarbeitung der sich dort ergebenden Konflikte bisher nur unzureichend erfolgen.
2. 2 Stunden/Woche – Teilnahme an Informationsgruppen (mögliche Themen: Umgang mit Geld, Rechtsfragen, Sucht, Sexualität, Seelsorge usw.).
3. 2 Stunden/Woche – Teilnahme an längerfristigen Arbeitsgemeinschaften (z. B. Kochkurse, Erlernen bestimmter Sportarten, Freizeitbeschäftigung, Hobby). Jeder Klient muß, so ist es geplant, während der Trainingsdauer mindestens an 2 dieser Arbeitsgemeinschaften teilgenommen haben.
4. Kreatives Arbeiten hierfür ist je als 1wöchiger Block zu Beginn und gegen Ende der Trainingsstufe geplant bzw. gefordert, bei gleichzeitigem Fortfall der Werkstattarbeit.

Im Heimathof besteht die Möglichkeit zu verschiedenen Freizeitaktivitäten (verschiedene Sportarten, gemeinsame Fahrten der Gruppen, Besuch von

Veranstaltungen usw.), wobei die Eigeninitiative im Vordergrund steht und die Mitarbeiter nur beratend und unterstützend zur Seite stehen.

Während der Krankheitszeit erfolgt eine Weiterzahlung der Arbeitsprämien nach einem gesonderten System, da die Taschengeldzahlung seitens des Sozialhilfeträgers zur Zeit hier noch sehr unbefriedigend ist. Jeder Mann wird während des Aufenthaltes in der Trainingsstufe aus therapeutischen Gründen an einigen Tagen von der Werkstattarbeit befreit (um Behördengänge zu erledigen, aber auch als Selbstsicherheitstraining). Auch während dieser Zeit erfolgt eine Prämienfortzahlung.

Fallbesprechungen finden während der Trainingsstufe mindestens zweimal statt. Die Regelentlassung aus der Trainingsstufe erfolgt nach sichtbarer Veränderung der Problematik in die eigene sozialpädagogische Wohnheimabteilung, in geplante Wohngruppen des Heimathofes in Hagen oder auch zur einweisenden Stelle (zur ambulanten Weiterbetreuung in Wohnungen oder Wohngemeinschaften). Die genaueren Kriterien, wie sie für die Regelentlassung sowie für vorzeitige Entlassung geplant sind, können dem Konzept entnommen werden.

3. Wohnheimabteilungen

Der Heimathof wünscht in seinem Konzept eine interne Wohnheimabteilung (2 Gruppen zusammen 20 Plätze) und 2 externe Wohngruppen à 4 Plätze. Teilversorgung wird angestrebt.

Derzeit besteht eine interne Wohnheimabteilung mit ca. 12 Personen, die sich recht gut entwickelt hat. Da die Bewohner dieser Abteilung in einem festen Arbeitsverhältnis in Hagen und Breckerfeld stehen, erfolgt die Betreuung hier in den Abendstunden. Einmal wöchentlich findet 1 Wohngruppengespräch statt. Einzelgespräche erfolgen nach Wunsch, die Teilnahme an sonstigen Angeboten des Heimathofes ist möglich.

Im Konzept werden dann ausführlich einige Begriffe beschrieben, auf die ich hier kurz eingehen möchte.

Arbeit während des Heimaufenthaltes ist nicht dazu da, die momentane Existenz (Tabak, Unterkunft) zu sichern, sondern sollte als Training dazu dienen, den Mann in die Lage zu versetzen, eine gesicherte Existenz zu gründen, zu gestalten und zu sichern. Das Heim für Nichtseßhafte mit einer Werkstatt darf unserer Ansicht nach nicht den gleichen oder ähnlichen Sinn und Stellenwert erfüllen wie Subunternehmen, Schnelldienst, Kirmes, also nicht mehr in das System der Aufrechterhaltung von Nichtseßhaftigkeit eingebaut sein. Dieses setzt jedoch auch eine Änderung des Finanzierungssystems und der Finanzierungshöhe voraus, und darauf folgend den Aufbau einer problemorientierten Arbeitstherapie, die vom Heimathof gewünscht wird.

Arbeit im Heimathof dient der Steigerung des Durchhaltevermögens, der Vorbereitung auf einen externen Arbeitsplatz (Pünktlichkeit, Zuverlässigkeit, Umgang mit Vorgesetzten). Beim Ausbau der Arbeit zur Arbeitstherapie müßte hier ein Mittel zum Erreichen von Kooperationsfähigkeit und der Erhöhung der Frustrationstoleranz geschaffen werden.

Derzeit erhält der Arbeitende eine sogenannte Arbeitsprämie, die auch für die Zeiten gezahlt wird, in denen Einzel- und Gruppengespräche stattfinden. Daneben erhält der Mann auch aufgrund seines Rechtsanspruchs ein Sozialhilfetaschengeld.

Alkohol

Absolutes Alkoholverbot während des gesamten Aufenthaltes in der Aufnahme- und Trainingsstufe und auch in der Wohnheimabteilung ist unbedingt notwendig. Die Vorbereitung auf eigene Existenz erfordert harte Arbeit an sich selbst. Dieses Ziel kann nur mit einem klaren Kopf erreicht werden. Inhaltlich ist der Umgang mit Alkohol ein thematischer Schwerpunkt, der bis hin zum Selbstsicherheitstraining in realen Situationen (z. B. Kneipenbesuch) geübt werden soll.

Ordnung

Aufgrund der vielseitigen Störungen in der bisherigen Sozialisation ist die Notwendigkeit von Ordnung oft wenig einsichtig. Dem kann nicht durch das fremdbestimmte Einpressen in bestimmte, teils unreflektierte Ordnungszwänge abgeholfen werden.

Ordnungsfunktionen sollen im Heimathof durch das »zusammen leben müssen« begründet sein. Ferner sollen die vielfach erst bei der konkreten Verselbständigung erfaßten Schwierigkeiten im Umgang mit Ordnung durch das Erlernen von Selbstkontrolle aufgearbeitet werden.

Personal und Fortbildung

Neben den 5 Mitarbeitern im hauswirtschaftlichen Bereich waren zur Zeit der Konzepterstellung bei einer Belegung von 68 Personen tätig:
2 Diakone, 1 Sozialarbeiter, 2 Werkstattmitarbeiter, 1 Verwal-

tungsangestellter und 1 Zivildienstleistender. Zur Durchführung der geplanten Konzeptvorstellung ist die Aufstockung um 7 Stellen (Sozialtherapie, Kreativität, Werkstatt) erforderlich.

Erwartet wird von jedem Mitarbeiter im sozialtherapeutischen Bereich neben einer abgeschlossenen Ausbildung in einem sozialen Beruf der Abschluß bzw. die Durchführung einer qualifizierten Weiterbildung (z. B. Gestalttherapie, Suchtkranken- oder Sozialtherapeut). Die Teilnahme an einer Selbsterfahrungsgruppe wird erwünscht. Von den Mitarbeitern im Arbeitsbereich wird neben der Berufsausbildung die Teilnahme an Fortbildungsveranstaltungen erwartet. Vom Träger wird eine Unterstützung hinsichtlich der Fortbildung gewünscht und gefordert.

Neben den bisher zweimal wöchentlich stattfindenden Dienstbesprechungen (1 Besprechung über organisatorische Fragen mit allen Mitarbeitern, 1 Dienstbesprechung für alle Mitarbeiter im therapeutischen Bereich und Arbeitsbereich) wird Supervision als unerläßlich angesehen und daher gewünscht.

Leitungsstruktur

Derzeit wird der Heimathof von einem kommissarischen Heimleiter geleitet unter weitgehender Selbstverantwortlichkeit und Selbständigkeit der Mitarbeiter. Zum therapeutischen Konzept gehört jedoch eine Leitungsstruktur, bei der die Leitung soweit wie möglich kollektiv durch die Gruppe aller qualifizierten Mitarbeiter stattfindet. Die genaue Ausarbeitung dieser Leitungsstruktur, die von allen im Heimathof tätigen Mitarbeitern gewünscht wird, soll demnächst geschehen. Im Heim selbst wohnt kein Mitarbeiter. Das sogenannte Hauselternprinzip[6] wurde aufgehoben. Die Nachteile des Hauselternprinzips wurden auf alle Mitarbeiter verteilt.

Das gesamte Konzept kann hier nicht wiedergegeben werden, weil es sicher den Rahmen dieses Artikels sprengen würde.

Neben der ausführlichen Beschreibung der einzelnen Problemlösungsmöglichkeiten wird im Konzept außerdem sehr gründlich eine Personalbedarfsaufstellung gegeben.

Im Mitarbeiterkreis war nach der Fertigstellung des Konzeptes

---

6 Das Hauselternprinzip bedeutet, daß das Heim vom Heimleiter und dessen Ehefrau geleitet wird. Die Familie wohnt dabei mit im Heim und der Heimleiter ist ständig »greifbar«.

verständlicherweise die Motivation dahingehend groß, so bald wie möglich mit der Praktizierung des Konzepts zu beginnen, wobei die Finanzierung noch nicht gesichert war. Uns war irgendwie bewußt, daß wir hier etwas anfingen, das von dem fast gesamten Hilfesystem der Nichtseßhaften nicht mitgetragen wurde. Hier rührten deshalb auch Ängste her, für die eine »langsame Gangart« angezeigt war. Andererseits ärgerte uns die Schwerfälligkeit und auch die Resignation, die wir bei vielen Mitarbeitern und Funktionären in der Nichtseßhaftenhilfe sahen, wobei für uns diese Resignation allerdings auch verständlich war. Das Aufbrechen oder Beiseiteschieben dieser Resignation war dann wohl auch der Grund dafür, daß wir trotz aller Risiken mit der Verwirklichung des Konzepts begannen. Ab 1. 2. 1978 teilten wir alle Heimbewohner in Gruppen auf. Hier bildeten sich zunächst 2 Sympathiegruppen. Die anderen Heimbewohner wurden in Gruppen eingeteilt. Bei einigen gab diese Einteilung sehr viel Unruhe – einige verließen deshalb auch den Heimathof. Die Masse der Heimbewohner machte aber bei dieser neuen Einteilung mit.

Personell waren wir allerdings nur in der Lage, ein Gruppengespräch pro Woche und Einzelgespräche anzubieten. Jede Gruppe hatte aber eine feste Bezugsperson.

Der Eindruck von uns Mitarbeitern war, daß die Männer, die zu uns kamen, sehr stark motiviert waren und sehr große Erwartungen hatten, Erwartungen an sich selbst, aber auch Erwartungen an die Fähigkeiten der Mitarbeiter. (Zur Motivation siehe spätere Ausführung.) Schwierigkeiten gab es in dieser Zeit besonders mit der Wohnheimabteilung, also der Abteilung, in der Männer wohnten, die draußen in Betrieben ein ordentliches Arbeitsverhältnis hatten. Diese lebten verständlicherweise in einem Gefühl, es schon geschafft zu haben, und machten sich über die anderen wegen der »Therapie« lustig. Sie hatten es wohl auch schwerer und sahen es zum Teil nicht ein, sich an das strikte Alkoholverbot zu halten.

Die meisten Bewohner dieser Abteilung, zum Teil waren es 14 Männer, verließen im Laufe des Jahres den Heimathof. Einige zogen in ein eigenes Zimmer, einige andere hatten einen alkoholischen Rückfall und gingen wieder in irgendein Heim der Nichtseßhaftenhilfe zurück. In diesen ersten Wochen hatten wir im Heimathof sehr viel Besuch von Fachkreisen und anderen Mitarbeitern. Es verging kaum eine Woche, in der kein Besuch da war. Uns waren diese Besuche sehr wichtig, weil wir uns davon eine bessere Kooperation erhofften, denn uns war klar, daß wir ohne Kooperation mit den Heimen und Beratungsstellen unser Konzept nur schwer verwirklichen könnten.

Im Mai und September wurde das Konzept des Heimathofes sehr ausführlich in der Direktion des Trägers diskutiert. Aus diesen Gesprächen resultierte dann der Auftrag, mit dem überörtlichen Träger der Sozialhilfe unter Mitbeteiligung der Mitarbeiter des Heimathofes über die Verwirklichung des Konzepts zu verhandeln.

Die Verhandlungen mit dem Landschaftsverband fanden am 31. 10. 1978 im Heimathof statt und hatten ein positives Ergebnis.

Nach der Durchsetzung des Konzepts mit dem Landschaftsverband machte sich im Mitarbeiterkreis stellenweise Resignation bemerkbar. Diese Resignation ist nur zum Teil erklärbar durch unverständliche Therapieabbrüche. Irgendwo wurde uns bewußt, auf welch schwieriges »Geschäft« wir uns eingelassen hatten.

Erfahren haben wir in diesem Jahr aber auch, daß die Männer, die zu uns kamen, unwahrscheinlich sensibel sind. Oft habe ich den Eindruck, daß sie weitaus sensibler sind als z. B. Mitarbeiter oder Arbeiter im Bekanntenkreis. Und hier setzt auch bei uns der Mut ein, weiterzumachen. Wir haben erfahren, daß durch die Veränderung der Heimstruktur auch das Verhalten jedes einzelnen Betroffenen verändert wird, hin zu einem bewußteren persönlichen Verhalten.

Hierbei spielt die Installation von verbindlichen Gruppen in unserem Hause eine wesentliche Rolle.

Die meisten unserer Klienten haben noch nie, einige seit langem nicht mehr verbindliches Leben in einer Gruppe erfahren[7].

Es ist für sie oft sehr anstrengend, Konflikte in der Gruppe offen auszusprechen, Versäumnisse, z. B. Zimmer saubermachen, zur Sprache zu bringen, aber auch zu hören: »Ich mag Dich gut leiden!« Oder: »Du hast gut an Dir gearbeitet!« Viele Männer berichten von total neuen Erfahrungen, die sie mit sich und anderen machen.

Manche halten den Druck der Gruppe aber nicht aus und verschleiern ihre Eindrücke.

Aus dem Leben in der Gruppe entstehen jetzt auch Beziehungen, die nach dem Aufenthalt im Heimathof weiter fortgesetzt werden sollen in der Wohngruppe in der Stadt.

---

[7] Abgesehen von einigen Männern, die über Jahre hinweg als sogenannte Stadtstreicher in einer Gruppe gelebt haben.

Unsere methodische Arbeit richtet sich nach der entsprechenden Ausbildung der einzelnen Mitarbeiter. Zur Anwendung kommen: die Gestalttherapie, soziale Gruppenarbeit, Einzelfallhilfe, Gesprächspsychotherapie.

Ich möchte im letzten Teil des Berichtes noch einige Punkte anreißen, über die wir weiter nachdenken müssen. Sie sind sicher nicht vollständig, stehen aber zur Zeit für uns im Vordergrund.

1. Motivation

Nach unserem Konzept werden im Heimathof nur die Männer aufgenommen, die motiviert sind, ihre Lebenssituation zu verändern. Wir fragen uns: Was geht eigentlich in einem Mann vor, der in die Beratungsstelle kommt oder einem Heim zu verstehen gibt: das geht so nicht mehr weiter, ich möchte, daß sich bei mir in Zukunft etwas verändert. Wir Mitarbeiter erwarten, daß dann jeder, der hierherkommt, mit Feuereifer darangeht, sich zu verändern. Wir sind häufig darüber erstaunt, daß diese Art von Motivation sehr bald verflacht und wir den Eindruck haben, daß der Mann sich doch nicht verändern will.

Was läuft hier bei dem Mann ab? Ist es Resignation, ist es mangelndes Durchhaltevermögen, oder hat er ganz andere Vorstellungen von Veränderung, als er uns sagt?

Was schwingt eigentlich mit, wenn der Mann sich z. B. für den Heimathof entscheidet, also mit unserem Wort *motiviert* ist?

Wir sind in dieser Frage sehr unsicher geworden.

2. Sexualität

a) Offensichtlich leiden viele Männer unter sexuellen Problemen. Diese zeigen sich zum Teil in der Homosexualität einiger Männer. Wir haben den Eindruck, daß der Anteil der Homosexuellen hier im Heimathof sehr hoch ist. Es gibt offensichtlich nur einige, die offen dazu stehen. Für sehr viele ist Homosexualität ein Makel. Schwer ist es besonders für diejenigen, die zu ihrer Homosexualität nicht stehen können. Einerseits erleben sie sexuelle Befriedigung nur mit einem männlichen Partner. Diese Partnerschaft wird allerdings von den Heimbewohnern, von der Gesellschaft und auch von ihnen selbst in Mißkredit gebracht. Andererseits haben sie Geborgenheit und Befriedigung bei einer Frau erfahren. Ich habe nicht selten erlebt, wie oft Männer in wehmütiger Weise von ihrer Mutter reden. Dieser Konflikt, mit dem diese Männer leben, ist von diesen selbst kaum lösbar und wird deshalb fast immer mit Alkohol »gelöst«. Zu dieser Gruppe gehören übrigens sehr viele Heimkinder.

b) Eine andere Gruppe berichtet über allgemeine Schwierigkeiten mit ihrer Sexualität, die vielfach nur unter Alkoholeinfluß gelöst werden können, z. B. Unfähigkeit, im nüchternen Zustand einen sexuellen Höhepunkt zu erleben.

c) Wieder andere berichten über ihre Sehnsucht, mit einem Partner zu leben, um auch ihre sexuellen Bedürfnisse zu befriedigen. Die Angst vor einer Kontaktaufnahme mit einer Frau hindert sie aber daran. Der Gang in ein Bordell geschieht dann in der Regel nur unter Alkoholeinfluß.

Daß die Männer wieder so bewußt ihre Sexualität und die Schwierigkeiten mit ihrer Sexualität erleben, hängt sicher auch damit zusammen, daß sie im Heimathof keinen Alkohol trinken.

Grundsätzlich scheinen mir die sexuellen Schwierigkeiten mitentscheidend für eine geringe Motivation zu sein, die dem künftigen Leben wieder einen Sinn geben könnte.

3. Umgang mit Freiheit

Ich habe eine Erfahrung gemacht, die für mich als Mitarbeiter sehr rätselhaft und zum Teil auch sehr schmerzlich ist und war:

Wenn wir den Männern mehr Freiheit gegeben haben, mehr Geldzuwendung und mehr materielle Vorteile, dann wurde der einzelne immer unzufriedener. Das gravierendste Beispiel ist das folgende:

Wenn der Landschaftsverband Kleiderbeihilfe genehmigte, haben wir dem Mann das gesamte Geld in die Hand gedrückt und haben ihn zum Einkaufen in die Stadt geschickt. Wir haben gemeint, daß das zur Freiheit des Mannes gehört und auch zu dem Vertrauen ihm gegenüber, alleine in die Stadt gehen zu können und seine Kleider alleine kaufen zu können (wobei die meisten das geschafft haben). Sechs Männer sind allerdings mit dem Geld nicht wiedergekommen bzw. später wiedergekommen und haben erzählt, wie sie es einfach nicht geschafft haben, mit dieser Summe umzugehen. Oft stehen wir in der Gefahr, daß wir uns gezwungen fühlen, weniger Freiheit zu geben, mit dem Argument, diese Männer können mit ihrer Freiheit nicht umgehen. Hier scheint mir wichtig zu sein, daß die Männer mit ihrer Freiheit in einer Einsamkeit stehen und nie gelernt haben, Freiheit planerisch zu gestalten.

4. Erfahrung mit dem Körper

Eine Beobachtung, die wir machen, die ich schon beim Punkt Motivation angedeutet habe, ist, daß die Männer in den ersten Wochen sehr offen und engagiert bei uns mitarbeiten. Ich habe in meiner ganzen Laufbahn in der Nichtseßhaftenhilfe, immerhin 13 Jahre, noch nie erlebt, daß die Männer mit solcher Offenheit über ihre persönliche Problematik reden. Was für mich auch immer wieder überraschend ist, wie erfreut sie darüber reden, daß sie sich körperlich auf einmal sehr wohl fühlen. In einer Phase, wo dieses »Sich-körperlich-Wohlfühlen« besonders gut und schön ist – das tritt meistens so nach 3 Monaten auf –, erleben wir es sehr häufig, daß der Mann die Therapie hier abbricht und sehr selbstsicher sagt: »Ich habe es geschafft, es klappt schon!« und sich dabei dann offensichtlich überfordert.

Hier ist für uns noch mal die grundsätzliche Frage, wie lange muß solch eine Maßnahme gehen, bzw. wie kann ein Klima geschaffen werden, das dem Mann Mut macht, so lange hier auszuhalten, daß er wirklich stabilisiert das Haus verläßt und sich kontinuierlich weiter aufbauen kann. Wichtig scheint uns aber auch für die Zukunft zu sein, daß das körperliche Wohlbefinden für den einzelnen Mann eine sehr seltene Erfahrung zu sein scheint. Im Gespräch berichteten die Männer sehr häufig darüber, daß sie sehr selten erleben, sich körperlich so richtig fit zu fühlen. Sicherlich spielt hier eine Rolle, daß sie im Haus keinen Alkohol trinken dürfen und daß sie einen sehr geregelten Tagesablauf vorgesetzt bekommen. Auffällig ist mir andererseits auch bei diesem Thema, daß die Männer am Anfang sehr negativ von sich und besonders von ihrem Körper reden. Um so mehr erfreut und beeindruckt sie dann dieses Erlebnis »ich fühle mich wohl«. Uns gibt dieser Tatbestand recht in unserer Forderung, daß zu einer vernünftigen »Therapie« bei Nichtseßhaften unbedingt Physiotherapie oder Bewegungstherapie gehören (*Petzold* 1978).

5. Werkstatt-Arbeit

Im letzten Jahr ist es uns aus Personalmangel nur möglich gewesen, pro Woche ungefähr ein Gruppengespräch abzuhalten. Es hat sich herausgestellt, und das ist auch von den Leuten häufig geäußert worden, daß das viel zuwenig ist. Vielleicht hängen auch hiermit sehr viele Therapieabbrüche zusammen, so daß die Erwartung des Mannes, intensive Hilfe zu erfahren, nicht erfüllt wird. Wir werden die Therapieangebote im nächsten Jahr, wenn wir mehr Personal eingestellt haben, unbedingt verändern bzw. vermehren müssen. Hier spielt sicherlich die Arbeit in unserer Werkstatt, die sehr zu einer Hektik im Hause beiträgt, eine entscheidende Rolle. Die Männer stürzen sich zum großen Teil derart in die Arbeit, um ja Geld zu verdienen, und sind nicht in der Lage, mal zur Ruhe zu kommen und in Ruhe über sich und ihre Zukunft und über das, was gerade geschieht, nachzudenken. Die Arbeit und der Leistungszwang verhindern oft die Ruhe beim einzelnen, die eine Voraussetzung für Veränderung ist (*Heinl, Petzold* 1980; *Besems* 1980).

6. Leitung

Wir versuchen im Heimathof einen kollektiven Leitungsstil zu praktizieren. Das heißt, wir haben nach außen einen kommissarischen Heimleiter, versuchen aber alle Entscheidungen, die zu treffen sind, im Mitarbeiterkreis vorher abzuklären. Je größer der Mitarbeiterkreis wurde und wird, um so mehr Ängste haben wir, daß dieses System nicht funktionieren wird. Auf der einen Seite sehen wir also die unbedingte Notwendigkeit, daß dieser kollektive Stil beibehalten wird, auf der anderen Seite sehen wir, vielleicht auch von Erfahrungen anderer Häuser, die Gefahr, daß der Mitarbeiterkreis auseinanderfallen kann und wir vielleicht doch in irgendeiner Form eine Leitung brauchen. Im ganzen hat sich aber gezeigt, daß dieser Stil des Umgehens miteinander, neben einigen Schwierigkeiten, doch sehr gut gelaufen ist. Die Frauen und die Männer arbeiten relativ selbständig, und wir möchten schon sagen, daß das praktisch reibungslos verläuft.

Dieser Stil schließt natürlich auch ein, daß der Mitarbeiterkreis sehr viel miteinander reden muß. Wir halten dies für eine unbedingte Notwendigkeit, daß Mitarbeiter in den Einrichtungen, wo es eben geht, miteinander reden. Wenn dies nicht geschieht, wird eine Kooperation praktisch unmöglich gemacht. Wir wollen in Zukunft den kooperativen Leitungsstil weiterentwickeln. Dies wird sich an der Lernfähigkeit und der Verantwortungsbereitschaft der Mitarbeiter entscheiden.

Das wichtige Problem bleibt die Eingliederung des Hilfesuchenden in ein soziales Umfeld. Therapeutische Hilfe, nimmt sie die gesellschaftlichen und politischen Gegebenheiten nicht mit in den Hilfeprozeß hinein, kann leicht eine individualisierende Hilfe werden. Hier bleibt noch eine wichtige Arbeit, die ohne Laienhelfer nicht geleistet werden kann.

Bibliographie

Petzold, H.: Die neuen Körpertherapien, Junfermann, Paderborn 1978
Besems, T.: Therapie und Arbeit, *Integrative Therapie* 1 (1980)
Heinl, H., Petzold, H.: Störungen aus der Arbeitswelt, *Integrative Therapie* 1 (1980)

Edmund Keil

*Die therapeutische Wohngruppe im Strafvollzug —
Erfahrungen aus einer fünfjährigen Praxis in der
Justizvollzugsanstalt Gelsenkirchen*

Mit diesem Beitrag will ich auf die Möglichkeit hinweisen, das Prinzip der »Therapeutischen Gemeinschaft« innerhalb des Strafvollzuges anzuwenden.

In den letzten Jahren sind in der Bundesrepublik fast in jedem Bundesland sogenannte »Sozialtherapeutische Modellanstalten« eingerichtet worden. Allerdings steht eine gesetzmäßige Institutionalisierung dieser Anstalten noch aus. Bedauerlicherweise hat auch bereits die Diskussion um die Zweckmäßigkeit dieser personalintensiven Behandlungseinrichtung innerhalb des Strafvollzuges begonnen, bevor durch wissenschaftliche Begleitforschung der tatsächliche Grad ihrer Effektivität erforscht worden ist.

Der erste Versuch, eine therapeutische Gemeinschaft im Strafvollzug zu errichten, wurde in Amerika bereits 1931/32 von *J. L. Moreno* während seiner Zeit als Gefängnispsychiater in Sing-Sing unternommen. Er forderte, die Abteilungen so zu gruppieren, daß »ein Mann das therapeutische Agens des anderen wird und eine Gruppe das therapeutische Agens der anderen« (*Moreno, Within* 1932; vgl. *Haskel* 1974). Auch sein erstes, großangelegtes Experiment der Umwandlung einer bereits gegebenen Gemeinschaft *(regrouping of the community)* in eine therapeutische Gemeinschaft *(therapeutic society)* fand in einer Einrichtung statt, die einer Jugendstrafanstalt ähnlich war, nämlich der Hudson School für schwer erziehbare Mädchen (*Moreno* 1934). Später haben die Schüler und Mitarbeiter *Morenos* weitere therapeutische Gemeinschaften im Strafvollzug eingerichtet, in denen sie Psychodrama und Gruppentherapie einsetzten (*Eliasoph* 1958; *Corsini* 1951; *Haskel* 1961).

Seit Anfang 1975 läuft ein Wohngruppen-Projekt in der Justizvollzugsanstalt Gelsenkirchen. Besonders in der Aufbauphase konnte auf Erfahrungen zurückgegriffen werden, die in einem bereits seit vier Jahren laufenden Projekt der Schwesteranstalt in Düren gemacht worden sind. Unter anderem wurde in der Anfangszeit peinlich genau darauf geachtet, nicht durch irgendwelche spektakulären Ereignisse in das Blickfeld der Öffentlichkeit zu geraten. Dieser Gesichtspunkt war besonders notwendig, weil Neuwahlen in Land und Bund bevorstanden.

I. Organisatorische Vorgaben

1. Stellenplan

Die Leitung der Anstalt erfolgt durch eine sogenannte »Doppelspitze«, d. h., dem im Strafvollzug üblichen juristischen Leiter wurde ein Psychologe als therapeutischer Leiter beigeordnet.

Das Projekt hat folgenden Stellenplan, der seit 1975 nur unwesentlich geändert worden ist.

1 juristischer Leiter (zeichnet verantwortlich für den gesamten Vollzug)
1 Verwaltungsdienstleiter (vertritt den Anstaltsleiter)
6 Verwaltungsbedienstete
1 Leier des allgemeinen Vollzugsdienstes
43 Beamte des allgemeinen Vollzugsdienstes (davon haben 23 Beamte Erfahrungen über mehrere Jahre im herkömmlichen Vollzug gesammelt, 20 Beamte sind ohne längere Vollzugserfahrung eingestellt worden)
1 therapeutischer Leiter (zeichnet für therapeutische Belange verantwortlich)
4½ Psychologen
7 Sozialarbeiter (6 Wohngruppenleiter, 1 Koordinator)
2 Pädagogen
je ein katholischer und ein evangelischer Anstaltsgeistlicher
2 ½ Ausbilder vom Berufsfortbildungswerk

Alle Bediensteten, mit Ausnahme des Anstaltsleiters und der Psychologen, mußten sich vor ihrer Einstellung einer neutralen psychologischen Eignungsprüfung unterziehen. Für die meisten Bewerber im allgemeinen Vollzugsdienst wurden drei einwöchige Auswahlseminare durchgeführt.

2. Konferenzsystem

In Zusammenarbeit aller Mitarbeiter geschieht die Entscheidungsfindung in den Konferenzen. In der *Behandlungskonferenz* (BhK), der der therapeutische Leiter vorsitzt, werden Fragen diskutiert, die die Behandlung des einzelnen Gefangenen oder die Gesamtheit betreffen. In dieser Konferenz gilt das demokratische Prinzip der Mehrheitsentscheidung. Die *Personalkonferenz* (PK), der der Anstaltsleiter vorsitzt, diskutiert insbesondere die Dinge, die Außenwirkung haben, z. B. Entlassung eines Gefangenen, Gewährung von Lockerungen im Verkehr mit der Außenwelt. Allerdings ist der Anstaltsleiter nur verpflichtet, vor entsprechenden Entscheidungen die Konferenz zu hören. Eine Entscheidung kann er auch gegen die Mehrheit treffen.

Die Sozialtherapeutische Anstalt befindet sich im Gebäude des ehemaligen Amtsgerichtsgefängnisses. Durch das Einziehen von Zwischendecken entstanden aus dem Galeriebau drei getrennte Abteilungen, in denen jeweils zwei Wohngruppen mit je neun Bewohnern untergebracht sind. Zusätzlich wurden die erforderlichen Therapie-, Unterrichts- und Konferenzräume geschaffen und eine neue Werkhalle eingerichtet, in der hauptsächlich ein Ausbildungsbetrieb untergebracht ist. Auf einem der beiden Gefängnishöfe entstand eine Sportanlage in der Größe eines Handballfeldes.

II. Bedingungen für die Entwicklung eines therapeutischen Klimas

1. Langzeitlehrgang und Organisationstraining

Im September und Oktober 1974 wurde ein Langzeitlehrgang mit den damals bereits eingestellten Mitarbeitern (ca. 65% der geplanten Stellen) durchgeführt. Neben der Ermittlung von verhaltens- und gesprächstherapeutischen Techniken im Rahmen einwöchiger Seminare fand auch ein zehntägiges gruppendynamisches Laboratorium mit allen Mitarbeitern statt. Ferner waren Referenten eingeladen, die Erfahrungen von ähnlichen Einrichtungen im In- und Ausland beitragen konnten.

Nach Beendigung des Langzeitlehrgangs arbeiteten alle Mitarbeiter an der endgültigen Einrichtung der Anstalt. Unter anderem wurde im Rahmen eines Organisationstrainings eine Teameinteilung gefunden, die die Beteiligten weitgehend selbst bestimmten.

Der starke formelle und informelle Kontakt zwischen den einzelnen Mitarbeitern während dieser Vorbereitungsphase hatte meines Erachtens eine grundlegende Wirkung für das heute bestehende gute

Einvernehmen zwischen den einzelnen Fachgruppen. Zumindest wurden die im üblichen Vollzug bestehenden Vorurteile gegenüber den anderen Berufsgruppen angesprochen, häufig diskutiert und dadurch allmählich reduziert.

2. Allmähliche Belegung der Anstalt

Die allmähliche Belegung der Anstalt in der Anfangsphase ermöglichte eine grundlegende Einarbeitung der Teams. Dieses Vorgehen war sicherlich dadurch gerechtfertigt, daß noch nicht alle Planstellen im allgemeinen Vollzugsdienst besetzt waren, so daß von einer Vollbelegung sogar noch abgesehen werden mußte.

Die Anstalt verfügt über 54 Behandlungsplätze. Es werden nur männliche Gefangene aufgenommen, die zwischen 22 und 35 Jahre alt sind. Der voraussichtliche Entlassungszeitpunkt soll nicht weniger als 1½ und nicht mehr als 3 Jahre entfernt sein.

Im Januar 1975 kamen die ersten beiden Wohngruppen, die man in unterschiedlichen Abteilungen unterbrachte.

Im Gegensatz zur Vollbelegung (sechs Wohngruppen) stand somit mehr Zeit für Mitarbeiterbesprechungen, Fallbesprechungen und längere Konferenzen zur Entwicklung eines gemeinsamen Konzeptes zur Verfügung. Erst im Herbst 1975 kam auf jeder der beiden Abteilungen eine zweite Wohngruppe hinzu.

3. Supervision

Die Arbeit in dieser Anstalt wurde von Anfang an durch Supervisoren begleitet. Anfangs fand Supervision vermehrt in den Entscheidungsgremien statt, später in den einzelnen Fachgruppen (Psychologen, Sozialarbeiter, Aufsichtsdienst). Zur Zeit findet Supervision in den einzelnen interdisziplinären Arbeitsgruppen im 14-tägigen Rhythmus statt.

III. Die Wohngruppe als zentraler Bestandteil des sozialtherapeutischen Strafvollzuges

1. Personelle und organisatorische Gegebenheiten

In einer Wohngruppe sind neun Gefangene, die nach dem Kriterium einer Warteliste zusammengelegt werden. Es wird immer eine komplette Gruppe aufgenommen. Als ständige Bezugsperson steht ein Sozialarbeiter als Wohngruppenleiter zur Verfügung. Jeder Wohngruppe ist auch ein beratender Psychologe zugeteilt. Ein festes Team von fünf Mitarbeitern des allgemeinen Vollzugsdienstes ist für zwei Wohngruppen, die auf einer Abteilung untergebracht sind, zuständig. Jeder Wohngruppe steht ein Aufenthaltsraum mit angrenzender Teeküche zur Verfügung. Alle Gefangenen sind in Einzelzellen untergebracht, die lediglich in der Nacht von 0.00 Uhr bis 6.00 Uhr verschlossen werden. Um 7.00 Uhr beginnt die Arbeitszeit. Die Gefangenen werden zur Ausbildung, zur Arbeit, zum Unterricht oder zur Therapie gebracht oder abgeholt. (Leider ist es aufgrund bestehender Sicherheitsbedenken noch nicht möglich, die Anstalt innen so zu öffnen, daß die Gefangenen ihren Arbeitsplatz oder Therapieraum etc. selbständig aufsuchen können. Um 15.30 Uhr ist der offizielle Arbeitsschluß. Jetzt finden noch Therapie, Kontaktgruppen, Sportveranstaltungen, Ausgänge und andere Freizeitaktivitäten statt.

2. Institutionalisierte Bestandteile der Interaktion

Die Teilnahme an Wohngruppensitzungen ist mindestens einmal pro Woche für alle Gefangenen verbindlich. In der Regel nehmen der Wohngruppenleiter, der beratende Psychologe und ein Mitarbeiter der Abteilung daran teil. Sehr häufig werden in diesen Sitzungen Fragen des Zusammenlebens diskutiert. Immer wiederkehrende Themen sind zum Beispiel: »Wer holt das Essen für alle«, oder »Wer bestimmt über das Fernsehprogramm«, oder »Wer macht Küche und Wohngruppenraum sauber«. Sehr häufig werden auch Konflikte thematisiert, die mit der Reglementierung von seiten der Anstalt zusammenhängen. Zum Beispiel: Warum ist es nicht erlaubt, einen Strauß Schnittblumen beim Besuch in Empfang zu nehmen?
    Wesentlich bei der Thematisierung dieser Konflikte ist die Art der Auseinandersetzung der einzelnen in ihrem sozialen Umfeld.

Sehr hilfreich in dieser Hinsicht ist der Einsatz von erlebnisaktivierenden Rollenspielen. Immer wieder wird dann deutlich, daß hinter diesen äußerlichen Konfliktstoffen persönliche Beziehungsstörungen liegen, deren Aufarbeitung aber aufgrund subkultureller Normen nur selten möglich ist. (Beispiel: Jemand zahlt seine Schulden nicht zurück; dieser Umstand kann nicht angesprochen werden, solange Besitz von Bargeld verboten ist.)

Eine weitere wichtige Einrichtung im Bereich der Wohngruppe ist der sogenannte Unterausschuß. Dieser wird zusammen mit dem Bewohner (im sozialtherapeutischen Strafvollzug ist es üblich, die Gefangenen als ›Bewohner‹ der Anstalt zu bezeichnen), dem Wohngruppenleiter, dem beratenden Psychologen und einem Mitarbeiter der Abteilung durchgeführt. Gegebenenfalls werden auch Mitarbeiter aus dem Arbeits- oder dem pädagogischen Bereich hinzugezogen. Der Unterausschuß findet in der Regel 14tägig statt. Es werden Absprachen in bezug auf die Behandlung des Bewohners getroffen. In erster Linie dient jener zur Erarbeitung und zur ständigen Überprüfung und Überarbeitung des Behandlungsplans, der von dem beratenden Psychologen erstellt wird. In diesem Behandlungsplan werden konkrete, möglichst auf der Verhaltensebene liegende Änderungsziele festgelegt.

Einmal in der Woche findet eine sogenannte Mitarbeiterbesprechung der gesamten Abteilung statt. An dieser Besprechung sollen nach Möglichkeit alle in diesem Bereich arbeitenden Mitarbeiter teilnehmen. Neben internen Absprachen, die die Behandlung der Gefangenen betreffen, werden auch im Turnus Fallbesprechungen über einzelne Gefangene durchgeführt. Dadurch ist die Möglichkeit einer gegenseitigen Vertretung der Wohngruppenleiter und der beratenden Psychologen von der Sachkenntnis her gegeben. Gleichzeitig kommt das Moment der Intervision hinzu.

IV. *Das sozialtherapeutische Umfeld einer Wohngruppe*

1. Die anderen Wohngruppen

Häufig entstehen Beziehungen zwischen Gefangenen der Wohngruppen einer Abteilung. Täglich ist es auch möglich, innerhalb einer gegebenen Zeit die Gefangenen der anderen Abteilungen zu besuchen. Diese Besuche laufen weitgehend unkontrolliert ab, werden aber häufig zur gruppendynamischen Analyse aufgrund der bloßen Beobachtung hinzugezogen.

2. Kontakte am Arbeits- und Ausbildungsplatz

Wesentlicher Kontaktbereich des Gefangenen ist der Arbeitsplatz. Hier kommt er mit Ausbildern, anderen Aufsichtsbediensteten und anderen Gefangenen zusammen. Der Umstand, daß die Gefangenen auch während der Arbeit an einem Gemeinschaftsleben teilnehmen, ist meines Erachtens ebenso wichtig für die Arbeitsmotivation wie die relativ geringe Arbeitsentlohnung. Aufgrund dessen besteht auch die Regelung, daß Gefangene, die nicht zur Arbeit ausrücken, während der Arbeitszeit in ihrer Zelle unter Verschluß genommen werden, um gleichermaßen eine soziale Isolierung herbeizuführen. Dieses Vorgehen ist allerdings kontraindiziert, z. B. bei Gefangenen, die unter massiven Kontakthemmungen leiden.

3. Unterricht

Besonders in den ersten drei Monaten werden intensive Unterrichtsmaßnahmen durchgeführt. Einmal, um das Leistungsvermögen des einzelnen Gefangenen zu ermitteln, damit abzusehen ist, inwieweit Voraussetzungen für eine Ausbildung gegeben sind, und zum anderen im Rahmen einer Erwachsenenbildung, in der insbesondere sozialpolitische Themen behandelt werden.

4. Kontaktgruppen

Am Feierabend kommen regelmäßig die verschiedensten »Kontaktgruppen« ins Haus. Diese werden überwiegend von studentischen Gruppen getragen. Einige Gruppen sind aber auch von interessierten Bürgern der Stadt ins Leben gerufen worden. Den Gefangenen ist es oft schon gelungen, im Rahmen dieser Kontaktgruppen Personen zu finden, zu denen sie über ihre Entlassung hinaus eine Beziehung beibehalten haben. Die Kontaktgruppen erfüllen meines Erachtens eine wesentliche psychohygienische Funktion, da von ihren Mitgliedern eine tiefere Solidarisierung mit den Gefangenen ausgeht. In einigen Fällen ist es schon zu einer direkten Opposition gegen die Anstalt gekommen. Aber in den meisten Fällen werden von den

Kontaktgruppenmitgliedern die Probleme der Gefangenen ins richtige Verhältnis gesetzt.

5. Besuch

Die Gefangenen haben die Möglichkeit, täglich Besuch zu empfangen, der bis zu zwei Stunden pro Tag dauern kann. Während der ersten drei Monate wird der Besuch optisch überwacht. Später wird meistens davon abgesehen.

V. Strukturelle Festlegungen

1. Phaseneinteilung

Die Behandlung der Gefangenen ist in drei Phasen eingeteilt. Während der ersten sechs Monate, der *Zugangsphase*, finden keine Lockerungen statt. In dieser Zeit ist wohl die intensivste Wohngruppenarbeit möglich; unter anderem werden die Behandlungspläne erstellt, aus denen letztlich auch hervorgeht, ob überhaupt eine Behandlung angezeigt ist. Am Ende dieses Abschnitts wird ein sogenanntes Basisgutachten erstellt, in dem die Frage geklärt wird, inwieweit die Lockerungen für den Gefangenen zu verantworten sind.

In der folgenden *Behandlungsphase*, die je nach Verweildauer 6 bis 18 Monate dauert, können Lockerungen gestattet werden. Im ersten Teil der Phase geschieht dies wöchentlich im Wechsel zwischen Ausgang (der Gefangene ist bis zu 15 Stunden unbegleitet in Freiheit) und Ausführung (der Gefangene ist in Begleitung eines Bediensteten); im zweiten Teil der Phase kann ein Ausgang einmal pro Woche stattfinden. Am Ende dieser Phase werden Stellungnahmen von allen beteiligten Bereichen abgegeben, aus denen hervorgeht, ob der Gefangene in die nächste Phase wechseln kann.

In der abschließenden *Trainingsphase*, in der auch eine Ablösung von der Anstalt erfolgen soll, kann der Gefangene bis zu dreimal pro Woche Ausgang erhalten.

2. Entscheidungsablauf

Der offizielle Entscheidungsablauf ist für die Gefangenen, die neu ins Haus kommen, sehr schwer zu verstehen. Hier fließen besonders die organisatorischen Vorgaben in bezug auf die Doppelspitze (Therapie/Vollzug) und in bezug auf die in vielen Dingen alleinige Entscheidungskompetenz des Anstaltsleiters ein. Zunächst wird mit dem Gefangenen im oben beschriebenen Unterausschuß (UA) gesprochen. Hier werden alle Dinge vorbereitet, die ihn betreffen.

Im Behandlungsausschuß (BhA) tragen der Wohngruppenleiter und ein Mitarbeiter der Abteilung die Ergebnisse des UA der Anstaltsleitung vor. (Therapeutischer Leiter, Anstaltsleiter und Leiter des allgemeinen Vollzugsdienstes.) Die Ergebnisse des BhA werden in der *Behandlungskonferenz* (BhK) vorgestellt und beschlossen. An der BhK nehmen alle Fachdienste teil. Außerdem sind alle Abteilungen und der Werkbereich vertreten. Falls der BhA zu keinem gemeinsamen Ergebnis gekommen ist, wird die Diskussion in der BhK fortgesetzt und einer mehrheitlichen Entscheidung zugeführt. Falls die Ergebnisse der BhK Außenwirkung besitzen, wird darüber in der *Personalkonferenz* (PK), an der alle abkömmlichen Mitarbeiter teilnehmen, gesprochen. Nach Anhörung der Konferenz entscheidet der Anstaltsleiter.

Selbstverständlich finden diese Gremien nicht alle an einem Tag statt, so daß in der Regel drei bis vier Tage vergehen, bis eine mit dem Bewohner getroffene Vereinbarung Gültigkeit erhält.

3. Konsequenzenkatalog

In der Anfangszeit ist es zu erheblichen Lockerungsverstößen gekommen. In manchen Fällen führte es dazu, daß von seiten der Anstaltsleitung restriktive Maßnahmen ausgesprochen wurden. Daraufhin regte das therapeutische Team die Einführung des sogenannten Konsequenzenkatalogs (KK) an, der mit den Gefangenen besprochen wurde. Nach einer mehrwöchigen Diskussion entstand ein Katalog, aus dem hervorgeht, mit welcher Sperrfrist der Gefangene zu rechnen hat, wenn er in einer bestimmten Zeit verspätet in die Anstalt zurückkehrt. Der KK kam lediglich dann nicht zur Anwendung, wenn »höhere Gewalt« zur verspäteten Rückkehr des Gefangenen geführt hat.

4. Freiwilligkeit der Psychotherapie

Die Teilnahme an psychotherapeutischen Maßnahmen (Einzel- und Gruppentherapie) ist freiwillig. Die Therapie wird nur von Psychologen durchgeführt, die nicht die beratende Funktion für den Gefangenen innehaben. Von den Therapeuten wird keinerlei Rückmeldung an die Entscheidungsgremien erwartet. Lediglich Beginn, Ende und Anzahl von Sitzungen wird rückgemeldet. Seit der Einführung dieses Konzepts nehmen vielleicht nur noch 50% der Gefangenen an diesen Maßnahmen teil, andererseits ist nach meiner Erfahrung bei den Interessenten eine erhöhte Therapiemotivation festzustellen.

VI. Psychotherapie

1. Methodenpluralismus

Von Anfang an wird in Gelsenkirchen in bezug auf das therapeutische Vorgehen ein Methodenpluralismus gepflegt. Ausschlaggebend war sicherlich, daß die für die Therapie vorgesehenen Psychologen am Anfang ihrer beruflichen Arbeit standen und hinsichtlich einer therapeutischen Zusatzausbildung – über deren Notwendigkeit Einigkeit bestand – noch relativ offen und unentschlossen waren.

Kenntnisse in Gesprächstherapie, Verhaltenstherapie, gruppendynamischer Selbsterfahrung und Psychodrama bestimmten zum damaligen Zeitpunkt die therapeutische Arbeitsweise.

Zum gegenwärtigen Zeitpunkt absolvieren alle Psychologen (ausgenommen der Therapeutische Leiter) eine Zusatzausbildung, z. B. in Integrativer Therapie, Gestalttherapie, Schreitherapie nach *Casriel* oder Rational-Emotive Therapie.

2. Einzel- und Gruppentherapie

Alle Therapeuten bieten Einzel- und Gruppentherapie an. Die Therapiegruppen finden in der Regel einmal in der Woche statt. Durchschnittliche Dauer einer Gruppe beträgt ein halbes bis dreiviertel Jahr. Zwei Therapeuten leiten in der Regel gemeinsam eine Gruppe. Die Kombination der Therapeuten hat in der Vergangenheit von Therapiegruppe zu Therapiegruppe gewechselt. Dadurch war eine gute gegenseitige Beeinflussung und Kontrolle in therapeutischer Hinsicht gegeben.

Seit etwa zwei Jahren werden gemischte Therapiegruppen durchgeführt, d. h., Leute von außerhalb nehmen mit den Gefangenen an einer Therapiegruppe teil. Die Erfahrungen mit solchen Zusammensetzungen sind bisher sehr gut. Die Gruppenmitglieder sind sehr viel mehr mit sich selbst und den anderen beschäftigt, und das in der Therapie völlig unnütze Lamentieren über vollzugliche Ungerechtigkeiten gerät in den Hintergrund.

Im Frühjahr 1979 wurde erstmals eine gemischte Therapiegruppe im Rahmen eines Workshops außerhalb der Anstalt durchgeführt. Aufgrund der positiven Erfahrungen und Resonanz von seiten der Gefangenen ist ein weiterer Workshop dieser Art in Vorbereitung.

VII. Kritische Schlußbemerkungen

Die JVA Gelsenkirchen ist in den Strafvollzug des Landes Nordrhein-Westfalen eingebunden. Die Vorgehensweisen der Anstalt dürfen den Rahmen der vom Minister gegebenen Richtlinien nicht überschreiten. Viele Vorschriften haben einen Sinn in der relativ anonymen Arbeit einer großen Justizvollzugsanstalt. In einer auf Wohngruppenvollzug ausgerichteten Anstalt, in der der Kontakt zwischen den Gefangenen und mit den Gefangenen von zentraler Bedeutung für die »Behandler« ist, stellen einige Richtlinien eine Erschwernis dar, weil sie im Kontakt mit den Gefangenen nicht mehr mit einsehbaren Argumenten vertreten werden können. Der Konflikt zwischen loyaler Handhabung der Richtlinien und einer Handhabung nach eigenem, von der Sache her gegebenem Ermessen führt oft zu unterschiedlichen Vorgehensweisen, wodurch neue Konflikte produziert werden.

Für eine effektive Behandlung der Gefangenen ist meines Erachtens die Ebene einer Verhaltensabsprache, die von der Situation her bestimmt ist, sinnvoller. Diese Absprachen könnten in den Konferenzen in eingehenden Diskussionen getroffen und entsprechend bei der Durchführung auch begründet werden. Diese hausinternen Absprachen wären bei Veränderung der Bedingungen sehr viel schneller anzupassen, als es auf der Ebene der Richtlinien möglich ist.

Eine Kapazität von ca. 50 Behandlungsplätzen scheint zunächst optimal. Allerdings ist doch bei dieser Größenordnung in vielen Fällen eine direkte Beziehung zwischen dem Entscheidungsträger Anstaltsleitung und dem Gefangenen nicht mehr gegeben. Dieser Umstand ist mit ausschlaggebend dafür, daß sich im Laufe der Zeit zwei »Kommunikationsblöcke« gebildet haben (*Fasselt* 1979). Der eine Block umfaßt die Mitarbeiter aus der Wohngruppe, die Fachdienste und die Klienten, der andere Block wird durch die Anstaltsleiter und die den Wohngruppen entfernteren Funktionsbereiche (Kammer, Küche, Sanitätsbereich) gebildet. Die Teilung der »Behandler« symbolisiert im Grunde auch den Konflikt zwischen Therapie und Vollzug, der um so schwerer aufgelöst werden kann, je gegensätzlicher von beiden »Blöcken« die Prioritäten gesetzt werden.

Die weitgehende Schematisierung, die u. a. in den strukturellen Festlegungen deutlich wird, hat die Funktion eines möglichst reibungsfreien Entscheidungsablaufs zu erfüllen. Diese Festschreibungen müssen allerdings durch die in der Zwischenzeit gemachten Erfahrungen hinterfragt und in einigen Punkten verändert werden. Dieser Prozeß kommt meines Erachtens immer schwerer in Gang, da eine starke Tendenz besteht, die gefaßten Strukturen beizubehalten. Hier ist sicherlich auch bürokratische Trägheit im Spiel, da bei der Veränderung eines solchen Systems mit Sicherheit auch Pannen passieren, die wiederum eine Verunsicherung der gesamten Institution bewirken können.

Bei den meisten strukturellen Festlegungen fließen Überlegungen mit ein, die sich auf die Handhabung der Lockerungen der Gefangenen beziehen. Fest steht, daß oberstes Ziel fast jedes Gefangenen die Wiedererlangung der Freiheit – und wenn es sich auch nur um Stunden handelt – ist. Dieses Streben ist durch die Phaseneinteilung und den Konsequenzenkatalog kanalisiert worden, weil zu einem bestimmten Zeitpunkt die »Behandler« mit dem Drang in die Freiheit von seiten der Gefangenen nicht mehr anders umgehen konnten. Diese Festschreibungen machen heute eine Abweichung von den »Kanälen«, auch wenn es von der Behandlung her angezeigt ist, nur schwer möglich. Andererseits ist es für die Gefangenen schon fast ein Anspruch geworden, auf diesem »Kanal« mitzuschwimmen. Entsprechend aufreibend ist es, die Gewährung von Lockerungen an Behandlungsgesichtspunkten zu orientieren, insbesondere dann, wenn durch diese ein Kontakt zur Außenwelt noch nicht für so notwendig erachtet wird.

In den Ländern, in denen gegenüber unserem fünfjährigen Experiment der sozialtherapeutische Strafvollzug bereits eine Geschichte hat, ist die Effizienz besonders der psychotherapeutischen Betreuung bereits in Zweifel gezogen und das Schwergewicht allein auf die Wohngruppenarbeit verlegt worden (*Krüger, U.* 1977; *Kury-Fenn* 1977). Es wäre für unsere Arbeit deshalb sehr wichtig, anhand wissenschaftlicher Überprüfung eine Kontrolle über die Wirksamkeit der bisher geleisteten Arbeit zu erhalten.

Um ein Wort *Sir Winston Churchills* abzuwandeln: Sozialtherapie ist eine schlechte Vollzugsform, aber die beste, die ich kenne.

Bibliographie

Corsini, R.: The method of psychodrama and prison group psychotherapy, Group Psychotherapy 3 (1951) 321–326

Eliasoph, E.: A group therapy-psychodrama programme at Berkshire Industrial Farm, Group Psychotherapy 1 (1958) 57–62

Fasselt, M.: Arbeitsanalyse, Sozialtherapeutische Anstalt Gelsenkirchen, Unveröffentlicht (1979)

Haskel, M. R.: An alternative to more and larger prisons: a role training program for social reconnection, Group Psychotherapy 1/2 (1961) 30–38

Haskel, M. R.: The contributions of J. L. Moreno to the treatment of the treatment of offender, Group Psychotherapy 1/4 (1974) 147–156

Krüger, U.: Monatsschrift für Kriminologie und Strafrechtsreform (1977), 218

Kury-Fenn, J.: Monatsschrift für Kriminologie und Strafrechtsreform (1977), 227

Moreno, J. L.: Who shall survive? A new approach to the problem of human interrelations, Nervous and mental Diseases Publishing Co., Washington 1934

Moreno, J. L., Within, E. S.: Application of the group method to classification, National Committee on Prisons and Prison labour, New York 1932

Moreno, J. L., Within, E. S.: Plan and technique of developing a prison into a socialized comunity, National Committee on Prisons and Prison labour, New York 1932

Gabriele Witt

Kinderhäuser mit gestalttherapeutischer Begleitung

1. Die Kinderhäuser

Kinderhausarbeit ist ein relativ neues Modell alternativer Erziehung und Behandlung (*Fischer* 1976; *Möllhof* 1978). Die hier beschriebene Art therapeutischer Gemeinschaft unterscheidet sich in einem Punkt wesentlich von den übrigen Modellen, die in diesem Buch dargestellt werden: sie versucht, die Struktur einer intakten Familie so real wie möglich nachzubilden, um die positiven Möglichkeiten dieser Form menschlichen Zusammenlebens therapeutisch zu nutzen. Ursprünglich aus gestalttherapeutischen Four-Steps-Häusern für Jugendliche und Kinder hervorgegangen (*Fischer* 1976), wurde deren Familienmodell (*Petzold*, dieses Buch S. 255) den Erfordernissen der jüngeren Population entsprechend konkretisiert. Wie einerseits aus pathogenen Familienstrukturen die meisten psychischen Krankheiten hervorgehen, so läßt sich umgekehrt das System Familie einsetzen, um bereits entstandene Störungen bei Kindern wieder zu beheben. Voraussetzung dafür ist, daß es gelingt, sowohl die äußere Form des Zusammenlebens als auch die Form der Kommunikation der Familienmitglieder so zu gestalten, daß die Familie in der Lage ist, »ihrer spezifischen Funktion wieder gerecht zu werden, nämlich der, wichtigste Hilfsquelle für die persönlichen Bedürfnisse ihrer Mitglieder – Erwachsener und Kinder gleichermaßen – zu sein« (*Kempler* 1975, S. 19). Während die optimale Gestaltung der äußeren Form im wesentlichen eine finanzielle und organisatorische Frage ist, beruht die zweite Voraussetzung auf den – im weitesten Sinne – integrativen Fähigkeiten der einzelnen Familienmitglieder. Im Fall der Kinderhäuser sind dies vor allem die Eltern, da die Kinder per definitionem in dieser Hinsicht gestört sind. Diese Fähigkeiten zu stützen, zu fördern und weiterzuentwickeln ist eine der wesentlichsten Aufgaben der therapeutischen Begleitung der Kinderhäuser.

2. Darstellung der Häuser

Die beiden Kinderhäuser, die ich zweieinhalb Jahre lang therapeutisch betreut habe, standen ursprünglich unter der Trägerschaft einer psychologischen Praxis. *Marlies Fischer-Flecke* und *Ulrike Huy* hatten 1974 die erste mit Gestaltmethoden arbeitende Wohngemeinschaft für schwergestörte Kinder und Jugendliche (FE, FEH) gegründet, die der Vorläufer der hier beschriebenen Häuser war. Inzwischen arbeiten beide selbständig als freie Träger und unterstützen Initiativen zur Neueröffnung von Kinderhäusern, in einem Fall sogar mit der Möglichkeit einer Einarbeitungszeit für die neuen Kinderhauseltern.

Die beiden Häuser liegen am Rande eines kleinen Dorfes im Hintertaunus in unmittelbarer Nachbarschaft zueinander; dies hat den gar nicht hoch genug zu bewertenden Vorteil gegenseitiger Entlastung der Kinderhauseltern, sowohl durch kurzfristige Vertretung als auch durch die Möglichkeit, über die Arbeit zu sprechen und gemeinsam etwas zu unternehmen – mit und auch einmal ohne Kinder.

Die Kinderhauseltern sind kinderlose[1] Ehepaare, jeweils beide mit spezifischer Qualifikation und beruflicher Vorerfahrung (Sozialarbeiter bzw. Lehrer), die nach frustrierenden Erfahrungen in der herkömmlichen Heimerziehung zu dem Schluß kamen, daß die Mißerfolge der großen Heime strukturell angelegt und infolgedessen nicht durch interne Reformen engagierter Mitarbeiter zu beheben sind. So suchten bzw. entwickelten sie das alternative Modell »therapeutisches Kinderhaus«, das sich einerseits stark unterscheidet von üblichen großen, auch heilpädagogischen Heimen – andererseits aber auch abzugrenzen ist von anderen Formen alternativer Heimerziehung. Die therapeutischen Kinderhäuser sind anzusiedeln zwischen Pflegefamilien und einfachen Kinderhäusern. Wie in einer Pflegefamilie haben die Kinder zwei feste Bezugspersonen für die gesamte Dauer der »Unterbringung« (ein Wort, das hier nur noch formal zutrifft), die langfristig angelegt ist, im günstigsten Fall bis zum Selbständigwerden der Heranwachsenden. Im Gegensatz zur Pflegefamilie sind

---

1 Das Vorhandensein eigener Kinder verlangt zusätzlich ein sehr hohes Maß an Integrität, um nicht heftige Rivalitäten entstehen zu lassen. Die Gefahr, eigene Kinder vorzuziehen, ist groß, weniger wegen der ›Blutsbande‹ als durch das Faktum, daß sie nicht gestört sind und daher wesentlich angenehmer im ständigen Umgang.

im therapeutischen Kinderhaus die »Eltern« voll ausgebildete pädagogische Kräfte, die zusätzlich psychologisch unterstützt werden und folglich sehr viel schwierigere Kinder aufnehmen und adäquat mit ihnen umgehen können[2]. – Übliche Kinderhäuser auf der anderen Seite leiden in einem entscheidenden Punkt an der gleichen Schwierigkeit wie große Heime: um sich wirtschaftlich halten zu können, müssen sie mehr Kinder aufnehmen, als pädagogisch zu verantworten ist. Meist arbeiten sie – wie die therapeutischen Kinderhäuser – nur mit zwei konstanten Bezugspersonen, so daß der pädagogisch so ungünstige ständige Erzieherwechsel der Großheime wegfällt, aber mit mehr als sechs Kindern sind zwei Personen nicht nur durch den täglichen Arbeitsaufwand, sondern vor allem auch emotional völlig überlastet, und sind spätestens nach einer Generation von Kindern verschlissen (z. B. in SOS-Kinderdörfern). Teilweise sind die Pflegesätze sogar so gering, daß einer der beiden Partner außerhalb des Hauses arbeiten muß, was für den anderen eine noch größere Überlastung bedeutet.

Die Lösung der therapeutischen Kinderhäuser kommt dem pädagogischen und therapeutischen Ideal von Heimerziehung recht nahe, (obwohl sich auch hier Probleme stellen, s. u.): zwei hochqualifizierte, emotional stabile und einander verbundene Partner sind über einen langen Zeitraum konstante Bezugspersonen für 5–6 Kinder mit Störungen verschiedenster Art, intensiv unterstützt durch eine(n) therapeutisch ausgebildete(n) Psychologen(-in), und finanziell durch einen ausreichend hohen Tagessatz abgesichert.

Die Kinder haben Störungen unterschiedlichster Art; sie reichen von autistisch gefärbten Zuständen über alle Formen neurotischer Verhaltensstörungen bis zu dissozialen und verwahrlosten Erscheinungen. Bisher haben wir keine Erfahrung mit körperlich oder geistig behinderten Kindern. Es ist aber durchaus denkbar, ein solches Kind in der Gruppe zu integrieren. Bei allen Kindern konnten unter dem

---

2 Dies trifft meines Erachtens in besonderem Maße auf die verhaltensgestörten Kinder zu, die vor allem ins Kinderhaus aufgenommen werden. Körperlich oder geistig behinderte Kinder können durchaus in einer Pflegefamilie gut aufgehoben sein, da für deren Betreuung zwar viel emotionales Engagement und Energieaufwand nötig sind, evtl. auch ein kurzfristig erlernbares spezielles Know-how zur Förderung ihrer Fähigkeiten, aber nicht, wie bei den hier betreuten Kindern, besonderes therapeutisches Training für das Erkennen und Verändern pathologischer Interaktionsmuster.

neurotischen »Überbau« »narzißtische Grundstörungen« bzw. frühe Störungen in der Ich-Entwicklung festgestellt werden.

Die Unterbringung kann auf dem Wege von FE- oder FEH-Maßnahmen der örtlichen Erziehungshilfe oder aufgrund des Paragraphen 39/100 BSHG erfolgen. Die Kinder lebten vorher in normalen oder heilpädagogischen Heimen, oder sie wurden von aufgeschlossenen Sozialarbeitern direkt aus zerbrechenden Familien ins Kinderhaus vermittelt. Bei der Aufnahme sollte das Kind nicht älter als 14 Jahre sein[3].

Die Kinder besuchen öffentliche Schulen, was sich auch in schwierigen Fällen nach einer gezielten Vorbereitung zu Hause als möglich erwiesen hat, natürlich unter der Voraussetzung, daß die Zusammenarbeit mit den Lehrern gelingt.

Da das Haus keinen Heimcharakter besitzt, ist es relativ unauffällig in das Dorf integriert, und die Kinder werden zumindest nicht durch ihre Wohnsituation stigmatisiert. Häufig ergibt sich natürlich dennoch eine Außenseiterproblematik durch auffälliges Verhalten. Am Ort vorhandene Möglichkeiten gemeinschaftlicher Freizeitgestaltung (Sport- u. a. Vereine, VHS-Kurse u. ä.) werden weitgehend genutzt, aber auch im Hause selbst besteht, entsprechend dem Einfallsreichtum und der Fähigkeiten der Kinderhauseltern, ein reichhaltiges Angebot an Tätigkeiten, die die Interessen der Kinder anregen und ihnen (vorher meist vermißte) Erfolgserlebnisse vermitteln können. Beide Häuser haben auch einen großen Garten, z. T. sogar einen kleinen landwirtschaftlichen Anbau.

Besondere Wichtigkeit kommt der Tierhaltung zu (es gibt in den Häusern Hunde, Katzen, Schafe, Hasen, Fische, Pferde, Tauben, Hühner, Igel, Schildkröten und Bienen). Immer wieder zeigte sich, daß in der Eingewöhnungsphase die Kontaktaufnahme zu den Tieren leichter fiel, weil sie weniger »gefährlich« erlebt wird. Die Tiere sind mit ihrem feinen Instinkt auch sofort Indikator für »aufgesetztes« Verhalten. Wo sich z. B. die Erwachsenen leichter täuschen ließen durch im Heim erlernte Pseudo-Zutraulichkeit eines kleinen Mädchens, zeigten die Katzen keine positive Reaktion. Erst als die

---

3 Für Jugendliche ist es sinnvoller, in eine reine Jugendlichengruppe zu kommen. Im Kinderhaus ist die Gefahr zu groß, daß der schwierige Jugendliche die ganze Gruppe dominiert und in Autoritätsclinchs mit den Erwachsenen gerät, während in einer Gruppe Gleichaltriger die Jugendlichen sich gegenseitig Korrektiv sind.

Freundlichkeit im Laufe der Zeit echt wurde, kamen sie freiwillig zu ihr. – Die Tiere bieten für die Kinder optimale Möglichkeiten, Zuverlässigkeit und Verantwortung zu erlernen auf eine Weise, die als sinnvoll erlebt werden kann und zudem noch Spaß macht. – Wenn aus gegebenem Anlaß ein Kind Krach mit den Kinderhauseltern hat, bleiben die Tiere weiter treue Zuwendungsobjekte, und das kann für diese Kinder mit sehr geringer Frustrationstoleranz wesentlich sein, um nicht schnell in Negativismus oder Depression zu verfallen.

Natürlich ist ein therapeutisches Kinderhaus auch in der Stadt denkbar, aber das Dorf bietet doch viele Vorteile für diese Arbeit: Es stellt einen überschaubaren Rahmen dar; somit ist die Kontrollmöglichkeit negativer Einflüsse gegeben, die zudem geringer sind als in der Stadt. Im Einzelfall ist es auch einmal möglich, ein Kind permanent im Auge zu behalten. Nur so ist es z. B. gelungen, einem 11jährigen Jungen das Rauchen und Alkoholtrinken wieder abzugewöhnen. – Bis zum Jugendlichenalter ist das Dorf für die Kinder weit attraktiver. Fußball, Reiten, Hüttenbauen, Spielen im Garten, am Bach, im Wald – der Abenteuerlust sind kaum Grenzen gesetzt, und für lang angestaute Aggressionen gibt es viele sinnvolle Ventile.

3. Ziele der Kinderhausarbeit und pädagogisches Vorgehen

Die Ziele der Kinderhausarbeit ergeben sich aus den Besonderheiten der aufgenommenen Kinder. Sie lassen sich, entsprechend der Einteilung von Therapiezielen nach *Petzold* (1975; 1977) aufgliedern in 1. Auffüllen von Defiziten, 2. Beheben von Störungen und 3. Entdecken und Fördern von Potentialen.

3.1. Defizite

- Alle bisher aufgenommenen Kinder hatten ein großes Defizit an emotionaler Geborgenheit und daraus resultierendem »Urvertrauen« in ihr Angenommensein in der Welt.
- Es fanden sich verschiedene Arten von Unfähigkeit, sich mit anderen auseinanderzusetzen, also auch in wirklichen Kontakt zu treten; am einen Extrempol das egozentrische Kind, das den anderen nicht wahrnehmen kann, am anderen Extrem das übernachgiebige Kind, das sich selbst aufgibt im Kontakt.

– Je nach Vorgeschichte lagen die unterschiedlichen Defizite geistiger und handwerklicher Fähigkeiten vor.

3.2. Störungen

– Bei allen von uns betreuten Kindern war die emotionale Bindungsfähigkeit grundlegend gestört. So waren sie zunächst unfähig, die ihnen entgegengebrachte Zuwendung anzunehmen, geschweige denn zu erwidern.
– Häufig festzustellen war eine starke und ungesteuerte Aggressivität, hinter der sich im allgemeinen ebenso starke Ängste verbargen.
– Weitere Störungen waren verschiedenste, relativ eingegrenzte Symptome wie Bettnässen, Dunkelangst, Nägelkauen bis hin zu so autoaggressiven Symptomen wie heftiges Kratzen am ganzen Körper.

3.3. Förderung von Potentialen

– Eine wesentliche Aufgabe bestand darin, Interessen bei den Kindern überhaupt erst zu wecken. Viele von ihnen waren so verwahrlost oder in reizarmer bzw. mit inadäquaten Reizen ausgestatteter Umgebung aufgewachsen, daß kaum sichtbar war, welche Begabungen und Möglichkeiten in ihnen steckten.
– Auch bei der Förderung bereits vorhandener Interessen und Fähigkeiten konnten wir erstaunliche Erfolge verzeichnen.

Die Kinderhauseltern gehen in ihrer Arbeit von der Grundannahme aus, daß ohne tragfähige Beziehung keine positive Veränderung möglich ist. Folglich muß als erster Schritt eine emotionale Bindung zu dem jeweiligen Kind hergestellt werden – zunächst hauptsächlich zu den Kinderhauseltern, mit der Zeit auch zu den anderen Kindern der Gruppe. So entsteht in der Familie insgesamt ein verständnisvolles, herzliches Klima, in dem auch Differenzen ausgetragen werden können. Auf dieser Basis werden dann gezielte pädagogische und therapeutische Maßnahmen möglich, die aber nie losgelöst von der Beziehung gesehen werden dürfen.

Ist erst einmal eine gute Vertrauensbeziehung aufgebaut, fallen viele Störungen mit der Zeit »von selbst« weg, einige Defizite füllen sich auf im Sinne eines »Nachreifens«, und viele neue Fähigkeiten werden »nebenbei« durch Imitation der Erwachsenen oder anderer

Kinder erworben, sobald die Motivation dafür freigelegt ist. Hier hat sich die These der Gestalttheorie bewiesen, daß in jedem Menschen das Potential und auch die Tendenz vorhanden sind, angelegte Möglichkeiten zu entfalten, sobald emotionale Hemmnisse und Ängste beseitigt sind. Ist erst einmal der Teufelskreis von Mißerfolgserlebnissen und daraus resultierender Resignation durchbrochen, ist es erstaunlich zu sehen, welcher Erlebnishunger, welche Funktionslust und Motivation, neue Fähigkeiten zu erwerben, aus den Kindern hervorbrechen können. – In manchen Fällen ist es wieder nicht so leicht, »nur« durch Beheben der Hemmfaktoren die selbstheilenden Funktionen in Gang zu setzen. Wenn auffälliges Verhalten völlig verselbständigt war, hat es sich gelegentlich als wirksam erwiesen, verhaltenstherapeutische Prinzipien miteinzubeziehen, allerdings immer unter Berücksichtigung des Beziehungsaspektes.

In jedem Fall steht im Vordergrund die Akzeptierung des Kindes als Partner, mit dem man sich engagiert auseinandersetzt, wobei das Handeln wesentlicher ist als vieles Reden (vgl. ausführlicher *Mathias* 1977). Das setzt bei den Betreuern viel Humor, starke Nerven und die Bereitschaft voraus, sich persönlich einzusetzen und dennoch nicht rein emotional, sondern überlegt zu reagieren. Es ist also eine sehr hohe persönliche Kompetenz erforderlich, die auf Dauer nur aufrechterhalten werden kann, wenn auf verschiedene Art für Entlastung gesorgt ist (s. u.). Betreuer und Kinder müssen ihre Grenzen kennen- und finden lernen. So entsteht ein pädagogisches und zwischenmenschliches Klima, in dem Erziehung sich als *»Handeln um Grenzen«* (*Petzold* 1975) darstellt.

3.4. Probleme

Unter diesem Stichwort möchte ich nicht alltäglich auftretende, als Belastungsfaktoren aber nicht zu unterschätzende Einzelprobleme in der Arbeit behandeln, sondern einige prinzipielle Fragestellungen, die sich aus der Struktur der Häuser ergeben.

Unser Bestreben, die Kinderhäuser möglichst familienähnlich zu gestalten, trifft auf ein existentielles Bedürfnis der Kinder, endlich eine »richtige« Familie zu haben. Das hat aber zur Folge, daß an allen Punkten, wo deutlich wird, daß das Haus eben doch keine »normale« Familie ist, von seiten der Kinder heftiger Widerstand, Wut- und Enttäuschungsreaktionen auftreten. Dies erklärt z. T. den in Abständen auftretenden Widerwillen gegen die wöchentlichen Familiensitzungen. Es erklärt auch die häufig übertriebenen Eifersuchtsreaktionen, wenn ein neues Kind aufgenommen wird, das eben nicht wie in anderen Familien geboren wird. Oder die klagende Frage an den Kinderhausvater, was er eigentlich arbeite: »Ich weiß nie, was ich sagen soll, wenn ich gefragt werde, ›was ist denn dein Pflegevater?‹« Es ist den Kindern kaum ein Verständnis dafür abzuverlangen, daß ihre Betreuung Arbeit, z. T. harte Arbeit ist. Dieser Punkt gehört wohl zu den letztlich unauflösbaren Widersprüchen der Kinderhausarbeit, die um der immensen Vorteile willen in Kauf genommen werden müssen.

Ein schwieriges Problem ist die Frage des Umgangs mit den leiblichen Eltern. Am einfachsten löst sich dies bei Heimkindern, deren Eltern nicht mehr leben oder sich überhaupt nicht um das Kind kümmern. Sind Eltern vorhanden, gerät das Kind mit jedem Besuch in innere Zerrissenheit, meist begleitet von Verhaltensrückfällen. Schlimmstenfalls wird es von geschiedenen, rivalisierenden Eltern mit Besuchen und Geschenken zwischen drei Seiten hin- und hergerissen, was unbedingt verhindert werden muß – eine nicht leichte Aufgabe, zumal noch der »Kampf« mit Paragraphen aufzunehmen ist. Das Verhältnis zwischen Eltern und Kinderhauseltern ist häufig sehr belastet, da von den Eltern eine unterschwellige oder offen zutage tretende Mischung aus Schuldgefühlen und feindseliger Rivalität ausgeht. Dies darf allerdings nicht verallgemeinert werden – wir haben auch sehr kooperative Eltern erlebt. Doch auch in diesem Fall ist es uns lieber, wenn die Eltern Abstand halten, denn durch zwei »aktive« Elternpaare wird das Kind verwirrt.

Komplizierter wird die Situation, wenn Eltern sich soweit stabilisiert fühlen, daß sie das Kind in die eigene Familie zurückholen möchten. Selbst im günstigsten Fall, wenn die Eltern sich kooperativ verhalten, und die Rückführung langfristig geplant und durch mehrere längere Besuche des Kindes in der Ursprungsfamilie vorbereitet wird, bedeutet diese erneute Umstellung eine große Belastung für das betroffene Kind. Auch bei den übrigen Kindern können die alten Ängste, abgeschoben zu werden, wieder auftauchen. Meist ist es günstiger, wenn das Kind im Kinderhaus aufwachsen kann, bis es in die volle Selbständigkeit bzw. in eine Wohngemeinschaft Gleichaltriger entlassen wird. Hier ist die rechtliche Situation für die Arbeit der Kinderhäuser noch sehr ungünstig. In unserer Gesellschaft gelten Kinder als das Eigentum der Eltern. So kann die absurde Situation entstehen, daß Eltern noch alle Rechte über ihr Kind haben, außer dem

Aufenthaltsbestimmungsrecht. Auch dieses können sie aber wieder erhalten, wenn sie glaubhaft nachweisen, daß ihre Lebenssituation es ihnen wieder ermöglicht, das Kind adäquat aufzuziehen, (was häufig auf einer Fehleinschätzung beruht). Glücklicherweise sind diese Fälle selten.

Sehr wichtig ist, daß für das Kind Klarheit besteht, worauf es sich verlassen kann. In einem Fall kam ein 11jähriger Junge – zunächst ohne sichtbaren Grund – völlig verändert und verstört aus einem Ferienaufenthalt beim leiblichen Vater zurück. Er zeigte wieder längst vergessene Verhaltensauffälligkeiten und wurde schlecht in der Schule. Schließlich fanden wir heraus, daß der Vater, nachdem er eine Woche lang allein mit dem Jungen war und gut mit ihm zurechtkam, ihm gesagt hatte, in einem halben Jahr werde er ihn nach Hause zurückholen. Dann kam die Stiefmutter mit zwei Stiefgeschwistern von einer Reise zurück, und schlagartig gestaltete sich das Familienleben so unerträglich, daß auch der Vater heilfroh war, als Markus nach einer weiteren Woche ins Kinderhaus zurückfuhr. Das Versprechen, ihn nach Hause zu holen, widerrief er aber nicht, so daß Markus, der natürlich selbst gemerkt hatte, daß in der neuen Familienkonstellation für ihn kein Platz war, nicht wußte, woran er war, ohne dies aber ausdrücken zu können. Nachdem wir ihm versichert hatten, daß er im Kinderhaus bleiben könne, und auch den Vater veranlaßten, dies zu bestätigen, ließ sich Markus mehrmals täglich von den Kinderhauseltern beteuern, daß sie ihn lieb hatten, und innerhalb weniger Wochen war er wieder auf dem vorherigen Entwicklungsstand.

Ein Problem, das in unseren Fällen nie eines war, aber von Ämtern gelegentlich als solches angeführt wird, ist die Tatsache, daß die Kinderhausarbeit mit der funktionierenden Beziehung des Ehepaares zueinander »steht und fällt«. Ein Paar, das die Eröffnung eines Kinderhauses erwägt, muß sich natürlich klar darüber sein, daß die Partnerbeziehung tragfähig genug ist, um all den Belastungen dieser Arbeit gewachsen zu sein. Dafür ist auch Voraussetzung, daß beide willens und in der Lage sind, Konflikte untereinander auszutragen und Spannungen nicht schwelen zu lassen.

Mit der Belastbarkeit der Kinderhauseltern hängt ein meines Erachtens schwerwiegendes Problem zusammen, für das wir bisher keine befriedigende Lösung gefunden haben, nämlich das Fehlen der Möglichkeit, einmal völlig von der Arbeit abzuschalten und ohne die Kinder Urlaub zu machen. Eine Zwischenlösung ist es, die älteren Kinder in den Sommerferien in Freizeiten zu schicken. Besser noch wäre es, wenn mehrere Kinderhäuser in näherer Umgebung zusammenarbeiten würden und eine Urlaubsvertretung organisieren könnten.

4. Die gestalttherapeutische Begleitung

Die Notwendigkeit therapeutischer Begleitung wird offensichtlich, wenn man sich die Struktur des Hauses vor Augen hält: 5–6 schwierige, in Familien oder Heimen nicht mehr »tragbare« Kinder kommen (bei Eröffnung eines Hauses gemeinsam) zu einem ihnen fremden Ehepaar. Alle bringen z. T. höchst pathologische Verhaltensweisen, also Beziehungsangebote, mit. Dadurch entsteht eine für die Beteiligten kaum zu überblickende Dynamik des Beziehungsgefüges, in der jeder die anderen zu Mitspielern seines spezifischen Interaktionsspiels zu machen sucht. In dieser komplexen Situation beziehen sich die Aufgaben des außenstehenden und deshalb von dem Beziehungsgeflecht relativ unbeeinflußten Therapeuten teils auf das Gesamtsystem, teils auf einzelne Mitglieder.

Meine gestalttherapeutische Ausbildung befähigte mich, beim Betreten des Hauses zunächst einmal das Ganze zu erfassen, d. h. die Atmosphäre zu erspüren und zu sehen, welche Veränderungen als »Figur« vor dem Hintergrund der Situation erschienen. – Indem Gestalttherapie die Interaktion im »Hier und Jetzt« fokussiert, bietet sie die Möglichkeit, die soziale Kompetenz aller Beteiligten zu erhöhen, die bei den Kindern viele Defizite aufweist. Sie ist auch deshalb für diese Arbeit besonders geeignet, weil die Kinder durch Ablehnung in frühestem Alter narzißtisch gestört sind. Ihnen ist daher der unmittelbare, gefühlsmäßige Kontakt zu sich selbst und zu anderen, der durch die Gestaltarbeit gefördert wird, kaum möglich. Im Kinderhaus werden sie – oft erstmals im Leben – in ihren Bedürfnissen, Wünschen, Ängsten, positiven und negativen Gefühlen wichtig und ernstgenommen und haben die Möglichkeit, im ständigen Kontakt, d. h. im Wechselspiel von Berührung und Abgrenzung, allmählich ihre Identität zu finden[4]. Mein Verhältnis zu den Kinder-

---

4 Die Hypothese, daß Gestalttherapie gerade bei Frühgestörten (auch Erwachsenen) besonders wirkungsvoll ist, weil sie kognitive Strukturen und Ich-Funktionen nicht wie die Psychoanalyse voraussetzt, sondern sie als Ergebnis vorangegangener emotionaler Erfahrung aufbaut, ist es meines

hauseltern war immer partnerschaftlich. Sie machten die eigentlich wirksame tägliche Arbeit, und ich unterstützte sie durch meine Qualifikation und durch die Tatsache, daß ich nicht betriebsblind war. Dabei versuchte ich, nicht verbal zu überzeugen, sondern aus meiner Sicht Anregungen zu geben, die durch die Erfahrung der Kinderhauseltern überprüft werden konnten.

Ebenso wichtig wie die Erfüllung meiner Funktionen war die Beachtung von Rollen, die mir angetragen wurden, aber dysfunktional für die Arbeit gewesen wären. Gelegentlich entstand z. B. eine Tendenz, mehr Therapeut als Supervisor für die Kinderhauseltern zu werden[5]. Oder ein Kind versuchte, mich gegen die Kinderhauseltern auszuspielen, indem es mich zur »guten« Bezugsperson machte und die Kinderhauseltern, da sie auch Verbote setzten, zu den »Bösen«.

Meine Erfahrung zeigte, daß ich den Notwendigkeiten der Situation am besten gerecht werden konnte, wenn ich an zwei Tagen der Woche ins Haus kam, einmal eine Familiensitzung, das andere Mal Supervision und nach Bedarf zeitweise zusätzlich Einzelsitzungen mit den Kindern durchführte. Wichtig war auch, auf Interaktionen zu achten, die sich »informell« außerhalb der Sitzungen abspielten, etwa während des Abendessens. – Ich war also teils Supervisor, teils Gruppen-, teils Einzeltherapeut, teils auch Freundin des Hauses. Meine größte Schwierigkeit bestand darin, bei der Komplexität meiner Aufgaben die richtige Balance zwischen Nähe und Distanz zu halten.

5. Die Familiensitzung

Die Vorgeschichte der Kinder ist so unterschiedlich, daß allein dadurch die entstehenden Reibungen größer sind als in gewöhnlichen Familien. Zusätzlich sind die Kinder in verschiedenster Weise problematisch und nicht gewohnt, Konflikte auszutragen, so daß die Sitzung in dieser Hinsicht ein Übungsfeld für sie wird. Sie sollte

---

Erachtens wert, näher untersucht zu werden, da diese Art von Störung aufgrund veränderter Gesellschaftsstrukturen zunimmt.
5 Es ist durchaus wünschenswert, wenn bei den Kinderhauseltern durch die Supervision ein Bedürfnis nach Weiterbildung oder Therapie geweckt wird. Dieses sollte aber von Außenstehenden erfüllt werden, da die Rolle des Kinderhaus›theravisors‹ schon vielschichtig genug ist.

hauptsächlich dazu dienen, sich gemeinsam mit aktuellen Situationen zu beschäftigen und für das Zusammenleben konstruktive Lösungen zu finden.

Es hat sich als sinnvoll erwiesen, einmal wöchentlich eine Sitzung von ein bis zwei Stunden Dauer stattfinden zu lassen, an der alle Familienmitglieder teilnehmen. Dies ist möglich, sobald das jüngste Kind etwa 8 Jahre alt ist[6].

Um die Angst der Teilnehmer zu reduzieren, führte ich die Sitzung in halbstrukturierter Form durch. Zu Beginn ließ ich anstehende Punkte sammeln, wobei neue Kinder ermuntert werden mußten, ihre Sorgen anzusprechen. Die Kinder lernten im allgemeinen schnell, daß es sich hier um eine Situation handelte, die ihnen genügend Schutz und Sicherheit bot, um sich öffnen zu können.

Bevor die einzelnen Punkte besprochen wurden, ließ ich in Form einer »Meckerecke« bzw. »erfreulichen Ecke« eine Wochenbilanz ziehen, in der jeder Gelegenheit hatte, angesammelten Ärger zu äußern und auch, sich auf Situationen zu besinnen, in denen man sich über einen anderen gefreut hatte, ohne ihm dies zu zeigen. Hierbei war nicht gestattet, sofort zu reagieren, um die Möglichkeit zu geben, offen zu sein auch bei unangenehmen Dingen, ohne gleich einen Gegenangriff befürchten zu müssen, und umgekehrt zu lernen, Kritik gelassener anzunehmen. – Diese feste Einrichtung hatte neben dem Übungseffekt den Vorteil, als »warming-up« zu dienen, die Luft ein wenig von Spannungen zu reinigen und ein Modell für »direkte Kommunikation« (*Petzold* 1973) für den Rest der Sitzung zu bilden.

Oft wurden Punkte angesprochen, die auf den ersten Blick rein organisatorischer Natur zu sein schienen. Meist stellte sich dann heraus, daß das betreffende Gruppenmitglied gespürt hatte, daß es sich um verkappte Beziehungsprobleme handelte, die es zunächst nicht artikulieren konnte.

Bei den meisten Problemen handelte es sich um Konflikte der Beteiligten untereinander. Ich versuchte, die Gruppenmitglieder zu direkter, offener Auseinandersetzung zu ermutigen und, sobald die gegenseitigen Standpunkte und Vorwürfe klar waren, durch *Rollentausch* Verständnis füreinander zu wecken. – Wurde offensichtlich,

---

6 War die Altersstreuung größer, habe ich mit den jüngeren Kindern Spieltherapie durchgeführt. In vielen Fällen reichte es aus, sie nur in die Supervision einzubeziehen.

daß der Konflikt weniger mit dem gegenwärtigen Gegenüber zu tun hatte, sondern auf einer Projektion früherer Bezugspersonen beruhte, nahm ich den Projektionsträger aus der Interaktion heraus und suchte mit dem anderen Gruppenmitglied den Ursprung der Übertragung. Nach kurzem Rückblick in die Vergangenheit, bei dem eine mittlere »emotionale Tiefung« erreicht werden konnte, kamen wir wieder in die Gegenwart zurück und lösten die Projektion auf. Obwohl in Interaktionen natürlich fast immer Projektionen beteiligt sind, war diese Einzelarbeit oft nicht notwendig, um im gegenwärtigen Konflikt Realitätsverzerrungen aufzudecken und ihn dann fair austragen zu lassen. Es ist für alle Beteiligten außerordentlich erleichternd zu erleben, daß Aggressionen nicht nur nicht negativ sein müssen, sondern zur Verbesserung des Klimas beitragen können. So war es für einen Jugendlichen, der lange in einem sehr autoritär geführten Heim gelebt hatte, lange Zeit nicht möglich, gegen den Kinderhausvater irgendeine kritische Bemerkung zu äußern. Also staute er allen Ärger an, und die Spannung zwischen beiden wuchs. Schließlich gelang es Harald mit einiger Stützung durch mich, im Blickkontakt mit dem Kinderhausvater ihm einiges zu sagen, was ihm nicht paßte. In Erwartung der früheren Schläge zuckte er dabei jedesmal fast zusammen, aber als er merkte, daß nichts Schlimmes geschah, konnte er mit seinen teils berechtigten Kritikpunkten fortfahren und zusehends leichter atmen. Es war für diesen Jungen eine völlig neue, fast überwältigende Erfahrung, daß der Kinderhausvater auf ihn einging und sogar zugab, daß einige seiner Verhaltensweisen nicht richtig seien und er sie ändern wolle. Von da an konnte Harald beginnen, sein Verhältnis auch zu anderen Autoritäten zu normalisieren.

Gelegentlich brachte ich Themen zur Sprache, von denen ich wußte oder spürte, daß sie anstanden, aber, weil sie zu unangenehm waren, vermieden wurden, so z. B. den bevorstehenden Abschied eines Kindes, das zu den Eltern zurückging.

Blieb gegen Ende der Sitzung noch Zeit, bot ich eine – häufig nonverbale – Awareness-Übung an, möglichst im inhaltlichen Zusammenhang mit der Gruppensituation oder der im Vordergrund stehenden Thematik (*Oakland* 1980).

Manchmal war es nicht einfach, die anfängliche Erwartungshaltung der Kinder zu verändern, bei der Sitzung handele es sich um eine Einrichtung im einseitigen Interesse der Kinderhauseltern, um die Kinder wirkungsvoller zu »erziehen«. Im Falle von Konkurrenz untereinander wurde manchmal auch von einem Kind die Sitzung als

Strafgericht gewünscht: »Na warte, das sage ich in der Sitzung!« Dieser Erwartung nicht zu entsprechen, war um so schwieriger, als natürlich »Missetaten« der Kinder zur Sprache kommen mußten; es wäre auch unrealistisch gewesen, so zu tun, als seien Eltern und Kinder im Hause in der gleichen Situation – natürlich tragen die Eltern die Verantwortung, und die Kinder sind abhängig. Dennoch dauerte es bei neuen Kindern meist nicht lange, bis sie erkannten, daß ich versuchte, nicht Partei zu ergreifen, jeden auf seine Selbstverantwortlichkeit hinzuführen und im Konfliktfall darauf zu achten, daß jeder seine Sicht der Dinge darstellen konnte. So verloren die Kinder mit der Zeit ihre Angst und ihren Widerstand.

6. Die Supervision

Die Prinzipien gestalttherapeutischer Supervision, wie sie am »Fritz-Perls-Institut« entwickelt wurden, hat mein Kollege *Jürgen Lemke* in diesem Buch dargestellt, so daß ich meine Ausführungen zu diesem Punkt spezifisch halten kann. Ich betrachte die Supervision mit den Kinderhauseltern als wichtigsten Teil der therapeutischen Begleitung, da diese im ständigen Kontakt mit den Kindern sind und den größten Einfluß auf sie ausüben.

Zentrale Voraussetzung für die Effektivität der Supervision ist, daß die Kinderhauseltern ein Bedürfnis nach Begleitung ihres Handelns empfinden und ein gutes Arbeitsbündnis hergestellt ist, das auch Konfrontation durch den Supervisor gestattet. Findet zwischen Kinderhauseltern und Supervisor nie Auseinandersetzung statt, ist vorauszusehen, daß sich diese Vermeidung im Kinderhaus fortsetzen wird; in gewisser Weise ist die Beziehung des Supervisors zu den Eltern Modell für die Beziehungen im Haus: je partnerschaftlicher er mit den Eltern umgehen kann, desto eher werden diese das auch mit den Kindern tun.

Die wichtigste Funktion der Supervision besteht in der Entlastung der Kinderhauseltern, da die Verquickung von Zusammenleben und pädagogischer Haltung zwar sehr effektiv, aber für die Betroffenen zuweilen sehr anstrengend ist. Entlastend wirkt hier vor allem emotionale und kognitive Einsicht in ablaufende Prozesse. Dadurch wird eine gewisse innere Distanz wieder möglich, die im Alltag immer wieder verlorengeht, die aber nötig ist, um sich nicht in neurotischen »Beziehungsspielen« fangen zu lassen.

Die selbstgesetzten Ziele sind regelmäßig am gegenwärtigen Stand der Situation und der Probleme zu überprüfen, und gegebenenfalls sind strategische Änderungen vorzunehmen; wenn beispielsweise festgestellt wird, daß sich bei den Kindern eine Tendenz eingeschlichen hat, passiv zu sein und nur auf Anregungen der Erwachsenen zu warten.

Da die Kinderhauseltern selbst Teil des Gruppenprozesses sind, haben sie zwangsläufig blinde Flecken in ihrer Sicht der Dynamik. Eine weitere Aufgabe der Supervision ist daher, ihren Blick auf gruppendynamische Zusammenhänge zu lenken. So kann verhindert werden, daß ein Beziehungsproblem als das eines einzelnen Kindes verkannt wird und natürlich die Versuche, es zu verändern, vergeblich sind.

Häufig werden die Kinderhauseltern in neurotische Beziehungsangebote der Kinder verstrickt, die mit heftigem Sog »automatische« Gegenreaktionen provozieren. Hier ist es nötig, indem der Supervisor das Kind vor seinen biographischen Hintergrund stellt, aufzudecken, welche Übertragungen es auf die Kinderhauseltern (und andere Kinder im Haus) hat und welche »Fallen« zu beachten sind. In der Enge des Zusammenlebens können die vielfältigen Übertragungen, die von den Kindern ausgehen, sehr verwirrend und belastend sein, solange sie nicht identifizierbar sind.

Im Haus gibt es relativ wenige festgelegte Regeln; es werden speziell auf das Kind in der jeweiligen Situation zugeschnittene Beschlüsse gefaßt. Dadurch vermeidet man Rigidität, aber es besteht die Gefahr pragmatistischer Ziellosigkeit. Deshalb ist es sinnvoll, einige Zeit nach der Aufnahme eines neuen Kindes einen ungefähren Therapieplan zu erarbeiten, an dem man sich orientieren kann und der immer wieder überprüft und modifiziert wird. Er sollte angestrebte Ziele und auch sinnvolle Beziehungsangebote der Erwachsenen enthalten. Kommt z. B. ein Junge mit dem Klischee: alle Frauen sind schlecht (wie meine Mutter) und alle Männer gut (wie mein Vater), ist es angebracht, nötige einschränkende Maßnahmen zunächst eher vom Kinderhausvater kommen zu lassen, um die festgelegte Struktur zu lockern.

Als ein Jugendlicher in sein kriminelles Verhalten zurückfiel, wurde mir klar, daß wir dies wahrscheinlich hätten verhindern können durch rechtzeitiges Erkennen der Situation aus seiner Sicht. Daraufhin führte ich ein, in regelmäßigen Abständen die Lage jedes Kindes auf gestalttherapeutische Weise zu reflektieren, d. h. beide Kinderhauseltern »wurden« das betreffende Kind, nahmen seine

Rolle an und schilderten mir in Ichform die derzeitige Lebenssituation, zu Hause, in der Schule, mit Freunden etc. Diese Technik brachte erstaunliche Einsichten und Informationen (neben der Schulung des Einfühlungsvermögens der Kinderhauseltern), und wir waren danach sehr viel besser in der Lage, notwendige Veränderungen vorzunehmen. – Aufgabe des Supervisors ist es auch, auf die Rahmenbedingungen jedes Kindes zu achten, die in ihrer Tragweite den Kinderhauseltern in der täglichen Kleinarbeit leicht aus dem Blickfeld geraten.

Hat ein Betreuer Probleme mit einem bestimmten Kind, liegt dies auch an Gegenübertragungen, die er aus seiner eigenen Lebensgeschichte auf das Kind projiziert. Im Rollentausch kann der Hintergrund aufgedeckt werden, was dem Betreuer wieder zu einem ungetrübteren Blick verhilft. Hier muß darauf geachtet werden, daß die Supervision nicht zu sehr therapeutischen Charakter erhält, da sonst die relativ sachliche Arbeitsbeziehung durch Übertragungsreaktionen gegenüber dem Supervisor gestört werden kann.

Da alle Kinder tiefe Enttäuschungen hinter sich haben, sind sie lange Zeit sehr mißtrauisch. Die Zuneigung der Kinderhauseltern wird in jeder Hinsicht und immer wieder auf die Probe gestellt, bis ganz langsam ein Keim von Vertrauen entsteht, der zwar stetig wächst, aber über Jahre hin noch durch geringste »Gegenbeweise« zu erschüttern ist. D. h. die Eltern müssen über lange Zeit eine sehr hohe Frustrationstoleranz aufbringen und eigene Betroffenheit durch Zurückweisung und Kränkung von seiten der Kinder ertragen können bzw. gegenseitig auffangen. Auch gibt es immer wieder Mißerfolge und Rückschläge im Verhalten der Kinder. Hier muß der Supervisor Mut machen und eventuellen resignativen Tendenzen entgegenwirken, indem er auf die sehr beachtlichen Erfolge und positiven Veränderungen hinweist. Sie werden leichter übersehen als die sich aufdrängenden Probleme.

7. Einzelsitzungen

In einigen Fällen ist es angebracht, außerhalb der Familiensitzung mit einem Kind zusätzlich einzeln zu arbeiten.

Diese Sitzungen können und sollen nicht den Charakter einer langen Einzeltherapie haben, sondern kurz- bis mittelfristig angelegt sein mit klar abgesteckter Zielsetzung. Indikationen dafür sind 1. relativ eingegrenzte, herausragende Probleme, 2. besonders schwierige Phasen und 3. Krisensituationen.

Zu 1. Bei einem Jugendlichen zeigte sich, daß seine beginnenden Beziehungen zu Mädchen nie länger als ein bis zwei Wochen dauerten, worunter er mit der Zeit zu leiden begann. In einer Sequenz von etwa 15 Sitzungen Gestalttherapie, in der wir nur an der aktuellen Problematik arbeiteten, gelang es uns, die Hindernisse zu beseitigen, die immer wieder zum Abbruch der Freundschaften geführt hatten. – Andere Anlässe sind starke Ängste eines Kindes oder ähnliche, eingrenzbare Schwierigkeiten, die nicht im täglichen Ablauf abgebaut werden können.

Zu 2. Ein Kind kann besonders ausgeprägte Eingewöhnungsschwierigkeiten haben, die mehr Hilfe erfordern, als die Kinderhauseltern im Tagesablauf jedem einzelnen Kind geben können. – Oder ein anderes war so depraviert, sein Nachholbedürfnis so groß, daß die zusätzliche Zuwendung durch Einzelsitzungen auch für die Kinderhauseltern entlastend ist. – Einige Zeit vor dem Übergang in die Selbständigkeit sollte der Heranwachsende in Einzelsitzungen darauf vorbereitet werden. Diese Sitzungen sollten auch die Eingewöhnungszeit in der neuen Umgebung begleiten.

Zu 3. Auch während der Zeit im Kinderhaus können für ein Kind besondere Belastungen entstehen, die es in eine Krisensituation bringen und zusätzliche Hilfestellung erforderlich machen. So gelang es mir in einem Fall, eine psychotische Episode eines zwangsneurotischen Jugendlichen aufzufangen, ohne daß er stationär in eine Nervenklinik aufgenommen werden mußte (natürlich mit medikamentöser Unterstützung).

Mein anfänglicher Anspruch, bei älteren Kindern in den Einzelsitzungen frühe Traumata aufzuarbeiten, erwies sich als völlig verfehlt, da er sie hoffnungslos überforderte; sie hatten mit ihrer Gegenwart genug zu tun. Anders war dies bei jüngeren Kindern, die in der Spieltherapie, etwa beim Umgang mit Stofftieren und Puppen oder beim Malen, ihre früheren Erlebnisse symbolisch ausagierten und sie so bewältigen und integrieren konnten, ohne sie verbal ins Bewußtsein zu heben. Bei Heranwachsenden kann evtl. aus eigenem Antrieb ein Bedürfnis nach Einzeltherapie entstehen, die dann außerhalb des Hauses von einem anderen Therapeuten durchgeführt werden sollte.

Die Einzelsitzungen bieten einige Schwierigkeiten für den Therapeuten. Er muß darauf achten, daß sein Verhältnis zu allen Kindern gut bleibt und nicht durch Rivalität gestört wird. Einerseits muß in den Einzelsitzungen eine Vertrauensbasis zu dem Kind hergestellt werden, andererseits darf er sich nicht gegen die Kinderhauseltern ausspielen lassen. Das Problem der therapeutischen Schweigepflicht löste ich, indem ich dem Kind mitteilte, daß ich gelegentlich mit den Kinderhauseltern über die Sitzung sprach. Es konnte mir aber sagen, wenn es etwas Bestimmtes nicht erzählt haben wollte. Davon ausgenommen waren Verstöße gegen Regeln im Haus. – Die Beziehung des Kindes zum Einzeltherapeuten sollte nicht zu eng werden, einmal, um Konkurrenz zu den Kinderhauseltern zu vermeiden, zum anderen, um sie leicht wieder auf das übliche Maß reduzieren zu können.

8. Schlußbemerkungen

In den vorangegangenen Abschnitten war so viel von Problemen die Rede, daß vielleicht mancher potentielle Kinderhausbetreuer sich abgeschreckt fühlen mag. Deshalb möchte ich hier noch auf die erheblichen Vorteile der Kinderhausarbeit hinweisen. Alle Kinder haben, auch wenn sie nicht bis zum Selbständigwerden im Kinderhaus bleiben konnten, durch ihren Aufenthalt eine derart positive Erfahrung und Entwicklung gemacht, wie sie durch andere Formen therapeutischer und pädagogischer Arbeit kaum hätte erreicht werden können. Das Ehepaar kann gemeinsam arbeiten in einem Setting, in dem Leben und Arbeit nicht getrennt sind und das von Entfremdung so weitgehend befreit ist, wie das an kaum einem anderen Arbeitsplatz in unserer Gesellschaft denkbar ist. Dabei ist einerseits der Freiraum für selbständige Entscheidungen sehr groß, andererseits wirkt die Hilfestellung der therapeutischen Begleitung eventuellen Ängsten vor der großen Verantwortung entgegen. Die Gesamtatmosphäre des Hauses wird durch die Persönlichkeit der Kinderhauseltern individuell gestaltet, und mit einiger Phantasie bieten sich viele Möglichkeiten der Selbstentfaltung, die gleichzeitig den Kindern zugute kommen. – Bei allen Schwierigkeiten der Arbeit gibt es sehr viel persönliche Befriedigung: zu verfolgen, wie die Kinder allmählich aufleben und sich in wirklich erstaunlicher Weise entwickeln. Mit der Zeit kommt auch in emotionaler Hinsicht so viel von den Kindern zurück, daß es für den hohen Energieaufwand entschädigt.

Auch mir haben die Kinderhäuser ein Arbeitsfeld gegeben, das mich sehr bereichert hat, einmal durch die vielfältige Herausforderung meiner therapeutischen Fähigkeiten, aber auch durch die mich persönlich engagierenden Beziehungen zu allen Beteiligten.

Bibliographie

Bateson, Jackson, Laing u. a.: Schizophrenie und Familie. Frankfurt, 1969
Fischer, H.-G. u. a.: in: b:e 11, 1976 (über Kinderhäuser)
Kempler, W.: Grundzüge der Gestalt-Familientherapie. Stuttgart, 1975
Luthman, S., Kirschenbaum, M.: Familiensysteme. München, 1977
Mathias, U.: Eltern als integrative Erzieher; in: H. Petzold, G. Brown, Gestaltpädagogik. München 1977
Möllhof, B. u. *M.:* Kinderhäuser statt Kinderheime; in: Psychologie heute 3/79
Oakland, V.: Windows for our children, Real People Press, Moab, 1978; dtsch.: Fenster für unsere Kinder, Gestalttherapie mit Kindern. Klett, Stuttgart (in Vorbereitung)
Petzold, H.: Gestalttherapie und »direkte Kommunikation« in der Arbeit mit Eltern; in: Kreativität und Konflikte. Paderborn, 1973
–: Integrative Therapie ist kreative Therapie, unveröffentl. MS 1975
–: Thymopraktik, in: H. Petzold. Die neuen Körpertherapien. Paderborn, 1977
Richter, H. E.: Patient Familie. Reinbek, 1972
Satir, V.: Familienbehandlung. Freiburg, 1973

Hilarion Petzold

Wohnkollektive – eine Alternative für die Arbeit mit alten Menschen

1. Vorbemerkung zum Konzept des therapeutischen Kollektivs

Seitdem *J. L. Moreno* in den Jahren 1932–1934 ein erstes Projekt mit therapeutischen Wohnkollektiven für schwererziehbare Mädchen durchgeführt hat, ist fast ein halbes Jahrhundert vergangen[1].

Moreno hat in seinen früheren Arbeiten sich ausführlich mit der Struktur therapeutischer Gemeinschaften befaßt und Konzepte entwickelt, die die Arbeit späterer Autoren vorwegnahmen. Er setzt sich mit der Rolle des Therapeuten und Betreuers und seiner Beziehung zu den Klienten auseinander und vertritt das Prinzip einer unmittelbaren Kooperation zwischen Therapeut und Klient, durch die die Therapie ein »cooperative Effort« werden soll (1934). Ziel seines Ansatzes der »Interventionssoziometrie« (*Dollase* 1975) ist aber nicht nur die Umgestaltung bestehender Gemeinschaften in therapeutische Gemeinschaften, sondern die permanente Veränderung von Situationen mit dem Ziel der Verbesserung der Lebensbedingungen. *Moreno* sieht deshalb seinen Ansatz zum »*interaction research*« und zur »*therapeutic community and society*« als das Zusammenwirken revolutionärer Forschung und Praxis. Ich habe *Morenos* Aktionsforschungsansatz an anderer Stelle dargestellt (*Petzold* 1979) und möchte für diese Arbeit nur sein Konzept der »Interaktionsforschung zur Veränderung einer Situation durch gemeinsame Anstrengung« herausstellen. Die von ihm entwickelten Instrumente der Interventionssoziometrie: soziometrische Erhebung, soziometrischer Test, psychologische Gruppenarbeit, Rollenspiel, Psychodrama und Soziodrama haben sich dabei als hocheffizient für die Einrichtung therapeutischer Gemeinschaften erwiesen (siehe *Siroka* 1967, 1971; *Seabourne* 1972). Der von *Moreno* für den therapeutischen Bereich inaugurierte Begegnungsgedanke (*Moreno* 1923, 1924), nach dem der »Arzt durch bloße Begegnung heilt« (1924, S. 71), sowie

---

[1] Vgl. zur Geschichte der therapeutischen Wohngemeinschaften oben S. 24 ff.

sein persönlichkeitstheoretisches Konzept des sozialen Atoms, nach dem der Mensch seine Identität durch die zu seiner sozialen Mikrostruktur gehörigen Mitmenschen gewinnt, können als weitere theoretische Grundkonzepte für den Wert, die Bedeutung, das Funktionieren und die »heilende Kraft« (*Almond* 1974) von therapeutischen Gemeinschaften gelten.

2. *Zur begrifflichen und inhaltlichen Differenzierung von Kollektiven*

Zunächst ist eine terminologische Differenzierung notwendig, da sich in der Literatur verschiedene Begriffe finden: Wohngemeinschaft, Wohngruppe, therapeutische Wohngruppe, therapeutische Gemeinschaft. Diese Begriffe sind oft nicht klar definiert oder voneinander geschieden, obgleich eine Abgrenzung durchaus sinnvoll wäre, ohne daß damit die Tatsache fließender Übergänge in Abrede gestellt werden soll. Als übergeordneten Begriff sehen wir den des (Wohn-) »Kollektivs« als nützlich an.

2.1. Wohngemeinschaft

Als Wohngemeinschaft kann der mittel- oder längerfristige Zusammenschluß mehrerer, in der Regel nicht verwandter Personen zu einer Form des Zusammenlebens angesehen werden, die mit einer gemeinsamen Wohnung als Basis den Charakter einer mehr oder weniger festen Lebensgemeinschaft angenommen hat. Die Wohngemeinschaft gründet in freier wechselseitiger Anziehung der in ihr Lebenden, gemeinsamer Interessenlage in wichtigen Bereichen des Lebens, und geht zuweilen mit vollständigem oder teilweisem Zusammenlegen der ökonomischen Ressourcen einher. Wohngemeinschaften haben keine therapeutische oder pädagogische Zielsetzung, womit nicht in Abrede gestellt werden soll, daß sie zum Teil therapeutische Effekte haben können (*Schülein* 1980; *Korczak* 1979). Sie entstanden bei religiösen Laiengemeinschaften, z. B. die *Focolarini*[2] auf katholischer Seite (*Heinz* 1975; *Diana* 1977) und die aus der

---

2 focolare = Herd, focolarini = die um den Herd Versammelten, die Herdgemeinschaft

Jesus-People-Bewegung entstandenen religiösen Hausgemeinschaften (*Kroll* 1971; *Meinhold* 1978), sowie im Rahmen der studentischen Bewegung, wobei die Berliner Kommunen nur die extreme Ausprägung eines breiteren Phänomens sind (*Schülein* 1978).

2.2. Wohngruppen

Als Wohngruppen können Gruppen in soziotherapeutischen, pädagogischen und rehabilitativen Einrichtungen angesehen werden, in denen gemeinsames Wohnen und Leben den äußeren Rahmen für weitere rehabilitative und pädagogische Maßnahmen abgeben. Die Wohngruppe ist mehr oder weniger zufällig zusammengestellt, wobei die einzelnen Bewohner mit unterschiedlicher Verweildauer in der Einrichtung bleiben. Sie ist nicht therapeutisch, sondern allenfalls pädagogisch ausgerichtet, wobei therapeutische Effekte möglich sind, aber nicht gezielt angestrebt werden. Das Personal in Wohngruppen hat eindeutig Leitungs- und Aufsichtsfunktionen.

2.3. Therapeutische Gemeinschaft

Die therapeutische Gemeinschaft hat das explizite Ziel, ein therapeutisches Setting bereitzustellen, das aber über den Charakter einer bloßen Wohngruppe hinausgeht. *Morenos* Hudson-Projekt war geradezu darauf ausgerichtet, Wohngruppen in therapeutische Gemeinschaften umzuwandeln. Das Konzept der therapeutischen Gemeinschaft, wie es in der heutigen Literatur sich durchgesetzt hat, ist als kurz- bis mittelfristige Organisationsform innerhalb von psychiatrischen Einrichtungen anzusehen, in der die Patienten in der unmittelbaren Interaktion mit dem Personal ein therapeutisches Feld finden, in dem ihre Störungen gemindert oder behoben werden können. Rollenunterschiede zwischen Patient und Staff sowie der einzelnen Staffmitglieder untereinander sollen weitgehend abgebaut bzw. auf die funktionale Kompetenz reduziert werden. Die therapeutische Gemeinschaft schließt immer die Mitarbeit von Fachpersonal ein, das jedoch nicht voll in den Lebenszusammenhang der Patienten integriert wird, d. h. nicht mit ihnen wohnt und gleichsam eine »Familie« bildet. Die therapeutische Gemeinschaft ist keine *Wohn*gemeinschaft. Der Aspekt der Lebensgemeinschaft fällt gänzlich fort, und das *therapeutische* Element der Interaktion steht im Vordergrund (*Ploeger* 1972).

2.4. Therapeutische Wohngemeinschaft

Das Konzept der therapeutischen Wohngemeinschaft ist eine Radikalisierung des Prinzips der therapeutischen Gemeinschaft. Patienten und Therapeuten stehen nicht nur in einer therapeutischen Beziehung, sondern in einer Wohn- und Lebensgemeinschaft. Die Therapeuten wohnen mit ihren Klienten zusammen, oft unter Verzicht auf einen eigenständigen Privatbereich. Therapeutische Wohngemeinschaften sind deshalb häufig im Bereich von Selbsthilfeprojekten, z. B. in der Drogenarbeit und vereinzelt in der Arbeit mit Psychotikern, zu finden (vgl. *Fairweather* 1968; *Durand-Dassier* 1970). Der Unterschied zwischen Patienten und Therapeuten – ganz gleich, ob es Laien oder professionelle Therapeuten sind – ist auf die funktionale Kompetenz reduziert. Die therapeutische Wohngemeinschaft hat mittelfristigen bis langfristigen Charakter. Sie stellt eine in sich relativ geschlossene Einheit dar. Dem gemeinsamen Wohnen, dem gemeinsamen Haus bzw. der gemeinsamen Wohnung kommt besondere Bedeutung zu. Therapeutische Wohngemeinschaften sind in der Regel nicht in Großinstitutionen (z. B. Kliniken, Anstalten) eingegliedert, sondern stehen für sich oder sind in übergeordnete Sozialsysteme (Therapieketten) eingebunden. Bei Projekten, die aus Selbsthilfegruppen hervorgegangen sind, findet sich zuweilen auch eine permanente Lebensgemeinschaft (z. B. bei *Synanon*, vgl. *Yablonsky* 1974).

2.5. Therapeutische Wohngruppen

In der therapeutischen Wohngruppe besteht im Unterschied zur therapeutischen Wohngemeinschaft eine klare Rollen- und Funktionstrennung zwischen Therapeuten und Klienten. Die Therapeuten wohnen und leben nicht zusammen mit den Klienten, die ihrerseits aber eine *Wohngemeinschaft* bilden. In der therapeutischen Wohngruppe wird von Zielsetzung und Struktur her psychotherapeutisches, soziotherapeutisches und agogisches Vorgehen verbunden. Sie ist weitgehend geschlossen und von der Verweildauer der Klienten her mittelfristig ausgerichtet. Auch therapeutische Wohngruppen sind in der Regel nicht Teil einer Großinstitution, sondern allenfalls einer solchen angegliedert. In jedem Fall stehen sie in einem übergeordneten Rahmen (Therapiekette) oder Verbundsystem mit anderen Sozialeinrichtungen des Vorfeldes und der Nachsorge. Der größte

Teil der nicht-klinischen stationären Einrichtungen der Drogentherapie in der BRD ist dem Typus der therapeutischen Wohngruppe bzw. dem Typ der therapeutischen Wohngemeinschaft zuzuordnen. Die Unterscheidung zwischen therapeutischer Wohngruppe und Wohngemeinschaft ist fließend und nicht immer klar zu bestimmen, besonders wenn professionelle und Laientherapeuten bzw. Ex-User zusammenarbeiten, so daß ein Teil des Personals mit den Klienten in einer Wohn- und Lebensgemeinschaft steht, ein anderer Teil, nämlich die ausgebildeten Therapeuten, partikulär die therapeutische Interaktion im eingegrenzten Rahmen der Einzel- und Gruppentherapie in den Vordergrund stellt.

Die therapeutische Wohngruppe unter den Typus der therapeutischen Wohngemeinschaft zu subsumieren und dafür verschiedene Wohngemeinschaftsarten zu unterscheiden, wie es *Vormann* und *Heckmann* (1980, dieses Buch) tun, ist *ein* Weg, vergibt aber die Möglichkeit einer genaueren terminologischen Spezifizierung. Letztlich sind die Unterschiede in der Intensität und Dauer im Hinblick auf den Aspekt der Lebensgemeinschaft und des miteinander Wohnens zu sehen.

Für den Interventionsstil und die Gestaltung der therapeutischen Beziehung bietet die Unterscheidung Wohngruppe/Wohngemeinschaft wichtige Aspekte. In Wohngemeinschaften ist ein Arbeiten »aus der Abstinenz« nicht möglich. Die direkte unmittelbare Auseinandersetzung aller Beteiligten im »Lebenskontext«, der durch die gemeinsame Wohnsituation gegeben ist, erfordert *self disclosure* (*Weiner* 1978) und Einlassen auf Situationen. Selbst der von der klassischen Gestalttherapie vertretene Stil des »partiellen Engagements« läßt sich nicht durchhalten. Sind alle Beteiligten in einer Lebenssituation involviert, so führt ein gänzliches oder teilweises Sich-Entziehen einzelner nur zu Störungen. Anders in der therapeutischen Wohngruppe. In ihr sind die Betreuer und Mitarbeiter nur teilweise in das alltägliche Lebensgeschehen einbezogen. Das ermöglicht ihnen, aus einem partiellen Engagement heraus zu arbeiten, weil dieses ihrer faktischen Situation entspricht. Eine volle Involvierung wäre nicht angemessen. Sie richtet ein Maß an Nähe auf, das von den Betreuern nicht durchgehalten werden kann und auf seiten der Klienten zu Frustrationen führt. In Selbsthilfegruppen vom Synanon-Typus ist ein hohes Maß an Involvierung notwendig (vgl. *Yablonsky* 1974), die einen entsprechenden Interventions- und Therapiestil erfordert, wie z. B. *attaque therapy* (*Siroka, Siroka, Schloss* 1972), bzw. einen direkten konfrontativen Gestaltstil mit einem hohen »self-disclosure«-Anteil. Bei Wohngruppen mit einem mehr konsekutiven, permissiven Ansatz ist der Therapie- und Interaktionsstil durch eine Haltung des »partiellen Engagements« (*Maurer* und *Petzold* 1978) gekennzeichnet.

Für den Interaktions- und Interventionsstil geht es immer darum, die Ebene zu finden, die den tatsächlichen Relationen entspricht.

3. Warum Arbeit mit alten Menschen in therapeutischen und nicht-therapeutischen Kollektiven?

Die Frage, warum Kollektive wie die therapeutische Gemeinschaft, Wohngruppe oder Wohngemeinschaft oder deren nicht-therapeutische Varianten für die Arbeit mit alten Menschen meines Erachtens wichtige Möglichkeiten bieten, läßt sich anhand der Ergebnisse moderner sozialgerontologischer Forschung beantworten. Schon 1947 hat *Moreno* die These vertreten, daß der Tod in erster Linie eine soziale Realität sei. Es ist seine Auffassung, daß der Mensch mit seiner sozialen Mikrostruktur lebt und stirbt, daß die Verarmung und Atrophie des »sozialen Atoms«, d. h. der sozialen Struktur, in der die wichtigsten Interaktionspartner für das soziale Rollenspiel eingeschlossen sind, zum »sozialen Tod« *(social death)* führt.

»Es verändert sich die Konsistenz der sozialen Atome, wenn wir alt werden, besonders die Möglichkeit, verlorene Mitglieder zu ersetzen. Das soziale Atom verändert sich intermittierend, solange wir jung und voller Ressourcen sind. Wenn ein einzelnes Mitglied herausfällt, tritt ein anderes Individuum ein, das eine ähnliche Rolle spielen kann. Ein Freund tritt heraus, und der andere Freund ist schnell durch einen neuen ersetzt. Die soziale Restitution *(social repair)* scheint fast automatisch stattzufinden... Wenn wir älter werden, geschieht ein Ersatz von verlorenen Mitgliedern in wesentlichen Rollen mit größeren Schwierigkeiten, ähnlich wie Restitutionen unseres physischen Organismus mit fortschreitendem Alter sich schwieriger gestalten. Eben dies ist das Phänomen des ›sozialen‹ Todes: nicht im Hinblick auf den Körper, nicht im individuellen Sinne der Psyche, nicht wie wir von innen her sterben, sondern wie wir *von außen her* sterben... Wenn wir nun diejenigen, die wir lieben oder hassen, überleben, so sterben wir doch ein Stück mit ihnen, wenn wir erleben, wie der Schatten des Todes in unserem sozialen Atom von einem zum anderen schreitet« (*Moreno* 1947/1960, S. 63 f).

Inzwischen ist es eine gesicherte Kenntnis der modernen Sozialgerontologie, daß der Tod ein »soziales Schicksal« (*Thomae* 1976) ist. Wir konnten *Morenos* Konzept vom »*social death*« durch eine empirische Untersuchung (*Petzold* 1979c) stützen, und auch Überlegungen zur Rollentheorie des Alters und die Forschung zur Psychologie und Soziologie des Alters (*Tews* 1971, 1976; *Lehr* 1977) zeigen die vielfältigen sozialen Faktoren, insbesondere die Wichtigkeit vitaler sozialer Interaktion, für den Prozeß des Alterns. Der Entzug von sozialen Rollen, ohne daß ausreichend neue Rollenmöglichkeiten bereitgestellt wurden, die Festschreibung auf Rückzugsrollen führt zu einer Reduzierung der Identität. Die Auflösung der Großfamilie und damit die Ausgliederung der alten Menschen aus einem Familienverband bewirkt ähnliches. Der Verlust an befriedigenden sozialen und emotionalen Beziehungen, an Möglichkeiten, im Rollenspiel zu interagieren, und die Entfremdung von der jüngeren Generation lassen sich vom alten Menschen aus eigener Kraft kaum kompensieren. Vereinsamung, Rückzug und Abbau von vorhandenen Potentialen sind die Konsequenzen. Diese Situation wird auch durch die Aufnahme in Altersheimen herkömmlicher Prägung, d. h. mit weitgehend custodialer oder versorgender Ausrichtung, nicht verändert. Im Gegenteil. Bei custodial geführten Heimen kommt es durch die motorische, sensorische, perzeptuelle und soziale Deprivation zu einer Reduzierung der kognitiven Fähigkeiten, der emotionalen Flexibilität und physischen Aktivität (*Oster* 1976; *Bower* 1967; *Weinstock* und *Bennet* 1968, 1969; *Olechowski* 1976), die insgesamt mit einer Reduzierung der Identität gleichbedeutend sind. Es entsteht in solchen Heimen eine »induzierte Regression«, durch die es den Heimbewohnern trotz des faktischen Beieinanderlebens auf engem Raum nicht mehr möglich wird, ihr atrophiertes soziales Atom durch den Aufbau neuer Kernbeziehungen, d. h. Beziehungen von hohem sozio-emotionalen Stellenwert, zu regenerieren.

Aber es geht nicht nur um die Heimsituation. *Rosow* (1977) kommt aufgrund einer groß angelegten, empirischen Untersuchung über das soziale Milieu alter Menschen und ihrer Beziehungen in der Nachbarschaft zu folgendem deprimierenden Schluß:

»Es gibt keinen wirksamen Ersatz für den Verlust von irgendeiner wichtigeren sozialen Rolle als eine von gleicher Bedeutsamkeit und vergleichbarem Wert. Aus diesem Grunde sind alle die Strategien gegen grundsätzlichen Statusverlust im Alter durch Golden Age Clubs oder die Verherrlichung der Muße im Alter und ähnliche Maßnahmen zum totalen

Bankrott verurteilt. Sie mögen vorübergehende Erleichterung bieten, aber sie können Witwenschaft, Pensionierung, schlechte Gesundheit, hohe Abhängigkeit, niederes Einkommen und die sozialen Demütigungen des Alters niemals wirklich kompensieren. Eine Verbesserung der Situation, *ja*, wirkliche Wiederherstellung, *nein*« (*Rosow* 1977, S. 301).

Im Hinblick auf eine Gesellschaft, wie wir sie in den leistungsorientierten westlichen Industrienationen vorfinden, in denen das Alter exiliert wird, trifft diese Feststellung zu. Auch das andere Ergebnis seiner Untersuchung, daß nämlich alte Leute leichter und eher Freunde unter anderen alten Menschen als unter jungen Menschen finden und daß sie deshalb in Gegenden mit vielen alten Menschen eher Freundschaften haben werden, ist naheliegend und wiederum kennzeichnend für die gesellschaftliche Bewertung des Alters. Bedeutsame emotionale Beziehungen und damit sozial hochwertige Rollen können demnach wahrscheinlich am ehesten noch in Kollektiven von alten Menschen entwickelt werden. Eine Gefahr sehe ich allerdings, wenn das dazu führen sollte, daß durch die Bildung von Altenstädten oder Altenstadtteilen die Exilierung des Alters noch weiter zementiert würde. Wohnkollektive alter Menschen sollten in lebendige soziale Felder integriert sein, so daß auch ein Austausch mit anderen Generationen möglich wird – und ein solcher kann sehr fruchtbar und lebendig sein (*Laschinsky, Petzold, Rinast* 1979). Kollektive bieten die Chance, den Rollen- und Statusverlust, den alte Menschen hinnehmen müssen, zumindest teilweise wirkungsvoll zu kompensieren. Sie entbinden nicht von der Aufgabe, das gesamtgesellschaftliche Bewußtsein gegenüber dem Alter anzugehen und zu verändern.

Zur Hospitalisierung im Heim und zur »Hospitalisierung im Alltagsleben« (*Petzold* und *Bubolz* 1976) bieten meines Erachtens Kollektive, wie ich sie im voranstehenden Abschnitt beschrieben habe, eine sinnvolle und effektive Alternative. Sie vermögen dem alten Menschen neue Interaktionspartner zu vermitteln, geben ihm neue Möglichkeiten des sozialen Rollenspiels und der intensiven persönlichen Beziehung. Es wird ein bedeutungsvolles psychosoziales Netzwerk aufgebaut, das die persönliche Identität stützt und festigt. Wenn in derartigen Kollektiven überdies Verfahren psychologischer Gruppenarbeit, wie z. B. dramatischer Therapie, eingesetzt werden – und dies scheint uns für den Aufbau von Wohngruppen und Wohngemeinschaften sehr förderlich und von therapeutischen Wohnkollektiven geradezu unerläßlich –, so kann man sicher mit den Resultaten eines »social repair« (*Moreno* 1947) rechnen. Die Regeneration der individuellen sozialen Mikrostruktur, des »sozialen Atoms«, durch derartige Intervention konnte empirisch belegt werden (*Petzold* 1979 c).

4. Zur Geschichte therapeutischer Wohnkollektive mit alten Menschen

Die Pflege und Betreuung alter Menschen, sofern sie nicht in ihren Familien versorgt wurden, geschah schon in vorchristlicher Zeit im Rahmen von Maßnahmen zur Kranken- und Armenpflege (*Bolkerstein* 1939), und auch in christlicher Zeit wurden in den Fremden- und Armenherbergen (ξενοδοχεῖον) alte Menschen mitversorgt (*Liese* 1922; *Meffert* 1927; *Ratzinger* 1884). Die Armenpflege war vielfach mit Altenpflege gleichbedeutend, da die Population der Armen zu einem großen Teil aus alten und siechen Menschen bestand, die für ihren Lebensunterhalt nicht mehr selbst sorgen konnten. Schon früh ging man daran, die Ärmsten der Armen in Kollektiven zusammenzufassen. Eine der bedeutendsten Einrichtungen dieser Art ist das von *Basilius dem Großen* um 370 in Cäsarea gegründete Versorgungshaus, die »Basilias«, in dem Kranke, Arme, Fremde, Greise und Geisteskranke Aufnahme und Pflege fanden (*Sozomenos*, Hist. eccl. IV, 34). »Er bringt die vom Hunger Gequälten, Leute, die nur noch schwach atmen, Männer und Weiber, Kinder und Greise, Unglückliche jeden Alters *an einem Ort* zusammen« (*Gregor von Nazianz*, Or. 43, c. 35). *Basilius* hatte für die Ausgestoßenen, die vor den Toren der Stadt ein erbärmliches Dasein fristeten, ein großes Hospiz eingerichtet mit Wohnungen für Priester, Ärzte, Krankenwärter, Werkstätten, so daß *Gregor von Nazianz* in seiner Totenrede für ihn sagen konnte: »Geh ein klein wenig hinaus vor die Stadt und schau die neue Stadt... Es bietet sich uns nicht mehr der schreckliche und erbärmliche Anblick von Menschen kurz vor dem Sterben, die meisten Glieder des Leibes schon abgestorben, ausgeschlossen aus den Städten, Häusern, von öffentlichen Plätzen und Brunnen, selbst von ihren besten Freunden ferngehalten...« *Basilius* »hat uns am besten von allen gesagt, daß wir Menschen sind und deshalb Menschen nicht verachten dürfen« (ibid. c. 63). Während *Basilius* den Metropolitansitz von Cäsarea innehatte, hatte er veranlaßt, daß auch auf dem Lande und in den kleineren Städten *Spitäler* für die Armen, Alten und Kranken eingerichtet wurden (Bas. ep. 142, 143, vgl. *Giet* 1941). In der Folgezeit findet man im gesamten Orient derartige Spitäler, die zumeist Klöstern angegliedert waren, sich bei den Zellen von Anachoreten oder den Mandren von Säulenstehern fanden (*Petzold* 1972; *Vööbus* 1947). In der Vita des *Rabbula* (+ 436), Bischof von Edessa, die um 450 abgefaßt wurde, finden wir ein solches Spital beschrieben: »Auch Verwöhnte hätten die Speisen nicht verschmäht, die den Siechen durch seine (des Rabbulas) fürsorgenden Befehle zubereitet wurden. Niemand käme auf den Gedanken, daß hier Versehrte und Sieche lägen, denn nichts war verwahrlost, sondern es herrschte auf seine Anordnung hin größte Sorgfalt und Reinlichkeit. Die Betten boten durch weiche, ausgebreitete Decken einen freundlichen Anblick und man konnte weder in ihnen noch sonst wo schmutziges oder verbrauchtes Bettzeug sehen« (in: *Overbeck* 1865). Auch gab es offenbar eigene Krankenpfleger, die »den Dienst versahen, die Kranken in der Nacht zu waschen« (*Land* 1862 II, 237). Die Alten-, Kranken- und Armenpflege, in der Regel in ein und derselben Einrichtung ausgeübt, wurde aber auch in einigen großen Hospitälern differenziert. So finden wir in dem vom Kaiser *Joannes II Comnenos* (1118–1143) gegründeten Pantokrator-Kloster in Konstantinopel bzw. in den diesem angeschlossenen Hospital verschiedene Abteilungen. Eine für Frauen, ein Ambulatorium, einen Bereich für Epileptiker und Irre und ein *Greisenhaus,* sowie eine medizinische Schule (*Schreiber* 1948). Die Verhältnisse in dieser bedeutendsten sozialen Einrichtung der byzantinischen Zeit wurden durch ein Typikon des Kaisers genau geregelt (*Lampros* 1908).

Im Abendland wurden Häuser für Arme und Kranke in der Regel an den Bischofssitzen errichtet. Hier fanden auch alte Menschen Aufnahme. Eine Spezialisierung aber setzt erst mit dem 12. Jahrhundert ein. Wohl eines der ältesten Altenheime ist das 1180 gegründete Heiliggeist-Spital in Ulm. »Es ist die letzte Zufluchtstätte für Verarmte, zur Arbeit unfähige alte Bürger männlichen und weiblichen Geschlechtes« (*Vincentz* 1971). Das Heiliggeist-Hospital in Lübeck, um 1280 erbaut, diente fast 700 Jahre, bis 1970, als Altenheim. Auch dem seit 1204 in München bestehenden Heiliggeist-Hospital, das ein Waisenhaus, eine Gebäranstalt und eine Irrenanstalt umfaßte, war ein Greisenhaus angegliedert, und jeder verarmte alte Bürger von München hatte Anspruch auf Aufnahme. Die Heilig-Geist-Spitäler und die Stifte und Häuser der Hospitaliter, d. h. der Krankenpflege-Orden, hatten während des gesamten Mittelalters die Betreuung alter Menschen in Händen (*Reike* 1932). Weitere Einrichtungen für alte Menschen sind die Beginen-Häuser, die »Gottesbuden«, die 1594 in Ahrensburg, Holstein, für alte Menschen eingerichtet wurden und heute noch bestehen, ähnlich wie die um 1528 in Augsburg gegründete Fuggerei (*Vincentz* 1971). Die Spitäler waren rein custodial geführt und von der Einstellung und Haltung der Kranken- und Pflegeorden bestimmt. Die alten Menschen waren in großen Sälen untergebracht, die zum Teil in kleine Boxen unterteilt waren. Das gottesdienstliche Leben stellte vielfach einen gewissen Mittelpunkt dar, und zum Teil bildeten die Pfleglinge selbst eine Genossenschaft mit besonderer Regel (*Thomassin* 1679, c. 91, n. 1.23). Mit dem

Übergang der Altenfürsorge von den kirchlichen Trägern auf die Gemeinde, mit dem Zurücktreten der geistlichen Ärzte und der aufkommenden Herrschaft der Mediziner (*Delaunay* 1948) veränderte sich die Situation in der Altenfürsorge. Die großen französischen Hospize, das *Hotel de Dieu* in Paris (3000 Betten) und die *Salpêtrière* (8000 Betten, davon 2000 alte Menschen), stellen hier nur eine sehr inhumane Zwischenphase dar. Ruhe und Ordnung wurden in diesen Großkrankenhäusern und Siechenheimen mit zum Teil brutalen Mitteln durchgesetzt (*Foucault* 1973, 1976). Die Wohlfahrtsverbände, die sich im letzten Drittel des 19. Jahrhunderts bildeten, sind zu weiteren Trägern von Altenheimen geworden. Ein Werk, das hier erwähnt werden soll, ist das von *Gustav Werner*, der den Versuch machte, verschiedene Anstalten mit Manufakturen zu kombinieren, damit die Bewohner der Heime zu ihrem eigenen Lebensunterhalt und zur Unterhaltung der Einrichtungen beitragen sollten. Sie sollten so lange wie möglich für das Haus oder im Hause arbeiten und auch die Pflege der Bettlägerigen mit übernehmen. Obgleich dieser Ansatz sicher nicht nur humanitären Überlegungen entsprang, wird hier das Prinzip der Aktivität konsequent vertreten (*Wurster* 1887; *Kraus* 1959).

Im 20. Jahrhundert finden wir eine wesentliche Verbesserung der Situation alter Menschen, indem besser ausgestattete Kollektive, z. B. Altersheime, Altenwohnheime eingerichtet werden, aber erst seit Mitte der 50er Jahre wird auf breiter Basis an dem adäquaten Ausbau derartiger Einrichtungen gearbeitet, und wir sind noch weit entfernt davon – sowohl was die räumliche Unterbringung als auch was die personelle Besetzung anbelangt –, in diesem Sektor menschenwürdige Verhältnisse zu haben. Die meisten Einrichtungen sind derzeit noch mäßig ausgestattete »Abstellhäuser«, einige von ihnen komfortable Stätten der Aussonderung aus dem gesellschaftlichen Leben.

In der beschriebenen historischen Entwicklung zeigte sich charakteristischerweise die Tendenz dazu, alte Menschen in Kollektiven zusammenzufassen. Dabei wurden diese Kollektive »von außen«, von »den Jüngeren« reglementiert. Der alte Mensch kam als Hilfloser, Kranker, Siecher und war der Gnade und Barmherzigkeit der geistlichen und weltlichen Stifter ausgeliefert – daran hat sich bis heute wenig geändert. Er hatte sich dem gegebenen Reglement zu beugen, seine persönlichen Bedürfnisse auf ein Minimum einzuschränken, aber er verhungerte nicht und hatte ein Minimum an Pflege. Dies war immer noch besser, als vor den Toren zu verenden oder ausgesetzt zu werden, wie es bei vielen Naturvölkern bis in die jüngste Zeit praktiziert wurde (*Koty* 1934).

Wenn sich an der Situation, daß der alte Mensch in den offiziellen Kollektiven zum Dahindämmern, zu Inaktivität, zur Reduktion in allen Bereichen verurteilt ist, noch nicht sehr viel geändert hat, so muß man daran denken, daß hier eine *jahrhundertealte* Tradition vorliegt, die sich festschreibt und die kaum zu durchbrechen ist, eine Tradition, die massiver und eingewurzelter ist als die der Irrenpflege. Seit der Zeit *Pinels* sind Veränderungen auch nur sehr langsam in Gang gekommen, und Impulse wie die von *Maxwell Jones* (1973) oder der antipsychiatrischen Bewegung *(Laing, Bassaglia, Cooper)* werden nur zögernd aufgenommen. Innovative Konzepte wie das der therapeutischen Gemeinschaft oder Wohngemeinschaft haben in die Arbeit mit alten Menschen bisher kaum Eingang gefunden. Erst im Rahmen einer angewandten, interventionsorientierten Gerontologie (*Lehr* 1979; *Petzold* 1979) beginnt sich die Situation etwas zu wandeln und fand das Konzept der therapeutischen Wohngemeinschaft seit der Mitte der sechziger Jahre Eingang in die Einrichtungen der Altenarbeit, und zwar häufig in Verbindung mit milieutherapeutischen Maßnahmen (*Gottesman* 1973; *Khahana* 1973; *Stotsky* 1970).

Einer der ersten Versuche wurden von *Kubie* und *Landau* (1953) am Hudson Center, New York City, gemacht. Sie nahmen damit das Design späterer »holistischer« Programme (*Berger, Berger* 1971) vorweg. Das Zentrum, eine Altentagesstätte, war dadurch charakterisiert, daß die Klienten freiwillig kamen und den Tag mit Gruppenarbeit und verschiedensten Aktivitäten verbrachten. Dabei wurden therapeutische Probleme manifest: Gefühle der Angst, Hilflosigkeit und Unsicherheit. Die Gruppenarbeit führte zur Entwicklung einer *Selbstverwaltung* des Hudson Centers durch die alten Leute selbst. Die Idee des »Patient Government« ist für das Konzept der therapeutischen Gemeinschaft im Sinne *M. Jones* zentral. Allerdings finden sich nur wenige Mitteilungen über derartige Projekte. *Williams* (1972) berichtet aus dem Jacksonville State Hospital, Illinois, in dem Zug um Zug in verschiedenen Stationen das Self-Government-Prinzip eingeführt wurde. Trotz anfänglicher Ängstlichkeit und Unsicherheit nahmen zum Teil langjährig hospitalisierte oder schwerst- bzw. mehrfachbehinderte geriatrische Patienten im siebten und achten Lebensjahrzehnt die Aufgaben der Stationsverwaltung wahr, bei denen sie zunächst vom Personal unterstützt wurden, dann aber immer selbständiger mit den anfallenden Aufgaben umgehen konnten. Dabei konnte festgestellt werden, daß eine erhebliche Aktivierung eintrat und besonders die als »ward officers« fungierenden Patienten zu einem großen Teil wieder entlassen werden konnten und somit einer Dauerhospitalisierung entgingen. Selbst auf den chronischen Stationen konnte die Selbstverwaltung eingeführt werden. *Goffman* (1961, S. 96–97) hat über verschiedene Self-Government-Initiativen in psychiatrischen Krankenhäusern berichtet, allerdings nicht spezifisch über den geriatrischen Bereich. Natürlich ist das »*resident government*« nur *ein* Schritt auf dem Wege zu einer therapeutischen Gemeinschaft, allerdings ein wichtiger, wie *Atlas* und *Morris* (1971) in ihrem Bericht über die Einrichtung eines Resident Council in einem regionalen Altenheim zeigen konnten. »Der Gruppenprozeß half, den regressiven Aspekten des Lebens in diesem Setting entgegenzuwirken. Veränderungen konnten auf drei Dimensionen erreicht werden: die Entwicklung effektiver Interaktionsfertigkeiten zwischen den Bewohnern, die Entwicklung effektiver Kommunikation mit dem Personal und der Verwaltung, und ein Erreichen des Ziels, daß die Institution und ihre Bewohner stärker ins öffentliche Bewußtsein rücken« (*Atlas* und *Morris* 1971, S. 57). Die Mitwirkung von Heimbewohnern an der Verwaltung und Gestaltung des Heimlebens ist auch in Deutschland seit längerer Zeit in Diskussion. Eine fundierte Übersicht mit programmatischen Modellen hat G. *Haag* 1974 gegeben. Allerdings sieht es, obwohl 5 Jahre vergangen sind, mit der Umsetzung in die Praxis auf breiter Basis betrüblich aus.

Grauer (1971) diskutiert den Ansatz der therapeutischen Gemeinschaft für Einrichtungen der Altenarbeit und berichtet über eigene Erfahrungen in einem Heim und auf einer geriatrischen Station. Wieder sind die Einführung der therapeutischen Gemeinschaft und die Durchführung gruppentherapeutischer Veranstaltungen eng aneinander gekoppelt. Er betont, daß die alten Menschen nicht überfordert werden dürfen, was ihre Fähigkeit zur Aktivität, zur Partizipation anbelangt. Die Intensität therapeutischer Gemeinschaften wird gerade in der Arbeit mit alten Menschen variieren, weil zwischen der Klientel eines Altenwohnheimes, eines Siechenheimes, einer geriatrischen Station mit chronischen psychiatrischen Patienten oder einem Heim für Hochbetagte erhebliche Unterschiede in der persönlichen und sozialen Kompetenz und Leistungsfähigkeit bestehen. Dennoch darf man die Abhängigkeit von Milieu und Ich-Stärke nicht unterschätzen (*Cumming* und *Cumming* 1962; *Nahemow* und *Lawton* 1973; *Lehr* 1976; *Lehr* und *Olbrich* 1976). Hospitalisierungseffekte durch die Einrichtung therapeutischer Gemeinschaften zu mindern oder zu beseitigen erfordert Zeit und Geduld, denn es läßt sich nicht, wie *Grauer* zeigen konnte, ein über Jahre aufgebautes negatives Selbstkonzept in kurzer Zeit ändern.

Aus der Bezirksnervenklinik Uchtspringe (DDR) berichtet *Siegbert Oechel* (1977) über Bemühungen, unter dem Einsatz von gruppenpsychotherapeutischen Methoden das Prinzip der therapeutischen Gemeinschaft in die Geropsychiatrie einzuführen. Er hält sie besonders wichtig für »Stationsgemeinschaften von geriatrischen Langzeitpatienten, bei denen aufgrund des ungünstigen Krankheitsverlaufs eine Rückführung in extramurale Lebensbezüge nicht in Frage kommt, deren Erlebnisfähigkeit aber noch nicht gänzlich erloschen ist« (ibid. 32). Auch er mißt der Beseitigung von Hospitalisierungsartefakten große Bedeutung zu und kommt aufgrund der seit 1968 gesammelten Erfahrungen zu der Schlußfolgerung:

1 Der Kontaktarmut und Vereinsamung der Patienten ist mit somatischen Interventionen und passiver Unterhaltung nicht wirksam zu begegnen;
2 eine den Augenblick überdauernde psychische Einflußnahme ist selbst bei Alterspatienten möglich;
3 auffällige Verhaltensweisen signalisieren oft den Wunsch nach Kontakten;

emotionales Erleben und Verständnisfähigkeit werden oft wegen des stärker beeinträchtigten verbalen und affektiven Ausdrucksvermögens unterschätzt (ibid. S. 35).

Hier bietet die therapeutische Gemeinschaft und die in ihr praktizierte Gruppentherapie gute Interventionsmöglichkeiten, wenn das Gesamtsetting entsprechend strukturiert wird und durch Mitarbeiter-Fortbildung folgende Erfahrungen vermittelt werden:

1 Altersdemente sind ebenso wie Kleinkinder den Affekten ihrer Umgebung unmittelbar ausgesetzt, da sie nicht mehr fähig sind, eigene Fehlhaltung reflektierend zu erkennen;
2 da auch das bei vielen Langzeit-Hospitalisierten mögliche Lernen realitätsangepaßteren Verhaltens über Emotionen geschieht, widerspräche es dem Prinzip der Partnerschaft, Fehlverhalten in jedem Falle unter Verzicht auf Auseinandersetzung hinzunehmen.
3 Überprotektives Verhalten wirkt auf die Patienten einengend. Anzustreben ist, den Kranken bis an die Grenze seines Leistungsvermögens zu führen.
4 Alle Pflegekräfte müssen bewußt eine Haltung einnehmen, die von den meisten Patienten zunächst nicht erwünscht ist, da Partnerschaft mit Aufgabe regressiver Geborgenheitswünsche verbunden ist und die zurückgewonnenen Freiheitsgrade anfangs Verunsicherung und Angst erzeugen können (ibid.).

Hier werden Konzepte vertreten und praktiziert, die nicht den verbreiteten Stereotypen über die Alterspsychiatrie und -psychotherapie verhaftet sind, Negativklischees, die selbst von Vertretern der therapeutischen Gemeinschaft aufrechterhalten werden (*Veltin* 1968).

Über Kollektive von gesunden alten Menschen in Wohnheimen, Altensiedlungen, Appartementhäusern für alte Menschen liegen eine Reihe von Berichten vor (*Hochschild* 1973). Insbesondere das Dorf Neve Avot in Israel bietet interessante und vorbildliche Modelle (*Pilz* 1976) oder das »Heim am Kappelberg« in Stuttgart (*Hummel* 1979). Es soll dieser Bereich nicht weiter dargestellt werden. Ich hoffe aber, daß die bisher aufgezeigte Linie der Tradition und einiger markanter Projekte zeigt, wie »*alt*« das Konzept der Wohnkollektive von alten Menschen ist und wie sehr wir dennoch in diesem Bereich am Anfang stehen.

4.1. Quellen für meine Arbeit in Kollektiven mit alten Menschen

Neben der Auseinandersetzung mit dem Werk *J. L. Morenos* (1934, 1953) und seinen Konzepten zur therapeutischen Gemeinschaft und den Arbeiten von *Maxwell Jones* (1953, 1968) waren es vor allem praktische Erfahrungen, die mir den Zugang zur Arbeit in Wohngemeinschaften und Wohngruppen eröffneten und die ich in die Arbeit mit alten Menschen übertragen konnte.

Erste Eindrücke erhielt ich durch die Arbeit *V. N. Iljines* in einem russischen Altersheim bei Paris in den Jahren 1964–1969, sowie in einer Wohngemeinschaft alter Ukrainer in der Rue *Vaugirad,* die von *Iljine* betreut wurde (*Petzold* 1979).

Ein weiterer starker Eindruck war für mich ein mehrwöchiger Aufenthalt 1968 in Daytop Village, New York, einer Selbsthilfe-Organisation von Drogenabhängigen für Drogenabhängige, sowie der Besuch zahlreicher therapeutischer Gemeinschaften für Drogenabhängige und Alkoholiker in den Vereinigten Staaten in den Jahren 1968–1972 (vgl. *Petzold* 1974). Die Erfahrungen bei Daytop führten mich dazu, selbst eine therapeutische Wohngemeinschaft für Drogenabhängige 1968 ins Leben zu rufen: »Les quatre pas« (*Petzold* 1969). Dieses erste »Four-Steps-Haus« war eine therapeutische Wohngemeinschaft, in der das harte Daytop-Prinzip für die ersten beiden Stufen angewandt wurde und dann ein starkes emanzipatorisches Vorgehen ins Zentrum rückte. Sowohl das Daytop-Modell als auch das Vierstufen-Modell brachte ich später (1971) nach Deutschland, wo ich den Aufbau des ersten Daytop-Hauses konzipierte und an der Einrichtung mehrerer Four-Steps-Häuser mitwirkte.

Zwei Jahre Arbeit in »Les quatre pas« mit einer Gruppe von durchschnittlich 12 Abhängigen haben mir die Dynamik und das therapeutische Potential der therapeutischen Gemeinschaft und der therapeutischen Wohngruppe unmittelbar erlebbar gemacht. Natürlich waren die in der Arbeit mit Suchtkranken gewonnenen Erfahrungen, bei denen es sich durchweg um Jugendliche zwischen 16 und 28 Jahren handelte, nicht ohne weiteres auf die Arbeit mit alten Menschen zu übertragen. Die Arbeit mit Süchtigen ist in erster Linie Arbeit mit *kranken* Menschen. Die Arbeit mit alten Menschen geht weit über das hinaus, was eine Therapie, die am medizinischen Krankheitsmodell orientiert ist, zu leisten vermag. Therapeutische Ansätze, die die Persönlichkeitsentwicklung ins Zentrum stellen und nicht nur reparative Ausrichtung haben, wie das therapeutische Theater *Iljines,* das Psychodrama *Morenos* oder die Gestalttherapie von *F. S. Perls,* vermochten hier wichtige Inspiration zu geben. Insbesondere das *Perlssche* Modell des »Gestalt Kibbuz«, das der Begründer der Gestalttherapie gegen Ende seines Lebens am Lake Cowichan verwirklichte, bot mir für die Arbeit mit »gesunden« alten Menschen wichtige Anregungen. 1969 konnte ich bei *Perls* mehrere Wochen in Cowichan verbringen (*Petzold* 1970). Der Gestalt-Kibbuz stellt eine Lebens-, Lern- und Therapiegemeinschaft dar. Er war ein Ort, der dazu bestimmt war, Menschen einen Freiraum zur Selbstverwirklichung zu geben, ihnen einen Kontext bereitzustellen, in dem sie »real people« werden konnten (*Stevens* 1970). *Barry Stevens* hat beschrieben, wie das Leben im Gestalt-Kibbuz auf sie mit ihren über 70 Jahren gewirkt hat. Die Gestalt-Community, die *mehr* als eine therapeutische Gemeinschaft ist und sein will, basiert auf den Prinzipien der direkten Kommunikation, der persönlichen Authentizität und Offenheit, der Selbstregulation (d. h. dem Auffinden und Folgen des eigenen Rhythmus), der natürlichen Lebensweise, in der zwischenmenschlicher Kontakt, manuelle Arbeit und geistiger Austausch integriert sind. Die Integration der Persönlichkeit steht im Zentrum des gestalttherapeutischen Ansatzes. Die Gestalt-Community intendiert nicht nur eine Integration »nach innen«, sondern Integration in und mit dem Umfeld. *Perls* (1969) beschließt seine Autobiographie mit dem Satz *»there is no end to integration«*. Ich habe das Klima im Gestalt-Kibbuz aber nicht nur integrativ, sondern auch produktiv erfahren, als zu kreativem Tun stimulierend, als aktivierend, eine Spiralbewegung in Gang setzend, die von innen nach außen und wieder nach innen führt und die mich das *Perlssche* Diktum ergänzen ließ: *»There is no end to integration and there is no end to creation«* (Petzold 1970).

Die Idee des Gestalt-Kibbuz, der Gestalt-Communities, die in den 70er Jahren als Wohngruppen, Wohngemeinschaften im Sinne von Lebensgemeinschaften, aber auch als therapeutische Wohngemeinschaften entstanden sind, hat auf die Entwicklung der Wohngemeinschaftsarbeit mit drogenabhängigen Jugendlichen in Deutschland erheblichen Einfluß gewonnen, allein durch den Umstand, daß ein großer Teil der in diesen therapeutischen Gemeinschaften arbeitenden Therapeuten eine Gestalttherapie-Ausbildung absolviert hatte. Für die Wohngruppenarbeit mit alten Menschen hat über die genannten Faktoren hinaus noch das Beispiel von *F. S. Perls* selbst und von *Barry Stevens* sowie einiger anderer älterer »Gestaltists« einen besonders nachhaltigen Eindruck auf mich gemacht. Ein faszinierender Aspekt der Gestalt-Community war auch darin zu sehen, daß alte Menschen, junge Menschen und Kinder in die Gemeinschaft integriert waren, eine Konstellation, die ich für die Wohngruppenarbeit mit alten Menschen als geradezu ideal ansehe, die aber sicher nicht einfach zu realisieren ist. Die Gestalt-Idee als verbindendes Element hat hierfür ausschlaggebende Bedeutung. Sie hat durch ihren Anspruch, ein »Lebenskonzept« zu sein, das sich in dem Satz *»encounter of I and Thou in the Here and Now«* (*Perls* 1980) zusammenfassen läßt, zur Ausbildung einer Bewegung geführt, die eine weltanschauliche Entscheidung erfordert, nämlich nach den oben beschriebenen Prinzipien als »Gestaltist« zu leben. In weniger weltanschaulicher Ausrichtung aber können derartige Prinzipien auch und gerade in der Arbeit mit alten Menschen Anwendung finden.

5. Erfahrungen

5.1. Einrichtung einer »therapeutischen Gemeinschaft« in der Heimsituation

Die Arbeit, die ich bei *Iljine* in Altersheimen mit russischen Emigranten kennengelernt habe, war nicht gezielt darauf gerichtet, das Heim in eine therapeutische Gemeinschaft zu transformieren, sondern darauf, für Heimbewohner mit Schwierigkeiten und psychischen Erkrankungen therapeutische Möglichkeiten durch Gruppentherapie mit dem »Therapeutischen Theater« bereitzustellen, sowie für die übrigen Heimbewohner Möglichkeiten der Selbsterfahrung, des kreativen Selbsterlebens, des Selbstausdrucks sowie eine Verbesserung der Kommunikation zu bieten (*Petzold* 1979). Da die Gruppensitzungen für jedermann offenstanden und auch das Personal an ihnen teilnahm, ergab sich im Laufe der Jahre in dem 50 Plätze umfassenden Heim eine völlige Verwandlung des »Klimas«. Der zunächst sehr distanzierte und formale Interaktionsstil der alten Menschen untereinander, aber auch zwischen Pflegepersonal und Heimbewohnern verwandelte sich in eine herzliche offene Umgangsform, in der angstfrei über alle Schwierigkeiten gesprochen werden konnte und auch aggressive Auseinandersetzungen möglich wurden. Wesentlich zu dieser Entwicklung trug bei, daß die Mitarbeiter einen direkteren und unmittelbareren Bezug zum Lebensschicksal der Heimbewohner erhielten. Durch die szenische Darstellung von relevanten biografischen Ereignissen wurden die alten Menschen als Personen deutlich. Schwere Zeiten, belastende Ereignisse wurden nicht mehr auf der Ebene von »Klageliedern« und Nörgeleien an das Personal herangetragen, sondern auf einer Ebene existentieller Berührung. Das Mitspielen in den Szenen des therapeutischen Theaters eröffnete für alle Beteiligten einen neuen Verständnishorizont. Dadurch, daß auch von seiten des Personals persönliche Konflikte und Schwierigkeiten eingebracht wurden, verminderte sich das Rollengefälle zwischen Heimbewohnern und Personal und damit auch die regressive Anspruchshaltung, die oftmals für die Mitarbeiter sehr belastend war. Die alten Menschen hatten die Tendenz, von den Mitarbeitern ein totales Engagement zu erwarten, und die Mitarbeiter ihrerseits wehrten sich gegen eine derartige, zumeist stillschweigend, durch vorwurfsvolle Blicke, aber auch durch Nörgeleien an sie herangetragene Haltung, weil sie sich damit überfordert fühlten. Den alten Menschen wurde einsichtig, und zwar nicht nur auf einer kognitiven, sondern einer existentiell erfahrbaren Ebene, daß die Mitarbeiter ihr eigenes Leben führen, daß sie nicht total für die Heimbewohner dasein wollen und können. In vielen Gruppensitzungen wurde dann auch deutlich, daß von den Heimbewohnern Frustrationen über die eigenen Kinder, die sich nicht genug um die Eltern kümmerten, auf das Personal übertragen wurden und auch der Anspruch: »Kümmert Euch gefälligst um uns, wie anständige Kinder sich um ihre alten Eltern kümmern sollen!« Dieser oft sehr stark moralisch eingefärbte Anspruch, der durch Übellaunigkeit, aber auch durch übertriebene Versorgungsansprüche und unangemessene Hilflosigkeit an die Mitarbeiter herangetragen wurde, löste bei diesen Gegenreaktionen aus: Opposition gegen die eigenen autoritären Eltern, Abwehr, die eigenen Eltern hilflos und pflegebedürftig zu sehen, was letztlich mit der Angst, selbst groß zu sein und ohne Hilfe der Eltern alleine im Leben stehen zu müssen, gleichbedeutend ist. All diese Konstellationen artikulierten sich in den Interaktionen der Gruppensitzungen, zum Teil in banalen Alltagskonflikten, und konnten durch die Dramatisierung im therapeutischen Theater aufgedeckt und einsichtig gemacht werden. Dadurch, daß im Anschluß an eine solche aufdeckende und einsichtsvermittelnde Sitzung die Ausgangsszene alternativ durchgespielt wurde, um einen neuen Interaktionsstil einzuüben und möglich zu machen, konnte ein wirkungsvoller Transfer in die Situation des Heimalltags außerhalb der Gruppenstunden bewirkt werden. So kam es, daß gleichsam »*en passant*« sich die Veränderung der Interaktionsstrukturen im gesamten Haus »ergaben«, als Nebeneffekt seiner psychotherapeutischen Arbeit.

Die Bedeutung, die Verfahren psychologischer Gruppenarbeit, insbesondere Verfahren dramatischer Therapie (*Petzold* 1979), bei der Einrichtung von therapeutischen Gemeinschaften haben, können gar nicht hoch genug veranschlagt werden.

Altersheime sind in der Regel faktische Lebensgemeinschaften auf unfreiwilliger Basis. In sie werden Menschen eingewiesen, die »draußen« nicht mehr allein leben können, oder es kommen auch Leute »freiwillig« ins Heim, weil sie sehen, daß sie draußen nicht mehr allein fertig werden. So findet man in der Regel Menschen, die von Notwendigkeiten bestimmt und gezwungen werden, ihren früheren selbstbestimmten Rahmen aufzugeben, Einbußen an persönlicher

Freiheit, Wohnraum, Intimität und Privatsphäre hinzunehmen, um weiter existieren zu können. Dieser Hintergrund führt häufig zu einer inneren Ablehnung des Heimes, des Heimpersonals und der Mitbewohner und zu einer Vergiftung des Klimas. Obwohl sich eine faktische *Wohngemeinschaft* findet, ist von einer vollzogenen harmonischen Lebensgemeinschaft in den meisten Altersheimen nichts zu spüren. Trotz massierten Beieinanderwohnens finden wir Isolierung, gespannte oder resignierte Stimmung oder ein Ausweichen in Regression und Senilität. Hinzu kommen sozialisierte Werte und Normen von Privatheit, Nichteinmischung, Respekt vor der Intimsphäre, eine Ideologie, »allein zurechtkommen zu müssen«, die einer offenen Interaktion nicht gerade dienlich sind. Es müssen deshalb, wenn man eine lebendige Gemeinschaft anstrebt, derartige Normen und Hintergründe aufgedeckt und beseitigt werden. Es müssen weiterhin die regressiven Fluchtmechanismen, die durch eine custodiale oder überprotektive Haltung des Personals und durch die restriktiven Heimstrukturen noch gefördert werden, blockiert werden. Dies ist nur möglich, wenn sich das Personal der zugeschriebenen Rolle von guten Kindern, die die Eltern versorgen, entziehen kann, ohne daß dabei eine routinierte verhärtete Interventionspraxis und auf der Seite der alten Menschen eine resignierte oder übellaunige und abweisende Haltung aufgebaut wird.

In den Sitzungen mit dem Therapeutischen Theater konnten wir auf seiten des Personals immer wieder Ängste finden, von den alten Menschen, ihrer Anspruchlichkeit und ihrer faktischen Not »aufgefressen« zu werden, die zu einer verschärften Abgrenzungstendenz führten. Das Entwickeln von mehr partnerschaftlich ausgerichteten Interaktionen führt hier für die Heimbewohner wie für die Mitarbeiter zu einer erheblichen Entlastung.

Ein partnerschaftlicher Interaktionsstil, der die therapeutische Wohngruppe und die therapeutische Gemeinschaft charakterisiert, ist gerade in Altersheimen sehr schwierig zu erreichen. Die Generationskonflikte, die auf beiden Seiten, der der zumeist jüngeren Mitarbeiter und der der alten Menschen, in die Alltagssituationen hereingetragen werden und die in der Regel unbewußt bleiben, führen zu Spannungen, die nur aufgelöst werden können, wenn beide »Parteien« – und um solche handelt es sich oftmals im wahrsten Sinne des Wortes – die Hintergründe dieser Dynamik erkennen können. Gruppensitzungen über unterschiedliche Lebensstile und Lebensauffassungen, über die Themen »alt und jung, vital und schwach, wachsen und abnehmen, die gute alte Zeit und die ach so schlechte Gegenwart« können hier Wesentliches beitragen (vgl. *Petzold* 1979; *Laschinsky, Petzold, Rinast* 1979).

Ein Problem, das sich speziell in der Wohngemeinschaftsarbeit mit alten Menschen stellt – und zwar nicht nur für die jüngeren Mitarbeiter –, ist die Konfrontation mit dem Verfall der Leiblichkeit. Die Verwandlung des Emigranten-Altersheimes in eine wirkliche Lebensgemeinschaft durch das »Therapeutische Theater« *Iljines* wurde meines Erachtens wesentlich durch das körperbezogene Improvisationstraining dieser Methode gefördert. In diesem wird mit Atem- und Bewegungsarbeit ein neues Körpererleben erschlossen, wird den Teilnehmern der eigene alternde Leib vertraut gemacht, wird der »Groll gegen den Körper, der nichts mehr leistet, der nicht mehr so recht gehorcht«, ausgelebt, so daß eine Versöhnung mit dem Leib stattfinden kann. Dabei spielt die Thematisierung der gesellschaftlichen Normen eine große Rolle, die darauf gerichtet sind, den alten Körper zu exilieren, zu verstecken, nicht zur Kenntnis zu nehmen, Normen, die von den alten Menschen selbst übernommen und internalisiert worden sind (*Kamper* und *Rittner* 1976; *Petzold* und *Berger* 1979). Da Begegnung zwischen Menschen immer leibliche Begegnung (*Marcel* 1978) ist, spielt das Thema Leiblichkeit gerade in Settings, wo man auf engem Raum lebt und der Leiblichkeit des anderen nur durch massive Verdrängung oder massiven Rückzug ausweichen kann, eine entscheidende Rolle. In der Körper- und Bewegungsarbeit des Improvisationstrainings der *Iljine*schen Methode lernen die Teilnehmer nicht nur ihre eigenen Körper zu erfahren und anzunehmen, sondern sie können auch die Körperlichkeit des anderen alten Menschen annehmen. Es kommt Kontakt und Berührung zustande, und es wird damit die Grundlage für die Intimität gelegt, die in einer Lebensgemeinschaft erforderlich ist. Für die jüngeren Mitarbeiter führt die Teilnahme an leib- und bewegungstherapeutischen Maßnahmen dazu, ihren Leib als alternden anzunehmen. Es wird ihnen damit ein »nicht-objektivierender« Zugang zum Körper des alten Menschen eröffnet. In der Regel sind die Pflegepraktiken in Krankenhäusern und Heimen so ausgerichtet, daß sie den Körper des Patienten als Objekt behandeln, nicht als Leib, als *die Person, die Leib ist,* sondern als Körper, als Ding. Eine solche Haltung wurzelt letztlich in der Abwehr der eigenen Angst vor dem Verfall der eigenen Leiblichkeit, dem jeder Mensch unabänderlich entgegensieht. Die objektivierende Handhabung des anderen Körpers als Ding wird natürlich von der so gepflegten oder versorgten Person auch erfahren und führt zunächst zu Groll, dann zu Resignation und Depression und schließlich zu einer vermehrten Abspaltung der eigenen Leiblichkeit, d. h. aber zu einer Verminderung von Ich-Identität und persönlicher Stabilität, deren zentrale Basis ja der Leib ist. Die Arbeit mit dem Improvisationstraining des therapeutischen Theaters, wie wir sie bei *Iljine* kennengelernt haben und seitdem in all unseren Projekten mit alten Menschen praktizieren (*Petzold* 1979; *Petzold* und *Berger* 1979), ist neben der kommunikations- und interaktionsfördernden psychologischen Gruppenarbeit ein zweites konstitutives Element für den Aufbau einer therapeutischen Gemeinschaft mit alten Menschen.

Ein letztes Element, das zur Verwandlung des custodialen Settings in ein lebendiges Gemeinschaftsgefüge beigetragen hat, sei genannt: die Rollentausch- und Identifikationstechnik der Verfahren dramatischer Therapie. Es wurden Sitzungen durchgeführt, in denen das Personal die Rolle der Heimbewohner einnahm, die Heimbewohner ihrerseits die Rolle des Personals. Es fand also eine Art »Soziodrama« (*Petzold* 1973) statt, das ein enormes kreatives und konfliktlösendes Potential hatte und die Feststellung bestätigte, daß ›das konstruktive Potential eines Konfliktes in der Tat so groß ist wie sein destruktives und daß es nur darauf ankommt, die Konfliktenergie in richtiger Weise zu kanalisieren‹ (ibid.). Konfliktsituationen zwischen Heimbewohnern und Personal konnten auf diese Weise des öfteren effektiv gelöst werden. Im kollektiven Rollentausch war es jeder Partei möglich, die Position der anderen nicht nur von außen zu sehen, sondern selbst in der Rolle stehend zu erfahren. Dadurch eröffnete sich ein neuer vertiefter Verstehenshorizont. Das intensive Sich-Hineinversetzen in die Position des anderen, das Identifizieren mit der Rolle des anderen, ließ für alle Beteiligten die Hintergründe für Handlungen und Äußerungen deutlicher und besser verstehbar werden. Bei Rückkehr in die eigene Rolle ergab sich in der Nachbesprechung die Möglichkeit, Mißverständnisse zu klären, Kränkungen zu verzeihen, unabänderliche Situationen besser zu ertragen und gemeinsam nach Möglichkeit zur Veränderung von konfliktauslösenden Situationen zu suchen. Aus der konfrontativen Konstellation widerstreitender Parteien erwuchs Kooperation, Partnerschaft. Jeder Rollentausch erfordert die Identifikation mit der Rolle, ja mit der Person des anderen und eröffnet deshalb einen sehr tiefen und unmittelbaren Zugang zum anderen. Es wird deshalb diese Technik immer wieder sowohl in konfliktzentrierten als auch in erlebniszentrierten Gruppensitzungen mit Verfahren dramatischer Therapie eingesetzt, um Kommunikationsstörungen zu beseitigen oder ein besseres Verstehen und eine größere Nähe zu schaffen.

Nach unseren Erfahrungen, die wir in späteren Projekten in Altersheimen machen konnten, insbesondere bei Arbeiten unserer Studenten, die im Rahmen des Projektstudiums in Altersheimen tätig wurden (*Duwe* und *Braun* 1975), ist die Möglichkeit, ein Altenheim in eine therapeutische Wohngruppe oder therapeutische Gemeinschaft umzuwandeln, durchaus gegeben (*Hummel* 1979). Viele alte Menschen werden mit dem Altern, dem Verlust der leiblichen Integrität und der Heimsituation nicht gut fertig und könnten eine therapeutische Hilfestellung gebrauchen. Auch das Personal ist oft überlastet – häufig zusätzlich durch Unterbesetzung. Die in einer therapeutischen Gemeinschaft freigesetzten Valenzen an Aktivität und Mitarbeit der Klienten könnten auch hier Entlastung bringen. Das Modell der therapeutischen Gemeinschaft bietet überdies gegenüber der Wohngemeinschaft und Wohngruppe für das Personal noch ausreichende Differenzierungsmöglichkeiten. Bei der Mehrzahl der Heime müßten mehrere Subsegmente geschaffen werden, da die Gesamtzahl der Bewohner in eine therapeutische Gemeinschaft nicht einbezogen werden könnte. Das psychiatrische Modell der therapeutischen Gemeinschaft (*Ploeger* 1972) greift für die Mehrzahl der Altenheime zu kurz, weil die alten Menschen ja nur zu einem Teil Patienten sind oder erst durch die Heimsituation in den Patientenstatus gelangen, wir es ansonsten aber mit *gesunden* alten Leuten zu tun haben. Es wird damit ein Ansatz erforderlich, der über das psychiatrische, am medizinischen Krankheitsbegriff orientierte Modell hinausgeht. Ziel einer therapeutischen Gemeinschaft in der Heimsituation mit alten Menschen sollte sein, das »therapeutische Element« zunehmend zu reduzieren und eine Lebensgemeinschaft zu fördern, in die das Personal, seinem tatsächlichen Engagement entsprechend, teilintegriert ist.

Die Hindernisse, die sich bei der Umwandlung von Altenheimen in therapeutische und Haus- bzw. Lebensgemeinschaften in den Weg stellen, sind vielfältiger Art. Das Personal ist häufig für diese Aufgabe nicht vorbereitet, zum großen Teil sogar überhaupt nicht geeignet, da über Jahrzehnte auf einen wohlwollend autoritären, custodialen Pflege- und Versorgungsstil eintrainiert. Weiterhin sind die Heime von ihrer räumlichen Aufgliederung oft mehr auf Vereinzelung als auf Verbindung der Bewohner gerichtet. Sie bieten überdies viel zuwenig Möglichkeiten für gemeinsame Aktivitäten (Freizeiträume, Gymnastikraum, Hausgarten o. ä.). Psychotherapeutisches, soziotherapeutisches bzw. sozialpädagogisches Fachpersonal ist in Altersheimen eine Rarität. Es ist aber die Voraussetzung für eine Umstrukturierung. Nicht zuletzt sind die alten Menschen selbst aufgrund der schon im voranstehenden näher dargestellten Einstellungen, Werthaltungen und Rollenklischees nicht ohne Schwierigkeiten zu einer Veränderung und Umgestaltung ihrer Situation zu bewegen. All diese Argumente jedoch greifen nicht, weil bei entsprechendem Einsatz die genannten Hindernisse beseitigt werden könnten und der Gewinn eine wesentliche Verbesserung der Lebensqualität der alten Menschen wäre.

5.2. Die therapeutische Wohngruppe

Eine weitere Erfahrung konnten wir mit einer therapeutischen Wohngruppe machen. Das Wohngruppenmodell hat gegenüber der therapeutischen Gemeinschaft, die zumeist in größeren Institutionen eingerichtet wird, den Vorteil, daß die Wohngruppe leichter zu einer Haus- und Lebensgemeinschaft wird und familiären Charakter gewinnen kann.

Ein erstes Wohngruppenmodell mit alten Menschen lernten wir in der Rue Vaugirad in Paris kennen.

Auf einer Etage in zwei gegenüberliegenden Großwohnungen wurden 9 alte Ukrainer aufgrund einer kirchlichen Initiative untergebracht, um eine bessere Versorgung zu gewährleisten. Eine Heimunterbringung war für diese ethnische Minorität schwierig; außerdem legte der kirchliche Träger Wert darauf, die alten Menschen an ihrem Lebensabend in eine Gemeinschaft zu bringen, in der sie sich »zu Hause« fühlen könnten. Die Bewohner waren zwischen 68 und 86 Jahre alt. Der Gesundheitszustand war unterschiedlich. Einige litten unter Altersdepression, gelegentlichen Verwirrtheitszuständen und körperlichen Behinderungen. Alle waren noch rüstig genug, um mit einiger Betreuung zurechtzukommen. Die Wohngruppe hatte zunächst nur versorgende Ausrichtung ohne therapeutische Intention. Schon kurz nach der Zusammenstellung traten aber derart massive Spannungen zwischen den Bewohnern auf, daß an die Auflösung des Projektes gedacht war. Die Verteilung der Räume, die Benutzung der Küchen und der sanitären Einrichtungen konnte von den Teilnehmern nicht geregelt werden. Der betreuende Pfarrer, die Haushalthilfe und zwei Schwestern sahen sich vor unlösbaren Problemen, zumal von ihnen niemand mit in der Einrichtung lebte und mühsam erreichte Schlichtungen unmittelbar nach Verlassen der Betreuungsperson zerbrachen. Schließlich wurden wir *(I. Schmidt* und *H. Petzold)* als Therapeuten hinzugezogen. Es kam damit eine neue Entwicklung in Gang. Schon die erste Zusammenkunft mit allen Bewohnern führte an wesentliche Ursachen der Spannungen. Die Mehrzahl der alten Menschen war nicht freiwillig in die Wohngruppe gezogen, sondern mehr oder weniger überzeugt oder genötigt worden. Der kirchliche Träger konnte die Betreuung in den freien Wohnungen aufgrund von Personalknappheit nicht mehr gewährleisten und war zur Einrichtung der Wohngruppe gezwungen gewesen. Die den alten Menschen zuvor ausgemalte Situation deckte sich nicht mit der Wirklichkeit, die sie in den beiden Etagenwohnungen vorfanden. So hatte sich eine Menge Groll angestaut, der nicht konkret gegen Personen entladen werden konnte, die man hätte verantwortlich machen können; denn für alle war ja »einsichtig«, daß die alte Lösung, das Leben in Einzelwohnungen, nicht mehr fortgeführt werden konnte. Groll und Spannungen fanden kein angemessenes Ziel. Sie entluden sich deshalb zwischen den Heimbewohnern und gegenüber den Betreuern. Weiterhin wurde als Schwierigkeit formuliert, daß es ungeheuer schwer sei, wenn man so lange alleine in eigener Wohnung gelebt habe, sich auf so viele neue Menschen einzustellen. Die erste Gesprächsrunde verlief recht konstruktiv, weil wir von außen kamen, mit den Konflikten noch nicht so viel zu tun hatten, durch den sozialen Status (Doktor) als Autoritätspersonen galten und weiterhin, weil wir durch eine direktive, strukturierende Interventionsstrategie die wesentlichsten Schwierigkeiten herausarbeiten konnten. Die Sitzung hatte für alle Beteiligten deshalb einen sehr entlastenden Charakter. Wir kamen überein, in weiteren Sitzungen zu klären, wie man die Situation verbessern könnte. Für die nächste Zusammenkunft hatten wir uns überlegt, die Kommunikation zwischen den alten Menschen und dem Personal, das jetzt regelmäßig teilnehmen sollte, zu verbessern. Die Sitzung erwies sich als sehr schwierig. Die Teilnehmer waren verschlossen und nicht kontaktbereit. Schließlich wurde verbalisiert, daß man erst einmal ohne den Pfarrer und die Betreuerinnen miteinander sprechen und sie erst zu einem späteren Zeitpunkt hinzuziehen wolle. Wir sahen ein, daß dies der sinnvollere Weg war. Die Betreuer verließen daraufhin die Gruppe. Aber auch danach war ein direkter Kontakt schwierig, obgleich das Gespräch leichter floß. Wir wurden uns darüber klar, daß die alten Menschen letztlich nicht bereit waren, sich auf die Situation einzulassen und miteinander in Kontakt zu treten. Wir fanden die charakteristischen vier Stufen: Entscheidung (1), Begegnung (2), Wachstum (3), Verantwortung (4) und das für das Four-Steps-Konzept der WG (*Petzold* 1969/1974) kennzeichnende Phänomen, daß *Begegnung* erst möglich ist aufgrund der *Entscheidung,* sich auf eine Situation voll einzulassen. Mit oberflächlichen Kontakten, »small talk«, selbst mit »ernsthaftem

Gespräch« ist es in einer Wohn- und Lebensgemeinschaft nicht getan, sie verlangt ein totaleres Sich-Einlassen. Die Entscheidung hierzu muß aus freien Stücken geschehen. Bei den vielen, sich spontan bildenden Wohngemeinschaften in der studentischen Bewegung ist die freie Entscheidung aus dem Augenblick in der Regel das grundlegende Movens. Wo dieses nicht vorhanden ist, muß Motivationsarbeit geleistet werden. Diese setzt voraus, daß alle Beteiligten zunächst einmal ihren Standort in *»Kontext und Kontinuum«* klären, ihn deutlich sehen und in seiner momentanen Faktizität akzeptieren, um von dieser Grundlage aus in neue Richtungen vorzustoßen.

In den folgenden Sitzungen haben wir uns deshalb darauf konzentriert, daß jeder für sich und die Gruppe miteinander eine Analyse zur Situation erstellen. Wir haben hierzu strukturierende Themenvorschläge gemacht. Folgende Fragen wurden vorgegeben: Wie sieht mein augenblicklicher Lebens*kontext* aus? Was sind meine materiellen Möglichkeiten? Welche Bezugspersonen habe ich, von denen ich Hilfe und Unterstützung erwarten kann? Mit welchen Bezugspersonen habe ich intensive zwischenmenschliche Kommunikation? Wie sehe ich meine eigene gesundheitliche Situation? Eine weitere Gruppe von Fragen war auf das Lebens*kontinuum* gerichtet, d. h. die Lebenssituation in der Zeitdimension. Folgende Fragen wurden vorgegeben:

Wie war meine Lebenssituation in den letzten 3 Wochen, 3 Monaten, 3 Jahren? Wie habe ich vor 30 Jahren gelebt (d. h. in den besten Erwachsenenjahren)? Wie habe ich in der Kindheit gelebt? Schließlich: Wie wünsche ich meine letzten Jahre zu verbringen?

Die Fragen nach dem *Kontext* ermöglichen eine realistische Einschätzung der faktisch vorfindlichen Situation. Die Frage nach dem *Kontinuum* bringt mit unabgeschlossenen Situationen, Wünschen, Sehnsüchten, regressiven Haltungen oder ähnlichem in Kontakt. Die Bearbeitung dieser Themen nahm vier oder fünf Sitzungen in Anspruch. Wir trafen uns zweimal wöchentlich für 1½ Stunden. Die intensive Thematisierung persönlicher Situationen und persönlichen Lebensschicksals förderte das kommunikative Klima in der Gruppe und führte zu einer Vertiefung des Kontakts. Es stellte sich gleichzeitig für jeden einzelnen die Frage immer schärfer: »Wie soll es weitergehen?« Sobald diese Frage ausgesprochen wurde, haben wir sie umformuliert in: »Wie will ich und wie kann ich weitergehen?« In dieser Umformulierung sind Wunschvorstellung und tatsächliche Möglichkeiten enthalten und für die meisten Gruppenteilnehmer auch in ihrer Konflikthaftigkeit deutlich geworden. Die Frage, wie sich das Gewünschte und das Mögliche vielleicht versöhnen lasse und ob es noch weitere Perspektiven gäbe, bestimmte die folgenden Sitzungen, in denen sich damit die Entscheidung vorbereitete, ob ein weiteres Zusammenleben in der Wohngruppe möglich würde oder ob das Projekt aufgelöst werden müsse. Allen Beteiligten war inzwischen klargeworden, daß ohne eine engagierte Entscheidung für die Wohngruppe eine Weiterführung nicht möglich sein würde.

Es war weiterhin klargeworden, daß dies gleichbedeutend mit einer Entscheidung für eine *Lebensgemeinschaft* sein müsse. Damit waren wir an dem Punkt angelangt, wo das faktische Miteinander-leben-Müssen in ein bewußt bejahtes Miteinander-leben-Wollen umgewandelt werden konnte. Was notwendig war, war die *Entscheidung* eines jeden einzelnen. Wir haben hier im Sinne eines »*facilitating*« entlastend interveniert, indem wir deutlich machten, daß Entscheidung zu einem solchen Unterfangen immer ein Prozeß sei; daß ein »ja« zu der Situation immer nur Ausgangspunkt sein könne und ständig neue Bejahung erfordere; daß mit der willensmäßigen Entscheidung und ihrer sprachlichen Formulierung die in der Situation vorfindlichen Probleme noch nicht gelöst seien. Diese kognitive Hilfestellung wirkte insoweit entlastend, als die Gruppenteilnehmer aus der Anspruchshaltung genommen wurden, es müsse mit der Entscheidung nun alles »ganz anders und besser« werden.

Die Entscheidungsfrage, ob man in Zukunft miteinander leben und die Situation in den beiden Wohnungen positiv im Sinne einer Haus- und Lebensgemeinschaft gestalten wolle, wurde von uns nicht vorgegeben, sondern wuchs spontan aus der Gruppe und wurde von einem 78jährigen Gruppenteilnehmer formuliert und mit der Forderung verbunden, jeder müsse klar und eindeutig Stellung nehmen. Diese Forderung wurde allgemein angenommen. 7 der 9 Teilnehmer sprachen sich eindeutig für das Projekt aus, 1 Teilnehmerin sagte, sie könne sich jetzt unmöglich entscheiden, und 1 Teilnehmer sprach sich kategorisch gegen die Wohngruppe aus und erklärte, er wolle auch die Konsequenzen tragen und sich um einen Heimplatz kümmern oder wieder in eine eigene Wohnung ziehen.

Eine weitere Hilfestellung, die wir eingaben, war das Konzept der Haus- und Lebensgemeinschaft. Wenn man auf so engem Raum zusammenlebt, müsse so etwas wie eine Familienatmosphäre aufkommen und als tragende Grundlage wirksam werden, sonst könne man die unvermeidliche Nähe nicht ertragen. Dieses Konzept war für alle Beteiligten unmittelbar einleuchtend und auch die sich daraus ergebenden Konsequenzen, nämlich daß Nähe ein besseres einander Kennenlernen und einander Verstehenlernen erforderlich mache. Wir wiesen darauf hin, daß dieser Prozeß ja in der Gruppenarbeit bisher schon stattgefunden habe. Auch diese Intervention hatte einen entlastenden und positiv verstärkten Effekt. Sie wurde von vielen Gruppenteilnehmern spontan aufgegriffen und bejaht. Im Verlauf der 3monatigen Arbeit mit der Wohngruppe waren wir zur Entscheidung gekommen, die als Grundlage für die zweite Stufe im Four-Steps-Konzept erforderlich ist, die Stufe der *Begegnung*. Es ist wichtig, noch einmal herauszustellen: Entscheidung darf nur als Ausgangspunkt betrachtet werden. Das

Moment der Entscheidung schreibt sich durch alle Stufen eines Wohngemeinschaftsprozesses fort. Entscheidung zur *Begegnung,* Entscheidung zum persönlichen und gemeinschaftlichen *Wachstum,* Entscheidung zur *Verantwortung* muß beständig erfolgen. Aber sie wird leichter möglich, wenn einmal ein grundsätzliches »ja« zur Situation gegeben wurde. Die Gruppenarbeit, in der Elemente des therapeutischen Theaters, insbesondere einfache Rollenspiele, als Hilfsmittel verwendet wurden, führte zu einer erheblichen Reduktion der Spannungen im Alltagsleben und insbesondere zu einer Konsolidierung mit den Betreuern, die in dieser Phase als »nicht mehr so wichtig« angesehen wurden. Die Gruppe hatte verstanden, daß es zunächst einmal darum ging, miteinander »klarzukommen«, damit das alltägliche Zusammenleben derjenigen, die auch tatsächlich in der Wohngruppe wohnten, sich harmonischer und reibungsloser vollziehen konnte. Der Effekt dieses Einsichts- und Erfahrungsprozesses war eine größere Selbständigkeit und selbstversorgende Haltung der Bewohner, die mit einer allgemeinen körperlichen und kommunikativen Aktivierung verbunden war. Es wurde an viele Dinge selbst Hand angelegt, die zuvor der Haushaltshilfe und den Betreuerinnen überlassen worden waren. Zwei gehbehinderte Bewohner wurden von den übrigen aktiver und umfassender versorgt, und es entwickelte sich eine gute Kooperation und *wechselseitige Hilfeleistung* (exchange helping; *Laschinsky, Petzold, Rinast* 1979). Ein schwieriges Thema in diesem Prozeß wechselseitiger Sorge umeinander wurden die Fragen nach Kontakt und Rückzug, Nähe und Distanz, Hilfeleistung, Ausbeutung und Überforderung. Es kam im Hinblick auf diese Themen immer wieder zu Rückschlägen, aber auch zu weiterführenden Erfahrungen. Ein Phänomen trat häufig auf: bei schwierigen Situationen wurde auf die Außenbetreuer und auf die Therapeuten rekurriert. Es war für uns wesentlich, dieser Tendenz nicht nachzugeben und auch die Betreuer darin zu bestärken, diesen Ansprüchen nicht nachzukommen. Auf besondere Schwierigkeiten stießen wir hier bei dem Seelsorger, der sich ohnehin durch uns etwas »ausgebootet« fühlte und nun versuchte, in die auftretenden Lücken zu springen. Dies wurde von ihm noch mit seinem »Auftrag« motiviert, in schwierigen Situationen Hilfe zu geben. Es kam hierüber zu heftigen Auseinandersetzungen, weil verschiedentlich Situationen durch sein vorzeitiges oder ungeschicktes Eingreifen geradezu sabotiert wurden und erhebliche Rückschläge in der Entwicklung der Wohngruppe eintraten. Wir sahen uns oftmals in der Versuchung, durch ein aufdeckendes Vorgehen die Gruppenteilnehmer zu aktivieren.

Dies hätte unweigerlich zu einem nachhaltigen Konflikt zwischen Gruppenteilnehmern, Therapeuten und Trägerinstitution geführt, der uns nicht dienlich schien. Wo Hilfsansprüche auftraten, die von den Bewohnern selbst bewältigt werden konnten, haben wir versucht, sie an die Gruppe zurückzugeben, zuweilen durch bloßen verbalen Hinweis, das könne doch selbst erledigt werden, ein anderes Mal durch Ratschläge und dadurch, daß die Konfliktsituation im therapeutischen Theater durchgespielt und auf mögliche und gewünschte Lösungen hin untersucht wurde. Es wurde von uns immer darauf hingewiesen, daß jede Situation, die selbst gelöst würde, besser sei als eine, die mit Hilfe gelöst würde. So konnte die Gruppe immer wieder aktiviert werden. Eine Belastungssituation besonderer Art ergab sich dadurch, daß der Bewohner, der sich gegen die Wohngruppe entschieden hatte, nicht bereit war, seine Ankündigung wahrzumachen, in eine andere Einrichtung zu gehen, sich eine eigene Wohnung zu suchen oder sich dabei helfen zu lassen, eine andere Lösung für sich zu finden. Er erhielt in seiner Weigerung durch den Seelsorger Verstärkung, der argumentierte, man könne doch »einen alten Mann nicht auf die Straße setzen«. Die Situation spitzte sich zu einer Kontroverse zwischen den Bewohnern und dem Träger zu, insbesondere da auch noch die Ausstattung der beiden Großwohnungen im Hinblick auf Freizeitmöglichkeiten und auf sanitäre Anlagen sehr mangelhaft war und zu Unzufriedenheit Anlaß gab.

Auch in diesem Konflikt versuchten wir, die Aktivität in den Händen der Bewohner zu belassen, und ermutigten sie, nach pragmatischen machbaren Lösungen zu suchen. Die Forderungen wurden schriftlich bei der entsprechenden Stelle vorgetragen, die auf Intervention des Geistlichen recht autoritär reagierte, indem erneut mit der Auflösung des Projektes gedroht wurde. Diese Bedrohung führte bei den Bewohnern zu einer »Solidarisierung gegen den Aggressor von außen« und vertiefte das Gemeinschaftsleben. Zwei Delegierte der Wohngruppe wurden beim Träger persönlich vorstellig. Wir wurden zu dem Gespräch hinzugezogen und hatten uns zuvor dafür entschieden, eine für alle Beteiligten entlastende Interventionsstrategie zu verfolgen. So wiesen wir schon relativ bald darauf hin, daß die Einrichtung einer solchen Wohngruppe für alle Beteiligten, die Betreuer, die Bewohner und den Träger, eine neue und deswegen nicht immer einfache Situation sei und daß es sich um ein Experiment handele, in dem ganz natürlich mit Schwierigkeiten gerechnet werden muß. Es wurde sowohl von seiten des Trägers als von seiten der Bewohner festgestellt, daß das Projekt ohne unsere Hilfe schon längst »aufgeflogen wäre«, und auch der Geistliche stimmte hier zu. Die Frage der mangelhaften Einrichtung konnte geklärt werden, indem von seiten des Trägers verbindliche Zusagen gemacht wurden. Das Thema des querulatorischen Mitbewohners wurde vertagt, allerdings mit dem Hinweis, daß man sich von seiten des Trägers um eine baldige Lösung bemühen werde. Kurz nach diesem Gespräch kam es noch einmal zu einer heftigen Auseinandersetzung zwischen uns und dem Geistlichen, in der wir ihm mitteilten, daß wir die Betreuung und Begleitung der Wohngruppe niederlegen würden, wenn er weiterhin die Situation torpediere. Dieser Eklat führte dazu, daß er sich über einige Wochen völlig zurückzog. Er begann dann, sporadisch an den Betreuerbesprechungen teilzunehmen, und verhielt sich in der Folge recht kooperativ. In dieser Zeit konnte auch die Verlegung des Problemklienten erfolgen. Ich habe diesen Zusammenhang deshalb so ausführlich erwähnt, weil in der Wohngruppenarbeit Probleme mit Trägern, Personen in leitenden Positionen und Behörden des öfteren zu Schwierigkeiten führen, die das innere Leben einer solchen Gemeinschaft erheblich stören können. Gerade bei alten Menschen aber bestehen Abhängigkeiten stärker als bei anderen Populationen, weil ihre Aktions- und Durchsetzungsmöglichkeiten meistens doch beträchtlich eingeschränkt sind.

Mit der Konsolidierung des äußeren Rahmens und dem stärkeren Zusammenwachsen der Gruppe in der Phase der Begegnung wurden Valenzen bei den einzelnen Teilnehmern und in der Gruppe frei, Erfahrungen miteinander zu machen, die sich für jeden unterschiedlich auswirkten, insgesamt aber als Wachstumserfahrungen bezeichnet werden können, d. h. Erfahrungen von neuen Möglichkeiten des Erlebens, des Handelns, der Interaktion. Dies äußerte sich zum Teil in Bastelarbeiten, die von mehreren Bewohnern gemeinsam durchgeführt wurden, oder darin, daß eine Bewohnerin einem Mitbewohner, der schon lange nicht mehr gut sehen konnte, ein Buch vorlas und sich darüber Gespräche entwickelten und ein Austausch zustande kam, wie ihn der Betreffende seit mehr als zwei Jahrzehnten nicht mehr gekannt hatte. Die *Stufe des Wachstums* zeigte sich in der Gruppenarbeit durch vermehrtes Aufgreifen von biographischem Material im szenischen Spiel und einer bilanzierenden Überschau einzelner Teilnehmer über ihr Leben. Eine derartige »life review« (*Butler* 1963, *Lewis* und *Butler* 1974) gab die Möglichkeit zur emotionalen Partizipation am Lebensschicksal des anderen und führte auch außerhalb der Gruppensitzungen zu Gesprächen über den Sinn des Lebens, die Art und Weise, wie die einzelnen ihr Leben gesehen, gestaltet und durchlebt hatten. Nach 1½ Jahren Arbeit in der Wohngruppe mußten wir unser Engagement an dem Projekt drastisch reduzieren. Wir hatten, nachdem die *Stufe der Entscheidung* durchlaufen war, schon auf eine Zusammenkunft pro Woche eingeschränkt und waren im letzten halben Jahr nicht mehr gemeinsam, sondern abwechselnd in die Wohngruppe gegangen. Jetzt konnten wir nur noch einmal im Monat zu einem Nachmittag und Abend kommen. Weiterhin boten wir an, für Krisensituationen zur Verfügung zu stehen. Für uns selbst stellte sich die Frage, ob es so etwas wie eine *»Stufe der Verantwortung«* geben könne, da es ja in dieser Wohngruppe, anders als etwa in der therapeutischen Wohngemeinschaft für Drogenabhängige, nicht darum ging, wieder in irgendwelche Außenbereiche zu gehen, in denen man dann eigenverantwortlich leben soll, sondern darum, in der Gemeinschaft und als Gemeinschaft weiterzuleben, ohne daß Resignation und Apathie eintreten und der gewonnene Elan verlorenginge.

Kurz nach unserer letzten Sitzung kam es in der Tat in der Wohngruppe zu einer heftigen Krise, einem »Eifersuchtsdrama«. Zwei der Wohngruppenmitglieder rivalisierten um eine Mitbewohnerin, was zu erheblichen Spannungen führte. Die Gruppe weigerte sich, sich mit diesem Problem auseinanderzusetzen, was einerseits als Groll gegen uns gewertet werden kann, denn bislang waren wir ja dazu da, solche Probleme, wenn nicht zu handhaben, so zumindest doch zu begleiten, was andererseits aber auch als Appell an uns verstanden werden muß, wieder in die Situation einzusteigen. In dieser Lage reagierte eine der beiden Betreuerinnen recht umsichtig, indem sie die Gruppe mit ihrer Weigerung konfrontierte und den Appellcharakter, den sie dahinter vermutete, ansprach. Dies führte dazu, daß der Versuch unternommen wurde, das Problem in der Gruppe zu besprechen und auszutragen. Eine Lösung konnte allerdings nicht gefunden werden. Auch in der von uns geleiteten Sitzung ließ sich keine Perspektive finden. Der Konflikt schwelte weiter und »dünnte allmählich aus«, als sich die Bewohnerin von den beiden Streithähnen und aus der Rolle, »hofiert und umstritten zu werden«, zurückzog. Der Alltag in der Wohngruppe konnte ansonsten gut und eigenverantwortlich geregelt werden, ohne daß die Betreuerinnen nachhaltiger intervenieren mußten, was ihnen offenbar nicht ungelegen kam, da sie noch andere Projekte und Aufgaben in der Gemeindearbeit zu versehen hatten. So wurde zum Beispiel von den Bewohnern selbst, als die Haushilfe aus familiären Gründen ihre Kündigung mitteilte, nach einem Ersatz gesucht. Es wurden gemeinsame Aktivitäten, Kirchenbesuche, Sonntagsausflüge und ähnliches organisiert. In eine schwere Krise kam die Wohngruppe gegen Ende des zweiten Jahres ihres Bestehens, als ein Bewohner unerwartet verstarb. Es kamen heftige Trauerreaktionen auf. Für die Gruppenmitglieder war es, »als wenn ein Familienmitglied gestorben wäre«. Über die Trauerreaktion hinaus wurde die Krise vertieft durch die Konfrontation eines jeden einzelnen mit seiner eigenen Endlichkeit und mit der Frage nach der »Zukunft« der Wohngruppe, die inzwischen tatsächlich so etwas wie eine Familie für alle geworden war. Die Frage nach dem Weiterbestehen war in der Tat schwierig und bedrückend, weil die Tatsache, daß es sich um eine ethnische Minderheitsgruppe handelte, die Möglichkeiten einschränkte, ohne Schwierigkeiten andere alte Menschen als Mitbewohner zu bekommen. Zum anderen waren die Intentionen des Trägers nicht durchschaubar, insbesondere die Frage, ob er ein derartiges Projekt perpetuieren wollte. Schließlich wurde von den alten Menschen selbst die Frage aufgeworfen, ob sie es sich zumuten wollten, immer wieder neue Mitbewohner aufzunehmen, sich immer wieder auf neue Menschen einstellen zu wollen oder zu müssen und das unabänderliche Sterben von Menschen, mit denen man eine so enge Bindung eingegangen war, ertragen zu müssen. Die Meinungen waren hierüber sehr geteilt. Aus der Situation heraus tendierte die Mehrzahl dazu, keine neuen Gruppenmitglieder aufzunehmen. Einige Wochen später, mit etwas Abstand und nachdem ein Teil der Trauerarbeit geleistet worden war, sprach sich die Mehrzahl doch dafür aus, nach einem neuen Mitbewohner Ausschau zu halten, der auch gefunden werden konnte. Seine Integration warf keine großen Schwierigkeiten auf, zumal es sich um eine flexible, gut anpassungsfähige Persönlichkeit handelte. Ein zweiter Todesfall 4 Monate später führte allerdings zu einem radikalen Umschwung, und die Gruppe derer, die gegen eine Neubesetzung war, konnte sich durchsetzen. Von seiten des Trägers wurde in dieser Richtung auch kein Druck ausgeübt. Im Verlaufe von 4 Jahren »starb die Wohngruppe aus«, d. h., daß 4 verbliebene Bewohner in ein Altersheim verlegt wurden, wo sie in enger Bindung weiterlebten.

Die Frage nach dem Fortbestehen von Wohngemeinschaften oder Wohngruppen alter Menschen ist in der Tat eine sehr komplizierte und schwerwiegende. Im Unterschied zum Altersheim, das vielfach ohnehin als »Endstation«, als »Wartehalle auf den Tod« erlebt wird und in dem durch den größeren Rahmen sich die Bindungen in der Regel weniger eng gestalten, geht der alte Mensch in der Wohngruppe oder Wohngemeinschaft noch einmal intensiv emotionale Beziehungen ein. Er beginnt eine neue Lebensgemeinschaft, investiert sich darin und erhält dadurch emotionale Befriedigung, das Gefühl von Sicherheit und Geborgenheit, aber auch Aktivierung und Anregung. Verluste durch den Tod wiegen in einer solchen Gemeinschaft weitaus schwerer als in Settings, in denen nur oberflächliche Bindungen zustande kommen. Die Entscheidung der Bewohner der Wohngruppe in der Rue Vaugirad ist unter diesem Gesichtspunkt nicht nur verständlich, sondern vielleicht auch richtig. Man muß also davon ausgehen, daß Wohngemeinschaften oder Wohngruppen im Unterschied zu therapeutischen Gemeinschaften, die auf geriatrischen Stationen oder in Altenheimen eingerichtet werden, eine wohl nur befristete Lebensdauer haben und sich nicht ohne weiteres perpetuieren lassen.

5.3. Wohngemeinschaft

Über ein letztes Projekt soll kurz berichtet werden: eine Wohngemeinschaft, die ich im Jahre 1970 in Düsseldorf initiieren konnte. Durch die Supervision einer Einzelfallhilfe kam ich mit folgenden Situationen in Kontakt: Ein Sozialarbeiter sollte für eine 78jährige Frau, die allein lebte und nach und nach verwahrloste, eine Lösung finden, wobei eine Aufnahme in ein Heim von ihr heftig abgelehnt wurde. In dem Bemühen, nachbarschaftliche Hilfe zu mobilisieren, wurde mit den übrigen Hausbewohnern Kontakt aufgenommen, wobei sich herausstellte, daß in dem Altbau 7 Personen zwischen

61 und 84 Jahren wohnten, davon 2 Ehepaare, also 2 Männer und 5 Frauen. Wir haben dann die Bewohner, die zueinander das freundlich distanzierte Nachbarschaftsverhältnis hatten, das so viele bürgerliche Mittelstandshäuser kennzeichnet, zu einem Gespräch gebeten, dem alle, wenn auch zum Teil zögernd, nachkamen. Schon beim ersten Gespräch kam, ausgelöst durch die Situation unserer Klientin, die Frage nach wechselseitiger Hilfe auf und wurden typische Barrieren deutlich. Die verschiedenen »Parteien« des Hauses wollten einander nicht »zu nahe treten« und sich nicht in die »Privatsachen« anderer Leute mischen. Aus dem Gespräch ergab sich der Wunsch nach einer zweiten Gesprächsrunde und schließlich nach fortlaufenden Zusammenkünften, die 14tägig stattfanden. Wir konnten Hilfestellung dabei leisten, einen Essensdienst zu organisieren, Schüler für Einkaufsdienste zu motivieren und eine Putzhilfe für das gesamte Haus zu finden, deren Kosten unter den Bewohnern anteilmäßig aufgeteilt wurden. Das eine Ehepaar nahm an den Gruppensitzungen nur sporadisch teil. Nachdem zunächst Themen praktischer Lebenshilfe im Vordergrund standen, wurde im Verlauf der Gruppenarbeit immer deutlicher, wie viele der alten Menschen mit der Situation des Alters, dem Nachlassen der Kräfte, dem zum Teil spärlichen Kontakt zu den Kindern nicht gut fertig wurden. Die massierten psychosomatischen Beschwerden, die sich bei den meisten Patienten fanden, dürften in der beständigen Verdrängung dieser Situation eine gewichtige Ursache haben. So erhielt die Gruppenarbeit bald auch einen therapeutischen Akzent. Es wurden dabei Gestalttherapie und Verfahren dramatischer Therapie, insbesondere Psychodrama und Rollenspiel, eingesetzt. Im Verlauf einer halbjährigen Gruppenarbeit ließen sich die psychosomatischen Beschwerden, Schlafstörungen, Schmerzzustände, Verdauungsstörungen bei den Betroffenen erheblich reduzieren. Die Entlastung in der Gruppe dürfte hierfür ausschlaggebend gewesen sein. Das intensive Kennenlernen in der Gruppe führte dazu, daß auch im Alltagsleben sich die Kontakte intensivierten. Die drei Frauen zogen auf eine Etage, um sich besser helfen und austauschen zu können. Nach und nach wurde ein immer stärkerer Wunsch nach größerer Gemeinsamkeit deutlich. Er fand seinen Ausdruck darin, daß von allen Hausbewohnern eine Mahlzeit, nämlich das Frühstück, gemeinsam eingenommen wurde.

So wurde das zufällige Wohnen in einem Haus zu einer Hausgemeinschaft von Menschen, die sich entschieden hatten, *miteinander* ihr Alter zu verbringen. Das zunehmende wechselseitige Aufeinanderzugehen und untereinander Helfen warf oft Probleme auf. So wurden Fragen der Abgrenzung, des persönlichen Einsatzes und des sich Ausgenutztfühlens sowie Streitigkeiten um Geld relevant. Auf die Isolation und auf eine Phase »überhitzten« Aufeinanderzugehens folgte eine Phase der bewußten Austarierung der Beziehungen. Dabei kristallisierte sich eine gewisse Frontstellung zwischen den drei Frauen und den beiden Paaren heraus, die aber in den Gruppensitzungen aufgearbeitet werden konnte. In diesem Prozeß der Intensivierung der Beziehungen kam es auch immer wieder zu Schwierigkeiten, die ohne »Hilfe von außen« nur mit Mühen oder vielleicht auch gar nicht hätten gelöst werden können. Themen wie Eifersucht, Arbeitsteilung (wer macht was und wieviel?) und Geld führten oft zu heftigen Spannungen, die zum Teil dadurch gemildert werden konnten, daß in der Gruppe immer wieder zum Vergleich zwischen der Situation vor und nach der Umwandlung der Hausgemeinschaft angeregt wurde. Auf der anderen Seite wurde die Hausgemeinschaft durch die Arbeit mit Gestaltprinzipien (*Rahm* 1979), d. h. der direkten und offenen Interaktion, der freien Äußerung von Emotionen, dem Zulassen aggressiver Gefühle und dem Ausdrücken direkter spontaner Zuneigung, immer stärker fähig, ihre Probleme selber zu klären und in die Hand zu nehmen. Die Prinzipien gestalttherapeutischer Interaktion wurden von den Teilnehmern verstanden, aufgenommen, internalisiert und in die Alltagsinteraktion übertragen. Es erwies sich dieser Lernprozeß als außerordentlich förderlich für die Regulierung der tagtäglichen Lebensaufgaben. Die »therapeutischen« Aufgaben wurden mehr und mehr von den Bewohnern übernommen. Wenn ein einzelner Schwierigkeiten hatte, sich bedrückt oder depressiv fühlte, konnte er zu den anderen Hausbewohnern gehen und mit ihnen seine Situation besprechen, so daß sich im Verlauf von 2 Jahren mehr eine Lebensgemeinschaft als eine *therapeutische* Wohngemeinschaft herausbildete.

Eine besondere Situation war ohnehin dadurch gegeben, daß es sich bei der Wohngruppe um eine Hausgemeinschaft handelte, bei der allerdings das eine Ehepaar und zwei der Frauen noch nicht lange in dem Haus ansässig waren und sich nur drei Bewohner längere Zeit kannten. Das Beibehalten der eigenen Wohnung, des eigenen privaten Lebensraumes, wirkte sich für alle Beteiligten positiv aus. Auch das Problem des Sterbens erhielt in diesem Projekt nicht den Stellenwert, den es in der Rue Vaugirad gehabt hatte. Als die Klientin, durch die die gesamte Initiative überhaupt ins Rollen kam, plötzlich an einem Schlaganfall verstarb, war zwar die Trauer und Betroffenheit der Hausgemeinschaft groß, jedoch stellte sie ihre gesamte Existenz nicht in Frage, weil sie von Anfang an sich nicht auf eine Perpetuierung ausgerichtet hatte und sie aus einer gewachsenen Struktur hervorgegangen war. Bei der Trauerarbeit konnten wiederum die gemeinsame Gruppensitzung und die Verwendung gestalttherapeutischer Methoden des Durcharbeitens (saying good-bye, *Tobin* 1980) wichtige Hilfestellungen geben.

Schlußbemerkung

In der Arbeit mit alten Menschen lassen sich verschiedene Modelle therapeutischer bzw. therapeutisch ausgerichteter Kollektive einrichten

1. Im Rahmen von geriatrischen Stationen, Altenheimen und Altenwohnheimen bietet sich das Modell der »*therapeutischen Gemeinschaft*« an (*Jones* 1953; *Ploeger* et al. 1972). Diese Form trägt dem institutionellen Rahmen größerer Einrichtungen und der vollprofessionellen Pflege und Betreuung noch am besten Rechnung. Sie ermöglicht eine gute Eigenaktivierung, ohne diese jedoch voll ausschöpfen zu können. Sie wird der Würde des alten Menschen als Subjekt, das partnerschaftlich angesprochen und nicht custodial »zu Tode gepflegt« werden soll, besser gerecht als allein versorgend ausgerichtete und autoritär strukturierte Einrichtungen.

2. Eine weitere Möglichkeit bietet die »*therapeutische Wohngruppe*«, die von professionellem Personal betreut wird und in der Regel nicht in einer größeren Einrichtung angesiedelt ist. Die Gruppengröße könnte zwischen 6 und 16 Personen betragen, so daß ein familiärer Charakter möglich ist. Die Übergänge zur *therapeutischen Wohngemeinschaft* sind fließend. Die Wohngruppe hat jedoch stärker soziotherapeutische und agogische Ausrichtung.

3. Die »*therapeutische Wohngemeinschaft*«, die von professionellem Personal betreut werden kann und das gemeinschaftliche Leben, die gemeinsame Lebensbewältigung als zentrales Ziel hat, ist ein weiteres Modell. Je rüstiger die Bewohner einer solchen Gemeinschaft sind oder je mehr sich ihr Zustand bessert, desto größer ist die Möglichkeit, daß das therapeutische Element in den Hintergrund tritt. Im Unterschied zur »therapeutischen Gemeinschaft« mit Alterspatienten in einem institutionellen Setting zielen die therapeutische Wohngruppe und Wohngemeinschaft immer darauf ab, den *therapeutischen Aspekt zu reduzieren* und zu Lebensgemeinschaften von gesunden Menschen zu führen. Es ist wichtig, im Auge zu behalten, daß das Alter nichts Pathologisches und der alte Mensch nicht *per se* ein kranker Mensch ist. Die Zielsetzung der therapeutischen Gemeinschaft mit alten Menschen muß deshalb sein, eine rein reparative oder stützende Therapie zu überwinden und Therapie allenfalls noch als Medium zur Selbstverwirklichung und Selbstentfaltung zu verwenden. Therapeutischen und nicht-therapeutischen Kollektiven in der Arbeit mit alten Menschen wird in Zukunft meiner Auf-

fassung nach enorme Bedeutung zukommen, denn sie bieten die Möglichkeit, sozialer Deprivation entgegenzuwirken, Isolation und Einsamkeit zu beseitigen, eine Aktivierung der Gesamtpersönlichkeit zu bewirken und einen sozialen Kontext bereitzustellen, in dem nicht nur ein menschenwürdiges Altern, sondern auch ein reiches und erfülltes Alter möglich wird.

Moreno schrieb 1947 in einer der ersten Arbeiten zur »angewandten Gerontologie«:

»Alte Menschen sollten lernen, diesen Fluch des Alters nicht hinzunehmen. Sie sollten Freunde finden, wieder jemanden, den sie lieben können. Sie sollten vor allem versuchen, die Jugend ihres sozialen Atoms wiederherzustellen. Es ist wahrscheinlich einfacher, Störungen ihres sozialen Atoms durch soziatrische Maßnahmen anzugehen, als ihre physischen und psychischen Beschwerden zu behandeln. Die Vorstellung, daß Liebe und Spontaneität nur etwas für junge Leute ist und daß alte Leute sich auf den Tod vorbereiten sollten, ist eine antiquierte Grausamkeit. Es muß ein neuer Wind in die Geriatrie als Wissenschaft vom Alter kommen durch die Erkenntnis, daß wir nicht nur innen in uns leben, sondern daß es auch ein ›außen‹ des Selbst gibt, das hochstrukturiert und empfänglich für Wachstum und Verfall ist. Der Tod ist eine Funktion des Lebens. Er hat eine soziale Realität« (*Moreno* 1947).

Bibliographie

Almond, R.: The healing community, Jason Aronson, New York 1974
Altlas, L., Morris, M. M.: Resident government: An instrument for change in a public institution for indigent elderly. In 24th. Annual Meeting Gerotol; Soc. Abstracts, *Gerotologist* 3, II Autumn 1971, 57
Berger, M. M., Berger, L. F.: An innovative program for a private psychogeriatric day center. *J. Amer. Geriatr. Soc.* 4, 1971, 332–336
Bolkerstein, H.: Wohltätigkeit und Armenpflege im vorchristlichen Altertum, Utrecht 1939
Butler, R.: The life review: An interpretation of reminiscense in the aged, *Psychiatry* 26, 1963, 65–76
Bower, H. M.: Sensory stimulation and treatment of senile dementia, *The Medical Journal of Australia* 3, 1967, 1113–1118
Cumming, J. Cumming E.: Ego and Milieu: The theory and practice of environmental therapy. Atherton Press, New York 162
Delaunay, P.: La medicine et l'église, Editions Hyppocrate, Paris 1948

Dollase, R.: Soziometrie als Interventions- und Meßinstrument, *Gruppendynamik* 2, 1975, 82–92

Diana, A.: Die Bewegung der Fokolarini, Verlag Neue Stadt München 1975

Duwe, Chr., Braun, M.: Gruppenarbeit mit alten Menschen in der Heimsituation, Graduierungsarbeit, Fachhochschule für Sozialarbeit, Düsseldorf-Eller 1975

Durand-Dassier, J.: Psychothérapies sans psychothérapeutes. Daytop. Communanté de drogués et de psychotiques, Epi, Paris 1970

Eliasoph, E.: A group therapy-psychodrame program at Berkshire Industrial Farm, *Group Psychotherapy* 1, 1958, 58–62

Fairweather, G. W.: Treating mental illnes in the community: An experiment in social innovation, Wiley & Sons, New York 1968

Foucault, M.: Die Geburt der Klinik, Hanser, München 1973

Foucault, M.: Überwachen und Strafen, Suhrkamp, Frankfurt 1976

Giet, S.: Les idées et l'action sociales de saint Basile, Paris 1941

Goffman, E.: Asylums: Essays on social situations of mental patients and other inmates, Aldine, Chicago 1961

Gottesman, L. E.: Milieu treatment of the aged in institutions, *Gerontologist* 13, 1973, 23–26

Grauer, H.: Institutions for the aged – therapeutic communities? *J. Amer. Geriat. Soc.* 8, 1971, 687–692

Haag, G.: 1973 Mitwirkung von Heimbewohnern an der Gestaltung des Heimlebens, *Altenheim* 5, 1974, 99–105

Haskel, M. R.: An alternative to more and larger prisons: a roletraining program for social reconnection, *Group Psychotherapy* 1/2, 1961, 30–38

Haskel, M. R.: The contribution of J. L. Moreno to the treatment of the offender. *GP.* 1/4, 1974, 147–158

Heinz, H. P.: Gemeinde der Zukunft, nicht erst morgen, München 1975

Hilpert, H.: Therapeutische Gemeinschaft in einer psychotherapeutischen Klinik. Zum Behandlungskonzept des Cassel Hospitals in London, *Psychother. med. Psychol.* 2, 1979, 46–53

Hochschild, A. R.: Communal Life-Styles for the Old, *Society* 10, 1973, 50–57

Hummel, K., Hummel-Steimer, I.: Das Altenheim als Gemeinwesen, *Z. f. humanist. Psychol.* 3/4, 1979

Jones, M.: The Therapeutic Community, Basic Books, New York 1973

Kahana, E.: The human treatment of old people in institutions, *Gerontologist* 13, 1973, 282–289

Kamper, D., Rittner V.: Zur Geschichte des Körpers, Hanser, München 1976

Korczak, D.: Neue Formen des Zusammenlebens, Fischer, Frankfurt 1979

Koty, J.: Die Behandlung der Alten und Kranken bei den Naturvölkern, Hirschfeld, Stuttgart 1934

Kraus, P.: Gustav Werner, Stuttgart 1959
Kroll, W.: Jesus kommt! Report über die »Jesus-Revolution« unter den Hippies und Studenten in den USA und anderswo, Aussaat Verlag, Wuppertal 1971
Kubie, S. H., Landau G.: Group work with the aged, Intern. Univ. Press, New York 1953
Lampros, S.: Τὸ πρωτότυπον τοῦ τυπικοῦ τῆς ἐν Κ/πόλει μονῆς τοῦ Παντοκράτορος, Νέος Ἑλληνομνήμων 5, 1908, 392–399
Land, J. P. N.: Annecdota syriaca, 2 vol. Lugduni Bat. 1862
Laschinsky, D., Petzold, H., Rinast, M.: Exchange Learning, ein Konzept für die Arbeit mit alten Menschen, *Integrative Therapie.* 3, 1979
Lehr, U.: Altern als soziales und ökologisches Schicksal, in: *Blohmke, M.* (Hrsg.). Soziopathologie, Epidemiologie, Stuttgart 1976
Lehr, U., Olbrich, E.: Ecological correlates of adjustment to aging, in: *Thomae* (1976) 81–92
Lehr, U.: Psychologie des Alterns. Quelle & Meyer UTB, Heidelberg 2, 1972, erw. Aufl. 1977
Lehr, U.: Interventionsgerontologie, Steinkopf, Darmstadt 1979
Lewis, M., Butler, R.: Life review therapy, *Geriatrics* 29, 1974, 166—173
Main, T. F.: The hospital as a therapeutic institution, *Bull. Menninger Clinic* 10 (1946)
Main, T. F.: The concept of the therapeutic community: Variations and Vicissitudes, *Group Analysis* 10, Supp. 2, 1977
Maurer, Y., Petzold. H.: Die Therapeutische Beziehung in der Gestalttherapie, in: *R. Battegay, A. Trenkel,* Die therapeutische Beziehung unter dem Aspekt verschiedener psychotherapeutischer Schulen, Huber, Bern, 1978, S. 95–116
Meffert, A.: Caritas und Krankenpflege bis zum Ausgang des Mittelalters, Freiburg 1927
Meinhold, P.: Außenseiter der Kirche, Herder, Freiburg 1978
Moreno, J. L.: Rede über die Begegnung, Kiepenheuer, Potsdam 1923
Moreno, J. L.: Das Stegreiftheater. Kiepenheuer, Potsdam, 1924
Moreno, J. L.: Psychological organization of groups in the community, in: handbook of mental deficiency, 1933, 5–35. Assoc. on mental deficiency, Boston
Moreno, J. L.: Research Report, II Hudson School, Hudson, N.Y. 1936
Moreno, J. L.: Who shall survive? A new approach to the problem of human interrelations. Nervous and Mental Disease Publishing Company, Washington, D. C. 1934; 2. Aufl. Beacon House, Beacon 1953
Moreno, J. L.: The social atom and death, *Sociometry* 10, 1947, 81–86. Nachdr. The Sociometry Reader, Free Press, Glencoe 1960
Moreno, J. L.: Das Psychodrama, in: Handbuch der Neurosenlehre und

Psychotherapie. Bd. IV, 312–319. Urban und Schwarzenberg, München 1959a

Moreno, J. L.: Gruppenpsychotherapie und Psychodrama. Thieme, Stuttgart 1959b

Moreno, J. L. und Within, E. S.: Application of the Group Method to Classification. National Committee on Prison and Prison Labor, New York 1932

Moreno, J. L.: und Within, E. S.: Plan and techniques of developing a prison into a socialized community. National Committee on Prisons and Prison Labor, New York 1932

Nahemow, L. und Lawton, M. P.: Toward an ecological theory of adaptation and aging, in: Preiser, W. F., Environmental design research, Strondsburg, Pennsylvania 1973

Olechowski, R.: Experimente zur Theorie der Inaktivitätsathrophie intellektueller Funktionen, Z. Gerontol. 9, 1976, 18–24

Oster, C.: Sensory depriviation in geriatric patients, J. Amer. Geriatr. Soc. 10, 1976, 461–464

Overbeck, J. J.: S. Ephraemi Syri, Rabbulae aliorumque opera selecta, Oxford 1865

Perls, F. S.: In and Out the Garbage Pail. Real People Press, Laffayette 1969 b

Perls, F. S.: Gestalt, Wachstum, Integration, Vorträge, Aufsätze, Transkripte, hrsg. von H. Petzold, Junfermann, Paderborn 1980

Petzold, H. G.: Géragogie – nouvelle approche de l'éducation pour la vieillesse et dans la viellesse, Publications de l'Institut Saint Denis 1, 1965

Petzold, H. G.: Les Quatre Pas. Concept d'une communauté thérapeutique, Paris, mimeogr. 1969 c

Petzold, H. G.: Le »Gestaltkibbouz« modèle et méthode thérapeutique, Paris, mimeogr. 1970 a

Petzold, H. G. (Hrsg.): Angewandtes Psychodrama in Therapie, Pädagogik, Theater und Wirtschaft, Junfermann, Paderborn, 1972 a, 2. erweiterte Aufl. (1977 h)

Petzold, H. G.: Das Soziodrama als Instrument kreativer Konfliktlösung, in: Petzold (1973 c): Kreativität und Konflikte, Junfermann, Paderborn 1973 d

Petzold, H. G. (Hrsg.): Drogentherapie – Methoden, Modelle, Erfahrungen, Junfermann/Hoheneck, Paderborn 1974 b

Petzold, H. G.: Daytop – das »Konzept« einer Therapeutischen Gemeinschaft zur Behandlung Drogenabhängiger, in: Petzold (1974 b), 62–95

Petzold, H. G.: Konzepte zur Drogentherapie, 1974 l, in: Petzold (1974 b), 524–529

Petzold, H. G.: Integrative Geragogik – Gestaltmethoden in der Bildungsarbeit mit alten Menschen, in: *Petzold, Brown,* Gestaltpädagogik, Pfeiffer, München, 1977 e, 214–246

Petzold, H. G.: Der Gestaltansatz in der psychotherapeutischen, soziotherapeutischen und pädagogischen Arbeit mit alten Menschen, *Gruppendynamik* 8, 1977 g, 32–48

Petzold, H. G.: Psychodrama, Therapeutisches Theater und Gestalt als Methoden der Interventionsgerontologie und der Alterspsychotherapie, 1979 b, in: *Petzold,* Bubolz 1979

Petzold, H. G.: Zur Veränderung der sozialen Mikrostruktur im Alter – eine Untersuchung von 40 »sozialen Atomen« alter Menschen, *Integrative Therapie 1/2,* 1979 c

Petzold, H. G.: Gestalttherapie in einer integrativen Arbeit mit alten Menschen, 1979 f, in: *Petzold, Bubolz* 1979

Petzold, H. G.: Das Therapeutische Theater V. N. Iljines in der Arbeit mit alten Menschen, *Zeitschrift f. Humanist. Psychol. 4,* 1979 r (im Druck)

Petzold, H. G.: Moreno – nicht Lewin – der Begründer der Aktionsforschung, *Gruppendynamik,* Jg. 1980

Petzold, H. G.: Humanisierung des Alters, *Z. f. humanist. Psychol. 4,* 1979 u (im Druck)

Petzold, H. G., Bubolz, E.: Theorien zum Prozeß des Alterns und ihre Relevanz für geragogische Fragestellungen, in: *Petzold, Bubolz,* 1976, 116–144

Petzold, H. G., Bubolz, E.: Bildungsarbeit mit alten Menschen, Klett, Stuttgart 1976

Petzold, H. G., Bubolz, E.: Psychotherapie mit alten Menschen, Junfermann, Paderborn 1979

Petzold, H. G., Berger, A.: Integrative Bewegungstherapie in der Arbeit mit psychiatrischen Patienten, in: *Petzold, H.:* Die neuen Körpertherapien, Junfermann, Paderborn 1977, 452–477. Gekürzt auch in: Gezondheit, Symposiumsbundel. Interfaculteit Ljchnamelijke Opvoeding. Vrije Universiteit Amsterdam, De Vriesebroch, Haarkin

Petzold, H. G., Berger, A.: Die Rolle der Gruppe in der Integrativen Bewegungstherapie, *Integrative Therapie 2,* 1978 a, 79–100

Petzold, H. G., Berger, A.: Integrative Bewegungstherapie und Bewegungserziehung in der Arbeit mit alten Menschen, *Integrative Therapie 3/4,* 1978 b, 249–271; erweitert in: *Petzold, Bubolz* 1979

Ploeger, A., Bonzi, A., Markowic, A.: Die Therapeutische Gemeinschaft in der Psychotherapie und Sozialpsychiatrie. Thieme, Stuttgart 1972

Rahm, D.: Gestaltberatung. Junfermann, Paderborn 1979

Ratzinger, J.: Geschichte der kirchlichen Armenpflege, Freiburg 1884

Reike, S.: Das deutsche Spital und sein Recht im Mittelalter, 2 Bd., Stuttgart 1932

Rosow, I.: The social milieu: neighborhood interaction of the elderly, in:

Ostwald, P. F.: Communication and social interaction, Grune & Stratton, New York, 1977, S. 291–302

Schmidt, R., Wagner, R.: Wohngemeinschaften alter Menschen, in: *J. A. Schülein* (1980)

Schülein, J. A.: Vor uns die Mühen der Ebene. Bestandsaufnahme zum Thema Wohngemeinschaft, Focus-Verlag, Gießen 1980

–*:* Kommunen und Wohngemeinschaften, der Familie entkommen? Focus-Verlag, Gicßen 1978

Seabourne, B.: Psychodrama und therapeutische Gemeinschaft 1972, in: *Petzold,* 1972 a, S. 141–156

Siroka, R. W.: Psychodrama in the therapeutic community. *Group Psychotherapy 3/4,* 1967, 123–126

Siroka, R. W. und *Schloss, G. A.:* The death scene in psychodrama. *Group Psychotherapy 4,* 1968, 202–205

Siroka, E., Siroka, R. W., Schloss, G. A.: Sensitivity training and group encounter – an introduction, Grosset & Dunlap 1971

Siroka, R. W., Siroka, E. K.: Psychodrama and the therapeutic community, in: *L. Blank, G. B. Gottsegen, M. G. Gottsegen:* Confrontation, Macmillan, New York 1971

Stevens, B.: Don't push the river, Real People Press, Lafayette 1970

Stotsky, B. A.: The nursing home and the aged patient, New York 1970

Tews, H. P.: Soziologie des Alterns. Erster und zweiter Teil. Quelle & Meier, Heidelberg 1971; 2. Aufl. 1974

Tews, H. P.: Grenzen der Altenbildung, Zeitsch. Gerontolog. 9, 1976, 58–72

Thomae, H.: Patterns of aging. Findings from the Bonn Longitudinal Study of Aging, Karger, Basel 1976

Thomassin, L. U.: Vetus et nova ecclesiae disciplina. 3. vol. Paris 1679

Tobin, S. A.: Saying Good-Bye in Gestalt Therapy, *Psychotherapy: Theory, Research and Practice 8,* 150–155; dtsch. *Gestalt-Bulletin,* Jg. 1980

Veltin, A.: Die therapeutische Gemeinschaft im deutschen Krankenhaus, *Gruppenpsychotherapie und Gruppendynamik* 2, 1968, 190–196

Vincentz, F. (Hrsg.): Altenheim – Handbuch, Hannover 1971

Vööbus, A.: Einiges über die caritative Tätigkeit des syrischen Mönchstums, Pinneberg 1947

Weiner, M. F.: Therapist disclosure. The use of Self in Psychotherapy, Butterworth, Boston 1978

Wurster, P.: Gustav Werner und sein Werk in seiner Bedeutung für die sozialreformatorischen Aufgaben der Gegenwart, Tübingen 1887

Yablonsky, L.: Synanon, ein neuer Weg in der Behandlung Drogenabhängiger, 1974, in: *Petzold* (1974 b)

Hans Walter Kehe

Zur Wiedereingliederungsproblematik Drogenabhängiger — Erfahrungen aus der Therapiekette Niedersachsen

»Die Götter haben Sisyphos dazu verurteilt, unablässig einen Felsblock einen Berg hinaufzuwälzen, von dessen Gipfel der Stein von selbst wieder hinunterrollte. Sie hatten mit einiger Berechtigung gedacht, daß es keine fürchterlichere Strafe gibt als eine unnütze und aussichtslose Arbeit.« (*Camus* 1959, S. 98)

Nach rund zwölf Monaten Therapie in den therapeutischen Gemeinschaften der Phase I[1], in ländlicher Idylle und fernab der städtischen Szene, werden unsere Klienten in die Wiedereingliederungsphase (Phase II) entlassen. Hier leben sie dann in kleineren Wohngemeinschaften von drei bis vier Klienten unter verringertem therapeutischen Schonraum zusammen und versuchen, sich in der sozialen, beruflichen und schulischen Realität zurechtzufinden. Sie finden ein komplexes, schwer durchschaubares und bedrohlich wirkendes Lernfeld vor. Verläßt ein Klient die Phase I, so begreift er sich in der Regel subjektiv als »Ex-User«, der zugegebenermaßen nunmehr in einer weit beschwerlicheren Phase seine gesellschaftliche Integration in Arbeit, Ausbildung bzw. Schule und Freizeit in Angriff nehmen muß.

Laut eigener Einschätzung boten unsere Klienten zu Beginn ihrer Therapie das Bild unselbständiger Persönlichkeiten, die voller Mißtrauen, zernagt von Selbstzweifeln und Minderwertigkeitsgefühlen, jedweder konfliktträchtigen Auseinandersetzung in der therapeutischen Gemeinschaft aus dem Wege gingen. Manche gestehen gar zu, nicht aus Freiwilligkeit eine stationäre Therapie gewählt zu haben. Allein drohende Haftstrafen oder gerichtliche Auflagen bewogen sie zu einem solch »sekundär motivierten« Schritt. — Erst allmählich lockerten sie ihre Blockaden, ihre Abwehrhaltung auf:

— Der depressive, nörgelnde, unselbständige, leicht beeinflußbare Hänger,

---

[1] Siehe hierzu den Artikel von *Saake, Stichtenoth, dieses Buch.*

- die sich ständig zurückhaltende verschlossene Schönheit,
- die konstant liebenswert und freundlich sich Durchlavierende,
- der sich in tiefem Selbstmitleid Aalende,
- die permanent Traurige,
- der Oberflächliche und der Gleichgültige mit der »scheiß-egal«-Haltung,
- der zuweilen in die Clown-Rolle Schlüpfende,
- die junge Dame mit der »Lieb-Kind-Tour«,
- der große Lockere, der Arrogante, der Überhebliche,

sie alle und viele andere psychotherapeutische »Widerstandskämpfer« sind es irgendwann leid, Probleme durch maskenhaftes Verhalten zu überspielen. Endlich gelingt es ihnen, durch das Medium des eigenen Körpers eigene Gefühle wie Wut, Freude, Schmerz, Ohnmacht, Stärke, Trauer usw. zu spüren, zuzulassen und durchzuleben. Sie begreifen, daß Geborgenheit in und Vertrauen durch die Gruppe allein durch Offenheit gegenüber dem eigenen Selbst zu erzielen ist. Und damit haben sie eine wesentliche Lektion innerhalb der Gruppentherapie gelernt oder auch versäumt zu lernen. Die Zeit der Phase-I-Therapie ist sehr schwer, und viele stehen sie im ersten Anlauf nicht durch. Mit Beginn der Phase II ist das Zurückliegende zunehmend verblassende Vergangenheit. Vor uns steht ein/e Geläuterte/r, die wieder Freude am Leben, Interesse und Einsatz für die Zukunft gewonnen haben, die ihre Energien in konstruktive Bahnen lenken wollen. Sie fühlen sich stark und selbstbewußt genug, eigenverantwortlich zu entscheiden und demnach zu handeln. In der Therapie haben sie einen neuen Bezug zu sich selbst, zu ihrem Organismus, ihrem Körper, zu ihren Gefühlen aufgebaut. In der Therapie haben sie gelernt, mit Geld umzugehen, durch Führung des Hauses und Teilnahme an der Produktion in der arbeitstherapeutischen Werkstatt einen Bezug zur Arbeit zu finden und sich handwerkliches Geschick anzueignen und in Sondereinsätzen bisweilen gar harte körperliche Arbeit zu leisten. Sie stehen zu den eigenen Schwächen und Stärken, haben Spaß, anderen zu helfen, vertragen bisweilen sogar Kritik durch Autoritäten und finden, daß allein Auseinandersetzungen zur Klärung und Bereinigung von Konflikten als alternative Lösung angetan sind.

Für die Zeit der Wiedereingliederungsphase und die Zeit danach haben sie sich viel vorgenommen. Die einen wollen ihre in der Drogenkarriere abgebrochene Allgemeinbildung (Abitur, Mittlere Reife) wiederaufnehmen und zu einem erfolgreichen Ende führen, die anderen gedenken durch qualifiziertere Allgemeinbildung bessere Chancen auf einen attraktiven Lehrberuf zu erwerben. An Integrierten Gesamtschulen, Fachoberschulen oder auch im Schulprojekt der Therapiekette Niedersachsen wollen sie sich Lernprozessen unterwerfen, die ihnen die Möglichkeit beruflichen Aufstiegs eröffnen sollen.

Werkpädagogin und Kunsttherapeutin, Sozialarbeiter, Erzieher, Schauspieler, Musiker, Werbegraphiker, Reisebürokaufmann und ähnliches sind gängige Berufsziele, die Phase-I-Absolventen zu erreichen trachten. Vereinzelt werten sie ihre beruflichen und sozialen Vorstellungen als recht vage und ängstigend. Der Großteil jedoch stellt seine Zukunftsperspektiven zuversichtlich und zunächst ungebrochen dar. Viele sehen für sich auch Rückfallgefahren, z. B. wenn einer sich hängen läßt, wenn einer Belastungen und Komplikationen ausweicht, in alte Verhaltensmuster zurückfällt oder sich in Selbstmitleid und Träumerei ergeht.

Jeder Ex-User, der aus der Phase I kommt, wird sich in allen seinen Hoffnungen, Wünschen und Ängsten, in seinen guten Vorsätzen und Vorhaben, deren Ernst und Nachdruck ich hier keineswegs bestreiten will, an der vorherrschenden Realität unserer Gesellschaft abarbeiten müssen. Einen Teil dieses Abarbeitungsprozesses flankieren die Mitarbeiter der Phase II, zu denen auch die Kollegen des ketteninternen Schulprojekts zu zählen sind. In diesem Prozeß begreifen wir uns weder als professionelle Desillusionisten, die schonungslos das mühsam erworbene Selbstvertrauen der Ex-User zu demontieren suchen, noch als Befürworter eskapistischer, exotischer Lebenspläne im Stile eines »Wolkenkuckucksheims«, die sich schwerlich in einer durch wirtschaftliche Rezession gekennzeichneten Gesellschaft umsetzen lassen. Wir versuchen vielmehr, exemplarisch an einzelnen Teilaufgaben des Alltagslebens, z. B. Suche eines Arbeitsplatzes, Lehrstellenbewerbung, Bewerbung um Schulplätze, Wohnungssuche, Formulierung von Anträgen bei Behörden, Einteilung des Tagesablaufs, Arrangieren der Freizeitunternehmungen, eine dem Prinzip von Versuch und Irrtum folgende schrittweise Orientierung in Arbeit, Schule und Freizeit zu fördern, eine Orientierung zu stützen, die von vornherein eine erneute Rückkehr in die Drogensubkultur als indiskutablen Fluchtweg der Daseinsbewältigung ausschließt. Dieser Prozeß ist von vielen Schwierigkeiten, Problemen und Rückschlägen begleitet. Zwei Problemkomplexe sollen hervorgehoben werden:

1. Ex-User neigen oft nach zwölfmonatiger Sensibilisierung gegenüber Phänomenen sozialer Interaktion zu Selbstüberschätzung und Gering-

schätzung der »entfremdeten Kommunikation« von »Nicht-Therapierten«. Sie neigen bisweilen dazu, mittels psychologistischer Versatzstücke eine recht vereinfachte eindimensionale Deutung ihres individuellen Fortschritts im therapeutischen Prozeß – unter Ausblendung der oft schmerzlichen Kehrseite – zu liefern. Bedenklich ist, daß sie die eigene emotionale Distanz zu Rauschdrogen durch Bagatellisierung von Alkoholkonsum und Negierung von »Schußgeilheit«[2] ohne Zweifel behaupten.

2. Ex-User grenzen sich oft in ihren beruflichen Erwartungen negativ von der Situation unangelernter bzw. angelernter Jungarbeiter und Angestellter ab. Sie streben eine Tätigkeit an, die ihnen erhoffte Spielräume beruflicher Autonomie oder zumindest eine günstige Relation zwischen Lohn und Arbeitsleid versprechen. Der Zugang zu solchen Berufen wird durch die Ableistung langjähriger formaler und berufsspezifischer Bildungsprozesse erworben und beläßt unsere Ex-User als Schüler, Praktikanten, Studenten oder auch Lehrlinge in Übergangsphasen, in denen sie schwerlich eine Identität als erwachsener Lohnabhängiger aufbauen können. Weiterhin bleiben sie in der Reproduktion ihres Lebensunterhaltes angewiesen auf betriebliche Ausbildungssaläre, staatliche Ausbildungsbeihilfen oder auf die Sozialhilfe. Ein derartiger sozioökonomischer Status birgt ein erhebliches Maß sozialer Verunsicherung in sich, welche sich im Extremfall in Inferioritätsgefühlen, in Phasen voll selbstquälender Fragestellungen nach Sinn und Zweck des Lebens, nach Zweck und Erfolg der Therapie, nach Sinn von Drogenstabilität und Abstinenz, nach Sinn solcher Werte wie Freundschaft, Liebe, beruflicher Aufstieg, Zufriedenheit und Freude äußern.

Innerhalb der therapeutischen Gemeinschaften der Phase I besteht ein absolutes Drogenverbot, was auch weitgehend wirkungsvoll durchgesetzt werden kann. Die Therapiezeit bietet ausreichend Gelegenheit, an der zumindest phasenweise auftretenden Drogenappetenz zu arbeiten. Viele Drogenabhängige entschließen sich aber nicht zur Therapie, um ein drogenfreies Leben zu erlernen, sondern um

---

2 Vergl. hierzu *Deissler* (1977). Er erwähnt, daß voll rehabilitierte und abstinente Süchtige einen oder gar mehrere periodische Suchtanfälle (PSA) noch 10 bis 15 Jahre nach Ende ihrer Drogenabhängigkeit erlebten und glaubwürdig beschrieben. Er ist zu definieren »als ein meistens plötzlich auftretendes, unwiderstehliches, überwältigendes Bedürfnis nach einem Fix. Er ist fast ausnahmslos begleitet von einem Aussetzen rationalen Denkens und einer ausgesprochenen Unfähigkeit, Konsequenzen des Handelns in Rechnung zu stellen.« Und: »Die meisten betonen, daß sie dem PSA nur widerstehen konnten, wenn eine Befriedigung praktisch unmöglich war, also z. B. in der Einzelhaft.«

z. B. einer längerfristigen Haftstrafe auszuweichen. Erfährt der Klient subjektiv nun den therapeutischen Prozeß nicht annähernd als eigenes langwieriges Ringen um Drogenstabilität, an dem Therapeut und Mitklienten aktiv, solidarisch mit Verständnis und konsequentem Verhalten teilhaben, sondern als Unterwerfungsübungen gegenüber »fremden«, »verselbständigten«, »sakrosankten« Normen, als »Gehirnwäsche und permanente Anmache«, als ständige persönliche Kränkung oder nur als geringeres Übel, so schert er entweder durch Therapieabbruch aus dem System aus oder er paßt sich vordergründig um des lieben Friedens willen mit aller ihm zur Verfügung stehenden Schauspielerkunst an. Solche Klienten, die sich durch die Therapie geschlichen und sich kaum auf einen therapeutischen Kontakt eingelassen haben, die einem also »blockierenderweise durch die Lappen gegangen« sind, wird es trotz aller Aufmerksamkeit immer wieder geben. Wir werten die »Cleanness«, also die Drogenfreiheit des Ex-Users nach abgeschlossener Phase-I-Therapie, zunächst als einen vorläufigen individuellen Erfolg, um den jenseits des therapeutischen Schonraums unter *weitaus härteren* Voraussetzungen in der Phase II und danach gerungen werden muß. Mit einer vorsichtigen Beurteilung der Drogenstabilität und der erreichten Lernfortschritte prallen wir oft auf gegenteilige Einschätzungen unserer Ex-User, die mit einem immensen Leistungsanspruch berufliche und schulische Reintegration, stabile emotionale Kontakte zu Nicht-Usern, befriedigende Partnerschaften möglichst schnell und reibungslos herstellen wollen und bei den möglichen Mißerfolgen schnell verkrampfen, wehklagen und resignieren oder gar rückfällig werden.

Schon nach wenigen Wochen in der Wiedereingliederungsphase beobachten wir bei einer Vielzahl von Klienten ein Auseinanderklaffen zwischen intendiertem Selbstkonzept für die Phase II und dem eigenen Realverhalten, eine Diskrepanz, aus der sich oft eine verhängnisvolle Eigendynamik entwickelt. Szene-Kneipen werden keineswegs gemieden, bieten doch sie allein die Möglichkeit, ausgiebig und ausgelassen zu tanzen, die eigene Stabilität einer harten Probe zu unterziehen oder eben einmal nette, unkomplizierte lockere Menschen kennenzulernen. Propagierte Auflagen bezüglich Alkohol werden über den Haufen geworfen, da »man« bekanntlich den Eigenkonsum im Griff hat. Das Vorhaben eines stabilisierenden Gruppenlebens einer Phase-II-Wohngemeinschaft scheitert bisweilen an den krampfhaften Versuchen, nach monatelangem totalen Gruppenleben eine eng abgegrenzte Intimsphäre mit einer Zweierbeziehung in isolationistischer Manier durchzusetzen. Anberaumte Wohngemeinschaftssitzungen mit dem zuständigen Mitarbeiter werden unter fadenscheinigen Entschuldigungen platzen gelassen. Über intensiven Alkohol- oder gar Haschisch-Konsum, über sich abzeichnende Schießgiftrückfälle – oft als Reaktion auf gescheiterte Partnerschaften – wird häufig wochenlang ein Mantel des Schweigens gehüllt. Mit Hartnäckigkeit und gutem Gespür muß sich in *diesen Fällen* der Mitarbeiter durch ein Gestrüpp voller Mißtrauen, Lüge, pseudosolidarischen Stillhalteabkommen und eine wabernde Gerüchteküche durchschlagen, um schließlich an einem »point of no return«, nachdem die Phase zeitweiser »Bockschüsse« bereits verlassen wurde und massive Abhängigkeiten vorliegen, die Maximal-Sanktion – Rausschmiß aus der Phase II – auszusprechen.

Rückfallfördernd ist auch die zumeist mangelhafte schulische und berufliche Qualifikation vieler Klienten. Die meisten sind ja in der Pubertät frühzeitig vor Absolvierung formeller Abschlüsse aus Schule, Lehre oder Arbeit ausgestiegen und tragen nach Jahren der Abstinenz von kontinuierlichem Lernen oder Arbeiten kaum eine attraktive Arbeitskraft zu Markte. Vielmehr müssen sie erst allmählich den Standard ihrer Allgemeinbildung heben, um überhaupt formale Voraussetzungen zur Aufnahme einer betrieblichen bzw. schulischen Ausbildung an Fachschulen usw. zu erfüllen. Zusätzlich müssen sie sich als Mitglieder einer Randgruppe unter mißtrauischer Beobachtung ihrer Umwelt in weit stärkerem Maße bewähren, als es für vergleichbare Altersgruppen gilt, die nicht ausgestiegen sind.

Vermittelte unseren Klienten unser Vier-Stufen-Konzept (*Petzold* 1972) in der Phase I ein der Ideologie des sozialen Aufstiegs verhaftetes Weltbild, so relativieren die aktuellen gesellschaftlichen Verhältnisse die notwendigerweise Komplexität reduzierenden Spielregeln dieses Modells schlagartig. Habe ich das berufliche Ziel, Erzieher oder Sozialarbeiter zu werden, oder strebe ich Tätigkeiten im kreativmusischen oder im technologisch avancierten Bereich an, so steht mir eine langjährige Odyssee durch zunehmend dem ökonomischen Kalkül gehorchende Auslese in Schule und Betrieb bevor. Die »psychischen Kosten« mit diffusen Lebensängsten, Angst vor Versagen, Selbstzweifel, Tagträumerei, Resignation und Apathie, nervlicher Erschöpfung, psychosomatischen Störungen und Süchten sind aus der pädagogischen, psychologischen und medizinischen Literatur bekannt.

Solche Streßsituationen bergen für jeden Zeitgenossen, aber insbesondere für unsere Ex-User die Gefahr exzessiven Drogenkonsums.

Nach nunmehr 7jähriger Laufzeit unseres Therapiemodells bleibt nüchtern und kritisch festzustellen: es sind nicht allzu viele, die die Belastungen der Reintegration in unserer Leistungsgesellschaft ohne – zumindest kurzfristigen – Rückgriff auf Alkohol und Haschischkonsum, ohne »Bock«-Schüsse oder zeitweilig erneuten Rauschgiftkonsum durchstanden. Dagegen sind jedoch *über zwei Drittel* der Absolventen unseres therapeutischen Gemeinschaft-Modells trotz aller – oder durch alle – Krisen als stabilisiert gegen Rauschmittel zu bewerten.

Sie studieren, gehen zur Schule, arbeiten als Verkäuferinnen, Postboten, Bürokaufleute und Sachbearbeiter, als Elektriker, Techniker oder Fahrer, verrichten zeitweise Hilfsarbeiten.

Dieser Artikel hat in recht vorläufiger und beschränkter Art und Weise die Probleme der Wiedereingliederung Drogenabhängiger angeschnitten. Hoffentlich regt er zu intensiver Diskussion an, motiviert einzelne oder Gruppen zu Erfahrungsberichten und Initiativen. Er verweist einmal mehr auf die Notwendigkeit katamnestischer Erhebungen größeren Stils. Ich hoffe, daß der Artikel nicht zu pessimistisch und düster geraten ist und zumindest in Ansätzen vermittelt, daß soziotherapeutische Arbeit mit Ex-Usern auch Spaß, Freude und Erfolg zeitigt. Er macht aber auch die Grenzen durch die *harte* gesellschaftliche Realität deutlich, vor der Klienten und Mitarbeiter stehen; denn die Welt hat sich auch nach der Therapie nicht geändert. Sollen nicht unsere Klienten ihren Sisyphosstein »der Leiden an der Gesellschaft« weiterwälzen, so ist den Wiedereingliederungsprogrammen und -maßnahmen weitaus größere Bedeutung zuzumessen, als dies bislang geschieht. Das »letzte Glied der Behandlungskette wird entscheidend« (*Petzold*, dieses Buch S. 226) für Erfolg oder Mißerfolg unserer Bemühungen.

Bibliographie

Camus, A.: Der Mythos von Sisyphos – ein Versuch über das Absurde, Hamburg 1959

Deissler, K. J.: Der periodische Suchtanfall, Schweiz. Ärztezeitung, *13*, 1977

Petzold, H.: Methoden in der Behandlung Drogenabhängiger, Vierstufentherapie, Kassel 1972

Mitarbeiterverzeichnis

Ahrbeck, Bernd, Dipl.-Psych., Studium der Psychologie und Erziehungswissenschaften in Hamburg. Ausbildung in Gesprächs- und Verhaltenstherapie. Lehrbeauftragter an den Universitäten Hamburg und Bremen. Mitarbeiter im Gemeindepsychiatrischen Zentrum Hamburg-Eimsbüttel.
Adresse: Hindenburgstraße 56, 2000 Hamburg 60.

Bauer, Erich, Dipl.-Psych., Studium der klinischen Psychologie in Tübingen und München. Leiter des Dytop-Centers Fürstenfeldbruck und des Kontakthauses in München. Jetzt tätig als Supervisor und verantwortlich für die Durchführung der Ausbildung zum Real-Therapeuten im Real-Institut München/Düsseldorf.
Adresse: Dytop-Gesellschaft für soziale Planung und Alternativen mbH, Kaiserstraße 1, 8000 München 40.

Baumann, Arno, Ausbildung als Werkzeugmacher, danach Krankenpflegeexamen und Diakonenausbildung in Bethel bei Bielefeld, Sozialwissenschaftliches Seminar in Burkardthaus/Gelnhausen. Z. Z. Ausbildung zum Gestaltsoziotherapeuten. Seit 1965 in der Nichtseßhaftenhilfe tätig.
Adresse: Heimathof Homborn, 5805 Breckerfeld-Zurstraße.

Freudenberger, Herbert J., Pd.D., in freier Praxis als Psychoanalytiker tätig und als Berater für Mitarbeitertraining. Beratungstätigkeit bei mehreren Drogentherapieeinrichtungen.
Adresse: 18 E Street, New York City, 10028 N.Y., U.S.A.

Heckmann, Wolfgang, Dipl.-Psych., Studium der Psychologie in Berlin und Göttingen. Seit 1972 Arbeit mit Drogenabhängigen und beteiligt am Aufbau von drei therapeutischen Wohngemeinschaften sowie zwei Drogenberatungsstellen in Berlin. Seit Januar 1978 Drogenbeauftragter des Landes Berlin beim Senator für Familie, Jugend und Sport.
Adresse: Drogenbeauftragter beim Senator für Familie, Jugend und Sport, Am Karlsbad 8–10, 1000 Berlin 30.

Höhfeld, Kurt, Dr. med., Facharzt für Neurologie und Psychiatrie. 1974 bis 1976 in der Drogenarbeit tätig, u. a. als Leiter einer Drogenstation in Berlin-Havelhöhe. Ausbildung in verschiedenen psychotherapeutischen Methoden, u. a. in Psychodrama und Gestalttherapie. In freier Praxis als Psychoanalytiker tätig.
Adresse: Wagenheimstraße 3, 1000 Berlin 33.

Jones, Maxwell, Dr. med., Facharzt für Neurologie und Psychiatrie. Bekannt geworden u. a. durch sein Konzept der therapeutischen Gemeinschaft, das er für eine psychiatrische Klinik entwickelt hat. Engagement in Gefängnissen und Schulen, wo er versuchte, hierarchische Strukturen in demokratische und soziale zu verwandeln. Sein Interesse gilt der sozialen Ökologie mit der Erforschung der Interaktion des Menschen mit seiner Umwelt.
Adresse: 5911 E. Calle Del Paisano, Phoenix, Arizona 85018, U.S.A.

Kehe, Hans Walter, Studium des Lehramts und der Erziehungswissenschaften. Zählte zu den ersten Mitarbeitern, die ein Wiedereingliederungs- und Nachbetreuungskonzept für die Ex-User der therapeutischen Wohngemeinschaften in Hannover realisierten. Als Lehrer im Schulprojekt der hannoverschen Organisation der Therapiekette Niedersachsen tätig.
Adresse: Schulprojekt der Therapiekette Niedersachsen, STEP GmbH, Prinzenstraße 2, 3000 Hannover 1.

Keil, Edmund, Dipl.-Psych., Studium der Psychologie in Bonn, Ausbildung zum Gestalt-Psychotherapeuten. In der sozialtherapeutischen Anstalt Gelsenkirchen als Gefängnispsychologe und Psychotherapeut in der Rehabilitation tätig. Supervisor am Elisabeth-Krankenhaus für Kinder- und Jugendpsychiatrie in Dortmund.
Adresse: Beethovenstraße 13, 465 Gelsenkirchen.

Lemke, Jürgen, Studium der Pädagogik in München und Augsburg, Gestalttherapieausbildung. Als Supervisor tätig in verschiedenen Einrichtungen für Drogentherapie. Systemsupervisor und Lehrtrainer am Fritz-Perls-Institut in Düsseldorf.
Adresse: 8541 Haubenhof 14.

Petzold, Hilarion, Dr. theol. und Dr. phil., Professor am Institut St. Denis, Paris, und an der Freien Universität Amsterdam. Studium der Theologie, Philosophie und Psychologie in Paris, der Medizin, Soziologie und der Erziehungswissenschaften in Düsseldorf und Frankfurt. Psychotherapieausbildung bei V. Iljine, J. L. Moreno und F. S. Perls. Aufenthalte in verschiedenen Drogenwohngemeinschaften und Selbsthilfeprogrammen in den USA. 1968 Gründung und Leitung der therapeutischen Wohngemeinschaft »Les Quatre Pas«, Paris. 1971–1974 Initiator und Berater von zahlreichen Wohngemeinschaftsprojekten für Drogenabhängige, Supervisor verschiedener Therapieketten und therapeutischer Wohngemeinschaften. Gründer des Fritz-Perls-Instituts für Integrative Therapie, Düsseldorf, und Herausgeber der Zeitschrift »Integrative Therapie«.
Veröffentlichungen u. a.: Drogentherapie (1974), Die neuen Körpertherapien (1978), Psychodramatherapie (1979), Psychotherapie mit alten Menschen (1979).
Adresse: Fritz-Perls-Institut, Brehmstraße 9, 4000 Düsseldorf.

Saake, Ernst-Karl, Dipl.-Psych., Studium der Psychologie in Tübingen,

Weiterbildung in Gestalttherapie am Fritz-Perls-Institut in Düsseldorf. Mitarbeit in der therapeutischen Wohngemeinschaft Take-it-Haus für Drogenabhängige der Therapiekette Niedersachsen.
Adresse: Take-it-Haus, Liethweg 129, 3260 Rinteln 12.

Stichtenoth, Hartmut, Dipl.-Päd. und Kunsterzieher, Studium der Erziehungswissenschaften in Hannover, Heilpraktiker, Gestaltpsychotherapeut. 1974–1979 Entwicklung, Aufbau und Leitung des Take-it-Hauses für Drogenabhängige der Therapiekette Niedersachsen. Jetzt als Psychotherapeut in freier Praxis und als Ausbilder für Gestalttherapie am Fritz-Perls-Institut in Düsseldorf tätig.
Adresse: 3071 Husum, Haus-Nr. 61.

Thiemann, Emil, Dr. med., Facharzt für Psychiatrie und Neurologie, Ausbildung am Psychotherapeutischen Institut in Berlin. Tätigkeit in psychiatrischen Krankenhäusern; seit fünf Jahren Mitglied in einer therapeutischen Wohngemeinschaft.
Adresse: Hilfe für psychisch Behinderte, Luhestraße 1, 3145 Putensen.

Vormann, Gernot, Dipl.-Psych., Studium der Psychologie und der Erziehungswissenschaften in Hamburg. Ausbildung in Gesprächs- und Verhaltenstherapie sowie in Gestalttherapie. Therapeutischer Leiter der »Gesellschaft für Sozialtherapie und Pädagogik« in der Therapiekette Niedersachsen zur Hilfe drogenabhängiger junger Menschen.
Adresse: Gesellschaft für Sozialtherapie und Pädagogik mbH, Therapiekette Niedersachsen, Prinzenstraße 2, 3000 Hannover 1.

Witt, Gabriele, Dipl.-Psych., Studium der Psychologie in Frankfurt und Heidelberg. Ausbildung zur Gestalttherapeutin und Lehrbeauftragte am Fritz-Perls-Institut in Düsseldorf. Stationäre Drogentherapie in der »Therapiekette Hannover«. Freie Psychologische Praxis in Wiesbaden und Mainz. Supervision von Drogenberatungsstellen und therapeutische Begleitung von Kinderhäusern. Z. Z. als Psychotherapeutin am »Klinikum des Fritz-Perls-Instituts«, Abteilung der Hardtwald-Klinik Zwesten, tätig.